“七五”普法规划实施报告

全国普法办　编

法律出版社
LAW PRESS · CHINA
北京

图书在版编目(CIP)数据

“七五”普法规划实施报告 / 全国普法办编. -- 北京 : 法律出版社, 2021
ISBN 978 - 7 - 5197 - 5812 - 7

Ⅰ. ①七… Ⅱ. ①全… Ⅲ. ①法制教育－研究报告－中国－2016－2020 Ⅳ. ①D920.4

中国版本图书馆 CIP 数据核字(2021)第 157575 号

“七五”普法规划实施报告
“QIWU” PUFA GUIHUA SHISHI BAOGAO

全国普法办　编

策划编辑 沈小英
责任编辑 陈　妮　刘　莹　黄　筝　程王刚　王　鸿
装帧设计 汪奇峰

出版发行 法律出版社
编辑统筹 法治与经济出版分社
责任校对 王晓萍　王语童　郭艳萍
责任印制 吕亚莉
经　　销 新华书店

开本 787 毫米×1092 毫米　1/16
印张 43.25　**字数** 1180 千
版本 2021 年 10 月第 1 版
印次 2021 年 10 月第 1 次印刷
印刷 中煤(北京)印务有限公司

地址:北京市丰台区莲花池西里 7 号(100073)
网址:www.lawpress.com.cn
投稿邮箱:info@lawpress.com.cn
举报盗版邮箱:jbwq@lawpress.com.cn
销售电话:010 - 83938349
客服电话:010 - 83938350
咨询电话:010 - 63939796

书号:ISBN 978 - 7 - 5197 - 5812 - 7
定价:460.00 元
凡购买本社图书,如有印装错误,我社负责退换。电话:010 - 83938349

目　录

上篇　“七五”普法主要文件

003　中共中央　国务院转发《中央宣传部、司法部关于在公民中开展法治宣传教育的第七个五年规划（2016—2020 年）》
009　全国人民代表大会常务委员会关于开展第七个五年法治宣传教育的决议
012　中组部　中宣部　司法部　人力资源和社会保障部印发《关于完善国家工作人员学法用法制度的意见》
016　教育部　司法部　全国普法办印发《青少年法治教育大纲》
025　中共中央办公厅　国务院办公厅印发《关于实行国家机关“谁执法谁普法”普法责任制的意见》
028　司法部　全国普法办　最高人民法院印发《关于推动国家工作人员旁听庭审活动常态化制度化的意见》
030　中央全面依法治国委员会印发《关于加强法治乡村建设的意见》
037　中共中央办公厅　国务院办公厅印发《关于加强社会主义法治文化建设的意见》

中篇 规划实施

045 中央宣传部、司法部关于“七五”普法规划实施报告

050 **各省（区、市）和新疆生产建设兵团“七五”普法规划实施情况**

051 北京市

055 天津市

058 河北省

062 山西省

066 内蒙古自治区

070 辽宁省

074 吉林省

077 黑龙江省

080 上海市

084 江苏省

088 浙江省

092 安徽省

095 福建省

099 江西省

102 山东省

105 河南省

109 湖北省

113 湖南省

117 广东省

121 广西壮族自治区

125 海南省

128 重庆市
132 四川省
136 贵州省
140 云南省
144 西藏自治区
148 陕西省
151 甘肃省
154 青海省
158 宁夏回族自治区
162 新疆维吾尔自治区
165 新疆生产建设兵团
169 **中央和国家机关“七五”普法规划实施情况**
171 中共中央对外联络部
173 中共中央网络安全和信息化委员会办公室
176 中共中央台湾工作办公室
181 中共中央党校（国家行政学院）
185 中央党史和文献研究院
187 人民日报社
190 求是杂志社
194 最高人民法院
198 最高人民检察院
203 外交部
207 全国发展改革系统
216 教育系统
220 科学技术部
223 工业和信息化部

225 国家民族事务委员会
228 公安部
233 国家安全部
236 民政部
240 财政部
243 人力资源和社会保障部
246 自然资源部
250 生态环境部
253 住房和城乡建设部
257 交通运输部
261 水利部
264 农业农村部
268 商务部
272 文化和旅游部
275 国家卫生健康委员会
278 退役军人事务部
280 应急管理部
283 中国人民银行
288 审计署
291 国务院国有资产监督管理委员会系统
294 海关总署
298 国家税务总局
302 国家市场监督管理总局
306 国家广播电视总局
310 国家体育总局
314 国家统计局

317 国家机关事务管理局
320 国务院发展研究中心
323 中国气象局
326 中国银行保险监督管理委员会
330 中国证券监督管理委员会
333 国家信访局
336 国家粮食和物资储备局
339 国家能源局
342 国家烟草专卖局 中国烟草总公司
345 国家移民管理局
349 国家林业和草原局
353 国家邮政局
356 国家文物局
359 国家中医药管理局
362 国家外汇管理局
365 国家药品监督管理局
370 国家知识产权局
374 国家档案局
377 中国地震局
379 中华全国总工会
384 共青团中央
387 中华全国妇女联合会
391 中华全国归国华侨联合会
397 中国法学会
401 中国残疾人联合会
404 中华全国工商业联合会

410 中华全国供销合作总社
414 中国银行业协会
417 国家开发银行
422 中国进出口银行
425 中国农业发展银行
430 中国工商银行
434 中国农业银行
439 中国建设银行
442 中信集团
445 中国光大集团股份公司
449 交通银行
453 中国国家铁路集团有限公司
457 中国核工业集团有限公司
460 中国航天科工集团有限公司
466 中国航空工业集团有限公司
469 中国石油化工集团有限公司
474 国家电网有限公司
477 中国大唐集团有限公司

下篇 探索创新

483 **全国普法依法治理创新案例**
第一批全国普法依法治理创新案例
485 实现“订单式”“平台化”普法 北京市“以案释法”从有形覆盖迈向有效覆盖
——北京市司法局“以案释法”的探索与实践

488 创新普法理念　讲好普法故事
——内蒙古自治区司法厅开发推广系列法治动漫剧《小司来了》的探索和实践
490 法治助力居民小区治理的“宝华模式”
——上海市金山区山阳镇宝华海湾城小区治理法治化的探索与实践
493 自治法治德治融合发展　共建共治共享美好生活
——江苏省徐州市贾汪区潘安湖街道马庄村不断创新深化基层民主法治创建
496 以深化村级小微权力清单制度为切入点全面提升乡村治理法治化水平
——浙江省宁海县法治乡村建设的探索与实践
499 以“三治”促“三共”增强基层群众获得感幸福感安全感
——江西省实施农村“法律明白人”培养工程的实践探索
503 加强阵地建设　打造普法品牌以法治文化带建设护航黄河安澜
——河南省司法厅黄河法治文化带的探索与实践
506 寓教于乐　潜移默化　让宪法走进青少年
——教育部全国学生“学宪法　讲宪法”活动的探索与实践
508 精准普法　让企业问题清零
——南京海关推进企业问题清零的探索与实践
511 守正创新　开辟应急管理普法新路径
——应急管理部全国应急管理普法知识竞赛活动的探索与实践
第二批全国普法依法治理创新案例
515 北京市推动“七五”普法考核体系清单化、项目化、社会化
518 江苏省南通市创新建立“谁执法谁普法”闭环管理机制
521 安徽省宣城市创建“法治家庭”　打通全民普法“最后一公里”
525 江西省南昌市连续18年坚持春节后第一个工作日举办领导干部法治讲座
528 广东省创建“法治文化节”新品牌

532 贵州省黔西南州加强基层依法治理助力易地扶贫搬迁安置
535 水利部黄河水利委员会山东黄河河务局打造“法治润黄河”普法品牌
539 农业农村部上下联动齐发力开展“防控疫情　法治同行”活动
542 国家税务总局创建立体式普法基地提升普法效能
545 **全国法治宣传教育基地**
第一批全国法治宣传教育基地
548 河北省西柏坡纪念馆
550 “五四宪法”历史资料陈列馆
552 浙江省诸暨市枫桥镇
554 浙江省安吉县天荒坪镇余村
556 江西省中华苏维埃共和国司法人民委员部旧址
557 陕甘宁边区高等法院旧址
559 中国法院博物馆
561 北京税务博物馆
第二批全国法治宣传教育基地
563 北京市全面从严治党警示教育基地
564 李大钊纪念馆
565 史良故居
566 苏州市宪法宣传教育馆
568 安徽省凤阳县小岗村
570 共和国法制摇篮展览馆
571 山东省暨济南市禁毒预防教育展览馆
572 河南黄河法治文化带
574 遵义会议纪念馆
575 贵州省见义勇为展览馆
577 陕甘边革命根据地照金纪念馆

579 沈家本故居
580 上海国家安全教育馆
582 中国村民自治展示中心（广西宜州）
584 南京海关法治文化基地（扬州馆、泰州馆）
586 深圳市南山安全教育体验馆
587 中国政法大学
第三批全国法治宣传教育基地
589 北京市安全生产实训基地
590 北京市民法治宣传教育示范基地
591 天津法院陈列馆
592 廊坊法治宣教中心
593 彭真生平暨中共太原支部旧址纪念馆
594 凉城县绥蒙革命纪念园
595 本溪市“全国普法依法治市发源地史料展示馆”
596 辽源市青少年平安教育基地
597 绥芬河国家安全教育展馆
598 黑龙江省高级人民法院“普法教育暨法治文化建设示范点”
599 国歌展示馆
600 上海嘉定法宝体验中心
601 周恩来纪念馆
602 大运河（江苏段）法治文化长廊
603 常熟市“法与生活”互动体验馆
604 江苏国家安全教育馆
605 中国红船法治文化园
606 浙江省宁波市余姚市梁弄镇横坎头村
607 浙江省宁海乡村治理培训中心

608 浙江省特种设备科学研究院
609 安徽省六安市皋陶法治文化基地
610 “共和国红色法源”展览馆
611 福建省厦门七星法治文化街区
612 南昌赣江十里法治廉政文化长廊
613 威海市刘公岛全国法治宣传教育基地
614 鄂豫皖苏区首府革命博物馆
615 中共五大会址纪念馆暨中国共产党纪律建设历史陈列馆
616 湖北省红安县七里坪革命法庭旧址
617 董必武纪念馆
618 毛泽东与第一师范纪念馆
619 湖南省韶山市韶山乡韶山村
620 阮啸仙纪念馆
621 深圳民法公园
622 海南省三亚市海棠区北山法治文化公园
623 重庆市党风廉政教育基地
624 成都市青少年法治教育实践基地
625 瓮安县法治文化园
626 云南省昭通市威信县扎西会议纪念馆
627 西藏自治区布达拉宫法治示范景区
628 陕西省税务局富平税收普法教育示范基地
629 宁夏固原市青少年示范性综合实践基地
630 国家税务总局青海省税务局法治教育基地
631 霍尔果斯海关法治教育基地
632 山东省高级人民法院青少年法治教育中心
633 人民检察博物馆

634 “聚焦长江”水法治宣传园地
635 国网天津市电力公司法治文化示范基地
636 **中国普法“两微一端”平台运用概况**

附录

643 **“七五”普法大事记**
660 **相关报道**
661 《人民日报》
664 《法治日报》

上篇　“七五”普法主要文件

中共中央　国务院转发《中央宣传部、司法部关于在公民中开展法治宣传教育的第七个五年规划（2016—2020 年）》

（2016 年 3 月）

在党中央、国务院正确领导下，全国第六个五年法制宣传教育规划（2011—2015 年）顺利实施完成，法治宣传教育工作取得显著成效。以宪法为核心的中国特色社会主义法律体系得到深入宣传，法治宣传教育主题活动广泛开展，多层次多领域依法治理不断深化，法治创建活动全面推进，全社会法治观念明显增强，社会治理法治化水平明显提高，法治宣传教育在建设社会主义法治国家中发挥了重要作用。

党的十八大以来，以习近平同志为总书记的党中央对全面依法治国作出了重要部署，对法治宣传教育提出了新的更高要求，明确了法治宣传教育的基本定位、重大任务和重要措施。十八届三中全会要求“健全社会普法教育机制”；十八届四中全会要求“坚持把全民普法和守法作为依法治国的长期基础性工作，深入开展法治宣传教育”；十八届五中全会要求“弘扬社会主义法治精神，增强全社会特别是公职人员尊法学法守法用法观念，在全社会形成良好法治氛围和法治习惯”。习近平总书记多次强调“领导干部要做尊法学法守法用法的模范”，要求法治宣传教育“要创新宣传形式，注重宣传实效”，为法治宣传教育工作指明了方向，提供了基本遵循。与新形势新任务的要求相比，有的地方和部门对法治宣传教育重要性的认识还不到位，普法宣传教育机制还不够健全，实效性有待进一步增强。深入开展法治宣传教育，增强全民法治观念，对于服务协调推进“四个全面”战略布局和“十三五”时期经济社会发展，具有十分重要的意义。为做好第七个五年法治宣传教育工作，制定本规划。

一、指导思想、主要目标和工作原则

第七个五年法治宣传教育工作的指导思想是：高举中国特色社会主义伟大旗帜，全面贯彻党的十八大和十八届三中、四中、五中全会精神，以马克思列宁主义、毛泽东思想、邓小平理论、“三个代表”重要思想、科学发展观为指导，深入贯彻习近平总书记系列重要讲话精神，坚持“四个全面”战略布局，坚持创新、协调、绿色、开放、共享的发展理念，按照全面依法治国新要求，深入开展法治宣传教育，扎实推进依法治理和法治创建，弘扬社会主义法治精神，建设社会主义法治文化，推进法治宣传教育与法治实践相结合，健全普法宣传教育机制，推动工作创新，充分发挥法治宣传教育在全面依法治国中的基础作用，推动全社会树立法治意识，为“十三五”时期经济社会发展营造良好法治环境，为实现“两个一百年”奋斗目标和中华民族伟大复兴的中国梦作出新的贡献。

第七个五年法治宣传教育工作的主要目标是：普法宣传教育机制进一步健全，法治宣传教育实效性进一步增强，依法治理进一步深化，全民法治观念和全体党员党章党规意识明显增强，全社会厉行法治的积极性和主动性明显提高，形成守法光荣、违法可耻的社会氛围。

第七个五年法治宣传教育工作应遵循以下原则：

——坚持围绕中心，服务大局。围绕党和国家中心工作开展法治宣传教育，更好地服务协调推进“四个全面”战略布局，为全面实施国民经济和社会发展“十三五”规划营造良好法治环境。

——坚持依靠群众，服务群众。以满足群众不断增长的法治需求为出发点和落脚点，以群众喜闻乐见、易于接受的方式开展法治宣传教育，增强全社会尊法学法守法用法意识，使国家法律和党内法规为党员群众所掌握、所遵守、所运用。

——坚持学用结合，普治并举。坚持法治宣传教育与依法治理有机结合，把法治宣传教育融入立法、执法、司法、法律服务和党内法规建设活动中，引导党员群众在法治实践中自觉学习、运用国家法律和党内法规，提升法治素养。

——坚持分类指导，突出重点。根据不同地区、部门、行业及不同对象的实际和特点，分类实施法治宣传教育。突出抓好重点对象，带动和促进全民普法。

——坚持创新发展，注重实效。总结经验，把握规律，推动法治宣传教育工作理念、机制、载体和方式方法创新，不断提高法治宣传教育的针对性和实效性，力戒形式主义。

二、主要任务

（一）深入学习宣传习近平总书记关于全面依法治国的重要论述。党的十八大以来，习近平总书记站在坚持和发展中国特色社会主义全局的高度，对全面依法治国作了重要论述，提出了一系列新思想、新观点、新论断、新要求，深刻回答了建设社会主义法治国家的重大理论和实践问题，为全面依法治国提供了科学理论指导和行动指南。要深入学习宣传习近平总书记关于全面依法治国的重要论述，增强走中国特色社会主义道路的自觉性和坚定性，增强全社会厉行法治的积极性和主动性。深入学习宣传以习近平同志为总书记的党中央关于全面依法治国的重要部署，宣传科学立法、严格执法、公正司法、全民守法和党内法规建设的生动实践，使全社会了解和掌握全面依法治国的重大意义和总体要求，更好地发挥法治的引领和规范作用。

（二）突出学习宣传宪法。坚持把学习宣传宪法摆在首要位置，在全社会普遍开展宪法教育，弘扬宪法精神，树立宪法权威。深入宣传依宪治国、依宪执政等理念，宣传党的领导是宪法实施的最根本保证，宣传宪法确立的国家根本制度、根本任务和我国的国体、政体，宣传公民的基本权利和义务等宪法基本内容，宣传宪法的实施，实行宪法宣誓制度，认真组织好“12·4”国家宪法日集中宣传活动，推动宪法家喻户晓、深入人心，提高全体公民特别是各级领导干部和国家机关工作人员的宪法意识，教育引导一切组织和个人都必须以宪法为根本活动准则，增强宪法观念，坚决维护宪法尊严。

（三）深入宣传中国特色社会主义法律体系。坚持把宣传以宪法为核心的中国特色社会主义法律体系作为法治宣传教育的基本任务，大力宣传宪法相关法、民法商法、行政法、经济法、社会法、刑法、诉讼与非诉讼程序法等多个法律部门的法律法规。大力宣传社会主义民主政治建设的法律法规，提高人民有序参与民主政治的意识和水平。大力宣传保障公民基本权利的法律法规，推动全社会树立尊重和保障人权意识，促进公民权利保障法治化。大力宣传依法行政领域的法律法规，推动各级行政机关树立“法定职责必须为、法无授权不可为”的意识，促进法治政府建设。大力宣传市场经济领域的法律法规，推动全社会树立保护产权、平等交换、公平竞争、诚实信用等意识，促进大众创业、万众创新，促进经济在新常态下平稳健康运行。大力宣传有利于激发文化创造活力、保障人民基本文化权益的相关法律法规，促进社会主义精神文明建设。大力宣传教育、就业、收入分配、社会保障、医疗卫生、食品安全、扶贫、慈善、社会救助和妇女儿童、老年人、残疾人合法权益保护等方面法律法规，促进保障和改善民生。大力宣传国家安全和公共安全领域的法律法规，提高全民安全意识、风险意识和预防能力。大力宣传国防法律法规，提高全民国防观念，促进国防建设。大力宣传党的民族、宗教政策和相关法律法规，维护民族地区繁荣稳定，促进民族关系、宗教关系和谐。大力宣传环境保护、资源能源节约利用等方面的法律法规，推动美丽中国建设。大力宣传互联网领域的法律法规，教育引导网民依法规范网络行为，促进形成网络空间良好秩序。大力宣传诉讼、行政复议、仲裁、调解、信访等方面的法律法规，引导群众依法表达诉求、维护权利，促进社会和谐稳定。在传播法律知识的同时，更加注重弘扬法治精神、培育法治理念、树立法治意识，大力宣传宪法法律至上、法律面前人人平等、权由法定、权依法使等基本法治理念，破除“法不责众”、“人情大于国法”等错误认识，引导全民自觉守法、遇事找法、解决问题靠法。

（四）深入学习宣传党内法规。适应全面从严治党、依规治党新形势新要求，切实加大党内法规宣传力度。突出宣传党章，教育引导广大党员尊崇党章，以党章为根本遵循，坚决维护党章权威。大力宣传《中国共产党廉洁自律准则》、《中国共产党纪律处分条例》等各项党内法规，注重党内法规宣传与国家法律宣传的衔接和协调，坚持纪在法前、纪严于法，把纪律和规矩挺在前面，教育引导广大党员做党章党规党纪和国家法律的自觉尊崇者、模范遵守者、坚定捍卫者。

（五）推进社会主义法治文化建设。以宣传法律知识、弘扬法治精神、推动法治实践为主旨，积极推进社会主义法治文化建设，充分发挥法治文化的引领、熏陶作用，使人民内心拥护和真诚信仰法律。把法治文化建设纳入现代公共文化服务体系，推动法治文化与地方文化、行业文化、企业文化融合发展。繁荣法治文化作品创作推广，把法治文化作品纳入各级文化作品评奖内容，纳入艺术、出版扶持和奖励基金内容，培育法治文化精品。利用重大纪念日、民族传统节日等契机开展法治文化活动，组织开展法治文艺展演展播、法治文艺演出下基层等活动，满足人民群众日益增长的法治文化需求。把法治元素纳入城乡建设规划设计，加强基层法治文化公共设施建设。

（六）推进多层次多领域依法治理。坚持法治宣传教育与法治实践相结合，把法律条文变成引导、保障经济社会发展的基本规则，深化基层组织和部门、行业依法治理，深化法治城市、法治县（市、区）等法治创建活动，提高社会治理法治化水平。深入开展民主法治示范村（社区）创建，进一步探索乡村（社区）法律顾问制度，教育引导基层群众自我约束、自我管理。发挥市民公约、乡规民约、行业规章、团体章程等社会规范在社会治理中的积极作用，支持行业协会商会类社会组织发挥行业自律和专业服务功能，发挥社会组织对其成员的行为导引、规则约束、权益维护作用。

（七）推进法治教育与道德教育相结合。坚持依法治国和以德治国相结合的基本原则，以法治体现道德理念，以道德滋养法治精神，促进实现法律和道德相辅相成、法治和德治相得益彰。大力弘扬社会主义核心价值观，弘扬中华传统美德，培育社会公德、职业道德、家庭美德、个人品德，提高全民族思想道德水平，为全面依法治国创造良好人文环境。强化规则意识，倡导契约精神，弘扬公序良俗，引导人们自觉履行法定义务、社会责任、家庭责任。发挥法治在解决道德领域突出问题中的作用，健全公民和组织守法信用记录，完善守法诚信褒奖机制和违法失信行为惩戒机制。

三、对象和要求

法治宣传教育的对象是一切有接受教育能力的公民，重点是领导干部和青少年。

坚持把领导干部带头学法、模范守法作为树立法治意识的关键。完善国家工作人员学法用法制度，把宪法法律和党内法规列入党委（党组）中心组学习内容，列为党校、行政学院、干部学院、社会主义学院必修课；把法治教育纳入干部教育培训总体规划，纳入国家工作人员初任培训、任职培训的必训内容，在其他各类培训课程中融入法治教育内容，保证法治培训课时数量和培训质量，切实提高领导干部运用法治思维和法治方式深化改革、推动发展、化解矛盾、维护稳定的能力，切实增强国家工作人员自觉守法、依法办事的意识和能力。加强党章和党内法规学习教育，引导党员领导干部增强党章党规党纪意识，严守政治纪律和政治规矩，在廉洁自律上追求高标准，自觉远离违纪红线。健全日常学法制度，创新学法形式，拓宽学法渠道。健全完善重大决策合法性审查机制，积极推行法律顾问制度，各级党政机关和人民团体普遍设立公职律师，企业可设立公司律师。把尊法学法守法用法情况作为考核领导班子和领导干部的重要内容。把法治观念强不强、法治素养好不好作为衡量干部德才的重要标准，把能不能遵守法律、依法办事作为考察干部的重要内容。

坚持从青少年抓起。切实把法治教育纳入国民教育体系，制定和实施青少年法治教育大纲，在中小学设立法治知识课程，确保在校学生都能得到基本法治知识教育。完善中小学法治课教材体系，编写法治教育教材、读本，地方可将其纳入地方课程义务教育免费教科书范围，在小学普及宪法基本常识，在中、高考中增加法治知识内容，使青少年从小树立宪法意识和国家意识。将法治教育纳入“中小学幼儿园教师国家级培训计划”，加强法治课教师、分管法治教育副校长、法治辅导员培训。充分利用第二课堂和社会实践活动开展青少年法治教育，在开学第一课、毕业仪式中有机融入法治教育内容。加强对高等院校学生的法治教育，增强其法治观念和参与法治实践的能力。强化学校、家庭、社会“三位一体”的青少年法治教育格局，加强青少年法治教育实践基地建设和网络建设。

各地区各部门要根据实际需要，从不同群体的特点出发，因地制宜开展有特色的法治宣传教育。突出加强对企业经营管理人员的法治宣传教育，引导他们树立诚信守法、爱国敬业意识，提高依法经营、依法管理能力。加强对农民工等群体的法治宣传教育，帮助、引导他们依法维权，自觉运用法律手段解决矛盾纠纷。

四、工作措施

第七个法治宣传教育五年规划从2016年开始实施，至2020年结束。各地区各部门要根据本规划，认真制定本地区本部门规划，深入宣传发动，全面组织实施，确保第七个五年法治宣传教育规划各项目标任务落到实处。

（一）健全普法宣传教育机制。各级党委和政府要加强对普法工作的领导，宣传、文化、教育部门和人民团体要在普法教育中发挥职能作用。把法治教育纳入精神文明创建内容，开展群众性法治文化活动。人民团体、社会组织要在法治宣传教育中发挥积极作用，健全完善普法协调协作机制，根据各自特点和实际需要，有针对性地组织开展法治宣传教育活动。积极动员社会力量开展法治宣传教育，加强各级普法讲师团建设，选聘优秀法律和党内法规人才充实普法讲师团队伍，组织开展专题法治宣讲活动，充分发挥讲师团在普法工作中的重要作用。鼓励引导司法和行政执法人员、法律服务人员、大专院校法律专业师生加入普法志愿者队伍，畅通志愿者服务渠道，健全完善管理制度，培育一批普法志愿者优秀团队和品牌活动，提高志愿者普法宣传水平。加强工作考核评估，建立健全法治宣传教育工作考评指导标准和指标体系，完善考核办法和机制，注重考核结果的运用。健全激励机制，认真开展“七五”普法中期检查和总结验收，加强法治宣传教育先进集体、先进个人表彰工作。围绕贯彻中央关于法治宣传教育的总体部署，健全法治宣传教育工作基础制度，加强地方法治宣传教育条例制定和修订工作，制定国家法治宣传教育法。

（二）健全普法责任制。实行国家机关“谁执法谁普法”的普法责任制，建立普法责任清单制度。建立法官、检察官、行政执法人员、律师等以案释法制度，在执法司法实践中广泛开展以案释法和警示教育，使案件审判、行政执法、纠纷调解和法律服务的过程成为向群众弘扬法治精神的过程。加强司法、行政执法案例整理编辑工作，推动相关部门面向社会公众建立司法、行政执法典型案例发布制度。落实“谁主管谁负责”的普法责任，各行业、各单位要在管理、服务过程中，结合行业特点和特定群体的法律需求，开展法治宣传教育。健全媒体公益普法制度，广播电视、报纸期刊、互联网和手机媒体等大众传媒要自觉履行普法责任，在重要版面、重要时段制作刊播普法公益广告，开设法治讲堂，针对社会热点和典型案（事）例开展及时权威的法律解读，积极引导社会法治风尚。各级党组织要坚持全面从严治党、依规治党，切实履行学习宣传党内法规的职责，把党内法规作为学习型党组织建设的重要内容，充分发挥正面典型倡导和反面案例警示作用，为党内法规的贯彻实施营造良好氛围。

（三）推进法治宣传教育工作创新。创新工作理念，坚持服务党和国家工作大局、服务人民群众生产生活，努力培育全社会法治信仰，增强法治宣传教育工作实效。针对受众心理，创新方式方法，坚持集中法治宣传教育与经常性法治宣传教育相结合，深化法律进机关、进乡村、进社区、进学校、进企业、进单位的“法律六进”主题活动，完善工作标准，建立长效机制。创新载体阵地，充分利用广场、公园等公共场所开展法治宣传教育，有条件的地方建设宪法法律教育中心。在政府机关、社会服务机构的服务大厅和服务窗口增加法治宣传教育功能。积极运用公共活动场所电子显示屏、服务窗口触摸屏、公交移动电视屏、手机屏等，推送法治宣传教育内容。充分运用互联网传播平台，加强新媒体新技术在普法中的运用，推进“互联网＋法治宣传”行动。开展新媒体普法益民服务，组织新闻网络开展普法宣传，更好地运用微信、微博、微电影、客户端开展普法活动。加强普法网站和普法网络集群建设，建设法治宣传教育云平台，实现法治宣传教育公共数据资源开放和共享。适应我国对外开放新格局，加强对外法治宣传工作。

五、组织领导

（一）切实加强领导。各级党委和政府要把法治宣传教育纳入当地经济社会发展规划，定期听取法治宣传教育工作情况汇报，及时研究解决工作中的重大问题，把法治宣传教育纳入综合绩效考核、综治考核和文明创建考核内容。各级人大要加强对法治宣传教育工作的日常监督和专项检查。健全完善党委领导、人大监督、政府实施的法治宣传教育工作领导体制，加强各级法治宣传教育工作组织机构建设。高度重视基层法治宣传教育队伍建设，切实解决人员配备、基本待遇、工作条件等方面的实际问题。

（二）加强工作指导。各级法治宣传教育领导小组每年要将法治宣传教育工作情况向党委（党组）报告，并报上级法治宣传教育工作领导小组。加强沟通协调，充分调动各相关部门的积极性，发挥各自优势，形成推进法治宣传教育工作创新发展的合力。结合各地区各部门工作实际，分析不同地区、不同对象的法律需求，区别对待、分类指导，不断增强法治宣传教育的针对性。坚持问题导向，深入基层、深入群众调查研究，积极解决问题，努力推进工作。认真总结推广各地区各部门开展法治宣传教育的好经验、好做法，充分发挥先进典型的示范和带动作用，推进法治宣传教育不断深入。

（三）加强经费保障。各地区要把法治宣传教育相关工作经费纳入本级财政预算，切实予以保障，并建立动态调整机制。把法治宣传教育列入政府购买服务指导性目录。积极利用社会资金开展法治宣传教育。

中国人民解放军和中国人民武装警察部队的第七个五年法治宣传教育工作，参照本规划进行安排部署。

全国人民代表大会常务委员会
关于开展第七个五年法治宣传教育的决议

（2016 年 4 月 28 日第十二届全国人民代表大会常务委员会第二十次会议通过）

2011 年至 2015 年，我国法制宣传教育第六个五年规划顺利实施，法治宣传教育在服务经济社会发展、维护社会和谐稳定、建设社会主义法治国家中发挥了重要作用。为深入学习宣传习近平总书记关于全面依法治国的重要论述，全面推进依法治国，顺利实施“十三五”规划，全面建成小康社会，推动全体公民自觉尊法学法守法用法，推进国家治理体系和治理能力现代化建设，从 2016 年至 2020 年在全体公民中开展第七个五年法治宣传教育，十分必要。通过开展第七个五年法治宣传教育，使全社会法治观念明显增强，法治思维和依法办事能力明显提高，形成崇尚法治的社会氛围。特作决议如下：

一、突出学习宣传宪法。坚持把学习宣传宪法摆在首要位置，在全社会普遍开展宪法宣传教育，重点学习宣传宪法确立的我国的国体、政体、基本政治制度、基本经济制度、公民的基本权利和义务等内容，弘扬宪法精神，树立宪法权威。实行宪法宣誓制度，组织国家工作人员在宪法宣誓前专题学习宪法。组织开展“12·4”国家宪法日集中宣传活动，教育引导一切组织和个人以宪法为根本活动准则。

二、深入学习宣传国家基本法律。坚持把学习宣传宪法相关法、民法商法、行政法、经济法、社会法、刑法、诉讼与非诉讼程序法等法律法规的基本知识，作为法治宣传教育的基本任务，结合学习贯彻创新、协调、绿色、开放、共享发展理念，加强对相关法律法规的宣传教育。在全社会树立宪法法律至上、法律面前人人平等、权由法定、权依法使等基本法治理念。

三、推动全民学法守法用法。一切有接受教育能力的公民都要接受法治宣传教育。坚持把全民普法和守法作为依法治国的长期基础性工作，加强农村和少数民族地区法治宣传教育，以群众喜闻乐见、易于接受的方式开展法治宣传教育，引导公民努力学法、自觉守法、遇事找法、解决问题靠法，增强全社会厉行法治的积极性、主动性和自觉性。大力弘扬法治精神，培育法治理念，树立法治意识，共同维护法律的权威和尊严。

四、坚持国家工作人员带头学法守法用法。坚持把各级领导干部带头学法、模范守法、严格执法作为全社会树立法治意识的关键。健全国家工作人员学法用法制度，将法治教育纳入干部教育培训总体规划。坚持把依法办事作为检验国家工作人员学法用法的重要标准，健全重大决策合法性审查机制，推行政府法律顾问制度，推动行政机关依法行政，促进司法机关公正司法。坚持把尊法学法守法用法情况作为考核领导班子和领导干部的重要内容。

五、切实把法治教育纳入国民教育体系。坚持从青少年抓起，制定青少年法治教育大纲，设立法治知识课程，完善法治教材体系，强化学校、家庭、社会“三位一体”的青少年法治教育格局，加强青少年法治教育实践基地建设，增强青少年的法治观念。

六、推进社会主义法治文化建设。把法治文化建设纳入现代公共文化服务体系，繁荣法治文化作品创作推广，广泛开展群众性法治文化活动。大力弘扬社会主义核心价值观，推动法治教育与道德教育相结合，促进法律的规范作用和道德的教化作用相辅相成。健全公民和组织守法信用记录，建立和完善学法用法先进集体、先进个人宣传表彰制度。

七、推进多层次多领域依法治理。坚持法治宣传教育与法治实践相结合，把法律规定变成引领保障经济社会发展的基本规范。深化基层组织和部门、行业依法治理，深入开展法治城市、法治县（市、区）、民主法治示范村（社区）等法治创建活动，提高社会治理法治化水平。

八、推进法治宣传教育创新。遵循现代传播规律，推进法治宣传教育工作理念、方式方法、载体阵地和体制机制等创新。结合不同地区、不同时期、不同群体的特点和需求，分类实施法治宣传教育，提高法治宣传教育的针对性和实效性，力戒形式主义。充分发挥报刊、广播、电视和新媒体新技术等在普法中的作用，推进互联网+法治宣传教育行动。建立法官、检察官、行政执法人员、律师等以案释法制度，充分运用典型案例，结合社会热点，开展生动直观的法治宣传教育。加强法治宣传教育志愿者队伍建设。深化法律进机关、进乡村、进社区、进学校、进企业、进单位等活动。

九、健全普法责任制。一切国家机关和武装力量、各政党和各人民团体、企业事业组织和其他社会组织都要高度重视法治宣传教育工作，按照“谁主管谁负责”的原则，认真履行普法责任。

实行国家机关“谁执法谁普法”的普法责任制，建立普法责任清单制度。健全媒体公益普法制度，落实各类媒体的普法责任，在重要频道、重要版面、重要时段开展公益普法。把法治宣传教育纳入当地经济社会发展规划，进一步健全完善党委领导、人大监督、政府实施、部门各负其责、全社会共同参与的法治宣传教育工作体制机制。

十、加强组织实施和监督检查。各级人民政府要积极开展第七个五年法治宣传教育工作，强化工作保障，做好中期检查和终期评估，并向本级人民代表大会常务委员会报告。各级人民代表大会及其常务委员会要充分运用执法检查、听取和审议工作报告以及代表视察、专题调研等形式，加强对法治宣传教育工作的监督检查，保证本决议得到贯彻落实。

中组部　中宣部　司法部　人力资源和社会保障部印发《关于完善国家工作人员学法用法制度的意见》

（2016年3月）

为全面贯彻党的十八大和十八届三中、四中、五中全会精神，深入贯彻习近平总书记系列重要讲话精神，推动国家工作人员学法用法工作进一步制度化、规范化，切实提高国家工作人员法治素养和依法办事的能力，现就完善国家工作人员学法用法制度提出如下意见。

一、完善国家工作人员学法用法制度的重要性

国家工作人员学法用法是全面依法治国的

◆ 山东省委宣传部、省委全面依法治省委员会办公室、省司法厅、省普法办在山东省电视台演播大厅联合举办山东省宪法基本知识（电视）大赛暨法治宣传教育月总结表彰会

基础性工作，是深入推进社会主义核心价值观建设的重要内容，是切实加强干部队伍建设的有效途径。党中央、国务院历来高度重视国家工作人员学法用法工作。党的十八大以来，习近平总书记多次对国家工作人员学法用法工作作出重要指示、提出明确要求，为国家工作人员学法用法工作指明了方向。各地各部门认真贯彻落实中央决策部署，采取有力措施，大力推进国家工作人员学法用法工作，取得显著成效。国家工作人员的学法自觉性不断提高，法律意识和法治素养明显增强，依法决策、依法行政、依法管理的能力普遍提高，在推进国家法治建设中发挥了重要作用。但同时也要看到，与全面依法治国的新要求相比，国家工作人员在学法用法方面还存在一些问题。有的领导干部对国家工作人员学法用法重视不够，有的地方和部门学法用法制度不够健全，有的国家工作人员法治观念淡薄，有的甚至知法犯法、以言代法、以权压法、徇私枉法。各地各部门一定要从全面依法治国的战略高度，充分认识国家工作人员学法用法的重要性，进一步健全完善学法用法各项制度，大力推动国家工作人员带头尊法学法守法用法，切实提高运用法治思维和法治方式解决问题的能力，不断促进全社会树立法治意识、厉行法治，为建设社会主义法治国家作出应有贡献。

二、国家工作人员学法用法的指导思想和主要内容

（一）指导思想

全面贯彻党的十八大和十八届三中、四中、五中全会精神，坚持以马克思列宁主义、毛泽东思想、邓小平理论、“三个代表”重要思想、科学发展观为指导，深入学习贯彻习近平总书记系列重要讲话精神，贯彻落实中央关于法治宣传教育工作的决策部署，适应全面依法治国和全面从严治党的新要求，坚持学法用法相结合，进一步完善国家工作人员学法用法各项制度，健全考核评估机制，创新工作方式方法，不断推进国家工作人员学法用法工作持续深入开展，努力提高国家工作人员法治素养，增强运用法治思维和法治方式推动发展的能力水平，充分发挥在建设社会主义法治国家中的重要作用，为全面建成小康社会，实现“两个一百年”奋斗目标，实现中华民族伟大复兴的中国梦创造良好的法治环境。

（二）主要内容

国家工作人员学法用法要紧密结合实际，认真学习以宪法为核心的各项法律法规，牢固树立社会主义法治理念，努力提高法治素养，不断增强在法治轨道上深化改革、推动发展、化解矛盾、维护稳定的能力。各级领导干部要做尊法学法守法用法的模范，带头学习宪法和法律，带头厉行法治、依法办事。党员干部要深入学习党章和党内法规，尊崇党章，增强党章党规党纪意识，做党章党规党纪和国家法律的自觉尊崇者、模范遵守者、坚定捍卫者。

1. 突出学习宪法。坚持把学习宪法放在首位，深入学习宪法确立的基本原则、国家的根本制度和根本任务、国体和政体、公民的基本权利和义务等内容，培养宪法意识，树立宪法至上理念，自觉遵守宪法，维护宪法实施。

2. 学习国家基本法律。认真学习宪法相关法、民法商法、行政法、经济法、社会法、刑法、诉讼与非诉讼程序法、国防法以及国际法等方面的法律，认真学习党的十八大以来制定修改的法律，努力掌握法律基本知识，不断提高法律素养。

3. 学习与经济社会发展和人民生产生活密切相关的法律法规。认真学习社会主义市场经济法律法规、文化建设法律法规、生态环境保

护法律法规，以及教育、就业、收入分配、社会保障、医疗卫生等保障和改善民生方面的法律法规，不断提高运用法律手段管理经济社会事务的水平。

4. 学习与履行岗位职责密切相关的法律法规。坚持干什么学什么、缺什么补什么，有针对性地加强与履职相关法律知识的学习，切实提高依法办事能力。

5. 深入推进法治实践。坚持与法治实践相结合，把法治实践成效作为检验国家工作人员学法用法工作的重要标准，积极推进国家工作人员结合岗位需求开展用法活动，严格按照法律规定履行职责，不断提高社会治理法治化水平。

三、进一步健全完善国家工作人员学法用法制度

（一）健全完善党委（党组）中心组学法制度。坚持领导干部带头尊法学法，把宪法法律和党内法规列入各级党委（党组）中心组年度学习计划，组织开展集体学法。党委（党组）书记认真履行第一责任人职责，带头讲法治课，做学法表率。坚持重大决策前专题学法，凡是涉及经济发展、社会稳定和人民群众切身利益等重大问题，决策前应先行学习相关法律法规。逐步建立和完善领导干部学法考勤、学法档案、学法情况通报等制度，把领导干部学法各项要求落到实处。

（二）健全完善日常学法制度。结合国家工作人员岗位需要，推动学法经常化。坚持以自学为主的方法，联系实际制定学习计划，明确学习任务，保证学习时间和效果。定期组织法治讲座、法治论坛、法治研讨等，利用国家宪法日、宪法宣誓、法律颁布实施纪念日等开展学法活动，推动经常性学法不断深入。依托全国党员干部现代远程教育系统、各级政府网站、专门普法网等资源，建设网络学法学校、网络学法课堂，搭建和完善学法平台。注重微博、微信、微视、移动客户端等新技术在学法中的运用，组织开展以案释法、旁听庭审、警示教育等，不断拓宽学法渠道，推进学法形式创新。

（三）加强法治培训。把法治教育纳入干部教育培训总体规划，明确法治教育的内容和要求。把宪法法律列为各级党校、行政学院、干部学院、社会主义学院和其他相关培训机构的培训必修课，进一步加强法治课程体系建设，不断提高法治教育的系统性和实效性。把法治教育纳入国家工作人员入职培训、晋职培训的必训内容，确保法治培训课时数量和培训质量。根据实际需要组织开展专题法治培训，加大各类在职业务培训中法治内容的比重。在组织调训中增加设置法治类课程，明确法治类课程的最低课时要求。

（四）坚持依法决策。严格遵守宪法和法律规定决策，做到法定职责必须为、法无授权不可为。落实重大决策合法性审查机制，对重大事项的决策权限、内容和程序等进行合法性审查，未经合法性审查或经审查不合法的，不得提交讨论。积极推进政府法律顾问制度，为政府重大决策提供法律意见，预防和减少违法决策行为的发生。各级党政机关和人民团体要普遍设立公职律师，参与决策论证，提高决策质量。推动在国有企业设立公司律师，防范经营风险，实现国有资产保值增值。落实重大决策终身责任追究制度及责任倒查机制，对于违法决策以及滥用职权、怠于履职造成重大损失、恶劣影响的，都要严格依法追究法律责任。

（五）严格依法履职。牢固树立权由法定、权依法使等基本法治观念，严格按照法律规定和法定程序履行职责，把学到的法律知识转化为依法办事的能力。严格实行执法人员持证上

岗和资格管理制度，未取得执法资格的，不得从事执法活动。严格执行重大执法决定法制审核制度，对重大执法决定未经法制审核或者审核未通过的，不得作出决定。落实信息公开制度，依法公开职责权限、法律依据、实施主体、流程进度、办理结果等事项，自觉接受社会各方面监督。落实执法案卷评查、案件质量跟踪评判工作，努力提高执法质量和执法水平。执法、司法机关领导干部要以更高的标准和要求学法用法，忠于法律、捍卫法治。落实执法责任制，严格责任追究。

（六）完善考核评估机制。加强国家工作人员录用、招聘中法律知识的考察测试，增加公务员录用考试中法律知识的比重。定期组织开展国家工作人员法律考试，健全完善国家工作人员任职法律考试制度，推动以考促学、以考促用。对拟从事行政执法人员组织专门的法律考试，经考试合格方可授予行政执法资格。把学法用法情况列入公务员年度考核重要内容。领导班子和领导干部在年度考核述职中要围绕法治学习情况、重大事项依法决策情况、依法履职情况等进行述法。把法治观念、法治素养作为干部德才的重要内容，把能不能遵守法律、依法办事作为考察干部的重要依据。探索建立领导干部法治素养和法治能力测评指标体系，将测评结果作为提拔使用的重要参考。把国家工作人员学法用法情况纳入精神文明创建内容，列入法治城市、法治县（市、区）创建考核指标，增加考核的分值权重。

四、切实加强组织领导

各地各部门要把国家工作人员学法用法工作摆在重要位置，切实加强领导。主要领导负总责，分管领导具体抓，并明确专门机构和人员负责学法用法工作的具体落实。把国家工作人员学法用法作为一项长期性、经常性工作来抓，纳入本部门、本单位工作总体布局中，做到与业务工作同部署、同检查、同落实，细化各项制度措施，体现不同岗位特点，并为国家工作人员学法用法创造条件、提供保障。把国家工作人员学法用法工作纳入“法律进机关（单位）”、学习型党组织建设、学习型机关建设、机关（单位）法治文化建设的重要内容，推动学法用法向纵深发展。积极探索建立激励机制，按照国家有关规定表彰奖励先进单位和个人，充分调动国家工作人员学法用法的积极性和自觉性。注重总结宣传学法用法工作的成功经验和做法，充分发挥典型示范作用。

各有关部门要在党委的统一领导下，明确职责分工，加强协调配合，完善国家工作人员学法用法工作机制，进一步形成各司其职、各负其责、齐抓共管的工作格局。党委组织部门要对国家工作人员学法用法工作进行宏观指导和监督，把国家工作人员学法用法列入干部培训计划，协调培训院校落实宪法法律必修课，把学法用法情况作为考察干部的重要内容。党委宣传部门要协助落实党委（党组）中心组学法制度，加强对学法用法工作的舆论宣传。公务员主管部门要把法治知识纳入公务员录用考试、培训和年度考核范围。司法行政部门要具体承担国家工作人员学法用法的组织协调、指导和检查。

各地各部门要按照本意见的精神，研究制定符合本地本部门实际的国家工作人员学法用法制度，认真组织实施。

◆ 教育部在全国青少年学生法治教育实践示范基地开展宪法晨读活动，全国 21 万余所学校学生通过教育部全国青少年普法网同步参与

教育部　司法部　全国普法办印发《青少年法治教育大纲》

（2016 年 6 月 28 日）

为深入贯彻党的十八届四中全会关于“将法治教育纳入国民教育体系，从青少年抓起，在中小学设立法治知识课程”的要求，在国民教育体系中系统规划和科学安排法治教育的目标定位、原则要求和实施路径，制定本大纲。

一、青少年法治教育的重要性和紧迫性

青少年是祖国的未来、民族的希望。加强青少年法治教育，使广大青少年学生从小树立法治观念，养成自觉守法、遇事找法、解决问题靠法

的思维习惯和行为方式，是全面依法治国、加快建设社会主义法治国家的基础工程；是在青少年群体中深入开展社会主义核心价值观教育的重要途径；是全面贯彻党的教育方针，促进青少年健康成长、全面发展，培养社会主义合格公民的客观要求。

长期以来，各有关部门、各级各类学校通过多种途径开展了形式多样的青少年法制宣传教育，广大青少年法律素质明显提高。但从总体上看，青少年法治教育仍存在着对其重要地位和作用认识不深刻、定位不够准确；法治教育缺乏整体规划，方式方法有待创新；学校法治教育的评价体系不健全，教育针对性和实效性不强；学校、社会、家庭多元参与的青少年法治教育网络还没有形成；师资、教育资源的保障机制尚不健全等问题。

建设社会主义法治国家的宏伟目标，对加强和改善青少年法治教育提出了现实而迫切的要求，当前和今后一段时间，要高度重视青少年法治教育工作，加快完成法治教育从一般的普法活动到学校教育的重要内容，从传授法律知识到培育法治观念、法律意识的转变，完善工作机制，加大工作力度，将法治教育全面纳入国民教育体系，创新青少年法治教育的形式与内容，着力提高系统化、科学化水平，切实增强教育的针对性与实效性。

二、青少年法治教育的指导思想和工作要求

（一）指导思想

开展青少年法治教育，要高举中国特色社会主义伟大旗帜，以邓小平理论、“三个代表”重要思想、科学发展观为指导，深入贯彻习近平总书记系列重要讲话精神，全面贯彻党的教育方针，以培育和践行社会主义核心价值观为主线，以宪法教育为核心，把法治教育融入学校教育的各个阶段，全面提高青少年法治观念和法律意识，使尊法学法守法用法成为青少年的共同追求和自觉行动。

（二）工作要求

——以社会主义核心价值观为主线。法治教育要与道德教育相结合，注重以法治精神和法律规范弘扬社会主义核心价值观，以良法善治传导正确的价值导向，把法律的约束力量、底线意识与道德教育的感化力量、提升精神紧密结合，使青少年理解法治的道德底蕴，牢固树立规则意识、诚信观念、契约精神，尊崇公序良俗，实现法治的育人功能。

——以宪法教育为核心，以权利义务教育为本位。法治教育要以宪法教育和公民基本权利义务教育为重点，覆盖各教育阶段，形成层次递进、结构合理、螺旋上升的法治教育体系。要将宪法教育贯穿始终，培养和增强青少年的国家观念和公民意识；将权利义务教育贯穿始终，使青少年牢固树立有权利就有义务、有权力就有责任的观念。

——以贴近青少年实际、提高教育效果为目的。法治教育要遵循青少年身心发展规律，贴近青少年生活实际，科学安排教学内容，合理确定教学重点和方法，注重知行统一，坚持落细落小落实；要更多采取实践式、体验式、参与式等教学方式，与法治事件、现实案例、常见法律问题紧密结合，注重内容的鲜活，注重学生的参与、互动、思辨，创新形式，切实提高法治教育的质量和实效。

——以构建系统完整的法治教育体系为途径。法治教育要从小抓起，贯穿学校教育的各个阶段。要充分发挥课堂教学的主渠道作用，深入挖掘各门学科蕴含的法治教育内涵，注重发挥课外活动、社会实践和网络文化的重要作用，加强

政府部门、学校、社会、家庭之间的协调配合，形成校内校外、课内课外、网上网下相结合的教育合力。

三、青少年法治教育的目标

（一）总体目标

以社会主义核心价值观为引领，普及法治知识，养成守法意识，使青少年了解、掌握个人成长和参与社会生活必需的法律常识和制度、明晰行为规则，自觉尊法、守法；规范行为习惯，培育法治观念，增强青少年依法规范自身行为、分辨是非、运用法律方法维护自身权益、通过法律途径参与国家和社会生活的意识和能力；践行法治理念，树立法治信仰，引导青少年参与法治实践，形成对社会主义法治道路的价值认同、制度认同，成为社会主义法治的忠实崇尚者、自觉遵守者、坚定捍卫者。

（二）阶段目标

1. 义务教育阶段。使学生初步了解公民的基本权利义务、重要法治理念与原则，初步了解个人成长和参与社会生活必须的基本法律常识；初步树立法治意识，养成规则意识和尊法守法的行为习惯，初步具备依法维护自身权益、参与社会生活的意识和能力，为培育法治观念、树立法治信仰奠定基础。

其中，小学阶段，着重普及宪法常识，养成守法意识和行为习惯，让学生感知生活中的法、身边的法，培育学生的国家观念、规则意识、诚信观念和遵纪守法的行为习惯。初中阶段，使学生初步了解个人成长和参与社会生活必备的基本法律常识，进一步强化守法意识、公民意识、权利与义务相统一观念、程序思维，初步建立宪法法律至上、民主法治等理念，初步具备运用法律知识辨别是非的能力，初步具备依法维护自身合法权益、参与社会生活的能力。

2. 高中教育阶段。使学生较为全面地了解中国特色社会主义法律体系的基本框架、基本制度以及法律常识，强化守法意识，增强法治观念，牢固树立有权利就有义务的观念，初步具备参与法治实践、正确维护自身权利的能力。

3. 高等教育阶段。进一步深化对法治理念、法治原则、重要法律概念的认识与理解，基本掌握公民常用法律知识，基本具备以法治思维和法治方式维护自身权利、参与社会公共事务、化解矛盾纠纷的能力，牢固树立法治观念，认识全面依法治国的重大意义，坚定走中国特色社会主义法治道路的理想和信念。

四、青少年法治教育的内容

（一）总体内容

青少年法治教育要以法律常识、法治理念、法治原则、法律制度为核心，围绕青少年的身心特点和成长需求，结合青少年与家庭、学校、社会、国家的关系，分阶段、系统安排公民基本权利义务、家庭关系、社会活动、公共生活、行政管理、司法制度、国家机构等领域的主要法律法规以及我国签署加入的重要国际公约的核心内容；按不同的层次和深度，将自由、平等、公正、民主、法治等理念，宪法法律至上、权利保障、权力制约、程序正义等法治原则，立法、执法、司法以及权利救济等法律制度，与法律常识教育相结合，在不同学段的教学内容中统筹安排、层次递进。

（二）分学段的教学内容与要求

1. 义务教育阶段

以基础性的行为规则和法律常识为主，侧重法治意识、尊法守法行为习惯的养成教育。要注重教学内容和方式的形象、生动，贴近学生实际，利用案例教学、实践教学，从生活实践中提炼案例，注重将核心理念、重要概念与学生生活实践能够接触的事件相结合，与学生的理解能力相适应。主要分阶段实施以下内容：

小学低年级（1–2 年级）

认知国家象征及标志。初步建立国家、国籍、公民的概念，初步建立对家庭关系的法律认识。初步建立规则意识，初步理解遵守规则、公平竞争、规则公平的意义与要求。初步建立法律面前人人平等的观念。了解消防安全知识、基本交通规则，知晓常用公共服务电话。初步了解自然，爱护动植物，为节约资源、保护环境做力所能及的事。

小学高年级（3–6 年级）

建立对宪法的法律地位和权威的初步认知。了解人民代表大会制度，初步认知主要国家机构，国家主权与领土，认知国防的意义，增强民族团结意识。

初步了解公民的基本权利和义务，简要认知重要民事权利，了解法律对未成年人的特定保护；初步理解权利行使规则，树立依法维权意识，树立有权利就有义务的观念，建立对校园欺凌行为的认知和防范意识。

了解制定规则要遵循一定的程序，进一步树立规则意识，遵守公共生活规则。初步了解合同以及合同的履行，理解诚实守信和友善的价值与意义。

初步了解消费者权益保护、道路交通、环境保护、消防安全、禁毒、食品安全等生活常用法律的基本规则。

初步认知未成年人能够理解和常见的违法和犯罪行为及其危害和要承担的法律责任。

初步了解司法制度，了解法院、检察院、律师的功能与作用。

知道我国加入的一些重要国际组织和国际公约。

初中阶段（7–9 年级）

进一步深化宪法教育。了解国家基本制度，强化国家认同。初步了解政府依法行政的基本原则，了解重要国家机构的职权。认知国家尊重和保障人权的意义。加深对公民基本权利和义务的认识。

了解民事法律活动的基本原则。了解合同和违约责任，树立诚信意识和契约精神。初步了解物权的概念，加深对知识产权的认识，理解保护知识产权的意义。了解有关民事侵权行为的法律规范和基本原则，认识与学生生活实践相关的民事侵权行为（校园伤害事故等）。了解劳动权利及其保障原则，以及教育、社会保险等相关方面的法律规定。

初步了解政府运行的法治原则，了解治安、道路交通、消防、环境保护、国家安全、公共卫生、教育、税收等公共事务的法律原则，初步形成依法参与社会公共事务的意识。

加深对社会生活中常见违法行为的认知，强化法律责任意识，巩固守法观念。了解犯罪行为的特征、刑罚种类，建立对校园暴力等青少年常见违法犯罪行为的防范意识和应对能力；初步认知罪刑法定、无罪推定等原则，正当防卫、紧急避险等概念。

初步了解我国司法制度的基本原则，建立尊重司法的意识。初步理解程序正义在实现法治中的作用，建立依法处理纠纷，理性维护权利的意识。

2. 高中教育阶段

在义务教育阶段教学内容的基础上，根据学生成长需要和认知能力的发展，全面拓展法律常识、法律制度的内容，有针对性地增加重要的法律知识；加大法治原则、法律理念的教学深度，注重增加教育教学的实践性、参与性和思辨性，结合现实案例、法治实践，着重引导学生理解、认同法律背后的价值、宗旨，注重法治意识的培养。主要实施以下内容：

了解我国社会主义法律体系的构成；理解法的特征与作用，法治的内涵与精神，初步形成对中国特色社会主义法治道路的认同。加深对宪法的地位、功能和价值的认识，明晰宪法原则，深入理解宪法所确立的国家基本制度，加深对公民基本权利与基本义务的认知，加深对重要法治原则的理解，了解选举制度和重要法律规定，认知法治与民主的关系。了解宪法实施及其监督的程序与机制。

理解民事活动的基本法律原则和核心概念，了解物权的法律概念与基本规则，树立尊重所有权的观念，进一步了解合同订立与履行的法律规则，深化对诚信原则的认识。了解知识产权保护的意义和法律规则。简要了解侵权责任的原则、概念。全面认知家庭、婚姻、教育、劳动、继承等与学生个人成长相关的法律关系。了解与生活密切相关的行政法律中的重要规则，认知和理解政府行政管理的法治原则，建立权力受法律制约，有权力就有责任的观念。理解刑法的运行规则，了解犯罪构成以及罪刑法定等基本原则。了解保障人权的重要性及其含义，理解法治与权利保障的关系。

认知民事、行政、刑事方面的法律责任，深化守法意识。了解诉讼制度的基本原则，以及调解、仲裁、行政复议等多元化纠纷解决机制，建立对正当程序原则的认识，树立理性表达诉求、依法维护权益的意识。了解人民法院、人民检察院的机构设置与职能，理解法官、检察官对维护司法公正的价值。了解律师的资格条件、业务范围和权利义务，理解律师维护社会正义的价值。

了解国际法的基本原则，我国签署加入儿童权利公约、残疾人权利公约等主要国际公约的基本内容。

3. 高等教育阶段

在义务教育和高中阶段教育的基础上，针对非法律专业的学生，根据高等教育阶段法治教育的目的，系统介绍中国特色社会主义法学理论体系的基本内涵；掌握法治国家的基本原理，知晓法治的中西源流；明确全面推进依法治国的战略目标、道路选择和社会主义法治体系建设的内容与机制；了解法治的政治、经济、文化、社会和国情基础，理解法治的核心理念和原则；掌握宪法基本知识，了解中国特色社会主义法律体系中的基本法律原则、法律制度及民事、刑事、行政法律等重要、常用的法律概念、法律规范；增加法治实践，提高运用法律知识分析、解决实际问题的意识和能力。

五、青少年法治教育的实施途径

青少年法治教育要充分发挥学校主导作用，与家庭、社会密切配合，拓宽教育途径，创新教育方法，实现全员、全程、全方位育人。

（一）学校教育

1. 专门课程

法治教育要与德育课程紧密结合，要适时、相应修订中小学德育课程标准，完成本大纲要求的教学内容。小学低年级要在道德与法治课中设置专门课时，安排法治教育内容；小学高年级要加大法治教育内容在道德与法治课中的比重，原则上不少于 1/3；初中阶段，采取道德与法治课中设置专门教学单元或者集中在某一学期以专册方式实施教学，保证法治教育时间。高中教育阶段，思想政治课要设置专门的课程模块，可以采取分册方式，将法治教育作为思想政治课的独立组成部分，或者加大法治教育选修课的课时。高等教育阶段要把法治教育纳入通识教育范畴，开设法治基础课或者其他相关课程作为公共必修课。鼓励具备条件的地方、学校根据本大纲要求编写法治教育教材，在地方课程或者校本课程中设置法治知识课（必修或选修），完成本大纲要求的教育内容。

2. 教学方式

在课程建设和课程标准修订中要强化法治教育内容，并将法治教育内容落实到各学科课程的教育目标之中。要综合采用故事教学、情境模拟（如法庭模拟）、角色扮演、案例研讨、法治辩论、价值辨析等多种教学方法，必要时，可根据学生认知特点，将真实法治案例引入课堂教学，注重学生法治思维能力的培养。有条件的学校，要充分利用信息技术手段，将多种法治教育资源、形式予以整合、提升，形成以学习者为中心的教育环境，引导学生自主学习，培养学生学习法律的兴趣。

3. 多学科协同

要在各学科课程中挖掘法治教育因素，如：语文教学要充分利用文学作品中的人物形象和典型事件，向学生进行公平正义、违法责任等方面的教育；历史教学要关注法治发展史的教育，要重点讲述依法治国的历史范例；生物教学要对学生进行保护环境、热爱生命、尊重人权的教育；体育教学要对学生进行遵守规则、崇尚公正的教育，等等。

4. 主题教育

要充分利用主题教育、校园文化、党团队活动、学生社团活动、社会实践活动等多种载体，全过程、全要素开展法治教育。要将安全教育、廉政教育、民族团结教育、国防教育、交通安全教育、禁毒教育等专题教育，与法治教育内容相整合，一体化设计教学方案。深入开展“法律进学校”活动。充分利用国家宪法日、国防教育日、国家安全教育日、全国消防日、全国交通安全日、国际禁毒日、世界知识产权日、消费者权益日等，普及相关法律知识，开展形式多样、丰富多彩的主题教育活动。在入学仪式、开学典礼和毕业典礼、成人仪式等活动中，融入法治教育，积极引导学生自主参与，体验感悟。

5. 校园法治文化建设

要全面落实依法治校要求，把法治精神、法治思维和法治方式落实在学校教育、管理和服务的各个环节，建立健全学校章程、相关规章制度，完善学生管理、服务以及权利救济制度，实现环境育人。广泛开展模拟法庭、法律知识竞赛、法律情景剧展演、辩论会、理论研讨、法治社会实践、志愿服务等法治实践活动。中小学图书馆要选配符合青少年学生认知特点的普法读本、影视、动漫作品等，引导学生阅读、观看、讨论。在校园建设中要主动融入法治元素，利用宣传栏、招贴画、名言警句等校园文化载体，宣传法律知识、法治精神，营造校园法治教育氛围。

6. 学生自我教育

在法治教育中要注重发挥学生的主体作用。要根据学生实际，引导、支持学生自主制定规则、公约等，逐步培养学生参与群体生活、自主管理、民主协商的能力，养成按规则办事的习惯，引导学生在学校生活的实践中感受法治力量，培养法治观念。具备条件的，要积极支持学生组建法治兴趣小组、法治实践社团等，加以正确引导，使学生以适当方式研究法治问题、参与法治实践。

（二）社会教育

1. 社会实践教育

各级教育部门和学校要积极组织学生参加法治社会实践活动。各地要根据实际，积极建设综合性的青少年法治教育实践基地，在司法机关、相关政府部门或者有关组织、学校建立专项的法治教育基地。在统一组织的学生社会实践活动中，要安排相当比例的法治实践内容，让学生在真实的法治实践情景中进行学习。学校要充分利用各种社会资源，加强与社区的合作，组织学生进行社区法治服务活动。有条件的高等学校可以设立大学生法律援助中心，利用“三下乡”活动，组织学生进入社区、街道开展法治宣传，普及法律知识，在实践中学法、用法。

2. 国家机关和社会力量参与

要广泛组织和动员国家机关和社会力量支持和参与青少年法治教育工作，建立社会法治教育网络。法院、检察院、公安机关、司法行政机关等国家机关、律师协会等社会组织，要深入学校开展法治宣传教育，与教育部门、学校合作开发法治教育项目；有关行政部门要按照“谁执法、谁普法”的原则，利用学校法治教育平台，为学校提供相应的法治教育资源和实践机会。要切实加强针对有不良行为青少年的专门法治教育工作。鼓励法律工作者、研究人员以各种形式参与青少年法治教育，为学校开发法治教育课程、开展专题法治教育活动提供支持。宣传、文化、新闻出版广电、网信等相关主管部门要加强对报刊、广播电视、网络等媒体的引导和管理，积极鼓励弘扬法治精神的图书、期刊、网络游戏、动漫作品、少儿节目等文化产品以及创意作品的创作和传播，鼓励设立提供青少年法治教育服务的专业化教育机构，形成法治教育的社会合力和良好氛围。

3. 开发利用网络资源

要充分利用网络上的优质法治教育资源，丰富教学的形式和内容，建立学校、社会、家庭共同参与的立体教育网络。利用学校网站、官方微博、微信等平台及教师、班主任或辅导员的个人社交平台进行法治宣传，增强网络法治教育的吸引力，引导学生正确理解法律规范，理性思考和正确认识法治事件、现实案例。

（三）家庭教育

推动家庭与学校形成开展青少年法治教育的合力。积极引导家长重视家庭美德和家庭文化的建设，成为子女学法、守法、用法的榜样。要办好家长学校，完善家校合作机制，大力宣传推广家庭文化建设和家庭教育的成功经验，制定家长法治教育手册，提高家长对孩子进行法治教育的意识和能力，指导家长及时督促改正青少年的不良行为，预防产生违法行为。同时，要发挥学生法治教育对家长的作用，了解家长需求，拓展学校法治教育的影响。

六、青少年法治教育的保障

（一）组织与制度保障

各地要在党委、政府的统一领导下，建立由教育部门牵头，司法部门、共青团和有关部门、组织等共同参与的青少年法治教育工作机制，联合制定青少年法治教育工作规划，明确责任分工，确定工作步骤，协同推进青少年法治教育。

各级教育部门要积极协调相关部门，整合资源，完善保障机制，健全青少年法治教育效果评价机制，推广法治教育的先进经验。要将学校法治教育实施情况作为依法治校的重要方面，纳入学校年度考核的内容；作为预防青少年违法犯罪和“平安校园”创建工作内容，纳入综合（平安建设）工作考评。县级以上各级人民政府教育督导机构要将学校法治教育实施情况纳入教育督导范围，帮助学校推进法治教育工作。

各级各类学校是实施法治教育的主体，要将法治教育纳入学校总体发展规划和年度工作计划，重点在师资配备、课程实施、经费支持、制度机制等方面予以保障，做好法治教育的落实工作。

（二）师资队伍建设

要大力加强法治教育师资队伍建设，逐步建设高水平的法治教育教师队伍。通过多种途径，保证每所中小学要至少有 1 名受过专业培养或者经过专门培训，可以胜任法治教育任务的教师。建立中小学法治教育骨干教师培养机制，完善对法治教育教学成果的支持和奖励制度。提高全体教师的法治素养和法治教育能力，充分挖掘各学科教学内容的法治内涵，提升教师群体的法治意识。完善法治副校长（辅导员）制度，进一步明确职责，完善相关工作机制，充分发挥法官、检察官、律师、高校法律院系教师等法律工作者的力量，健全高校学生法治教育志愿者制度，建设稳定的兼职法治教育师资队伍，为中小学法治教育提供支持。

鼓励高校探索青少年法治教育方向研究生培养。创新机制吸引法律专业毕业生到中小学任教，培养专业化的中小学法治教育师资。完善法治教师继续教育制度，充分利用高校、社会的力量，为中小学法治教育教师培训提供支持。

（三）健全评价机制

要建立健全科学的青少年法治教育评价机制。评价要全面考察青少年法治教育效果，有利于激发青少年学习法治知识、发展法治能力、提高法治素养、参与法治实践的自觉性；有利于激发学校、教师开展法治教育的主动性和创造性，促进青少年法治教育形式与内容的不断改进和创新。评价要基于本大纲确定的青少年法治教育的目标和内容要求，将必要的法律常识纳入不同阶段学生学业评价范畴，在中、高考中适当增加法治知识内容，将法治素养作为学生综合素质的重要组成部分。要注重结合青少年的学习和生活，将反映法治思维、法治观念的行为、态度和实践作为评价的重要方面，增强评价的科学性和有效性。要结合社会诚信体系建设、精神文明创建等机制，探索建立综合性的青少年法治素养评价机制。教育部门可以联合司法部门组织或者委托第三方对学校、区域的青少年法治教育的整体情况进行评价。有条件的高等学校、科研组织可以开展青少年法治教育评价的研究与实践。

（四）教育教学资源保障

整合网络教育资源，加强教育部全国青少年普法网等专业网站建设，提供形式生动多样，内容鲜活丰富的网络优秀法治教育资源，支持中小学开展法治教育。积极推进综合性青少年法治教育实践基地建设，把基地建设纳入各地校外教育机构建设的整体规划。教育、司法行政部门要会同有关部门，加强组织协作，鼓励在政府部门、高等学校、相关社会组织，设立各类法治教育基地，为学校组织学生参观各类国家机关、观摩司法活动、体验法治实践提供便利。

鼓励和支持各种社会组织开发青少年法治教育读本及相关产品，编写出版符合青少年认知特点和接受意趣的法治教育期刊、课件、音像资料等教育教学资源。鼓励各地将法治教育教材、读本纳入免费教科书范围，积极创造条件向中小学特别是农村和边远贫困地区的学校，免费提供优质法治教育资源。

要充分利用高等学校、研究机构的相关科研力量，深入开展青少年法治教育理论研究，为法治教育教学提供理论基础和学理支撑。要加大对青少年法治教育研究扶持力度，设立专项科研课题，特别要设立面向一线教师的法治教育研究课题，鼓励中小学教师与专业研究人员开展合作研究，及时总结、交流和推广研究成果。

要引导大众传媒切实承担起法治教育的社会责任，把青少年学生作为法治宣传教育的重点人群，通过多种形式，开展适合青少年学生特点的公益法治宣传活动。

（五）经费保障

各级教育部门和有关部门要统筹安排相关经费，支持青少年法治教育，支持法治教育实践基地、教育普法网站建设和教师法治培训、法治教育教学研究等工作。具备条件的地方，可以通过政府购买服务等方式，为学校开展青少年法治教育提供优质的教学、实践资源。学校要将法治教育纳入学校工作总体规划和年度计划，将所需经费纳入年度预算。要积极动员全社会力量，鼓励企业、事业组织和公民个人设立公益性基金或者专门基金会，支持青少年法治教育工作。

中共中央办公厅　国务院办公厅印发《关于实行国家机关“谁执法谁普法”普法责任制的意见》

（2017年5月）

国家机关是国家法律的制定和执行主体，同时肩负着普法的重要职责。党的十八届四中全会明确提出实行国家机关“谁执法谁普法”的普法责任制。为健全普法宣传教育机制，落实国家机关普法责任，进一步做好国家机关普法工作，现就实行国家机关“谁执法谁普法”普法责任制提出如下意见。

一、总体要求

（一）指导思想

认真贯彻落实党的十八大和十八届三中、四中、五中、六中全会精神，坚持以邓小平理论、“三个代表”重要思想、科学发展观为指导，深入贯彻落实习近平总书记系列重要讲话精神和治国理政新理念新思想新战略，紧紧围绕统筹推进“五位一体”总体布局和协调推进“四个全面”战略布局，全面贯彻落实党中央关于法治宣传教育的决策部署，按照“谁执法谁普法”的要求，进一步明确国家机关普法职责任务，健全工作制度，加强督促检查，不断推进国家机关普法工作深入开展，努力形成党委统一领导，部门分工负责、各司其职、齐抓共管的工作格局，为全面依法治国作出积极贡献。

（二）基本原则

——坚持普法工作与法治实践相结合。把法治宣传教育融入法治实践全过程，在法治实践中加强法治宣传教育，不断提高国家机关法治宣传教育的实际效果。

——坚持系统内普法与社会普法并重。国家机关在履行好系统内普法责任的同时，积极承担面向社会的普法责任，努力提高国家工作人员法律素质，增强社会公众的法治意识。

——坚持条块结合、密切协作。国家机关普法实行部门管理与属地管理相结合，加强部门与地方的衔接配合，完善分工负责、共同参与的普法工作机制，形成普法工作合力。

——坚持从实际出发、注重实效。立足国家机关实际，结合部门工作特点，创新普法理念、工作机制和方式方法，积极推动各项普法责任的落实，切实增强普法的针对性和实效性。

二、职责任务

（一）建立普法责任制。国家机关要把普法作为推进法治建设的基础性工作来抓，纳入本部门工作总体布局，做到与其他业务工作同部署、同检查、同落实。按照普法责任制的要求，制定本部门普法规划、年度普法计划和普法责任清单，明确普法任务和工作要求。建立健全普法领导和工作机构，明确具体责任部门和责任人员。

（二）明确普法内容。深入学习宣传习近平总书记关于全面依法治国的重要论述，宣传以习近平同志为核心的党中央关于全面依法治国的重要部署。突出学习宣传宪法，弘扬宪法精神，树立宪法权威。深入学习宣传中国特色社会主义法律体系，深入学习宣传与本部门职责相关的法律法规，增强国家工作人员依法履职能力，特别是领导干部运用法治思维和法治方式开展工作的能力，提高社会公众对相关法律法规的知晓度。深入学习宣传党内法规，增强广大党员党章党规党纪意识。坚持普治并举，积极推进国家机关法治实践活动，不断提高社会治理法治化水平。

（三）切实做好本系统普法。健全完善国家机关党组（党委）理论学习中心组学法制度，坚持领导干部带头尊法学法守法用法。健全完善日常学法制度，推进国家工作人员学法经常化。加强对国家工作人员的法治培训，把宪法法律和党内法规作为重要内容，建立新颁布的国家法律和党内法规学习培训制度，不断提高培训质量。加强对国家工作人员学法用法的考试考核，完善评估机制。大力开展“法律进机关”、机关法治文化建设等活动，营造良好的机关学法氛围。

（四）充分利用法律法规规章和司法解释起草制定过程向社会开展普法。在法律法规规章和司法解释起草制定过程中，对社会关注度高、涉及公众切身利益的重大事项，要广泛听取公众意见。除依法需要保密的外，法律法规规章和司法解释草案要向社会公开征求意见，并说明相关制度设计，动员社会各方面广泛参与。加强与社会公众的沟通，及时向社会通报征求意见的有关情况，增强社会公众对法律的理解和认知。法律法规规章和司法解释出台后，以通俗易懂的语言将公民、法人和其他组织的权利义务、权利救济方式等主要内容，通过政府网站、新闻媒体公布或在公共场所陈列，方便社会公众理解掌握。

（五）围绕热点难点问题向社会开展普法。执法司法机关在处理教育就业、医疗卫生、征地拆迁、食品安全、环境保护、安全生产、社会救助等群众关心的热点难点问题过程中，要加强对当事人等诉讼参与人、行政相对人、利害关系人以及相关重点人群的政策宣讲和法律法规讲解，把矛盾纠纷排查化解与法律法规宣传教育有机结合起来，把普法教育贯穿于事前、事中、事后全过程，让群众在解决问题中学习法律知识，树立法律面前人人平等、权利义务相一致等法治观念。针对网络热点问题和事件，组织执法司法人员和专家学者进行权威的法律解读，组织普法讲师团、普法志愿者广泛开展宣传讲解，弘扬法治精神，正确引导舆论。

（六）建立法官、检察官、行政执法人员、律师等以案释法制度。法官、检察官在司法办案过程中要落实好以案释法制度，利用办案各个环节宣讲法律，及时解疑释惑。判决书、裁定书、抗诉书、决定书等法律文书应当围绕争议焦点充分说理，深入解读法律。要通过公开开庭、巡回法庭、庭审现场直播、生效法律文书统一上网和公开查询等生动直观的形式，开展以案释法。行政执法人员在行政执法过程中，要结合案情进行充分释法说理，并将行政执法相关的法律依据、救济途径等告知行政相对人。各级司法行政机关要加强对律师的教育培训，鼓励和支持律师在刑事辩护、诉讼代理和提供法律咨询、代拟法律文书、担任法律顾问、参与矛盾纠纷调处等活动中，告知当事人相关的法律权利、义务和有关法律程序等，及时解答有关法律问题；在参与涉法涉诉信访案件处理过程中，切实做好释法析理工作，引导当事人依法按程序表达诉求，理性维护合法权益，自觉运用法律手段解决矛盾纠纷。审判机关、检察机关、行政执法机关、司法行政机关要加强典型案例的收集、整理、研究和发布工作，建立以案释法资源库，充分发挥典型案例的引导、规范、预防与教育功能。要以法律进机关、进乡村、进社区、进学校、进企业、进单位等为载体，组织法官、检察官、行政执法人员、律师开展经常性以案释法活动。

（七）创新普法工作方式方法。在巩固国家机关橱窗、板报等基础宣传阵地的同时，积极探索电子显示屏、电子触摸屏等新型载体在普法宣传中的运用，建好用好法治宣传教育基地，切实将法治教育纳入国民教育体系，在中小学设立法治知识课程。充分发挥广播、电视、报刊等传统媒体优势，不断创新普法节目、专栏、频道，开展形式多样、丰富多彩的法治宣传教育。进一步深化司法公开，依托现代信息技术，打造阳光司法工程。注重依托政府网站、专业普法网站和微博、微信、微视频、客户端等新媒体新技术开展普法活动，努力构建多层次、立体化、全方位的法治宣传教育网络。坚持以社会主义核心价值观为引领，大力加强法治文化建设，在做好日常宣传的同时，充分利用国家宪法日、法律颁布实施纪念日等时间节点，积极组织开展集中普法活动，不断增强法治宣传实效。

三、组织领导

各级党委（党组）要高度重视，切实加强对普法工作的领导。各级国家机关要充分认识普法责任制在健全普法宣传教育机制、推进社会主义法治国家建设中的重要作用，把建立普法责任制摆上重要日程，及时研究解决普法工作中的重大问题，加强人员、经费、物质保障，为普法工作开展创造条件。要把普法责任制落实情况作为法治建设的重要内容，纳入国家机关工作目标考核和领导干部政绩考核，推动本部门普法责任制的各项要求落到实处。上级国家机关要加强对下级国家机关普法责任制建立和落实情况的督促检查，强化工作指导，确保普法工作取得实效。对于综合性法律，各有关部门要加强协调配合，增强法治宣传社会整体效果。

各级司法行政机关和普法依法治理领导小组办公室要充分发挥职能作用，加强对国家机关普法工作的指导检查，对涉及多部门的法律法规，要加强组织协调，形成工作合力。要定期召开联席会议，研究解决部门普法工作遇到的困难和问题，推动普法责任制的落实。要健全完善普法工作考核激励机制，建立考核评估体系，对照年度普法计划和普法责任清单，加强对国家机关普法责任制落实情况的检查考核，对责任落实到位、普法工作成效显著的部门，按照国家有关规定予以表彰奖励；对责任不落实、普法工作目标未完成的部门，予以通报。要注重总结落实普法责任制好的做法，积极推广普法工作好的经验，加强宣传，不断提高国家机关普法工作水平。

各地区各部门要按照本意见精神，研究制定具体措施，认真组织实施。

司法部　全国普法办　最高人民法院印发《关于推动国家工作人员旁听庭审活动常态化制度化的意见》

（2019年2月）

为贯彻党的十九大关于各级党组织和全体党员要带头尊法学法守法用法的要求，落实中共中央办公厅、国务院办公厅印发的《关于实行国家机关“谁执法谁普法”普法责任制的意见》，根据《关于完善国家工作人员学法用法制度的意见》，抓住领导干部这一“关键少数”开展生动的以案释法工作、健全完善日常学法制度，现就推动国家工作人员旁听庭审活动常态化、制度化提出如下意见。

一、开展国家工作人员旁听庭审活动是提高领导干部运用法治思维和法治方式能力的重要举措，各地各部门要把国家工作人员旁听庭审作为落实“谁执法谁普法”普法责任制的重要步骤，纳入国家工作人员学法用法制度的重要内容，高度重视、系统安排，建立长效工作机制，推动旁听庭审工作常态化、制度化。

二、各地各部门要结合实际，建立本地本部门国家工作人员旁听庭审制度，制定参加旁听庭审活动计划，把旁听庭审活动作为党委（党组）中心组学法的重要形式，计入国家工作人员法治培训学时学分。国家工作人员每年至少旁听庭审一次。

三、旁听庭审活动可采用网上观看庭审视频或到法院现场旁听等形式，以网上观看庭审视频为主。人民法院、司法部、全国普法办同时在中国庭审公开网（网址：tingshen.court.gov.cn）、中国普法网（网址：www.legalinfo.gov.cn）、中国法律服务网（网址：www.12348.gov.cn）上开设专区（专栏），遴选适合国家工作人员观看的行政案件、刑事案件等，在平台上予以推荐发布，供各级国家机关选择安排旁听庭审工作。

四、各级普法依法治理职能部门可根据实际情况，集中组织本级国家机关工作人员代表到现场旁听庭审活动。现场旁听庭审活动应提前与本级人民法院进行沟通联系。

五、建立国家工作人员旁听庭审工作固定联系机制。省、市、县级普法依法治理职能部门和同级人民法院分别确定旁听庭审工作联络员，负责共同协调安排旁听庭审事宜。

六、各地各部门要结合实际，创新旁听庭审活动形式，扩大覆盖范围，把旁听庭审活动与法律进机关（单位）、机关（单位）法治文化建设、法治创建工作密切结合，增强法治教育效果。

七、要认真落实国务院办公厅《关于加强和

改进行政应诉工作的意见》（国办发〔2016〕54号），把旁听庭审与行政应诉工作有机结合，推动落实被诉行政机关负责人出庭应诉制度。对于涉及重大公共利益、社会高度关注或者可能引发群体性事件的行政案件，相关部门可商案件审理法院组织工作人员现场旁听庭审。

八、行政复议机关审理的重大、疑难、复杂或社会关注度较高的行政复议案件，也作为国家机关工作人员旁听庭审的重要内容。行政复议机关可参照本意见有关规定，通过网上观看视频或现场旁听形式，安排国家工作人员对听证程序进行旁听。

九、落实普法责任制部际联席会议成员单位要带头开展国家工作人员旁听庭审工作，加快建立和落实全系统旁听庭审制度，组织开展本部门旁听庭审活动。

十、各级普法依法治理职能部门要将国家工作人员旁听庭审工作情况纳入普法依法治理工作评比表彰，以及法治城市、法治县（市、区）、依法行政示范单位创建指标体系，加大工作督查指导力度，加强相关工作情况交流。

各地各部门可根据本意见制定旁听庭审的具体办法。各省（区、市）、各中央国家机关每年底将本地本部门的旁听庭审情况（法院系统为旁听庭审服务保障工作情况）报全国普法办公室。

中央全面依法治国委员会印发《关于加强法治乡村建设的意见》

（2020年3月）

《中共中央 国务院关于实施乡村振兴战略的意见》和《乡村振兴战略规划（2018−2022年）》明确提出建设法治乡村重大任务。《中共中央关于坚持和完善中国特色社会主义制度 推进国家治理体系和治理能力现代化若干重大问题的决定》强调系统治理、依法治理、综合治理、源头治理。《中共中央办公厅 国务院办公厅关于加强和改进乡村治理的指导意见》对法治乡村建设提出明确要求。为深入贯彻落实党中央、国务院决策部署，推进法治乡村建设，为全面依法治国奠定坚实基础，为实施乡村振兴战略提供良好法治环境，现提出如下意见。

一、总体要求

（一）指导思想。以习近平新时代中国特色社会主义思想为指导，全面贯彻落实党的十九大和十九届二中、三中、四中、五中全会精神，深入贯彻习近平总书记全面依法治国新理念新思想新战略，紧紧围绕统筹推进“五位一体”总体布局和协调推进“四个全面”战略布局，按照实施乡村振兴战略的总体要求，加强党对法治乡村建设的领导，健全党组织领导的自治、法治、德治相结合的乡村治理体系，坚持以社会主义核心价值观为引领，着力推进乡村依法治理，教育引导农村干部群众办事依法、遇事找法、解决问题用法、化解矛盾靠法，走出一条符合中国国情、体现新时代特征的中国特色社会主义法治乡村之路，为全面依法治国奠定坚实基础。

（二）基本原则

坚持党的领导。坚持和加强党对法治乡村建设的领导，坚持农村基层党组织领导地位，加强农村基层党组织建设，充分发挥农村基层党组织的战斗堡垒作用和党员先锋模范作用，确保法治乡村建设始终沿着正确方向发展。

坚持以人民为中心。坚持人民群众在法治乡村建设中的主体地位，做到法治乡村建设为了群众、依靠群众，过程群众参与、效果群众评判、成果群众共享，切实增强人民群众的获得感、幸福感、安全感。

坚持法治与自治、德治相结合。以自治增活力、法治强保障、德治扬正气，促进法治与自治、德治相辅相成、相得益彰。

坚持从实际出发。根据乡村自然环境、经济状况、人口结构、风土人情等不同情况，因地制宜开展法治乡村建设，勇于探索创新，注重工作实效。

（三）主要目标。到2022年，努力实现涉农法律制度更加完善，乡村公共法律服务体系更加完善，基层执法质量明显提高，干部群众尊法学法守法用法的自觉性明显提高，乡村治理法治化水平明显提高。到2035年，乡村法治可信赖、权利有保障、义务必履行、道德得遵守，乡风文明达到新高度，乡村社会和谐稳定开创新局面，乡村治理体系和治理能力基本实现现代化，法治乡村基本建成。

二、主要任务

（一）完善涉农领域立法。围绕乡村振兴战略实施过程中面临的新情况、新问题，健全完善涉农法律法规，重点就维护农民权益、规范市场运行、农业支持保护、农村生态环境治理、化解农村社会矛盾等方面加强制度建设，充分发挥法律的引领、规范、保障和推动作用。开展涉农法律法规规章的立法后评估工作，提高农业农村领域立法科学性，促进相关法律法规规章有效实施。结合相关法律法规规章施行情况，制定出台涉农法律法规配套制度措施。对不适应改革要求的法律法规规章，及时修改或废止。

（二）规范涉农行政执法。全面深化农村基层行政执法体制改革，强化基层执法队伍，合理配置执法力量资源，推动执法力量向基层倾斜，积极推进基层综合行政执法改革。规范农村基层行政执法工作，严格按照法定职责和权限执法。加强对执法工作监督，健全完善农业农村领域执法工作投诉举报处理机制和行政处罚裁量基准制度，在基层进一步落实行政执法公示制度、执法全过程记录制度、重大执法决定法制审核制度，做到有权必有责、用权受监督、违法必追究、侵权须赔偿。加强基层行政执法人员业务培训，严格实施行政执法人员持证上岗和资格管理制度，提高基层行政执法队伍法治意识和职业素养，提高行政执法水平，做到严格规范公正文明执法，将政府涉农事项纳入法治化轨道。健全农产品质量安全村级协管员队伍，推进网格化监管。

（三）强化乡村司法保障。完善司法为民便民利民措施，畅通司法便民“最后一公里”。加强人民法庭建设，完善人民法庭巡回审理制度，合理设置巡回办案点和诉讼服务点，做好巡回审判工作，最大限度减少群众特别是边远农牧区群众诉累。推动审判机关、检察机关、公安机关依法妥善办理涉农纠纷案件，深入贯彻落实农村土地制度改革政策，依法打击和处理破坏农村生态环境、侵占农村集体资产、侵犯农民土地承包经营权等违法犯罪行为，惩治破坏农村经济秩序犯罪，严厉打击农村黑恶势力及其“保护伞”、邪教组织，坚决把受过刑事处罚、存在村霸和涉黑涉恶涉邪教等问题的人清理出村干部队伍，打击收买外籍妇女为妻、非法收养儿童、“黄赌毒”违法犯罪活动。加大涉农案件执行和对执行活动法律监督力度，推进困难群众执行救助体系建设，及时实现农民合法权利。完善对经济困难的当事人缓、减、免交诉讼费的具体条件与标准。加大刑事司法救助力度，对生活困难的被害人及其近亲属依法及时给予司法救助。加强涉农民事、行政、刑事案件的法律监督工作，确保法律正确统一实施。加大涉农公益诉讼案件办理力度，督促相关行政机关依法履行职责。结合民族地区实际需求，进一步加强双语法官、检察官、律师及法律服务工作者等队伍建设，保障各族群众的诉讼权利。

（四）加强乡村法治宣传教育。深入宣传习近平总书记全面依法治国新理念新思想新战略，深入宣传党内法规。深入开展“尊崇宪法、学习宪法、遵守宪法、维护宪法、运用宪法”宣传教育，组织实施“宪法进万家”活动。落实“谁执法谁普法”普法责任制，紧紧围绕防范化解重大风险、精准脱贫、污染防治三大攻坚任务，加大以案普法、以案释法和案例指导力度，深入宣传与群众生产生活密切相关的法律法规。利用乡村已有公共党建文化设施，推进法治广场、长廊、院坝等农村法治文化阵地建设，基本实现一村一法治文化阵地。统筹运用基层法治宣传阵地、乡镇成人文化技术学校（社区教育机构）、农村文化礼堂、农家书屋，为群众搭建有效学法平台。充分利用“12·4”国家宪法日、宪法宣传周、中国农民丰收节等时间节点和农贸会、庙会、各类集市等，组织开展法治宣传教育活动。推动法治文化与民俗文化、乡土文化融合发展，组织编写、创作具有乡土文化特色、群众喜闻乐见的法治文化作品，广泛开展群众性法治文化活动。加强对村“两委”班子成员、村务监督委员会委员法治培训，提高运用法治思维和法治方式深化改革、推动发展、化解矛盾、维护稳定、应对风险的能力。实施农村“法律明白人”培养工程，重点培育一批以村“两委”班子成员、人民调解员、网格员、村民小组长等为重点的“法治带头人”。

（五）完善乡村公共法律服务。健全乡村公共法律服务体系，加快建设12348公共法律服务热线、中国法律服务网、公共法律服务工作站（室）三大平台，打造综合性、一站式的服务型窗口，为乡村提供普惠优质高效的公共法律服务。进一步加强乡村法律顾问工作，落实一村一法律顾问制度，规范服务内容，创新服务方式，强化工作保障，为农村基层组织和人民群众处理涉法事务提供专业优质便捷的法律服务。充分发挥基层法律服务工作者在提供公共法律服务、促进乡村治理中的作用。加强涉农法律援助工作，逐步将与农民生产生活紧密相关的事项纳入法律援助补充事项范围。鼓励公证、司法鉴定、仲裁等法律服务主动向农村延伸。完善农村留守儿童和妇女、老年人关爱服务体系，健全残疾人帮扶制度。

（六）健全乡村矛盾纠纷化解和平安建设机制。坚持和发展新时代“枫桥经验”，加强诉源治理，畅通和规范群众诉求表达、利益协调、权益保障通道，完善社会矛盾多元预防调处化解综合机制，努力将矛盾化解在基层，做到“小事不出村、大事不出乡”。加强基层人民法院和人民法庭对人民调解工作的指导，完善基层人民调解组织网络，积极发展乡村专职人民调解员队伍，加强对人民调解员法律政策、专业知识和调解技能等方面的培训，充分发挥人民调解在化解基层矛盾纠纷中的主渠道作用。整合矛盾纠纷化解资源力量，促进调解、仲裁、行政裁决、行政复议、诉讼等有机衔接。深化平安乡村建设，建立健全农村社会治安防控体系、公共安全体系，推进乡村“雪亮工程”，探索建立“互联网＋网格管理”服务管理模式，提升乡村治理智能化、精细化水平。深化城乡社区警务战略，加强社区和农村警务建设，大力推行“一村一辅警”机制，扎实开展智慧农村警务建设。开展农村突出治安问题专项整治，净化社会环境。加强对社区矫正对象，严重精神障碍患者，刑满释放人员，社区戒毒、社区康复人员等特殊人群的教育监督和服务管理。加强乡村社会心理服务体系建设，健全完善村级心理咨询室，建立经常性社会心理服务机制。推进“青少年零犯罪零受害社区（村）”创建，夯实预防青少年犯罪工作的基层基础。

（七）推进乡村依法治理。坚持用法治思维引领乡村治理，严格依照法律法规和村规民约规范乡村干部群众的行为，让依法决策、依法办事成为习惯和自觉。全面推行村党组织书记通过法定程序担任村民委员会主任和村级集体经济组织、合作经济组织负责人，村“两委”班子成员应当交叉任职。完善群众参与基层社会治理的制度化渠道，健全充满活力的群众自治制度，引导村民在村党组织的领导下依法制定和完善村民自治章程、村规民约等自治制度。落实和完善村规民约草案审核和备案制度，健全合法有效的村规民约落实执行机制，充分发挥村规民约在乡村治理中的作用。注重发挥家庭家教家风在乡村治理中的作用。全面推行村级重大事项决策“四议两公开”制度，即村党组织提议、村“两委”会议商议、党员大会审议、村民会议或者村民代表会议决议，决议公开、实施结果公开。开展形式多样的村级议事协商，探索村民小组协商和管理的有效方式，组织村民就村公共事务、重大民生问题开展民主协商。依法开展村级组织换届选举，依法公开党务、村务、财务。编制村级小微权力清单，公开权力清单内容、运行程序、运行结果。建立健全小微权力监督制度，形成群众监督、村务监督委员会监督、上级党组织和有关部门监督与会计核算监督、审计监督等全程实时、多方联网的监督体系。大力开展农村基层微腐败整治，推进农村巡察工作，严厉整治惠农补贴、集体资产管理、土地征收等领域侵害农民利益的不正之风和腐败问题，依法依纪惩处发生在群众身边的腐败问题。加强对农业农村环境污染等重点问题的依法治理。发挥工青妇、法学会等群团组织、社会组织在联系动员群众参与乡村治理中的作用。

（八）加快“数字法治·智慧司法”建设。充分运用大数据、云计算等现代信息技术，推进“数字法治·智慧司法”建设，围绕群众需求，提供精准化、精细化的公共法律服务，为法治乡村建设提供信息化、智能化支撑。加强移动端的推广使用，拓展利用移动端开展服务的新形式，实现法治宣传、法律服务、法律事务办理“掌上学”“掌上问”“掌上办”。加快乡镇网上政务便民服务体系建设，构建全流程一体化在线服务平台和便民服务网络，大力推行“最多跑一次”“马上办、网上办、一次办”等便民举措，让农民群众足不出户就能办事、办成事。

（九）深化法治乡村示范建设。以“民主法治示范村（社区）”建设为载体，通过典型示范，引领带动法治乡村建设。突出示范建设质量，完善“民主法治示范村（社区）”建设指导标准，推进“民主法治示范村（社区）”建设科学化、规范化。强化动态管理机制，对已获得“民主法治示范村（社区）”称号的村定期进行复核，对复核不合格的取消“民主法治示范村（社区）”称号。加强“民主法治示范村（社区）”普法骨干培训，提高村干部建设法治乡村的能力。探索建立“民主法治示范村（社区）”第三方评价机制，提高评价考核的客观性，提升示范建设工作水平。

三、组织实施

（一）加强组织领导。各级党委和政府要全面落实《中国共产党农村工作条例》，把法治乡村建设作为全面依法治国和实施乡村振兴战略的基础工作来抓，落实县乡党政主要负责人履行推进法治建设第一责任人职责，加强领导、统一部署、统筹协调，及时研究解决法治乡村建设中的重大问题。各地要把法治乡村建设纳入本省、市、县法治建设总体规划，确定重点任务，分步实施，扎实推进法治乡村建设。

（二）强化支持保障。将法治乡村建设纳入基层政府绩效考核。加强法治乡村建设经费保障，列入财政预算，建立正常增长机制。统筹利用好现有经费渠道，大力支持法治乡村建设。结合优化乡村公共法律服务和管理的需要，加大对法治宣传阵地、基层司法所和公共法律服务站（室）及12348公共法律服务热线平台、网络平台的专项投入。

（三）注重工作实效。坚持从实际出发，坚持尊重群众意愿与教育引导群众相结合，因地制宜开展法治乡村建设。坚决反对形式主义，不搞“一刀切”，切实减轻基层负担，务求取得实效。

（四）加强工作指导。加强对法治乡村建设的组织实施和工作指导，强化督促检查，确保各项任务贯彻落实。注重培育、选树、宣传法治乡村建设中的好经验、好做法，发挥典型引领示范作用，推动法治乡村建设创新发展。

附件 1

“全国民主法治示范村（社区）”建设指导标准

为贯彻落实党的十九大精神和中央决策部署，助推乡村振兴战略实施，加强法治乡村建设，提高乡村治理法治化水平，现就“全国民主法治示范村（社区）”建设，制定如下指导标准。

一、村级组织健全完善

1. 村党组织领导作用发挥明显，全面领导村的各类组织和各项工作，领导和支持村民委员会行使职权，支持和保障村民开展自治活动，保证基层民主法治建设的正确方向。村党组织书记通过法定程序担任村民委员会主任和村级集体经济组织、合作经济组织负责人，村“两委”班子成员交叉任职。

2. 村民委员会及村务监督机构等工作制度健全、运行规范、履职尽责。村民委员会自觉接受乡镇人民政府（街道办事处）的工作指导和监督。

3. 村党组织落实全面从严治党要求，党风廉政建设扎实有效，村级组织成员没有受过刑事处罚、存在“村霸”或涉黑涉恶等问题，无违纪违法行为。

二、基层民主规范有序

4. 村党组织、村民委员会、村务监督机构、村人民调解委员会等村级组织按期换届、程序规范、选风良好，各类代表人数符合法定要求，选举结果符合规定。

5. 通过民主恳谈、民主听证等村民说事、议事的方式，对村工程项目、征地拆迁等重大民生问题开展民主协商，协商过程有记录、协商结果有运用。

6. 村级重大事项决策实行“四议两公开”，决策程序规范，表决、会议等记录完整。村民会议和村民代表会议制度健全，村民代表会议每季度不少于一次，有三分之二以上的组成人员参加方可召开，所作决定应当经到会人员的过半数同意。

7. 及时依法制定和修改村民自治章程、村规民约，程序完整，内容合法，符合实际，执行规范。多种形式推进自治章程、村规民约入户率实现全覆盖。

8. 健全党务、村务、财务公开制度，设有“三务”公开栏。村务、财务一般事项至少每季度公布一次；集体财务往来较多的，财务收支情况应当每月公布一次；涉及村民利益的重大事项应当及时公布。

9. 制定村级小微权力事项清单，建立事项流程图。权力清单、规章制度、运行程序、运行过程、运行结果全程公开。

10. 村民委员会成员应当接受村民会议或者村民代表会议对其履行职责情况的民主评议。民主评议每年至少进行一次，由村务监督机构主持。

三、法治建设扎实推进

11. 深入宣传习近平总书记全面依法治国新理念新思想新战略，大力宣传宪法法律和党内法规，广泛宣传土地承包、婚姻家庭、赡养继承、生态保护、道路交通安全、劳动保障、农产品质量安全、民间纠纷调解、扫黑除恶等与群众生产生活密切相关的法律法规。

12. 村级组织成员、党员、村民代表带头学法守法，积极参加法治培训。将法治内容统筹纳入县级党委对村党组织书记轮训内容和中央、省、市示范培训内容，统筹纳入其他有关村干部和党员培训内容。

13. 依托现有基层党建或公共文化设施，建设法治公园、法治长廊、法治宣传栏、法治景区等阵地，广泛开展以案普法、以案释法、法治文艺演出、法治讲座等各种形式的法治宣传教育，基本形成群众办事依法、遇事找法、解决问题用法、化解矛盾靠法的良好氛围。

14. 建有功能完备、设施健全的公共法律服务工作室、人民调解室，配有至少一名村法律顾问、一名专职人民调解员。培育一批“法治带头人”“法律明白人”，引导群众依法解决矛盾纠纷。协助做好社区矫正和安置帮教工作，社会治安防控体系完善，“雪亮工程”及相关技防设施齐全，实现无村霸、无黑恶势力、无黄赌毒、无邪教活动、无以拐卖的外籍妇女为妻、无非法收养儿童，社会治安良好。

15. 坚持法德并举，组织开展社会主义核心价值观教育，宣传优秀传统道德文化，传承良好家风家训，培育富有地方特色和时代精神的乡贤文化。持续推进农村移风易俗工作，遏制大操大办、天价彩礼、互相攀比、厚葬薄养等陈规陋习，树立新风正气。

四、经济社会和谐发展

16. 国家各项惠农利民政策得到落实，依托乡村自然资源、人文禀赋、乡土风情及产业特色，发展形式多样、特色鲜明的乡村传统文化、餐饮、旅游等休闲产业，村民收入持续增加，无贫困人口，经济社会发展在当地处于领先水平。

17. 村公共事务和公益事业健康发展，公共卫生、合作医疗制度完善，村民关系平等和谐，群众安居乐业。

18. 村容村貌绿化、美化、净化，人与环境和谐友好，人居环境明显改善。群众的获得感、幸福感、安全感有效提升，满意度不断提高。

五、组织保障坚强有力

19. 地方各级党政主要负责人认真落实法治建设第一责任人职责，将民主法治示范村（社区）创建纳入工作目标管理责任制考核，加强经费保障。乡镇（街道）将创建工作纳入年度工作部署，研究解决创建工作中的重大问题，落实专人负责，保障必要投入。

20. 司法行政、民政部门认真履行主管部门职责，创建工作有部署、有培训、有考核。组织、宣传、政法、农业农村、财政等部门发挥职能优势，协同抓好创建工作。

各地结合本地实际，参照此标准制定本级民主法治示范村（社区）指导标准和实施细则。

附件 2

“全国民主法治示范村（社区）”命名管理办法

第一条　为规范“全国民主法治示范村（社区）”申报、命名工作，推进村级民主法治建设，制定本办法。

第二条　“全国民主法治示范村（社区）”是司法部、民政部对民主法治建设成绩突出的村授予的荣誉称号，每二年命名一次。

第三条　“全国民主法治示范村（社区）”的申报、命名工作坚持保证质量、发挥实效、示范引领、动态管理原则。

第四条 本办法适用下列村：

（一）经各省、自治区、直辖市司法行政和民政部门推荐，申报“全国民主法治示范村（社区）”的。

（二）已获得“全国民主法治示范村（社区）”荣誉称号的。

第五条 申报“全国民主法治示范村（社区）”，一般应具有省级民主法治示范村荣誉称号。

第六条 “全国民主法治示范村（社区）”申报命名按照下列程序进行：

（一）村民委员会申报，乡镇人民政府（街道办事处）审核，县、市、省级司法行政和民政部门逐级审查、推荐。

（二）司法部、民政部对各地申报推荐的对象进行审定。

（三）对符合条件的村，在媒体进行公示。

（四）公示期满无异议，予以命名。

第七条 申报“全国民主法治示范村（社区）”应当提交下列材料：

（一）“全国民主法治示范村（社区）”创建自评表。

（二）“全国民主法治示范村（社区）”审批表。

第八条 对已命名的“全国民主法治示范村（社区）”定期组织复评。

（一）省级司法行政和民政部门负责复评工作，提出建议名单。

（二）司法部、民政部依据相关规定，作出复评决定。

（三）复评决定一般包括：保留、重新命名、撤销、注销。

（四）复评应当采取实地抽查、书面审核、社会调查等方式进行。

第九条 对有下列情形之一的，撤销“全国民主法治示范村（社区）”荣誉称号：

（一）村级组织违反国家法律法规，侵犯公民法人和其他组织的合法权益，造成不良社会影响的。

（二）村级组织成员受过刑事处罚，存在“村霸”和涉黑涉恶等问题的。

（三）发生严重危害国家安全事件、严重刑事犯罪案、重大安全事故、严重公共安全事件以及发生涉黑涉恶涉邪教案件的。

（四）发生集体上访事件、越级上访事件或群体性事件，造成不良影响的。

（五）其他与创建标准不符且造成不良影响的。

第十条 被撤销“全国民主法治示范村（社区）”荣誉称号的，经创建达到标准，二年后可以重新申报。

第十一条 村被合并或拆分的，由省级司法行政和民政部门在当年 12 月底前上报司法部、民政部，司法部、民政部审核后予以重新命名或注销。

第十二条 司法部、民政部及时向社会公告重新命名、撤销、注销的“全国民主法治示范村（社区）”名单。

第十三条 各级司法行政和民政部门应加强对“全国民主法治示范村（社区）”的指导管理，并向社会公开，接受社会监督。

第十四条 各地应根据本办法，结合当地实际，分级制定管理办法。

第十五条 本办法由司法部、民政部负责解释。

第十六条 本办法自公布之日起施行。

中共中央办公厅　国务院办公厅印发
《关于加强社会主义法治文化建设的意见》
（2021 年 3 月）

社会主义法治文化是中国特色社会主义文化的重要组成部分，是社会主义法治国家建设的重要支撑。为加强社会主义法治文化建设，现提出如下意见。

一、总体要求

（一）指导思想。以习近平新时代中国特色社会主义思想为指导，全面贯彻党的十九大和十九届二中、三中、四中、五中全会精神，深入学习宣传贯彻习近平法治思想和习近平总书记关于文化自信的重要论述，把建设社会主义法治文化作为建设中国特色社会主义法治体系、建设社会主义法治国家的战略性、基础性工作和建设社会主义文化强国的重要内容，切实提高全民族法治素养和道德素质，着力建设面向现代化、面向世界、面向未来的，民族的科学的大众的社会主义法治文化，为全面依法治国提供坚强思想保证和强大精神动力，为全面建设社会主义现代化国家、实现中华民族伟大复兴的中国梦夯实法治基础。

（二）工作原则

——坚持党对全面依法治国的领导，牢固确立习近平法治思想在全面依法治国中的指导地位，确保社会主义法治文化建设的正确方向，增强“四个意识”、坚定“四个自信”、做到“两个维护”，坚定不移走中国特色社会主义法治道路。

——坚持以人民为中心，做到社会主义法治文化建设为了人民、依靠人民，不断满足人民日益增长的对民主、法治、公平、正义的需要。

——坚持法安天下、德润人心，把社会主义核心价值观融入社会主义法治文化建设全过程各方面，实现法治和德治相辅相成、相得益彰。

——坚持知行合一、重在实践，引导全体人民成为社会主义法治的忠实崇尚者、自觉遵守者、坚定捍卫者。

——坚持继承发展、守正创新，弘扬中华优秀传统文化、革命文化、社会主义先进文化，学习借鉴世界优秀法治文明成果，不断发展和繁荣社会主义法治文化。

（三）总体目标。通过不懈努力，宪法法律权威进一步树立，尊法学法守法用法氛围日益浓厚，法治文化事业繁荣兴盛，法治文化人才队伍不断壮大，社会主义法治文化建设工作体制机制进一步完善。到 2035 年，基本形成与法治国家、法治政府、法治社会相适应，与中国特色社会主义法治体系相适应的社会主义法治文化，基本形成全社会办事依法、遇事找法、解决问题用法、化解矛盾靠法的法治环境。

二、主要任务

（四）深入学习宣传贯彻习近平法治思想。深化学习教育，抓好领导干部这个重点，把习近平法治思想作为党委（党组）理论学习中心组学习重点内容、党校（行政学院）和干部学院重点课程，不断深化思想认识、筑牢理论根基，提高领导干部运用法治思维和法治方式开展工作的本领。加强宣传解读，通过媒体报道、评论言论、理论文章、学习读本、短视频等形式，运用各类融媒体手段和平台，推动习近平法治思想深入人心。把习近平法治思想学习宣传同普法工作结合起来，同法治政府建设示范创建活动等结合起来，发挥好各类基层普法阵地的作用。把习近平法治思想融入学校教育，纳入高校法治理论教学体系，做好进教材、进课堂、进头脑工作。依托中国政法实务大讲堂，深入宣讲习近平法治思想。加强对法治领域错误思想观点的辨析批驳，帮助干部群众明辨是非，坚定走中国特色社会主义法治道路的信心。

（五）完善中国特色社会主义法治理论。把马克思主义法治理论与中国具体实际相结合，不断推进马克思主义法治理论中国化时代化大众化。深刻认识，在新时代坚持和巩固马克思主义法治理论的指导地位，最重要的就是牢固确立习近平法治思想在全面依法治国中的指导地位。围绕习近平法治思想“十一个坚持”确立一批选题，组织法学专家和实践工作者深入研究，推出一批有分量的研究成果。加强对中国特色社会主义法律制度的理论研究，完善中国特色社会主义法治理论的学术体系、理论体系、话语体系。加强党内法规理论研究，强化依规治党学理支撑，推动全面从严治党向纵深发展。从我国国情和实际出发，研究回答法治中国建设中的重大问题，提炼标识性法学学术概念，凝练中国特色社会主义法律体系的特点和优势，促进法学研究成果推广和应用。加强中国特色新型法治智库建设，加大对重大法治理论、法治文化研究课题支持力度，加强法律实务部门和理论研究部门的交流互动，为法治实践提供高质量的决策参考。开展法治文化科研教学，支持有条件的单位自主设置法治文化相关二级学科硕士点、博士点。

（六）大力弘扬宪法精神。深入持久开展宪法宣传教育，在全社会牢固树立宪法法律至上、法律面前人人平等、权由法定、权依法使等基本法治观念，维护宪法权威。落实国家工作人员宪法宣誓制度，组织好“12·4”国家宪法日、“宪法宣传周”系列宣传，推动宪法宣传教育常态化、制度化。抓住“关键少数”，把宪法纳入各级领导干部学法清单，作为领导干部学法基本任务、法治素养评估和年度述法基本内容，增强领导干部宪法意识，促进领导干部带头以宪法为根本活动准则，带头尊法学法守法用法，提高运用法治思维和法治方式深化改革、推动发展、化解矛盾、维护稳定、应对风险的能力。落实《青少年法治教育大纲》，把宪法纳入国民教育，融入校园文化，持续举办全国学生“学宪法讲宪法”、“宪法晨读”等系列活动，在青少年成人礼中设置礼敬宪法环节，增强青少年宪法观念。在“五四宪法”历史资料陈列馆基础上建设国家宪法宣传教育馆，建设各类宪法学习宣传教育基地，通过升国旗、奏唱国歌等仪式仪礼和开展重大节庆活动，增进全社会对宪法的尊崇和信仰。把宪法教育和爱国主义教育有机结合起来，以宪法教育激发爱国热情，增进各族群众对伟大祖国、中华民族、中华文化、中国共产党、中国特色社会主义的认同。

（七）在法治实践中持续提升公民法治素养。注重公民法治习惯的实践养成，促进人民群众广泛参与法治，用科学立法、严格执法、公正司法的实践教育人民，推动全民守法。坚持科学立法，推进党的领导入法入规，把党的主张依照法定程序转化为国家意志，把社会主义核心价值观融入法律法规的立改废释全过程，使法律法规、司法解释等更好体现国家价值目标、社会价值取向和公民价值准则，以良法保障善治。坚持严格执法，强化严格规范公正文明执法意识，促进提高依法行政能力和水平。坚持公正司法，健全公正高效权威的司法制度，促进司法文明，努力让人民群众在每一个司法案件中感受到公平正义。坚持全民守法，让依法工作生活真正成为一种习惯，任何组织和个人都不得有超越宪法法律的特权。加大全民普法力度，在针对性和实效性上下功夫，落实“谁执法谁普法”普法责任制，加强以案普法、以案释法，发挥典型案例引领法治风尚、塑造社会主义核心价值观的积极作用，不断提升全体公民法治意识和法治素养。广泛开展民法典普法工作，让民法典走到群众身边、走进群众心里，大力弘扬平等自愿、诚实信用等法治精神，教育引导公民正确行使权利、积极履行义务。强化依法治理，从人民群众反映强烈的问题改起、从细节抓起、从小事做起，积极引导公民在日常生活中遵守交通规则、做好垃圾分类、杜绝餐饮浪费、革除滥食野生动物陋习等，培养规则意识，培育良好法治环境。在法治轨道上应对突发事件，依法加强应急管理，引导全社会依法行动、依法办事。突出学习宣传党章，深入开展党规党纪教育，教育引导广大党员做党章党规党纪和国家法律的自觉尊崇者、模范遵守者、坚定捍卫者。完善社会矛盾纠纷多元预防调处化解综合机制，把非诉讼纠纷解决机制挺在前面，引导人们理性平和协商解决矛盾纠纷。把法治文化建设纳入公民道德建设工程、社会信用体系建设中，推动完善市民公约、乡规民约、学生守则、行业规章、团体章程等社会规范。

（八）推动中华优秀传统法律文化创造性转化、创新性发展。传承中华法系的优秀思想和理念，研究我国古代法制传统和成败得失，挖掘民为邦本、礼法并用、以和为贵、明德慎罚、执法如山等中华传统法律文化精华，根据时代精神加以转化，加强研究阐发、公共普及、传承运用，使中华优秀传统法律文化焕发出新的生命力。加强对我国法律文化历史遗迹的保护，弘扬代表性人物的事迹和精神，因地制宜建立基地，免费向社会开放。加强对法律文化典籍、文物的保护和整理，让书写在古籍里的文字活起来、传下去。挖掘善良风俗、家规家训中的优秀法治内容，倡导传承优良家风。

（九）繁荣发展社会主义法治文艺。坚持以人民为中心的工作导向，把社会效益放在首位，创作生产与精神文明建设“五个一工程”等文艺精品工程有机衔接的优秀法治文艺作品。落实媒体公益普法责任，综合运用“报、网、端、微、屏”等资源和平台，推动法治融媒体建设，建立以内容建设为根本、先进技术为支撑、创新管理为保障的法治全媒体传播体系，创建法治品牌栏目、节目。推动法治文化数字化建设，以全国“智慧普法”平台为依托，组织开展法治动漫微视频征集展播活动，建立全国法治文艺精品库，汇聚优秀网络法治文艺作品，逐步实现共建共享。加大法治文化惠民力度，充分利用“三下乡”活动，组织丰富多彩的法治文艺下基层，在重大节庆日、法律法规实施日等时间节点，组织开展群众性法治文化活动。

（十）加强社会主义法治文化阵地建设。把法治文化阵地建设纳入城乡规划，建好用好各种法治文化阵地，扩大覆盖面，提高利用率和群众参与度。加强法治宣传教育基地、法治文化创作基地、青少年法治教育实践基地等建设，完善建设标准，增强实用功能。注重发掘、研究、保护共和国红色法治文化，传承红色法治基因，建设一批以红色法治文化为主题的高质量法治宣传教育基地。把法治元素融入长城、大运河、长征、黄河等国家文化公园建设，融入国家重大文化建设项目，发挥示范带动作用。积极利用新时代文明实践中心（所、站）、爱国主义教育基地和公共文化机构等阵地，开展群众喜闻乐见的法治文化活动。加强对县（市、区、旗）、乡镇（街道）、村（社区）等区域治理法治状况的研究评估工作。以民主法治示范村（社区）等为基础，努力打造各具特色的法治文化体验线路，形成一批深受人民群众喜爱的区域性法治文化集群。推动法治文化与地方、行业特色文化有机融合，促进法治文化进机关、进农村、进社区、进企业、进学校、进军营、进网络等。加强基层单位法治文化形象塑造，建设法治“微景观”。着力提升市县法治文化阵地建设质量，推动从有形覆盖向有效覆盖转变。基本实现每个村（社区）至少有一个法治文化阵地，充分发挥其教育作用。

（十一）加强法治文化国际交流。把建设社会主义法治文化作为提高国家文化软实力的重要途径，对外阐释构建人类命运共同体的法治内涵和法治主张。注重在共建“一带一路”中发挥法治文化作用，建立和完善相关纠纷解决机制和组织机构，推动沿线国家、地区开展法治文化交流合作。建立涉外工作法务制度，加快我国法域外适用的法律体系建设和研究，推动海外法律服务高质量发展，更好服务于海外法律纠纷解决和涉外法律工作，提高涉外工作法治化水平。把法治外宣作为国际传播能力建设的重要内容，善于讲述中国法治故事，展示我国法治国家的形象，不断提升社会主义法治文化影响力。举办法治国际论坛，开展与世界各国法治文化对话。

三、组织保障

（十二）加强组织领导。各级党委和政府要

高度重视社会主义法治文化建设，加强领导、统一部署，把法治文化建设纳入法治建设总体规划，纳入公共文化服务体系。将法治文化作为优化营商环境的重要内容，作为法治示范创建、精神文明创建、平安中国建设等创建指标体系的重要内容。党政主要负责人要切实履行推进法治建设第一责任人职责，及时研究解决法治文化建设中的重要问题。完善优秀法治文化作品的鼓励支持政策，加大对法治文艺精品和法治文化基地的扶持力度，促进法治文化作品创作和传播。将法治文化建设所需经费列入本级预算，统筹利用好现有经费渠道，拓宽资金来源，鼓励社会资本参与法治文化建设。

（十三）健全工作机制。建立健全党委统一领导、政府主导实施、部门分工负责、社会力量积极参与的社会主义法治文化建设工作机制。中央全面依法治国委员会办公室和各地全面依法治省（市、县）委员会办公室加强统筹协调，司法行政部门具体负责日常工作。党委宣传、网信、法院、检察院、教育、财政、文化和旅游等部门要发挥职能作用，积极推进法治文化建设。各部门要按照“谁主管谁负责”原则，加强本部门本行业本系统法治文化建设。各群团组织和社会组织要充分发挥作用，通过各种途径和形式参与法治文化建设。

（十四）强化人才培养。坚持立德树人、德法兼修，实施法治文化人才教育培养计划，深入开展社会主义核心价值观和社会主义法治理念教育。加强法治文化专业队伍建设。完善普法讲师团服务管理，推动实现制度化规范化。健全法治文化志愿服务体系，提高志愿服务水平，推进志愿服务精准化、常态化、便利化、品牌化。加强法治报刊出版网络队伍建设，加强法治新闻采编创作人员法治培训。发展壮大法治文化理论研究力量，培育学科带头人。完善法治文化建设人才培养使用评价激励机制。

（十五）培育推广典型。鼓励和支持各地区各部门根据实际情况大胆探索、勇于创新。加强培育法治文化建设先进典型，形成一批可复制可推广的好经验好做法。建立法治文化建设示范点，发挥引领示范作用。做好法治文化建设成果宣传和典型推广，形成良好氛围。

中篇　规划实施

中央宣传部、司法部关于“七五”普法规划实施报告

在习近平新时代中国特色社会主义思想特别是习近平法治思想的科学引领下，在党中央、国务院正确领导下，全国第七个五年法治宣传教育规划（2016—2020年）顺利实施完成，取得重要成果。以宪法为核心的中国特色社会主义法律体系学习宣传深入开展，“谁执法谁普法”等普法责任制广泛实行，法治文化蓬勃发展，全社会法治观念明显增强，社会治理法治化水平明显提高。

一、党对普法工作的领导全面加强

以习近平同志为核心的党中央高度重视普法工作。党的十八大以来，习近平总书记对法治宣传教育作出系列重要指示，为新时代全民普法提供了根本遵循和行动指南。习近平总书记从坚持和发展中国特色社会主义的全局和战略高度定位法治、布局法治、厉行法治，多次主持中央政治局集体学习法治。党中央带头学、带头干，为全党全社会尊法学法守法用法作出了表率。2018年，中央全面依法治国委员会成立，下设守法普法协调小组，加强对全民普法的统筹协调，有力推动了各项普法工作。

党中央对普法工作进行了科学的顶层设计。2016年，党中央、国务院转发《中央宣传部、司法部关于在公民中开展法治宣传教育的第七个五年规划（2016—2020年）》，全国人大常委会作出《关于开展第七个五年法治宣传教育的决议》。中央全面深化改革领导小组、国家教育体制改革领导小组、中央全面依法治国委员会先后审议通过了《关于完善国家工作人员学法用法制度的意见》《青少年法治教育大纲》《关于实行国家机关“谁执法谁普法”普法责任制的意见》《关于加强法治乡村建设的意见》，建立健全了全民普法的主干性、基础性制度。全国人大加强了监督检查，全国人大及地方各级人大专门委员会就贯彻落实“七五”普法决议情况积极开展专项调研。

各地各部门党委（党组）积极推动普法工作。各地各部门普遍制定了五年普法规划，加强组织实施。20个省（区、市）制定和修订了法治宣传教育条例，为普法工作提供了法律保障。各级党委（党组）学法用法已常态化、制度化，党政主要负责人认真履行推进法治建设第一责任人职责，普遍将普法工作纳入党委政府综合绩效考核。

二、重大主题普法活动扎实开展

习近平法治思想学习宣传正在向基层延伸、向群众贴近。始终把大力学习宣传习近平总书记

关于全面依法治国的重要论述作为首要任务，中央宣传部、司法部先后举办3场中央和国家机关系列讲座，中组部上线专门课程、举办专题培训班，中央政法委、教育部举办中国政法实务大讲堂，深入法学院校宣讲。中央全面依法治国工作会议召开后，中央全面依法治国委员会办公室做好习近平法治思想宣传阐释工作。许多省（区、市）党委理论中心组专题学习了习近平法治思想。2020年“宪法宣传周”以“深入学习宣传贯彻习近平法治思想　大力弘扬宪法精神”为主题，把学习宣传习近平法治思想和普法工作紧密结合起来，开展了进企业、进农村、进机关、进校园、进社区、进军营、进网络主题宣传活动，引导全社会坚定不移走中国特色社会主义法治道路。

宪法和民法典普法落点实、效果好。在全社会持续组织开展宪法主题宣传活动。宪法宣誓制度普遍落实，国家工作人员进一步增强了宪法意识。在“12·4”国家宪法日开展集中宣传，2018年起设立“宪法宣传周”，组织评选全国年度“十大法治人物”，制播“宪法的精神　法治的力量”专题节目。结合宪法宣传，组织开展“4·15”全民国家安全教育日宣传教育，强化了全社会国家安全意识。教育部举办全国学生“学宪法　讲宪法”活动和国家宪法日“宪法晨读”活动，使青少年从小树立宪法观念。

中央宣传部、司法部会同全国人大常委会办公厅等8部门及时部署安排民法典学习宣传工作，推动民法典走到群众身边、走进群众心里。组织推出12讲“民法典开讲”系列公益讲座，录制了3场权威的公开课，制作了挂图，拍摄了专题片，广受欢迎。各地各部门组织本地本系统领导干部开展了民法典专题学习，组建宣讲团开

展普法，在公共场所播放宣传视频和标语。民法典普法形成了中央政治局带头学、各地各部门党委（党组）理论中心组普遍学、各企事业单位结合工作需要学、广大群众主动学、讲师团深入基层宣讲、全媒体立体传播的良好态势。

“防控疫情　法治同行”专项法治宣传行动快、覆盖广。2020年2月，司法部、全国普法办在全国组织开展了“防控疫情　法治同行”专项行动，编写了有关疫情防控的《法律知识问答》和《法律法规汇编》电子书，发布了3辑专题宣传挂图，连续发布29组300多篇典型案例，引导全社会依法行动、依法行事。广大群众认真遵守防控疫情各项规定，体现出较强的法治意识，这与多年的全民普法和这次专项宣传直接相关。

党内法规宣传逐步深入。把党内法规宣传纳入“七五”普法规划重点宣传内容，中组部、中宣部、司法部、全国普法办对加强党内法规学习宣传作出专门部署。结合“两学一做”学习教育和“不忘初心、牢记使命”主题教育，突出学习宣传党章。中央办公厅、中组部编辑出版党内重要法规汇编和学习丛书。“学习强国”平台以党内法规为内容开展答题，每年答题超过1亿人次。

三、“谁执法谁普法”普法责任制全面实行

普法责任清单普遍建立。成立了落实普法责任制部际联席会议，中央16家成员单位带头落实“谁执法谁普法”普法责任制。统一编制并公布了两批中央和国家机关普法责任清单，覆盖50多家中央和国家机关。16个省（区、市）开展国家机关“谁执法谁普法”履职报告评议活动，有力推动“七五”普法理念、制度和实践创新。

立法、执法、司法和法律服务过程中的普法广泛开展。在立法过程中，广泛听取全社会的意见，及时以通俗易懂的语言解读。民法典编纂过程中，先后10次公开征求意见，累计收到42.5万人提出的102万条意见建议。在执法全过程中主动普法，将行政执法相关的法律依据、救济途径等进行公示，从静态普法变成动态普法。在司法办案各个环节宣讲法律，引导全社会维护司法权威。最高人民法院开通中国裁判文书网，目前文书总量突破1亿篇，访问总量近500亿次。广大律师、人民调解员、普法讲师团成员、普法志愿者在提供法律服务、化解矛盾纠纷中，开展了实时普法。

以案释法制度化、常态化。最高人民法院、司法部建立了国家工作人员旁听庭审活动工作机制，让国家工作人员现场感受法治精神。中国审判流程信息公开网向当事人公开案件超过4000万件。最高人民检察院、公安部完善了以案释法制度，定期分类发布案例。各级普法部门结合社会热点案（事）件，积极开展以案普法，使案件依法处理的过程成为全民普法的公开课。

四、法治乡村建设有序推进

“法律进农村（社区）”不断深入。召开全国法治乡村建设工作会议，中央全面依法治国委员会出台《关于加强法治乡村建设的意见》，各省（区、市）普遍制定了实施意见。司法部、全国普法办组织编写了“助力脱贫攻坚普法丛书”，深入浅出地向基层干部群众讲解法律。实施农村“法律明白人”培养工程，开展骨干培训、制定工作规范，引导干部群众遇事找法。中宣部、农业农村部等部委结合“三下乡”活动，统筹运用新时代文明实践中心（所、站）、农家书屋等平台，大力宣传与农村群众生产生活密切相关的法律法规。

民主法治示范村（社区）创建扎实推进。司法部、民政部组织开展了第七批、第八批全国民

主法治示范村（社区）命名工作，制定了考核标准和命名管理办法，定期开展复核工作，确保创建质量。2899个全国民主法治示范村（社区）的电子地图上线运行，加强实时、动态管理。结合扫黑除恶专项斗争，及时调整不符合条件的村“两委”干部，努力铲除黑恶势力滋生土壤。

在推进法治乡村建设的同时，积极推进多层次多领域依法治理。全国310个市（地、州、盟）、2670个县（市、区、旗）开展了法治示范创建活动。行业依法治理深入推进，许多部门行业围绕社会热点难点问题，开展专项整治活动。各地各部门深化学校及周边环境依法治理，依法打击扰乱校园正常秩序的行为，推动依法治校。中央网信办等部门开展了网络环境专项整治活动，净化网络空间，促进依法治网。

五、社会主义法治文化繁荣发展

法治文化阵地的覆盖面扩大。截至2021年3月，全国共设立法治文化主题公园3500多个、广场1.2万多个、长廊3.4万多个，让群众在休闲中接受法治熏陶。司法部命名了浙江省杭州市“五四宪法”历史资料陈列馆等3批72个全国法治宣传教育基地，发挥示范引领作用，免费向社会开放。加强了红色法治文化的保护、研究、宣传和传承。

群众性法治文化活动普遍开展。各地各部门结合地方文化、民族文化、行业文化、企业文化，开展了法治人物和事件评选、法治文艺演出等基层法治文化活动。全国普法办每年组织开展全国法治动漫微视频作品征集，成为群众踊跃参与的品牌活动。中国法学会等部门深入开展“青年普法志愿者法治文化基层行”，举办活动近200万场。全国妇联持续开展“建设法治中国·巾帼在行动”活动，参与妇女群众达3亿人次。全国普法办开办了“名家谈·中华法文化”专题节目，1000多万人次收看。

新媒体新技术在普法中广泛运用。在坚持运用传统的行之有效的普法方式方法的基础上，充分运用新媒体新技术普法。全国普法办建立“智慧普法”平台，整合全国6000多家新媒体，组成全国普法新媒体矩阵，每天推送信息数万条。“中国普法”微信公众号粉丝总数已达2000多万，年阅读量4.6亿多人次。各地积极落实媒体公益普法制度，普遍建立官方普法微博、微信和客户端，定向推送法治信息，提高了普法的精准性。

六、全社会法治观念明显增强

国家工作人员依法办事意识和能力提高。各地各部门认真落实国家工作人员学法用法制度，推动领导干部发挥“关键少数”的示范带头作用。县（市、区、旗）以上各级政府普遍推行法律顾问和公职律师制度，截至2021年3月，全国共有公职律师6.1万人。合法性审查成为重大行政决策必经程序，国家工作人员的权由法定、权依法使、法定职责必须为、法无授权不可为等法治理念明显增强。

青少年规则意识增强。坚持法治教育从娃娃抓起，把法治教育纳入国民教育体系，全面贯彻落实《青少年法治教育大纲》。目前，全国共建立青少年法治教育实践基地3万余个。中小学法治副校长、法治辅导员配备率达98.1%。政府、司法机关、学校、社会和家庭共同参与的青少年法治教育格局正在形成，青少年依法保护自身合法权益和用法律规范自身行为的意识和能力明显增强。

企业经营管理人员诚信守法观念增强。深入开展“法律进企业”，开展树立守法诚信企业家、标杆企业活动，推动深化“放管服”改革。司法部、全国普法办会同全国工商联开展企业“法治体检”，推动平等保护各类市场主体产权和合法权益，建设法治化营商环境。企业经营管理人员合规意识进一步增强，2019 年全国企业劳动合同签订率达 90% 以上，覆盖职工 1.49 亿人。

2020 年 10 月，“中国普法”微信公众号以法律常识和基本法治理念为内容，对全国随机进行了网上测评和问卷调查，参与人数 451 万，明确接受过普法教育的人数占比为 83.4%，测评答题正确率为 74%。中宣部委托国家统计局形成的“2020 年全国社会心态调查综合分析报告”显示：当自己或家人遇到不公平事情时，选择“通过法律渠道解决”的居第一位，比 2016 年提升 3.7 个百分点；选择“托关系、找熟人”的比例明显下降。这表明全面依法治国迈出坚实步伐，人们的法治观念、法律意识不断提高，“遇事讲法、遇事找法”逐步成为社会普遍共识。

在 14 亿多人口的大国持续开展全民普法，把法律交给人民，这是人类法治史上的一大创举。“七五”普法取得的成就、积累的宝贵经验，彰显了中国特色社会主义法治的制度优势和治理效能，需要长期坚持下去。一是必须坚持党对普法工作的全面领导，以习近平法治思想引领新发展阶段全民普法，把增强“四个意识”、坚定“四个自信”、做到“两个维护”体现到全民普法的具体实践中，确保普法工作的正确政治方向和舆论导向。二是必须坚持以人民为中心的普法理念，做到普法为了人民、依靠人民、服务人民。三是必须坚持围绕中心、服务大局，促进在法治轨道上推进国家治理体系和治理能力现代化。四是必须坚持普法与法治实践深度融合，做到全民普法与科学立法、严格执法、公正司法一体推进、有机融合，把普法融入全面依法治国的全过程。

同时，“七五”普法工作也存在一些不容忽视的问题和困难。一是有的地方和部门对普法工作的重视程度不够，普法责任制落实不到位，存在“说起来重要、干起来次要、忙起来不要”现象。一些领导干部运用法治思维和法治方式的能力有待提升。二是普法工作发展还不平衡、不充分，存在一些死角。三是普法的针对性和实效性有待提高，高质量普法内容供给不足，还不能充分满足群众日益增长的法治需求。四是普法工作持续多年，有的地方和部门存在松懈情绪，有歇歇脚的想法，对普法工作的长期性、艰巨性认识不足。此外，一些不依法办事反而得到好处的现象和一些执法不严、司法不公问题，对普法效果产生了消极影响。

下一步，要坚持以习近平新时代中国特色社会主义思想为指导，深入学习宣传贯彻习近平法治思想，主动适应我国进入新发展阶段、贯彻新发展理念、构建新发展格局的需要，紧紧围绕服务“十四五”时期经济社会发展，以使法治成为社会共识和基本准则为目标，以持续提升公民法治素养为主题，以提高普法的针对性、实效性为工作着力点，进一步完善和全面落实普法责任制，以高质量普法推动高质量发展，为全面建设社会主义现代化国家营造良好法治环境。

各省（区、市）和新疆生产建设兵团“七五”普法规划实施情况

051 北京市
055 天津市
058 河北省
062 山西省
066 内蒙古自治区
070 辽宁省
074 吉林省
077 黑龙江省
080 上海市
084 江苏省
088 浙江省
092 安徽省
095 福建省
099 江西省
102 山东省
105 河南省
109 湖北省
113 湖南省
117 广东省
121 广西壮族自治区
125 海南省
128 重庆市
132 四川省
136 贵州省
140 云南省
144 西藏自治区
148 陕西省
151 甘肃省
154 青海省
158 宁夏回族自治区
162 新疆维吾尔自治区
165 新疆生产建设兵团

◆ 北京市国家宪法日集中宣传活动启动仪式上表演宪法诗朗诵节目

北京市“七五”普法规划实施情况

“七五”普法规划实施以来，在市委、市政府的坚强领导下，在市人大常委会的监督指导下，全市法治宣传教育工作坚持以习近平新时代中国特色社会主义思想为指引，全面贯彻落实党的十九大和十九届二中、三中、四中、五中全会精神，以推进法治中国首善之区建设为总目标，以增强首都群众的法治获得感幸福感安全感为出发点，为“十三五”时期首都经济社会高质量发展营造浓厚的法治氛围，提供了坚实的法治保障。

一、工作成效

（一）深入贯彻实施习近平法治思想，法治中国首善之区建设谱写新篇章

“七五”普法期间，全市将学习宣传贯彻习近平法治思想作为首要政治任务。特别是党的十九大以来，在中共北京市委全面依法治市委员会的统筹下，市推进依法行政以及立法、执法、司法、守法普法 5 个小组充分履行职能，习近平总书记关于全面依法治国的重要论述逐步转化为

京华大地的生动实践。

（二）以宪法为核心的社会主义法律体系得到全面宣传，首都市民法治素养取得新提升

坚持把宪法学习宣传摆在首要位置，紧密围绕市委市政府中心工作开展法治宣传活动，全社会尊法学法守法用法意识得到普遍提高。数据显示，2020 年北京市民法律素质综合得分为 86.73 分，比 2015 年提高了 7.02 分。

（三）普法体制机制得到深化完善，社会化普法形成新格局

法治宣传教育领导体制和工作机制不断健全完善，普法责任制单位从“六五”期间的 39 家扩展到 132 家。新媒体新技术得到广泛运用，新媒体普法矩阵初步建成。全市 5 个法宣阵地被命名为“全国法治宣传教育基地”，连续 3 年荣获全国法治动漫微视频征集活动优秀组织奖。

（四）多层次依法治理全面铺开，社会治理法治化水平取得新突破

昌平区、延庆区被评为第四批全国法治县（市、区）创建活动先进单位，海淀区、西城区、朝阳区被评为第一批全国法治政府建设示范区，全市被命名的“全国民主法治示范村（社区）”达到 76 个，市级民主法治示范村和社区分别达到 586 个和 102 个。

二、主要做法

（一）坚持创新驱动，以首善标准突出首都特色

1. 有序落实规划，探索特色模式

2016 年，召开全市“七五”普法启动大会，制发《“七五”普法规划目标任务分解》，每年

◆ 北京市门头沟区开展青少年万人集体朗读宪法活动，图为新桥路中学全校师生齐声朗读宪法

在全市范围内印发年度普法工作要点，并对各区各部门开展法治宣传教育工作进行考核评估。2018年，开展“七五”普法中期检查。2020年，分6个步骤有序推进总结验收，对16区和各部门5年来的普法工作进行集中点评。

2. 落实普法责任，凝聚工作合力

先后制定《北京市“谁执法，谁普法”责任制实施办法》和三批《北京市普法责任制清单》。搭建“北京普法联盟”平台。全面建立律师、行政执法人员、法官、检察官“以案释法”工作制度，打造“订单式”普法新模式。在全国率先探索开展“法律十进”活动。

3. 聚焦宪法宣传，打造“北京样板”

先后制作投放8部宪法公益宣传片，成功推出宪法地铁列车、宪法巴士，创新举办全市宪法主题展，首次利用融媒体播出宪法宣传主题电视节目，通过载体升级、形式突破、覆盖延伸、媒体融合四维提升，初步形成宪法学习宣传的“北京样板”。

（二）围绕服务大局，以抓实重点牵引全局发展

1. 立足主责主业，维护政治安全稳定

先后组织开展“贯彻落实十九大　法律服务老年人”“唱响国歌　守护国旗　致敬国徽”等主题普法活动，在全国率先制发《关于加强守法普法　坚决打赢疫情防控阻击战的通知》，为全面打赢疫情防控人民战争总体战阻击战提供坚实的法治保障。

2. 聚焦中心重点，服务经济社会发展

先后组建京津冀法律专家顾问团，召开法治宣传教育工作服务雄安新区建设研讨会议，组织召开《优化营商环境条例》座谈会，举办“疏解整治促提升　法律十进七五行”“服务世园　迎接冬奥　法治宣传在行动”主题宣传活动。

3. 着眼基层基础，保障改善民生福祉

分别开展“巾帼维权　送法到家”系列活动，开通北京市儿童保护法律服务热线，推出26项法律服务老年群体便民举措，开展“宗教政策法规学习月活动”，定期开展残疾人、农民工专项维权服务活动，深入驻京部队组织召开政策宣讲会。

（三）落实强基固本，以制度建设引领作用发挥

1. 注重顶层设计，强化统筹协调

在全面依法治市的整体统筹中，守法普法工作流程更加顺畅，组织领导得到强化，制度机制不断健全。市守法普法协调小组成立以来，先后召开全体会议4次，统筹开展重点活动11项，研究解决守法普法领域一系列重点难点问题。

2. 抓牢重点对象，确保落细落地

完善北京市国家工作人员学法用法制度、旁听庭审制度，编写《“七五”普法北京市国家工作人员学法教材》，依托北京干部教育网开发法治课程。积极推动法治教育纳入国民教育体系，深化中小学模拟法庭教育，建设青少年法治教育实践示范基地，努力构建青少年法治教育新格局。

3. 深化依法治理，形成长效常态

推动出台《北京市关于加强法治乡村建设三年行动计划》，开展民主法治示范村复核评价活动。严格落实“两委”换届联审制度，实现农村村规民约全覆盖。加强市管企业管理人员法治教育。推动建立北京民营企业产权保护社会化服务体系。

三、存在问题

一是从推进全面依法治市的高度把握普法工作不全面不深刻。在更加有力贯彻习近平法治思

想上，在更好融入党和政府工作大局上，在满足人民群众对美好生活的新期待上，需要进一步深化规律性认识，实现高质量发展。

二是法治宣传教育工作的针对性、实效性不精准不突出。尽管在分类指导方面进行了探索实践，但是在经验复制普及方面还存在局限性，在进一步实现将法律条文内化为行为准则及行为规范上措施不具体、效果不明显。

三是法治宣传教育工作发展不平衡。全市法治宣传教育工作在取得长足进展的同时，普法与依法治理发展不平衡、普法责任制落实不平衡、系统内普法与社会面普法不平衡的表现也日益明显。

四是法治宣传教育工作的前瞻性、创新性不足。传统的灌输式、单向式的工作方式没有完全剔除以外，在以重点集中宣传活动为牵引，推进普法宣传持续化、常态化上也存在不足。

五是法治宣传教育工作的协同性、联动性不强。认为普法属于“软任务”的思维惯性和工作惯性并没有彻底破除，各区各部门之间互相促进、协同发展的机制还需要进一步强化。

四、下一步工作举措

一是坚持全局观念，从全面依法治市的高度谋划推进法治宣传教育工作。要将深入学习宣传贯彻习近平法治思想作为首要政治任务，更加自觉地融入市委市政府中心工作，更加有力地推动法治中国首善之区建设，更加有力地保障满足人民群众对美好生活的向往。

二是坚持需求导向，在分类指导、靶向施策上着力提升法治宣传教育工作。要聚焦群众需求，分层分类、精准普法，健全完善国家工作人员学法用法制度，全面落实《青少年法治教育大纲》，加强基层组织负责人、行政执法人员等的法治教育，全面提升法治宣传教育实效。

三是坚持系统思维，从补齐短板弱项、实现高质量发展上引领法治宣传教育工作。要加强统筹协调，深化工作指导，提升全市普法工作整体工作水平。要强化机制引领，抓紧健全完善法治宣传教育制度体系，培育社会普法大格局，拓展延伸普法责任制。

四是坚持创新意识，在贯彻新理念、探索新模式上推进法治宣传教育工作。要兼顾普法形式与内容，平衡集中宣传与日常宣传的关系，以重点活动集中宣传串联全年法治宣传教育工作。要善于运用新技术，注重吸引力、体验感，强化短视频平台等新载体的使用推广。

五是坚持首善标准，在加强合作、形成合力上深化法治宣传教育工作。要破除惯性思维，勇于开拓创新，指导各区各部门加强横向交流，提升整体工作水平。切实将普法融入立法、司法、执法的全过程和各环节，加强“以案普法”，让群众在案件办理、重要事件的处理中都能感受到公平正义，牢固树立宪法法律权威。

◆“宪法在身边”天津市宪法知识竞赛总决赛

天津市“七五”普法规划实施情况

“七五”普法期间，天津市普法依法治理工作紧紧围绕中央、市委中心工作和改革开放稳定大局，全面贯彻实施“七五”普法规划和人大决议，经过5年的努力，圆满完成各项任务，为天津经济社会发展夯实了法治根基，取得了显著成效。

一、聚焦组织保障，形成多元普法教育新格局

始终坚持将建机制、打基础、强保障作为普法工作高位推进的重中之重。一是完善机构设置。推动成立市委全面依法治市委员会守法普法协调小组和市普及法律常识办公室，多次组织召开守法普法协调小组会暨落实普法责任制联席会议，确保了守法普法工作高效运行、实体运作。二是强化督导考核。推动将普法工作纳入天津市“十三五”规划，并将其作为全面依法治市考核内容，实现对各区、市级政府部门和党群组织的全覆盖。及时开展宪法学习宣传实施和“七五”普法中期督察及总结验收，以“硬指标”推动普法质效全领域提升。三是狠抓责任制落实。建立落实普法责任制和“以案释法”制度，制定行政执法过程中精准普法工作指引，制定普法责任清单，覆盖全市105家单位，形成了党委领导、人大监督、政府实施、政协支持、职能部门各司其职、全社会齐抓共管、群众广泛参与的大普法工作格局。

二、聚焦重点人群，实现法治素养新提升

坚持全民普法与重点对象普法相结合，组建普法讲师团，举办普法骨干培训班，着力增强普法的针对性、实效性。一是紧抓领导干部“关键少数”。深化国家工作人员学法用法，将宪法法律纳入各级党校和行政学院教学内容，持续打造领导干部旁听庭审特殊“法治教育课”。自主研发网上学法用法考试系统，实现系统手机版、真人语音朗读和“中国知网”账号认证“三级跳”，覆盖全市国家工作人员12万余人，被司法部作为“司法行政改革新亮点”广泛宣传。二是狠抓青少年“源头”。推进中小学课堂法治教育“六落实”，法治副校长遍布全市877所小学、527所中学。编印《小智宣法》漫画读本3万册发放全市，成功举办大学生法治辩论赛、法治原创作品征集大赛和“学宪法、讲宪法”演讲比赛等法治实践活动，原创作品大赛获线上百万围观，成为天津2018年年末最火法治直播。三是注重公众“普惠性”。探索建立“法治宣传教育发展测评数据库”，连续多年围绕重要人群、重要节点开展动态评估；精准对接群众需求，打造“津门普法”基层普法平台，畅通普法宣传“最后一米”。

三、聚焦重点领域，展现普法宣传新作为

深入学习宣传习近平法治思想，大力弘扬宪法精神，聚法治之力服务党和国家工作大局。一是突出宪法学习宣传。注重宪法宣传的创新性和长久性，以国家宪法日为依托，精心设计宣传平台和载体，开展“宪法诵读”、“宪法知识竞答”、微视频创作评选等活动，宪法公益广告进院线播放16,700余场次，观众达82.7万人次，印发宪法宣传册400万本，“宪法进万家”活动在全国推广，“宪法精神七进”广域覆盖。二是凝聚依法抗疫合力。组织“防控疫情　法治同行”专项法治宣传行动，创新推出“非接触式”普法，发布“以案释法”案例，推送快板书、电子海报等法治文化产品，开通“12348”疫情防控专线，开办空中课堂20讲，法治公益广告在全国铁路、天津交通枢纽广泛投放，得到司法部和群众的肯定和认可。三是掀起《中华人民共和国民法典》宣传热潮。制定全市学习宣传《中华人民共和国民法典》工作安排，推动《中华人民共和国民法典》学习纳入各级党委（党组）理论学习中心组专题学习内容，精心打造法治沙龙品牌，吸引350万人次云端学法；推出《中华人民共和国民法典》系列普法动漫微视频430部，《民法典来了》等公益宣传片在学习强国、津云等媒体广泛传播。四是积极营造良好法治环境。围绕“三大攻坚战”、构建法治化营商环境等开展特色普法工作，常态化开展防范非法集资、打击电信网络犯罪、扫黑除恶等法治宣传活动；抓实《天津市文明行为促进条例》教育宣传，印制单行本420万册、发放宣传页150万份，以法的“硬度”保障城市文明“软实力”提升。

四、聚焦法治实践，构建基层依法治理新体系

找准法治宣传教育与法治实践结合点，筑牢基层依法治理“压舱石”。一是加强法治乡村建设。制定天津市加强法治乡村建设工作方案，细化责任、明确主体，实施“法律明白人”培养工程，推动建设自治、法治、德治相融合的城乡基层社会治理体系。二是深化法治创建活动。出台“天津市民主法治示范村（社区）”建设指导标准和命名管理办法，组织开展“天津市民主法治示范村（社区）”创建评选，命名68个市级民主法治示范村（社区）；加强动态管理，圆满完成53个全国民主法治示范村（社区）和682个市级民主法治

示范村（社区）的复核。全市3个区被评为“全国法治县（市、区）创建活动先进单位”，21个村、社区被评为“全国民主法治示范村（社区）”，基层法治建设水平显著提升。三是打造普法特色品牌。开展精准普法“十大品牌”推选活动，在“法律六进”、新媒体普法、法治文化等方面创建特色品牌；开展法治人物推选活动，在全市形成了“学有榜样、干有方向、赶有目标”的浓厚普法氛围。

五、聚焦文化引领，拓展法治文化传播新路径

坚持将法治宣传融入法治文化建设，传承法治精神，润泽社会民生。一是倾心培育具有天津特色、时代特色的法治文化。制定天津市贯彻落实加强社会主义法治文化建设的落实举措、出台法治宣传原创作品征集评选办法，为涵养法治文化提供制度保证；组织深入学习贯彻十九大精神暨打击传销法治文艺基层行巡演、京津冀协同发展法治文艺汇演，举办企业环保法治沙龙，开展法治动漫微视频征集评选，倾心培育具有天津特色的法治文化产品。二是推动传统媒体和新兴媒体融合发展。制定媒体公益普法工作意见，积极搭建声、屏、报、网立体宣传平台，《天津日报》《今晚报》等市级媒体加大宣传力度，电视台开设《今日开庭》《法眼大律师》等普法栏目；高效利用各级各类新媒体，形成法治宣传全媒体矩阵。三是共建共享法治文化基地、阵地。评选命名29个市级法治宣传教育基地和阵地优秀品牌，其中2个获评全国法治宣传教育基地，16个区均建成区级法治宣传教育基地，倾力打造了一批主题鲜明、互动性强的法治文化精品项目，开辟了津城民众学法用法新境界。

六、聚焦总结凝练，提升普法工作新效能

将“七五”普法总结验收作为提升普法工作效能的重要抓手。一是高水平推动。天津市委书记审定“七五”普法总结验收方案。7位市领导同志和市司法局局级领导带队，市人大代表、市政协委员全程参加，组成15个验收组进行实地验收。二是精准化实施。深入推进基层单位自查，将自查评估参考指标细化为9大项26小项，形成自查报告48份、亮点材料108份；深入16个区、9个部委和部分委办局开展实地验收，共查看点位34个，以随机走访、电话询问、问卷调查等形式访问干部群众264人，走访村（居）、窗口单位48个。三是群众性评判。委托天津社会科学院完成“七五”普法第三方评估，面向2002名市民进行调研；依托“中国普法”微信公众号，组织全市42.6万余人次完成法律知识水平测试和普法满意度调查活动，在参与人数、普法工作满意度等方面均取得优异成绩，受到司法部书面表扬。

天津市“七五”普法工作虽成效显著，但仍有一些亟须解决的问题：普法责任制落实上还有不足，影响了普法的整体效果；普法创新力度还不大，法治宣传产品不够丰富，与法治实践结合还不够紧密；普法的针对性和实效性还需进一步提升。下一步，天津市将深入学习宣传贯彻习近平法治思想，持续用力抓好宪法、民法典等重点法律法规的学习宣传教育，以领导干部和青少年为普法重点，全面落实国家工作人员学法用法制度，探索建立领导干部学法清单，推动青少年法治教育融入国民教育全过程。持续用力抓好普法责任制落实，规范普法责任制考评方式方法，推进普法深度融入立法、司法、执法和法律服务全过程。持续用力抓好全民守法普法工作，将普法与依法治理有机融合，提升公民的法治素养。持续用力推动《天津市法制宣传教育条例》立法修订，谋划好“八五”普法规划，增强规划的科学性、可行性和可操作性，奋力开启“八五”普法新征程。

◆ 河北省各地举行宪法宣誓活动，弘扬宪法精神。图为河北省秦皇岛市山海关区 800 人集中宣传宣誓现场

河北省“七五”普法规划实施情况

2016 年以来，河北省坚持以习近平新时代中国特色社会主义思想为指导，认真贯彻落实党的十九大和十九届二中、三中、四中、五中全会精神，认真组织实施“七五”普法规划，组织保障不断加强，体制机制建设进一步夯实，以宪法为核心的中国特色社会主义法律体系得到充分宣传，“谁执法谁普法”责任制落实取得扎实成效，普法宣传形式和载体实现创新发展，为全省经济社会发展营造了良好的法治环境。

一、领导重视，机制健全，“七五”普法规划顺利实施

（一）组织保障更加有力

河北省委、省政府高度重视法治宣传教育工作，先后 5 次召开全面依法治省委员会会议，对法治宣传教育和法治河北建设工作提出具体要求。各地各部门将法治宣传教育作为重要工作任务，纳入工作全局通盘考虑，制定出台政策，完

善工作制度，为“七五”普法规划顺利实施提供了坚强保障。

（二）制度保障更加健全

2016年6月28日，河北省委、省政府召开“六五”普法总结表彰暨“七五”普法动员大会，全面启动“七五”普法工作。省委、省政府转发了“七五”普法规划，省人大常委会作出“七五”普法决议。省法宣办等部门出台制定了《国家工作人员学法用法意见》《省直各部门普法责任清单》《青少年法治教育大纲》等系列配套文件，“七五”普法的措施进一步细化。

（三）机制保障更加有效

河北省委及时调整充实省法治宣传教育领导小组及办事机构，各地各部门均配备专（兼）职普法工作人员。省、市、县共组织成立普法讲师团186个，发展普法志愿者队伍6万余人，举办普法培训班330余期，培训普法骨干13,000余人次。全省普法经费以不低于“六五”284万元（人均0.04元）的标准列入财政预算并随着经济社会发展情况实现动态调整。

二、围绕中心，服务大局，普法工作基础性作用充分发挥

（一）服务经济社会发展大局

紧紧围绕省委“三六八九”工作思路，深入开展普法宣传。与北京、天津开展法治宣传教育工作区域合作，先后组织开展“三地携手迎冬奥，法治宣传助发展”“加强农村法治宣传，助力美丽乡村建设”“法治宣传助力脱贫攻坚”等主题活动。围绕加快产业结构调整和推进经济高质量发展的目标，积极宣传涉及优化营商环境、知识产权保护、污染防治、民营企业支持与保护等方面的法律法规，为全省经济社会发展提供有效法治保障。

（二）服务社会和谐稳定大局

坚持把普法融入法治河北、平安河北建设大局，主动围绕维护社会和谐稳定，积极宣传与社会治安、交通安全、安全生产、食品卫生等相关的法律法规。各地各部门紧紧抓住重要时间节点，集中开展专题法治宣传活动，通过解答群众咨询、受理信访投诉、化解矛盾纠纷等形式，为维护社会稳定营造了良好的法治环境。

（三）服务保障和改善民生

坚持把普法作为惠民生、解民忧的基础工程，有针对性地开展公共卫生、医疗教育、劳动就业、社会保障等领域的普法宣传。特别是新冠肺炎疫情发生以来，河北省法宣办及时印发《关于进一步加强疫情防控法治宣传工作的通知》，将疫情防控法治宣传作为普法工作的重要任务，部署开展了“疫情防控　法治同行”专项行动，全省开展疫情防控专题法治宣传活动1500余场次。

三、清单管理，压实责任，“谁执法谁普法”成为社会共识

（一）创新实行普法责任清单化

党的十八届四中全会提出实行国家机关“谁执法谁普法”普法责任制后，河北省及时研究部署，2017年，组织省直各部门制定了本部门普法责任清单。《省直各部门普法责任清单》以省委办公厅、省政府办公厅名义印发，详细规定了92个省直部门普法工作职责，明确了普法责任主体，实现了清单化管理，切实增强了刚性约束。2019年以来，根据省直部门机构改革情况对各部门普法责任清单及时进行了调整，将清单划分为共性清单和个性清单两部分，既明确了共性普法任务，又突出了部门职能；同时陆续出台了“媒

体公益普法”“以案释法”等配套制度，“谁执法谁普法”实现了有章可循、有法可依。

（二）推动形成“谁执法谁普法”生动实践

以落实普法责任清单为抓手，将普法融入立法、司法、执法、法律服务的全过程、全领域。省人大充分运用法规起草制定环节向社会开展普法；全省法院系统，严格落实庭审公开要求，积极推进庭审释法和告知释法；全省各级检察院利用案件信息公开系统和“两微一端”新媒体，开展以案释法。省司法厅等行政执法部门把向行政相对人的普法融入执法案件办理过程中，实现全程普法。既扩大了普法宣传的规模，也提升了各行业法律法规的宣传水平和社会影响力。

（三）强化考核构建完备体系

坚持把考核评估作为推动“谁执法谁普法”普法责任制落实的重要抓手，省法治宣传教育领导小组定期听取省直部门“谁执法谁普法”责任制落实情况汇报。省法宣办在每年制定全省普法依法治理工作要点时，将任务分解至具体部门，进一步压实了工作责任。

四、聚焦重点，精准发力，全体公民法治意识显著提升

（一）宪法学习宣传氛围浓厚

2018 年 1 月 29 日，河北省十三届人大一次会议选举和任命的国家机关工作人员向宪法宣誓，省委书记、省长带头进行宪法宣誓，有力增强了国家工作人员忠于宪法的使命感。2018 年 5 月，省人大常委会修订《河北省实施宪法宣誓制度办法》，对宪法宣誓人员范围、誓词、程序等作出了详细规定。中共河北省委印发《关于学习宣传贯彻〈中华人民共和国宪法〉的实施意见》，要求全省各级党组织要带头尊崇和执行宪法；省法宣办定期组织开展全民宪法学习网上知识竞答和考试，每年有超过 1000 万人次参与，各地各部门通过开展宪法学习宣传座谈会、宪法宣传周、演讲比赛、主题班（队）会等活动，推动“宪法七进”扎实有效开展。

（二）民法典普法深入人心

2020 年 6 月 6 日，省委召开省委理论学习中心组学习会议，认真传达学习习近平总书记在中央政治局第二十次集体学习“切实实施民法典”时的重要讲话精神，听取专家辅导报告，并对全省民法典学习宣传工作作出部署。2020 年 7 月 13 日，省政府常务会集体学习民法典。省委宣传部、省委组织部、省司法厅等 8 部门下发《关于加强民法典学习宣传的通知》，在全省大力开展民法典主题宣传。同时，组建了 40 人的“河北省民法典普法讲师团”，为开展民法典主题宣讲提供人才支持；开展了为期半年的“民法典走进生活”主题网上有奖知识竞答活动，参与人数超过 1000 万人次。

（三）领导干部学法用法能力不断提高

省委将学法用法纳入领导班子综合考核，各级党委、政府严格落实党委（组）理论学习中心组学法、政府常务会会前学法制度，起到了积极的示范引领作用。“七五”期间，全省组织不同形式的法治学习、培训和活动共计 1.1 万余场，领导干部学法形成常态。省政府带头落实常务会会前学法制度，仅 2020 年就开展学法 16 次，省政府各部门积极探索建立领导干部学法用法清单，领导干部学法形成制度。自 2002 年起，河北省长期坚持组织领导干部法律知识考试，“七五”普法期间，共举办 4 次，累计超过 320 万人次参加，形成领导干部学法的品牌。

（四）青少年法治意识进一步增强

认真落实青少年法治教育大纲，全省中小学普遍开设法治课程，配备专（兼）法治副校长和法治辅导员 1.3 万余名，进一步完善了学校、家

庭、社会“三位一体”的青少年法治教育体系。持续开展“依法治校示范校”创建活动，“七五”期间共创建、命名省级示范校330余所。充分利用第二课堂和社会实践活动开展法治宣传教育，全省共建有青少年法治教育基地430余个，累计轮训青少年学生150万余人。

（五）农民群众法治观念进一步树牢

全面落实村（居）法律顾问和“十户普法宣传员”制度，全省共聘请法律顾问1.7万多名，稳步推进实施“法律明白人”培养工程，选拔“法治带头人”，通过身边人教育引导农民群众依法参与村民自治和其他社会活动，依法表达利益诉求、妥善解决矛盾纠纷。

五、普治并举，以点促面，社会治理法治化水平不断提高

（一）区域依法治理深入开展

将法治城市、法治县（市、区）创建纳入法治河北建设，省法宣办与省委政法委联合出台了创建指导意见，从科学立法、依法执政、依法行政、公正司法、全民守法5个方面开展了创建活动。

（二）基层依法治理向纵深推进

切实将基层依法治理工作作为法治社会建设的基础性工作。2020年4月，省委全面依法治省委员会印发《关于加强法治乡村建设的实施意见》，为全省法治乡村建设奠定了制度基础。“七五”期间，全省共建设国家级“民主法治示范村（社区）”113个，省级示范村774个。

（三）行业依法治理立体式推进

以推进治理体系和治理能力现代化为目标，大力开展交通、生产、环境保护、医疗卫生、食品药品等安全专项治理活动，不断加强行业依法治理。全面推行行政执法“三项制度”，大力开展行政执法案卷评查，加强行政执法监督，促进严格规范公正文明执法。

六、创新方法，丰富载体，普法针对性和实效性明显增强

（一）新媒体普法全面开花

大力推进“互联网＋”普法宣传，构建了报、网、微、端融媒体法治宣传新平台。2020年开通运营“河北普法”微信公众号，粉丝数已超过150万，成为全省最权威的普法宣传类新媒体；“河北普法”今日头条矩阵获评“2019年度十大最具影响力政务新媒体”。全省各地涌现了一批优秀的新媒体账号，先后有14个普法新媒体账号入选中央政法委“四个一百”榜单。

（二）普法阵地建设再结硕果

“七五”普法期间，全省累计新增各类宪法主题公园、广场、街道1300余个，法治宣传教育基地190余个，在全社会营造了浓厚的法治氛围。“西柏坡纪念馆”“李大钊纪念馆”“廊坊法治宣教中心”先后被评为“全国法治宣传教育基地”。

（三）法治文化氛围更加浓厚

先后开展“我与宪法”微视频、法治动漫微视频、“疫情防控　法治先行”微视频征集展播活动、法治文艺节目征集活动，共征集各类法治文化产品、文艺节目1900余部，其中36部作品获全国奖项。

◆ 山西省朔州市举办“学习宪法、宣传宪法、实施宪法”知识竞赛

山西省“七五”普法规划实施情况

2020年是“七五”普法收官之年。5年来，山西省坚决贯彻落实习近平新时代中国特色社会主义思想和习近平总书记视察山西重要讲话重要指示，按照党中央、国务院及司法部决策部署，紧紧围绕全省中心工作，深化“五坚持五确保”工作思路，积极创新普法方式，不断拓宽普法路径，以法治邮路、法律进商会（民企）、法治公益宣传进乡村等一系列具有浓厚山西特色的普法活动为抓手，圆满完成了“七五”普法目标任务，有力营造了全民守法的社会氛围，为全省高质量发展创造了良好的法治环境，奠定了坚实的社会基础。

一、坚持高位推动，确保法治宣传行稳致远

建立了党委常委挂帅的领导机制。省市县三级全部成立守法普法协调小组，组长由党委常委、宣传部部长担任，成员为各级人大、政府、政协等相关部门分管领导，构建了党委领导、各部门各负其责、全社会共同参与的普法工作格局。

完善了强化关键少数的考核机制。抓住关键少数，严格执行领导干部述法制度，推动普法工作纳入地方经济社会发展规划，列为年度目标责任考核、综治考核和文明创建考核内容，增强各

地各部门及各级领导干部的法治意识。

加强了机构人员和经费保障机制。省市县三级普遍成立普法机构，发展专职法治宣传教育工作者1.4万余人、普法讲师团成员4077人、志愿者2.1万余人、文艺宣传队949支；各地普遍将普法依法治理经费列入本级财政专项预算，并建立了动态增长机制和重要事项划拨机制，全省财政预算普法专项经费达6.38亿元。

二、坚持创新突破，确保法治宣传常普常新

率先开辟“法治邮路”。利用邮政系统遍布城乡、直达村社的优势，联合山西省邮政公司开通山西“法治邮路”，组织1500余个营业网点，发动8000余名邮递员，投入1400余辆邮政运输车，分5批次进村入户开展宣传活动，累计发放法治宣传资料4100万余份，走出了纵向到底、横向到边、全面覆盖的普法宣传新路子，实现了“邮路送法进万家”。

服务保障民营经济。聚焦民营企业法律需求，开展“法律进商会（民企）”活动，开展现场普法、法治讲座4864场次，解答法律问题约5.9万个，发放宣传资料130余万册。为2986家企业进行了法治体检，出具法治体检报告721件、法律意见1918条，完善规章制度711项，防范法律风险1294个。2020年以来，组织415家律师事务所、3643名律师成立365个律师法律服务团，发布指导案例336个，编制法律指引526件，举办线上法治讲座535场，为1354家企业复工复产提供专业法律服务。

不断提升法治文化建设。硬件方面，实现了法治文化基地、法治文化阵地全覆盖，截至2020年年底，全省共有法治宣传教育基地485个，法治宣传阵地35,322个，命名“省级法治宣传教育基地”26个。软件方面，积极培育建设三晋法治文化品牌，大力推广翼城“普法短剧”的经验做法，累计拍摄各类普法短剧、法治微视频等6485部，举办法治文艺演出、法治文化活动12,753场。其中，《山里红》《甘泉》《逃》获得全国奖项。

积极推进“法治公益宣传进乡村”。印发《关于开展“法治公益宣传进乡村”活动实施方案》，广泛发动知名商家、大众媒体等社会力量参与农村法治宣传教育，着眼围绕“三农”需求、服务社会民生，利用3年时间为全省所有行政村分批次免费安装法治宣传展板，并明确活动组织动员、设计审核、制作安装、维护保养等操作环节责任单位，已在350个行政村安装展板716块。

全面开展新媒体普法。推动传统媒体与新媒体融合，多层次、立体化、全方位的法治宣传教育网络初步形成。全省累计共建立电视、广播类普法栏目344个，制作普法节目4821期，开办纸媒类普法专栏226个，开通“两微一端”、抖音等新媒体普法账号2864个，进一步扩大了法治宣传教育的社会覆盖面，增强了影响力和渗透力。

三、坚持围绕中心，确保重点工程稳步实施

聚焦重点对象，深化宪法学习宣传。以省委名义印发文件，明确了宪法学习宣传10大类22项任务。推动将宪法纳入各级党校领导干部学习培训必修课，开展宪法学习宣传专项督察，举办全省宪法专题考试，1.4万余家单位70余万人次参加，组织56万人次开展青少年网上宪法学习，丰富“12·4”国家宪法日活动形式及内容，全省公民宪法意识、宪法观念明显增强。

聚焦民生权益，推进民法典宣传。制定印发《关于开展民法典学习宣传活动的实施方案》，做好顶层设计，全面部署安排。联合省直工委组织各级各单位积极开展相关学习，组织召开了民法典专题研讨会，在《山西法制报》开设专栏，通

过“以案释法”的形式推动《中华人民共和国民法典》真正走到群众身边、走进群众心里。2020年以来，全省共开展《中华人民共和国民法典》各类宣讲活动上万场。

聚焦疫情防控，助力公共卫生安全。召开守法普法协调小组疫情防控法治宣传专题会议，第一时间作出安排部署。印发《疫情防控专项法治宣传行动实施方案》，明确相关任务及责任单位。在《山西日报》连续10期开设专栏，讲解疫情防控相关法律知识，有效指导全省群众依法防控、科学抗疫。全省各级各单位累计开展“防控疫情　法治同行”及公共卫生专题宣传活动4.1万余场，为打赢疫情防控阻击战营造了浓厚的法治氛围。

聚焦社会治理，营造扫黑除恶声势。开展“百千万（百篇案例、千场活动、万场宣讲）”法治宣传主题活动，共征集典型案例176篇，举办法治文化活动13,349场，组织主题宣讲25,515场。开展扫黑除恶“百微联动　全民行动”活动，投放红包15万元，总阅读量达170万。开展特殊人群法治宣传，发放公开信21万份，扫黑除恶法治宣传影响力、渗透力不断扩大。

此外，利用各种时间和事件节点，与时俱进地开展了对党内法规及《中华人民共和国监察法》、《中华人民共和国禁毒法》、《中华人民共和国社区矫正法》等法律法规及关于垃圾分类、禁止野外用火、禁止公共场所随地吐痰等内容的地方性法规规章的学习，有效增强了广大群众行使法定权利、履行法定义务的意识和观念。

四、坚持履职尽责，确保中央省委决策部署落实落细

推动落实“谁执法谁普法”普法责任制。以省委办公厅、省政府办公厅名义印发《关于实行国家机关“谁执法谁普法”普法责任制的实施意见》，定期发布《省级部门普法责任清单》，省级部门（单位）责任主体从43家拓展到92家，增长比例为214%，进一步明确了省直各单位的普法责任。

大力推行旁听庭审制度。制定《山西省推进国家工作人员旁听庭审活动常态化制度化的实施意见》，组织省直单位厅级领导干部旁听庭审，累计开展国家工作人员旁听庭审活动7110余场次，参加人员累计16.4万余人，进一步增强了国家机关工作人员依宪履职、依法执政的能力。

创新举办履职报告评议会。制定《山西省国家机关“谁执法谁普法”履职报告评议活动实施方案及评议标准》，2019年、2020年连续两年举办“谁执法谁普法”履职报告评议会，吸引530万人次观看网络直播，344.41万人次参与投票，1170.46万人次浏览活动新闻。

深入开展以案释法。印发《关于建立以案释法工作制度的实施意见》与省电视台、省广播电台联合制作、播出《以案释法》《法在身边》《法治进行时》等节目100余期，组织省直各单位领导干部走进直播间，面向全省人民宣传解读典型案例，普及法律知识，有效提升了各级各单位开展法治宣传的积极性、主动性。

五、坚持完善基层治理，确保法治乡村有力推进

加强法治乡村顶层设计。落实山西省委书记、省长的专门批示精神，制定《山西省加强法治乡村建设的实施意见》，结合全省实际，从加快涉农领域立法、规范村级组织建设、依法解决乡村涉法问题、加强乡村法律服务供给、坚持和发展新时代“枫桥经验”、广泛开展示范活动等六方面着手，明确法治乡村建设目标举措，做好

法治乡村顶层设计。

实施"法律明白人"培养工程。制定出台《关于在全省农村（社区）实施"法律明白人"培养工程的意见》，录制"法律明白人"线上培训课件，创新培养方式、拓展培养渠道，全力督促各级党委政府贯彻落实、组织实施。截至2020年年底，全省已培养"法律明白人"7.8万余名。

开展"民主法治示范村"创建工作。为进一步发挥典型引领的示范作用，按照中央依法治国办的有关要求，印发《山西省"民主法治示范村（社区）"建设指导标准及命名管理办法》。截至2020年年底，山西省共有"全国民主法治示范村（社区）"160个，省级"民主法治示范村（社区）"305个。

深化脱贫攻坚法治宣传。开展解决贫困地区突出法律问题专项普法宣传，为群众提供免费咨询8.5万余人次。将12部与脱贫攻坚密切相关的法律法规纳入普法责任清单，促进国家机关脱贫攻坚普法责任的有效落实。制定《山西律师法律扶贫专项行动实施方案》，使58家省内知名律所与58个贫困县"结对子"法律扶贫，开展专题法治讲座110余场次。指导全省设立1418个乡镇（街道）公共法律服务工作站，22,365个村居（社区）公共法律服务工作室，7114名村（居）法律顾问，开展精准脱贫法治宣传活动5.3万余场，取得了良好的政治效果、社会效果、法律效果。

六、"七五"普法期间存在的问题

普治并举、依法治理工作水平不高。存在"重普法、轻治理"倾向，法治政府、法治城市、法治县（市、区）、民主法治示范村（社区）、依法治理示范学校、企业、机关等各类法治创建工作有差距。

"谁执法谁普法"普法责任制落实不到位。各级各部门落实普法责任制往往局限于建立普法责任清单、利用重要时间节点开展普法活动两种形式，开展以案释法、在立法执法司法过程中同步普法等较为欠缺。

工作奖惩机制仍不健全。普法依法治理工作虽已纳入各地各部门考核范围，但奖惩机制不完善，导致各地各部门在推进工作过程中存在不沟通、不协调、不配合的现象，影响普法效果。

下一步，山西省将继续贯彻落实习近平新时代中国特色社会主义思想，进一步提高政治站位、突出工作重点、强化工作落实、注重工作创新，高质量做好"八五"普法规划，扎实推进普法依法治理工作，为国家治理体系和治理能力现代化作出更大贡献！

◆ 山西省晋城市司法局举办新中国宪法历史资料展，以300件珍贵藏品展现宪法的发展历程，开创了全市宪法学习宣传新形式

◆ 内蒙古自治区司法厅在呼和浩特市新华广场举办"谁执法谁普法""法治宣传月"活动

内蒙古自治区"七五"普法规划实施情况

自2016年"七五"普法规划启动以来，在司法部和内蒙古自治区党委、政府的正确领导和大力支持下，全区各地、各部门根据自治区"七五"普法依法治理规划的总体部署，全面宣传贯彻习近平法治思想，认真落实司法部、全国普法办和自治区党委政府决策部署，以服务"建设亮丽内蒙古 共圆伟大中国梦"为宗旨，创新宣传形式，增强宣传实效，为促进内蒙古经济社会发展营造良好法治环境。中央依法治国委员会办公室对内蒙古自治区普法宣传工作充分肯定，将"法治乌兰牧骑"作为典型案例予以刊发。做强"法治乌兰牧骑"普法金色品牌被写进《内蒙古自治区国民经济和社会发展第十四个五年规划和2035年远景目标纲要》。

一、加强领导，"七五"普法依法治理工作进展顺利

各级领导对"七五"普法依法治理工作高度重视，把它作为推进本地区、本部门法治建设的基础工程，并纳入当地经济和社会发展总体规划和目标考核。

（一）强化组织领导

为确保"七五"普法依法治理规划的顺利启动和全面实施，各地区、各部门结合实际，成立由盟市或部门主要领导任组长的普法依法治理领

导小组，制定“七五”普法依法治理规划和年度计划，调整充实领导机构，配齐配强工作队伍，健全完善工作机制。

（二）强化经费保障

“七五”普法以来，自治区本级普法依法治理工作经费合计5637万元，基本达到了人均0.5元的标准。包头市突出经费保障关键作用，保障标准明确列为市人大常委会决议内容，纳入本级财政预算及政府购买服务指导性目录，市本级年度普法经费到位额均达到270万元。呼和浩特市、满洲里市将普法经费按人均1元列入财政预算，其他盟市普法依法治理工作经费也有大幅提高。

（三）强化队伍建设

各地普遍配备配齐普法依法治理专职人员，成立了自治区、盟市、旗县（市区）、苏木（乡镇）四级普法讲师团，切实加强法治宣传志愿者队伍建设，建立了“横向到边、纵向到底、纵横交错、运作有序”的普法依法治理领导网络和工作网络。

二、围绕中心，普法依法治理工作的针对性、实效性进一步增强

各地、各部门围绕中心、服务大局意识逐渐增强，更加注重坚持以人为本，深入学习习近平法治思想，围绕党和政府的中心工作全面开展普法依法治理工作。

（一）积极开展民族工作法律法规政策宣传，维护民族团结和边疆安全稳定

联合内蒙古出入境边防检查总站、内蒙古广播电视台共同举办《法润草原·边关行》大型法治宣传活动，历时3个月走遍全区19个边境口岸旗县，采用蒙汉双语，持续深入开展普法宣传。举办“法治乌兰牧骑走进国门”大型普法宣传慰问演出活动，铸牢中华民族共同体意识。2020年8月以来，扎实推进《中华人民共和国国家通用语言文字法》的学习宣传，在新闻媒体开设了“加强国家通用语言文字教育”专栏，农村牧区大喇叭不间断宣传，制作12期专题宣传视频在官方微信公众号、抖音、快手平台上播放。

（二）加强“两法一条例”普法宣传，助力打赢疫情防控阻击战

一是编制涉疫情以案说法典型案例52个，通过各大媒体向公众推送，准确解读涉疫情法律法规。制定出台疫情防控期间12条法律服务、法治宣传便民惠民举措。二是出版《内蒙古自治区疫情防控工作重要法律法规汇编》，赠送疫情防控指挥部成员单位和广大干部群众，为依法防控提供参考。三是编印《企业驰名商标知识产权法律保护手册》，于“4·26”世界知识产权日赠送全区80多家知名企业，发出《给内蒙古企业家的一封信》，推动企业复工复产。

（三）围绕重点内容开展普法依法治理工作，大力弘扬法治精神

一是大力加强宪法学习宣传。组织开展以“深入学习宣传习近平法治思想，大力弘扬宪法精神”为主题的“宪法宣传周”系列活动。每年组织开展内蒙古自治区“十大法治事件暨十佳法治人物”评选活动，展示内蒙古法治建设新成就。二是扎实推动民法典学习宣传。制定出台《关于深入开展民法典学习宣传活动的通知》，就落实“谁执法谁普法”责任制提出20条具体举措。组织各盟市成立民法典宣讲团，制作50部民法典宣传片，在全社会营造学法典、尊法典、用法典的法治氛围。

三、齐抓共管，“谁执法谁普法”责任制得到有效落实

各地区、各部门认真贯彻国家机关“谁执法

谁普法”的普法责任制，进一步强化部门普法工作责任。

（一）加强制度建设

自治区制定出台了《关于进一步健全完善普法责任制的实施意见》，使普法工作由主管部门的“独唱”，变成各部门的“合唱”。制定出台了《“谁执法谁普法”责任清单》和《普法责任制考评办法》，对自治区 49 家单位提出 172 条普法责任清单明细，便于检查考核，推动普法由一般口号变成刚性约束。各盟市全部制定了关于落实国家机关“谁执法谁普法”普法责任制的实施办法，推动“谁执法谁普法”工作落地落实。

（二）积极组织形式多样的专项法治宣传教育活动

自治区政法委在长安网开辟总体国家安全观学习专栏，大力宣传国家安全法；自治区公安厅定期开展打拐、反电信诈骗等主题宣传活动；自治区网信办举办网络安全宣传周活动，深入宣传《中华人民共和国网络安全法》；自治区信访局举办信访知识答题活动，在各级信访宣传阵地图文解读《内蒙古自治区信访条例》，引导群众按照法定途径解决信访诉求。

四、精准发力，重点对象学法用法工作取得明显成效

“七五”普法实施以来，各地、各部门以提高重点普法对象的法律素质为目标，紧贴热点、难点问题，深入开展形式多样的法治宣传教育活动。

（一）抓好领导干部和公务员学法用法工作

通过党委中心组学法、举办法治讲座及“双休日”讲座等形式，开展领导干部和公务员学法用法工作。5 年来，各地共举办领导干部法治讲座 3600 场，举办骨干培训班 420 余次，培训骨干 9 万多人次。全区 17,137 个单位的 731,095 名公职人员参加网络在线学法和普法考试。

（二）大力推动青少年学法用法工作

坚持法治教育“从娃娃抓起”，中小学统一设置“道德与法治”课程。全区建成青少年法治教育基地 184 个，实现法治教育进大纲、进教材、进课堂；聘请法治副校长的中小学校达 95% 以上，每年组织中小学法治副校长和法治辅导员参加法律知识培训。

（三）加强农牧民和社区居民法治宣传教育工作

组织编写出版了 150 万册《农牧民法律知识问答》（蒙汉双语），免费发放到农牧民手中。各地充分利用司法所、基层法律服务所、律师事务所、普法志愿者和普法讲师团资源，以法律进农村牧区、法律进社区为载体，深入开展法治宣传教育工作。

五、创新形式，全力打造“法治乌兰牧骑”普法金色品牌

各地积极探索法治宣传教育方式方法，以群众喜闻乐见的形式，在寓教于乐中把法律知识送到群众手中，提升了法治宣传教育工作的感染力和影响力。

（一）积极打造“法治乌兰牧骑”普法宣传金色品牌

组建业余乌兰牧骑 100 余支，举办“法治乌兰牧骑”演出 2600 余场次，受众 420 余万人。司法厅制作的 3 集《法治乌兰牧骑》纪录片获评“影响中国传媒”2018 年度十大品牌节目。在全国首创 4K 智能机顶盒，切实打通法律服务“最后一公里”，实现了线上线下互动普法，被誉为群众“家庭律师”。2020 年以来，共制作“法治乌兰牧骑”系列宣传片 300 多期，协调中央电视

台、铁道部门等在央视 App 及全国各大高铁、客运站、飞机航线播放，覆盖约 30 亿人（次），并于 2020 年荣获中宣部、应急管理部一等奖。

（二）大力加强普法阵地建设

全区建成法治文化广场 374 个，法治文化长廊 343 个，青少年法治教育基地、宪法教育基地 225 个，法治图书阅览站 138 个，普法学法大讲堂 3097 个。在各地公共法律服务大厅设置法律服务自助柜员机，实现法律服务“24 小时不打烊”。

（三）充分发挥新闻媒体优势

充分利用广播、电视、网络等大众传媒，制作法治宣传教育精品节目和品牌栏目，形成了“报刊有文、荧屏有像、电台有声、网络有形”的立体化法治宣传教育格局。司法厅制作完成《新时代新担当、谱写内蒙古司法行政工作新篇章》等 30 部司法行政宣传片，推送“七五”普法工作动态信息至中央广播电台、新华网、中国青年网等 21 家媒体。在内蒙古广播电视台开设名为《给你说法》互动式法治节目，围绕群众关心关注、与自身利益相关的话题，邀请自治区高级法官、高级检察官和知名律师做客节目，面对面解答老百姓生活中遇到的法律问题，广受群众欢迎。

六、普治并举，全社会法治化管理水平稳步提升

各地区、各部门以提高社会法治化管理水平为目标，坚持法治宣传与法治实践紧密结合，坚持学法和用法相统一，形成了地方、行业、基层的多层次多领域依法治理、整体推进的良好态势。制定《内蒙古自治区贯彻〈关于加强法治乡村建设的意见〉重大举措落实方案》，把法治教育纳入精神文明建设创建的重要内容，坚持精神文明建设与城市、旗县、乡村自治、德治、法治相结合的理念，在文明创建工作中融入法治元素。扎实开展法治旗县（市、区）和民主法治示范嘎查村（社区）创建活动，基层社会治理法治化水平不断提高。全区有 1 个城市、30 个旗县（市、区）被全国普法办评为“全国法治创建活动”先进单位；91 个嘎查村（社区）被司法部、民政部授予“全国民主法治示范村”称号，326 个嘎查村（社区）被评为自治区级“民主法治示范嘎查村（社区）”。凉城县绥蒙革命园成功入选第三批全国法治教育基地，推动自治区基层民主法治建设再上新台阶。

“七五”普法规划实施以来，内蒙古自治区普法依法治理工作取得了一些成绩，但是仍存在一些问题，例如：普法宣传方式方法创新仍然有待加强，经验的总结推广不够，利用新媒体开展普法宣传仍需加强等。针对这些问题，我们将进一步加大工作力度，以培育全民法治信仰为目标，开拓进取，守正创新，全面落实“谁执法谁普法”责任制，不断增强人民群众法治获得感，以优异成绩庆祝建党 100 周年。

◆ 抚顺市司法局和市依法治市办在抚顺雷锋大剧院隆重举行“抚顺市纪念第五个‘12·4’国家宪法日暨全市首届‘守法好公民’颁奖大会”

辽宁省“七五”普法规划实施情况

“七五”期间，辽宁省普法工作取得了明显成效。“谁执法谁普法”普法责任全覆盖，法治文化蓬勃发展，干部群众法治观念不断增强，社会治理法治化水平日益提高。主要呈现5方面主要特点：一是党委政府政治站位高，普法体制机制日益完善；二是法治化营商环境建设举措有力，普法服务大局的职能作用日益凸显；三是法治乡村建设深入推进，“村（居）民评理说事点”建设效果明显；四是学校法治教育扎实开展，青少年法治观念日益增强；五是宣传载体形式不断创新，普法的生活化程度日益提高。

一、省委省政府高度重视全民普法工作

省委书记和省长多次在全省重要会议上对全民普法工作作出部署。省委及时召开常委会、理论中心组学习会议等。省委召开了全省法治宣传教育工作会议。省委全面依法治省委员会多次就全民普法工作提出明确的工作要求。省委依法治省委员会守法普法协调小组召开了会议研究全民

普法工作。省人大常委会通过了《辽宁省关于开展第七个五年（2016—2020 年）法治宣传教育的决议》，组织召开全民普法工作专题询问会。省政府每年将全民普法工作写入省政府工作报告。省委省政府下发制度性文件规定 9 份，领导批示 22 次。

二、重点普法任务全面落实

一是突出学习宣传习近平法治思想。省委多次召开理论学习中心组会议，带头学习习近平总书记关于全面依法治国重要论述。举办辽宁政法大讲堂系列讲座，专题学习习近平法治思想。邀请全国知名专家作专题讲座。省委党校（行政学院）组织开展习近平新时代中国特色社会主义思想考核测试。二是深入学习宣传贯彻实施宪法。省委在全国率先作出学习宣传贯彻实施宪法的部署。省人大常委会及时修订《辽宁省国家工作人员宪法宣誓组织办法》。全省各级党委（党组）开展理论学习中心组宪法专题学习 7545 次，举办宪法讲座等活动 9456 场，组织 18.6 万名国家机关工作人员、企事业单位经营管理者进行了宪法宣誓和宪法知识考试。普法讲师团开展宪法法律巡讲咨询活动 9780 场次，3 万余名普法志愿者开展宪法宣传活动。全省在线学习宪法的学生已达 1.78 亿人次。辽宁两次在全国总结会议上介绍宪法宣传周活动做法和成效。三是民法典学习宣传活动形成了声势。省委常委会对全省开展民法典学习宣传贯彻实施工作作出了专门部署。省政府党组理论学习中心组就民法典全面有效执行作出了具体安排。省人大常委会开展了民法典学习实施情况专项督察。聘请专家学者开展主题讲座 310 余场。开展国家机关工作人员民法典知识测试，累计参与人数达 30 余万人次。开展 10 项面向广大师生的民法典宣传系列活动，全省 5287 所中小学校将民法典引入“道德与法治”等课程，全省 1100 名律师组成了民法典宣讲团。

三、“谁执法谁普法”普法责任深入实施

省委办公厅、省政府办公厅印发了《关于实行国家机关“谁执法谁普法”普法责任制的实施意见》，省委依法治省办每年印发年度普法责任清单和普法依法治理工作要点。将落实普法责任制纳入依法治省考评，实现“谁执法谁普法”普法责任全覆盖。加强以案释法工作，省委依法治省办、省司法厅印发了《关于进一步加强以案释法工作的意见》。省司法厅发挥统筹协调职能，积极督导落实普法责任，并及时总结通报各单位普法活动和普法责任制落实情况。党委领导、人大监督、部门各司其职、全社会共同参与的普法大格局进一步建立。

四、重点对象学法用法进一步强化

一是抓住“关键少数”，加强领导干部宪法法律学习。辽宁省委党校（辽宁行政学院、辽宁省社会主义学院）开设 20 余门法治课程，培训人数达 1.8 万余人次。省干部在线学习网开设 134 门法治相关课程，累计 311.46 万人次参加学习。累计培训县处级以上领导干部 3000 余人次。每年至少对村“两委”干部集中培训一次，培训全省 2600 余名村党组织书记、驻村第一书记。二是把握“关键时期”，大力开展青少年法治教育。全省教育系统将宪法教育融入升旗仪式、开学毕业典礼等，通过法治副校长、学校法律顾问、法律人士进校园等普及法律知识。建成 12 个具有示范型的青少年法治教育实践基地，开展法治教学实践研究。全省中小学法治副校

长（辅导员）配备率达到 100%。

五、“服务大局普法行”系列主题宣传取得实效

一是开展“疫情防控　法治同行”主题宣传活动。全省利用 260 余个普法新媒体平台开展线上普法，出动 5657 台宣传车开展巡回普法，设立 3.2 万个大小喇叭和近 1.9 万块 LED 电子屏实时普法。二是开展党内法规和意识形态领域法治宣传教育活动。大力宣传党章和党内法规，将《民族区域自治法》《宗教事务条例》等民族宗教法律法规纳入“七五”普法规划。三是组织开展“助力振兴、服务民生、维护稳定”主题法治宣传教育活动。组织开展报告会 315 场，共 3 万余人参加，开展培训 300 余场次，共 20 万余人参训，解答法律咨询 10 万余人次。四是组织开展防范风险主题宣传。调动 17 个重点部门协同开展公共安全专项法治宣传教育活动。五是开展建设法治化营商环境主题宣传。组织律师开展“法治体检”和法律咨询服务近 8 万人次，组织法律服务团队开展“送法进企业、送法进商会”活动 5200 次。建立健全民营企业沟通协调机制，为民营企业发展提供有力司法保障。

六、普法工作载体形式不断创新

一是重新修订《辽宁省法治宣传教育条例》，

◆ 辽宁省锦州市举办人大机关人大代表宪法知识竞赛

为运用法治思维、法治方式开展普法工作，提供了重要的法治保障。二是组织开展“社会治理法治先行宣传年”活动。2019年11月至2020年年底，以“一月一主题一调度”的方式，开展14项普法专项任务，并逐步向14+N模式展开。三是充分发挥“村（居）民评理说事点”宣传阵地作用。全省建成“村民评理说事点”16,268个，实现行政村（社区）全覆盖。9万多名人民调解员和“法律明白人”利用“村（居）民评理说事点”开展普法宣传。各地依托“村（居）民评理说事点”解答法律咨询11.4万余人次，开展宣传教育5.8万余次，化解矛盾纠纷16.1万件。四是媒体普法成效明显。电视普法栏目《法在身边》《握手言和》受到社会群众热烈欢迎，品牌栏目《金牌律师团》的最好收视率达到全国卫视频道同时段第3名。利用报纸、学习强国、网易、腾讯、“辽宁普法”微信微博、今日头条矩阵、普法抖音矩阵、“辽事通”等开辟普法专栏，“报、网、端、微、屏”融媒体立体普法格局已经形成。

七、法治文化建设进一步繁荣

出台了《辽宁省创新社会普法教育机制的实施意见》《关于加强省级法治文化基地建设的指导意见》《关于建设省级法治宣传教育基地的通知》。全省建立省级青少年法治教育实践基地12个，省市两级法治文化基地258个。村居普法阵地实现100%全覆盖，36%的城市社区建成了标准化“法律书屋”，法治元素街路1500多条，法治公园（广场）600余个。可利用的法治宣传橱窗达11.5万个，LED显示屏达8666块，全省586个法治文艺团体组织群众性法治文化活动3万余场次。

八、基层普法依法治理水平进一步提升

一是法治乡村建设扎实开展。省委依法治省委印发《关于加强法治乡村建设的实施意见》，全省共有国家级民主法治示范村（社区）89个，省级民主法治示范村（社区）200个。全省行政村（社区）法律顾问100%全覆盖。培育了近5万名“法律明白人”。二是社区行业依法治理稳步推进。印发《辽宁省关于做好村规民约和居民公约工作的实施意见》，推动全省村规民约100%全覆盖。出台全国首部社会组织管理地方性法规《辽宁省社会组织登记管理条例》。省管无业务主管单位社会组织中党的组织组建率达到100%。全省实名注册志愿者人数达到365万人。举办34期示范培训班，培训社区工作者7000多名。

九、普法经费保障和检查考评进一步强化

一是普法经费逐年增加。“七五”期间，全省不断加大普法经费保障力度。省本级专项经费年均增长8.4%。中央、省级转移支付年均增长16.6%。省市县利用自身财力安排普法经费年均增长7.4%，市县级普法经费年均增长6.4%。二是积极开展检查考评。始终将“加强普法工作”纳入省委省政府绩效、平安建设和精神文明建设考核指标体系，在省委省政府“重强抓”绩效考核体系中的分值提高了一倍。

◆ 吉林省举办省直机关副厅级以上领导干部宪法学习报告会

吉林省“七五”普法规划实施情况

“七五”普法以来，吉林省各地各部门各单位认真贯彻落实中央和省委关于“七五”普法工作的重要部署，深入开展法治宣传教育工作，完成了“七五”普法各项工作任务，并取得了一定成绩。

一、全力做好“七五”普法启动工作

2016年11月15日和29日，吉林省政府常务会议、省委常委会议先后听取讨论并通过《省委宣传部、省司法厅关于在公民中开展法治宣传教育的第七个五年规划（2016—2020年）》。省委书记、省长分别作出批示，充分肯定了吉林省普法工作成效，并对省“七五”普法工作指出方向、提出要求。2016年12月27日，省委、省政府召开吉林省“六五”普法总结表彰暨“七五”普法动员部署会议。按照省委省政府部署要求，各地各部门各单位积极对“七五”普法工作作出安排，认真进行动员部署。

二、全力做好依法防控疫情普法宣传工作

一是快速反应，经请示吉林省委书记同意，于2020年2月15日印发了《中共吉林省委全面依法治省委员会办公室关于在全省开展新型冠状病毒肺炎疫情防控专项法治宣传工作的通知》，及时整理编写了《法律知识问答》等系列普法宣传资料。二是2020年2月11日起草了相关《紧急通知》。仅用3天时间，紧急印制了30万张挂图、2万套手册，发放给省直机关和各市（州）、县（市、区）。三是在《吉林日报》连续整版刊发相关法律知识问答。协调省委网信办在“今日头条”等网站对依法防控疫情法律知识问答等系列普法宣传资料进行了全网推送。在“今日头条”发布吉林省司法行政系统普法宣传稿件359条，

最高点击量接近 10 万 +，总点击量近百万。

三、深入推进宪法学习宣传教育工作

一是深入学习领会。吉林省委书记、省长分别主持召开省委常委会议和省政府常务会议，传达学习相关精神。2019 年 12 月 3 日，成功举办省直机关副厅级以上领导干部宪法学习报告会，邀请中共中央委员、全国人大常委会副秘书长作学习辅导报告，吉林省委书记主持报告会并讲话。2019 年 4 月 24 日，省委宣传部、省直机关工委、省人大办公厅、省司法厅、省依法治省领导小组办公室联合举办了 700 多名副处级以上领导干部参加的省直机关领导干部宪法学习报告会。二是认真组织推动。吉林省委印发了《中共吉林省委关于切实做好宪法学习宣传和贯彻实施工作的意见》。2019 年 7 月 5 日及 8 月 29 日省司法厅、长春海关联合举办中国“宪法边疆行”暨长春海关“法治边关行”活动启动仪式和“中国宪法边疆行”暨长春海关“法治边关行”活动。创作 3 期宪法宣传公益宣传片，在吉林卫视频道黄金时段播出。在长春市 6 个地铁站点以包站的形式利用安全屏蔽门制作 684 延长米宪法宣传公益广告。利用省委省政府驻地街路的路灯杆，制作 264 幅路灯杆旗宪法宣传公益广告。在《吉林日报》开辟了“讲好宪法故事、弘扬宪法精神”专栏，已刊发 16 期。三是发挥职能作用。2018 年 9 月下旬至 10 月中旬，省人大常委会组成执法检查组对全省 9 个市（州）进行执法检查。2018 年 3 月 30 日，吉林省第十三届人大常委会第二次会议审议修订了《吉林省组织实施宪法宣誓制度办法》。四是认真组织国家“12・4”宪法宣传周活动。2017 年 12 月 4 日，省司法厅举办了 13,900 多名干警参加的全省司法行政系统“12・4”宪法宣誓活动。2019 年 12 月 4 日，省委宣传部、省司法厅联合开展“宪法宣传周”主场活动，中央电视台 13 频道《朝闻天下》栏目、1 频道《焦点访谈》栏目分别对吉林省主场活动进行报道。

四、坚持抓好重点对象法治宣传教育工作

一是印发《吉林省领导干部学法用法工作制度》《吉林省关于完善国家工作人员学法用法制度的实施意见》等。二是省教育厅、省司法厅联合在吉林省未成年犯管教所，创建了吉林省第一所纳入国民义务教育体系的专门对未成年服刑人员进行九年义务教育、中等职业教育的特殊学校——长春市亚新学校。省教育厅、省司法厅、《法制日报》（2020 年更名为《法治日报》）驻吉林记者站连续 3 年组织开展“法制日报送法进学校”活动。三是 2017 年 7 月 4 日，省司法厅、省国资委、省环保厅、省工商联共同举办了 500 多人参训的全省“落实‘三抓’部署、推进法治惠企”专题培训班。省工商联、省司法厅、省依法治省领导小组联合印发了《关于开展“法律三进”活动的实施方案》。四是省司法厅连续举办培训班，已轮训 1200 余名农村“法律明白人”普法服务小分队骨干。截至 2020 年年底，全省已建立乡镇法治辅导站 1413 个，设立行政村法律图书角 9365 个，设立法治宣传栏 17,222 个，培养农村“法律明白人”22 万余名。

五、大力推进“谁执法谁普法”普法责任制落实

一是吉林省委书记就普法责任制在吉林省的贯彻落实作出指示，于 2018 年 1 月 22 日，以省委办公厅、省政府办公厅文件印发《关于实行吉林省国家机关“谁执法谁普法”普法责任制的实

施意见》。二是2018年2月6日上午10时，在省政府政务大厅新闻发布厅召开了《关于实行吉林省国家机关“谁执法谁普法”普法责任制的实施意见》公布实施新闻发布会。三是2019年12月11日，以省委全面依法治省委员会办公室文件印发了《关于印发吉林省省级国家机关“谁执法谁普法”普法责任清单的通知》。四是2019年省委政法委牵头对辽源市等5市县以及部分（中）省直部门就普法责任制落实情况进行了督察。五是2019年8月省委依法治省办、省司法厅、省高级人民法院联合出台了《关于推动吉林省国家工作人员旁听庭审活动常态化制度化的意见》。

六、积极引导和推进法治文化建设

一是不断创新法治文化建设载体。印发了《关于推进全省社会主义法治文化建设的指导意见》，开辟覆盖全省30万手机用户的吉林手机报普法宣传新阵地。二是连续两年开展全省法治文艺巡演活动。三是大力加强法治文化基地建设。全省建设法治宣传橱窗、长廊等7933个，建设省、市级法治文化基地150个。四是广泛运用新媒体开展法治宣传教育。全省开设电视法制频道栏目70个、广播法制栏目44个、建立各级普法网站49个、各级官方普法微博（微信）165个，年度总阅读数达45.6万余人次。

七、积极推进依法治理工作

吉林省扎实开展法治创建活动，在创建方式上，坚持“四级联治联创”模式，大力开展以依法治村为基础，以依法治乡（镇）为支撑，以依法治县（市、区）为龙头，以依法治市（州）为重点的四级联治，在此基础上，开展以争创“民主法治示范村”、“模范法治乡（镇）”、先进法治县（市、区）、先进法治城市为内容的“四级联治联创”活动。一是大力加强行业部门依法治理。全省开展民主法治示范村（社区）创建覆盖率达到100%，村（居）法律顾问和微信群覆盖率达到100%。二是大力加强行业部门依法治理。全省各部门各行业都成立了由主要领导任组长、分管领导任副组长、相关处（室、局）承担具体业务的“七五”普法领导小组和相应办事机构。三是进一步完善各项法治制度。省财政厅坚持普法工作与法治财政工作同谋划，普法工作全员推进，普法任务共同承担，普法成效同步考核；省纪委坚持学考结合，以考促学、以考促干，扎实开展业务能力测试，省纪委监委机关、省委巡视机构和派驻（派出）机构干部全部参加测试，优秀档次人数占测试人数的80.62%。四是广泛开展法治活动。省政府办公厅紧扣《中华人民共和国政府信息公开条例》开展普法宣传；省高级人民法院建立了普法整体联动机制，全省法院将普法工作纳入岗位目标责任制考核；省人民检察院将“谁执法谁普法”责任制的落实情况纳入部门、部门领导和检察官的总体考核；省广播电视局积极运用传统媒体和新媒体广泛开展普法工作，吉林新闻综合广播、省司法厅联合推出公益法律服务类节目《普法热线》，吉林广播电视台共播发全媒体稿件1411篇，点击阅读量592.8万人次。

◆ 黑龙江广播电视台卫视频道《遇事找法》“好好学习民法典”专栏进社区节目录制现场

黑龙江省“七五”普法规划实施情况

“七五”普法以来，黑龙江省坚持以习近平新时代中国特色社会主义思想为指引，认真贯彻落实“七五”普法规划，紧紧围绕省委、省政府中心工作，加大普法力度，完善工作机制，创新宣传形式，增强宣传实效，较好完成了“七五”普法各项任务，为促进黑龙江高质量发展和实现全面振兴全方位振兴提供了坚强法治保障。

一、统筹谋划，精心部署，凝聚普法工作合力

普法工作涉及社会生活各个方面，只有多方参与、分层实施，才能产生强大效能。一是谋篇布局，高位启动“七五”普法进程。省委、省政府把“七五”普法纳入国民经济和社会发展“十三五”规划，科学制定“七五”普法规划。

2016年7月15日省委、省政府转发《省委宣传部、省司法厅关于在全省公民中开展法治宣传教育的第七个五年规划（2016—2020年）》的通知，省人大作出决议，标志全省“七五”普法正式启动。二是强化领导，全力构建普法工作“大格局”。成立省委守法普法协调小组并召开全体会议，印发《中共黑龙江省委全面依法治省委员会守法普法协调小组工作规则》，成立小组办公室。各地各部门相继成立普法领导机构和办事机构，形成了党委统一领导，部门分工负责，各司其职、齐抓共管的“大普法”格局。三是建章立制，健全完善政策法规体系。2018年出台《黑龙江省法治宣传教育条例》，是普法规范化、法治化建设的重要标志。认真落实“谁执法谁普法”普法责任制，印发《关于实行国家机关“谁执法谁普法”普法责任制的实施意见》。2018年黑龙江省委全面深化改革领导小组将落实普法责任制情况列入年度改革重点督察计划，确保落实落靠。同时，先后出台《关于加强以案释法工作的意见》《关于加强全省媒体公益普法宣传工作的实施意见》等改革措施，为“七五”普法提供有力制度保证。四是强化培训，提升普法队伍专业水平。成立“七五”普法讲师团、普法志愿者、基层“法律明白人”等普法队伍，定期开展培训。5年来，举办省级培训班5次，累计培训近千人，有效提升了全省普法队伍的整体素质。五是认真总结，确保“七五”普法圆满收官。2020年6月以来，各地、各部门普遍成立了由党委、人大、政府有关领导带队的检查组，对县（区）普法工作进行了全面验收。2020年9月下旬，由省委常委、省委宣传部部长和省人大、省委政法委、省司法厅、省市场监督管理局相关领导带队，组成4个省级验收组，对13个市（地）及部分省直机关进行实地检查，确保“七五”普法工作全面有效落实。

二、突出重点，带动全面，夯实普法工作基础

宪法、民法典是普法重要内容；领导干部和青少年是普法重点对象；法治创建是普法工作重要抓手。紧盯重点进行普法，是长期总结出的成功经验。一是突出重点内容。大力开展“尊崇宪法、学习宪法、遵守宪法、维护宪法、运用宪法”宣传活动，每年“12·4”国家宪法日和“宪法宣传周”，组织开展声势浩大的宪法宣传活动，营造浓厚的宪法宣传氛围。《中华人民共和国民法典》颁布后，省委全面依法治省办及时制发《全省民法典学习宣传教育工作方案》，省委宣传部组建民法典宣讲团，省法院成立民法典理论学习研究小组，省委理论学习中心组邀请专家讲解民法典，为推动全省学习宣传民法典作出表率。各地各部门积极响应，共举办民法典专题讲座1200余场次、民法典专题报告会840余场次，使民法典真正走到群众身边，走进群众心里。另外，在“中国普法”开展的民法典有奖竞答中，黑龙江省答题人数名列全国第5位，哈尔滨市名列全国城市第2位。二是突出重点对象。抓住“关键少数”，落实领导干部会前学法、法治培训、年终述法等制度，2018年全省副处级以上领导干部进行法律知识网上答题。自2019年举办首场旁听庭审活动以来，全省2万余名国家工作人员参与活动。5年来，全省组织领导干部法律培训班7600余场次，各级党委中心组学法5500余场次，有效提升了领导干部依法行政能力。抓住“关键阶段”，各中小学校均配备法治副校长，设立了法治课程。2017年全省开展青少年法治书画作品征集活动，免费发放法治书画作品近万册、青少年法治读本1500套。三是突出重要抓手。深

入推进多层次多领域依法治理，扎实开展法治县（市、区）创建活动和基层民主法治单位创建活动。5年来，共命名34个“全省‘谁执法谁普法’示范单位”。2018年，宝清县等18个县（市区）被命名为第四批全国法治县（市、区）创建先进单位，克东县乾丰镇展望村等14个村（社区）被司法部、民政部命名为第七批“全国民主法治示范村（社区）”。2019年，全省58个村（社区）被司法部、民政部重新命名为“全国民主法治示范村（社区）”。

三、创新思路，活化载体，增强普法工作实效

普法宣传应紧紧围绕党委、政府中心工作，全力服从服务保障大局，在运用好传统普法宣传方式同时，不断丰富创新普法宣传教育模式，确保实效。一是开展主题普法实践活动。积极开展“服务新战略　法治惠民生”和“服务大局普法行”主题实践活动。为决战决胜脱贫攻坚、全面建成小康社会，普遍实施村（居）“法律明白人”培养工程，大力开展“法治乡村行　普法进家庭”活动。5年来，共举办“法律七进”活动万余场次，现场发放普法资料800万余份。为推动扫黑除恶专项斗争形成强大声势，依托微信公众号及“今日头条”“一点资讯”等推送扫黑除恶信息3万多条，营造了防范打击黑恶势力的浓厚氛围。为重塑营商新环境和支持民企发展，举办《黑龙江省优化营商环境条例》宣讲报告会，在哈尔滨华南城开展“送法进民企　助力备春耕”和“法律进民企”活动，大力营造关心支持民企发展良好氛围。二是加大疫情防控普法宣传。在全国率先制发《关于在新型冠状病毒感染的肺炎疫情防控中做好普法宣传工作的通知》。在“黑龙江普法”微信公众号开设“疫”案说法、“疫”线动态、抗“疫”先锋等专栏，刊发信息300余条。省司法厅编印《疫情防控法律指引》600册。黑龙江广播电视台策划播出“防控疫情　普法同行”专栏节目50期，邀请知名法律专家、学者和律师以案普法，并制作DVD光盘3000套下发基层，为打赢疫情防控人民战争、总体战、阻击战营造良好法治氛围。三是着力打造特色普法品牌。在宪法宣传上，持续打造“中国宪法边疆行”暨边关普法活动品牌，2018年在黑河市召开启动大会，2019年在绥芬河召开推进会，司法部普法与依法治理局领导出席会议并给予充分肯定，2020年在嘉荫县和呼玛县举办宣传成果展示会，将此次活动推向高潮。在法治文化上，命名72个“全省法治文化建设示范点”，评选省高院等44个单位（场所）为“全省普法教育暨法治文化建设示范点”，2020年绥芬河国家安全教育展馆和黑龙江省高级人民法院被命名为“全国法治宣传教育基地”。举办首届高校法治文化节，连续两年开展“大美龙江　无法不美”旅游普法活动。全力打造法治文艺精品，在第十三届全国法治动漫微电影征集展播中，鸡西市漫画作品《市里的扶贫牛拨下来了》获得一等奖。在全国第三届“我与宪法”微视频评奖颁奖仪式上，省移民管理局推送的《我与宪法》《移民管理与法同行》均获三等奖。在媒体宣传上，开设“黑龙江普法”公众号，采取新法解读、热点关注、以案释法、有奖答题等形式开展普法，粉丝量达27.7万人。2018年在黑龙江电视台创建“法治频道”，2019年黑龙江卫视《遇事找法》节目受到国家广播电视总局表扬，省委书记作出批示。2020年黑龙江广播电视台积极利用《法治在线》《遇事找法》等栏目宣传解读民法典，其中《遇事找法》栏目制播的《好好学习民法典》节目，受到中宣部《新闻阅评》专题点评和国家广电总局《监管日报》通报表扬。

◆ 第五个国家宪法日暨上海市第 30 届宪法宣传周主题活动于上海电影博物馆成功举办

上海市“七五”普法规划实施情况

“七五”普法期间，上海法治宣传教育工作始终在市委、市政府的坚强领导和全国普法办的有力指导下，坚持以习近平新时代中国特色社会主义思想为指导，深入贯彻落实习近平法治思想，自觉践行“人民城市人民建，人民城市为人民”重要理念，坚持培育社会主义法治文化和推动法治实践双轮驱动，着力推进落实“谁执法谁普法”普法责任制，全面深入开展法治宣传教育各项工作，不断增强人民群众的法治获得感，为建设更高水平法治上海作出了积极贡献。5 年来，上海市民法治观念显著增强，全社会厉行法治的积极性和主动性明显提高，法治正逐渐成为上海城市核心竞争力的重要标志。

一、精心组织策划，突出重点内容，全面落实普法宣传

一是市委率先垂范带头力行。2018 年 3 月 12

日，上海市委书记即批示要求全市深入开展宪法学习教育，切实抓好贯彻实施。市委第一时间组织以宪法为主题的中心组学习，召开常委会专题审议相关工作安排，并印发《关于深入学习宣传和贯彻实施宪法的通知》。市人大常委会审议通过了《上海市实施宪法宣誓制度办法》，本市新任命的国家工作人员全部实行任职前宪法宣誓。全市领导干部宪法专题学习实现全覆盖，各级党校均开设宪法学习课程。严格组织、深入开展宪法学习宣传实施专项督察活动。二是全面实施宪法学习工程。组织开展“尊崇宪法、学习宪法、遵守宪法、维护宪法、运用宪法”宣传教育活动，有力推进宪法“九进”。组建市、区两级宪法宣讲团 17 个，创新采取“菜单式、配送制”宣讲方式，免费为基层广大干部群众送宪法宣讲上门。全面组织实施“人手一册，每户一本，居村一讲一阵地”宪法学习工程，实现宪法宣传阵地全市 16 个区全覆盖，推动宪法学习宣传随处可见。三是深入开展国家宪法日和宪法宣传周活动。认真组织开展“12·4”国家宪法日系列活动，2019 年成功承办全国第 2 个宪法宣传周主场活动。上海市宪法宣传周自 1989 年迄今，已连续成功举办 32 届，成为具有广泛社会影响力的品牌活动。四是全力抓好民法典普法宣传。市委中心组专题学习《中华人民共和国民法典》，以中共市委全面依法治市委员会名义印发《关于深入学习宣传贯彻实施〈中华人民共和国民法典〉的实施方案》，推动民法典宣传教育制度化常态化长效化。组建“上海市民法典宣讲团”。依托主流媒体和新媒体，线上线下同步展播精心制作的公益广告、短视频、学习专栏等，营造浓厚氛围。2021 年 1 月 1 日，联合中国邮政上海分公司举办《中华人民共和国民法典》纪念邮票及纪念封全国首发仪式。此外，联合市委宣传部共同切实抓好党章、准则、条例等党内法规的学习宣传。

二、聚焦中心大局，突出重点领域，筑牢法治社会基础

一是推动全民依法战“疫”。及时组织开展“防控疫情　法治同行”专项法治宣传活动，充分发挥本市“大法宣”平台优势，有效加强依法防疫和复工复产复市服务保障。精准供给抗疫法宣产品，制作发布疫情防控法律政策电子书、系列海报、短视频、法律提醒短信以及宣传手册、法律服务指引等，多次通过市政府新闻发布会，积极回应广大市民法律关切。组织开展“以案释法”、知识竞答等线上法宣，推出社区防疫双语法律问答专栏，为境外人士“零障碍”普法，全面营造“依法抗疫”良好氛围。二是紧扣重点工作抓好普法宣传。组织开展“服务大局普法上海行”主题实践活动，围绕“庆祝新中国成立 70 周年”“扫黑除恶”“服务‘一带一路’”等重大主题，22 家单位共同开展 18 项重点普法宣传。联合成立市优化营商环境法治宣讲团，深入宣传《上海市优化营商环境条例》等法律法规，主动上门当好法治“店小二”。连续做好三届进博会法治服务保障，组建百人“进博法律服务志愿团”，推出“进博涉外法律服务”、上海市优化营商环境政策法规解读、知识产权百问百答等专业法治宣传服务。三是助力化解城市治理难题。围绕《上海市生活垃圾管理条例》《上海市烟花爆竹安全管理条例》等地方性法规实施，开展全市道路交通违法行为大整治行动、“五违四必”、中小河道整治等重点工作，广泛组织开展各类主题法治宣传和法律服务活动。积极探索把典型案例依法处理过程变成普法宣传过程，在拆违执法等城市管理中有效发挥出“降低执法成本、减少社会矛盾”等积极作用。

三、抓住关键少数，突出重点群体，推动树立尚法新风

一是推动国家工作人员带头学法用法。制发《关于进一步加强本市国家工作人员学法用法工作的意见》，将法治宣传教育纳入国家工作人员教育培训总体规划，健全党委（党组）中心组学法制度，建立重大决策合法性审查机制。市委中心组集体学法、市政府常务会议会前学法制度有效落实。中共上海市委印发《律师法律顾问工作规则》，市委及16个区委全面建立法律顾问制度。制定出台《关于推动本市国家工作人员旁听庭审活动常态化制度化的实施意见》，实现全市国家工作人员参与旁听庭审活动全覆盖。出台《上海市推行党政主要负责人法治建设责任制的规定》，明确把党政主要负责人履行推进法治建设第一责任人职责情况列入年终述职内容，积极开展领导干部“述法”工作。探索推动全市处级及以上干部落实“逢提必考法”。二是统筹开展青少年法治教育。推进课堂法治教育。本市中小学校全面落实法治教育课时、师资、教材和经费保障。完成全国《青少年法治教育大纲》研制工作，出版全国首部涵盖小学到高中阶段的青少年法治教育教材，并在全市试用。出台《关于加强本市中小学法治副校长工作的意见》，全市1613所中小学全部配备法治副校长及法律顾问，实现全覆盖。推进课外法治实践。充分利用第二课堂、社会实践活动、开学第一课、毕业仪式等开展青少年法治教育。每年在全市组织开展高校大学生法治辩论赛、“新沪杯”中学生法律知识竞赛、“浦江杯”中小学生法治文艺作品征集等六大精品项目。此外，持续加大企业经营管理人员、来沪务工人员的法治宣传教育力度，成功举办四届上海市企业法务技能大赛，影响已扩展至长三角。大力推进企业法治文化建设，受到社会普遍好评。

◆ 宪法宣传周期间，宪法宣传走进中小学课堂，宪法主题班会课、宪法晨读等活动精彩不断，让中小学生以最直观的形式将宪法铭记心间

四、坚持普治并举，加强考核评估，推进基层依法治理

一是建立指标体系。修订发布《上海市法治城区创建评估指标体系》《上海市民主法治示范村创建评估指标体系》《上海市民主法治示范社区创建评估指标体系》，推进多层次多领域依法治理。二是创建成果全国领先。黄浦区、徐汇区、浦东新区和长宁区、闵行区的两个项目获评国家第一批法治政府建设示范地区和项目，获评数量并列全国第一，上海市市长批示予以充分肯定。11个区获评全国法治城区创建活动先进单位，50个村居获评全国民主法治示范村（社区）。每两年确认10个上海市依法行政示范项目，已开展两轮；每年评选十大依法治理优秀案例和一批民主法治优秀课题。三是探索基层依法治理新模式。积极打造共建共治共享的社区治理新模式，指导完善村规民约、居民公约，着力加强软法自治的规则引领。牵头举办首届"长三角基层依法治理论坛"，推进长三角基层依法治理协同创新。

五、压实普法责任，加强制度建设，推动法治实践创新

一是全面落实普法责任制。市委、市政府办公厅印发《关于实行国家机关"谁执法谁普法"普法责任制的实施意见》，62家市级机关和350余家区级机关发布普法责任清单。制定《关于建立法官、检察官、行政执法人员、律师等以案释法制度的实施意见》，推动"以案释法"的常态化、规范化和制度化。首创《行政执法过程中精准普法的工作指引》，推动本市行政执法人员在执法过程中实时普法、精准普法。依托城市运行综合管理中心，积极打造"谁执法谁普法"实践平台。开展履职报告评议，创设性引入专家评议、第三方社会满意度调查和媒体暗访等三大新方式，加强评议结果运用，以"硬核评议"推动普法责任制落实。此外，联合市委宣传部等部门出台《关于本市新闻媒体和互联网传播平台开展公益普法的实施办法》，健全媒体公益普法制度。二是引领法治文化创新。全市已建成各具特色的法治文化阵地2000余个。自2019年起，已评选出56家市级社会主义法治文化品牌阵地、33个品牌活动。其中，杨浦"国歌展示馆"、上海嘉定法宝体验中心等入选第三批全国法治宣传教育基地。"上海市宪法教育馆"于2020年12月4日正式对外开放，成为具有上海辨识度的普法教育经验样本。大力支持法治文化作品创作，2019年制作的《依宪执政　初心使命》荣获全国宪法视频征集比赛一等奖。《法制特勤组》等栏目成为本市家喻户晓的电视荧屏法治文化节目品牌。

◆“12·4”江苏省青少年宪法宣誓活动

江苏省“七五”普法规划实施情况

“七五”普法规划实施以来，江苏省各地各部门按照省委、省政府和司法部的总体部署，以习近平总书记视察江苏省重要讲话指示精神为引领，以服务大局、服务发展、服务民生为宗旨，紧扣“让法治成为江苏核心竞争力的重要标志”目标定位，大力实施法律接受工程，积极探索知识普及、观念引导、能力培养“三位一体”的法治宣传新格局，圆满完成“七五”普法各项任务，“法律即生活、生活即法律”观念深入人心，全社会法治素养持续提升，为推动高质量发展走在全国前列、建设“强富美高”新江苏营造了良好法治环境。

一、主要做法及成效

（一）强化组织领导，有力彰显法治宣传基础先导功能

“江苏高质量发展要走在前列，法治建设首先要走在前列”指引江苏普法科学发展、创新发展、率先发展。江苏省委、省政府将实施“七五”普法规划作为“十三五”时期“开启基本实现现代化建设新征程”的基础先导工程，纳入各级党委政府综合绩效考核。省市县党政主要领导对“七五”普法专门批示 125 次，各级人大、政协视察法治宣传工作 732 次，提出合理性意见建

议2115条。各地各部门及规模以上企业全部设立法治宣传教育工作领导小组，建立责任目标、创新创优、社会联动、督查考评、保障支持“五项机制”，普法经费较“六五”实际支出超30%，95%县（市、区）建成法治宣传教育中心，法治宣传管理系统互通156个普法社会组织，互融391个普法微博、微信和网站，互联20.2万多名普法志愿者、普法讲师团成员、法治副校长和普法联络员，进一步构筑了“纵向贯通、横向衔接、整体联动、立体覆盖”的工作体系，形成了互动型服务型创新型“三型”普法模式。“七五”普法期间累计举办各类法律专题宣传57万余场次，开展法律咨询65.2万余次，惠及群众6500多万人次。2019年江苏法治宣传群众满意度突破97.6%，公众安全感达到98.34%，创历史新高。

（二）强化需求导向，有力推动法治宣传提质增效

立足大水漫灌向精准滴灌的路径转变，制定法治宣传标准化工作指南，建立普法万名服务对象信息库，每月开展群众法律需求和行为分析，每年组织普法满意度第三方评估，推动服务管理精细化、服务过程规范化、服务产品多元化，研发推广法宣产品1700多个，组织“以案释法”基层行6万多场次，有效满足群众学法需求。聚焦中心大局，打造“法润江苏”品牌，集中部署“服务大局普法行”系列活动，集中开展“法润江苏　春风行动”“法企同行　风险防控”“学法律守规则、防风险除隐患”“疫情防控　法治同行”等专项行动，充分发挥法治宣传前移前置、全面覆盖的服务优势。聚焦群众需求，突出“美好生活”主题，省市县联动开展“法护人生、法进家庭、法润村居”“美好城市、法律相伴、你我共创”“美好生活　法典相伴”等系列活动，分众组织守护人民群众“钱袋子”、保障人民群众“舌尖上的安全”“道路交通安全”等专题教育，宪法、民法典进机关、进学校、进企业、进农村、进社区、进军营、进景区、进医院、进宾馆、进网络等“十进”活动，2020年7月8日开始的百日“美好生活·法典相伴”主题活动，突破5000万人次参与“线上倡议接力”，法治宣传教育工作的群众获得感得到全面提升。

◆ 江苏省苏州市青少年宪法评弹

（三）强化分类施教，有力提升全社会法治素养

坚持法治江苏、法治政府、法治社会一体建设，狠抓“三个关键”，以点带面提升公民法治素养。抓住领导干部“关键少数”，省市县全面推行领导干部任前法律知识考试、年度述职述廉述法和“谁执法谁普法”履职评议“三项制度”，确保党委（党组）中心组学法、政府常务会议学法、法院旁听庭审等日常工作有序有效开展，确保年度“百万党员学宪法学党章考法律”活动覆盖1.2万家党政机关、116万余名党员干部，进一步强化了领导干部“头雁作用”。抓住青少年“关键时期”，坚持课堂教育主渠道，建立法治教育骨干教师培养制度，征集推广50个宪法公开课优秀教案和微视频，推动师资配备、课程实施、经费支持、制度机制“四落实”；建成运行322个青少年法治教育基地，全面推广“中华冠笄法治成人礼”，集中开展“青少年学法活动周”“学宪法讲宪法”“健康成长情景剧大赛”等系列活动，进一步构建了政府、学校、社会、家庭共同参与的青少年法治教育新格局。抓住企业经营管理人员“关键环节”，开展“法律进企业、进商会、进工商联”“送法送政策进企业”活动，完成262家企业社会责任示范试点工作，走访企业1.5万多家，组织“法律体检”13万多次，进一步提高了企业经营管理人员依法管理、诚信经营的意识和水平。同时，抓住妇女、农民工、老年人等普法难点，每年举办“百万家庭学法读书竞赛”“农民学法活动周”“重阳送法　关爱老人”主题活动，累计发放市民学法口袋书、农村法律知识读本等150多万册，进一步推动形成办事依法、遇事找法、解决问题用法、化解矛盾靠法的良好社会氛围。

（四）强化育人化心，有力推进法治文化高地建设

以“育人化心”为目标，强化制度保障，注重教育引导，推动实践养成，构建形成具有时代特征、地域特色、法德融合的法治文化建设新高地。一是加大政策支持力度。出台《关于加强社会主义法治文化建设的指导意见》《关于推进大运河（江苏段）法治文化长廊建设的实施意见》《关于培育建设法治文化特色小镇的指导意见》，由面及点优化法治文化建设布局，加强与法治社会建设、城市建设发展、乡村振兴战略等中心工作的融合度，加大在公共设施规划、文化艺术展评、财政预算列支等方面的扶持力度，有力推动保障体系完善、建设能力提升、作品创作繁荣、传播体系优化、法治文化惠民“五大行动”持续深入开展。二是集聚拓展平台阵地。以建设省级法治文化建设示范点为抓手，打造出由市到村四级法治文化阵地近1.3万个，成功创建3个全国法治宣传教育基地、551个省级法治文化示范点、10个首批大运河（江苏段）法治文化品牌项目，推出省级法治文化阵地“云游馆”，形成“市县有场馆、镇街有中心、村居有站点”的规模化、系列化、特色化发展格局，极大地方便了百姓“平时看得见法、用时找得到法”。三是常态开展创作演出。组建85个创作基地和3542支专兼职演出团队，创作6万余部法治戏曲、法治动漫、法治书画摄影等法治文化作品，全省每年举办万余场次的法治文艺演出、法律知识竞赛、法治故事宣讲、法治电影展映等基层法治文化活动。全国“我与宪法”微视频征集及法治动漫微电影作品征集活动，江苏获奖作品数连续多年位于全国第一，所承办的“法治让生活更美好”——2019年全国宪法宣传周主题活动广受赞誉。

（五）强化法治实践，有力筑牢社会治理基层基础

提请中共江苏省委全面依法治省委员会印发《江苏法治社会建设指标体系（试行）》，系统构建多元规范、规范实施、法治服务、秩序修复、信仰培育“五大体系”，积极探索“订立规矩、重塑习惯、涵养法治”的法治社会建设江苏模式，彰显人民群众的主体地位，激发人民群众尊法学法守法用法的主动性、积极性，加快形成“人人有责、人人尽责、人人享有”的社会治理格局。印发《关于加强法治乡村建设的实施意见》，部署江苏省法治乡村建设三年行动，深化民主法治示范村（社区）建设，实施村（社区）“法律明白人”培育工程，建成61个全国乡村治理示范村、171个全国民主法治示范村（社区），省级创建率达45.6%。充分发挥德法融合在社会治理中的浸润渗透作用，持续开展“德法涵养文明　共建绿色生活”系列活动，组织德法志愿服务5.8万多场次，运用道德手段化解基层矛盾纠纷20万余件，推动“崇德尚法、循法而为”成为全省公民的共同追求和自觉行动。

二、存在的主要问题

一是法治宣传工作发展存在不平衡不充分现象。少数地方和部门对普法工作的重要性认识还不够，法治建设第一责任人职责落实不到位；对普法工作过度依靠常规路径，缺乏创新思维、系统思维、发展思维；对普法过程中好的经验做法的挖掘、提炼、推广不够及时，导致普法工作在地区之间、部门之间的发展态势、工作成效、群众评价存在一定差距。

二是“谁执法谁普法”工作合力仍需加强。少数部门对普法责任制落实不到位，工作推进过程中存在碎片化、条线化等问题，普法与执法、服务、管理之间的融合度不高，各自为政、“唱独角戏”的现象仍然存在，各部门协调配合、全社会积极参与的工作局面有待进一步巩固。

三是法治宣传工作的针对性不够强。部分地区、部门的普法工作仍处于“广撒网”的粗放阶段，存在文本解读的路径依赖，普法方式、产品还不能适应不同层次、不同年龄受众的分殊性需求，没有真正形成普法需求、形式、内容有机结合的“互动型服务型创新型”精准普法模式，一定程度上影响了法治宣传工作质效。

三、下一步工作建议

一是建议加快国家法治宣传教育法的立法进程。加快出台国家法治宣传教育法，以解决法治宣传权威性不够、体制机制不顺、专项经费不足、工作发展不平衡等实际问题，推动各地修订法治宣传教育工作条例，充实硬性举措和刚性指标，为法治宣传科学发展奠定坚实基础。

二是建议强化“谁执法谁普法”责任制履职考评。法治宣传教育是社会系统工程，需要各部门各单位各负其责、齐抓共管，形成工作合力。建议全国普法办围绕贯彻落实《关于实行国家机关“谁执法谁普法”普法责任制的意见》，研究出台国家层面“谁执法谁普法”履职评议办法，推动构建普法责任制考核评估体系，更好推动普法责任制落地落实。

三是建议加强对各地法治宣传工作的分类指导。把握“十四五”时期普法特点规律和形势任务，在社会普法教育机制、重点对象普法、法治文化建设等方面创新突破，研究出台全国法治社会建设标准、法治文化建设指导意见等。同时，加强对各地分类指导和业务培训，打造更多可借鉴可推广的全国亮点，开辟法治宣传工作新局面。

◆ 普法用法 · 五教同行——浙江省以宪法为主题的“十百千万”普法工程授牌仪式在温州文成隆重举行

浙江省“七五”普法规划实施情况

“七五”普法规划实施以来，浙江省干部群众高举习近平新时代中国特色社会主义思想伟大旗帜，认真贯彻落实党的十九大和十九届二中、三中、四中、五中全会精神，自觉扛起“忠实践行‘八八战略’、奋力打造‘重要窗口’”，争创社会主义现代化先行省的使命当担，从更好地满足人民群众日益增长的法治需求出发，切实加大全民普法力度，持续深化依法治理，不断增强人民群众在法治建设中的幸福感、安全感、获得感，为浙江省“两个高水平”建设提供了坚实法治保障。

一、扛起“建窗口”职责使命，提升普法政治站位

深刻把握法治宣传教育在建设“重要窗口”中的重要作用，争当“重要窗口”的建设者、维护者、展示者。高规格启动“七五”普法。2016年浙江省委召开“法治浙江建设十周年纪念大会暨‘七五’法治宣传教育部署会”，以最高规

格启动“七五”普法。高站位加强组织领导。成立省委依法治省委员会守法普法协调小组；各级党委政府自觉把普法与依法治理作为促进和保障浙江经济社会转型升级的重要基础性工作，纳入重要议事日程；全省各市、县（市、区）和行业单位全部制定了普法工作规划。高频率强化检查督导和协调指导。顺利完成“七五”普法中期督导和终期总结验收；依托“法治浙江”“平安浙江”“法治政府”综合考核评价体系，发挥考核激励作用；加强领导班子和领导干部年度考核及学法述法结果的运用。

二、强化“三个地”政治担当，大力弘扬宪法精神

浙江省倍加珍惜新中国第一部宪法起草地的荣誉和使命，在宪法宣传中突出赶紧赶早、落地落实、守正创新。率先部署“宪法进万家”活动。2018年3月，率先部署宪法修正案学习宣传，开展上万场“宪法宣传十进”活动，辐射千家万户；“我与宪法”优秀微视频作品连续3年获得全国一等奖；“五四宪法”历史资料陈列馆接待观众达120万人次。全省建成宪法主题宣传公园、场馆300家。精心部署“宪法宣传周”活动。重点打造“浙里+宪法”主题宣传品牌，举办“浙里”光影颂宪法主题摄影活动、宪法直播活动、主题书法展，录制“宪法与浙江”微课；打造了全国首列国家宪法日主题宣传地铁；组织“学习十九大精神·弘扬宪法精神”宣传图片巡展。突出宪法宣传重点对象。开展国家机关工作人员“争做宪法忠实崇尚者自觉遵守者坚定捍卫者”主题活动；省人大通过《浙江省组织实施宪法宣誓制度办法》，将公职人员任职宪法宣誓法定化；省委党校各主体班次安排宪法专题培训。开展青少年“学宪法讲宪法”主题教育实践活动，加强宪法教师人才培养。

三、发挥“责任制”先行优势，构建社会普法格局

强化部门主体责任，整合社会力量参与、共同推进全民普法。建立健全普法责任制。迅速贯彻落实习近平法治思想，出台《浙江省法治宣传教育工作规定》，实现依法普法；出台《关于进一步健全完善普法责任制的实施意见》，提出了“谁执法谁普法、谁主管谁负责、谁服务谁普法”的原则；出台《关于加强以案释法工作的意见》，建立以案释法平台，健全案例汇编发布机制，已发布优秀案例300余个。完善普法责任清单制度。指导守法普法协调小组成员单位每年发布年度普法工作任务和举措，接受公众监督。培育构建社会化普法格局。在全国率先出台《关于构建社会大普法格局的意见》和实施细则，推动更多社会力量资源参与普法工作，培育了一批社会大普法“六优”项目。

四、聚焦“保大局”中心任务，增强法治宣传工作效能

坚持做到党委政府重点工作推进到哪里，法治宣传教育就跟进到哪里。紧扣党委政府中心开展普法。重点围绕党的十九大、G20杭州峰会、“最多跑一次”及“三大攻坚战”等中心工作，开展法治宣传教育。开展《浙江省民营企业发展促进条例》集中宣传服务月活动，送“法”进企业19.6万家；开展“服务村级组织换届三大专项行动”，为党委政府提供法律建议1589条，对31,167个村（社区）的规民约（社区公约）开展合法性审查。紧扣保障改善民生开展普法。开展“防控疫情　法治同行”专项法治宣传行动，发

布全国首个省级层面疫情防控守法普法倡议书；部署开展“崇尚法典精神　共筑美好生活”主题宣传活动，组成全国首个省级民法典普法讲师团，开展各类民法典普法宣传活动 1500 余场，受众达 2000 余万人次。紧扣促进社会和谐稳定开展普法。重点围绕禁毒、消防、网络借贷风险防范、扫黑除恶等专题，开展法治宣传教育，引导公民依法表达诉求、依法解决纠纷和依法维护权益。

五、坚持“分众式”工作标准，提升普法精准水平

坚持从用法端需求出发，推进普法端供给侧改革。抓住领导干部这个“关键少数”。举办浙江省党政领导干部依法执政研讨班，培训市县党政领导班子成员及市直党政部门主要负责人、乡镇（街道）党政正职 8000 人；实施浙江省公务员“学法用法三年轮训行动”；每年组织 1800 余名省管干部、近 4 万名公务员通过网络平台参加法律知识考试；开设“公务员学法云讲堂”，举办全省党员干部党内法规知识竞赛。培育青少年这个“最大希望”。严格落实《青少年法治教育大纲》，开展“道德与法治”课程专任教师培训；积极开展法治辩论赛、法治课堂、模拟法庭等青少年学法活动；推进国家青少年法治教育中心建设，全省建有青少年法治宣传教育场所 1506 个；推进法治副校长队伍建设，全省中小学法治副校长共 5788 名，达到全覆盖。推动特定群体的差异化普法。加强各级退役军人服务中心（站）设置“普法角”建设；连续多年举办“和谐宗

◆“我是宪法同龄人”网络直播活动走进“五四宪法”历史资料陈列馆

教·法在心中”宗教法治论坛；开展“依法分类处理·规范信访秩序”主题信访宣传月活动。

六、聚焦“强基础”目标要求，推进基层法治建设

坚持学法守法普法与法治实践紧密结合，多层次、多领域推进依法治理和法治创建。深入开展法治乡村建设。出台《关于加强法治乡村建设的实施意见》，提出六大行动计划和2035年前工作目标；出台《浙江省“学法守法示范户”“法治带头人”“法律明白人”“法治农家院”“农村法治文化阵地”指导标准》，全省培育“法治带头人”“法律明白人”近10万名。持续深化基层单位法治创建。持续开展诚信守法企业创建活动。继续提升“民主法治村（社区）”建设规范化水平，制定指导标准，完成三年行动计划，湖州市和安吉县分别发布“民主法治村（社区）”建设地方标准，全省建成市级以上民主法治村（社区）12,259个（其中国家级210个、省级2821个）。健全三治融合机制。指导各地健全自治、法治、德治“三治融合”基层社会治理体系，培育1万个“三治融合”建设示范点；修订《浙江省善治示范村认定暂行办法》，每年认定2000个“浙江省善治示范村”。

七、践行“跑一次”创新理念，培育特色法治文化

践行“最多跑一次”改革创新理念，推动普法方式方法不断创新。加强法治文化实体阵地建设。培育了杭州市“五四宪法”历史资料陈列馆、诸暨市枫桥镇、安吉县余村等7个全国法治宣传教育基地，湖州市沈家本纪念馆、宁波市鄞州区法治文化中心等91个省级法治宣传教育基地。各地积极挖掘本土法治文化资源，打造了一批主题突出、特色鲜明、功能完备、互动性强的法治文化宣传教育阵地，全省建有各类法治街区（公园、广场）等法治文化阵地2088个。加强法治文化网络阵地建设。出台《关于加强新闻媒体和互联网平台公益普法宣传工作的实施意见》；依托“浙江普法”新媒体矩阵开展网络普法，连续10年开展“我们一起学宪法”网络普法活动，微博话题累计阅读量达5865万；依托华数数字电视，打造社会化大普法融媒体平台；搭建以法治宣传为主要功能的“之江法云”微信塔群，覆盖全省所有村（社区），被评为“浙江省民生获得感示范工程”。加强特色法治文创品牌建设。打造“流动大舞台——法治宣传浙江行”法治文艺演出品牌，加大法治动漫、微电影、微视频等新媒体普法产品研创力度，推出了“晓法”和“阿普”等一批知名普法卡通形象和系列实用性强的普法文创用品。

在取得成绩的同时，浙江省的“七五”普法规划实施还存在一些不足，例如：在精准把握群众法治需求上还有提升空间，普法针对性、精细化需要进一步加强；在学用结合、推动法治实践上还有待深化，企业、学校等基层依法治理需要更多的创新与实践；在凝聚社会各方力量、落实媒体公益普法责任、推动真正形成社会大普法格局上任重道远。下一步，浙江省干部群众将坚定不移地以习近平新时代中国特色社会主义思想为指导，更好适应新征程、新使命、新要求，锐意进取、真抓实干，力争“八五”普法开好局、起好步，以最大决心、最高标准、最快速度，高水平谱写法治宣传教育新篇章。

◆ 安徽省司法行政系统开放日活动

安徽省“七五”普法规划实施情况

“七五”普法以来，安徽省积极推进全国及本省“七五”普法规划和决议落实，持续加强组织领导，不断创新工作机制，切实强化保障措施，推动全省各项法治宣传教育工作落地落细，全省普法工作实现新发展、取得新成效。

一、“七五”普法规划实施情况

（一）加强领导，健全机制，普法工作保障有力

强化了组织领导。恢复成立安徽省法治宣传教育工作领导小组，成立省委全面依法治省委员会守法普法协调小组，制定小组成员单位工作制度、工作职责，每年均召开安徽省法治宣传教育工作领导小组成员单位全体会议。明确了普法责任。以省委办公厅、省政府办公厅的名义印发《关于认真学习贯彻〈关于实行国家机关“谁执法谁普法”普法责任制的意见〉的通知》。每年定期在省级媒体公开发布年度重点普法目录，省直单位结合职能分工，制定相应的“谁执法谁普法”责任制办法或意见，列出责任清单。完善了监督考核。普法工作考核体系得到逐步完善。全省各市、县（区）均将法治宣传教育纳入政府年度目标管理绩效考核，纳入市、县（区）领导班子和领导干部政绩考核，纳入精神文明创建工作考核和机关效能考核，实现普法工作考核“四个纳入”，普法工作考核体系得到逐步完善。

（二）突出重点、精准发力，全民普法有声有色

一是广泛开展宪法法律宣传教育。持续开展“12·4”国家宪法日和“宪法宣传周”集中宣传活动。出台全省领导干部宪法法律年度测试办法，并把宪法法律作为“安徽干部教育在线”的学习内容。深入推进《中华人民共和国民法典》普法宣传工作，及时以省委依法治省办名义印发《全省民法典学习宣传实施工作方案》，明确5大方面20项具体举措，督促16个设区的市制定配套方案，分级组建民法典宣讲团，省级组建“双百人”宣讲团，大力开展“说典明法”“说典释义”主题宣传活动，着力抓好民法典集中式、案例式、全媒体宣传，在全省迅速掀起学习宣传民法典的热潮。二是抓好重点普法对象学法用法。聚焦“关键少数”，扎实推进国家机关工作人员学法用法。各地各部门积极落实党委（党组）中心组学法、领导干部集中学法等制度，并通过举办法治讲座、旁听职务犯罪案件庭审、开展年度宪法法律知识测试等形式，不断丰富领导干部学法用法方式方法。抓住“关键时期”，持续推进青少年普法宣传教育。落实青少年法治教育课堂主渠道，全面贯彻落实《青少年法治教育大纲》，切实将法治教育纳入国民教育体系。组织开展全省学生“学宪法讲宪法”活动，把法治教育融入开学第一课。三是精心组织各类重点普法活动。各地各部门以“法律六进”“服务大局普法行”等活动为载体，在全省集中组织开展形式多样、影响广泛的普法活动。省人大常委会监察和司法工委、省委宣传部、省法宣办连续12年组织开展“江淮普法行”活动，已成为安徽普法宣传的特色品牌和推动实施普法规划的重要载体。组织开展全省年度“十大法治人物”评选活动。深入开展“防控疫情　法治同行”专项法治宣传行动。自新冠肺炎疫情暴发以来，安徽省各级法宣办累计发布疫情防控普法宣传信息2.2万篇，疫情防控以案释法典型案例2575篇，利用头条、微信公众号、抖音号等新媒体平台发布疫情防控普法宣传视频1400余条，累计浏览量达1600万人次，为坚决打赢疫情防控阻击战营造了良好法治环境。

（三）创新形式，丰富载体，普法宣传富有成效

充分利用“报、网、端、微、屏”，组织开展各类专题宣传活动，形成线上线下相互补充，全方位、多层次的普法格局。全省各地累计建成普法网站56家，微博131个，官方微信公众号141个，形成了全覆盖、全时空的新媒体普法矩阵。实施法治文化“千百十工程”（千幅法治漫画、百篇法治故事、十部法治微视频）和法治文化“四入行动”（著名景区嵌入行动、繁华街区融入行动、乡镇村庄纳入行动、建制小区注入行动）。推动省市县三级法治文化阵地建设，命名了首批34个省级法治文化（法治宣传教育）示范基地。截至2020年8月底，全省已建成市级法治公园、法治广场27个，县区级223个，乡镇、街道、村居、社区级法治公园、法治广场1534个。每年组织开展“法润江淮，共筑美丽安徽”法治漫画、故事、微视频作品征集活动，截至2020年已连续举办6届，征集各类法治文化作品2万余件。

（四）普治结合，治建并举，治理水平持续提升

深入开展民主法治示范村创建工作，截至2020年8月底，全省已建成国家级民主法治示范村99个，省级民主法治示范村652个，市、县级民主法治示范村7119个，民主法治示范村占全省行政村级总数的50.8%。以省委全面依法治省委员会名义出台《关于加强法治乡村建设的实施意见》，提出推动法治乡村建设的11个方面62

项措施，明确了全省法治乡村建设的“任务书”和“路线图”。大力实施农村“法律明白人”“法治带头人”双培养工程，出台《关于在全省农村实施“法律明白人”“法治带头人”培养工程的意见》，充分发挥“法律明白人”“法治带头人”在开展法治宣传、法律咨询和化解农村矛盾方面的作用。

二、存在的问题

经过近5年的不懈努力，全省普法依法治理工作成效明显，为全省“十三五”期间经济社会发展营造了良好法治环境。但仍然存在一些薄弱环节和问题：一是普法工作发展不够均衡。一些地区和部门对普法工作在全面推进依法治国战略中的重要性认识不充分，推动普法工作的积极性和主动性不高。二是普法责任制落实不够到位。有些地方普法工作由司法行政部门“唱独角戏”的局面仍未根本改观，“谁执法谁普法”的普法责任制落实力度不够。三是普法工作的实效性不够突出。在普法对象上，分众化普法针对性不够；在普法形式上，传统手段与新技术手段互补性不足；在普法效果上，量化直观的实际效果不佳。

三、下一步工作措施和建议

下一步，安徽省将深入总结“七五”普法规划实施成果，全面谋划“八五”普法规划目标任务，着力做好以下几个方面工作：

一是进一步提升政治站位。把学习宣传习近平新时代中国特色社会主义思想作为全民普法的首要任务，进一步推动各级党委（党组）理论学习中心组开展专题学习活动。精心组织开展“江淮普法行”活动、“12·4”国家宪法日和宪法宣传周集中宣传活动。持续深入开展宪法法律和党内法规宣传教育活动。在全省大力开展民法典学习宣传活动，阐释好民法典核心要义和重点内容，促进民法典有效施行。

二是进一步健全普法机制。推动落实国家机关“谁执法谁普法”普法责任制，完善国家机关普法责任制清单备案制度出台落实国家机关落实普法责任“三单一书”（普法责任清单、重要工作提示单、重点任务督办单、履行普法责任评价书）制度、省直单位普法工作年度考核办法、省直单位普法创新案例报送与评选办法。探索建立重点执法普法单位年度履职报告评议制度，深入落实法官、检察官、行政执法人员、律师等“以案释法”制度和典型案例发布制度，加大重点执法普法单位“以案释法”力度，推动执法过程中的实时普法。

三是进一步创新宣传形式。深入推进“互联网+法治宣传教育”行动，充分发挥安徽普法“两微一网”作用，通过开辟专栏、刊载新媒体推文等形式，多角度、全方位、立体式开展普法宣传。着力抓好移动新媒体普法宣传工作，推广使用“智慧普法”平台，加强数据资源汇集、提高数据质量，探索打造安徽掌上“智慧普法”平台，提升普法工作的精准性、即时性、互动性、实效性，实现法治宣传、法律咨询“掌上学”“掌上问”“掌上办”，不断提升群众对普法依法治理工作的满意度。

四是进一步推进法治乡村建设。深入落实《关于加强全省法治乡村建设的实施意见》，组织开展第八批“民法法治示范村（社区）”评选命名工作。加强“法律明白人”“法治带头人”队伍建设，确保农村“法律明白人”“法治带头人”的数量和质量“双达标”，为农村培养一批懂法律、知民情、有热情、讲奉献的乡土法治建设骨干力量，充分发挥“法律明白人”“法治带头人”的示范作用，引导农村干部群众办事依法、遇事找法、解决问题用法、化解矛盾靠法。

◆ 2019 年福建省宪法宣传周法治文艺汇演

福建省“七五”普法规划实施情况

“七五”普法以来，福建省各地各部门始终坚持以习近平新时代中国特色社会主义思想特别是以习近平法治思想为指导，全面实施“七五”普法规划，不断加大全民普法工作力度，开辟了新时代法治福建建设新局面，为全方位推进高质量发展超越、奋力谱写全面建设社会主义现代化国家福建篇章营造了良好的法治环境。

一、坚持以保障为基，推动“七五”普法工作有序开展

全省上下强化协同、一体推进，形成了党委领导、人大监督、政府实施、部门各负其责、全社会共同参与的“大普法”工作格局。一是组织领导到位。各级党委、政府高度重视，切实履行法治建设第一责任人职责。成立了由省委常委、宣传部部长担任组长的省委全面依法治省委员会守法普法协调小组。各级财政足额保障普法经费并逐年增长。全省举办普法骨干培训班 430 余期，培训 4.5 万余人，发展普法讲师团 3176 人、普法志愿者约 16 万人。二是责任分工到位。省委省政府审议通过福建省“七五”普法规划。省人大常委会作出《关于开展第七个五年法治宣传教育的决议》。制定全省“七五”普法规划目标任务

分工方案，省市县三级均结合实际制定出台了普法规划或具体实施意见，实现了高规格、高标准、高起点开局。三是督促指导到位。各级人大、政协经常性组织开展专项视察调研，每年提交大量有关法治宣传教育的议案、提案。省、市、县普遍将法治宣传教育纳入综治平安、综合绩效、精神文明创建、法治政府建设等考核内容。省委依法治省办组织开展了依法治省专项督查、“七五”普法中期、总结验收活动，推动各项普法工作措施落地落实。

二、坚持以内容为王，推动法治宣传普及深入人心

在“七五”普法伊始，福建省在全国率先提出普法依法治理目标精准化、任务项目化、考核体系化的“三化”工作思路，推动普法工作纵深发展。一是突出普法重点内容。省委书记认真部署学习宣传习近平法治思想、宪法、民法典等学习宣传工作。全省连续3年高规格组织开展“宪法宣传周”系列活动，先后成立了福建省宪法、民法典宣讲团，在福州市、厦门市开通了宪法主题宣传地铁专列。省人大常委会组织开展“实施民法典　送法到基层”活动，省司法厅召开了福建省“七五”普法成果暨加强民法典普法工作新闻发布会。宁德市“理论宣讲轻骑兵普法员”小分队开展宪法宣传活动，受众17万余人次。泉州市举办高校民法典宣讲会暨抖音普法大赛。莆田市编印民法典普法读本12万册。二是深化主题宣传活动。组织开展了“服务大局普法行”、护航金砖会晤、扫黑除恶、乡村振兴、自贸区法治建设等主题宣传活动。开展“防控疫情　法治同行”专项法治宣传行动，编印《新型冠状病毒肺炎疫情防控相关法律知识100问》，省电视台24小时滚动播出，全省20家网络视听持证机构播出及转载疫情防控相关法治内容4.6万余次。全省司法行政机关先后与保密、档案、工会等20余个部门就新颁布施行的法律法规，联合开展专项普法活动。三是打造地方普法亮点。开展涉台法治宣传活动，建成厦门台胞台企权益保护法治宣传基地，厦门、漳州、平潭等地成立了“市台胞台商权益保障中心”“涉台法律服务顾问团”“涉台法律服务中心”等，为台胞提供法律咨询和涉台政策讲解服务。

三、坚持以学为先，推动重点对象学法用法不断深化

把重点对象作为树立全社会法治意识的关键，以“法律七进”为载体推进重点对象学法用法，带动和促进全民守法。一是紧盯“关键少数”。出台《完善国家工作人员学法用法制度的实施意见》。省政府把法治教育纳入福建省干部教育培训规划。省委党校、行政学院开设29个特色法治培训班，开设181门法治教育相关课程。全省举办领导干部“双百”法治讲座和培训1.8万余场次，6750余名领导干部参与了旁听庭审活动。组织开展了2018年、2020年国家工作人员统一学法考试，全省30余万名公职人员参考并取得较好成绩。二是紧盯“关键时期”。组织开展全省学生“学宪法讲宪法”系列活动，开展了为期三年的“法治进校园”全省巡讲活动，巡讲7680余场。全省共青团开展法治宣传活动10,200多场，广泛覆盖青少年620万人次。漳州市的“青春与法同行”、三明市的“法润童心”、南平市的“大手牵小手”等活动，推动了学校、学生和家长互动式学习。开展“福建省法治教育示范校”推选工作，全省9118所中小学、幼儿园全部配备了“法治副校长”。三是紧盯“关键群体”。实施全省农村地区“法律明白人”培养工程，各级农业、林业、水利、自然资源

等涉农部门开展“送法工程”。人社、工会、工商联等开展“你我与法同行　共促劳动关系和谐”“欠薪投诉举报　劳动法律咨询”等主题宣传。明溪县引导全体“法治带头人”“法律明白人”积极开展“一十百”活动，厦门市开办“外来务工人员法治夜校”，思明区针对外籍人士唱响了“双语普法”品牌。

四、坚持以落实为要，推动普法合力进一步得到增强

全省认真贯彻落实国家机关“谁执法谁普法”普法责任制，加大工作力度，严格措施安排，提高了普法工作的针对性和实效性。一是加强普法制度建设。出台《福建省法治宣传教育条例》，明确行政执法机关、司法机关的法定责任主体地位。印发《实行国家机关“谁执法谁普法”责任制实施意见》。每年度制定重点省直机关普法责任清单、省直机关重要时间节点普法宣传清单。二是推进执法普法相融合。打造“阳光司法”工程，积极推进审判公开、检务公开、狱政公开，主动向当事人等进行释法说理。福州市制定出台《福州市国家机关行政执法过程中精准普法的工作指引》，开播《我执法我普法》互动访谈节目52期，观看人数达135万人次。省法院每年集中开展庭审观摩月、执行见证月等活动，省检察院广泛开展“检察官说法”活动。三是落实“以案释法”制度。各级法院、检察院、复议机关、执法机关等积极开展“以案释法”活动。省公安厅培育“谁执法谁普法”基层示范点，举办案例评析活动1400余次。

五、坚持以文化为魂，推动法治文化建设扎实开展

大力弘扬社会主义法治精神，充分发挥法治文化在全民普法中的引领作用，在全省营造了浓厚的法治氛围。一是打造法治文化样板阵地。组织开展了省级法治文化建设示范基地评选活动，建设“福建省宪法宣传教育馆”，支持扶贫重点县建成宪法公园，“共和国法制摇篮”展览馆、厦门七星法治文化街区、“共和国红色法源”展览馆入选全国法治宣传教育基地。在福建苏区老区，广泛培育红色法治文化，打造了连城“走古事”、上杭“三月三”等红色宣传品牌。二是打造法治文化精品工程。连续举办三届的福建省“十大法治人物”评选表彰活动。研发开通全国首个全省法治宣传教育云平台和《百姓法治宝典》掌上书及配套App。组织宪法、民法典等各类法律法规网络知识竞赛和全国法治动漫微电影征集展播等普法主题活动。在厦门市举办了首届中国法治微电影展。三是打造立体化、全方位、多层次宣传模式。构建形成了“广播有声、电视有影、报纸有栏、网络有页”的立体化普法宣传模式。以《福建日报》的《法治福建进行时》专栏、《福建法治报》的《普法之窗》专版和《海峡都市报》的《拍案说法》专栏等构建普法宣传主渠道。全省开设了普法微信公众号（微博）789个、电视法治栏目112个。省委依法治省办、省律师协会联合开办《律师在现场》电视栏目，播出1000余期，社会效益不断扩大。

六、坚持以治理为径，推动法治创建进一步得到提升

各地各部门坚持以普法宣传引导法治实践，以法治实践推动普法实效，实现了“学用结合、普治并举”。一是优化法治服务。积极推进网络、实体、热线公共法律服务“三大平台”融合发展，全省律师（含基层法律服务工作者）共担任16,586个村（社区）法律顾问，覆盖率达99.7%。

不断健全矛盾纠纷多元化解机制，全省命名省级金牌调解工作室 11 个，泉州各地总结出“七对接一保证”“行政争议调解模式”“135 庭所共建机制”“海上枫桥调解模式”等调解模式机制。二是强化法治实践。健全重大决策合法性审查机制，省委常委会审议通过《福建省全面推行行政执法公示制度执法全过程记录制度重大执法决定法制审核制度实施方案》。落实政府法律顾问和公职律师制度。全面建立各级政府权力清单、责任清单和公共服务清单向社会公布制度。三是深化依法治理。制定了福建省法治城市、法治县（市、区）和民主法治村（社区）创建标准。组织开展全省民主法治示范村（社区）创建及复核工作，实行“亮牌”管理。截至 2020 年，全省累计创建了 109 个国家级、773 个省级民主法治示范村（社区）。

在肯定成绩的同时，我们也清醒地认识到存在的问题和困难，主要有：一是在落实国家机关“谁执法谁普法”普法责任制上还需加大力度，“谁执法谁普法”的形式内容、责任追究的工作机制亟待完善。二是普法宣传在运用信息化技术上还需进一步加强，对全媒体时代传播规律认识还不够到位，一定程度影响了普法的传播力和引导力。三是对于贯彻落实党中央关于全面依法治国、推进国家治理体系和治理能力现代化的部署，基层迫切需要更多有效的依法治理实践形式。

下一步，福建省将以提高普法的针对性和实效性为着力点，以创新为第一动力，持续优化普法方式方法，让法治精神深入人心。一是加强全省智慧普法平台建设。建设全省“谁执法谁普法”动态智能管理平台、“法律明白人”管理平台，加强全国智慧普法平台在福建的推广应用。二是打造福建“蒲公英”品牌普法志愿者联盟。整合全省普法资源，组建福建省“蒲公英”普法志愿者联盟，扩大普法志愿服务的影响力和覆盖面。三是深化“法律进网络”，推动普法内容智慧分发，创作个性化的普法产品，提高普法产品供给的精准性和有效性。

◆ 福建省“追梦青春 · 与民法典同行”法治宣传文艺晚会

◆ 江西省萍乡市教育系统组织全市各中小学同步参与全国中小学宪法晨读活动让学生们感悟宪法，学宪法，知宪法，守宪法，增强了同学们的宪法体验

江西省“七五”普法规划实施情况

2016~2020 年，江西省组织实施了第七个五年普法规划，在实施农村“法律明白人”培养工程、推进全省社会主义法治文化建设、落实国家机关“谁执法谁普法”责任制等方面取得积极成果；培育和打造了“公益律师”进社区、“百万网民学法律”系列月赛等普法品牌活动；坚持把社会主义核心价值观融入法治文化建设，在全国首创“法媒银·失信被执行人曝光台”等，增强了全民法治观念，有效提高了社会依法治理水平。

一、强化组织领导，着力健全“七五”普法体制机制

2016 年 6 月 6 日，省委、省政府转发全省“七五”普法规划；随后，省人大常委会听取省政府普法专项报告，并作出“七五”普法决议；2016 年 6 月 20 日，省委、省政府召开全省第十三次法治宣传教育工作会议，总结表彰“六五”普法工作，部署“七五”普法任务。省委书记、省长同时出席会议，省委书记作重要讲话。这次会

议是江西省“一五”普法以来规格最高、规模最大的一次法治宣传教育工作会议，江西省也是全国第一个动员部署“七五”普法的省份。为加强对普法工作的组织领导，省委、省政府先后两次调整省普法教育工作领导小组，以省委办公厅、省政府办公厅的名义先后出台《进一步贯彻落实国家机关实行“谁执法谁普法”责任制的实施意见》、《关于进一步加强全省社会主义法治文化建设意见》和《关于在全省农村实施“法律明白人”培养工程意见》等重要文件。实施“法律明白人”培养工程连续两年写入省委常委会工作要点和省政府工作报告。省人大常委会修改完善《江西省法制宣传教育工作条例》。将普法工作纳入每年的依法治省和法治政府建设年度考评重要内容。这些都为加强“七五”普法提供了重要的组织和制度保障。

二、突出宣传重点，着力让宪法法律入脑入心

一是突出习近平新时代中国特色社会主义思想和宪法学习宣传教育。2018 年组织开展“弘扬宪法精神　树立法治信仰”主题宪法宣传实践活动；同年 12 月，建立人大选举和任命的人员宪法知识任前考试制度。每年将宪法纳入全省领导干部和国家工作人员普法考试重要内容；组织开展“12・4”国家宪法日和宪法宣传周系列活动。推动宪法宣誓制度落实，2016 年 1 月 20 日，省人大常委会举行首次宪法宣誓仪式；2019 年 6 月 5 日，省政府举办首次宪法宣誓仪式。2019 年 9 月底，南昌市开通首列“宪法宣传号”主题地铁专列，受教育人群达 400 万人次。通过这些举措，有力推动了宪法学习宣传和贯彻实施。二是加强中国特色社会主义法律体系的学习宣传。围绕党委、政府中心工作，突出相关法律法规的学习宣传普及，先后组织开展“尊法学法守法用法　建设富裕美丽幸福江西”“服务大局普法行”等主题法治宣传活动。特别是，2020 年围绕防控新冠肺炎疫情组织开展“防控疫情　法治同行”专项法治宣传行动，大力宣传传染病防治法、野生动物保护法等法律法规，为疫情防控营造良好的法治氛围。民法典通过后，及时组织开展民法典专题学习宣传活动，组织宣讲团赴各地各部门宣讲。三是加强全省重点普及法律法规的学习宣传教育。先后确定宪法、民法典等 26 部新颁布新修改法律法规（其中党章等党内法规 5 部）为全省年度重点普法内容，并组织编写全省年度重点普及法律法规以案释法读本。

三、抓住“关键少数”，着力加强重点对象的法治教育

一是抓好领导干部这个“关键少数”。先后出台国家工作人员学法用法制度、政府常务会议学法制度和新提任厅级领导干部法律法规知识考试制度等。省委理论学习中心组先后集体学习宪法、民法典、党章等法律和党内法规，省委坚持落实重要文件合法合规性审查制度，领导干部带头学法用法，发挥示范和带头作用。连续 18 年举办全省年度领导干部法律知识考试。出版培育领导干部法治思维以案释法系列读本。建立国家工作人员旁听庭审活动常态化制度化机制。落实领导班子和领导干部年度述法制度。南昌市连续 16 年坚持春节后第一个工作日举办领导干部法治讲座。萍乡市建立领导干部“凡晋必考法”制度。上饶、宜春等地组织全市党员干部参加党纪党规知识考试。二是抓好青少年这个“基础”。落实《青少年法治教育大纲》，在中小学普遍开设“道德与法治”课，充分发挥第一课堂的主渠道作用，让青少年从小“扣好法治第一粒扣子”。出版《青少年以案释法读本》。加强法治教师、法治辅导员和

法治副校长配备、培训和考核。开展青少年法治教育基地创建活动，命名省级青少年法治教育基地24个。三是抓好农民这个“难点”。2018年在全省实施农村“法律明白人”培养工程，全省各村民小组培养“法律明白人”骨干1名以上，且有农村“法律明白人”的户数占农户总户数50%以上。上线“法律明白人”网校。“实施农村‘法律明白人’培养工程”写入中央关于加强和改进乡村治理指导意见。

四、落实普法责任制，着力推动形成各部门协调联动的普法格局

出台贯彻落实国家机关“谁执法谁普法”普法责任制实施意见。2016年6月6日，在全国率先印发《江西省国家机关落实“谁执法谁普法”责任制考核评价办法》，制定考核评价标准，推动考核的制度化、规范化、标准化。建立落实普法责任制联席会议制度，加强落实“谁执法谁普法”责任制的组织领导和统筹协调。制定省直单位普法责任清单和年度普法工作计划，并向社会公布，纳入普法考评的重要内容。开展领导干部学法清单试点。会同有关专业法主管部门开展全省“百万网民学法律”系列月赛，2016~2020年共开展专场竞赛81场，参与人次2300多万，有效推动了专业法的普及。

五、加强法治文化建设，着力讲好法治江西故事、唱响法治江西声音

2017年省委办公厅、省政府办公厅印发《关于进一步加强全省社会主义法治文化建设的意见》；随后省委宣传部、省司法厅等7部门出台法治文化建设四年行动计划，大力实施法治文化阵地建设、法治文化作品创作和传播、法治文化惠民“三大工程”。瑞金市、横峰县挖掘当地中华苏维埃临时中央政府旧址群和闽浙赣省苏维埃政府旧址群等红色法治资源，打造红色法治文化阵地。瑞金中华苏维埃共和国司法人民委员部旧址入选首批“全国法治宣传教育基地”，每年接待来自全国的各界群众100多万人次。命名省级法治文化示范基地60个。新闻媒体法治宣传栏目（专栏）不断推陈出新，宜春广播电视台法治频道、江西二套法治专栏《有请律师》等开播；江西日报社联合省法院等开办《法媒银·失信被执行人曝光台》，其做法得到中央和社会的肯定，全国专门召开现场会进行推广。组织开展“法治文化六进”活动，打造了“江西十大法治人物（事件）”评选、“公益律师”进社区等法治文化活动品牌。“公益律师”进社区活动已坚持14年，举办活动613期，使法治文化更接地气、更得民心。

六、深化依法治理和法治创建活动，着力提高全社会法治化管理水平

大力推进多层次多领域依法治理和法治创建活动，出台加强法治乡村建设意见，推进城乡基层依法治理。加强法治创建先进单位动态管理，组织开展民主法治示范村（社区）复核工作，全省共有全国民主法治示范村（社区）99个、省级民主法治示范村（社区）669个。南昌市和省内其他43个市（县、区）先后被评为全国法治城市、法治县（市、区）创建活动先进单位。省教育厅、省普法办命名全省依法治校示范校达234所。通过开展法治创建，发挥示范的引领和推动作用，有效推动提高了全社会法治化管理水平。

“七五”普法虽然取得了一定的成绩，但也还存在不少困难和问题，例如：“谁执法谁普法”责任制落实不够到位，有的部门主动性不够；普法保障不足，有的普法活动难以开展；国家工作人员法治思维和法治意识有待进一步提高等。下一步，江西省将针对存在的问题和短板，加大工作力度，增强普法工作实效，努力夯实依法治国群众基础。

◆ 山东省荣成市 2018 年国家宪法日 12.4 里环湖健步走暨全市法治宣传月启动仪式在荣成市樱花湖景区拉开帷幕

山东省“七五”普法规划实施情况

2016 年以来，山东省全面落实“七五”普法规划和 2016~2020 年依法治省规划，精心打造山东普法品牌，广泛深入推进依法治理，全体公民尊法学法守法用法氛围日益浓厚，全社会法治化治理水平不断提高。

一、高点站位、主动作为，以擦亮法治山东“金招牌”为己任的普法依法治理工作彰显新使命

一是工作理念强化政治站位。各级党委和政府认真贯彻中央推进全面依法治国的决策部署，全面贯彻落实法治山东建设的各项工作要求。济南市“法治六进”做法被写入市党代会工作报告和政府工作报告；聊城市将普法工作纳入社会治安综合治理考核内容并实行“一票否决”和黄牌警告。

二是目标任务锁定发展大局。突出加强新旧动能转换、供给侧结构性改革、乡村振兴战略、海洋强省建设、扶贫攻坚、扫黑除恶等重点领域相关法律法规的宣传普及。组织开展“服务大局普法行”、《优化营商环境条例》宣传月等主题普法活动。“七五”普法期间，全省各地各部门组织开展各类送法进企业、法律咨询、专题宣讲等

活动15,000余场次，发送普法宣传短信、微信及公益广告1000余万条。

三是职责使命紧扣时代脉搏。出台《关于完善国家工作人员学法用法制度的实施意见》，把学法档案纳入干部人事档案统一管理，将法治知识纳入全省党员干部德廉和党风党纪知识学习测试内容。颁布实施《山东省法治宣传教育条例》，填补山东省多年普法工作无法可依的空白。启动领导干部学法清单制度试点，确定滨州市等15个市、县（市、区）和单位，探索建立党委、人大、政府、政协领导班子成员按分管业务领域梳理应知应会法律目录。

四是组织实施汇聚各方合力。各地各部门贯彻落实"谁执法谁普法"普法责任制，对照普法责任清单，制定年度普法工作计划，激发各部门各单位履行普法责任的内生动力，积极落实社会普法责任，形成"大普法"工作格局。

二、守正创新、精业笃行，以习近平法治思想为引领的法治宣传教育呈现新局面

一是深入开展习近平法治思想学习宣传。坚持把贯彻习近平法治思想作为当前和今后一个时期的重大政治任务。省委常委会、省政府常务会议率先垂范学习习近平法治思想。省委政法委邀请全国人大宪法和法律委员会副主任委员为政法各部门讲授习近平法治思想。各地各部门普遍把学习宣传习近平法治思想作为重点，在全社会积极营造学习贯彻习近平法治思想浓厚氛围。

二是广泛开展宪法学习宣传。始终把宪法学习宣传和贯彻实施作为重大政治任务，摆在法治宣传教育工作核心位置。省人大常委会开展宪法法律学习宣传专题调研，全面了解掌握山东省以宪法为核心的法治宣传教育和"七五"普法决议贯彻实施情况，并向省委报告，省委主要领导作出重要批示。组织开展国家宪法日、宪法宣传周集中宣传。举办"我与宪法"微视频征集展播，山东省宪法基本知识（电视）大赛等宣传活动。

三是加强以民法典为重点的法律法规宣传。印发《关于深入学习贯彻习近平总书记重要讲话精神　推动民法典实施的意见》《关于开展〈中华人民共和国民法典〉学习宣传的通知》，把民法典学习宣传作为"七五"普法总结验收重点任务抓好落实。将2020年7月定为全省民法典宣传月，把民法典学习宣传纳入"七五"普法总结验收重要内容。部署"防控疫情　法治同行"普法专项行动，编印发放《新型冠状病毒感染肺炎疫情当前防控工作有关法律知识问答手册》10万册。

四是深入开展重点对象学法用法普法。聚焦领导干部这个"关键少数"，推动完善党委（党组）中心组学法、政府常务会议定期学法、领导干部法治讲座等制度；开展领导干部学法清单制度试点工作。聚焦青少年这个"关键群体"，指导各地组建法治副校长人才库，推动全省中小学法治副校长全覆盖。青岛市指导编印青少年学法读本，在全省率先将法治教育课程纳入中小学"第一课堂"。滨州市被授予首批"全国青少年普法教育示范区"称号。

五是不断丰富普法载体。组织开展网上宪法法律知识系列竞赛活动，累计注册参赛人数达900多万人，社会反响强烈。2019年，部署开展首届"山东省十大法治人物"评选活动。依托齐鲁普法网，构建普法网络矩阵集群，持续提升"山东普法"微博、微信、头条号及一点号的社会影响力。全省开设各类普法栏目1000余个，建设普法网站400余个，形成了"舆论全覆盖、媒体全联动"的普法传播态势，"山东普法"一点资讯位列全国政法榜"司法优质榜"十强。启动"法治融屏"项目，打造互联互通的户外法治宣传大屏。

三、品牌引领、精准发力，以法治乡村建设为抓手的基层社会治理再上新台阶

一是强化顶层设计。出台《法治乡村建设三年行动方案（2020—2022年）》《山东省乡村振兴战略规划（2018—2022年）》，结合打造乡村振兴齐鲁样板，深化法治乡村建设。全省共建成全国民主法治示范村（社区）322个、全省民主法治示范村（社区）835个。2020年11月6日，《法治日报》在头版头条以《让法治带给群众看得见摸得着的实惠》为题介绍山东省“七五”普法依法治理工作成就。

二是开展专题调研。深入探究“章丘经验”“莱西经验”基层依法治理实践，成立高校法学院专家学者参加的调研专班，着力探索党建引领、“三治融合”发展模式新时代法治乡村建设新路径，撰写题为“党建统揽全局　多元融合发展——法治乡村建设的山东实践成效初显”调研报告，为全省农村工作及基层社会治理提供决策参考。

三是注重人才培养。组织全省20名村支部书记和村“两委”成员参加“全国民主法治示范村（社区）”普法骨干培训班。淄博市组织对全市村居“两委”干部、调委会主任、治保主任及农民工进行法治轮训。济宁市打造优化青少年法治宣讲团、普法讲师团、法治宣传教育志愿者、法治新闻工作者“四支队伍”结构。

四、整合资源、优化载体，以人民群众需求为导向的法治文化建设实现新发展

一是加大阵地拓展力度。加大法治文化设施建设力度，依托图书馆、博物馆、社区文化中心、农家书屋等阵地，建立健全基层法治文化公共设施体系。全省共命名3批396个法治文化建设示范基地和法治宣传教育示范基地，累计建设法治文化公园4045处，法治文化长廊7650条，村居法治宣传教育阵地22,968个，初步形成了覆盖城乡的法治文化阵地网络。

二是推进法治文艺创作。组织举办法治公益广告、法治剧本、法治微电影等征集、评选活动，增强法治文化的渗透力、感召力。“七五”普法期间，先后组织开展了庆祝新中国成立70周年“我与普法的故事”主题征文、“弘扬法治精神、建设法治山东”主题优秀法治短剧征集大赛和全国法治动漫微视频作品征集等活动，打造了一批展现齐鲁特色、“接地气”的优秀法治文化产品。

三是注重引导群众参与。部署开展公民法治行为实践养成工作试点，确定济南市等7个市、县（市、区）和单位作为首批试点对象进行重点培育。淄博市将群众参与的“精准法治宣讲”和“个十百千”法治文化基地建设两项重点工作纳入全市“十个率先突破”考核。

四是持续加强品牌创建。发挥地域、部门、行业特色文化优势，促进法治文化建设与齐鲁传统文化、廉政文化、机关文化、行业文化等有机结合，促进形成“一市一品牌、一县一特色、部门有特点、行业有亮点”的法治文化格局。烟台市深化“法德共进”普法模式、潍坊市开展法治文化进旅游景区、省黄河河务局打造沿黄法治文化景观等做法，成效明显。

五是推进理论研究创新。依托高校、科研院所、律师协会等平台，建立法治文化研究机构，深入开展齐鲁法治文化研究。推动各地各部门挖掘儒家文化、齐文化、沂蒙文化等传统文化、地域文化、行业文化中的法治元素，探索与本地本部门实际相结合的法治文化建设新路径。

◆ 河南省濮阳市开展宪法骑行宣传。40 人组成自行车骑行队，每辆车上佩带“12 · 4”宣传主题小旗，按照计划路线在市内进行骑行宣传

河南省“七五”普法规划实施情况

“七五”普法以来，在司法部和河南省委、省政府正确领导下，河南省认真落实全国“七五”普法规划，牢牢把握正确方向，坚持守正创新、积极担当作为，各项工作成效显著。

一、主要做法和成效

（一）高度重视，高站位推进普法依法治理工作

河南省委书记、省长认真履行党政主要负责人推进法治建设的第一责任人职责，积极带头参加法治讲座、撰写理论文章、参加普法活动。2016 年年初，省委召开全省全面依法治省工作会议暨“七五”普法启动仪式。省委常委、宣传部部长主持召开守法普法协调小组第一次会议，研究部署普法依法治理工作。省委常委会通过了《河南省关于进一步把社会主义核心价值观融入法治建设的实施意见》。省委印发《关于加强党内法规工作的实施意见》，省委办公厅、省政府办公厅印发《河南省贯彻〈党政主要负责人履行推进法治建设第一责任人职责规定〉的实施办法》。深入实施领导干部法治素养提升工程、“以案释法”涵养工程、青少年普法教育工程、法治乡村建设工程、法治文化建设工程、互联网法治宣传工程“六大工程”。

（二）强化职能作用，主动服务中心大局

出台《关于充分发挥司法行政职能作用服务乡村振兴战略的实施意见》。与省扶贫办联合印

发《关于开展“法治扶贫再聚力、决胜全面攻坚战”活动的通知》，进一步加大“法治扶贫”力度。充分利用中原福塔、二七塔、千禧广场等地标性建筑开展国家安全法治宣传。出台《关于深入学习贯彻习近平总书记重要讲话精神，扎实开展疫情防控法治宣传工作的通知》等文件，制作《新冠肺炎防控实用法律资料汇编》《企业复工复产法律指引》等宣传资料。举办“防控疫情，与法同行”专题征文活动，全省138万名师生参与。

（三）突出重点任务，广泛开展宪法、民法典等学习宣传

在全省部署开展“宪法进万家、法治助脱贫”活动。举办省直机关宪法学习宣传报告会，厅处级干部400余人参加学习。2019年开展“宪法知识百题竞赛”活动，22万余名干部群众参加，被评为河南省“十大法治事件”。2020年，联合省委组织部、省委宣传部、省委政法委、省直机关工委、省法院、省检察院等8部门在全省开展宪法和民法典知识竞赛，微信答题达265.6万人次。在河南广播电视台制作播出100期“民法典百问百答”节目。通过移动、联通、电信三大运营商向全省手机用户推送民法典普法短信。开通民法典地铁专列。开展“认真学习党章　促进全面从严治党”党章知识百题竞赛活动，全省3万余名政法干警踊跃参与。《法治日报》以《河南抓好三个“家”，推动宪法宣传》为题，介绍了河南经验。举行“宪法宣传周”活动暨全国法治宣传教育基地“河南黄河法治文化带”揭牌仪式，省委领导同志出席。2018年“宪法宣传周”期间，中共中央政治局委员、中央政法委书记郭声琨到河南省调研，对普法教育工作给予高度评价。

（四）抓牢重点对象，着力增强全民法治观念

与省委组织部、省委政法委、省法院联合出台《关于推动国家工作人员旁听庭审活动常态化制度化的意见》，举办2019年省直机关国家工作人员旁听庭审活动，全省6700余名国家工作人员参加了旁听庭审。连续6年成功举办“卓越杯”大学生法治辩论赛，全省20余所高校参加，成为具有广泛影响力的青年普法品牌。印发《关于进一步加强中小学校法治副校长工作的通知》，全省5.58万所学校全部配备法治副校长。与省教育厅等5部门联合开展“弘扬法治精神，照亮精彩人生”青少年法治宣传教育系列活动，全省举办报告会25.6万场，受教育师生2230万人次。在河南农业大学举办国家安全教育集中普法活动启动仪式。每年通过青少年普法网开展宪法学习达7亿人次，位居全国第一。

（五）厚植法治底蕴，全力构筑法治文化新高地

围绕黄河流域生态保护和高质量发展，编制《河南黄河法治文化带建设规划》，将黄河文化、法治文化、传统文化及民俗文化等有机融合，精心打造了横贯8个省辖市、4个省直管县（市）的全国法治宣传教育基地“河南黄河法治文化带”，2019年12月被全国普法办评为“全国普法依法治理十大创新案例”。开展法治文化示范基地创建活动，提升“河南黄河法治文化带”内涵品质。开展全省优秀法治宣传教育基地命名工作，推动全省县乡村法治文化阵地全覆盖。在华北水利水电大学成立中部六省唯一的“部厅校共建青少年法治教育中心”，清丰县、博爱县、获嘉县、淇县等地建成民法典主题公园。漯河市、许昌市、郑州市中原区、管城区等地检察机关打造了高标准青少年法治教育基地。举办全国法治楹联大赛，收到国内外作品4000余幅，优秀作品印制成春联向广大群众发放。编印《邻里纠纷涉法案例宣传手册》《农民工常用法律知识手册》，推出了《法治长堤铸安澜》《守护青苹果》《山那边》等一批优秀法治影视作品。河南电视台《豫事说法》、开封市《宋都调解》等电视栏目成为知名普法品牌。先后涌现出新野普法说唱团、平顶山“三八红姐”普法艺术团等普法先进典型。

（六）凝聚工作合力，持续强化普法责任制落实

建立完善、调整充实省委全面依法治省委员会守法普法协调小组和省普法教育工作领导小组工作机制及其成员单位。建立健全普法责任制，出台《河南省“谁执法谁普法、谁主管谁普法”责任制实施意见》《关于建立“谁执法谁普法、谁主管谁普法”责任清单制度的实施意见》《关于建立法官、检察官、行政执法人员、律师等以案释法制度的意见》等文件。召开落实普法责任制厅际联席会议，明确67家省直单位普法主体责任。举办全省落实“谁执法谁普法”普法责任制工作培训班。举行“三八”妇女维权送法下乡活动，与省应急管理厅、省自然资源厅、省侨联等开展法律知识竞赛活动。全省共成立“七五”普法讲师团100余个，聘请讲师5000余名。

（七）深化法治实践，扎实推进多层次多领域依法治理

完善法治创建考评体系，出台了法治县（市、区）、法治乡镇（街道）考核办法、考核细则和指导标准。出台《在全省农村实施“法律明白人”培育工程的意见》。在全省部署开展法治创建“四级同创、三级示范”活动连续三年，每年打造30个法治县（市、区）、300个法治乡镇（街道）、3000个民主法治村（社区），利用中央转移支付资金对每个法治县（市、区）奖励100万元。联合省民政厅组织开展省级“民主法治村（社区）”评选活动。开展依法治校示范校创建活动，创建依法治校示范校700余所。举行“乡村振兴、法治同行”研讨会，举办全省法治乡村建设座谈会暨“法律明白人”培训班。全省共有4个省辖市、78个县（市、区）被命名为“全国法治城市、法

◆ 河南省汝南县举办“宪法护航决胜三大攻坚”专题文艺晚会

治县（市、区）创建活动先进单位”，161个行政村（社区）被命名为“全国民主法治示范村（社区）”，3785个村（社区）被命名为“省级民主法治村（社区）”。

二、存在的主要问题

一是全社会法治意识、法治素养还不够高。有些干部运用法治思维、法治方式解决问题思想基础不牢，依法决策、依法办事意识不强；部分群众自觉守法习惯尚未养成，存在“信访不信法、讲蛮不讲法”等现象。二是普法工作质量有待提升。一些部门主体责任落实不到位，媒体公益普法力度还需进一步加大，社会“大普法”格局尚未真正形成。“智慧普法”推进缓慢，“城市农村一个稿、男女老少一个调”还比较普遍，新媒体新技术运用不充分，普法的针对性实效性不强。三是乡村依法治理存在薄弱环节。一些村规民约内容空泛，没有发挥规范约束作用。宅基地、征地拆迁、非法集资、烂尾楼盘等问题引发的矛盾纠纷比较突出。乡村法治文化氛围还不浓厚，有的地方道德规范、公序良俗失范，“天价”彩礼等社会不良现象比较突出。四是工作保障有待加强。一些领导对普法教育重视不够，人员力量配备少、经费保障不足；大部分省辖市司法行政机关从事普法工作的只有一两个人，影响了工作质效。

三、工作建议

（一）突出法治创建引领作用，推进全民普法不断向纵深发展

建议强化法治创建引领作用，整体统筹推进基层法治建设。一是开展分级创建。实行市县乡村四级同创，中央重点抓市域法治创建，省重点抓县、市重点抓乡、县重点抓村。二是完善工作体系。制定法治城市、法治县（市、区）、法治乡镇（街道）的考核标准和指标体系，把普法依法治理的各项指标融入其中。三是健全激励机制。实行“以奖代补”，从中央转移支付中拿出资金对市域、县域法治创建先进地区进行奖励。四是融入中心大局。将法治创建活动融入乡村振兴战略实施，与深化全面依法治国实践结合起来，推动法治创建工作提档升级。

（二）以“黄河法治文化带”建设为龙头，带动法治文化建设不断深化提升

河南段是黄河最难治理河段，建议深入挖掘黄河法治文化资源，讲好黄河法治故事，持续提升“黄河法治文化带”建设水平，力争打造成服务黄河流域生态保护和高质量发展的全国普法亮丽品牌。

（三）坚持上下联动，强化责任落实，以实施重大项目带动全民普法工作水平整体提升

进一步压实各级各部门普法责任，坚持项目带动、强化上下联动、注重全国互动，每年抓一到两个重点活动项目，聚焦短板、持续发力，切实提升法治宣传教育实效。

（四）出台法治宣传教育法，建立普法经费动态增长机制

普法教育协调任务重、会议活动多、文字材料多，许多地方工作力量薄弱。建议在法治宣传教育法和“八五”普法规划中明确人均普法经费和动态增长机制，明确工作力量配备，为“八五”普法提供坚强保障。

◆ 湖北省武汉市武昌区宣传部、区司法局、区普法办在中共五大会址联合举办“百名书记带头讲宪法学宪法活动”启动仪式

湖北省“七五”普法规划实施情况

“七五”普法以来，湖北省普法工作坚持以习近平法治思想为指导，大力加强机制建设和制度创新，突出做好重点对象学法，积极开展法治宣传教育活动，扎实推进法治文化建设和法治创建，较好完成了全省“七五”普法各项工作任务。在司法部、全国普法办“七五”普法总结验收抽查网上测评和问卷调查活动中显示，湖北省总参与人数、普法工作满意率、覆盖率均取得优异成绩，充分反映了全省“七五”普法规划实施的良好效果，主要表现在：

社会法治意识和法治观念明显提升。组建各级“七五”普法讲师团 393 个，开展各类法治宣传教育活动 31 万余场（次），发放法治宣传资料千万余册，参与群众超过 5000 万人（次），以宪法为核心的法律法规得到普及，干部群众的法治观念进一步增强。

以法治创建为抓手的依法治理工作效能明显提升。全省 19 个县（市、区）被评为全国法治创建活动先进单位，172 个村（社区）被评为全国“民主法治示范村（社区）”，创建命名 391 个省级法治建设示范学校、村（社区）、医院和企业，全社会法治化管理水平不断提升。

重点对象学法用法工作成效明显提升。领导班子和领导干部年度述法考评制度、国家工作人员学法用法制度覆盖率达 100%，全省国家工作人员学法用法及统一考试平台覆盖 8000 余家单位，近40万名国家工作人员；全省中小学法治副校长（辅导员）配备率达100%，“法治进校园”巡讲等活动，覆盖650余所学校、85万名学生，建立各类青少年法治宣传教育基地310个。

法治文化熏陶浸润作用明显提升。全省建成780个法治文化公园（广场），3298个法治文化街（长廊），村（社区）法治文化阵地建设覆盖率超过96%；连续3年开展“省级法治文化示范点”的创建工作，命名400个“省级法治文化建设示范点”；开展“助推精准扶贫·送普法电影下乡活动”4000余场，惠及贫困地区农村群众120余万人，法治文化有效助力法治建设。

一、以习近平法治思想为引领，部署推动“七五”普法

深入学习宣传贯彻习近平法治思想。将学习宣传习近平法治思想作为重要内容纳入全省普法工作要点，纳入普法活动重要内容；全省各地各部门坚持把学习宣传贯彻习近平法治思想放在突出位置，研究制定学习宣传计划，组织广大党员干部进行专题学习。

组织保障进一步强化。高规格召开会议部署全省“七五”普法，省委书记多次作出重要批示；省领导多次出席全省普法重大活动。建立普法责任制联席会议制度，成立省委全面依法治省委员会守法普法协调小组。

工作机制进一步加强。抓住党政主要负责人这一关键少数，明确法治宣传教育工作是六项职责之一；各地普遍把开展法治宣传教育工作纳入了党委政府年度目标考核、法治建设绩效考核、综合治理和文明创建等考核内容；积极建立完善各项工作制度，出台一系列指导性文件。

二、注重提升全体公民法治素养，加强重点对象学法用法

深化国家工作人员学法用法工作。出台关于建立完善国家工作人员学法用法制度的实施意见等，对全省国家工作人员学法用法工作做好顶层设计，全省各地各部门通过组织宪法宣誓、旁听庭审、专题讲座等形式推动国家工作人员学法用法。

培养青少年遵纪守法行为习惯。将法治教育纳入国民教育体系，确保青少年学生法治教育计划、教材、课时、师资“四落实”。“七五”普法期间，全省共开展“法律进校园”活动4.1万余次，参与人数达2246万余人（次），构建学校、家庭、社会“三位一体”的青少年法治教育格局。

增强企业经营管理人员依法经营和管理能力。各地各部门坚持普法工作与企业生产经营管理实际相结合，积极面向企业经营管理人员和职工开展法治宣传，引导企事业经营管理人员树立诚信守法意识。

提高村（居）民法律素质和依法维权意识。全省各地各部门坚持贴近基层、贴近群众、贴近实际，通过抓平台、抓队伍、抓活动，创新农村法治宣传教育方式方法，做实法律进乡村工作。

三、围绕中心服务工作大局，开展主题法治宣传活动

开展宪法主题宣传。相继开展国家宪法日暨“法护青芽”普法工程集中展示、“宪法进高铁”等活动，全省各地积极推进宪法进企业、进农村、进机关、进校园、进社区、进军营、进网络。

开展服务大局主题宣传。围绕防范化解重大风险、精准脱贫、污染防治“三大攻坚战”，围绕扫黑除恶专项斗争、乡村振兴战略实施、促进民营经济发展等中心工作，有重点、有针对性地开展法治宣传。

开展疫情防控主题宣传。部署全省开展“防控疫情　法治同行”专项法治宣传行动，制作发布《应对疫情法律明白书》《疫情防控法律知识问答》等。

开展民法典主题宣传。在全国率先成立湖北省民法典宣讲团，广大律师、村（社区）法律顾问、法律服务工作者深入基层广泛开展民法典宣讲活动。

四、压实责任健全工作机制，构筑“大普法”工作格局

结合立法过程开展普法。各级立法机关通过发布公告、召开部门协调会、专家论证会等形式，积极开展调查研究，广泛听取立法建议，让社会公众在参与立法活动的过程中接受普法教育、树立法治思维、感受法治进程。

结合执法过程精准普法。自然资源、生态环保、住建、卫健、市场监管等部门结合工作职能，在开展自然资源管理、生态环境保护、征地拆迁、医疗卫生、食品药品安全等执法活动中，开展针对性法律法规宣传，让执法活动成为生动的普法过程。

结合司法实践以案释法。全省法院系统将普法宣传、典型案例讲解贯穿立案、审判、执行等全过程，建成四大司法公开平台；省检察院组织开展检察机关“以案释法优秀说理法律文书”评选活动，严格落实不捕、不诉“双向说理”制度。

结合服务引导依法维权。各级工会、共青团、妇联等面向职工、青少年、妇女儿童等群体开展法治宣传和维权服务，各级司法行政机关在提供律师、公证、司法鉴定、法律援助、矛盾纠纷化解等法律服务中，注重向当事人普及法律知识，实现办理一件事、宣传一部法、普及一批人。

五、发挥法治创建示范作用，强化依法治理工作

深入开展法治创建活动。在全省持续开展多层次多领域法治创建，推进基层依法治理，提升全社会法治化管理水平。推进部门行业依法治理。各级政府及各部门普遍建立政府法律顾问制度，认真执行重大行政决策合法性审查、行政规范性文件合法性审查，开展全省行政执法突出问题专项治理，促进严格规范公正文明执法。推进基层依法治理。制定《湖北省关于加强法治乡村建设的实施方案》，确保法治乡村建设工作落实落地。实施“法律明白人”培养工程，提高基层干部依法管理基层事务能力。

六、创新法治宣传形式载体，普法工作亮点纷呈

加强法治宣传教育阵地建设。以规范化管理和标准化建设推进全省法治文化阵地提档升级，命名16个场馆为全省首批法治宣传教育基地（中心），3处场馆等被评选为全国法治宣传教育基地。

法治文化创作成果推陈出新。连续4年组织开展全省法治微视频作品征集活动，在全国法治动漫微电影和“我与宪法”微视频评选活动中湖北省连续3年获优秀组织奖。

融合媒体资源扩大普法影响力。全省各地各部门统筹整合媒体资源，开通具有普法功能的微博、微信、客户端，在广播电视报刊开辟普法栏目，受众人数日益增多，集群优势逐步形成，新媒体普法宣传力度进一步加大。

通过自查和检查，发现全省普法工作还存在一些问题和短板。主要表现在：对普法工作的思想认识有待进一步提高，普法工作的针对性和实效性有待进一步提高，落实“谁执法谁普法”责任制措施力度有待进一步提高，普法工作保障水平有待进一步提高。

全民普法是全面依法治国的长期基础性工作。下一步，我们将继续坚持以习近平法治思想为统领，以持续提升公民法治素养为主线，着力推进普法责任制全面落实、推进社会主义法治文化建设、推进普法机制改革创新，推动全社会尊法学法守法用法，为湖北省“十四五”时期高质量发展提供坚强有力的法治保障。

◆ 列车上的铁路宪法宣传小分队与乘坐旅客开展互动节目，通过文艺表演、宪法知识有奖问答、发放宪法宣传手册，让乘坐旅客更生动、直接地了解宪法知识。“宪法进高铁”活动为期1个月，覆盖省管135个四等及以上火车站，武冈、武咸、武孝、武石、汉宜等省内5条城际以及客专线上的79对省管内运行高铁动车组

◆ 湖南省举办了"12 · 4"国家宪法日暨法治湖南年度盛典活动，图为宪法宣誓仪式奏唱国歌

湖南省"七五"普法规划实施情况

自 2016 年"七五"普法规划实施以来，湖南始终坚持以习近平新时代中国特色社会主义思想为指引，认真落实全国和湖南省"七五"普法规划，创新理念，扎实工作，全省公民法治观念和全社会法治化水平不断提升，依法治理和法治创建不断深入，为湖南的经济社会发展营造了良好的法治环境。《人民日报》《法治日报》《湖南日报》等主流媒体先后多次对湖南省的工作予以专题报道。

一、全面部署，强力推动，全民普法工作基础进一步夯实

一是高位部署推动。省委省政府转发"七五"普法规划，并把普法教育纳入国民经济和社会发展规划，纳入政府公共服务体系，纳入平安建设考核和政府绩效考核。高规格召开全省法治宣传教育工作会议，对"七五"普法进行全面部署。省人大常委会先后两次组织开展调研督查，专题

听取规划实施情况报告。二是工作机制进一步健全。成立省委全面依法治省委员会守法普法协调小组，并加挂湖南省守法普法工作办公室牌子，出台《湖南省委全面依法治省委员会守法普法协调小组工作细则》《湖南省委全面依法治省委员会守法普法协调小组成员单位工作职责》，守法普法工作新机制全面确立。将普法经费列入财政预算，省本级按人均0.2元/年的标准保障，年预算经费1400多万元。三是普法责任进一步强化。在全国率先出台《关于在全省国家机关中实行“谁执法谁普法”责任制的意见》，配套制定了《考评办法》《考核评分细则》，建立普法责任清单、年度任务清单制度和年度履责报告评议制度，健全落实法官、检察官、行政执法人员、律师等以案释法制度。2017年，《法治日报》头版以《谁执法谁普法的“湖南样板”》为题，对湖南省落实国家机关“谁执法谁普法”工作进行了专题报道。

二、紧扣大局，围绕中心，重点内容的宣传普及全面加强

一是社会主义法治理论学习宣传扎实有效。制定下发了《关于开展习近平总书记关于全面依法治国重要论述专题宣讲活动的通知》《关于深入学习宣传贯彻习近平总书记全面依法治国新理念新思想新战略和重要讲话精神的通知》。组织普法讲师团赴市州、省直机关开展专题宣讲200多场，全省近万名领导干部参与了学习。在红网、时刻普法频道、湖南普法网、如法网等媒体开设学习宣传专栏，点击量、浏览量不断攀升。二是宪法学习宣传声势大效果好。每年在国家宪法日省市联动隆重举办“‘12·4’国家宪法日暨法治湖南建设年度盛典”，省委、省人大、省政府、省政协分管领导及省高院、省检察院领导出席，各界群众广泛参与，成为湖南省普法品牌活动。持续开展“宪法进宾馆、进景区”活动，实现了全省星级以上宾馆、A级以上景区宪法学习宣传全覆盖。在青少年中深入开展“晨读宪法”“学宪法讲宪法”等活动，开展“我与宪法”微视频征集活动，大力推进宪法公园、广场、长廊等阵地建设。三是民法典学习宣传形式活落点实。对民法典宣传进行全面部署，组织开展“民法典在身边”网民在线互动宣传活动，吸引了1800多万人次的浏览。成立民法典普法讲师团，分赴省直机关、市州、县市区开展民法典专题宣讲500多场。在全省各级普法平台开设民法典宣传专栏，通过案例、短视频等多种方式加强民法典宣传。四是专题宣传扣得紧作用好。紧扣疫情防控、三大攻坚战、扫黑除恶、优化法治化营商环境等中心工作，开展专项法治宣传。新冠肺炎疫情暴发后，迅速启动“防控疫情　法治同行”专项宣传活动，及时整理汇编《新型冠状病毒感染的肺炎疫情防控法律知识简明读本》下发各市州和县市区，为各级党委政府依法防疫提供指导，得到了省领导的充分肯定。深入开展扫黑除恶专题法治宣传，编印《扫黑除恶法治宣传手册》，将“扫黑除恶”作为全省150万名国家工作人员学法考试的必学必考内容。

三、抓住关键，分类施策，重点对象普法教育的实效不断提升

一是领导干部学法用法示范作用更加突出。组织开展厅级干部学法考试和“市（州）委书记谈法治”“省政府组成部门负责人谈法治”专题活动，并开展了以县市区委书记、县市区长为对象的“十佳法治建设推进者”“优秀法治建设推进者”专题宣传活动，领导干部法治意识进一步增强，示范带头作用充分彰显。二是国家工作人

员学法考法实效性进一步提高。专门开发国家工作人员学法考法系统，全面推行分类分众学法考法，每年组织全省 150 余万国家工作人员分行业（部门）分地区进行网上学法考法。每年紧扣重点和热点，组织编写一本国家工作人员年度学法考法读本。不定期组织对部分省直机关和市州政府组成部门班子成员进行纸质闭卷抽考。把学法考法情况列入国家工作人员年度考核重要内容，国家工作人员学法用法的主动性不断增强。三是青少年法治宣传教育基础进一步夯实。推动落实《青少年法治教育大纲》，把法治教育纳入教育体系。完善法治副校长制度，基本实现全省中小学法治副校长配备全覆盖。将每年 9 月最后一周确定为全省青少年法治宣传教育周，集中开展法治宣传教育。组织录制《义务教育法治示范课》，开展“法治文艺（法治电影）进校园”“学习宪法知识、做最美守法少年”青少年法治征文和“百名最美守法少年”等活动，青少年法治教育吸引力显著提高。大力加强青少年法治教育基地建设，建成青少年法治教育实践基地 138 个，其中省级青少年法治教育示范基地 25 个。

四、拓宽阵地，多措并举，全省社会主义法治文化建设扎实推进

在全国率先以省委办公厅、省政府办公厅的名义下发《关于加强社会主义法治文化建设的意见》，推动全省法文化建设取得显著成绩。一是法治文化阵地建设全面拓展。全省共建成法治公园、广场、长廊 426 个，全省 14 个市州、123 个县（市、区）城区都建成了具有一定规模、法治元素丰富的法治文化公园（广场）。结合乡村

◆ 湖南省组织“法治电影进校园”活动

振兴战略实施，大力推进乡村法治文化阵地建设，乡村法治文化阵地覆盖不断扩大。采用三维立体建模技术，建成全国第一个法治文化网上展馆，让群众足不出户就能享受法治文化盛宴。二是大力推动法治文化作品创作。面向全国开展“中国·潇湘法治微小说征文大奖赛”，征集作品69,500余篇，编写出版的微小说集《往左往右》深受读者好评。连续3年面向全国开展法治微电影、公益广告征集展播活动和法治文化作品征集活动，征集法治微电影、公益广告作品近2000件，法治文化作品近5000件，每年活动专题流量超1000万次。三是法治文化活动丰富多彩。连续三年开展“最美公益普法集体（个人）”专题宣传活动，每年点击量超过600万。连续2年开展“最美守法公民”推荐宣传活动，每年点击量超过400万。充分利用特定时间节点，广泛开展群众性法治文化活动。元旦春节“送法下乡”和农村法治宣传教育月活动精彩纷呈。

五、培树典型、以点带面，基层和部门、行业依法治理不断深化

一是积极推进法治乡村建设。在全国率先制定《关于加强法治乡村建设的实施意见》，明确乡村建设的18项重点任务。研究制定了《湖南省“民主法治示范村（社区）”动态管理办法》，先后两次召开法治乡村建设暨民主法治示范村（社区）建设现场推进会。“七五”普法以来，湖南省湘西十八洞村等48个村（社区）荣获“全国民主法治示范村（社区）”荣誉称号。二是稳步推进区域依法治理。落实中央关于“深入开展多层次多形式法治创建”和“深化法治中国实践”要求，深入推进“法治城市”“法治县（市、区）”创建工作。长沙市望城区等22个县（市、区）被授予“全国法治县（市、区）创建活动先进单位”荣誉称号。指导推动4个市县入选全国法治政府建设示范项目，数量居全国第二。三是扎实推进行业依法治理。创造性开展全省“依法办事窗口”创建活动，指导全省26个主要行政执法部门（行业）建立健全执法制度，规范执法程序和权力运行，及时解决社会和群众反映强烈的执法问题。全省共有480个基层单位被授予“全省依法办事示范窗口单位”荣誉称号。

六、创新机制，广拓平台，“互联网+”普法宣传影响力越来越大

一是深入推进“互联网+普法宣传”。依托“红网”资源技术优势，改版升级“湖南普法网”，推动建立“新湖南”客户端和“红网”普法频道、时刻客户端等普法平台，与湖南广播电台合作开设《新说法》普法广播栏目，与湖南经视合作开设《经视说法》等普法专栏，形成了媒体普法矩阵，影响力不断扩大。普法微信公众号“微言说法”在中国新媒体大数据平台排行榜中阅读量、影响力等多次位居全国前列。二是大胆探索新媒体普法。上线“湖南普法”抖音、快手号，浏览量过百万的爆款视频达111个，单条普法视频最高浏览量达8976万。“七五”普法期间，全省共建立普法网站338个，开设普法微信公众号856个。三是着力打造网上普法品牌。依托湖南红网，首创并持续开展“你学法我送票·锦绣潇湘任你游”普法活动，吸引来自全国2500余万名网友参与，有5万余名网民分享了价值近亿元的景区门票等旅游产品，在全国产生了广泛影响。委托省开放大学建立网上培训平台，在全国首创线上线下相结合的“农村法律明白人”培训模式，免费培训“农村法律明白人”5万余人。

◆ 广东省揭阳市宪法宣传周灯谜会

广东省"七五"普法规划实施情况

2016年6月，广东省委、省政府批转了《省委宣传部、省司法厅关于在全省公民中开展法治宣传教育的第七个五年规划（2016—2020年）》；2016年7月28日，第十二届省人大常委会第二十七次会议审议通过《广东省人民代表大会常务委员会关于开展第七个五年法治宣传教育的决议》。5年来，在司法部、全国普法办和省委、省政府的正确领导下，在省人大的有力监督下，全省各地区各单位和广大普法工作者贯彻落实习近平新时代中国特色社会主义思想、深入学习习近平法治思想和习近平总书记对广东工作的重要讲话、重要指示批示精神，坚持以落实"谁执法谁普法"普法责任制为切入点，率先建立了领导干部述法和旁听案件庭审制度，打造了国家机关"谁执法谁普法"履职报告评议、宪法教育大课堂、法治文化节、智慧普法等富有影响力的法治宣传教育品牌，建成了深圳民法公园、广州市党员干部纪法教育基地等一批法治主题公园、广场和法治宣传教育阵地，形成了一系列具有鲜明广东特色、并在全国推广的经验做法，较好地完成了全国和省"七五"普法规划确定的目标和任务。

一、“七五”普法主要做法、成效和体会

（一）坚持高站位谋划，把普法纳入经济社会发展总体规划一体推进

一是将法治宣传教育工作纳入全省经济社会发展“十三五”规划、粤港澳大湾区发展规划纲要，列入全面依法治省、乡村振兴战略等重大决策部署，省人大常委会专门作出法治宣传教育工作的决议。二是强化党委对法治宣传教育的领导，加大统筹协调。成立省委全面依法治省委员会守法普法协调小组，建立落实普法责任制厅际联席会议制度，每年召开会议部署重点工作任务。三是将普法重点任务列入全面依法治省、全面深化改革、乡村振兴基层治理工作要点，纳入法治广东建设考评，有序推进，做到年初有部署、年中有督察、年终有考评。四是强化支持保障。5 年来，省级财政共投入 8000 余万元法治宣传教育专项经费，平均每年向基层转移支付专项经费 1350 万元，有效缓解经济欠发达县区普法工作宣传经费保障不足问题。全省公共法律服务体系建设和政府购买村（社区）法律顾问服务经费每年投入超过 5 亿元。

（二）坚持立法先行，建立健全良性的普法运行机制

一是提请省人大常委会修订《广东省法治宣传教育条例》，将多年行之有效的普法实践上升为地方性法规规定。二是出台宪法学习宣传教育、国家机关“谁执法谁普法”履职报告评议活动、国家工作人员学法用法制度、依法治校示范校创建等多项规范性文件；制定省级法治文化主题公园、青少年法治教育实践基地等法治创建标准和中小学法治副校长、普法讲师团等工作规范，做到普法领域制度全覆盖。

（三）坚持以落实普法责任制为抓手，创新开展“谁执法谁普法”履职报告评议

实行普法责任清单制度，建立普法责任制评估体系，制定《广东省国家机关“谁执法谁普法”履职报告评议活动实施办法》，明确 11 项普法责任和 25 项工作指标。创新组织开展国家机关“谁执法谁普法”履职报告评议活动，从 2017 年开始，通过引入社会第三方，每年选取 5~6 个国家机关开展落实普法责任制情况评议。在省的示范引领带动下，全省 21 个地市 122 个县（市、区）全覆盖开展评议活动。这一做法先后被中央政法委、司法部作为经验在全国推广，被司法部列入《全面深化司法行政改革纲要（2018–2022 年）》，同时，自 2018 年起连续 3 年组织开展全省国家机关“谁执法谁普法”创新创先项目评选活动，共培育普法项目 400 多个。

（四）坚持守正创新，打造全方位普法守法平台和品牌

一是抓领导干部关键少数“述法”。2017 年，广东省在全国率先建立党政主要负责人履行推进法治建设第一责任“述法”制度。截至 2020 年年底，全省 4 个地市市委书记向省委全面依法治省委员会“述法”，6055 名各级党政主要负责人参加专职“述法”。二是搭建学法普法平台。推动全省各级党委（党组）每年至少举办一期理论中心组集体学法活动和两次法治讲座，省委办公厅等部门持续开展“广东学习论坛”“省政府学法报告会”“南粤法治报告会”等活动。三是建立全省国家工作人员旁听庭审常态化、制度化工作机制。自 2018 年起，落实国家工作人员每年旁听案件庭审不少于一次，在全国率先实现全员参与、全面覆盖。依托网上学法考试系统，落实全省国家工作人员 40 课时年度学法考试要求。“七五”普法期间，全省国家工作人员参加法治培训 600 多万余人次，网上学法考试 750 万余人次。四是精心打造青少年“宪法教育大课堂”。省司法厅联合省教育厅、团省委等单位，持续开展万场宪法教育进学校活动。截至 2020 年 12 月，

全省开展宪法大课堂11,500多场次，覆盖85%以上中小学校。五是创新举办法治文化节。将“宪法宣传周”拓展为持续1个多月的全省法治文化节，着力打造广东法治文化建设品牌。2019年、2020年两届法治文化节参与人数近1亿人次。六是智慧普法全面提升。建成国家工作人员学法考试系统，每年参加网上学法考试人数达190多万人次；打造“广东普法”新媒体矩阵，组织全省87个普法公众号集体进驻“广东普法”微信公众号和“今日头条”“南方+”“企鹅号”等移动平台，“广东普法”关注量一直位列全国同类普法公众号前列。

（五）坚持突出重点，服务社会经济社会发展大局

一是围绕“十三五”时期全省经济社会发展目标和国家重大战略部署，制定36家国家机关普法责任清单，组织开展“一带一路”“自贸区”“粤港澳大湾区”“中国特色社会主义先行示范区”等120多部相关法律法规主题宣传。二是扎实开展“疫情防控　法治同行”专项普法宣传行动。先后推出“依法科学有序防控疫情，做一个负责任的守法公民”“科学防控依法有序复工”“在华外国人疫情期间要遵守这些法律”等七批中英文普法宣传视频、广播音频和宣传挂图，开展疫情防控普法专项宣传。三是部署推动民法典学习宣传。以“让民法典走到群众身边，走进群众心里”为主题，在2020年部署18项具体举措和年度6站主题活动，迅速在全省掀起民法典学习宣传热潮。征集公布国家机关民法典普法责任清单，组建了省市两级民法典普法宣讲团、普法志愿者和公益媒体联盟等队伍，开展“民法典普法宣传年”系列巡回宣讲活动；省普法办组织全省国家工作人员旁听民事案件庭审活动，实施21个地市“民法典点亮地标”行动，举行全国首个民法公园——深圳民法公园开园仪式等。全省各地区各部门召开理论中心组民法典学习会4128次，组织民法典学习讲座报告会4572场。四是助力乡村振兴开展法治建设市、县、镇、村“四级同创”活动。5年来，全省多层次多领域开展法治创建活动，3个城市和2个项目获全国法治政府建设示范地区和项目，181个村（社区）获评全国民主法治村（社区），创建省级法治文化建设示范单位180个，法治文化主题公园104个，青少年法治教育实践基地73个，法治文化建设示范企业1172家，全省26,000多个村（社区）全覆盖参与民主法治村（社区）创建活动。

主要成效及体会：2018年，在全国“七五”普法中期检查网上考评和第三方评估中，广东省位列全国第一。2021年4月，省人大常委会组织开展“七五”普法决议执行情况调研暨“八五”普法决议征求意见座谈。结果表明，全省各地区各单位贯彻省人大决议情况良好，成效明显，广东省“七五”普法工作走在全国前列。至“七五”终期，全省共有5个城市、77个县（市、区）被全国普法办评为全国法治城市、法治县（市、区）创建先进单位。

“七五”普法实施五年，广东省普法依法治理工作呈现三个鲜明的特点：一是理论制度和机制创新使“七五”普法更系统、更科学、更规范；二是制度化平台化项目化使“七五”普法更“细”、更“实”、更“有抓手”；三是考评指标化、常态化和刚性化使“七五”普法由软变硬、由虚变实。从“法制”到“法治”，从“把法律交给人民”到“让人民信仰法律”，我们体会到：坚持党的领导，全面贯彻落实中央和上级的决策部署，才能确保普法工作正确的政治方向；坚持把普法工作放在“四个全面”战略布局中谋划和推进，只有紧紧围绕党委政府中心工作，服务经济发展、社会稳定大局，才能有所作为；坚持抓住领导干部“关键少数”和青少年学生“重点人群”，是带动全民尊法学法守法用法的关键；坚持以人民为中心的思想，群众参与才能不断增强普法工作的针对性和实效性；坚持普治并举，是提升基层治理法治化水平的有效途径；坚持完善法治宣传教育制度工作机制，是搞好普法工作的根本保障。

二、存在问题及下一步工作打算

存在的主要问题：一是普法工作针对性实效性有待加强，传统“大水漫灌”的普法模式尚未很好转变为“精准滴灌”模式；二是普法依法治理工作的考核评估机制有待完善，对普法效果检验缺乏严格的监督、考核和评估；三是普法依法治理工作的保障有待提升，人、财、物保障和区域发展不平衡现象还比较突出；四是普法工作理论研究需进一步加强，应对新问题前瞻性的探索比较弱，新媒体建设短板需尽快补齐，法治文化产品研发供给和阵地建设的投入需进一步加大，发挥社会力量参与公益普法的机制需进一步完善。

下一步工作打算：以“八五”普法规划制定实施为新起点，增强普法工作的针对性和实效性，深入学习贯彻习近平法治思想，紧紧围绕“双区建设”“双城联动”“一带一路”等重点领域和关键环节，服务大局开展普法宣传，努力开创广东普法依法治理工作新局面。聚焦“七五”普法存在的问题，着力健全完善普法工作制度、“谁执法谁普法”责任制、青少年学生法治教育、媒体公益普法等机制。着力加强法治文化建设，推进基层依法治理，打造广东法治乡村品牌和法治文化特色精品。将聚力推进法治宣传教育“转型升级”、宪法主题宣传“持续升级”、法治文化建设“提档升级”、法治创建活动“优化升级”、普法平台载体“换代升级”、普法责任落实“联动升级”，保持总体工作继续走在全国前列。

◆ 广东省云浮市启动 2018 年国家宪法日“宪法宣传周”活动暨首届国家机关“谁执法谁普法”履职报告评议

◆ 2021 年 2 月在河池市宜州区第三小学举办“送法进校园”活动，为少数民族青少年送去法治关怀

广西壮族自治区“七五”普法规划实施情况

在“七五”普法的推进过程中，广西壮族自治区各级各部门以习近平法治思想为指导，以推进全面依法治国方略为主线，以“法律六进”和推行“谁执法谁普法”普法责任制为抓手，以实现社会和谐稳定、促进经济高质量发展、满足群众法治需求为目标，构建全社会“大普法”工作格局，为经济社会发展提供了坚强有力的法治保障。

一、主要做法和成效

（一）高位推动，强力推进，把好广西普法“航船舵”

1. 领导重视，确保高位推动

自治区党委、政府高度重视普法依法治理工作，自治区党委书记 2018 年到河池市巴马司法所进行调研，强调加强基层法治宣传教育；2020

年9月15日在《法治日报》刊登了题为《高质量推动民法典在八桂大地落地落实》的署名文章，深入阐述加强法治宣传教育工作在广西经济社会发展的重要地位和作用。2018年，自治区党委政府印发文件，完善省级领导干部学法用法联系点工作制度，建立37个联系点，示范带动广西领导干部建立1983个联系点。2020年，自治区领导带队分赴广西14个市和56个部门开展“七五”普法实地检查验收工作。

2. 建章立制，确保科学谋划

各级法治议事协调机构统筹推进法治建设，自治区制定印发11个涉及法治宣传教育工作相关文件，各地各部门细化近200个实施方案，并将普法工作纳入年度绩效考核抓细抓实。

3. 统筹部署，确保协同合力

认真落实“谁执法谁普法”责任制，自治区党委全面依法治区办、党委宣传部和司法厅分别与130余个区直机关及企事业单位联合制定普法责任清单和工作方案，构建了分工明确、各司其职、齐抓共管的普法工作格局。

（二）精准发力，多措并举，打好广西普法“特色牌”

1. 深化“法律六进”，抓重点难点精准普法

各级党校、行政学院把法治教育纳入培训内容，南宁等7个市开展领导干部任前法律知识考试和年度述法工作。青少年法治教育做到计划、课时、教材、师资“四落实”，全区中小学配备11,147名法治副校长、辅导员。实施“法律明白人”培育工程，举办农村“两委”人员、普法骨干等培训班10,435期。开展“家门口”的民法典宣传等活动，组织社区开展各类法治宣传48,400余场，接受法律咨询620余万人，发放宣

◆ 广西壮族自治区柳州市三江县“法治文化惠民行”走进独峒镇干冲村，向群众宣传法律知识

传资料2700余万份。开展6682场“送法进企业”和“法治体检”活动。举办15,600余个法治培训班，全区国家工作人员年度学法用法考试突破139万人。各地各部门结合实际开展法律进网络、进军营、进海岛、进景区等全社会多领域法治宣传活动。

2. 组织专题宣传，抓节点热点加强普法

把学习宣传宪法摆在首要位置，组建510支宪法宣传服务队，普法讲师团13,270人，深入基层开展普法。围绕“六稳六保”、“三大攻坚战”、疫情防控等工作，组织开展“服务大局普法行”等54,800余项法宣活动。以立法、执法、司法和法律服务为内容，开展以案释法等活动35,000余场。围绕重大节日、重要节点组织开展各类主题法宣活动45,200余场。

3. 培育“广西特色”，抓特点亮点创新普法

（1）打造“法治三月三”新品牌

开展兼具法治要素和地方民族文化色彩的“法治三月三”宣传月活动，开展广西“法治三月三”法治文化宣传活动2449场，发放宣传资料252万份。

（2）打造对外法治宣传新高地

广西司法厅与越南司法部及其4省司法厅领导互访，开展交流合作。2018年，崇左市政府与谅山省司法厅签订《司法行政合作协定》，与双边县司法局签署合作解决民事纠纷备忘录。崇左市在各个口岸建立法律服务站，开展军地联建，成立全国首个针对非法入境人员涉外法宣教育基地，对每年20多万人次越籍入境务工人员进行法宣教育。2017年广西维冠律师事务所在越南河内设立分所；崇左市到越南谅山市召开涉外企业法律服务座谈会；东兴市57名人员组成涉外法律服务律师库、越南籍法律顾问团，开展涉外法律宣传和服务。建立中国—东盟法律培训基地、东盟海事法规研究工作室，拓宽涉外法治宣传渠道。开展涉外法治宣传活动1700余次，提供涉外法律服务4800余次。

（3）打造特色普法新载体

市有品牌、县有特色、行业有亮点的各种普法载体精彩纷呈。创设“广西法治动车号”“广西普法号游轮”等普法品牌，梧州“骑楼普法”、百色及河池“红色普法”、来宾“五老普法”和“天天315广播栏目”等各类特色普法活动遍及广西。

4. 建设“法治文化”，抓实点落点夯牢普法

打造法治文化公园和法治文化广场1566个，法治文化长廊4142个，青少年法治教育基地605个，多层次、多领域、多类型的法治文化阵地建设各具特色。《中国村民自治第一村》等一批视频作品在全国评选活动中获奖，法治动漫、广播短剧、小品、微电影等已成为开展全民普法的重要形式。法治融媒体矩阵初步建成，全区17个普法网站、87个普法头条号、83个普法微信公众号、61个普法微博账号同频共振，法治宣传成效明显。“广西普法”微信公众号荣获中央政法委政法新媒体的表彰，自治区司法厅和广西电视台合作的法治栏目《大家说法》被评为“全国十佳法治电视栏目”。

（三）普治结合，护航发展，写好广西普法“新答卷”

1. 着眼治理现代化，服务社会大局

全区有18个村（社区）、17个县（市、区）分别被授予全国民主法治示范村（社区）、全国法治县（市、区）创建活动先进单位荣誉称号。着力探索推动政治、法治、德治、自治、智治相结合的基层社会治理新模式，法治保障、网格管理、一体多元的社会治理机制取得良好成效。

2. 着眼提质增效，促进经济发展

结合“立改废释”，制定营商环境条例、自贸区条例、司法行政服务民企51条等法规政策；

深化“放管服”改革，取消、下放和调整行政审批事项2000多项；完善权力清单制度，确定41个部门市县乡权责事项共64,259项；每年开展专题督查，促进各项政策措施落实落地。2018年，司法厅牵头推动停工5年的阳鹿高速公路项目依法拆迁、依法重整、重新开工，推动项目于2019年实现通车，助推经济发展。

3. 着眼公平正义，助力法治建设

综合行政执法改革进展顺利，全面推行“三项制度”，将许可、处罚等8600多项行政执法行为纳入公开范围。2018年，自治区全面依法治区委员会出台从源头上切实解决法院执行难实施意见，广西法院涉执信访化解率连续两年排名全国第一。广西检察机关充分发挥公益诉讼检察在维护公共利益、助力依法行政的重要作用，2019年共立公益诉讼案件1725件，比上年上升171.23%。人民群众遇事找法积极性提高，广西法律援助和接待法律咨询55万余人次，比前5年增长31.2%。

4. 着眼以人民为中心，推动平安建设

建立完善矛盾纠纷多元化解机制，依法调解民间纠纷100多万件，办理行政复议案件22,043件和仲裁案件208,786件。初步建成五级公共法律服务中心，16,198个村（居）实现法律顾问和法律援助联络点全覆盖，形成了“城区半小时、乡村1小时”法律服务圈。人民群众安全感从2015年的86.55%提升至2019年的97.1%，创历史新高。

二、存在的主要问题

一是工作仍然存在不平衡不充分的现象；二是针对性、实效性仍待提高；三是方式手段仍待创新；四是普治并举仍待提升。

三、下一步工作打算

（一）谋划普法规划

将“八五”普法规划融入广西经济社会发展“十四五”规划、融入广西社会治理现代化实践体系、融入广西公共服务体系同研究、同部署、同落实，既突出前瞻性和建设性，又注重针对性和可操作性。

（二）精准普法工作

构建多层次、立体化、全方位的法治宣传教育网络，不断扩宽普法工作覆盖面，不断增强普法工作吸引力、感染力、影响力，有效推动全民守法普法。

（三）深化普法实效

出台广西法治宣传条例，建设统一标准的普法考核评估体系和责任机制，推动普法工作与社会治理深度融合。

（四）创新普法方式

持续培育广西普法品牌，结合广西边疆、民族特点，扩大“法治三月三”的形式和内容。全面启动广西法治宣传教育云平台系统，形成司法行政牵头、各级各部门同频共振、个性化普法服务、线上线下全覆盖的学法用法新模式。

◆ 将普法与民俗文化相融合，开展海南省“新春普法大集汇 · 万人同唱普法歌”活动

海南省“七五”普法规划实施情况

“七五”普法期间，海南省以习近平新时代中国特色社会主义思想为指导，深入学习贯彻习近平法治思想，坚持把法治宣传教育作为全面推进依法治省的基础性工程来谋划推动，以落实“谁执法谁普法”普法责任制为抓手，全面实施“七五”普法规划，公民法治意识明显增强，各项事业的法治化管理水平明显提高，为深化法治海南建设，推进海南各项事业高质量发展作出了积极贡献。

一、主要做法与成效

（一）体制机制建设进一步强化

一是完善领导协调机制。强化统筹协调，调整海南省普法依法治理领导小组成员单位及职责事项，成立中共海南省委全面依法治省委员会守法普法协调小组，谋划部署守法普法工作，持续推进职责优化协同发展。二是健全目标管理机制。制定海南省“七五”普法规划及其决议，列出年度任务，细化推进措施，严格考核督察，推动普法依法治理工作落细落实，并将法治宣传教育纳入法治政府建设、平安建设和精神文明等创建指标，确保“七五”普法有序推进。三是构建责任落实机制。印发《关于实行国家机关“谁执法谁普法”普法责任制的实施意见》，编制《海南省省直各部门普法责任清单》和《海南省省级国家机关现行有效法律法规名目清单》，将千余部法律法规作为常态化普法指标，做到普法责任“包产到户”。四是优化队伍专业化机制。将高校教师、知名律师、司法骨干等法律专业人才纳入讲师团，组建了“海南省‘七五’普法讲师团”“省服务民营企业发展律师服务团”“宪法宣讲团”“民法典普法讲师团”等普法队伍，深入各行业开展普法宣传。

（二）服务大局作用进一步彰显

抓实宪法学习教育这一核心任务。制定印发《关于开展宪法学习宣传教育主题活动的通知》等文件，综合运用专题讲座、辅导报告、学法竞赛、宪法晨读、宪法宣誓、集中宣传、阵地建设等方式，推动宪法宣传教育制度化、常态化。结合“12·4”国家宪法日和宪法宣传周实施，广泛开展了中国宪法边疆行进三沙、“崇尚宪法”千人徒步、公众开放日、宪法法律集市等专题活动，掀起宪法学习宣传热潮。针对脱贫攻坚、环境保护、整治私彩、扫黑除恶专项斗争、禁毒三年大会战、新冠肺炎疫情防控，以及社会保障、安全生产和食品安全等中心工作和民生领域热点问题开展专项普法。“七五”普法期间，海南省以“尊法学法守法用法，建设美好新海南”等系列主题活动为引领，重点做好《中华人民共和国民法典》《中华人民共和国社区矫正法》《海南省反走私暂行条例》等新修订法律法规的学习宣传，累计发放宣传资料600多万册（份），举办集中宣传活动300余场次。

（三）全民学法活动进一步深入

持续深化“法律六进”活动，进一步加强领导干部、公务员、青少年、村（居）民和企管人员等重点对象的学法用法。一是抓好国家工作人员这个“关键”。出台《海南省完善国家工作人员学法用法制度实施意见》，健全落实党委（党组）中心组学法、党校法律知识培训、干部任前法律知识考试等制度，推动学法常态化。2016~2020年，全省举办领导干部法治讲座、报告会600余场次，依托海南法宣云平台，按年度、分学时组织全省各级国家工作人员在“线”学法考法。二是抓好青少年这个“源头”。将法治知识纳入中小学校课程体系，实施中小学法治教育名师培育工程，推进学校法治教育“四落实”，实现兼职法治副校长全覆盖。充分发挥第二课堂法治教育作用，组织开展了“护苗”“一誓一课一体验”等系列普法活动。“海南省法治文艺进校园”巡演活动自2013年起至2020年已连续8年常态开展，累计演出444场，观演师生达70余万人次，其经验做法得到了中央政法委和省委省政府领导同志的充分肯定，司法部进行了总结推广。三是抓好村（居）民这个“群体”。按照村（居）“五有”（有一个法治宣传栏、有一个法律图书角、有一名法律顾问、有一个调委会、有一个公共法律服务室）的要求，扎实农村、社区普法阵地建设。组织律师、专业院校师生等普法专业队伍，深入基层开展法律咨询、法治宣传、纠纷调解等活动，在解决纠纷维权中普法，不断强化基层群众法治意识。四是抓好企业经营管理人员这个“环节”。以促进企业诚信守法经营和打造法治化营商环境为主线，扎实开展了法治体检、法治培训、用工服务等专题普法活动，帮助企业防范法律风险，维护企业职工合法权益，企业依法治企能力不断提高。据不完全统计，2016~2020年，海南省各单位组织企管人员参加学法培训、讲座、研讨等活动2万余人次，组织农民工参加学法活动1.5万余场次。

（四）普法载体效应进一步提升

积极推动法治宣传与现代信息技术、文化建设相融共进，普法宣传覆盖面和感染力不断增强。一是走出一条“民俗普法”的新路子。充分挖掘和依托琼剧、儋州调声、崖州民歌、黎族哥隆歌、哩哩美等特色民俗文化开展普法活动，打造出一批具有海南特色的法治文化精品。2016~2020年，先后创编《回归》《重生》等10余部普法琼剧，累计巡演950余场，开展“调声”“哥隆歌”“人偶戏、哩哩美”等法治文艺活动千余场次，“法治之声”唱响琼州大地。二是持续推进普法阵地建设。在城乡积极建设法治公园、法治长廊、法治宣传栏、禁毒教育展览馆等，将普法园地更多向基层延伸。全省各地建有法治广场、法治长廊、展览馆等阵地2000余个。三是着力打造法治宣传教育传播平台。推广使用法治宣传教育云平台管理系统，升级完善“法治海南”微信公众号运维机制，构建“海南普法”公益短信平台，实现“指尖学法”。《法治新海南》《普法剧场》等省级电视普法栏目，传播法治资讯、解案释法明理，广受群众喜爱。

（五）普治并举成效进一步显现

深化“放管服”改革，全面推行“一枚印章管审批”“一网通办”“极简审批”等制度，审批环节、审批时限分别压缩50%和70%，省域“多规合一”和“极简审批”改革等走在了全国前列。深化律师、公证、仲裁等领域改革，重新修订《海南经济特区律师条例》，实现十大创新，其中6项全国首创。深化公共法律服务体系建设，全面建成“12348”海南法网，省市县乡村五级公共法律服务网络实现全覆盖。2016~2020年，海南省人民调解组织共受理各类纠纷104,367件，调解成功100,815件，调解成功96.6%；办理公证、司法鉴定、法律援助等各类案件20.53万件，提供法律咨询46.9万人次。深化基层依法治理，撤销、注销108个省级民主法治示范村（社区）称号，全省共有全国民主法治示范村（社区）30个，省级民主法治示范村（社区）603个。相继开展两轮声势浩大的禁毒三年大会战，大力推进生态环境六大专项整治和海岸带整治，深入开展文明旅游、诚信建设等社会文明大行动，成效显著，群众的安全感、获得感和满意度持续上升。

二、存在的主要问题

虽然取得了阶段性成果，但是仍然存在一些问题：一是“谁执法谁普法”普法责任制还需全面落实，部门间联动力度有待进一步加强。二是运用新媒体新技术能力不强，效果不够明显。三是普法专业人才欠缺，市县以下普法办事机构专职人员较少，经费、装备等保障力度有待提高。四是民主法治示范村（社区）建设成果巩固不够，发展还不平衡。

三、下一步工作构想

下一步，海南省将认真贯彻落实司法部和全国普法办有关部署，按照省委、省政府工作要求，聚焦海南自贸港法治化一流营商环境的建设需要，重点做好以下方面工作：

一是深入学习宣传贯彻习近平法治思想。把习近平法治思想贯彻落实到全民普法全过程和各方面，突出学习宣传习近平法治思想，推动习近平法治思想深入人心，引导全社会坚定不移走中国特色社会主义法治道路。

二是继续加强重点法律法规的学习宣传。紧密结合海南自贸港建设实际，健全落实重点对象学法制度，加强《中华人民共和国宪法》《中华人民共和国民法典》以及与打造一流营商环境、保障和改善民生、促进高质量发展和推动社会治理现代化等方面法律法规的学习宣传，着力开展海南自由贸易港法“五进”活动，加快推进全民守法进程。

三是健全社会普法机制。抓好国家机关“谁执法谁普法”责任制落实，加强在联动响应、考核评价、队伍建设、经费保障、社会化运作等方面机制建设，推动形成“大普法”格局。

四是加强地方特色法治化建设。制定出台推进法治文化建设的实施意见，挖掘培育海南地方特色法治文化，创新丰富法治文化活动形式，提档升级新媒体新技术在普法中的运维功效，高质量打造法治文化建设“海南样板”。

五是推进基层依法治理。加强法治乡村建设，实施农村“法律明白人”培养工程，开展基层法治创建活动，提升“海南省民主法治示范村（社区）”创建活动水平，推动创建活动全覆盖。

六是做好“八五”普法规划谋划工作。开展“七五”普法媒体行活动，大力宣传海南省“七五”普法经验成果。围绕“十四五”时期经济社会发展目标任务，认真做好“八五”普法规划编制工作。

◆ 重庆市首届司法行政开放日之参观新时代司法行政工作展板

重庆市“七五”普法规划实施情况

2016年以来，重庆市坚持以习近平新时代中国特色社会主义思想为指导，按照“七五”普法规划和人大常委会决议要求，围绕全市大局统筹安排，贴近群众需求推动发展，运用创新思维攻坚克难，圆满完成了“七五”普法的各项目标任务。

一、坚持法治引领、法德共建，全面依法治国理念深入人心

一是深化习近平法治思想的学习宣传。把习近平法治思想的学习宣传作为普法工作首要任务，开展专题学习宣传活动4900余场次，覆盖干部群众380万人次；依托各类网络平台开设相关宣传专题，刊发图文报道、图解、大数据新闻、评论文章等5000余条次。二是推动社会主义核心价值观融入法治建设。认真落实《关于进一步把社会主义核心价值观融入法治建设的指导意见》，开展宣讲活动3.2万余场次；加强社会守法诚信建设，触发信用“红黑名单”并实施联合奖惩超过11万次；持续举办“重庆市十大法治人物”“最美法律志愿者”等评选表彰活动，以先进典型带动群众崇德尚法。三是促进法治德治深

度融合。把普法宣传融入新时代文明实践“六讲”志愿服务活动，每月组织法律志愿服务队赴基层开展宣讲；打造了“乡贤评理堂”等法德并举的基层普法样板；推进“德法相伴”群众性宣传教育活动，巴南区开展“德法相伴”工作的创新实践入选全国“不忘初心、牢记使命”主题教育和文化建设领域典型案例。

二、坚持围绕中心、服务大局，助力经济社会发展精准精细

一是服务精准脱贫攻坚战。开展“脱贫攻坚·法治同行”普法活动3.8万余场次，开展“庭审进乡镇”活动2300余场次；组织乡镇扶贫专干、驻村扶贫工作队员进村入户宣传法律法规和扶贫政策，组织律师服务团队进行定点结对帮扶；举办农村骨干法治培训2000余场次、培训骨干40万人次，在全市近8000个农家书屋新增普法图书、挂图、海报12万册。二是服务疫情防控阻击战。发布《重庆市防控新冠肺炎疫情法律指引》，制作投放系列普法海报和广播剧，覆盖群众1318万人；开展公共卫生专项普法活动4000余场次，刊播普法信息2万余条次；编制疫情防控和服务企业法律政策指引968件，开展法律服务15.8万余场次。三是服务生态环境保卫战。开展生态环保普法活动5000余场次，发放宣传资料920万余份；连续5年举办重庆市生态文明知识竞赛活动和重庆环保网络晚会，参与和观看人数超过2000万人次；发布生态环保普法信息2300余条次，吸引2500万人次点击阅读。四是服务营商环境建设持久战。出台《深入开展企业法治宣传教育的工作方案》，编印民营企业法律风险防范手册，涵盖企业全生命周期涉及的23个方面的主要法律法规和332个法律风险点；实施“企业法治体检”“法律服务园区行”两大行动，以及“黄桷树”“凤凰”“扬帆”三大计划，促进优质企业上规上市、困难企业破产重组、重庆企业走出国门。五是服务保障民生主动战。开展扫黑除恶、公共安全、食药品安全、禁毒、消防等民生领域普法活动7.2万余场次；结合根治农民工欠薪问题开展系列面向农民工的普法活动；围绕群众切身利益相关的焦点热点问题开展主题普法活动，受众超过2100万人次。

三、坚持压实责任、强化措施，谁执法谁普法体系更加健全

一是构建普法责任机制的“网”。在全国率先以制度形式建立国家机关普法责任机制，推动全市3000余个区（县）级部门和乡镇（街道）纳入普法责任制管理；结合机构改革和法律法规“立改废释”情况重新编制《重庆市普法责任清单》。二是规范普法计划实施的“线”。规范普法计划申报制度要求，形成“计划一年一申报、重点一年一更新”的长效机制；规范普法计划实施过程管理，计划专家评审、定期跟踪问效、年终验收评议的工作流程步入制度化、常态化运行轨道。三是搭好执法普法融合的“台”。把普法贯穿于行政审批、行政处罚、执法监管等环节中，逐步形成全程说理式执法的普法新模式；举办1000余名执法人员参加的“我执法我普法”微宣讲比赛；推动市、区（县）两级执法部门建立普法依法治理基层联系点149个，把执法普法融合发展的触角延伸到基层。

四、坚持需求导向、聚焦重点，主题普法宣传活动蓬勃开展

一是推动宪法精神入脑入心。开展“宪法宣传周”等活动8000余场次，覆盖群众3300

万人次；打造“12·4”国家宪法日网络晚会品牌，获评全国“百项网络正能量专题活动”；举办“千万市民学宪法”网上知识竞赛活动，吸引411万人次参与；运用基层普法新形式开展宪法宣传，《法制日报》(2020年更名为《法治日报》)头版对重庆市借助“法治茶话会”送宪法进农村的做法进行了专题报道。二是推动党内法规教育走深走实。开展党内法规专题教育5000余场次，79万名党员干部参加学习教育；在“红岩魂智慧党建”平台推送党内法规知识和测试题1050条，53.43万人次党员干部参加学习测试；结合“以案四说”警示教育活动加强党内法规宣传教育，共开展活动1.53万场次，受教育对象102.36万人次。三是推动民法典宣传落实落细。开展民法典专题宣讲活动5800余场次，覆盖人数达1100万人次，悬挂张贴民法典宣传海报标语超过400万幅；联合四川省举办“民法典让生活更美好”网上知识竞赛活动，参赛人数达156万人次；刊播民法典普法内容260.4万余条次、阅读量达1.91亿人次，民法典普法短信实现全市近4000万手机用户全覆盖。

五、坚持以点带面、分类施策，全体市民法治素养有效提升

一是抓“关键少数”，增强领导干部法治教

◆ 重庆市大足区在大足中学第14周升旗仪式上举行了“12·4国家宪法日”宣誓活动

育实效。出台《关于进一步完善国家工作人员学法用法制度的实施意见》，把法治教育纳入重庆市公务员培训工作实施意见和干部教育培训规划内容；组织 22,590 名新提任领导干部、61,954 名副处级以上领导干部参加法治理论集中考试，每年组织 50 万余名国家工作人员参加网上考试，全市副处级以上领导干部全员旁听了法庭审判。二是抓“源头工程”，提高青少年法治教育针对性。出台全国首个家庭教育地方性法规《重庆市家庭教育促进条例》；中小学每月落实 2 节法治教育课，高校非法学专业将 3 学分 48 学时的法律课列入大学一年级必修课程，实现全市 10,218 所学校的 646 万余学生全面接受法治教育；组织开展“学宪法讲宪法”“莎姐进校园”等系列普法活动 2 万余场次，“宪法小卫士”活动吸引近 700 万人次参加测评。三是抓“最大公约数”，深化群众法治教育实践。在全国率先出台《市民法治素养提升行动工作方案》；全市 1.1 万余个村（社区）自主开展群众学法活动超过 20 万次；探索“政企社”协同推进的群众普法新路子，在全市 8000 余个乡、镇、村打造 1 万余个“裕农通 + 金融普法”服务点。

六、坚持以文化人、以法育人，社会主义法治文化繁荣发展

一是以“共创”为先繁荣法治文化作品。把法治类作品纳入各类剧本扶持范围，推出法治题材剧本 50 余部；依托法治文化作品征集活动推出相关作品 1200 余件，其中 42 件获全国奖项；利用非物质文化遗产“万州竹琴”编演的法治文艺作品登上了 CCTV-12“普法大篷车”活动舞台。二是以“共情”为要丰富法治文化生活。在全市三级公共文化服务机构中设立法治文化项目 1020 个，年均接待服务对象 6000 万人次；打造法院和图书馆“馆院”合作的普法新模式，开创国内先河；举办法治文艺演出、法治书画展等群众性活动 9000 余场次。三是以“共建”为基夯实法治文化阵地。建成法治文化公园、长廊、广场等阵地 569 个，推动 1 万余个社区阅览室和农家书屋设立法治图书角；利用广告牌、灯杆道旗等载体投放法治公益广告超过 30 万平方米；市属新闻媒体刊发普法相关稿件 4.2 万余条次，重庆电视台播出普法相关节目 1100 余个。

七、坚持以普促治、普治结合，服务社会依法治理不断深化

一是助力基层依法治理有新进展。深化民主法治村（社区）“三治结合”建设行动，全市已有 58.11% 的村（社区）达到市级建设标准；在全市 82 个矛盾纠纷多、治理任务重的社区创新开展“法润社区 · 司法同行”行动；开展“法润乡村”活动 1.6 万余场次，培育 3.3 万名农村“法律明白人”。二是深化行业依法治理有新举措。加强教育领域依法治理，出台深入推进高等学校和中小学依法治校工作的实施意见；推进环保领域依法治理，依法拆除违法建筑 63 万余平方米，依法整治超标排放车辆 3 万余辆次；深化依法管网治网，建立涵盖 40 余个重要行业、2160 家重点单位的立体式网络安全通报预警体系，确保本地重点网站违法有害信息处置率保持 100%。三是服务市域社会治理有新实践。结合缉枪治爆、危化品整治、农村赌博整治等专项行动广泛开展普法活动，对 12.2 万名社区矫正对象和安置帮教对象常态化开展法治教育，促进社会治安风险进一步降低。

◆ 四川省绵阳市游仙区开展宪法知识竞赛活动

四川省“七五”普法规划实施情况

四川省全面贯彻落实“七五”普法规划，广泛深入持久推进普法依法治理工作，推动形成办事依法、遇事找法、解决问题用法、化解矛盾靠法的法治氛围，着力把治蜀兴川各项事业全面纳入法治化轨道。

一、全面启动实施“七五”普法规划

四川省委、省政府印发《四川省法治宣传教育第七个五年规划（2016-2020年）》，召开“七五”普法启动电视电话会议，省委副书记、省长出席会议并讲话。省人大常委会审议并通过《四川省人民代表大会常务委员会关于开展第七个五年法治宣传教育的决议》。全省21个市（州）全面制定出台本地“七五”普法规划和决议。省委依法治省办、省委宣传部、司法厅组织开展“七五”普法中期督导检查和总结验收，确保“七五”普法各项任务落地落实。

二、深入学习贯彻习近平新时代中国特色社会主义思想，扎实推进宪法学习宣传教育

四川省始终把学习贯彻习近平新时代中国特色社会主义思想作为重要政治任务来抓，召开省委常委会议、举办市厅级主要领导干部读书班，出台《中共四川省委关于深入学习贯彻习近平总书记对四川工作系列重要指示精神的决定》《中共四川省委关于深入贯彻党的十九届四中全会精神推进城乡基层治理制度创新和能力建设的决定》，持续深化依法治省实践，推动全面依法治国决策部署不折不扣落实见效。

坚持把学习宣传实施宪法作为战略任务和关键性工程，坚定不移推进党中央关于宪法工作的重大决策部署在四川落地生根。省委常委会专题审议通过《关于深入学习宣传贯彻宪法的通知》。坚持把宪法学习纳入各级党委（党组）理论中心组学习和各级国家机关会前学法的重点内容，通过专题学习会、报告会、座谈会等形式，实现公职人员宪法学习全覆盖。全面落实宪法宣誓制度，增强公职人员恪守宪法原则、弘扬宪法精神、履行宪法使命的自觉性和坚定性。在全国率先开展“宪法法律进高校”活动，全省 126 所高校全覆盖，20 余万名师生参与。制定《“宪法藏区行”三年活动方案》，推进“律师公证法律服务团送法进寺庙”活动，在涉藏地区累计开展宪法宣讲 2250 余场次，受教育僧尼群众 14 万余人次。

三、强化制度建设，构建新时代“大普法”工作格局

四川省始终强化和发挥党政主要负责人推动法治建设的表率作用，印发《四川省党政主要负责人履行推进法治建设第一责任人职责实施办法》、《中共四川省委关于省委常委会带头进一步增强法治观念深化依法治省实践的意见》和《四川省完善国家工作人员学法用法制度的实施意见》，党政主要负责人作为推进法治建设第一责任人，部署法治建设重要工作、解决重大问题、协调重点环节、督办重要任务，把本地、本部门各项工作全面纳入法治化轨道。

落实“谁执法谁普法”普法责任制，印发《关于实行国家机关“谁执法谁普法”普法责任制的实施意见》，完善《普法责任制重点单位任务清单》，通过“责任 + 清单”的方式，明确 45 个部门（单位）的普法重点，涉及 260 多部重点法律、行政法规、地方性法规，奏响普法工作“大合唱”，构建起新时代大普法工作格局。

四、深入持久推进“法律七进”工作，提升普法宣传针对性

以“法律七进”为载体，广泛开展分层次分类别分对象的普法宣传活动。制发普法大纲、实施方案和普法读物等 1600 种 1000 多万册，对“进什么、怎么进、谁来进、如何评价”作出明确规定，确保进得去、落得下、见实效。命名首批 136 家省级“法律七进”示范点，做到每一“进”都有示范标杆，通过示范引领，将“法律七进”持续引向深入。

在法律进机关中，切实抓好“五落实”，全省年均组织领导干部会前学法 3.8 万余次，公职人员接受法治教育 41.2 万人（次），较“六五”期间分别增长 58.3% 和 47.1%。在法律进学校中，推动“四到位”，全省中小学法治副校长（辅导员）配备率达 100%，年均组织开展“法治教育第一课”等活动 5200 余场（次），编发普法读物 31.5 万余册，较“六五”普法期间分别增长 65.7% 和 21.1%。在

法律进寺庙中，全面推广深化“四进七有”工作模式，建成涉藏地区寺庙法治宣传栏899个、法律图书角785个，培养“寺庙法律明白人”1629人，设立寺庙法律服务联系点719个，开展入寺法治宣讲6800场（次），37.3万人（次）受到教育。“可听可看可问询，有形有感有路径”的寺庙普法平台进一步筑牢。在法律进乡村（社区）中，落实“六个一”工程，全省村（社区）配备法律顾问4.3万余人，较“六五”普法期间增长168.8%，组建村社法治宣传队伍7000多支，培养“法律明白人”48万余人，发放便民法律服务联系卡220余万张，年均开展法治宣传活动5.1万余场（次）。在法律进企业（单位）中，做到“四健全”，全省年均组织企业（单位）开展学法用法测试4300余场（次），法治专题培训2800余场（次），法治宣传活动6200余场（次）。探索打造“法律七进”升级版，将“法律七进”从“法治宣传七进”向“法律服务七进”拓展，向“依法治理七进”提升，实现法治宣传、法律服务、依法治理一体贯通，有效提升治理能力和治理体系现代化水平。

五、扎实推进“服务大局普法行”，增强普法宣传质效

以“法治四川行”一月一主题活动为抓手，扎实推进“服务大局普法行”。紧紧围绕党委政府工作大局，结合防控新冠肺炎疫情、经济高质量发展、打赢三大攻坚战、城乡基层治理等重点任务，在国家安全教育日、世界环境日、国际禁毒日、开学第一课、国家宪法日等重要时间节点，有计划、有组织、分专题、分阶段开展集中普法宣传。全省年均组织开展各类主题法治宣传活动4.3万余场（次），播放普法宣传专题片、公益广告35万余次。

开展“防控疫情　法治同行”专项法治宣传行动，制作疫情防控法治公益广告，在四川卫视、重要地段大型户外LED显示屏、公交地铁车载电视等滚动播出。汇编发布疫情防控和复工复产系列法律法规指引，推广新媒体“疫案说法”，网络点击量累计超600万人次。开展民法典专项宣传活动，省委全面依法治省委员会印发《关于有效推动民法典实施的工作方案》，省委宣传部等8部门印发《学习宣传民法典实施方案》，举行四川省学习宣传民法典活动启动仪式，联合重庆市举办民法典网上知识竞赛和法治微视频微电影大赛，掀起民法典宣传热潮。

六、强化法治乡村建设，推进多层次多领域依法治理

省委全面依法治省委员会出台《四川省乡村振兴法治工作规划（2020—2022年）》，明确四川乡村振兴法治工作的指导思想、基本原则、目标任务。统筹推进法治县（市、区）、乡镇（街道）、民主法治示范村（社区）等基层法治示范创建，构建起有方案、有标准、有考核的工作推进体系。全省4个市被评选为“全国法治城市创建活动先进单位”，83个县（市、区）被评选为“全国法治县（市、区）创建活动先进单位”，168个村（社区）成功创建“全国民主法治示范村（社区）”；命名省级法治示范县（市、区）48个、法治示范乡镇（街道）90个、学法用法示范机关（单位）145个。建立基层法治示范创建动态管理机制，对已命名的法治示范单位实施动态管理，开展经常性暗访，动真碰硬推进工作落地落实。

七、搭建“法治四川行”法治宣传平台，推进社会主义法治文化建设

创新搭建“法治四川行”法治宣传平台，立

足国内省内主流广播电视、平面媒体、新媒体三大传播平台，整合广播电视、户外LED显示屏和普法微博、微信等资源，构建新媒体普法矩阵，全天候、立体化、全覆盖地开展法治宣传。制作推出“法治四川行”系列主题法治公益广告，利用《四川新闻》“倒一条特约播映”、四川文明网和重要路段LED广告牌、地铁公交电视、出租车顶灯等投播，社会反响强烈。

把法治文化建设纳入现代公共文化服务体系，不断丰富法治文化活动载体形式。设计推广四川普法形象大使“法博士”卡通形象、“四川普法”抖音平台、“法博士”普法微课堂等系列普法产品。落实媒体公益普法责任，开设报刊普法专栏1660余个，广播、电视普法栏目400余套，开办普法类网站690余个，开通普法微博、微信3070余个，“微普法”矩阵初步建成。推进法治宣传教育阵地建设，命名四川省级法治教育示范基地100家，设立各类法治宣传栏、法律图书室（角）5.8万个，建设法治文化公园、广场、长廊等7650余个。繁荣法治文艺作品创作，组织开展“法律七进·四川法治微视频微电影”大赛，年均征集作品300余部。组织开展法治文艺巡演活动，年均在乡村（社区）演出8900余场（次）。征集评选“依法治省宣传用语”6000余条、编撰全省法治宣传用语指导性目录，超过200万人次网友关注和点赞。

下一步，四川省将坚持以习近平新时代中国特色社会主义思想为指导，全面贯彻落实“八五”普法规划要求，按照“一年一变化、三年铸特色、五年创一流”的工作思路，进一步盘活、做实、做优法治宣传各项工作，着力把四川普法依法治理提高到一个新水平。

◆ 四川省司法厅向大学生赠送“法律七进”绵竹年画释法丛书

◆ 省委宣传部、省司法厅、省法宣办在贵州饭店国际会议中心举行“贵州省首届‘我与宪法’微视频获奖作品展映式”

贵州省“七五”普法规划实施情况

“七五”普法以来，贵州省以习近平新时代中国特色社会主义思想特别是习近平法治思想为指导，深入贯彻落实中央和省“七五”普法规划，全面落实普法责任制，主动作为、精心谋划、积极协调、扎实推进法治宣传教育各项工作深入开展。经过5年的努力，全省法治宣传教育工作机制进一步健全，普法宣传队伍不断壮大，普法责任制进一步落实，法治示范创建活动进一步深化，法治文化阵地建设处处开花，全社会共同参与的“大普法”工作新格局基本形成，全省普法依法治理工作取得了显著成效，为深入推进法治贵州建设和决胜脱贫攻坚提供了强有力的法治保障。

一、主要做法及成效

（一）高位统筹，周密部署，工作体制机制逐步健全

一是突出规划引领，高起点绘制普法工作蓝图。省委、省政府高度重视规划编制工作，组建贵州省“七五”普法规划起草小组，起草《贵州省法治宣传教育第七个五年规划（2016—2020年）》，广泛征求意见后，以省委省政府名义印发实施。各地各部门制定印发了本地本部门的普法规划，报请各级人大进行决议并组织实施。省市县三级将普法工作纳入“十三五”规划总体布局，

推动普法工作与经济社会发展同频共振。二是强化组织保障，高标准推动普法工作开展。成立由省委常委、省委政法委书记任组长的省法治宣传教育工作领导小组，市县相继建立了法宣工作机构，机构改革后，部分地方成立了守法普法协调小组，自上而下形成了“党委领导、人大政协监督、政府实施、各部门各负其责、司法行政机关组织协调、全社会共同参与”的普法工作领导体制和工作机制。三是狠抓队伍建设，高效能激发普法工作活力。成立由省人大常委会副主任担任团长的“七五”普法讲师团，各地参照省级层层组建讲师团队伍，全省共有讲师团成员8000余名；以村（社区）“法律明白人”等为主体，组建了涵盖60多个行业和领域的省市县三级普法志愿者队伍10万余名，推动普法触角向纵深延伸；2020年下半年，组建了一支覆盖省市县三级“横向到边、纵向到底”的民法典万人宣讲团队伍，推动全省普法工作多渠道、多途径、立体化、全方位开展。

（二）突出重点，稳步推进，普法宣传范围全面扩大

一是紧紧围绕宪法、民法典开展法治宣传。将学习宣传宪法、民法典纳入各级党委（党组）理论中心组和干部理论学习重点内容，在全社会广泛开展“尊崇宪法、学习宪法”主题宣传活动，开展了声势浩大的“千人宪法宣誓”“宪法健步行”“学宪法·讲宪法”等活动；在全省所有高速公路、机场、铁路、出租车、公交车等公共场所和设施展播宪法宣传标语；在黔东南苗族侗族自治州、安顺市建立贵州省宪法宣传教育示范基地和宪法教育馆，得到中央依法治国办督察组和司法部充分肯定。邀请著名民法专家为全省4万余名国家工作人员作专题培训。组建一支覆

◆ 2020年贵州省“12·4”国家宪法日主题法治宣传活动在贵阳举行

◆ 贵州省黔东南监狱在教育中心广场举行了主题为“弘扬宪法精神　传递爱心力量　共建和谐社会”监狱开放日活动

盖省市县三级的民法典万人宣讲团。开通贵州省首列民法典宣传贵阳地铁专列。在贵州金融城数幢大厦幕墙、花果园双子塔LED显示屏等处开展“民法典灯光秀”宣传。推出《民法典来了》抖音系列短视频70余期，获“学习强国”看法治头条刊播以及CCTV今日说法新媒体平台转载，收到很好的普法宣传效果。二是紧紧围绕中心工作开展法治宣传。积极服务全省疫情防控、“大扶贫、大数据、大生态”三大战略行动、扫黑除恶、早婚早育等中心工作，以法治宣传助推党委政府重大决策部署落地见效。编发全国首本《贵州省新冠肺炎疫情防控法治宣传手册》，积极实施“疫情防控　法治同行”专项行动，深入开展法治扶贫“六大行动”，编印《贵州大扶贫法治宣传一本通》《脱贫攻坚涉农系列合同示范文本》等法律知识读本，通过“送法进搬迁点”“法治扶贫”主题宣传等活动，在全省843个易地扶贫搬迁安置点开展普法活动2000余场次。多渠道宣传《贵州省大数据发展应用促进条例》等地方性法规，举办“生态文明建设法治宣传主题活动周”，编写环保法律法规宣传册和生态环保执法典型案例，提高干部群众法治意识。三是紧紧围绕基层社会治理开展法治宣传。积极开展“法治毕节”创建，毕节市以“6543”工作模式为抓手，培育孵化了特殊人群服务园区化管理、金沙县政务服务集成套餐、黔西县社会事务110联动等典型经验，得到中央领导及相关部委肯定。积极开展法治示范创建，将法治宣传教育融入法治建设全过程，创树一批新时代法治建设标杆，组织开展法治建设先进县评选，12个县（市、区）被评为全国法治示范县。共创建命名国家级、省级和市级民主法治示范村3902个。在全国率先出台《贵州省法治乡村建设实施意见》，实现村（居）公共法律服务室和法律顾问全覆盖，全省各地积极探索、努力创建适合本地的依法治村新模式。四是聚焦重点对象普法。突出领导干部这个“关键少数”。坚持把领导干部带头学法、模范守法作为树立法治意识的关键，建立行政机关负责人出庭应诉制度，副省长代表省政府出庭应诉为全国首例，对推动全省领导干部带头学法守法起到了示范作用。制定实施《贵州省重大行政决策程序实施办法》等制度，把公众参与、专家论证、风险评估、合法性审查、集体讨论决定确定为重大行政决策的法定程序。突出国家工作人员这个“重要多数”。健全国家工作人员日常学法制度，制定印发《贵州省国家工作人员学法用法工作实施意见》，将学法用法考核结果作为年终工作考核、提拔任用以及评优表彰的重要依据。2020年学法考试人数达到101万人，较2016年的561,065人增加了81.2%。突出青少年这个“重点群体”。将法治教育纳入国民教育体系，实施“1+N”普法工程，推进中小学多学科协同法治教育，编写出版中小学法治教育教师指导用书，被列为全国教育系统“七五”普法推荐用书。全省所有中小学均配备法治副校长，配备率达100%，形成了学校、家庭、政府、社会“四位一体”的青少年法治宣传教育新格局。

（三）创新载体、打造阵地，开展特色法治宣传教育

一是打造“法宣在线”云平台。在全国率先开通使用贵州省法治宣传教育云平台，搭建了全省普法工作“一网通办”业务平台，实现了全省普法资源线上集约共享、全省国家工作人员统一在线学法考试、省市县乡四级普法工作绩效考核、民主法治示范村（社区）网上验收。二是打造“黔微普法”新媒体品牌。打造了“宣传+服务”的“黔微普法”微信平台，300名律师团队在线解答网民法律咨询，“点菜式”地满足人民群众的法律需求，5年来3000余万名网民参与线上普法系列活动，该平台在全国司法行政微信公众号排行榜中稳居第一。三是全方位推出媒体公益普法。整合资源打造全媒体普法矩阵，在省内主流媒体开设法治专栏，打造了《法治第1线》《调解大篷车》《司法档案》等一批具有鲜明特色和法治权威的电视节目和普法宣传栏目。四是扎实推进法治文化阵地建设。各地各部门积极建设法治文化长廊、广场、公园等法治宣传教育阵地基地，全省共建成全国法治宣传教育基地3个，各级各类法治宣传教育基地300余个、法治文化阵地1.4万余个，88个县区实现法治文化阵地全覆盖。

二、下步工作打算

2021年是深入贯彻党的十九届五中全会、中央全面依法治国工作会议精神的关键之年，是“十四五”开局之年，也是“八五”普法启动实施的第一年。贵州省将按照司法部和全国普法办决策部署要求，从以下7个方面切实加强和改进“八五”普法工作。一是深入学习宣传贯彻习近平法治思想，全面推进习近平法治思想学习宣传走深走实、深入人心。二是大力推动民法典全面实施，组织开展“美好生活·民法典相伴”主题系列活动，深入推进民法典实施贵州省基层普法队伍“万人大培训”，引导广大干部群众学好用好民法典。三是科学谋划“八五”普法工作，认真总结过去五年取得的成绩，查找存在的问题和不足，着力抓落实、促整改、补短板、强弱项，科学制定和组织实施“八五”普法规划。四是严格落实普法责任制，贯彻执行《贵州省法治宣传教育条例》，建立健全普法责任清单管理、跟踪提示、督促指导、评估反馈的工作模式，压实各责任单位的普法职责。五是聚焦重点对象和内容，大力实施持续提升公民法治素养行动，实现普法工作均衡发展、高效推进。六是加快推进法治乡村建设，在全省深入开展“民主法治示范村（社区）”创建，实现创建工作全覆盖。七是大力加强法治文化建设。深入贯彻落实中共中央办公厅、国务院办公厅印发的《关于加强社会主义法治文化建设的意见》，组织开展全省“法治宣传教育基地”和“法治文化建设示范企业”等创建命名活动，探索“融媒体”普法新模式，以微动漫、抖音短视频、短剧普法等形式打造接地气的法治文化精品。

◆ 云南省司法厅、云南省国资委组织开展云南省省属企业“12·4”宪法知识竞赛

云南省“七五”普法规划实施情况

“七五”普法规划实施以来，在习近平新时代中国特色社会主义思想引领下，云南省各地各部门深入贯彻落实党的十九大和十九届二中、三中、四中、五中全会精神，紧紧围绕云南省“三大战略定位”，着眼大局、服务中心，突出重点、分类指导，学用结合、普治并举，初步构建起了以落实“谁执法谁普法”普法责任制为主体的“大普法”格局；“法治宣传边关行”“法治宣传固边防”等一系列具有云南特色的普法活动创新开展；云南首创的边疆民族地区普法工作“五用工作法”得到广泛运用有效拓展；广大公民的法治观念和法律素质明显增强；法治宣传教育在经济社会管理中的基础性和保障性作用日益彰显。

一、“七五”普法规划在全省得到有力推进

一是全省各级党委、政府认真贯彻落实习近平总书记全面依法治国重要论述和指示精神，将上级要求和当地实际相结合，制定“七五”普法规划，特别是省级规划充分体现了中央要求和云南

实际的有机结合。二是各地均以党委政府名义转发“七五”普法规划并召开启动会议，由党委政府推动工作。三是将普法工作作为依法治省工作重点内容纳入全省年度目标管理考核，列入省级文明单位测评体系，体现了明确的工作导向。四是省州县三级普法领导机构进一步理顺，组建普法讲师团，在册普法志愿者人数达 6700 余人，普法经费保障较“六五”期间有了进一步提升。

二、法治宣传教育服务大局的作用更加凸显

一是牢牢把握法治宣传教育的根本遵循。始终以习近平新时代中国特色社会主义思想为指导，坚持和加强党对普法工作的领导，认真组织开展了“学习贯彻党的十九大精神　维护宪法权威”主题宣传活动和“尊法学法守法用法”主题法治宣传实践活动，举办“新时代全面依法治国的理论与实践”专题辅导讲座，覆盖全省 12.3 万名领导干部。二是突出学习宣传宪法和党章两大任务。按照《中共云南省委关于深入学习宣传和贯彻实施〈中华人民共和国宪法〉的实施意见》的部署，省司法厅、省普法办及时组织 7 个云南省宪法巡回宣讲团赴全省开展巡回宣讲，实现了县处级领导干部全覆盖。2019 年又出台《关于进一步深化全省宪法宣传教育工作的意见》，进一步推动宪法学习宣传常态化；2020 年以“深入学习贯彻习近平法治思想　大力弘扬宪法精神”为主题，把学习习近平法治思想和普法工作紧密结合，扎实开展主题宣传。全省依托“百名讲师上讲台、千堂党课下基层、万名党员进党校”和“党章党规学习测试”等活动，把宪法法律和党内法规列为每个党员的必修课。三是围绕中央和省委重大工作部署，积极组织开展“服务大局普法行”主题实践活动，持续推动法治宣传教育服务经济社会发展。在保障生态文明建设方面，围绕云南九大高原湖泊六大水系的一系列保护条例，高基调、高密度加大生态保护方面的法律法规宣传。在脱贫攻坚方面，印发《关于在脱贫攻坚中进一步加强法治宣传教育工作的意见》，出版《云南百姓法治宝典》和《云南农村法律明白人培训材料》配发至全省村（社区）；在优化营商环境方面，先后制定下发《关于广泛开展〈优化营商环境条例〉学习宣传活动的通知》《关于广泛开展〈中华人民共和国外商投资法实施条例〉学习宣传活动的通知》，推进营商环境法治宣传，并通过以案释法警示教育的方式，深入开展防范金融风险法治教育。在扫黑除恶专项斗争方面，梳理典型案例，拍摄制作了 13 期扫黑除恶专项斗争专题《以案释法》节目。在服务保障民生方面，聚焦人民群众生产、生活重大问题，持续开展专项普法宣传。2020 年新冠肺炎疫情防控期间，部署开展“疫情防控　法治同行”专项活动。民法典颁布以来，组建 8 个民法典宣讲团分赴全省开展宣讲超过 200 场次，推出“云南普法每日一典”普法短视频 100 期，开展“云南普法每周一题”在线答题活动。

三、聚焦重点对象的统筹指导更加精准

一是突出法治思维和法治能力提升，领导干部和国家工作人员学法用法扎实推进。组织全省国家工作人员使用统一的网络学法平台开展学习考试，5 年共 510 余万人次参学（参考）。印发《关于推动全省国家工作人员旁听庭审活动常态化制度化的实施意见》，强化对国家工作人员的以案释法和警示教育。二是突出尊法守法意识培养，坚持法治宣传教育从青少年抓起。印发《云南省关于贯彻实施〈青少年法治教育大纲〉的意见》，全省中小学实现法治课程、教材、师资“三落实”，全省 97% 以上中小学配备了法制副

◆ 云南省西双版纳州少数民族干部在基诺山寨向群众宣讲宪法

校长，共配备法制副校长（法治辅导员）1.32万人。实施了青少年法治宣传教育基地建设工程，全省129个县（市、区）均建设了青少年法治宣传教育基地，年均参观人数超过100万人次。编写出版《青少年学法手册》，全省各中小学以第二课堂为载体的专题法治讲座、少先队法治主题活动、校园模拟法庭、法律进校园等校园法治宣传教育活动在预防青少年犯罪工作中的作用效果明显，实现了学生学法有阵地、有读本、有实践。三是突出云南边疆民族特点，强化少数民族边民法律意识和法治观念。探索总结了切合云南实际的边疆少数民族地区普法云南模式，推广运用“五用工作法”，在全省培养了一批以乡镇、村（社区）少数民族干部为主的基层普法队伍，组建乡村“法治宣讲团”和法治文艺宣传队5000余支。开展“法治宣传边关行”集中示范活动，在8个边境州（市）组织省级示范活动8场次，联动边境25个县举办延伸活动近千场；依托边防派出所、边境乡镇司法所、抵边警务室、“国门”司法所，从2019年开始创新开展“法治宣传固边防”活动，共打造边境普法宣传教育实践基地26个，开展法律宣传咨询服务活动1000余场次，活动受国家移民局高度肯定。2020年配合云南省打击整治跨境违法犯罪专项行动开展普法宣传活动2444场次。四是突出诚信守法、依法维权，非公有制经济组织和社会组织人员法治宣传教育实现突破。创新开展“法律进民企、进商会、进工商联机关”活动，提供“菜单式”法治培训服务，编写《云南省民营企业典型案例汇编》，并切实采取有力措施强化民企普法责任。出版《农民工学法用法手册》，人社、住建部门将法治宣传延伸至建筑工地，每年组织开展全省农民工法律知识竞赛，多渠道服务农民工群体。

四、全社会“大普法”格局进一步整合拓展

一是“谁执法谁普法”普法责任制得到强力贯彻落实。进一步明确司法行政部门对国家机关

普法工作的“统筹、协调、指导、检查、考核”的职能职责职权，省普法办出台了16项工作措施，压实国家机关的普法责任，并指导全省61家省直部门制定了两批普法责任清单，实现了省级国家机关的全覆盖。二是“以案释法”工作在创新中深入开展。省司法厅联合5部门印发《关于建立法官、检察官、行政执法人员、律师等“以案释法”制度的实施意见》，法院、检察系统通过“阳光司法”、庭审直播落实“以案释法”工作，省级部门整理编写典型案例，基层执法单位开展现场执法、现场审理的方式，对群众开展“以案释法”。在省级七大媒体平台联合开办《以案释法》节目（栏目），围绕社会热点释法说理，已制播节目380期。三是媒体公益普法宣传品牌效应发挥明显。省委宣传部等五部门联合印发《关于加强新闻媒体和互联网公益普法宣传工作的通知》，全省各级媒体积极开办公益性法治节目、栏目、网页，共开办普法电视专栏312个、广播专栏504个、普法网页345个、报刊专栏1329个。

五、法治宣传教育方法手段进一步丰富创新

一是大力推动法治宣传与新媒体技术融合发展，开展“互联网+法治宣传”行动，建成以云南普法网和“云南普法”微信公众号为龙头，各类普法微信公众号和微博等216个新媒体平台为延伸，全省1321个政务类法治栏目微信微博为补充的新媒体普法宣传矩阵。二是法治文化阵地建设得到巩固，建成各级各类法治教育基地300余个，打造法治文化长廊450余个、法治文化广场（公园）400余个。三是法治文化创作活动进一步丰富，先后组织了“法治云南　普法故事”纪实摄影大赛、云南省普法公益广告大赛、云南法治“三微”大赛，相关作品在全国大赛中屡次获奖，使一大批高质量的普法宣传作品和普法公益广告广为传播。

六、普治并举，以普促治的成效进一步显现

坚持法治宣传教育与法治实践相结合，以法治创建活动为抓手，进一步提升基层治理法治化水平。以法治云南建设规划为主干，《云南省法治县（市、区）建设指导标准（试行）》《云南省法治单位建设指导标准（试行）》《云南省法治村（社区）建设指导标准（试行）》为配套措施的“1+3”制度体系逐步健全完善。配合法治乡村建设制定《云南省“民主法治示范村（社区）”建设指导标准》和《云南省“民主法治示范村（社区）”命名管理办法》，2019年组织开展了对全省民主法治示范村（社区）三级全覆盖式复核，全省共有2个城市、58个县（市、区）被评为全国法治创建活动先进单位；建成106个全国民主法治示范村（社区），584个省级民主法治示范村（社区）。

总结回顾“七五”普法规划实施以来的工作，云南省积累了5条经验：一是坚持党的全面领导，将党的全面领导贯彻落实到全民普法全过程和各环节，把增强“四个意识”、坚定“四个自信”、做到“两个维护”体现到全民普法的具体实践中。二是坚持以人民为中心，始终坚持以满足人民群众不断增长的法治需求作为普法工作的出发点和落脚点，做到普法依靠人民、为了人民、服务人民。三是坚持围绕中心服务大局，主动将普法工作摆进中央和省委工作大局，始终做到中心大局在哪里，普法工作就跟进到哪里，普法阵地就出现在哪里，普法臂长就延伸到哪里。四是坚持立足省情实情，立足云南特殊的自然、地理和文化历史条件，通过创新解难题、求突破、谋发展，有力推进了边疆民族地区治理能力和法治水平的提升。五是坚持传统与创新相结合，在充分运用传统普法宣传手段的基础上，加大新媒体普法平台运用，可扩大普法的融入度和聚合力，提升普法的针对性和实效性。

◆ 全区领导干部《民法典》专题法治讲座

西藏自治区“七五”普法规划实施情况

一、“七五”规划实施情况

“七五”普法以来，西藏自治区坚持以习近平新时代中国特色社会主义思想为指导，在自治区党委的坚强领导和全国普法办的有力指导下，西藏各级各部门深入贯彻落实中央和区党委关于全面依法治国、依法治藏的各项决策部署，以宪法为核心，以落实“谁执法谁普法”普法责任制为抓手，牢牢抓住寺庙僧尼、农牧民群众、青少年学生“三个重中之重”和领导干部这个“关键少数”，围绕“法律七进”活动、打造“法治西藏”普法品牌、实施精准普法，强化措施、狠抓落实，普法工作深入推进、成效明显。累计开展各类普法活动 30.22 万余场次，法治讲座 3 万余场次，发放资料 2020 万余份，法治教育基地 50 余处，累计受教育 5580 万余人次，人均受教育约 16 次，年均每人受教育 3 次以上。

（一）宪法学习宣传情况

始终坚持以宪法学习宣传为核心，围绕“12·4”宪法宣传周，组织开展“十大法治人物”宣传、宪法宣誓、宪法演讲、法治灯光秀、法治文艺演出、宪法歌曲快闪、公众开放日活动，利用 H5 小游戏、普法机器人、微信公众号等智能化媒介，深入开展宪法在线知识考试、宪法宣讲、宪法晨读、宪法知识竞赛等“宪法进万家”专题活动，5 年来共开展宪法主题活动 8615 场次，发放资料 121.38 万册，宣传品 32.13 万份，受教育干部群众超过 657 余万人次。

（二）国家机关“谁执法谁普法”普法责任制落实情况

一是成立普法领导小组，制定“七五”规划，配备专兼职普法队伍，出台制度意见和动态考核指标，与七地市、区（中）直共 152 家单位签订《普法责任书》，将法治宣传教育纳入各项年度综合考评同部署、同检查、同落实。二是利用中心理论组、支部学习、法治培训开展国家工作人员法治专题讲座 1.5 万余场次，学法讨论 3109 场次，发言 15,091 人次，撰写心得体会 15 万余篇。三是将每年 3 月设立为全区“法律进宗教场所”主题宣教月，通过法律知识考试、“僧尼爱国守法书法作品大赛”、法治文化集市等形式开展宗教教职人员法律知识普及活动 2.1 万余场次，发放宣传资料 18.9 万份（册）。四是充分发挥 1116 名法治副校长和 1366 名法治辅导员职能作用，利用校园广播、黑板报、宣传栏、LED 显示屏等宣传阵地，开展青少年法律知识竞赛、模拟法庭、法治漫画比赛、“开学法治第一课”、“假期法治第一课”等活动 3000 余场次，累计受教育学生超过 51.88 万人次。五是广泛发动驻村工作队、第一书记、村“两委”班子基层力量，着力构建“四个一”农牧区普法机制（一个法律图书角、一个法治宣传栏、一名“法律明白人”、一名“法治联络员”），开展农牧民法治宣传活动 26.3 万

◆ 西藏大学学生国旗下宪法宣讲活动

余场次，受教育群众达1375.9万余人次。六是建立“三官”以案释法制度，编印以案释法读本、制作播放案例宣传片、案例宣讲，组织法官、检察官、警官、行政执法人员、律师、人民调解员，在司法、执法和法律服务过程开展以案释法和警示教育，达到通过典型案例警示教育的目的。

（三）法治乡村建设情况

一是采取集中辅导、现场（网络）教学等方式，从村（居）“两委”干部、人民调解员、双联户户长中，选拔培养“法律明白人”11,191人。二是建立村居法律顾问。全区行政村（居）共配备5125名法律顾问，覆盖率达到100%，提供法律服务10万余起。三是组建基层流动普法宣传队。统筹农牧区普法骨干、驻村工作队员、第一书记、村“两委”干部、双联户长、人民调解员、返乡大学生等力量建立农牧区流动普法宣传队，打造一支留得住、用得上、不离开的农牧区内生普法队伍。四是开展基层法治示范创建。出台《民主法治示范村（社区）管理办法》，对全国7批民主法治示范村（社区）进行复核；广泛开展法治学校、寺庙、民营企业创建活动。

（四）“服务大局普法行”情况

一是法治扶贫。采取“法治宣传+扶智+扶志”的方式，编制汉藏双语法律明白卡，制作双语普法电子书，以“互联网+大数据+法律服务”相结合模式，引导贫困群众尊法守法、自力更生、勤劳致富，移风易俗。5年共开展扶贫普法3.7万余场次，受教育农牧民群众1059万人次，近43万余人获得免费法律服务。二是扫黑除恶普法。宣传推广“为西藏扫黑除恶打非治乱打call”线上举报程序，共收集线索40余条。截至2020年，通过“法治西藏”微信公众号和“头条”“企鹅号”共刊发扫黑除恶信息150余条，阅读总量63万余人次，刊载双语图文、音视频稿件900余篇，点击量70万余次，发送公益短信3098万余条，开展专项普法9.35万余场（次），累计受众近1241万人次。三是疫情防控专项普法。将法治宣传贯穿疫情防控始终，开展传染病防治法疫情防控知识普及活动和线上答题活动，线上参与147,606人次，刊发信息290余条，阅读量368万余人次，防疫普法宣传活动15,700余场次，受教育群众达360余万人次，为西藏依法防控奠定坚定法治基础。四是生态环境保护普法。积极发挥法治宣传教育在环境保护、生态和谐与建设美丽西藏方面的突出作用，开展“文明煨桑”专项普法，引导群众自觉摒弃乱砍爬地松、过度煨桑的陈规陋习。五是民法典专题宣传。邀请区内外专家为全区2万余名领导干部讲授民法典专题讲座，组织观看民法典公开课；运用“法治西藏”微信公众号刊发条文、精神解读、图文视频、典型案例等信息100条，阅读量近51万人次；组建民法典律师宣讲团深入居民社区开展宣传，累计受教育群众213万余人次；购置《中华人民共和国民法典》学习读本发放到全区所有行政村，有效实现宣传普及全覆盖。

（五）法治教育基地建设情况

坚持把法治文化阵地建设作为加强法治宣传教育的重要举措，全区建成各类主题法治文化示范基地、公园、小区、文化长廊等50余处。自治区在城市核心区建成宗角禄康宪法主题公园和布达拉宫广场法治文化角，设置普法责任田，配备“共享普法图书亭”，日均接待各族群众超过2000人次，为营造法治氛围起到重要积极作用。

（六）新媒体普法情况

打造“法治西藏”法治讯息重要集散地，定期发布法治建设成果、常用法律知识、典型案例、热点案件解读，实现阅读量2200万余人次、“头条号”阅读量达300万人次，“企鹅号”阅读量达260万余人次。研发法治西藏“学法风暴”普法小程序，活动参与人次近1890万。建成“西藏自治区智慧移动普法”平台，通过智能普法机器人、“律师速问”、微信小程序，免费提供7×24小时法律服务；在“12348西藏法网”开设“每日学法”板块，推送群众关注的法律问题，普及法律法规常识。“法治西藏”影响力在全区政务媒体中名列前三。

二、取得成绩和存在的问题

“七五”普法以来，西藏自治区普法工作认真谋划、扎实推动，取得显著成效。法治宣传教育在维护社会稳定、促进经济社会发展、民生改善和边境稳固中的基础先导性作用得到充分发挥，全社会法治化水平不断提高，群众法治意识得到明显增强，对普法满意度从“六五”普法时期的60%上升到95%，位列全国第五，全区各族群众安全感连年保持在99%以上。5年来，先后获得第十二届全国百家网站微信公众号法律知识竞赛优秀组织奖、全国第十五届法治动漫微电影作品征集活动优秀组织奖，法治西藏“1+N”智慧移动普法云平台入选全国政法智能化建设智慧司法优秀创新案例和全国司法行政系统“十佳新媒体案例奖”，同时，自治区国家安全厅创作的《雪域忠魂》获得全国法治微视频二等奖。

但也要清醒看到存在的不足：一是思想认识有待提高。对普法工作的重要性认识不足，站位不高，法治观念有待增强。二是普法责任制有待强化。个别部门对“谁执法谁普法”责任制认识不充分，行业部门普法工作推进力度不够、合力不强。三是创新力度有待加大。新媒体普法在基层的普及率不高，普法针对性和渗透力不强。

三、下一步工作计划

（一）认真谋划“八五”普法

重点围绕学习宣传习近平法治思想，以培树“法治西藏”普法品牌为目标，以落实普法责任制为抓手，紧扣维护国家安全、加强民族团结、树牢法治意识这一主线，统筹谋划“八五”普法工作。

（二）强化普法机制保障

健全重大普法事项请示报告制度，积极争取使普法经费在现有标准上逐步提升，加大普法机构和队伍建设，建立健全普法考评考核制度，量化考核标准、明确考核内容，注重考核结果运用，发挥考核对普法工作的推动作用。

（三）提升普法工作实效

全面落实“谁执法谁普法”普法责任制，以问题为导向，围绕群众的法治需求，加大调研力度，做到精准普法、有的放矢。

（四）创新普法形式方法

继续发挥传统普法阵地基础作用，因地制宜建设法治广场、法治公园，全面推进“互联网+普法”宣传，坚持普法与依法治理相结合，助力整治行业领域突出法律问题，推动基层依法治理，维护法律的权威和尊严。

◆ 陕西省深入学习宣传实施宪法经验交流暨现场推进会在商洛市柞水县召开。会议举行了陕西省第九届“与法同行”新媒体宪法知识大赛总决赛，组织了现场观摩

陕西省“七五”普法规划实施情况

2016年“七五”普法规划实施以来，陕西省深入学习贯彻习近平法治思想和习近平总书记来陕考察重要讲话精神，以党政主要负责人履行推进法治建设第一责任人职责、“谁执法谁普法”普法责任制和普法依法治理提档升级工程为抓手，深入开展普法依法治理，圆满完成“七五”普法规划确定的目标任务。

一、聚焦“四个环节”，普法保障能力明显增强

始终把健全完善体制机制作为普法依法治理的突破点，保障了普法工作的有力推进。一是组织领导有力。省委和省政府高度重视“七五”普法工作，2016年8月，省委、省政府转发了《省委宣传部、省委普法办、省司法厅关于在公民中开展法治宣传教育的第七个五年规划（2016—2020年）》；2016年12月，印发了《陕西省法治政府建设实施方案（2016—2020年）》；2019年12月，印发了《关于建设更高水平法治陕西的决定》，为全面实施“七五”普法规划奠定了坚实基础。二是工作机制健全。省委和省政府先后制定出台《关于进一步深化全省普法宣传教育工作的意见》《陕西省党政主要负责人履行推进法治建设第一责任人职责实施办法》《关于全省党政机关落实“谁执法谁普法”普法责任制的通知》等规范性文件。全省各级各部门推行“谁执法谁普法”普法责任制、领导干部任前考法、国家工作人员日常学法等长效制度，推动形成了大普法工作新格局。三是工作部署全面。全省各地各部

门制定出台“七五”普法规划，提请人大常委会作出“七五”普法有关决议，明确目标任务、重点对象、方法步骤和工作要求。2020 年 8 月至 9 月，由省级领导同志带队组成 5 个检查验收组，邀请省人大代表、省政协委员全程监督，在全省 12 个市（区）和部分省直部门单位开展了检查验收。四是保障措施完善。全省建立了五级普法宣传网络，建成了以普法宣传骨干、普法志愿者、法律服务工作者、村（居）“两委”干部和普法工作中心户等为主要成员约 100 万人的普法工作队伍。各地把普法工作经费列入年度财政预算，并按照经济社会发展情况适时予以调整。

二、突出“五个重点”，普法主要任务全面落实

以“法律六进”主题活动为载体，突出抓好以领导干部和青少年为重点的法治宣传教育，普法宣传实效明显增强。一是突出抓好重点内容普法。认真组织开展“12・4”国家宪法日暨宪法宣传周系列活动，深入学习宣传习近平法治思想，学习宣传以宪法为核心的中国特色社会主义法律体系。在 2020 年全国第三个“宪法宣传周”启动仪式上，陕西省介绍了经验做法。加大扫黑除恶、环境保护、国家安全等专项普法宣传力度，持续开展涉及民生领域有关劳动保障、教育医疗等方面的普法宣传，进一步加强党内法规的宣传教育。二是突出抓好领导干部学法用法。充分利用“七五”普法宣讲团资源，组织开展“法润三秦大讲堂”法治宣讲报告会，开通网上宪法公开课，推动宪法法律宣讲走进党政机关和企事业单位。“七五”普法期间，全省共举办法治报告会 3.4 万余场次，受众近 2300 万人次。坚持每两年举办一次领导干部和公职人员学法用法无纸化考试，近 40 万人参加考试。三是突出抓好青少年法治教育。持续组织全省中小学校开展秋季开学第一周“法治教育第一课”和“法律进学校”宣传周活动，深入开展小手拉大手“全民读宪法”活动。连续举办五届陕西高校法治文化节。创新开展全省“红领巾法学院”创建活动，打造了以中小学校学生为主体参与的青少年法治宣传教育工作品牌。截至 2020 年年底，全省共有 1362 所学校参与创建，荣获省级创建命名学校 43 家，参与青少年 300 余万人。四是突出抓好全民普法守法。连续两年举办陕西省“十大法治事件”“十大法治人物”评选表彰活动。编印发放了《百姓法治宝典》口袋书并推广同名 App，突出宣传与广大群众生产生活密切相关的婚姻家庭、居民生活、创业就业、农业农村、守法维权等法律法规。组织开展“送法入户”法律扶贫活动，助力脱贫攻坚，举办讲座 300 余场次，开展法律咨询活动 2900 余场次。积极宣传社会主义核心价值观和市民公约、乡规民约、行业规章、团体章程等社会规范，开展以案释法，全民普法取得良好效果。五是突出抓好特殊时段普法。推出学习宣传实施民法典“双十项措施”，举办“陕西律师齐动员、上门宣讲民法典”、学习宣传民法典大型融媒体直播节目、“民法典进企业”新媒体普法大赛等多项活动。组织全省各级主流媒体专题宣传疫情防控法律法规，在各级普法网站开设“战疫情普法宣传”专栏，利用“新媒体普法”平台开展“依法防控，法治同行”专项行动。

三、依托“三个实施”，普法方式效果创新提高

推进法治文化创新，着力发掘“互联网 + 法治宣传”新模式，推动全民法治意识和法治观念不断增强。一是实施管理考评，搭建法治创建活动新载体。研发全国首个法治创建活动动态管理

平台系统，供省市县三级管理用户考核使用，通过数字化考评，较好地克服了“人情分”“照顾分”，保证了考核的公开公正。研发全国首例新媒体快乐普法游戏平台，各地各部门充分利用这一平台，组织开展了宪法法律进机关、进乡村、进企业新媒体普法大赛线下赛。二是实施智慧普法，拓展法治宣传教育新领域。建立健全普法宣传五级微信、微博专群，吸纳驻村（社区）律师、法官、检察官、普法志愿者加入，组建了全省普法宣传教育新媒体矩阵。开辟“互联网＋法治宣传教育”专栏，编辑陕西地方普法集锦，进行全网推送。与省广播电视台合作开办《帮忙有一套》法治节目，将调解现场变为普法课堂，使普法宣传教育更加“接地气”。创新开展“丝绸之路法治文化公益行”法治宣传，积极打造“法治宣传高速客车”“法治宣传公交专线”等主题公益广告。三是实施提档升级，开创普法依法治理新局面。制定出台了《创新普法依法治理提档升级工程实施意见》，采取创新法治宣传形式、加强法治阵地建设、构建动态考核平台、优化法治创建体系、夯实普法主体责任等五大举措，助推普法依法治理工作提档升级。近年来，全省共建成现代化法治宣传教育中心 8 个、法治文化公园 25 个、法治文化广场 53 个、法治文化街（墙）1883 个。

四、抓实“三个推进”，普法依法治理质效大幅提升

注重把法治宣传与法治实践有效结合，为创新普法载体、科学实施普法成效考评、提高普法实效提供了新平台。一是推进法治政府建设，依法行政促规范。深化“放管服”改革，承接国务院取消和下放事权 684 项，省级累计取消、下放或委托行政审批事项 911 项。加快政务服务事项梳理，拆分 7967 项政务服务事项，将“三级四同”升级为“四级四同”（省市县乡四级政务服务事项同一名称、同一编码、同一标准、同一流程）。近年来，省政府常务会议审议法规规章 62 项，向省人大常委会提交地方性法规议案 19 件，对 38 部地方性法规修正案提出修改建议，制定和修订省政府规章 30 件，废止省政府规章 30 件，废止省政府及办公厅印发的行政规范性文件 114 件，修改省政府及办公厅印发的行政规范性文件 26 件。“智慧立法”系统入选“全国政法智能创新十大典型案例”。二是推进行业法治建设，落实制度促优化。深入开展秦岭生态保护、环境污染、食品药品安全、交通安全等专项整治行动。全面推行“三项制度”，严格执行行政执法机关和司法机关信息共享、案情通报、案件移送制度。深入推进行业依法治理先进单位创建，全省市县两级创建“依法治校示范校”1300 余所、“诚信守法企业”1700 余家，行业系统依法治理、依法管理水平不断提高。三是推进法治乡村建设，乡村振兴促提高。召开法治乡村建设工作会议，出台《加快推进法治乡村建设提档升级实施办法》，抓好民主法治示范村（社区）创建，127 个村（社区）被民政部、司法部命名为“全国民主法治示范村（社区）”。完善涉农立法，规范基层涉农执法，提高乡村公共法律服务资源普惠、精准配置。坚持和发展新时代“枫桥经验”，实现矛盾纠纷就地解决，释放乡村社会发展活力。加强“数字法治・智慧司法”建设，推进综合行政执法改革向基层延伸。

下一步，我们将深入学习宣传贯彻习近平法治思想，从广大干部群众学法用法需要出发，统筹制定科学合理的“八五”普法规划，加快建设更高水平的法治陕西，推动普法依法治理不断取得新成效，为推动高质量发展、创造高品质生活、实现高效能治理，奋力谱写陕西新时代追赶超越新篇章提供坚强法治保障。

◆ 武威市民勤县在县文化广场举办“12 · 4”国家宪法日集中宣传活动，在活动现场举行了中小学学生诵读宪法、启动“宪法文本进万家”“宪法在我心中”万人签名活动等活动

甘肃省“七五”普法规划实施情况

2016 年以来，甘肃省坚持以习近平新时代中国特色社会主义思想为指导，深入贯彻党的十九大和十九届二中、三中、四中、五中全会精神，紧紧围绕“七五”普法规划确定的目标任务，抓紧抓实关键少数和重点对象学法用法工作，深入推进基层普法与依法治理，大力加强以宪法、民法典为重点的法律法规学习宣传，着力推动全社会树立法治意识、培育法治信仰，为建设幸福美好新甘肃营造了良好的法治环境。

一、坚持高位筹划、高层推动，全面加强普法组织领导

2016 年，省委、省政府从落实“四个全面”战略布局出发，审议批转了全省第七个五年普法规划，重新组建了普法协调小组。省人大常委会审议了“六五”普法工作情况，通过了关于开展第七个五年法治宣传教育的决议。省委、省政府召开了第七次法治宣传教育工作会议，启动了“七五”普法工作。省委、省政府坚持把普法工作作为法治甘肃建设的基础工程，纳入党委政府工作重点，主要领导多次作出批示，为普法依法治理工作提供了遵循。全省各地各部门高度重视，把开展“七五”普法作为党委、政府的重要工作任务，结合实际制定了“七五”普法规划，调整充实普法工作领导机构，加大普法工作投入力度，并把法治宣传教育纳入本地本部门发展规划，纳入年度目标责任管理项目，纳入领导班子

和领导干部政绩考核内容。全省还着力健全完善普法工作机制，建立了“谁执法谁普法”普法责任制，落实了普法责任制联席会议制度，完善了普法责任清单发布和考评制度，建立了普法讲师团和普法志愿者队伍，开展了普法骨干培训。省、市、县讲师团队伍达到5266人，普法志愿者队伍达到9.12万人，培训专兼职普法骨干59.6万多人次。全省普法经费5年累计投入2.35亿元。2018年6月，省委、省政府组成6个工作组，对全省普法工作进行了督导检查。2020年8月，省委、省政府抽调8名省级领导带队，组成8个工作组对各市州和200个省直部门单位进行了检查验收，有力地推动了“七五”普法规划的落实。

二、坚持围绕中心、服务大局，积极营造良好法治环境

坚持把宪法学习宣传作为重大政治任务，摆在首要位置。先后2次专门下发通知，4次作出专题部署，在全省组织开展了宪法学习宣传活动和“12·4”国家宪法日、宪法宣传周系列宣传行动。坚持围绕中心、服务大局，在全省开展国家安全、民族宗教、扫黑除恶、维护稳定等专项法治宣传活动7.6万场次。围绕生态环保，积极组织召开推进会，举办培训班，开展生态环保领域依法治理，累计发放生态环保法律法规宣传资料299万余份。围绕脱贫攻坚，广泛开展送法下乡、送法进农户及脱贫攻坚法治宣传活动3.77万场次。围绕优化营商环境，深入开展民营企业经营管理人员法治培训活动，累计培训企业经营管理人员67.3万余人次，为6387家企业进行了“法治体检”。围绕疫情防控，组织各地各部门编印疫情防控法治宣传手册249万余份、制作微视频1225个、发放宣传资料828万余份、推送疫情防控普法短信7286万余条，协调全省新闻媒体、网络、公众号开展全媒体普法宣传，实现了疫情防控法治宣传全覆盖。围绕民法典学习宣传，在全省广泛开展召开座谈会、举办法治讲座、开办电视专栏、组织媒体宣传等“十个一”活动，抽调法学专家教授组成宣讲团，深入各地各部门进行宣讲，掀起了民法典学习宣传的热潮。“七五”普法期间，全省累计开展法治宣传活动12万余场次，发放宣传资料3500余万份。

三、坚持突出重点、注重实效，努力提高全民法治素养

坚持把习近平新时代中国特色社会主义思想、宪法法律和党内法规列入党委（党组）中心组学习内容，作为党校（行政学院）、干部学院、社会主义学院必修课，定期举办“富民兴陇”法治大讲堂、“百名法学家百场报告会”和网上学法考试等活动，不断加强领导干部学法用法工作。5年来，全省共举办领导干部法治培训11,041场次，国家工作人员参加网上学法考试率、合格率达到95%。全面贯彻落实《青少年法治教育大纲》，充分发挥课堂主渠道作用，以青少年维权岗、警示教育基地、模拟法庭等为依托，开展法治讲座、主题班会12.3万多场次，建立青少年法治教育基地和资源教室932个，配备中小学法治副校长、辅导员13,655人，青少年法治教育基本实现了教材、师资、课时、考试、效果“五落实”。累计培训村“两委”干部16.7万人次，培养“法律明白人”107.9万多人次，开展法治扶贫大讲堂6693场次，提供法律咨询216万多人次，为贫困户提供“法治体检”946万多人次，开展宗教场所“百场万人”大宣讲和“四进”活动7222场次，农牧区和宗教场所法治建设取得明显成效。

四、坚持创新发展、多措并举，切实增强普法工作质效

大力推行法治文化阵地“一地一品”工程建设，推动城乡建设法治公园、法治广场、法治长廊、法治宣传栏，建成法治公园143个，法治广场2483个，法治长廊4654个，法治宣传栏25,279个，建设农家法治书屋13,317个。积极推进“互联网+法治宣传”行动，在今日头条、一点资讯搭建甘肃普法矩阵，在甘肃电视台开辟《法治伴你行》栏目，在“甘肃党建”开设党员学法通道，在全省开通“甘肃丝路法雨”微信公众号和“12348”法网、热线、App，依托“法宣在线”开通甘肃省国家工作人员学法考试平台，在全省主流媒体推行公益普法制度。甘肃普法矩阵累计发文量60多万条，累计阅读量达到12.26亿人次；“甘肃普法”一点号先后10余次被评为全国优质政法司法号。全省创作法治动漫微视频4269部，先后有2部作品获得全国一等奖，4部作品获得全国二等奖，5部作品获得全国三等奖，甘肃省连续2年获得优秀组织奖，普法微电影《永不放弃》获得第五届亚洲微电影艺术节最高奖项“金海棠奖”、《婚殇》获得全国两项大奖。累计开展法治文艺演出活动4029场次，定西渭源县编演的现代普法秦腔剧《公民张三》《三喜临门》受到群众普遍欢迎。

五、坚持普治结合、示范带动，不断提高依法治理水平

各级党委、政府坚持把普法与依法治理有机衔接，把法律法规变成引导和保障经济社会发展的基本规划，努力提高社会治理体系和治理能力的法治化水平。省人大常委会修订出台《甘肃省地方立法条例》，加强民生保障、脱贫攻坚、环境保护等重点领域地方立法。省委、省政府制定出台法治政府建设规划和考评标准，依法推进行政审批制度改革，大力推行政府部门法律顾问制度和重大决策合法性审查机制，依法行政能力水平不断提升。各部门单位结合实际，研究制定市场监管、生态环保、交通运输、农业执法等事项指导目录，组织开展依法治理活动1150场次，督促14个地区2181个部门单位整改290个方面867项问题短板，整改率达到95%以上。各地还积极开展法治城市、法治县（市、区）、民主法治示范村（社区）和法治政府示范创建活动，嘉峪关市被树立为全国法治城市和“第一批全国法治政府建设示范地区”，兰州市西固区和酒泉市瓜州县等14个县（市、区）被树立为全国法治县（市、区），3545个村（社区）被评为全国、全省和市县民主法治示范村（社区）。

经过5年持续不断的普法宣传，全省公民法治意识普遍增强，自觉学法、遇事找法、解决问题用法的氛围日渐浓厚。甘肃省群众安全感始终保持在90%以上，2019年达95.86%。2019年，全省刑事案件、治安案件、群体性事件同比分别下降0.4%、22.6%、6.9%，受理来信来访及网上投诉同比下降19.1%，群众对平安建设满意度位居全国第四，安全感位居全国第五，普法宣传满意度位居全国第六，对执法司法机关人员执法司法行为满意率达到91.5%，有力地为建设幸福美好新甘肃创造了良好的法治环境。

◆ 青海省普法办、省直机关工委及西宁市城中区普法办在青海省西宁市中心广场联合举办“12·4”国家宪法日集中学习宣传教育活动

青海省“七五”普法规划实施情况

一、工作情况

（一）普法依法治理体制机制更加完善

一是完善普法责任制度。建立落实普法责任制厅际联席会议制度，制定普法责任清单，每年下发全省普法与依法治理工作要点，将普法宣传纳入各地各部门工作总体布局，普法工作实现由“部门独唱”向“全局合唱”转变。二是健全考核督导机制。实施普法责任制述职报告制度，把普法依法治理纳入党政目标绩效、民族团结进步创建和精神文明等考核内容，考核实现制度化。三是健全完善工作保障机制。法治宣传教育经费纳入财政预算由人均 0.2 元提高至 1 元。法治宣传队伍不断壮大，全省成立法治讲师团 32 个，成员 550 人，普法志愿者达 3661 人。

（二）重点工作任务有效落实

一是始终突出宪法学习宣传。省委、省人大、省政府、省政协率先垂范，中心组学宪法制度全面落实。省人大及时修改《青海省实行国家工作人员宪法宣誓制度办法》。“12·4”宪法日暨宪法宣传周活动及国家工作人员、青少年、宗教教职人员、社会群众学宪法常态化开展。二是深入推进《中华人民共和国民法典》学习宣传教育。省委、省人大、省政府、省政协立标杆，做表率，民法典学习宣传高位启动。制定省市县三级民法典学习宣传教育方案，成立三级民法典讲师团。建成全省首个民法典主题法治文化公园，开通首条民法典宣传公交专线，推动民法典学习宣传教育全方位、有实效。三是全力加强疫情防控宣传教育。下发做好新冠肺炎疫情防控期间法治宣传教育工作等 5 个文件，开展疫情防控法律知识网络竞答活动，国家工作人员及社会群众参与 23 万人次；率先在全国司法行政系统开发手机版专题网站，疫情防控普法整体推进、全面覆盖。四是深化扫黑除恶、脱贫攻坚、生态文明建设等服务大局普法系列活动。开展扫黑除恶法治讲座 1817 场，脱贫攻坚普法宣传 11,731 场，生态保护普法宣讲 11,600 场，受教育群众 1350 余万人次。五是强化基层换届选举专项法治宣传。法治宣传触角延伸到村、社区。全省共开展村（社区）“两委”换届选举专项法治宣传 6000 余场次，受教育群众百万人次。

（三）重点对象普法用法扎实推进

一是突出领导干部这个“关键少数”。推动领导干部和国家工作人员学法用法制度化、常态化。邀请全国法学专家 5 次举办厅级干部法治讲座，累计 1000 余名厅级领导参加；累计 45 万名国家工作人员参加网络学法用法考试和任前法律资格考试，参考率为 87.65%，厅级领导干部及格率为 88.32%。二是突出青少年这个“关键群体”。印发关于加强法治副校长工作的意见，培训法治教育师资 10,000 余人次。开展“法律进校园”活动 2.34 万场次、“青春与法同行”活动 265 场次，受教育师生人数达 51 万余人次。全省中小学配备法治副校长、法治辅导员 3128 名，实现全覆盖。三是突出宗教教职人员和信教群众这个“重点群体”。印发“法律进宗教场所”实施意见，

◆ 青海省黄南州河南县优干宁镇在“宪法宣传周”开展宪法宣传活动

◆ 青海省黄南州同仁县加吾乡在“宪法宣传周”组织僧侣开展法治宣传活动

成立省宗教活动场所法治宣讲团，编印全省首部《藏传佛教寺庙学法用法读本》，组织开展全省首批“尊法学法守法用法示范寺观教堂”创建命名工作。累计组织入寺法治宣传工作组 2266 个，深入宗教活动场所 7572 座（次），受教育教职人员达 47.16 万人（次）、信教群众达到 260.79 万人（次）。

（四）普法依法治理服务中心工作成效显著

一是落实普法宣传责任。以清单化方式明确和细化省直 93 家部门和单位 729 部法律法规的普法责任，明确 87 个重大时间节点责任单位宣传内容。二是大力推进依法治理。在“班玛经验”“玉树模式”“同仁做法”中，将法治宣传和依法治理作为重要内容，坚持和发展“枫桥经验”青海化，不断强化基层社会治理水平。全省累计排查各类矛盾纠纷 12.6 万件，办理各类法律援助案件 4.6 万件。三是积极推进多层次多领域法治创建工作。累计创建“民主法治示范村”2290 个，其中国家级 55 个、省级 228 个。创建国家级法治县（市、区）13 个，省级法治宣传教育基地 4 个，“法律进宗教场所”示范点 15 个，青少年法治教育实践基地 17 家、法治文化建设示范点 20 个。

（五）法治宣传教育工作实效不断提升

一是打造“以案释法”活动新品牌。编印《以案释法读本》等书籍，通过“青海普法”新媒、“昆仑大律师”广播节目等推送典型案例，取得良好的社会效果和法律效果。累计推送“以案释法”7256 条，阅读量达 268.2 万人次。二是开创“法律七进 +”新局面。在“法律六进”基础上，在全国率先开展“法律进宗教场所活动”，为涉藏地区治理提供了样板，得到时任中央领导批示肯定。累计开展“法律七进 +”活动 7 万余场次，参与群众达 600 万余人。三是构筑法治文化阵地新格局。建设具有“青海特色”的“四大亮点设施”，一批各具特色、功能设施完备的法治文化阵地先后投入使用。累计建成各类法治文化主题公园、广场、展馆、街（社区）4054 个，村居法治宣传栏 5759 个。举办多层次的法治文化活动，涌现出“法治花儿”“法德大舞台”等一批特色品牌，开展法治文艺演出活动 4452 场次，制作“三微”作品 900 部，开办报刊广播电视法治类专题栏目（节目）97 个。四是实现新媒体普法新突破。“多网多端多微”新媒体大普法格局基本形成，“掌上普法”影响力、渗透力持续增强。“青海普法”新媒矩阵和联盟全面搭建，入驻各类新媒平台25个，各账号平台粉丝数达32.4万人，各新媒平台共发布稿件5万余条，阅读量达1.12亿余人次。“青海普法”微信、微博、头条号、一点号在全国4300多家政法新媒体中全年位列排行榜前十。

二、工作成效

一是大普法格局全面形成。普法依法治理工作组织领导更加有力有效，党委领导、人大监督、政府实施、政协支持、各部门各单位齐抓共管、全社会共同参与的“大普法”格局全面形成。全省8市州、省直和中央驻青的133家单位均设承担普法工作部门和专兼职工作人员，组建网络新媒体核心网评员38人。全省1346名律师、法律服务工作者担任4605个村（社区）的法律顾问，一村（社区）一法律顾问实现全覆盖。据省社情民意调查中心统计，青海省普法成效满意度从“六五”末的85.30分上升至“七五”末的90.75分。

二是法治信仰逐步培育。全社会遇事找法、化解矛盾靠法的氛围基本形成，各级领导干部和国家工作人员依法办事、依法决策的意识有了新提高；人民群众的法治意识、法律素养明显提升；宗教教职人员和信教群众爱国守法持戒深入人心，藏区社会持续和谐稳定。2020年，全省社会治安群众安全感满意度为90.98分，较“六五”末提高了4.7分。

三是分众分类“精准普法”效果显著。对国家公职人员进行订单式普法，为15家省直单位提供专业法律法规考试服务。5年累计开展各种网络答题活动33次，累计参与国家工作人员248万人次。开展面向社会群众的有奖答题活动15次，累计参与9万人次。创造性组建马背法治宣讲队、摩托车法治宣讲队、感恩宣讲队、大篷车宣讲队等，深入农村牧区开展法治宣传活动，得到各界普遍欢迎。

三、存在的问题及“八五”普法思路

守法普法协调小组工作取得了较好成效，但对标对表中央要求和省委部署还存在不足和差距：一是思想认识有待进一步提高。个别地区单位普法制度落实不到位、措施不精准、活动开展不积极；立法、执法、司法与普法的结合度不高，在执法、司法活动中以案释法、以法说法还有待进一步加强。二是工作实效有待进一步增强。针对农村、牧区、城镇区域特点的精准普法不够，分类分众普法教育还不理想；依法治理协同协商机制尚未完全建立，共建共治共享的理念有待进一步提升。三是普法形式有待进一步创新。方式方法不够新颖、内容不够丰富，基本沿用“集中、统一、说教、灌输”的宣传教育方式，运用新媒体开展“智慧普法”的水平有待进一步提高。

“八五”普法期间，青海省将以习近平法治思想为指引，持续加大全民普法力度。一是加强法治宣传教育地方立法，尽快修订青海省法治宣传教育条例。二是深化“谁执法谁普法”普法责任制落实，推动落实履职评议和旁听庭审常态化制度化。三是持续强化领导干部、国家工作人员、青少年、宗教教职人员和信教群众等重点对象的普法力度，提升普法效果。四是强化主题普法宣传，加大宪法、民法典和新出台法律法规的宣传教育。五是深入推动依法治理，持续开展多层次多形式创建工作，督促各地各成员单位划清责任田，围绕薄弱环节，持续开展专项整治。

◆“弘扬宪法精神　共建美丽宁夏——2018 年‘12 · 4’国家宪法日主题晚会”在宁夏电视台演播大厅隆重举行

宁夏回族自治区“七五”普法规划实施情况

“七五”普法以来，宁夏回族自治区各地各部门坚持以习近平新时代中国特色社会主义思想为指导，深入贯彻落实党的十九大和十九届二中、三中、四中、五中全会精神，认真贯彻中央和自治区党委、人大关于加强法治宣传教育各项决策部署，主动作为，积极工作，法治宣传教育深入开展，为实现宁夏回族自治区经济繁荣、民族团结、环境优美、人民富裕提供了强有力的法治保障。

一、“七五”普法工作情况

（一）加强组织领导，普法工作制度化水平实现新提升

一是加强顶层设计。自治区党委、政府把普法工作纳入经济社会发展总体规划、放在全局工作的重要位置，研究制定《关于在全区公民中开展第七个五年法治宣传教育深入推进依法治区进程的实施意见》；区人大常委会通过《关于深入开

展第七个五年法治宣传教育的决议》。各地各部门相继出台规划和决议、建立健全组织机构，夯实“七五”普法工作基础。二是强化督查指导。自治区党委、政府主要领导带头参加重大活动，多次对普法工作作出批示，区人大多次听取工作汇报，开展专项视察和执法检查，省级领导担任各组组长，对全区“七五”普法工作进行“体检”。三是强化经费保障。各地普遍按照人均1元以上的标准将普法经费纳入财政预算，自治区每年安排2000多万元投入普法工作、并争取中央转移支付资金支持法治文化基地建设。四是强化普法队伍建设。建立区市县三级普法讲师团队伍，每年开展法治讲座1000余场次，建立各级普法志愿者队伍60多个，有力扩大了普法的辐射范围。五是强化考核评估。自治区党委、政府建立一年一考评的年度效能考核工作机制，普法工作在各地各部门效能考核中比重达到0.5~3分，有力促进了普法工作的深入开展。

（二）紧盯“七五”普法目标，普法重点工作取得新进展

一是强化习近平新时代中国特色社会主义思想学习宣传。各地各部门把学习贯彻习近平新时代中国特色社会主义思想和视察宁夏讲话精神作为首要任务，通过各级党组（党委）中心组、普法骨干培训班、系列大宣讲等方式提升学习实效。二是强化宪法学习宣传。每年对宪法学习宣传作出部署，开展“‘12·4’国家宪法日宣传周”集中宣传活动。自治区党委理论中心组带头专题学习宪法，区领导带头参加活动，党委人大政府政协各部门纷纷开展宣誓等活动。先后举办宪法各类宣传活动110余次，发放各类普法资料

◆ 宁夏回族自治区银川市兴庆区人大、司法局举行宪法广场落成及宪法宣誓仪式

150余万份；开展宪法知识微信竞答活动，参与260.7万人次。三是强化中国特色社会主义法律体系和党内法规学习宣传。组织开展“服务大局普法行”主题实践活动和“以宪法为核心的中国特色社会主义法律体系学习宣传专项行动”，自治区主要领导带头学习党内法规，各地各部门抓住各项法律颁布实施日、纪念日等重要节点，开展“百人百场百万”和法治宣传日、宣传周、宣传月等大型法治宣传活动，营造了尊法学法守法用法的浓厚氛围。四是强化领导干部这个“关键少数”学法。各级将普法学习纳入党委（党组）理论中心组、各类培训重要内容，组织各类法治专题讲座2.7万余场，参加130余万人次。将国家工作人员学法考法纳入宁夏干部教育培训网络平台，每年参加近4万人，通过率达98.9%以上。五是强化青少年这一“未来多数”学法。建成各级青少年法治教育实践基地15个，编写案例读本、培训和宣传教材6册，实现全区中小学法治副校长和辅导员全覆盖，法治课教师法律培训达88%，全国学生“学宪法讲宪法”连续3年荣获全国团体三等奖，2019年获全国总决赛团体一等奖。

（三）紧扣党委政府中心工作，普法服务经济社会发展大局迈出新步伐

紧扣中央“三大攻坚战”、自治区“三大战略”和民族宗教、扫黑除恶、疫情防控等重点工作，以问题为导向，坚持每年部署开展一个法治宣传教育主题实践活动。多部门联合先后在全区开展“依法维护权益　合法表达诉求”、“生态立区　法治同行”、“普法助力脱贫攻坚乡村振兴”、“扫黑除恶”、宗教活动场所“四进”、“防控疫情　法治同行”等主题法治宣传实践活动。大力推进法治乡村建设。自治区19个部门连续3年联合下发《“助力脱贫攻坚和乡村振兴”法治宣传主题教育实践活动方案》和《关于加强法治乡村建设的实施意见》，推进一村建设一个以上法治文化阵地，实施“法律明白人”培养工程，实现“一村一法律顾问”全覆盖，以“宪法进万家”“法律进乡村”等载体着力为打赢脱贫攻坚战和推进乡村振兴战略加油助力。大力开展疫情防控法治宣传。全区各地各部门累计发放手册、书签20余万份，创作法治文化作品30余部，参加疫情防控法律知识竞赛45万余人，通过以案释法、微动漫、微视频、公益广告等广泛宣传疫情防控相关法律法规，为打赢疫情防控阻击战提供了强有力的法治保障。大力开展民族团结普法宣传。自治区主要领导带头解读民族宗教理论政策和相关法律法规，全区开展马克思主义民族观宗教观“百场万人”系列大宣讲等活动，唱响“中华民族一家亲、同心共筑中国梦”的主旋律。

（四）着眼普治并举，依法治理水平迈上新台阶

一是全行业多层次深化“法治创建”。深入开展依法治理示范机关、单位、学校、村居（社区）创建和命名活动，命名依法治理示范单位1298个，其他类法治创建单位202个。制定《宁夏回族自治区“法律八进”建设标准》，命名自治区“法律八进”示范点13个，推进“法律八进”的示范化、制度化、规范化、常态化。开展“民主法治示范村（社区）”创建，以定期清理复核助推建设水平提高。二是全流程深化普治并举。各地各部门各行业将普法融入立法、执法、司法、管理、服务全过程。检法和公安部门坚持执普联动，在开展打击非法集资、传销等各类专项行动中强化相关法律法规宣传；教育、扶贫、司法等部门联合建立义务教育控辍保学机制，开展“青春护航”系列活动；国资、金融、工信、市场监管、税务等部门实施防控金融风险“六项措施”系列活动，着力为优化中小企业营商环境服务。三是全方位践行普法为民。聚焦群众在民主、法治、公平、正义、安全、环境等方面的法律需求，围

绕非法集资、网络诈骗、农民工权益保护等社会热点难点问题，组织、民政、农业农村等部门结合乡村“两委”换届，印制“放管服”等农村政策法律口袋书发放给广大群众；政法、教育、人社、妇联、团委、工会等部门联合开展“尊法守法、携手逐梦”服务农民工法治宣传等活动；国资、税务、人社、市场监管等部门都建立“一网两微”“六位一体”等实体、热线、网络“三大平台”，通过现场值班、集体会诊、“一对一”、“维权热线”等方式，着力为群众提供普惠便捷高效的普法服务。

（五）围绕创新方式方法，普法教育质效实现新飞跃

一是创新普法责任落实。出台《关于全面落实普法责任制的实施意见》，每年督导落实具有宁夏特色的“四清单一办法”，形成部门各司其职、社会广泛参与的普法“大合唱”新格局。二是创新法治文化建设。印发《关于进一步加强社会主义法治文化建设的实施意见》，形成广场（公园）、青少年、行业（专业）、村（社区）四位一体的法治文化基地（阵地）格局，建设不同类型法治文化基地203个，选树示范点10个，村（社区）法治文化基地（阵地）覆盖率达90%以上。大力开展群众法治文化活动，创作法治文艺节目434个、征集法治歌曲43首、法治微电影微视频189部。三是创新典型带动。分层分级开展“法治模范”等评选表彰活动，选树区、市、县（区）“法治模范”1255名，开展事迹巡回报告220余场，营造了“评、赞、学、做”守法好公民的浓厚氛围。四是创新以案释法。出台《关于建立以案释法制度的实施意见》，检法等20多个单位（部门）编印《以案释法》读本，发布案例6000余例。建立国家工作人员每年现场或网上至少旁听庭审1次的常态化机制，开展全区领导干部现场旁听庭审示范活动，全区10余万人同时参加。五是创新媒体普法。宣传、网信、宁报等5部门联合下发公益普法《工作方案》，构建起以“宁夏法治”微信公众号为核心的区、市、县新媒体普法矩阵群，阅读量累计达300万人次。开设“宁夏法治”抖音、快手号等普法短视频宣传阵地，打造了“鸿胜说交通”等一批普法品牌，创作群众喜闻乐见的微电影、微动漫普法产品1000余个，荣获全国“优秀组织奖”。每年组织开展主题网络法律知识竞答活动，累积参赛人数达600万人次。六是创新经验宣介。深化调解中普法，推进新时代“枫桥经验”，宁夏构建人民调解“四张网”被新华社发布，在移动新闻端阅读量超50万，被各大媒体转发近千次。多部门联合开展“全国省级法治报总编辑‘七五’普法塞上行”系列活动，发布新闻1000余篇（次），将宁夏“七五”法治宣传教育工作的成绩和经验推向全国。

二、存在不足和建议

“七五”普法工作取得了明显成效，但仍然存在一些薄弱环节和不足。一是“谁执法谁普法”的普法责任制落实还需进一步加大力度。二是对普法工作的分层分类指导还不够。三是依法治理实践还不够深入，法治创建的引领、示范效应还未充分发挥。四是普法方式创新还不够，新媒体新技术运用不够。五是基层普法基础保障还比较薄弱。

建议在“八五”普法中对标对表、强力提升，一是完善普法内容、责任、措施、标准清单和报告评议等制度，全面落实普法责任制。二是加强对不同普法主体和对象的分层分类指导，提高普法工作实效。三是深化多层次多领域的法治示范创建活动，提高基层社会治理法治化水平。四是加大对新媒体新技术普法的探索，构建全媒体法治传播体系。五是加大贫困地区、基层、贫困地区普法保障，夯实普法工作基础。

◆ 新疆维吾尔自治区市场监督管理局驻克州阿图什市松他克乡温吐萨克村工作队向村民进行宪法宣传，让宪法精神走进村里每家每户

新疆维吾尔自治区“七五”普法规划实施情况

2016 年以来，根据全国“七五”普法总体部署，新疆维吾尔自治区以习近平新时代中国特色社会主义思想为指导，紧紧围绕新时代党的治疆方略，牢牢扣住新疆工作总目标，深入宣传以宪法为核心的中国特色社会主义法律体系，广泛开展法治宣传教育主题活动，深化多层次多领域依法治理工作，全面推进法治创建活动，全民法治观念明显增强，尊法学法守法用法氛围更加浓厚，社会法治化管理水平进一步提升，为建设团结和谐、繁荣富裕、文明进步、安居乐业、生态良好的新时代中国特色社会主义新疆提供了坚强法治保障。

一、主要工作开展情况

（一）突出机制建设，落实普法主体责任

一是完善普法机构建设，各地、各部门建立并落实由“一把手”任组长的依法治理领导小组和工作机构，保障普法工作人员。二是制定印发本地、本部门“七五”普法规划，对“七五”普法工作进行全面部署。三是党政主要负责人积极履行法治建设第一责任人职责，认真研究部署普法依法治理工作，制订工作计划，纳入精神文明创建，平安建设和绩效考核。四是将普法经费纳入地方财政预算，以每年人均不低于 0.6 元的标准予以

保障。五是建立普法责任制，在落实国家机关“谁执法谁普法”普法责任制的基础上，进一步建立“谁管理谁普法，谁服务谁普法，谁用工谁普法”机制，建立联席会议制度，定期研究普法工作，推广经验做法。各地、各部门明确普法责任清单，落实“以案释法”制度，充分发挥普法责任主体作用。

（二）突出重点内容，提升普法精准度

一是突出学习宣传习近平新时代中国特色社会主义思想。通过开展“服务总目标普法行”、“与法同行”宣讲等活动，使全社会了解掌握全面依法治国的重大意义和总体要求。二是突出学习宣传宪法。普遍开展“学习宪法　尊法学法”“弘扬宪法精神　建设法治新疆”“尊崇宪法　学习宪法　遵守宪法　维护宪法　运用宪法”等主题宣传教育，并在每年“12·4”国家宪法日、“宪法宣传周”和新疆每年4月“宪法法律宣传月”等时间节点，集中开展宪法宣传，扎实推进“宪法十进”，全面提升各族干部群众宪法意识。三是突出学习宣传维护社会稳定相关法律法规。紧紧围绕新疆工作总目标，把《中华人民共和国国家安全法》、《中华人民共和国反恐怖主义法》和涉及宗教、去极端化、扫黑除恶及民族团结相关内容的法律法规作为学习宣传的重中之重，加强社会面普遍宣传和重点地区、重点人员精准宣传，提高各族干部群众国家安全意识、反恐维稳意识。四是围绕重点工作，开展脱贫攻坚法治宣传活动。印发《关于进一步加强脱贫攻坚中普法依法治理工作的通知》，动员社会各界大力宣传与群众生产生活密切相关的法律法规，为实现全面建成小康社会奠定坚实法治基础。五是突出学习宣传党内法律法规。常态化宣传《中国共产党章程》《中国共产党廉洁自律准则》《中国共产党纪律处分条例》等党内法律法规，每年组织2万余名县处级以上领导干部集中开展党纪法规和德廉知识测试，提升领导干部的法纪意识。六是突出学习宣传重点法律法规。疫情期间，开展“防控疫情　法治同行”专项法治宣传行动，大力宣传传染病防治、突发事件应对、野生动物保护、食品安全等法律法规，累计转发推送各类法律和疫情防控法治咨询55.67万（条）次，网上阅读量达1100万人次。加大《中华人民共和国民法典》学习宣传力度，切实推动民法典进机关、进乡村、进社区、进学校、进企业、进单位、进网络、进公共场所。

（三）突出重点群体，推动普法取得新进展

一是抓住“关键少数”。建立完善党委中心组学法、重大事项决策会前学法、述法考评、无纸化学法考试、旁听庭审等制度，实现国家工作人员学法用法制度化。连续5年组织全区国家工作人员利用“法宣在线”平台开展日常学法和年度考法，累计参与人数达350余万人次。2016年以来，每年有2.1万名领导干部走上讲台，开展“与法同行”宣讲活动，讲解法律法规，弘扬法治精神。二是抓好青少年普法。认真贯彻落实《青少年法治教育大纲》，推进法治教育教材、师资、课时、经费“四落实”，持续开展“三进两联一交友”活动，广泛开展青少年法治宣讲、以案释法、知识竞赛、模拟法庭等法治文化活动。积极推进法治副校长（辅导员）聘任工作，4000余所中小学专（兼）职法治副校长配备率达100%，建成4所自治区级青少年法治教育实践基地。2016年以来，青年普法志愿者法治文化基层行活动累计开展法治宣讲3.5万余场次，提供法律服务2万余场次、开展青少年“模拟法庭”2461场次，发放普法材料600余万份，普法受众高达800余万人。三是引领“绝大多数”，加强基层群众法治宣传教育，将基层群众法治宣传教育与“访惠聚”驻村工作、“民族团结一家亲”和民族团结联谊活动相结合，开展针对性法治宣传教育。积极推进妇女儿童、流动人口、宗教人士及信教群众的法治宣传教育，实现基层群众法

治宣传从“大水漫灌”到“精准滴灌”的转变。

（四）突出阵地建设，扩大普法宣传影响力

一是法治文化阵地建设力度不断加强。各地、各部门利用现有宣传资源和阵地，通过修建、改建或增加法治元素等方式抓好县（市、区）“五个一”、乡镇（街道）“四个一”、村（社区）“三个一”法治文化阵地建设，各地均建成了一批法味浓厚的公园、文化街、园地、长廊、景观带、图书角等。同时，积极拓展户外电子大屏、公交车、BRT车载电视、法治宣传车等流动阵地开展法治宣传。二是法治宣传教育形式不断丰富。各地、各部门普遍开展学法用法演讲、法治文艺演出、法治书画摄影作品展、法治征文、法律知识竞赛等法治文化活动，并结合各民族传统节日，将法律知识、法治精神融入民俗活动中，让群众在潜移默化中接受法治熏陶。三是媒体法治宣传教育职能作用凸显。以传统媒体为基础，以新媒体为重点，全力打造“高效、互联、互动”的全媒体宣传矩阵。充分利用广播电视、报刊等新闻媒体在重要时段、重要版面制作刊播法治教育节目，新疆司法厅联合32个厅（局）单位连续8年每周联办一期“法律与你同行”（维吾尔语）广播直播节目，通过以案释法的形式解读与群众生产生活息息相关的法律问题，深受少数民族干部群众的喜爱。积极适应“互联网＋法治宣传”需求，大力开展线上普法宣传，各类网站、微信公众号累计刊载、发布法治咨询15万余条，阅读量达1000余万人次。开展“学法达人”“法治拍客”等倍受网民喜爱的互动普法活动，2016年以来，举办“学法达人”月月赛活动60期，参与人数达100万余人次。四是积极开展基层法治示范创建活动。各地深入开展“法治县（市、区）”“民主法治示范村（社区）”创建活动，有31个县（市、区）被评为“全国法治县（市区）创建活动先进单位”，79个村（社区）被评为“全国民主法治示范村（社区）”。56个村（社区）被评为“自治区民主法治示范村（社区）”，霍尔果斯海关法治教育基地被评为第三批全国法治宣传教育基地。

二、存在的问题

一是个别地方和部门党政领导对普法工作重视不够，“谁执法谁普法”普法责任制落实还不到位。二是法治宣传教育队伍素质有待提升，县乡法治宣传教育工作主要由县司法局、乡镇司法所承担，人员少、任务重，工作人员能力素质不能适应新时代法治宣传教育工作的需要。三是法治文化建设较为滞后，法治文化产品供给不足尤其是紧贴新疆实际、群众喜闻乐见的少数民族语言法治文化作品较为匮乏。

三、下一步工作打算

一是将法治宣传教育工作纳入“十四五”国民经济和社会发展规划，修订完善《新疆维吾尔自治区法治宣传教育条例》，推进法治宣传教育工作制度化、法治化。二是建立普法责任年度考评机制，加快推进普法责任制示范点建设，将“谁执法谁普法”普法责任延伸至各行业各领域。三是紧紧围绕新时代党的治疆方略，以推进治理体系和治理能力现代化为保障，大力开展宪法、民法典、维护社会稳定及乡村振兴相关法律法规的宣传。四是认真贯彻落实第三次中央新疆工作座谈会精神，积极推进文化润疆工程，加大法治文化建设力度，研究制定关于加强自治区法治文化建设的贯彻落实工作措施，营造更加浓厚的法治氛围。五是加强少数民族地区普法工作的研究，加大少数民族语言文字的法律书籍、音像制品的出版发行及少数民族法治文化作品的创作，依托社会大专院校师资力量，开展多层次普法骨干培训。

◆ 新疆生产建设兵团司法局在第十四师皮山农场开展“面对面”普法活动

新疆生产建设兵团“七五”普法规划实施情况

“七五”普法期间，新疆生产建设兵团始终坚持以习近平新时代中国特色社会主义思想为指导，紧紧围绕实现新疆社会稳定和长治久安总目标，大力加强全民普法力度，着力创新打造兵团普法特色品牌，为发挥稳定器大熔炉示范区作用、履行维稳戍边职责使命提供了有力法治保障。

一、强化组织领导，法治宣传教育工作稳步推进

切实加强党对法治宣传教育的领导。落实党委（党组）理论学习中心组集体学法制度，每年至少组织两次法治专题学习。兵团各级党校将习近平法治思想、宪法等纳入兵团党员干部教育培训计划，实现教育班次全覆盖。

切实精心谋划部署。精心研究制定兵团“七五”普法规划，确立“以维稳戍边、向南发展为引领，在全兵团大力实施法律传播工程”的普法新理念。将法治宣传教育纳入兵团经济社会发展规划和目标管理绩效考核内容，做到同规划、同部署、同考核。

切实夯实基础保障。加强法治宣传教育机构建设，落实专职人员。加强普法队伍建设，建有850名普法志愿者、18名普法讲师团的普法基本

队伍，常年深入兵团各团场、连队（社区）开展法治宣传。加强普法经费保障，兵团本级按照人均每年不低于 0.8 元的标准纳入财政预算。

二、紧贴中心工作，法治宣传教育服务功能充分彰显

围绕服务三大攻坚战，深入开展防范非法集资、防电信诈骗等法治宣传活动，让广大干部职工群众守住钱袋子；推进法律扶贫助力脱贫攻坚，激发贫困群众脱贫内生动力和自我发展能力；开展生态环保法律法规宣传，在兵团生态环境保护执法系统开展大练兵活动。5 年来，全兵团组织普法惠民服务 3 万多场次，发放各类普法资料 600 余万份，有力促进和保障了兵团经济社会发展。

围绕疫情防控，部署开展“防控疫情　法治同行”专项法治宣传行动，灵活运用各种手段大力宣传兵团加强疫情防控措施，推动兵团疫情防控工作在法治轨道上有序进行。疫情期间，兵团普法“两微一端”和抖音公众号发布战“疫”法治宣传 200 余条、抖音短视频 20 余部，单条信息最高点击量达 20 余万人次。

围绕扫黑除恶专项斗争，大力宣传中央和兵团的决策部署，宣传扫黑除恶知识，坚定干部职工群众运用法律武器同黑恶势力作斗争的信心和勇气。3 年来，全兵团共组织开展扫黑除恶专项宣传活动 1500 余次，发放宣传挂图 1200 余份、宣传资料 300 余万份，制作宣传展板 2 万余块、横幅标语 7000 余条。

围绕维护社会稳定，大力加强国家安全、去极端化法治宣传教育，切实让干部职工群众熟知

◆ 新疆生产建设兵团第四师普法宣传骨干向职工群众面对面宣讲宪法

并抵制极端化15种言论行为和宗教极端思想75种具体表现，树立正确的国家观、民族观、历史观、文化观和“三个离不开”思想。

围绕宪法、民法典等重点法律，每年开展“12·4”国家宪法日暨宪法宣传周主题活动，先后有3万余名国家公职人员参加宪法宣誓，284所学校组织了535次“学宪法讲宪法”演讲比赛。全面部署开展民法典宣传，组织35人的律师普法讲师团深入机关、校园、基层连队（社区）宣讲，让民法典成为广大干部职工群众自觉遵循的行为规范。

三、聚焦兵团“政”的职能转变，依法行政意识显著增强

大力提升依法行政能力。建立行政常务会议学法制度。召开兵团全面推进依法行政工作会议，提高运用法治思维和法治方式开展行政工作的能力。

启动依法治兵团大培训工作。印发依法治兵团大培训工程实施方案，重点培训习近平新时代中国特色社会主义思想以及与履行“政”的职能相关的法律法规。2019~2020年，兵团各级共组织了25期依法行政培训班，行政机关领导和执法人员3000余人次参加培训。

组织依法行政知识考核。在全兵团行政机关统一部署开展依法行政知识考核，进一步强化依法行政意识，提升依法行政能力水平。2019年，组织兵团机关29个行政部门、14个师市领导和行政部门人员进行依法行政知识考试，共有5477人参考。

落实谁执法谁普法责任制。制定“谁执法谁普法”责任制，明确兵团机关41个部门重点普法宣传内容。建立法官、检察官、行政执法人员、律师以案释法、以案普法制度，组织78次以案释法基层行活动，把热点案事件依法处理的过程变成全民普法公开课。汇编、印制《以案释法》系列读本6600余套，发放给兵、师各级机关部门和团场、连队。连续3年组织兵团机关“谁执法谁普法”成果展活动，有力推动“谁执法谁普法”责任制落实。

四、突出重点对象，法治宣传教育质效有力提升

紧抓国家工作人员学法。出台《兵团关于完善国家工作人员学法用法制度的意见》，推动国家工作人员学法经常化制度化。印发《关于推动国家工作人员旁听庭审活动常态化制度化的意见》，每年组织机关工作人员至少参加一次旁听庭审活动。强化兵团干部在线学习平台作用，平台必修课程中法治课时占总课时的20%。2019年组织兵团5747名处级以上党员干部进行党纪法规和德廉知识考试，提升党员干部法治意识。

紧抓青少年学法。认真落实青少年法治宣传教育大纲，校内青少年法治教育受教育率达100%。坚持校园宪法晨读，充分利用开学第一课、校园广播等开展经常性的法治宣传教育，让青少年在日常学习生活中接受法治熏陶。兵团284所中小学校已全部配备法治副校长，法治副校长每学期入校开展法治宣讲活动至少1次。

紧抓基层职工群众学法。深入开展“国旗下学法”“冬季法治大培训”“法律明白人”培训等活动，有计划分批次宣传以宪法为核心的社会主义法律体系。将法治宣传融入“民族团结一家亲”工作中，引导职工群众依法维护合法权益。

五、加强创新创优，法治宣传社会影响力辐射力更加深入

加强法治宣传教育阵地建设。“七五”普法以来，兵团共建成各类综合型法治宣传阵地30

个，所有连队（社区）都建设有法治宣传橱窗，让法律知识有形呈现。组织开展“兵团法治宣传教育基地（兵团青少年法治教育中心和实践基地）”评选活动，命名军垦博物馆等10个单位为兵团法治宣传教育基地，兵团第一中学等10个单位为兵团青少年法治教育中心（实践基地），为弘扬法治精神发挥积极作用。

加大法治文化作品创作力度。围绕宪法宣传、疫情防控等，制作法治微视频、法治动漫作品55部，其中3部受到司法部通报表彰。发挥基层文艺小分队作用，深入连队（社区）进行法治巡演1300余场次，观众达200余万人次。2017年，兵团本级举办了以“弘扬法治精神　建设法治兵团”为主题的首届兵团法治文艺汇演，引起强烈反响。

丰富创新法治宣传教育形式。开设兵团普法“两微一端”和抖音政务号，实现“指尖”普法。连续三年开展新媒体普法系列挑战赛活动。2020年以来，在中央政法委一点通资讯司法榜中，二师、八师、九师、十四师多次进入前10名，十四师司法局5~7月连续获得第一名；在中央政法委抖音司法榜中，二师司法局多次进入全国前三名，并四次获得第一名。

六、推动多元共治，依法治理基层基础不断夯实

坚持与平安建设相结合。注重在疫情防控、社会治安综合治理、网格化管理等实践中开展普法，通过专项普法、以案说法、入户释法等方式，让法治宣传教育成效体现在创建“零发案”“零上访”连队（社区）实效中。

坚持融入民主法治创建。将法治创建工作纳入各级机关绩效考评体系，推进多层次多领域依法治理实践。兵团共建成国家级民主法治示范连（社区）43个，2019年进行复核，因区域调整等原因撤销、注销12个，保留31个，有效巩固了创建质量，强化了动态管理。

坚持以矛盾纠纷化解来推动。健全完善矛盾纠纷多元化解机制，大力加强人民调解、司法调解、行政调解、行业性专业性调解，发挥人民调解维护社会和谐稳定第一道防线作用。五年来，兵团3010个人民调解委、98个人民调解工作室、13,701名人民调解员积极作为，成功调处案件2585起，成功率达97.78%。

“七五”普法实施以来，兵团取得了一定成效，但还存在一些问题和短板。一是法治宣传教育工作发展不平衡，个别部门对法治宣传教育工作的重要性认识不到位，对法治宣传教育缺乏创新意识；二是法治文化建设水平有待提高，具有影响力的法治文化阵地和具有兵团特色的法治文艺作品还比较少；三是法治宣传教育队伍力量薄弱，一定程度影响普法工作深入开展。

下一步，兵团将着力抓好以下工作：一是“七五”普法总结验收。认真梳理总结兵团“七五”普法期间的典型经验做法，科学谋划兵团“八五”普法。二是重点内容普法宣传。紧扣兵团深化改革、向南发展，大力加强宪法、民法典等重要法律法规的宣传教育。三是凝聚普法整体合力。严格落实“谁执法谁普法”普法责任制，实现法治宣传教育与执法、司法、服务、管理的高度融合。四是加强法治文化建设。加大法治文化阵地建设、法治文化作品创作力度，每年打造1~2个有特色的法治文化阵地。五是融合多手段开展宣传。坚持传统媒体和新媒体优势互补，全方位展现兵团法治实践，营造浓厚法治氛围。

中央和国家机关“七五”普法规划实施情况

171　中共中央对外联络部
173　中共中央网络安全和信息化委员会办公室
176　中共中央台湾工作办公室
181　中共中央党校（国家行政学院）
185　中央党史和文献研究院
187　人民日报社
190　求是杂志社
194　最高人民法院
198　最高人民检察院
203　外交部
207　全国发展改革系统
216　教育系统
220　科学技术部
223　工业和信息化部
225　国家民族事务委员会
228　公安部
233　国家安全部
236　民政部
240　财政部
243　人力资源和社会保障部
246　自然资源部
250　生态环境部
253　住房和城乡建设部
257　交通运输部
261　水利部
264　农业农村部
268　商务部
272　文化和旅游部
275　国家卫生健康委员会
278　退役军人事务部
280　应急管理部
283　中国人民银行
288　审计署
291　国务院国有资产监督管理委员会系统
294　海关总署
298　国家税务总局
302　国家市场监督管理总局
306　国家广播电视总局
310　国家体育总局
314　国家统计局
317　国家机关事务管理局
320　国务院发展研究中心
323　中国气象局
326　中国银行保险监督管理委员会

330 中国证券监督管理委员会
333 国家信访局
336 国家粮食和物资储备局
339 国家能源局
342 国家烟草专卖局 中国烟草总公司
345 国家移民管理局
349 国家林业和草原局
353 国家邮政局
356 国家文物局
359 国家中医药管理局
362 国家外汇管理局
365 国家药品监督管理局
370 国家知识产权局
374 国家档案局
377 中国地震局
379 中华全国总工会
384 共青团中央
387 中华全国妇女联合会
391 中华全国归国华侨联合会
397 中国法学会
401 中国残疾人联合会
404 中华全国工商业联合会
410 中华全国供销合作总社
414 中国银行业协会
417 国家开发银行
422 中国进出口银行
425 中国农业发展银行
430 中国工商银行
434 中国农业银行
439 中国建设银行
442 中信集团
445 中国光大集团股份公司
449 交通银行
453 中国国家铁路集团有限公司
457 中国核工业集团有限公司
460 中国航天科工集团有限公司
466 中国航空工业集团有限公司
469 中国石油化工集团有限公司
474 国家电网有限公司
477 中国大唐集团有限公司

中共中央对外联络部“七五”普法规划实施情况

“七五”普法期间，中联部以习近平新时代中国特色社会主义思想为指导，深入贯彻落实党的十九大和十九届二中、三中、四中、五中全会精神，认真学习贯彻习近平法治思想，结合“七五”普法规划和工作实际，扎实推进“七五”普法规划在中联部的落地执行。

一、深入学习宣传贯彻习近平法治思想

2020年11月召开的中央全面依法治国工作会议，明确习近平法治思想在全面依法治国中的指导地位。中联部对学习宣传习近平法治思想高度重视，中联部部长第一时间主持专题会议传达习近平总书记在中央全面依法治国工作会议上的重要讲话及会议精神，并就学习贯彻工作作出部署。在涉外工作中强化法治思维，善于运用法治方法应对风险挑战，坚决维护我主权、安全和发展利益。在“中联部党建之声”微信公众号刊发习近平总书记重要讲话精神和习近平法治思想解读文章，将习近平法治思想核心要义制作成书签向干部职工发放，组织干部职工撰写学习文章在单位内部刊物发表，以喜闻乐见的形式宣传习近平法治思想。

二、精心组织学习宣传和贯彻实施新宪法

为深入贯彻落实中央关于深入学习宣传和贯彻实施宪法的部署，中联部开展“宪法宣传周”活动。部理论学习中心组和各局理论学习中心组集体学习宪法，深刻领会2018年《中华人民共和国宪法修正案》精神实质，把握核心要义，不断强化宪法思想和宪法精神，切实维护宪法权威。把宪法宣传有机融入重要外事活动安排之中，对外讲好中国宪法故事。在全部范围内组织开展宪法知识网上答题活动，及格率达98.5%。邀请中国人民大学专家为全部干部职工宪法专题辅导讲座。在每年“12·4”国家宪法日集中开展宪法宣传，制作宪法宣传挂图和普法书签等文创产品，干部职工自觉尊崇宪法、捍卫宪法尊严的氛围进一步强化。

三、切实加强中联部党内法规制度建设

在做好中央党内法规学习宣传工作的基础上，为贯彻落实以习近平同志为核心的党中央关于全面从严治党、依规治党的重大决策部署，中联部结合实际，制定《关于加强中联部党内法规制度建设的实施意见》，对党内法规的形式进行梳理，明确中联部党内法规制度建设的机制，并从方向、内容、程序方面提出明确要求，制定具体举措，提高党内法规制度的执行力。深入宣介习近平法治思想的世界意义，会同有关部门做好《中国共产党依规治党制度选编》（英文版）编译出版工作。积极参加中办法规局举办的“党内法

规制度建设专题培训班”，及时传达有关精神，进一步提高中联部党内法规制度建设的政治站位和行动自觉。组织干部职工学习《习近平关于制度治党、依规治党论述摘编》，定期开展覆盖全部的党内法规和政治理论知识竞赛。各级党组织将党内法规制度学习宣传作为学习贯彻党的理论建设的重要内容，加大宣传解读力度，充分发挥正面典型引导和反面案例警示作用，为党的法规制度贯彻实施奠定坚实基础。

四、提高干部职工学法用法意识和水平

为全面落实“七五”普法规划和《中共中央关于加强党内法规制度建设的意见》，引导中联部干部职工增强法治意识，进一步提高依规治部的能力和水平，制定《中联部2017—2020年法治宣传教育计划》并严格贯彻落实。逐步完善法律顾问和公职律师制度，充实法律人才队伍。健全完善法律咨询制度，有效处理各类涉法涉诉问题，为干部职工提供免费法律咨询服务。结合干部职工工作和生活需要，定期举办有关国际法、合同法、侵权行为法等热点领域的普法讲座，就《中华人民共和国民法典》的时代特色和立法亮点举办普法讲座。结合涉外工作需要，邀请相关国际法专家就美国“长臂管辖”法律问题作专题讲座。针对行政后勤单位的法律需求，积极组织法律专家举办《中华人民共和国民法典》等相关的普法培训，防范法律风险。制定《中联部合同处理细则》《合同审核常见问题》印发全部，梳理合同风险点，提高干部职工合同风险防范意识。在中联部网络云学院开设《法治建设》专栏，打造法治宣传教育云平台。组织全部干部职工参加第十三届全国百家网站微信公众号法律知识竞赛活动。定期采购普法图书，组织普法读书活动，培养学法浓厚氛围。将普法与主题党日活动相结合，开展形式多样的普法活动，做到党建业务相互促进、深度融合，积极推进社会主义法治文化建设。

五、积极开展全民国家安全教育日普法宣传活动

按照全国普法办要求，中联部连续多年开展全民国家安全教育日普法宣传活动，组织《中华人民共和国国家安全法》《中华人民共和国反间谍法》《中华人民共和国保守国家秘密法》《中华人民共和国国防法》《中华人民共和国军事设施保护法》“五法”系列宣传。结合中联部实际，创新宣教形式，充分利用内部工作网、“学习强国”、微信公众号等载体渠道推送国家安全法律法规和短视频，组织干部职工观看国家安全警示教育宣传片，邀请相关单位专家来部授课，引导干部职工切实增强国家安全意识，提高维护国家安全的自觉性。

“七五”普法期间，中联部主动谋划、积极作为，普法活动取得成效，干部职工的法治意识明显提高，“办事依法、遇事找法”的合规意识逐步形成。下一步，中联部将以习近平法治思想为指导，守正创新，在创新普法形式、丰富普法内容、提高干部职工普法参与度方面下更大功夫，让普法活动的形式和内容更具人气、更接地气，为中联部各项业务开展提供坚强法治保障。

中共中央网络安全和信息化委员会办公室“七五”普法规划实施情况

党的十八大以来，以习近平同志为核心的党中央高度重视依法治网，强调：“网络空间不是‘法外之地’”，“要推动依法管网、依法办网、依法上网，确保互联网在法治轨道上健康运行”。网络法治宣传教育是网络空间法治建设的长期基础性工作，中共中央网络安全和信息化委员会办公室（以下简称中央网信办）一直高度重视普法工作在网络法治建设中的重要作用，落实“七五”普法规划要求，把网络普法融入网络强国建设的各项工作中，融入网络安全和信息化发展大局，一起谋划、一起部署、一起推动，取得了积极成效。

一、坚持围绕中心、服务大局，为全面推进网络空间法治建设营造良好环境

（一）聚焦核心，深入开展习近平新时代中国特色社会主义思想网上宣传

始终把学习宣传贯彻习近平新时代中国特色社会主义思想作为重中之重，加强网络内容建

设。强化议题设置，精心做好习近平新时代中国特色社会主义思想特别是习近平总书记关于网络强国的重要思想网上宣传报道。适应互联网传播分众化趋势，运用新技术新应用新业态，把党的创新理论转化为通俗易懂的大众话语，推动习近平总书记关于网络强国的重要思想网上宣传不断往深里走、往实里走、往心里走。

（二）围绕重点，为全面依法治国营造良好舆论环境

围绕《中华人民共和国宪法》修正、《中华人民共和国民法典》颁布、《中华人民共和国网络安全法》颁布实施、“防控疫情　法治同行”等重点工作，组织专项普法宣传。与国家民委联合举办“弘扬宪法精神　维护宪法权威——第二届民族政策法规知识有奖竞答活动”。在每年“3·15”消费者权益保护日之际，围绕《中华人民共和国电子商务法》组织宣传活动，邀请相关网络社会组织、专家学者、媒体以及互联网企业，共同解读互联网企业社会责任，交流网络诚信相关举措。开展“防控疫情　法治同行”网上普法宣传，做好《中华人民共和国传染病防治法》《中华人民共和国野生动物保护法》《中华人民共和国动物防疫法》等法律的网上宣传解读，为相关法律修订出台营造良好舆论环境。

二、坚持依靠群众、服务群众，动员网上网下力量参与普法工作

（一）举办网络安全宣传周

“七五”普法期间，中央网信办每年组织网络安全宣传周活动，将宣传普及《中华人民共和国网络安全法》及配套法规作为宣传重点，开展网络安全普法宣传教育，引导全社会知法、懂法、守法，营造全社会关心、支持和参与网络安全的良好氛围。

（二）建设网络法治文化

持续做好“诚信建设万里行”网上主题宣传工作，深入推进“争做中国好网民”工程。召开中国网络诚信大会。2019 年中国网络诚信大会期间，中国互联网联合辟谣平台组织主要网站签署《共同抵制网络谣言承诺书》，2020 年中国网络诚信大会期间，发布《中国网络诚信发展报告》和“2020 年度涉新冠肺炎疫情防控辟谣榜”，营造人人参与网络诚信建设、共建共享清朗网络空间的良好氛围。

（三）抓好青少年网络法治宣传教育

加强青少年知法守法实践教育，通过青少年易于接受的形式开展网络普法工作，规范青少年网上行为，引导青少年依法用网、文明用网、安全用网。2017 年，中央网信办会同司法部（全国普法办）、教育部开展“全国网信普法进校园”活动，组织在清华大学、吉林大学、中国科技大学、中国政法大学等 12 所高校开展专题普法活动，通过网信法治大讲堂、专家论坛、模拟法庭、网信法律知识竞赛等多种普法形式，动员青少年网民参与网络普法，进一步提升青少年网络法治意识。

三、坚持以学促用、普治并举，把网络普法工作融入依法管网、依法办网、依法上网全过程

（一）夯实网信干部普法教育工作机制

通过“三会一课”、理论中心组学习、讲座等形式强化党章和党内法规学习教育。深入学习习近平总书记关于依法治国的重要讲话、习近平总书记在第十九届中央政治局第四次集体学习“我国宪法和推进全面依法治国”、第二十次集体学习“切实实施民法典”时的重要讲话等；深入学习《中国共产党宣传工作条例》等党内法规，

不断增强广大党员干部厉行法治、遵规守纪的政治性和自觉性。编印普法教育读本和《中国互联网法规汇编》，提高网信领导干部依法治网、依法行政能力建设。

（二）全面落实“谁执法谁普法”普法责任制

通过行政执法和以案释法推动普法责任制落实。坚持执法管理和普法宣传相结合，将普法宣传教育渗透执法、管理、服务的全过程，不断提高管理对象、执法对象、服务对象的守法用法意识。针对网络热点问题和事件，组织执法人员和专家学者进行权威解读，正确引导舆论，将单纯、静态普法变为综合、动态普法，把普法宣传融入执法的全过程，实现法律效果和社会效果有机统一。

（三）加强互联网企业法治宣传教育

加强互联网行业从业人员学法用法教育培训，强化互联网法律法规、行风行纪和职业道德教育，切实增强网信企业从业人员诚信守法、依法经营、依法办网的意识，鼓励和支持行业协会、新闻网站开展多种形式法治教育培训活动。

四、坚持创新为要、注重实效，推进网络普法全方位创新

（一）加强新媒体新技术运用

积极推进“互联网＋法治宣传”，运用微信、微博、微视频、客户端等各类应用开展普法活动，引导网民积极互动。与司法部、全国普法办开展全国百家网站、微信公众号法律知识竞赛活动，全国法治动漫微电影作品征集展播（映）活动。

（二）打造网络普法精品品牌

自 2017 年以来，中央网信办先后组织开展了“全国网信普法进校园、进机关、进企业、进网站”系列活动。指导北京、重庆、海口、吉林、合肥等地地方网信办结合地方特色积极组织主题宣传、知识挑战、网络普法志愿者招募、网络普法视频征集等活动，以点带面，动员网上网下积极参与，进一步提升全体网民对法律法规的知晓度、法治精神的认同度、法治实践的参与度，推动形成全网尊法学法守法用法的良好氛围。

五、存在的问题以及下一步工作举措

“七五”普法期间，中央网信办主动作为，全面推进网络法治宣传教育工作不断深入，但对照工作目标和标准，网络普法的长效机制需进一步完善，统筹协调作用需进一步加强，实效性、针对性需进一步提升。下一步，中央网信办将深入学习贯彻习近平法治思想，按照全国“八五”普法规划要求，深入推进网络普法工作，创新网络普法方式方法，提高全体网民法治意识，提升网络空间厉行法治的自觉性、积极性、主动性，确保互联网在法治轨道上健康运行。

中共中央台湾工作办公室“七五”普法规划实施情况

按照《中央宣传部、司法部关于在公民中开展法制宣传教育的第七个五年规划（2016—2020年）》工作要求，中共中央台湾工作办公室（以下简称中央台办）普法工作在全国普法办的指导下，坚持以习近平法治思想为指导，认真学习、贯彻落实党的十九大和十九届二中、三中、四中、五中全会精神，深入贯彻落实全面从严治党和全面依法治国，以法治思维、方式和法律手段不断提高对台工作法治化水平，不断增强“四个意识”，坚定“四个自信”，做到“两个维护”。

一、基本情况

（一）加强组织领导

中央台办领导班子深刻认识到习近平法治思想是以辩证唯物主义和历史唯物主义为重要基础，深刻回答了社会主义法治建设系列重大问题，为推进全面依法治国提供了根本遵循。办领导坚持以习近平法治思想为指导，高度重视普法工作，办主要领导多次就学习贯彻有关法律法规作出部署，提出具体要求。为落实好“七五”普法工作，我办成立普法领导小组，由办分管领导担任组长，相关部门主要负责同志为成员，下设普法办公室。2020年7月，为认真贯彻落实党中央关于普法工作重要部署，进一步推动中央台办普法工作取得新进展，专门调剂编制、设立处室落实普法有关工作。办领导班子带头认真学习贯彻习近平总书记关于法治工作重要论述，“七五”普法期间，理论学习中心组组织学习32次，其中13次为专题学习法律法规和党内法规制度。办领导通过理论学习中心组专题学习、主任办公会议动员部署等方式，要求对台干部在工作中不仅要尊法学法守法，而且要懂法用法，不仅要提高法律意识，还要学会运用法律知识解决工作生活中的实际问题，尤其要深入学习涉台法律法规，学以致用，在提高依法行政、依法管理、依法办事的能力上下真功夫。

（二）强化办内学习教育

中央台办按照党的第十九届中央委员会第二次全体会议强调的“要在全党全社会深入开展尊崇宪法、学习宪法、遵守宪法、维护宪法、运用宪法的宣传教育活动，大力弘扬宪法精神，大力弘扬社会主义法治精神，不断增强人民群众宪法意识”的指示要求，积极开展宪法学习宣传活动，组织全办党员干部认真学习《中华人民共和国宪法》，领会和把握宪法修正案核心要义，不断增强宪法观念，恪守宪法原则，弘扬宪法精神，自觉遵守宪法。普法办根据“七五”普法目标任务和要求，组织全办干部认真学习领会习近平新时代中国特色社会主义思想，通过引导党员干部关注“中国普法”微信公众号，认真组织学习宣传各类法律法规，并结合新冠肺炎疫情防控实际，深入学习《习近平谈总体国家安全：把生物安全纳入国家安全体系》重要论述及《中华人民共和国传染病防治法》《中华人民共和国突发事件应对法》等相关法律法规。为检验学习宣传效果，积极指导各单位组织开展普法竞答活动，充分带动全体党员干部深刻领会新形势下全面从严治党和依法行政重要意义，把思想认识统一到中央全面依法治国总体部署上。《中华人民共和国民法典》颁布后，积极组织广大干部职工，利用集体学习和业余时间，结合“中国普法”微信公众号等新媒介强化学习。同时，邀请全国人大立法机构负责同志，通过集体授课形式，详细宣讲、解读《中华人民共和国民法典》重点内容，使干部职工加深对《中华人民共和国民法典》核心要义的理解。

（三）在对台工作中贯彻落实

习近平总书记在《推进全面依法治国，发挥法治在国家治理体系和治理能力现代化中的积极作用》重要文章中强调：“法治建设需要全社会共同参与，只有全体人民信仰法治、厉行法治，国家和社会生活才能真正实现在法治轨道上运行。”中央台办通过举办座谈、讲座、印发学习手册等方式，积极向台胞台企宣传我惠台利民政策措施及法律规范，帮助台胞提高法治意识，引导台胞守法经营、依法维权，彰显党的从严治党、依规治党、依法执政形象。为贯彻落实习近平总书记关于深化两岸融合发展、逐步为台湾同胞在大陆学习创业就业生活提供与大陆同胞同等待遇的重要论述精神，不断完善涉台法律规范，依法保障台胞合法权益。全国人大常委会于2016年、2019年先后两次修改《中华人民共和国台湾同胞投资保护法》，为台胞来大陆投资创造更加公平、稳定、透明、便利的法律环境；国务院办公厅于2018年印发《港澳台居民居住证申领发放办法》，规定持证台胞可享受国家和居住地提供的3项权利、6项基本公共服务和9项便利；国务院台办、国家发展改革委经商中央组织部等20多个部门同意，连续发布《关于促进两岸经济文化交流合作的若干措施》《关于进一步促进两岸经济文化交流合作的若干措施》《关于应对疫情统筹做好支持台资企业发展和推进台资项目有关工作的通知》，为台胞台企提供更多同等待遇和发展机遇，积极帮助广大台胞、台企应对新冠肺炎疫情和复工复产。新冠肺炎疫情暴发以来，积极指导各地台办先后开展“抗击疫情、共渡难关”法律服务专项公益活动，通过政务网站、微信公众号、台胞服务热线等发布相关法律、法规、政策，提供经济合同、劳动用工、社会保障等热点领域的法律咨询服务，形成长效机制。为贯彻落实习近平总书记在《告台湾同胞书》发表40周年纪念会上的重要讲话精神，2021年3月17日，由国务院台办、农业农村部、国家林草局等部门联合出台《关于支持台湾同胞台资企业在大陆农业林业领域发展的若干措施》，从而进一步为台胞台企提供同等待遇，支持台胞台企参与大陆农业林业高质量发展，助力乡村振兴。

二、特色做法

一是持续加大学习宣传力度，切实提升对台工作干部队伍依法行政的能力和法律素养。中央台办始终将党内法规学习贯彻和普法教育纳入年度党建工作要点，组织全办党员干部积极参加，将党的十八大以来制定和修订的140余部中央党内法规及我办制定的14部配套规范制度，供全办同志学习掌握。为做好学习宣传工作，以党员或支部为单位，及时配发了《中国共产党章程》、《中华人民共和国宪法》单行本及《中国共产党党内重要法规汇编》。每年编写《台湾工作年鉴》等涉台法治内容，做好《台湾事务法律文件选编》第三次修订工作，有关内容供相关单位学习掌握。积极组织开展全民国家安全教育日普法宣传活动，引导全办干部职工学习掌握国家安全相关法律法规，有效提升驾驭风险、迎接挑战的本领。《中华人民共和国民法典》出台后，及时制定学习宣传实施方案，将《民法典》纳入理论学习中心组和各级领导干部学习计划，邀请全国人大常委会法工委权威专家为全办干部职工授课，各党支部以“三会一课”等形式深入学习，在办内设立民法典学习专栏开展研讨交流。指导各级台办将法治宣传与实际工作结合起来开展宣教工作，大力开展“宪法宣传周”等普法宣传教育活动，提高依法办事、依法行政意识。举办涉台法治干部培训班，邀请中办法规局等法政部门同志介绍全面依法治国方略等内容，先后组织相关部门和地方对台工作干部近 400 人受训，有效提升对台干部尊法学法守法用法的能力和水平。为贯彻落实《中共中央关于加强和改进保密工作的意见》《“十三五”时期全国保密事业发展规划》《“十三五”时期全国保密科技工作实施意见》《全国“七五”保密法治宣传教育规划》，中央台办定期开展全民国家安全教育日有关活动，通过集中学习《中华人民共和国国家安全法》《中华人民共和国保守国家秘密法》，开展警示教育、保密检查及相关法律法规知识测试等方式，增强全办干部职工国家安全和保密意识，提升安全防范能力，自觉做到知法、守法、敬法，确保党和国家秘密安全。

二是紧密围绕对台工作实际，加强台胞法治宣传教育，牢牢把握工作主动权。举办《中华人民共和国反分裂国家法》实施 15 周年座谈会，中共中央政治局常委、全国人大常委会委员长栗战书在座谈会上发表讲话，强调要深入贯彻落实习近平总书记在《告台湾同胞书》发表 40 周年纪念会上的重要讲话精神，深刻认识《中华人民共和国反分裂国家法》的重要作用，坚决反对“台独”分裂、坚定推进祖国和平统一。座谈会受到两岸和海内外广泛关注。积极引导各地台办，指导台资企业守法经营、依法维权，多年来举办涉台法律讲座、活动等百余场，近万人次参与，有效提升广大台胞台商法治意识。通过举办台商权益保护培训班、台胞台企座谈会、法律政策宣导会等多种形式，结合“中国台湾网”的《31 条》专栏、“31 条来了”App、各地台办“两微一端”及两岸媒体宣传报道等，发布各地出台的惠台利民政策措施及涉台法律规范，扩大信息传播覆盖面和能见度，方便台胞台企知晓利用，获得发展机会。同时，密切关注对错误、不当言论，按照有关法规政策积极主动回应，及时批驳和澄清，牢牢把握主动权和话语权。2020 年 7 月，中国国际经济贸易仲裁委员会、海峡两岸仲裁中心联合举办“大陆营商法律环境大讲堂”，中央台办法规局和资深法律专家学者以网络直播形式为广大台胞台商讲授涉台法律政策、投资法律实务、新冠肺炎疫情背景下台企跨境民商事争议解决等专题课，受到广大台胞好评。

三是始终坚持学用结合，不断创新工作方式，提升涉台法治工作水平。做好涉台投诉、信访工作是贯彻落实习近平总书记关于对台工作的重要论述，“我们坚持寄希望于台湾人民的方针，一如既往尊重台湾同胞、关爱台湾同胞、团结台湾同胞、依靠台湾同胞，全心全意为台湾同胞办实事、做好事、解难事”的具体举措，中央台办积极履行职责，妥善处理涉台投诉、信访，依法依规维护台胞合法权益。在推进化解台胞台企纠纷工作中，提高政治站位，加强党委领导，强化法治思维，有效提高化解效能，同步加强体制机制建设，提高治理能力，通过依法维护台胞合法权益，加深其对以人民为中心的发展思想、制度优势和执政理念的认识。“七五”普法期间，中央台办通过创新工作方式，强化制度机制建设，不断提升涉台法治工作水平。第一，推动 20 多个省级台办建立台胞权益保护法律顾问制度，借助律师事务所及律师专业优势，让法治力量在台胞权益保护工作事前预防、事中化解、事后巩固及日常宣传等全链条发挥作用。第二，积极协调各地成立涉台仲裁中心，建立调解联动机制，开放台胞参加国家统一法律职业资格考试并从事律师职业，参加专利代理师资格考试并执业，推动大陆法律服务市场对台开放，吸纳台湾同胞参与国家法治建设。第三，召开台胞权益保护宣传工作座谈会，总结经验，交流成果，研究部署工作。2016 年以来，中央台办与 CCTV4《海峡两岸》栏目合作，联合拍摄台胞权益保护系列专题片，共同打造涉台法治宣传品牌节目。2016~2020 年，中央台办和地方台办共受理各类涉台纠纷、求助 19,000 多件，年结案率超过 90%；受理台湾同胞、大陆群众来信近 6000 件；接待台湾同胞、大陆群众来访近 500 批、800 余人次。涉台投诉和信访呈现“两稳两降”趋势，在第二届全国“法治信访进步奖”评选中，中央台办荣获第二名，逐渐形成了依法化解涉台纠纷和依法处理涉台信访同步推进的涉台涉法工作格局，受到广大台胞台商充分肯定。

三、工作规划

中央台办将继续深入学习贯彻习近平法治思想和习近平总书记关于对台工作的重要论述，按照中央决策部署，常抓不懈，继续做好普法学习宣传和贯彻实施工作。

一是持续提高政治站位。坚持以习近平新时代中国特色社会主义思想为指导，深入贯彻习近平法治思想，深刻把握其系统性，采取整体谋划、协调推进的方法抓好法治建设，增强“四个意识”，坚定“四个自信”，做到“两个维护”，始终坚持正确的政治方向和舆论导向，加强普法工作的宣传实施，紧密结合对台工作实际，制定“八五”普法规划。继续把深入学习宣传贯彻全面从严治党和全面依法治国作为一项重要工作，加强对全国对台工作系统的组织指导，统筹安排，抓好落实。

二是不断增强法治意识。进一步采取灵活多样、人民群众喜闻乐见的宣传教育形式，以线上线下相结合的方式，以“4·15”全民国家安全日、“12·4”国家宪法日等主题宣传日为契机，运用“中国普法”“智慧普法”等平台渠道，营造浓厚法治氛围，充分调动党员干部及群众的积极性和主动性，让普法深入同志们的日常工作及生活，牢固树立法治观念，增强恪守法制规则、弘扬法律精神的自觉性和坚定性。同时，积极筹划打造涉台法治服务平台、创新涉台法治宣传方式，深入开展法治护航台胞台企活动，让习近平法治思想深入广大台胞台企之中，增强其法治意识。

三是建立健全有关机制。以深入贯彻落实党的十九大和十九届二中、三中、四中、五中全会以及《法治中国建设规划（2020—2025 年）》涉台内容为重点，加强组织领导，抓好普法与对台工作的融合，完善台胞权益保护律师顾问制度，充分利用互联网新媒介创新涉台法律咨询方式；压实主体责任，完善调解联动机制，及时解决新发生的纠纷，持续有效控制增量，避免问题积压；健全对台工作法治宣传教育、检查督导的长效机制，以两岸同胞认同感、满意度为工作标准，以“两岸一家亲”和“促进心灵契合”为奋斗目标，不断提高对台工作依法行政、依法办事的法治化水平。

四是加强涉台法治斗争。加强对各地区各部门涉台法治工作指导服务，实现对台工作系统涉台法治工作上下联动，体现全国涉台涉法工作“一盘棋”。运用法治思维、法治方式、法律手段坚决反对和遏制“台独”分裂图谋，坚决捍卫“一个中国”原则，为实现民族伟大复兴营造有利环境。

五是依法保护台胞台商合法权益。持续在争取台湾民心，团结广大台湾同胞共同反对“台独”，共同致力民族复兴、祖国统一上下功夫，不断深入完善保障台湾同胞福祉和其在大陆享受同等待遇的制度和政策。更加积极认真协调处理台胞投诉案件，认真受理台胞来访来信，让广大台胞感受到社会主义制度下的公平公正，不断增强获得感、幸福感、安全感，持续提升对大陆制度优势和执政理念的认同。

中共中央党校（国家行政学院）“七五”普法规划实施情况

自 2016 年“七五”普法工作启动以来，中共中央党校（国家行政学院）[以下简称校（院）]坚持以习近平新时代中国特色社会主义思想为指导，坚持以学习宣传贯彻习近平法治思想为统领，把全面贯彻落实《中央宣传部、司法部关于在公民中开展法治宣传教育的第七个五年规划（2016—2020 年）》作为重要政治任务，立足校（院）职能定位，深化习近平法治思想的学习研究阐释，把宪法法律法规教育融入校（院）教学科研、行政管理、后勤服务等各项工作中，着力提升学员、教职工法治意识和法治素养，做到普法工作制度化、规范化、经常化，法治宣传教

育工作取得了良好成效。

一、组织党员和教职工开展宪法法律法规学习，切实把教职工思想统一到习近平法治思想上来

（一）深入开展宪法学习教育

中央宣传部等部门《关于组织开展宪法学习宣传教育活动的通知》下发后，机关党委下发通知，要求全体教职工学习宪法、尊崇宪法、遵守宪法、维护宪法、运用宪法，带头学习贯彻习近平法治思想，自觉做宪法的忠实崇尚者、自觉遵守者和坚决捍卫者。为全体教职工配发了《中华人民共和国宪法》单行本，为准确、全面理解宪法修正案精神提供第一手资料。按照中央和国家机关工委的要求，组织校（院）教职工参加学习贯彻习近平法治思想专题辅导讲座，听取有关同志关于宪法修改的专题辅导报告。在校园网设置专栏刊载权威评论和相关理论文章，制作宣传橱窗图文解读“两会”精神和宪法修正案内容，多措并举，营造宪法学习的浓厚氛围。各直属单位通过理论学习中心组扩大会议、“三会一课”、专题学习、集中研讨等方式专题学习宪法精神，提升学习质量和效果。

（二）加强党内法规宣传教育

党的十九届四中全会召开以后，校（院）举办了副处级（六级职员）以上、副高职称以上党员干部学习贯彻党的十九届四中全会精神培训班，进一步强化了制度意识，深化了维护制度权威、用制度办事的认识。党中央印发《中国共产党支部工作条例（试行）》《中国共产党纪律处分条例》《中国共产党问责条例》《中国共产党党和国家机关基层组织工作条例》等党内法规后，校（院）机关党委及时印发学习通知，配发学习读本，把党内法规作为理论学习中心组、党支部学习的重要内容，通过集中学习、专题研讨等多种形式组织广大党员干部进行学习。2019 年，组织编印了《党规党纪应知应会手册》。2020 年，根据校（院）开展强化政治机关、政治学校意识教育工作的要求，为全体党员干部配发《中央和国家机关党员干部应知应会党内法规文件选编》和《党内法规题库 360 题》，组织全校（院）党员干部认真学习；组织各直属单位开展党章党规党纪知识竞赛和效果测试，进一步增强了党员干部纪律规矩意识。党中央印发《中国共产党党校（行政学院）工作条例》后，2019 年 11 月，校（院）委会理论学习中心组召开扩大会议，专题学习习近平总书记主持中央政治局常委会、中央政治局会议审议《中国共产党党校（行政学院）工作条例（送审稿）》时的指示精神和《中国共产党党校（行政学院）工作条例》，研究部署校（院）贯彻落实工作。2019 年 12 月，经党中央批准，召开了全国党校（行政学院）校（院）长会议，同时举办全国党校（行政学院）系统“学习贯彻习近平总书记关于党校（行政学院）工作重要论述和《中国共产党党校（行政学院）工作条例》”研讨班，推进全国党校（行政学院）系统抓好《中国共产党党校（行政学院）工作条例》贯彻落实工作。

二、推动习近平法治思想进教材、进课堂、进学员头脑

（一）把习近平法治思想学习纳入全校（院）各主体班次

2016~2020 年举办厅局级“全面依法治国”专题研究班 7 期，省部级 1 期，专设全面依法治国教学单元，开设习近平关于全面依法治国重要论述、坚持依宪治国、切实实施民法典、疫情应对的法治保障等系列课程。举办有关法治建设的

专题研讨班，2018~2019 年举办省部级干部建设法治政府专题研讨班、深化依法治国实践专题研修班、政法领导干部学习贯彻习近平总书记中央政法工作会议重要讲话精神专题研讨班。通过学习使广大学员深化了对习近平法治思想重大政治意义、理论意义、实践意义的认识，把学习宪法法律作为履行职责的基本功和必修课，使领导干部牢固树立宪法法律至上、法律面前人人平等的法治理念，提高了运用法治思维和法治方式解决问题的能力和水平。

（二）为全体学员组织高质量的专题辅导报告

2016~2019 年邀请有关同志作了“学习贯彻两部党内法规”“民法、民法典和民法总则”“习近平关于全面依法治国的重要论述与宪法修改”等 9 个法治建设专题辅导报告。通过辅导报告，使学员们进一步深刻认识到习近平新时代中国特色社会主义思想在国家和社会政治生活中的指导地位，增强了坚持用习近平法治思想武装头脑、指导实践的自觉性和坚定性。

（三）及时落实“进教材”工作

校（院）坚持把《中华人民共和国宪法》《习近平关于全面依法治国论述摘编》《当代世界法治与中国法治建设》列入各类班次基本教材，并为在校学员配发。2018 年《中华人民共和国宪法》修改后，第一时间为在校学员配发了修改后的《中华人民共和国宪法》单行本。有关教研部门组织力量，加强集体备课，提高讲稿质量，增强授课针对性，就学员关心的有关热点问题，切实讲实、讲深、讲透。

（四）通过参观实践等多种形式深化法治宣传教育

学员管理部门连续多年组织多批学员赴最高人民法院、中国法院博物馆、燕城监狱实地教学参观，对学员开展法治教育和警示教育。举办学员讲堂、学员论坛、大有读书荟、“求实”沙龙等学学相长活动，邀请从事相关法治工作的专家学者或学员，围绕有关法律问题进行学习交流。选取法律课题开展社会调研，引导学员深化对法律问题的关注和研究。

三、深化研究宣传阐释，发出有引领力、影响力的党校声音

（一）开展深入持久的课题研究，发挥思想引领作用

校（院）鼓励和支持教研人员积极参与中央有关部门的法律法规制定与修改工作，依托重大研究课题，开展专题研究，形成高质量研究成果，深入研究阐释习近平法治思想，为丰富和发展中国特色社会主义法治理论提供智力支持。“七五”期间，共承担全面依法治国专项课题 40 余项。2016 年以来，校（院）科研人员以“中央党校中国特色社会主义理论体系研究中心”和“中央党校（国家行政学院）习近平新时代中国特色社会主义思想研究中心”名义，在“四报一刊”发表《创新国家治理机制　切实提升治理效能》《全面依法治国的科学指南——深入学习贯彻习近平总书记关于法治建设的重要论述》等相关文章 12 篇，起到了较好的舆论引领效果。

（二）注重增强习近平法治思想宣传的理论深度和广度

“七五”期间，校（院）紧跟法治宣传重点，在宪法修改、新中国成立 70 周年、党的十九届四中全会召开、《中华人民共和国民法典》颁布、新冠肺炎疫情防控等重要时间节点，在《学习时报》头条刊发《在高效法治实施中提升人民群众获得感》《努力让人民真诚信仰宪法》《开启新时代全面依法治国新征程》《民法典：新时代我国

社会主义法治建设的重大成果》《坚持在法治轨道上推进疫情防控治理》等多篇中央政法委、最高人民法院、最高人民检察院、司法部、原国务院法制办领导同志、法学专家的署名文章，受到广泛关注和转载；《学习时报》普法专栏刊发《新时代宪法宣传教育的根本遵循》《推动新时代法治宣传教育新发展》等一批有分量的理论文章；《中共中央党校学报》《中国党政干部论坛》《国家行政学院学报》《行政管理改革》围绕“七五”普法规划的相关要求，也及时刊发了专家学者的理论文章，收到了很好的宣传效果。运用校（院）承办的全国党员干部现代远程教育专用频道，播出《名家谈宪法修正案》《我心中的宪法》《〈中华人民共和国宪法修正案〉解读》等多档解读宪法的视频节目。中共中央党校出版社、国家行政管理出版社共出版宣传习近平法治思想相关图书10余种，出版宣传宪法、民法典、党内法规解读的相关图书10余种。国家行政学院音像出版社为中国干部网络学院党校（行政学院）分院、中国公务员培训网制作多档网络课程。政治和法律教研部专家学者深入中央企业和地方党校（行政学院）开展宪法、民法典宣讲活动，积极面向社会大众宣传宪法和法律法规，讲好中国法治故事，推动法律精神深入人心。

四、不足之处和下一步工作打算

（一）不足之处

一是对习近平法治思想的研究阐释还不够深入，有分量的研究成果还不够多；二是校（院）各直属单位开展学习宣传教育程度不均衡，需要进一步加强督促检查和分类指导；三是学习教育形式相对单一，需要进一步增强法治宣传教育的吸引力和感染力，提高针对性和实效性。

（二）下一步工作打算

一是把习近平法治思想学习教育全面纳入干部教育培训体系。坚持把学习习近平法治思想作为必修课，始终把宪法法律教育作为干部教育培训的重要内容，使宪法精神内化于心、外化于行，推动领导干部带头学法、模范守法、厉行法治，不断提高运用法治思维和法治方式深化改革、推动发展、化解矛盾、维护稳定、应对风险的能力，增强依法办事、依法履职的意识和能力。持续深化教学改革，不断创新教学形式，丰富教学内容，提高教学针对性和实效性，教育引导学员以习近平法治思想为根本遵循和行动指南，成为尊法学法守法用法的模范。

二是进一步加强习近平法治思想理论研究宣传阐释。立足校（院）职能定位，整合教学科研力量，进一步深入学习研究阐释习近平法治思想，着力在丰富和发展中国特色社会主义法治理论上下功夫，把习近平法治思想讲清、讲准、讲活，真正入耳、入脑、入心。

三是持续深入开展党章党规党纪学习教育。引导党员干部做党章党规党纪和国家法律的自觉尊崇者、模范遵守者、坚定捍卫者。加大建章立制和督促检查力度，完善学习制度，通过理论学习中心组学习、“三会一课”等形式，组织集中学习、专题讨论、知识竞赛和效果测试等活动。各直属单位党组织认真履行主体责任，做好规划、督促、落实工作。

中央党史和文献研究院“七五”普法规划实施情况

中央党史和文献研究院自组建以来，院务会以习近平新时代中国特色社会主义思想为指导，认真贯彻中央依法治国重大战略，紧密结合实际，在服务党和国家大局中推进“七五”普法规划实施。

一、主要工作及做法

（一）认真学习贯彻习近平总书记关于依法治国重要论述

把编辑出版习近平总书记重要著作作为首要政治任务，先后编辑出版《习近平关于全面依法治国论述摘编》《习近平关于全面从严治党论述摘编》等重要文献著作，供全党学习。院务会建院之初，即牢固树立法治思维，研究提出“政治建院、编研立院、人才强院、从严治院”办院理念，把依法依规建院贯穿于中央党史和文献研究院建设发展的全过程、各方面。院务会理论学习中心组把新颁布、修订的法规作为重要学习内容纳入学习计划，多次围绕习近平总书记关于依法治国重要论述、党内法规开展集体学习研讨，研究制定多项制度和规范性文件，切实扎紧制度笼子。

（二）抓好宪法法律和党内法规的宣传普及

一是持续抓好《中华人民共和国宪法》和国家基本法律的学习，认真组织学习《中华人民共和国监察法》《中华人民共和国公务员法》《中华人民共和国劳动法》等法律法规。举行全院形势报告会，邀请全国人大常委会法工委有关领导就《关于民法典的几个重要问题》作专题辅导报告。二是抓好“重点人”的普法工作。突出抓好党员领导干部等群体，重点抓好文献翻译、编辑研究、行政后勤、财务管理等部门的法规学习，切实提高依法履职的能力和水平。将党章、纪律处分条例等党规党纪列入党员干部政治学习必修课。为全院党员干部购置发放《党员必须牢记的100条党规党纪——〈中国共产党纪律处分条例〉解读》《以案明纪》《以案学纪》《民法典》等书籍共计20余种，帮助党员干部进一步深化对党纪法规内容的理解把握。编印违纪违法领导干部忏悔录和典型案例，组织党员干部、支部纪检委员参加法院庭审和网上庭审活动，切实增强法律观念。

（三）推动“谁执法谁普法”普法责任制落实

研究制定中央党史和文献研究院五年工作规划，对自建院起5年乃至更长一个时期的党史和文献工作作出总体规划，不断增强工作指导的科学化、规范化。

（四）积极开展法治宣传实践活动

认真学习领会习近平总书记关于深化党和国家机构改革的重要论述，坚决贯彻落实党中央关于机构改革的重大决策部署，推动编制法规宣传、机构设置、人员融合，圆满完成机构改革任务。切实抓好新冠肺炎疫情常态化防控，成立工作机构，制定工作方案，通过建立微信群、召开会议、张贴海报，组织党员干部职工学习《新型冠状病毒感染肺炎疫情当前防控有关法律知识问答》等，加大防疫法规宣传力度，教育引导大家依法行动，在法治轨道上统筹推进全院疫情防控工作。聘请法律顾问为全院干部职工提供法律服务，切实维护合法权益。严格合同管理，将依法行政、依法办事纳入各项工作实际。

二、存在的不足

一是普法宣传形式还不够多，创新力度不够大。近年来，我们在普法宣传上积极拓展渠道，邀请法律专家来院进行不同主题的法治讲座，充分运用院属网站、微信群、LED 显示屏、宣传展板等载体加大普法宣传力度，但这些形式有时与党员干部职工工作、生活实际结合还不够紧密，如何使内容和形式统一起来，让法律知识入脑入心需要进一步探索。

二是普法宣传活动还没有完全形成常态化。在年度普法工作中，一般以“12·4”法制宣传日为主要节点，贯穿全年的宣传活动组织不够。

三是机关普法任务一般由一个职能部门承担。

三、下一步工作打算

一是加大普法教育力度，把普法工作融入党员干部职工实际工作、生活中。特别将普法工作纳入“从严治院”办院理念，切实以实际工作，推动模范机关建设。

二是拓宽法制宣传教育渠道。继续坚持既有的宣传教育形式，努力扩大宣传教育覆盖面。在此基础上，加大法律服务、宣传实践活动力度，确保形成多形式、立体化的宣传教育格局。

三是抓好普法队伍建设。重点建强兼职普法干部队伍，通过组织参加有关会议、业务培训、调研交流等，强化普法干部工作意识，提升普法工作能力。

人民日报社“七五”普法规划实施情况

◆《人民日报》2018 年 12 月 4 日，第 14 版

党中央、国务院转发《中央宣传部、司法部关于在公民中开展法治宣传教育的第七个五年规划（2016—2020 年）》以来，人民日报社高度重视规划的贯彻落实工作，结合报社新闻宣传工作特点，认真落实规划内容要求，积极开展法治宣传报道，为推进全面依法治国营造良好舆论氛围。同时，扎实做好社内法治宣传教育工作，努力提高报社工作法治化水平。

一、加强和改进法治宣传报道，为推进全面依法治国营造良好舆论氛围

“七五”普法以来，人民日报社认真贯彻习近平新时代中国特色社会主义思想和党中央决策部署，忠实履行党中央机关报职责使命，精心谋划，持续发力，改进宣传报道，讲好法治故事，助力推进全面依法治国基本方略贯彻落实。多篇报道分获中国人大新闻奖、全国政法优秀新闻作品奖、司法部优秀新闻作品奖。“七五”普法中期，人民网时政中心法治社会组被全国普法办表彰为先进集体。

（一）深入宣传阐释习近平法治思想

“七五”普法中，人民日报发挥评论理论优势，开设专题专栏，刊发重要文章，全面宣传、准确阐释习近平总书记围绕坚持全面依法治国基本方略发表的一系列重要论述。刊发《将习近平新时代中国特色社会主义思想载入宪法的重大意义》，推出《中国特色社会主义法治理论的新发展》《用法治思维和法治方式推进疫情防控》系列重要法治理论文章，着眼大局，跟进及时，气势磅礴，说理透彻。围绕党的十九届二中全会通过《中共中央关于修改宪法部分内容的建议》，跟进发表“五论学习贯彻党的十九届二中全会精神”系列评论员文章，刊发《我国现行宪法是一部好宪法》《宪法必须随着实践发展而不断发展》等评论，阐释权威深刻，有力引导舆论。2020 年

11月19日至23日，连续刊发《坚定不移走中国特色社会主义法治道路》《坚持习近平法治思想》等评论文章，引领全党全社会学习贯彻习近平总书记在中央全面依法治国工作会议上的重要讲话精神。

（二）深入宣传全面依法治国基本方略

党的十九大召开前夕，人民日报连续推出10篇“砥砺奋进的五年·全面依法治国”系列报道，深入宣传全面依法治国基本方略。每年全国两会召开之际，从不同侧面宣传中国特色社会主义民主政治发展成就和我国政治制度特色优势。2018年3月十三届全国人大一次会议审议通过《中华人民共和国宪法（修正案）》，刊发《民族复兴新征程的宪法引领与保障》《宪法修改彰显中国制度自信》等专家学者文章，帮助广大人民群众深入理解宪法修改的必要性和重大意义，推动全社会弘扬宪法精神、维护宪法权威。2020年5月，十三届全国人大三次会议审议通过《中华人民共和国民法典》后，报社各报、刊、网、端竞相发文，深入解读民法典的中国特色、实践特色、时代特色。长篇通讯《人民美好生活的法治保障——写在〈中华人民共和国民法典〉诞生之际》、评论员文章《民法典标注法治中国新界碑》《开创立法先河　护航民族复兴》刊发后，100多家网站争相转载，社会反响强烈。

（三）不断创新法治宣传报道方式

深入贯彻“走转改”要求，进一步增强“四力”，坚持以小见大，讲好法治故事。党的十九大以来，《人民日报》新设“法治中国行”专栏，刊登《打官司不再难》《公安执法向规范化要公信力》等通讯文章，内容丰富、视角多样，反映各地区各行业推进法治中国建设的好机制、好做法、好经验。《微故事·法治中国》栏目刊发《农民工讨薪记》《我随法官追老赖》等民生法治报道，通过百姓身边故事，以小切口映射大主题，见证法治领域新变化。运用新技术手段，创新宣传方式，坚持用广大网友喜闻乐见的形式，宣传《中华人民共和国民法典》《中华人民共和国监察法》等法律法规，制作的动画微视频《当监察法遇上孙悟空》、动漫作品《民法典与“小明”的故事》《遇上想吃“霸王餐”的张飞，怎么治？》，推出即呈现刷屏之势，全网浏览量超过千万次。

二、贯彻尊法学法守法用法要求，做好报社内部法治宣传教育工作

人民日报社在做好法治宣传报道的同时，重视抓好报社内部法治宣传教育工作。坚持把学习贯彻党内法规与法律法规结合起来，把法治教育与各类培训结合起来，把法治宣传与干部职工生活结合起来，弘扬社会主义法治精神，增强尊法学法守法用法观念，努力形成良好法治氛围和法治习惯，不断提升干部职工法治素质，坚定法律信仰。

（一）抓住关键少数，加强教育培训

人民日报编委会坚持以上率下，将党内法规、法律法规纳入编委会理论学习中心组学习内容，采用个人自学和集中学习的形式，深入学习领会习近平法治思想，专题学习党章、宪法及其他党内法规、法律法规，及时开展专题学习研讨，指导做好“七五”普法宣传报道，形成报社贯彻落实的具体举措，努力把依法治社、从严治社的要求落到实处。先后邀请中央纪委原副书记、全国人大宪法和法律委员会副主任委员、中国人民大学常务副校长等领导干部、专家学者作专题辅导报告，帮助领导干部深入理解党内法规和法律法规，形成带头尊法学法守法用法的思想自觉和行动自觉。每年组织媒体融合发展、新闻采编、综合管理和从业资格4类17项培训，把中央领导重要论述、党内法规、法律法规及规章制度作

为培训的重要内容，使每名同志在全面了解社会主义法律制度体系的基础上，重点掌握与职责业务相关的法律知识。

（二）抓住时间节点，开展丰富活动

在党章、宪法修订，新的党内法规和法律法规颁布实施等重要时机，人民日报社及时印发通知，购置配发学习材料，明确学习重点和要求，增强普法工作及时性。通过开展领导解读、学习交流、知识竞赛等配合活动，推动学习入心入脑，提升普法工作实效性。采取组织排查、个人检查等方式认真查纠与党内法规、法律法规不相适应的问题，确保学法用法取得扎实成效。将普法“进编辑部、进机关、进企业”和“金台行、校园行”作为固有活动，有组织、有计划、不断线地开展宣传活动。把《社内生活》、内部局域网、闭路电视、微信群等作为常用载体，利用身边人身边事开展法治宣传教育，进一步增强了普法效果。2020 年 8 月，报社组织开展以“尊法学法守法用法　民法典与生活同行”为主题的普法宣传周活动，通过挂图展览、主题讲座、发放宣传册等方式，帮助干部职工解读民法典的创新内容和大家关心的法律知识，提升群众参与度和活动质量。

（三）抓住制度建设，深化依法治社

“七五”普法以来，人民日报社全面落实依法治国要求，参照“立改废释”并举做法，加强制度规定建设。先后制定新闻采编、内部管理、党风廉政建设等方面制度规定 120 余个，依法治社的制度笼子逐步扎紧织密，为报社事业健康发展提供了必要遵循和有力保障。逐批次与采编人员签订《人民日报社新闻从业人员职务行为信息保密协议》，倡导自觉抵制“有偿新闻”“有偿不闻”等违反职业精神职业道德行为，进一步纯洁采编队伍，净化报道生态。依法依纪办报办刊办网，依法依规规范各项管理和经营，依法维护报社权利和职工权益，构建了和谐的内外部关系，有力助推报社事业健康发展。

在总结工作成绩的同时，我们也清醒地看到，人民日报社“七五”普法中还存在阐述全面从严治党、全面依法治国基本方略不够深刻，运用媒体矩阵加强法治宣传报道不够有力，社内普法形式不够灵活等问题。下一步，我们将按照全国普法办的安排，解决问题、改进工作、扎实推进法治宣传教育，在宣传报道上，重点做到“三个坚持”：一是坚持发挥评论理论优势，深入阐释习近平法治思想，准确解读党内法规和法律法规，做好普法宣传的排头兵；二是坚持开辟专版专栏，跟踪热点焦点难点，多形式报道法治实践，做好依法治国的引领者；三是坚持报刊网端互动，多渠道传播法律知识，做好法治报道的创新者、推动者。同时，认真做好报社内部普法工作，重点在增强普法效果上下功夫：一是坚持学用结合。让大家了解全面、学好重点、熟悉专业法律知识，依法开展工作。二是提升活动实效。因时因事因人而宜，开展专业化、个性化的普法活动，提升群众满意度。三是依法进行维权。重点针对其他媒体平台对人民日报社作品的侵权行为，依法进行维权，维护报社权益。

求是杂志社“七五”普法规划实施情况

求是杂志编委会高度重视普法宣传工作，严格落实党中央、国务院5年普法规划。2016年以来，特别是2019年《求是》杂志全新改版以来，求是杂志社在认真抓好社内干部职工普法宣传教育的同时，充分发挥党中央机关刊的理论优势，精心做好习近平新时代中国特色社会主义思想、宪法、法律和党内法规等的理论宣传。

一、认真组织全社对宪法法律和党内法规的学习

（一）深入学习贯彻习近平新时代中国特色社会主义思想

“七五”普法时期，求是杂志社组织全社干部职工深入学习贯彻党的十八届四中、五中全

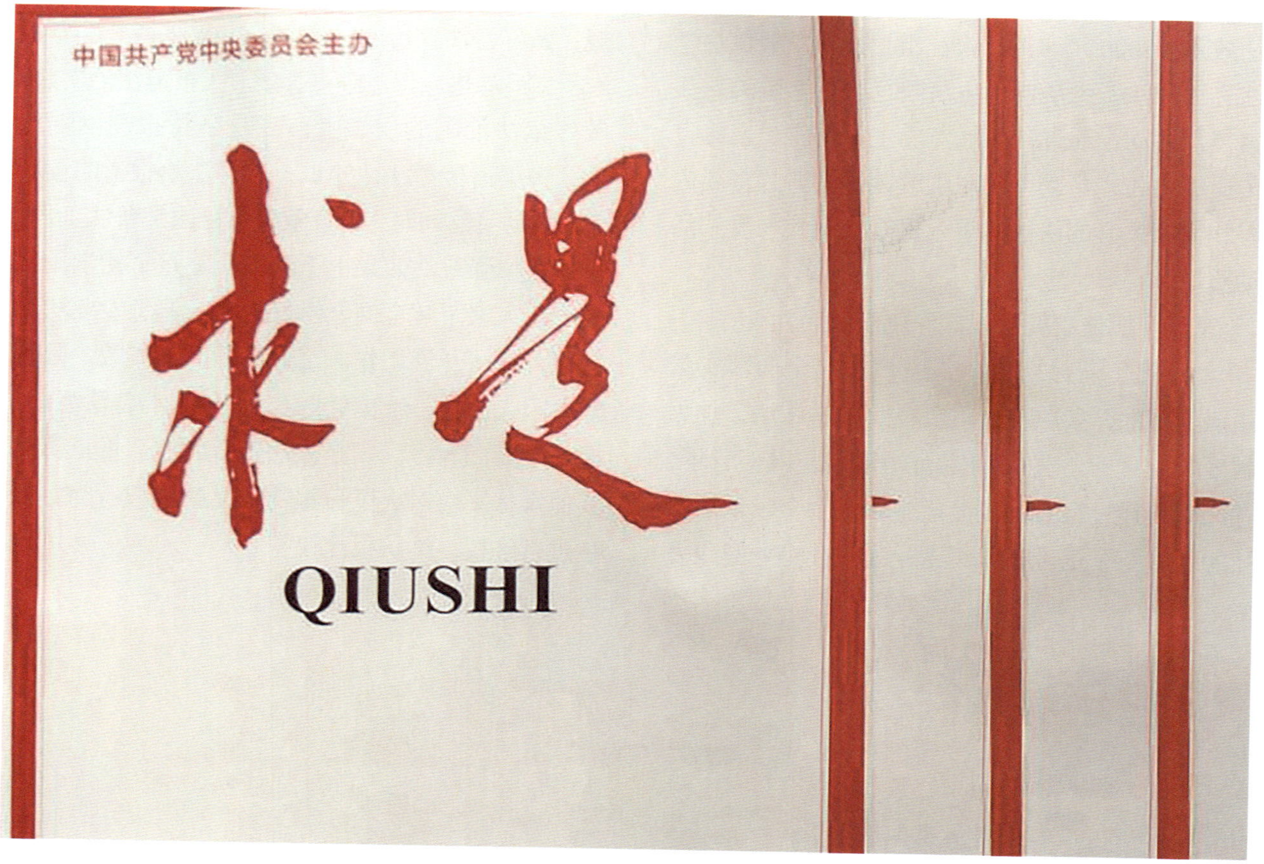

会，党的十九大和十九届二中、三中、四中、五中全会精神，深入学习贯彻习近平总书记系列重要讲话精神，深入学习《习近平关于全面依法治国论述摘编》《习近平关于总体国家安全观论述摘编》等重要读物，结合习近平总书记在《求是》杂志发表的《加强党对全面依法治国的领导》等一系列重要文章，做到先学一步、深学一层，深入理解和把握习近平新时代中国特色社会主义思想。

（二）认真组织学习宪法、法律和党内法规

一是把宪法、法律和党内法规列入编委会、社理论学习中心组、编前会等学习的重要内容中。求是杂志社把宪法宣传教育作为一项重要政治任务，2018 年社理论学习中心组专题学习十三届全国人大一次会议修订的《中华人民共和国宪法》，结合学习宣传贯彻习近平新时代中国特色社会主义思想和党的十九大精神，把宪法精神学准学透学活，在全社牢固树立宪法观念，维护宪法权威。2016 年以来，社理论学习中心组还专题学习了《中华人民共和国监察法》《党委（党组）落实全面从严治党主体责任规定》《中共中央关于加强党的政治建设的意见》《中国共产党宣传工作条例》等法律和党内法规。2020 年，《中华人民共和国民法典》颁布后，结合《求是》杂志第 12 期发表的习近平总书记重要文章《充分认识颁布实施民法典重大意义　依法更好保障人民合法权益》，社理论学习中心组开展专题学习研讨，同时组织全社干部职工对民法典进行了专题学习交流讨论。二是常态化组织督促各党支部加强对党内法规的学习，做到通读党内法规、知晓党内法规、严格执行党内法规，进一步强化政治机关意识和党中央机关刊意识。及时给各党支部或全体党员干部职工配发系列学习读本，如《中央和国家机关党员干部应知应会党内法规文件选编》、《中国共产党纪律处分条例》（修订前后对照版）、《中国共产党党内重要法规汇编》等，便于党支部和个人开展学习。

（三）形式多样，做好普法宣传活动

一是抓住重要时间节点和社会热点难点进行普法，在国家宪法日、宪法宣传周、国家安全教育日等各类法治宣传月、宣传周、宣传日等特殊时间节点，出台相关普法教育活动方案，开展专项主题法治宣传教育活动。在社公示栏、宣传栏等处张贴宣传画、宣传标语，在求是网首页、微信微博公众号等显著位置推出挂图及相关内容的页面链接，转发相关理论文章，加强相关法律法规的宣传普及。二是通过专家辅导、参观学习、观看专题片等形式进行普法宣传教育。“七五”普法时期，邀请有关专家学者就《中国共产党廉洁自律准则》《中国共产党纪律处分条例》作专题辅导，邀请驻社纪检监察组负责同志进行警示教育专题辅导授课；组织党员干部参观全面从严治党警示教育基地；组织党员观看有关警示教育片等。三是充分利用“智慧普法”平台参与普法宣传教育活动。结合疫情防控实际，通过微信工作群及时转发推送司法部、全国普法办“智慧普法”平台上的学习宣传材料，认真学习全国普法办编写的法律知识问答，积极发动全社同志参与国家安全法律知识竞赛、密码法知识竞赛等，推荐观看《国泰民安——“4·15”全民国家安全教育日》等视频，学习网络安全法、反间谍法、传染病防治法、野生动物保护法等法律，进一步增强党中央机关刊工作人员的法治意识，做尊法学法守法用法的模范。

二、精心组织开展全面依法治国理论宣传教育

求是杂志社高度重视、积极开展法治理论宣传教育。2016 年以来，特别是 2019 年全新改版

以来，《求是》杂志牢牢把握党中央机关刊的政治定位和政治站位，把刊发好、传播好、宣传好、阐释好习近平总书记重要文章，宣传好、阐释好习近平新时代中国特色社会主义思想作为第一职责，深入宣传党中央全面依法治国大政方针、决策部署，深度解读宪法、法律以及新颁布、新修订的法律法规和党内法规，努力为建设中国特色社会主义法治体系、建设社会主义法治国家提供思想理论支撑。

“七五”普法期间（2016~2020年），截至2020年年底，《求是》杂志共计刊发相关文章97篇。主要有以下3个方面：

（一）深入宣传阐释习近平新时代中国特色社会主义思想

一是精心刊发好习近平总书记相关重要文章。紧跟习近平总书记全面依法治国相关重要讲话和指示批示精神，紧跟党中央相关重大决策部署，精心策划、及时刊发了习近平总书记《加强党对全面依法治国的领导》《在新的起点上深化国家监察体制改革》《坚持、完善和发展中国特色社会主义国家制度与法律制度》《全面提高依法防控依法治理能力　健全国家公共卫生应急管理体系》《充分认识颁布实施民法典重大意义依法更好保障人民合法权益》《推进全面依法治国，发挥法治在国家治理体系和治理能力现代化中的积极作用》等多篇重要文章，切实用习近平新时代中国特色社会主义思想武装头脑、指导实践、推动工作。二是精心撰写刊发宣传阐释习近平总书记重要文章的本刊编辑部文章。紧贴习近平总书记重要文章做好阐释解读，刊发了《新时代全面依法治国的根本遵循》《深化国家监察体制改革的科学指引》《人类制度文明史上的伟大创造》《在经受大考中提升应对重大突发公共卫生事件能力水平》《扎实推动民法典实施》《中国之治最基本最稳定最可靠的保障》等文章，引导党员干部读懂学透习近平总书记重要文章的历史背景、中心思想、重要观点、实践要求等，引导党员干部深刻领会习近平总书记相关重要思想的内容体系、核心要义。三是紧扣习近平总书记重要文章组织版面。刊发周强同志《以习近平新时代中国特色社会主义思想为指导　充分发挥审判职能作用　确保民法典正确贯彻实施》、张军同志《把实施民法典贯穿法律监督始终》、《为赢得疫情防控胜利提供法治保障和服务》、《推进法治中国建设　夯实中国之治的法治根基》，以及《切实贯彻实施民法典　谱写法治中国新篇章》《用法治思维和法治方式推进疫情防控工作》等学习阐释文章，从不同侧面、不同角度深入宣传阐释习近平新时代中国特色社会主义思想。

（二）深入宣传党中央全面依法治国大政方针、决策部署

刊发孟建柱同志《坚定不移走中国特色社会主义政法队伍建设之路》《全面深化司法体制改革　努力创造更高水平的社会主义司法文明》，刊发《加快建设更高水平的法治中国》《深入推进以审判为中心的诉讼制度改革》《坚持依法治国和以德治国相结合》《从治国理政战略高度把握和推进中国特色社会主义法治体系建设》《充分发挥司法保护知识产权的主导作用》《机构编制法定化是深化党和国家机构改革的重要保障》《用法治思维规范全面从严治党》《全面依法治国开启中国法治新时代》《奋力推进新时代全面依法治国基本方略》等文章，结合坚持全面依法治国与全面建成小康社会、全面深化改革、全面从严治党协调推进，坚持社会主义法治体系建设与推进国家治理体系和治理能力现代化有效衔接，深入开展全面依法治国形势任务宣传和方针政策解读。

（三）深度解读宪法、法律以及新颁布、新修订的法律法规和党内法规

一是刊发本刊评论员文章《宪法修改是推进全面依法治国的重大举措》，以及《弘扬宪法精神　贯彻实施宪法》《我国现行宪法是一部好宪法》《宪法修改彰显与时俱进品格》《深刻理解准确把握宪法修正案的核心要义》等其他文章，着力营造学习宪法、尊崇宪法、遵守宪法、维护宪法、运用宪法的浓厚氛围。二是刊发《深刻认识中央委员会工作条例的重大意义和主旨要义》《全面实施国家安全法　共同维护国家安全》《〈民法总则〉具有鲜明的时代特征和中国特色》《〈中华人民共和国民法总则〉确立了民事权利保护的新标杆》等文章，及时深入解读新颁布、新修订的法律法规。三是刊发黄坤明同志《以党内法规建设新成效推动宣传思想工作开创新局面》《推进党内制度“供给侧结构性改革”》等文章，深入宣传党的十八大以来党内法规制度建设取得的重大进展、显著成效，深度解读党内法规制度建设的总体思路、主攻方向和工作着力点。

（四）积极做好习近平新时代中国特色社会主义思想、宪法、法律以及新颁布、新修订的法律法规和党内法规的融媒体传播

求是网加大整合网上理论资源，创新开展融合传播，及时转发集纳各类普法宣传主题稿件1000余篇，同时充分利用各种新媒体技术，推出各类普法新媒体作品。一是全力做好习近平总书记重要文章的全媒体、全方位、立体化宣传解读。打造网上理论宣传的“求是”品牌，推出“学‘习’笔记”、“金句”、网评、漫评、网文等，制作《15个要点，读懂总书记这堂民法典“公开课”》《中央政治局的法治课堂》等大量网评网文，“学习强国”学习平台阅读量超过1000万。二是围绕修改宪法、颁布民法典等及时推出高质量、高转载量、高阅读量、高点赞量的网评网文、访谈、漫评等融媒体作品。发布全终端专题《拥护宪法　维护宪法　尊崇宪法　学习宪法》，不仅全媒体、全方位展示了习近平总书记关于全面依法治国的重要论述，也将全网优质理论内容囊括其中；刊发《修宪体现党和国家指导思想一致性》《“三位一体”领导体制是我国民主政治制度一大优势》《切实实施民法典　更好保障人民权益》《历经五次编纂，民法典正在走来！》等网评网文，得到百余家媒体转载；推出求是访谈《如何促进宪法的有效实施》《宪法修改遵循的原则》《民法典，将给我们带来什么？》，以及求是漫评《为民守护的法治才赢得点赞》《依法办事，不是电影台词》等视觉类融媒体作品，受到网民的一致好评。其中漫评《生活不能有法律之外》和视频访谈《我国现行宪法是个好宪法》两部作品获得司法部、中央网信办、全国普法办第十五届全国法治动漫微电影作品征集活动三等奖。

最高人民法院“七五”普法规划实施情况

“七五”普法规划实施以来，最高人民法院坚持以习近平新时代中国特色社会主义思想为指导，深入学习宣传习近平法治思想，全面贯彻落实党中央关于法治宣传教育的决策部署，认真落实“谁执法谁普法”责任制要求，扎实推进人民法院普法工作，不断提高法治宣传教育实效。

一、主要做法及成效

（一）把握重点开展普法工作

一是深入学习宣传贯彻习近平新时代中国特色社会主义思想。最高人民法院始终把学习贯彻习近平新时代中国特色社会主义思想作为首要政治任务，通过召开党组会、全国法院专题会议、党组理论中心组学习会、专题辅导报告会、主题党课、组织编写学习教材等形式，带领全国各级法院深入学习宣传贯彻习近平新时代中国特色社会主义思想，确保学深悟透做实。中央全面依法治国工作会议召开后，迅速组织广大法院干警深入学习领会，切实把习近平法治思想贯彻落实到人民法院工作全过程及各方面，转化为服务大局、司法为民、公正司法的具体实践。

二是切实抓好宪法学习宣传贯彻。抓紧抓好党的十九届二中全会精神贯彻落实，专门下发学习通知、举办学习宪法座谈会，教育引导广大干警坚决做宪法的坚定捍卫者、忠实践行者、积极宣传者。全面落实宪法宣誓制度，组织各级人民法院举行新任法官、新任职干部宪法宣誓活动。围绕国家宪法日、宪法宣传周，组织全国法院举办宪法宣誓、公众开放日、观摩庭审、法治讲座等形式多样的宪法宣传教育活动，使宪法精神融入日常生活、贴近人民群众。

三是加强学习宣传党内法规。认真落实新时代党的建设总要求，坚持抓好党规党纪学习宣传教育，推进法院系统开展党内法规专题辅导讲座、知识竞赛、专题讨论等活动，组织法院干警开展集中学习和交流研讨，教育引导广大干警自觉在政治立场、政治方向、政治原则、政治道路上同以习近平同志为核心的党中央保持高度一致。根据统一部署，做好党内法规宣传报道，开设党内法规学习和智慧党建开展平台，发挥“天平阳光”App 中“天平党建”板块作用，切实增强党内法规学习宣传的感染力和实效性。

（二）积极开展重点对象学法用法

抓住领导干部这一“关键少数”开展生动的以案释法工作。2017 年，最高人民法院与全国普法办联合举办中央国家机关领导干部旁听庭审活动。2019 年，会同司法部、全国普法办出台意见，推动国家工作人员旁听庭审活动常态化、制度化。在青少年法治教育方面，最高人民法院发布多批涉未成年人典型案例，充分发挥典型案例的评价指引功能和警示教育意义。各地法院选派法官担任学校法治副校长，组织开展面向青少年的法治讲座、公众开放日活动，推出《少年法庭》

纪录片、《开心漫漫看》系列普法图书、公益广告、微电影，建立“驻校法官工作室”“红领巾法学院”等普法平台，切实为未成年人健康成长营造良好环境。

（三）做好专项法治宣传活动

一是做好防控疫情普法宣传。在国新办、本院举办多场新闻发布会，单独或会同有关单位发布依法惩治妨害疫情防控犯罪、惩治妨害国境卫生检疫犯罪、保障复工复产等多个规范性文件，发布6批57个人民法院依法惩处妨害疫情防控犯罪典型案例、全国法院服务保障疫情防控期间复工复产典型案例，为维护人民群众生命健康和社会大局稳定，营造了良好法治环境。策划制作依法战“疫”系列普法动漫、互动问答、“法院人抗疫大图鉴”等新媒体产品，在各大平台推出，覆盖亿万网民，有效宣传解读了涉疫法律法规，引导全社会依法防控、依法战“疫”。

二是做好民法典普法宣传。认真学习并宣传贯彻习近平总书记在中央政治局第二十次集体学习“切实实施民法典”时的重要讲话精神，制定普法方案，指导全国法院广泛开展民法典宣传工作，让民法典所蕴含的契约精神、自愿原则、诚信观念、绿色原则深深根植于群众内心，为民法典实施营造良好的社会法治环境。通过举办12期“人民法院大讲堂”、依托国家法官学院开展专题培训等，组织引导广大干警深入学习领会民法典新规定新概念新精神。推出30期“一分钟带你了解民法典”系列普法动漫，以通俗易懂、有声有色的形式宣传普及民法典。2020年12月30日，最高人民法院举行新闻发布会，通报贯彻实施民法典全面完成司法解释清理工作相关情况，并发布首批民法典配套司法解释，为保证民法典正确统一实施营造良好氛围。

三是做好社会主义核心价值观普法宣传。出台规范性文件，坚持把社会主义核心价值观融入司法工作，依法审理“私自上树摘杨梅坠亡案”“撞伤儿童离开遇阻猝死案”等案件，用法治力量引导人民群众向上向善。先后发布多批人民法院大力弘扬社会主义核心价值观典型案例，引导社会成员增强法治意识、规则意识。在最高人民法院微信公众号开辟“小案大道理　时代新风尚”专栏，推出“大力弘扬社会主义核心价值观”普法动漫，以小案例讲述大道理，在法治宣传中大力弘扬社会主义核心价值观。

四是做好脱贫攻坚普法宣传。紧密结合打赢脱贫攻坚战开展普法宣传，在中央电视台社会与法频道播出“好物合作社”系列节目，直播定点扶贫县的扶贫成果。监制扶贫题材电影《按下葫芦起来梨》，讲述最高人民法院选派优秀干部到定点扶贫县河南省宁陵县挂职扶贫，运用法治思维和法治手段帮助村民脱贫致富的故事，展现独具法院特色的“司法+扶贫”工作模式，通过影片中涉及基层工作遇到的法律问题释法明理，有效传播法治理念和弘扬法治精神。

五是做好扫黑除恶普法宣传。加强对扫黑除恶法治宣传工作的组织部署，根据最高人民法院统一部署，各级法院通过公开审判、法官说法、以案释法等方式加强法律政策宣传，加强裁判文书说理和释疑解惑工作，努力为深入开展扫黑除恶专项斗争营造良好舆论环境。各地法院走进基层宣讲扫黑除恶专项斗争打击的重点对象、领域、案件、行业和相关政策法规和法律知识，积极参与社会治安综合治理。结合黑恶势力犯罪案件审判工作，精心筛选典型案件作为集中宣传报道的案件，协调中央媒体开展集中报道，壮大了正面宣传声势，充分展示政法机关的打击力度与效果。

（四）加强社会主义法治文化建设

一是充分发挥自有媒体平台作用。通过报纸、杂志、新媒体等平台，不断推出优秀的宣传作品，为社会主义法治文化建设助力。加强中国特色社会主义法治思想价值、制度实践等方面的理论宣传，大力宣传法院先进人物和典型事迹，反映法院文化和法官生活，推进法院队伍建设和文化建设，不断发展和繁荣社会主义法治文化。

二是推出大型法治纪录片《中国司法》。2020年，监制大型法治纪录片《中国司法》，充分展现优秀传统司法文化和彰显新时代中国法治建设成就。该片在中央电视台社会与法频道、爱奇艺网站同步播出后，累计观看量为7000余万次，获得2020中国纪录片学院奖最佳历史文献纪录片提名奖，受到了法学、教育、传媒等领域专家好评，对于提升公民法治意识发挥了积极作用。

三是创作丰富多样的影视作品。出品和监制《阳光下的法庭》《执行利剑》《马锡五断案》《邹碧华》《按下葫芦起来梨》等电视剧和电影作品，以人民群众喜闻乐见的形式开展法治宣传教育，获得了较高的收视率和观众认可度。积极组织开展法治题材微电影创作工作，每年组织开展全国法院微电影评选活动，至2020年已举办8届，其中多部作品斩获国际国内大奖。江苏等地法院创作出《宁海路75号》《整卷少女》《给你》等一批有影响力的新媒体作品，增强法治宣传教育的感染力和渗透力。

（五）推进多层次多领域依法治理和法治乡村建设情况

全面落实"将非诉讼纠纷解决机制挺在前面"工作部署，切实发挥人民法院职能作用，推动建立从源头预防、非诉化解、多元解纷，到简案快办、繁案精审的分层递进、繁简结合、衔接配套纠纷解决链，前移解纷关口，延伸服务触角，下沉力量资源，实现纠纷"终端"与诉讼"前端"无缝对接，让大量纠纷止于未发、化于萌芽、归于人和。北京推动"'京法巡回讲堂'进乡村""千名法官进社区"等活动，开展巡回讲堂300余场、巡回审判200场、"京法巡回讲堂"活动1200余场，江苏、安徽等地推动创建无讼乡村（社区），四川全省设立799个诉讼服务站、1358个诉讼服务点，吉林建立"百姓说事、法官说法"基层社会矛盾纠纷排查化解工作机制，依靠群众、发动群众，就地预防化解矛盾纠纷。

（六）落实"谁执法谁普法"普法责任制

一是完善普法工作制度基础。研究制定《人民法院关于贯彻落实〈中共中央办公厅　国务院办公厅关于实行国家机关"谁执法谁普法"普法责任制的意见〉的实施意见》，着力把普法工作纳入人民法院工作流程，有机融入司法行为规范中。建立人民法院普法责任清单制度，明确责任部门和完成时限，研究确立年度普法工作规划，为普法工作的深入开展提供了基本遵循。

二是全面深化司法公开。依托"中国审判流程信息公开网""中国庭审公开网""中国裁判文书网""中国执行信息公开网"四大平台，打造线上"普法课堂"。截至2020年年底，中国庭审公开网直播庭审超过1117万件，观看量超过319亿次。"中国裁判文书网"公开文书超过1亿份，累计访问量超过500亿人次。全方位的司法公开为全民学法用法提供了有力支撑，以更加生动直观的方式普及法律知识，增强公民法治信仰。

三是加强以案释法。各级法院忠实履行法定职责，依法审理各类案件，通过审判执行工作向当事人及社会公众实时普法、动态普法、精准普法。5年来，最高人民法院共发布典型案例786个，充分发挥典型案例引领示范效应。对社会关注度高的案件，进行庭审直播及同步解读，打造全民共享的法治公开课，彰显了法治精神，传播了公平正义。最高人民法院举办系列全媒体直播，讲解案例蕴含的法律知识和道德导向，累计吸引数亿网友在线观看，让社会公众从旁观者变成参与者、支持者及宣传者，真正收到“审理一案、教育一片”的良好效果。

四是开展送法普法宣传活动。指导全国法院认真落实“谁执法谁普法”普法责任制，大力开展形式多样的送法普法活动，各级法院每年广泛深入中小学、企业公司、乡村社区、武警部队等开展法律主题讲座、模拟法庭、巡回宣讲、现场咨询等普法宣传活动，结合重要时间节点、重要法律法规颁布实施，开展全国联动主题普法活动。依托新闻发布会进行普法，持续深化与媒体全方位合作，5 年来，最高人民法院共举办新闻发布会 131 场，成为普法工作的重要窗口。坚持树立精品意识，与中央电视台等权威媒体合作制作法治节目，打造《大法官开庭》《乡理乡亲》《执行现场》等普法栏目，讲述法治故事，传播法治理念。《大法官开庭　归来》荣获“第 25 届中国纪录片学术盛典”长片十优作品。各级法院不断加大新媒体平台建设和运用，创新普法形式，开设《以案释法》《案件播报》等专栏，精心选择与公众生活工作紧密相关的案件，以法官以案释法的形式，培育和增强人民群众的法治意识和法律观念。

二、存在问题及下一步工作打算

在全国法院积极开展普法工作并取得一定成效和经验的同时，也应清醒认识到，由于普法队伍力量、普法工作创新性、普法工作策划和议题设置能力等方面存在的不足，一定程度上制约了普法工作进一步深入发展，需要不断加以研究。下一步，最高人民法院将在全国普法办的指导下，紧紧围绕“谁执法谁普法”普法责任制要求，不断提高普法工作的能力和水平，努力开创普法工作新局面。

（一）认真落实“八五”普法规划，加强法治宣传教育

最高人民法院将坚持以习近平新时代中国特色社会主义思想为指导，深入学习贯彻习近平法治思想，严格落实“八五”普法规划，认真落实“谁执法谁普法”普法责任制，切实加强组织领导，加强督导检查，采取有力措施，在法院系统扎实推进“八五”普法规划落细落实。

（二）创新工作方式方法，适应普法工作新要求

进一步创新普法工作方式方法，增强法治宣传工作的针对性和实效性。根据新媒体发展趋势，坚持以人民为中心的理念，创新思维，贴近民心，创造脍炙人口的普法作品，充分利用灵活多样的形式和手段，鲜活生动的语言和画面，使法治宣传教育亲民化、接地气。

（三）延伸普法工作平台，实现普法工作精准化

强化跨部门、跨平台的普法合作，满足不同普法对象的需求，注重普法对象的差异性和法律知识的针对性，开展分众化、差异化、互动化普法宣传。利用信息化手段拓宽普法宣传教育平台，发挥“报、网、端、微”全平台宣传作用，扩大移动直播、短视频等新兴传播方式的应用，注重传统媒体与新媒体的深度融合，开展有特色的法治宣传教育活动。

（四）提升普法议题设置能力，增强普法实效性

进一步加强普法工作策划和议题设置能力，把法院普法工作与媒体、公众的兴趣点有机结合起来，让受众从被动接受者转化为主动接受者乃至传播者。在普及法律知识的同时，注重弘扬法治精神、培育法治理念、树立法治意识，在全社会营造良好的法治氛围。

最高人民检察院“七五”普法规划实施情况

一、最高人民检察院贯彻执行“七五”普法规划情况

（一）以高度的政治自觉、法治自觉、检察自觉全面贯彻习近平法治思想

“七五”普法规划实施以来，最高人民检察院（以下简称最高检）坚持以习近平新时代中国特色社会主义思想为指导，深入贯彻党的十九大和十九届二中、三中、四中、五中全会精神，切实增强“四个意识”、坚定“四个自信”、做到“两个维护”，把习近平法治思想落实到每一项工作中、每一起案件办理中、每一次法治宣传教育中，以高质量检察履职落实“七五”普法规划部署，紧紧抓住领导干部这个“关键少数”，带领全体检察人员增强学习贯彻习近平法治思想的政治自觉、法治自觉、检察自觉，吃透基本精神，把握核心要义，做到学思用贯通、知信行统一，注重在深化和转化上下功夫，在研究解决制约检察工作科学发展突出问题上下功夫，在改造主观世界上下功夫，把习近平法治思想贯彻落实到全面依法治国各方面和全过程，更好转化为推动社会主义法治国家建设的强大动力，转化为推动检察工作高质量发展的重要抓手，转化为推动法治宣传教育的生动实践。

（二）在全国检察机关广泛持续深入学习宣传贯彻实施宪法

2018 年 3 月，最高检下发通知，在全国检察机关广泛持续深入开展宪法学习和贯彻实施工作，全面落实检察人员宪法宣誓制度。连续三年国家宪法日，最高检分别以“讲述检察故事，感悟宪法精神”“弘扬宪法精神、推进国家治理体系和治理能力现代化”“学习习近平法治思想，强化新时代法律监督”为主题举行检察开放日活动。全国人大代表、全国政协委员、专家学者、在校学生、律师、民营企业家等走进检察机关，近距离感受中国特色社会主义司法制度、检察制度，感悟“中国之治”的制度基础。各级检察机关广泛开展检察官宪法宣誓活动，认真组织“12·4”国家宪法日、“宪法宣传周”集中宣传，采取多种形式深入开展“尊崇宪法、学习宪法、遵守宪法、维护宪法、运用宪法”宣传教育活动，自觉做宪法规范的遵守者、宪法精神的弘扬者、宪法权威的维护者、宪法实施的推动者。

（三）全方位多层次开展《中华人民共和国民法典》学习宣传

最高检党组高度重视《中华人民共和国民法典》学习，紧紧围绕《中华人民共和国民法典》与做强民事检察工作开展学习宣传。一是召开党组扩大会议和全国检察机关学习贯彻全国“两会”精神电视电话会议，深入学习习近平总书记在中央政治局就“切实实施民法典”举行集体学习时的重要讲话精神，张军检察长代表最高检党组就知行合一学好用好《中华人民共和国民法

典》作出部署。二是组织包括院领导、检委会专职委员在内的高检院全体干警聆听“民法典‘三人谈’”。三是开展检委会集体（扩大）学习，邀请全国人大常委会法制工作委员会副主任就《中华人民共和国民法典》做专题讲座，以电视电话会议的形式直接传达全国四级检察院、全体检察人员。各级检察机关将《中华人民共和国民法典》的学习宣传解读作为本年度普法工作的重中之重来抓，积极参与各项《中华人民共和国民法典》宣传工作，推动引导全社会养成自觉守法的意识，形成遇事找法的习惯，培养解决问题靠法的意识和能力。

（四）扎实开展青少年普法教育，增强青少年法治观念

充分发挥未成年人检察职能，保障未成年人权益，关爱未成年人健康成长。一是持续开展未成年人法治宣传教育。2018 年 9 月，张军检察长受聘担任北京市第二中学法治副校长，并连续三年到该校主讲“开学第一课”，具有良好的示范效应。截至 2020 年 12 月，全国共有 3.3 万余名检察官担任中小学法治副校长，实现四级院检察长全覆盖。联合教育部开展为期 3 年的“法治进校园”全国巡讲活动，举行校园法治巡讲 9.65 万次，覆盖 10.8 万所学校和 8050 万名师生。二是抓好抓实“一号检察建议”落地生根。2018 年 10 月，最高检针对近年来教职员工性侵未成年人犯罪案件多发问题，在办案和调研基础上向教育部发出“一号检察建议”，建议推动幼儿园、中小学校园安全建设，预防校园性侵犯罪，提升学生法律意识和自护能力，推动校园安全制度落地落实。三是联合中央广播电视总台连续 4 年录制未成年人法治节目《守护明天》，收视率连创新高。出版《大检察官法治课》《法治进校园精品课程》等图文并茂的系列图书，制作预防校园欺凌的 MV、微电影，受到广大未成年人广泛欢迎，法治宣传影响力和效果进一步提升。《远离校园暴力》一书入选教育部“2019 年全国中小学图书馆（室）推荐书目”。

（五）加强检察文化建设，在讲好检察故事中弘扬法治文化

检察文化是中国特色社会主义法治文化的重要组成部分，对于提升检察工作社会知晓度和群众满意感、增强社会法治观念发挥着重要作用。最高检党组高度重视意识形态工作，认真贯彻党中央和习近平总书记关于加强文化建设工作的要求，制定出台一系列文件，形成了检察机关意识形态和文化建设工作的“四梁八柱”。2018 年 2 月，最高检以“坚定中国特色社会主义文化自信，弘扬法治文化，讲好检察故事”为主题举行检察文化建设成果展，集中展示近年来检察机关宣传思想文化工作的总体情况。本着“讲好法治故事、弘扬法治精神、推动依法治国、服务人民群众”的宗旨，凝聚各级检察机关、广大检察人员、社会知名作家、编剧的创作热情，检察系统先后推出了《人民的名义》《因法之名》《决胜法庭》《人民检察官》《巡回检察组》等一系列“现象级”检察题材影视作品，展示了新时代人民检察官坚守法治、忠诚履职、敢于担当、清正廉洁的崇高精神，赢得了社会各界的广泛好评。

（六）推进多层次多领域依法治理和法治乡村建设情况

最高检领导全国检察机关，立足法律监督职能，着力推进多层次、多领域依法治理和法治乡村、平安乡村建设。一是落实“群众来信件件有回复”制度，打造阳光检察信访。2020 年，全国检察机关共收到群众信访 92.7 万件，均在 7 日内告知“已收到、谁在办”，3 个月内办理过程或结果答复率 99.8%。集中办理信访积案 2.5 万件，其中 5 年以上的 1018 件全部办结。大检察官带

头、四级检察院全覆盖，组织听证2.9万次。邀请人大代表、政协委员、人民监督员、社区代表等参与多年的疑难案件公开听证，听证后化解率83.7%，以公开促公正赢公信，促成矛盾实质性化解。二是在“全民国家安全教育日”“法治宣传周”等重要节点，深入开展“六进”活动，如各地检察机关组织“国家安全”“禁毒宣传”“扫黑除恶”“非法集资”“电信诈骗”等主题宣传活动，深入社区、乡村、集市，以典型案例、图片展示等方式，宣传国家最新法律政策，介绍各类违法犯罪活动的表现形式、作案手段和危害后果，切实提高人民群众对违法犯罪行为的识别、预防能力，动员群众举报提供线索，取得了良好效果。三是新冠肺炎疫情期间，最高检主动会同相关政法部门发布指导意见，为依法惩治危害疫情防控犯罪、严防疫情境外输入性风险、助力复工复产、统筹推进疫情防控常态化和经济社会发展提供司法保障。各级检察机关主动投身抗疫一线，迅速深入基层参与联防联控，为打赢疫情防控阻击战贡献检察力量。四是持续深化检察机关服务保障实施乡村振兴战略的各项工作，精准服务保障现代农业发展、乡村生态文明建设、平安乡村建设、医疗卫生服务建设，促进乡村治理体系和治理能力现代化。

（七）立足检察办案引领社会法治观念，弘扬社会主义核心价值观

各级检察机关结合工作实际，把社会主义核心价值观融入司法办案全过程中，通过维护公平正义为引领核心价值观提供司法保障。一是全面贯彻落实把社会主义核心价值观融入检察工作要求中。2017年4月，最高检印发《贯彻落实〈关于进一步把社会主义核心价值观融入法治建设的指导意见〉的通知》，要求各级检察机关结合工作实际，把社会主义核心价值观作为社会主义法治建设的灵魂工程，融入司法办案全过程中。二是用典型案例引领法治、促进完善社会治理体系。最高检先后对福建赵宇案、浙江盛春平案、云南张世才案、云南唐雪案等正当防卫案件进行有力指导，发布正当防卫不捕不诉典型案例，诠释法治理念和适用规则，及时通过媒体对相关案件进行宣传报道，鼓励见义勇为，引领、重塑正当防卫理念，“法不能向不法让步”深入人心，弘扬了社会正气。三是在司法解释、指导性案例中全面贯彻社会主义核心价值观。如联合有关部门制发办理“妨害信用卡管理”“虚假诉讼”“组织考试作弊”“碰瓷”等刑事案件司法解释、指导意见，维护司法权威和社会诚信。通过发布指导性案例践行“一个案例胜过一打文件”理念，努力让人民群众在每一个司法案件中都感受到公平正义，用司法公正培育和践行社会主义核心价值观。

（八）围绕中心工作开展“服务大局普法行”等专项法治宣传活动

各级检察机关持续推进服务大局重点工作，为经济社会持续健康发展提供有力法治保障。一是充分发挥检察职能，助力打好打赢“三大攻坚战”。最高检通过发布指导性案例，会同有关部门制定司法解释，全方位加强金融领域犯罪预防，守护好老百姓的“钱袋子”。主动融入脱贫攻坚，用心用情做好这件“天大的事”，积极推动检察机关国家司法救助工作深度融入、靠前服务、有效保障脱贫攻坚战，为打好打赢脱贫攻坚战贡献检察智慧和力量。各级检察机关按照习近平总书记“用最严格的制度最严密的法治保护生态环境，加快制度创新，强化制度执行，让制度成为刚性的约束和不可触碰的高压线。”的要求，牢固树立和践行“绿水青山就是金山银山”的理念，综合运用检察建议、提起公益诉讼等方式保护受损公益、守护生态红线，确保生态环境综合治理取得实效。二是不断深化“扫黑除恶”专项斗争。最高检明确提出“是黑恶犯罪一个不放过、不是

黑恶犯罪一个不凑数”，会同有关部门制定9个指导性文件，统一办案标准，对150起重大案件挂牌督办。及时报道全国检察机关开展扫黑除恶专项斗争做法成效，发布《检察机关开展扫黑除恶专项斗争典型案例选编》，要求各地在扫黑除恶专项斗争中，既要从严打击黑恶势力犯罪，又要严格遵循法治原则；既不降格处理，也不人为拔高，确保扫黑除恶专项斗争始终在法治轨道上推进，获得社会舆论普遍肯定。三是创新以案释法，积极推进疫情防控普法工作。新冠肺炎疫情期间，最高检坚决贯彻党中央统筹推进疫情防控和经济发展部署，制定实施“11条意见”，服务“六稳”“六保”，以每周一批的频次，分专题发布10批55件典型案例，发挥典型案例在引领指导办案、开展法治宣传教育中的特殊作用，助力维护医疗秩序、防疫秩序、市场秩序、社会秩序。

（九）贯彻落实检察机关“谁执法谁普法”普法责任制

按照党的十八届四中全会提出的“建立法官、检察官、行政执法人员、律师等以案释法制度”要求，2017年6月、7月，最高检相继制定下发《关于实行检察官以案释法制度的规定》《关于加强检察法律文书说理工作的意见》，明确要求各级检察机关落实检察环节普法责任制，建立并实行检察官以案释法制度，加强检察法律文书说理工作。“七五”普法期间，检察系统涌现出“全国先进工作者”“2016年度法治人物”；依法承办“昆山反杀案”、获评“2018年度法治人物”检察官；全国模范检察官、“2019年度法治人物”；“全国三八红旗手”“2020年度法治人物”等一大批先进典型，充分发挥了检察英雄模范人物在普法工作中的示范引领作用。最高检依托互联网平台持续推进法治宣传，实现了全国检察机关“两微一端”全覆盖，门户网站覆盖率超过95%，在政法系统率先建成4级新媒体矩阵。最高检官方微博、微信、客户端新媒体总粉丝数超过4600万，发布信息29万余条，被权威媒体授予“微博影响力十佳账号”等各类荣誉奖项60余项。最高检持续开展“走近一线检察官”微直播活动，搭建检察官面向网友普法网络桥梁，网络阅读量超10.8亿次。各级检察机关组织普法讲师团、普法志愿者进机关、进乡村、进社区、进学校、进企业、进单位开展以案释法，充分运用“报、网、端、微、屏”等媒体平台，全方位、立体式开展普法宣传，取得了良好社会效果。

二、存在的主要问题

当前检察机关开展普法工作存在的问题主要有：一是对开展普法工作重要性的认识还有待提升。有的检察人员认为司法办案是硬任务，普法宣传是软任务，立足推进国家治理体系和治理能力现代化的高度开展法治宣传教育的意识有待进一步提高，主动进行以案释法、以案普法的积极性有待进一步增强。二是有的检察官开展普法工作能力有待加强。一些检察人员联系沟通能力、释法说理能力、群众工作能力都有待提高，结合司法办案、贴近生活、深入人心的普法宣传不够。三是普法工作考核激励机制有待完善。缺乏较为明确的普法工作考核评价和激励机制，不利于此项工作长效化、常态化推进。

三、下一步工作措施

最高检将始终坚持党对检察工作的绝对领导，把党的领导全面贯彻落实到法治宣传教育的全过程，坚持以人民为中心，坚持服务党和国家工作大局，坚持普法宣传教育与司法实践相结合，不断创新普法形式，继续开展好第八个五年法治宣传教育工作，持续推进全民普法和守法，努力让人民群众在每一个司法案件中感受到公平正义，为推进国家治理体系和治理能力现代化提供更加有力的法治保障。

四、相关意见建议

建议各成员单位结合学习贯彻习近平新时代中国特色社会主义思想和党的十九大和十九届二中、三中、四中、五中全会精神，站在政治和全局的高度，将普法工作更好融入国家治理体系和治理能力现代化建设格局中，提升普法依法治理工作能力，提高全社会尊法学法守法用法意识，为全面建设社会主义现代化国家提供有力法治支撑，在推进国家治理体系和治理能力现代化中发挥更大作用，作出更大贡献。

外交部“七五”普法规划实施情况

“七五”普法期间，外交部高度重视普法工作，始终坚持以习近平新时代中国特色社会主义思想为指导，深入学习贯彻习近平法治思想，认真落实《中央宣传部、司法部关于在公民中开展法治宣传教育的第七个五年规划（2016—2020年）》各项要求，从全面推进依法治国战略全局和中国特色大国外交大局出发，统一认识、完善机制、勇于实践、开拓创新，努力探索适合外交工作特点的普法新路，外交战线广大干部法治意识、依法行政和运用法治手段和方式开展对外工作的意识进一步增强，积极助力中国特色大国外交开创新局面。

一、主要工作和成效

（一）深入学习贯彻习近平法治思想，坚持党对普法工作的全面领导

中央全面依法治国工作会议召开后，部党委第一时间学习传达习近平总书记讲话精神，并制定学习宣传贯彻落实工作方案。部内部属各单位和驻外使领馆把学习宣传贯彻习近平法治思想作为今后一个时期的重要政治任务，认真组织抓好落实。干部群众通过学习，深刻认识到习近平法治思想的重要意义，提升了对新形势下外交战线加强法治建设重要性的认识，增强在工作中运用法治思维和法治方式开展工作、攻坚克难的思想和行动自觉。

部党委把法治工作纳入重要工作议程，建立部法治工作领导小组，由部党委书记任组长，统筹推进外交法治建设，为做好普法工作提供坚强组织保障。部法治工作领导小组及时学习中央精神和要求，加强对普法工作的规划设计，切实将习近平法治思想贯彻落实到普法教育的全过程和各方面。部法治工作领导小组办公室充分发挥普法工作主管牵头单位作用，加强统筹协调、组织指导和督促落实，确保领导小组规划落到实处。

（二）持续开展宪法和民法典的学习宣传教育，牢牢扭住法治学习的根本和重点

坚持将宪法学习宣传教育摆在法治建设的重要位置，着重阐释好新时代依宪治国、依宪执政的内涵和意义，不断强化领导干部对宪法和中国特色社会主义制度的政治认同、法治认同、思想认同、情感认同和事实认同。在建立常态化学习宣传工作机制的基础上，2016年建立宪法宣誓制度，每年分批次组织新任处级以上干部参加宪法宣誓仪式，每逢“12·4”国家宪法日举办系列学习宣传教育活动。2018年《中华人民共和国宪法修正案》公布实施后，部党委明确要求把学习宣传宪法作为部机关和驻外使领馆的一项重要政治任务，制定学习宣传和贯彻实施宪法的实施方案，部内部属各单位和驻外使领馆“一把手”亲抓落实。王毅国务委员兼外交部部长以《坚定不移走和平发展道路　推动构建人类命运共同体》为题，在《人民日报》发表署名文章，深入解读2018年《中华人民共和国宪法修正案》在外交领

域的修改内容。除领导班子组织安排专题学习外，各单位以专题报告会、图片展、研讨会、读本、知识竞赛、征文比赛、微视频等多种方式开展宪法学习宣传教育活动。2020年《中华人民共和国民法典》颁布后，及时制定实施方案，认真组织部署，开展系列活动，取得良好成效。

（三）扎实开展党规党纪学习宣传教育，有效推动从严治党、从严治部、从严治馆

制定加强党内法规学习宣传专项工作方案，建立学习宣传责任制，结合“两学一做”“不忘初心　牢记使命”主题教育，把党章等党内法规制度作为党组织“三会一课”和组织生活、主题党日活动的重要内容。部党委中心组、各司局和驻外使领馆领导班子切实发挥“关键少数”作用，带头学法、模范守法、厉行法治，全体外交干部将《中央和国家机关党员干部应知应会党内法规文件选编》作为必读案头书。重视专家权威宣讲解读，共开展党纪党规宣讲授课70余次。制定开展警示教育活动实施方案，举行集中警示教育活动，通过召开警示教育大会、通报典型违纪违法案例等形式，以案释法明纪，树牢遵规守纪、尊法守法意识。广大干部群众尊规学规、用规守规的自觉性主动性进一步增强。

（四）建立健全培训考试制度，以考促学、以学促用，提高干部学法用法能力

初步建立具有外交工作特色的法治培训和考试制度，将培训和考试结果与干部职务晋选升挂钩，不断加强学习培训的针对性。将党规党纪教育纳入驻外使领馆党委委员培训班、机关党校和大使参赞学习班课程。举办涉外法律实践人才能力建设高级研修项目培训班、边界与海洋问题（法律问题）培训班、依法行政培训班、政府信息公开专题培训班等。将中国特色社会主义法律体系系列讲座纳入外交部网络培训课程，将“国际法”列入外交业务自学考试科目。认真梳理摘编党的十八大以来习近平总书记关于全面依法治国的重要论述。结合外交工作实际需要，编印《外交人员法律法规应知应会》《外交部规章制度100问》等干部必读手册。结合“防控疫情　法治同行”专项法治宣传活动，编制《外交部人员国际旅行必备法律常识》。

（五）多形式多领域开展法治学习宣传教育活动，确保普法工作贴近群众，深入人心

结合国家宪法日、安全日、消防日等重要时间节点，围绕相关法律法规普法学法。邀请权威专家在“外交部大学堂”“周鲠生法律大讲堂”举办法律讲座。以宪法、民法典、保密法等法律法规、党内法规和爱国旗护国旗等为主题在部机关举办5次图片展。积极组织部内部属单位和驻外使领馆参与全国普法办各类法治动漫微视频拍摄，先后报送近30部具有外交特色的优秀作品，荣获全国宪法主题微视频征集展播活动“优秀组织奖”。将每年12月定为“外交部法治宣传月”，并将其打造为品牌项目，通过张贴宣传海报、播放法治宣传视频、发放普法宣传品、举办图片展、举办法治电影周、组织专题讲座、组织法律知识竞赛、赴法院观摩庭审、到监狱参观座谈、邀请律师进部机关提供法律咨询等形式集中开展普法学法活动，广受欢迎。

（六）建立健全向工作对象普法机制，全方位落实普法责任制

建立部普法责任清单制度，切实将“谁执法谁普法”“谁管理谁普法”“谁服务谁普法”责任落到各司局，构建向工作对象普法责任制新格局。组织开展“外交外事知识（管理制度）进省委党校”“中国外交培训学院地方课堂”活动。深入地方、企业进行预防性领保宣传逾百场，举办“平安留学伴你行”“领保进校园”普法宣传。编印《中国领事保护和协助指南》《中国国际法实践案例选编》《南海仲裁案裁决之批判》等专题普法书籍。在“中国—亚非法协国际法交流与研究项目”下为亚非国家法律专家举办国际法培训班。在香港特别行政区开展“国际法进校园”活动，在澳门特别行政区针对公务员举办国际法知识讲座。编写《外国驻华代表机构相关法律法规汇编》，向驻华使馆和国际组织驻华代表机构宣传普法，依法依规加强对外交使团的管理和服务。

（七）创新普法工作机制做法，逐步把法治思维、法治建设融入外交内外工作

在外交部网站设立条约数据库，开设“国际法前沿”和“外事管理”微信公众号，及时发布法治信息。坚持法治宣传教育与法治实践紧密融合，建立外交部法律顾问制度、合法性审查制度、法律会商制度，年均办理数百件涉法事项，在办理信访、政府信息公开申请、行政复议、行政诉讼等案件过程中，外交部法治工作机构注重向主办单位讲法普法，帮助非法律专业干部提升依法行政意识和能力。

二、几点体会和启示

（一）提高政治站位，统一思想认识，是做好普法工作的基本前提

国家工作人员学法用法是全面依法治国的长期基础性工作，是切实加强干部队伍建设、提升法治意识能力的重要途径。党的十八大以来，习近平总书记多次对国家工作人员学法用法工作作出重要指示、提出明确要求。当前，百年变局加速演变，国际环境不稳定性、不确定性明显上升，必须提高运用法治思维和法治方式应对外界风险挑战的能力，这对外交战线干部队伍学法守法用法提出了新的更高要求。在此背景下，外交部提高政治站位，切实把普法工作作为一项政治任务来抓，从国内国际两个大局出发，从全面推进依法治国战略全局和中国特色大国外交工作大局出发，提升认识、统一思想，聚焦落实习近平新时代中国特色社会主义思想，聚焦落实党中央决策部署，坚定坚决、落实落细，坚持问题导向和目标导向，坚持守正创新、真抓实干，努力探索一条适合外交干部队伍特点的普法新路子，推动外交战线干部普法工作取得新成效。

（二）突出自身特点，强化问题导向，是做好普法工作的关键导向

外交工作性质特殊，新形势下，尊法学法守法用法对外交干部队伍有着特殊的含义。以此为着力点，重点建立干部队伍学法用法制度，健全日常学法制度，建立部党委中心组、各单位领导班子每年至少组织一次法治专题学习制度。明确“谁主管谁负责”“谁起草（法规制度）谁负责”等普法宣传教育工作责任制，建立健全法治培训和考核制度等。设计普法工作规划时，注重结合外交工作需要，特别是抓准工作中的薄弱环节和风险点，有针对性地制定举措，切实通过普法教育活动，增强广大干部依法行政和运用法治手段开展外交工作的能力，增强运用法律武器开展外交斗争的能力，也让干部知敬畏、存戒惧，坚决不碰纪律规矩红线，守住廉洁自律底线，筑牢拒腐防变防线。

（三）把握核心任务，坚持守正创新，是做好普法工作的根本保证

习近平总书记指出，普法工作要紧跟时代，在针对性和实效性上下功夫。为提升普法质效，首先，明确外交战线普法工作核心任务，即习近平法治思想、习近平总书记关于全面依法治国的重要论述、宪法、与外交工作密切相关的涉外法律法规、党内法规等。其次，不断总结经验，把握规律，勇于推动宣教工作理念、机制、载体和方式方法创新。比如，着力丰富宣教形式，坚持“请进来”与“走出去”相结合，传统普法方式与新媒体相结合，学习宣传法律理论、条文与法治实践相结合，集中普法与日常普法相结合，确保法治学习宣传取得扎实成效。又如，为外交干部量身定制编写系列普法图书，用好法律顾问和合法性审查制度，通过涉法涉诉案件开展普法，开展以身边事教育身边人的警示教育活动等，确保普法工作贴近实际。

（四）既抓“关键少数”，又充分发动群众，是做好普法工作的重要因素

习近平总书记多次强调指出，各级领导干部要坚决贯彻落实党中央关于全面依法治国的重大决策部署，带头尊崇法治、敬畏法律，了解法律、掌握法律。不断提高运用法治思维和法治方式深化改革、推动发展、化解矛盾、维护稳定、应对风险的能力，做尊法学法守法用法的模范。要把法治素养和依法履职情况纳入考核评价干部的重要内容，让尊法学法守法用法成为领导干部自觉行为和必备素质。广大干部群众既是普法工作的对象，也是开展普法工作的主体。外交部坚持紧紧抓住“关键少数”，带动绝大多数。各级领导干部以上率下，身先士卒，积极带动全体外交人员踊跃投入尊法学法守法用法活动中去。打造灵活多样的普法园地，走访意义深刻的普法基地，形成线上线下普法阵地。在制定规章制度和普法宣教过程中，紧密联系干部群众日常工作和生活，弥补认知“短板”，体察群众关切，理论实践互融，培训检测结合，让干部群众既成为坚定的守法者，又担当法治的“宣传员”，形成全员参与、全天候参与的浓厚普法氛围。

三、存在不足和改进思路

“七五”期间，外交部在开拓创新、提升普法实效方面取得了一些积极成果，但对标对表习近平总书记的重要指示精神和党中央新部署新要求，仍存在一些不足。如普法工作不够细致深入、专业干部队伍有待完善加强、普法方式方法离广大干部期待还有差距、少数干部学法用法主动性、自觉性有待进一步加强等，需要今后不断改进。

2021~2025 年我国将实施“十四五”规划，是全面建设社会主义现代化国家的关键阶段。外交部将以习近平新时代中国特色社会主义思想为指导，继续深入贯彻落实习近平法治思想，按照“八五”普法规划的各项要求，推动新时代外交战线普法工作高质量发展，以优异成绩助力中国特色大国外交大发展，为实现“十四五”规划确定的经济社会发展任务作出积极贡献。

（一）树牢信念，将深入学习宣传和贯彻落实习近平法治思想作为普法工作首要政治任务

教育引导外交人员深刻认识习近平法治思想的重大意义、科学内涵、核心要义、基本精神和实践伟力，增强干部走中国特色社会主义法治道路的自觉性和坚定性，自觉坚持党的领导、依法治国和人民当家作主的有机统一，牢固树立宪法法律至上、权由法定、依法用权等法治观念，做尊法学法守法用法的模范。

（二）明确目标，紧紧围绕党和国家中心工作、服务中国特色大国外交

准确把握普法工作对全面建设社会主义现代化强国和推进新时代中国特色大国外交的重要意义，进一步增强使命感、责任感，切实将法治宣传教育工作放在贯彻落实全面依法治国战略和对外工作大局中进行谋划和推进，力争取得更大实效。

（三）开拓思路，加强科学规划，全方位提升普法工作实效

坚持普法供给侧改革工作理念，科学设计普法产品和活动，加强统筹协调、组织指导和督促落实，确保各项决策部署落到实处，积极营造良好法治氛围，提升全体外交人员法律素养和法治工作能力。

（四）严格履职，全面落实好普法工作责任制

坚持紧抓领导干部这个“关键少数”，以上率下，教育引导全体外交人员守法用法，做到知行合一。继续做好针对各地区各部门的法治宣传工作，积极对外讲好中国故事、中国法治故事。

全国发展改革系统“七五”普法规划实施情况

“七五”普法期间，国家发展改革委高度重视法治宣传教育工作，深入学习贯彻党的十九大和十九届二中、三中、四中、五中全会精神和习近平总书记系列重要讲话精神，认真落实中央印发的《中央宣传部、司法部关于在公民中开展法治宣传教育的第七个五年规划（2016—2020年）》和《全国人民代表大会常务委员会关于开展第七个五年法治宣传教育的决议》，在中宣部、司法部、全国普法办大力指导下，深入扎实开展法治宣传教育，圆满完成“七五”普法各项目标任务。

一、“七五”普法期间主要工作和成效

“七五”普法期间，各级发展改革部门紧紧围绕服务发展改革中心工作，开拓进取，不断拓展普法的深度和广度，法治宣传教育工作取得显著成效。全国发展改革系统法治宣传教育机制进一步健全，方式进一步创新，实效性进一步增强。广大干部贯彻落实习近平新时代中国特色社会主义思想自觉性明显增强，遵守党章党规党纪和法律法规的意识明显提升，运用法治思维和法治方式深化改革、推动发展、化解矛盾、维护稳定、应对风险的能力明显提高。依法治理不断深化，各项法治工作取得明显进展，为促进经济社会持续健康发展提供了有力法治保障。

（一）完善机制，强化监督，夯实普法工作基础

一是以上率下，加强组织领导。注重完善制度机制，努力为普法工作提供坚强保障。国家发展改革委成立全国发展改革系统“七五”普法暨法治机关建设领导小组，由委党组书记、主任担任组长，委党组成员、分管法治工作的副主任担任副组长。委领导多次就“七五”普法工作作出批示指示，要求各级发展改革部门精心谋划、周密组织，扎扎实实做好法治宣传教育各项工作，务求取得实效，并及时研究解决普法工作遇到的困难和问题。各省级发展改革委均成立了由主要领导或分管领导任组长的“七五”普法领导小组，并设立了由法规处等相关处室参加的普法工作机构，形成了主要领导亲自过问、分管领导亲力亲为、具体处室分工落实的工作格局。

二是规划引领，加强统筹谋划。国家发展改革委认真落实全国“七五”普法规划，编制印发《全国发展改革系统开展法治宣传教育的第七个五年规划（2016—2020年）》，明确普法主要目标、基本原则、主要任务等，并分年度印发《全国发展改革系统法治宣传教育工作暨法治机关建设实施意见》，确保将规划任务落到实处。28家省级发改委制定了开展法治宣传教育跨年度规划或行动计划，指导和推动本地的普法工作。

三是以评促优，加强监督考核。将普法纳入绩效考核体系，认真开展中期评估，推动依法行

政水平稳步提高。国家发展改革委修订印发《国家发展改革委依法行政考核办法》，从立法和制度建设、深化“放管服”改革、权责事项履行等方面明确40余项考核标准，引导机关司局重视和加强依法行政工作。组织各地方发展改革部门开展“七五”普法中期评估，系统总结经验，深入查找不足，明确整改措施，为全面完成“七五”普法任务奠定坚实基础。不少地方将普法工作纳入依法行政和年度绩效考核体系，云南省发改委将依法行政纳入“作风建设年”、党建和党风廉政建设考核项目，安徽省发改委将普法工作考核纳入委领导班子、省管干部年度综合考核指标体系以及全委处室单位（基层党组织）述职述德述廉要求中，将完成情况作为对处室单位、干部年度考核和评先评优的重要依据。

（二）突出重点，注重实效，扎实开展法治学习

“七五”普法期间，各级发展改革部门狠抓法治学习这个重要环节，更加努力做党章党规党纪和国家法律的自觉尊崇者、模范遵守者、坚定捍卫者。

一是深入学习习近平新时代中国特色社会主义思想。国家发展改革委党组坚持学习贯彻习近平新时代中国特色社会主义思想和党的十九大精神，作为“不忘初心、牢记使命”主题教育、推进“两学一做”学习教育常态化制度化、“三严三实”专题教育重要内容。通过委党组会议、党组中心组学习会议等方式，先后围绕中国共产党廉洁自律准则、中国共产党纪律处分条例、法治政府建设、民法总则、宪法修正案、党的十九届四中全会精神、民法典等主题认真开展集体学习研讨，并请专家进行解读，深刻领会精神实质。认真组织学习习近平总书记在中央全面依法治国委员会历次会议上的重要讲话，切实把思想和行动统一到讲话精神上来。印发《深入贯彻落实习近平总书记重要讲话精神全面加强发展改革系统法治建设工作方案》，对全系统深入贯彻落实习近平总书记重要讲话精神作出部署，提出明确要求。各地发展改革部门积极组织学习习近平新时代中国特色社会主义思想，河北省发改委编印学习材料，广东省发改委专门印发相关实施意见推进工作开展。

二是持续加强宪法学习。始终将宪法特别是2018年《中华人民共和国宪法修正案》作为法治学习宣传重点内容。国家发展改革委将宪法作为委党组理论学习中心组重要学习内容，“七五”普法期间两次邀请知名法学家作宪法专题报告会。在国家宪法日和宪法宣传周，委领导在座谈会上做专题发言，举办依法行政专题讲座、宪法知识竞赛、宪法精神宣传等系列活动，积极运用“发改书吧”、办公内网等拓展宪法学习宣传形式。制定《关于贯彻落实〈国务院及其各部门任命国家工作人员宪法宣誓组织办法〉的实施意见》，认真组织做好新任命司处级干部宪法宣誓工作。按照中央依法治国办要求，认真开展宪法学习宣传实施专项自查。地方发展改革委创新举措，通过不同方式加强宪法学习宣传教育。上海市发改委将宪法知识考核作为年度干部教育培训重要任务，考核率、通过率纳入年度工作督察内容。吉林省发改委将宪法学习纳入普法责任清单。

三是深入学习党章和党内法规。通过集中学习、专题辅导、观看专题片、分组研讨交流等方式开展学习，加深对党和国家政策法规的理解把握。国家发展改革委全面加强党内法规学习，在机关内网建成党内法规文件库，突出学习《中国共产党党章》《中国共产党廉洁自律准则》《中国共产党纪律处分条例》等10多部党内法规，努力做到学深悟透、融会贯通。落实中共中央印发的《关于加强党内法规制度建设的意见》，印发

《国家发展改革委办公厅关于加强党内法规制度建设的通知》，着力健全全委党内法规体系，提升党内法规制度执行力。地方发改部门也高度重视党内法规学习。上海、新疆生产建设兵团等地发改委通过举办知识竞赛等活动，引导广大党员重温党章、熟悉党规党纪，进一步强化了党员在党、爱党、为党的意识。

四是落实党员干部学法用法长效机制。创新方式方法，将法律知识学习融入日常、抓在经常。2017 年、2019 年国家发展改革委两次举办发展改革系统依法行政专题培训班，对各省、自治区、直辖市及计划单列市、副省级省会城市、新疆生产建设兵团发展改革部门干部、委内公职律师、委内司局同志进行法治培训。召开部分省市发展改革部门行政执法工作现场会，交流发展改革执法工作经验做法，研究当前执法面临的重大问题，明确进一步健全执法制度机制、创新执法方式、推动系统执法联动的工作安排。建立“以案释法”委机关干部旁听行政诉讼庭审常态化机制，先后 4 次组织开展旁听庭审活动。对全系统办理的典型行政复议和诉讼案例进行评析汇编，形成“七五”普法教材印发全系统，提升干部法律风险防范意识。依托委党组中心组学习扩大会、“周三大讲堂”、“发展改革大家谈”、“发改书吧”、“求是论坛”等学习平台，开展《中华人民共和国外商投资法》《政府投资条例》《优化营商环境条例》《中华人民共和国外商投资法实施条例》等与发展改革工作密切相关的法律法规学习。把法治培训纳入历年党校处级干部进修班及处级干部轮训、副处级干部培训班、科级干部培训班、新录用公务员和委属单位新入职干部培训班及各类专题培训班重点内容。很多地方发展改革委还创新学习载体，通过单位内网、工作微信群、“学习强国”、“支部工作”App 等推送法律学习资料，开展交流讨论，进行网上答题。各省级发展改革委“七五”普法期间共举办各类普法专题培训讲座 350 余次。

（三）明确责任，紧扣职能，创新开展法治宣传

一是落实“谁执法谁普法”普法责任制。完善制度机制，保障责任落实。制定《国家发展改革委普法责任制实施办法》，进一步明确国家发展改革委承担的普法职责，建立司局齐抓共管的工作机制。编制《国家发展改革委普法责任清单（2017 年版）》，并根据机构改革情况动态调整，明确国家发展改革委重点宣传的法律法规规章，落实普法责任司局。印发《全国发展改革系统在行政复议工作中落实“谁执法谁普法”普法责任制的实施方案》，明确行政复议普法的重点任务，强调在行政复议各个环节加强普法工作。在行政审批、行政执法、政府信息公开、信访等工作中，推行说理式执法，大力宣传相关法律法规，引导群众依法表达诉求、维护权利。按照全国普法办要求，认真组织推荐“谁执法谁普法”基层示范点。地方积极落实普法责任制，北京、河南、甘肃等 21 家省级发改委均制定了“谁执法谁普法”实施方案和责任清单，明确细化重点普法任务和责任主体。

二是将法治宣传融入立法工作。加强对新出台的与发展改革工作密切相关的法律法规的宣传解读。国家发展改革委围绕《中华人民共和国外商投资法》《优化营商环境条例》《政府投资条例》《企业投资项目核准和备案管理条例》《中华人民共和国外商投资法实施条例》等重要法规，充分发挥国新办新闻发布会、委月度例行新闻发布会、专题新闻发布会、媒体通气会等平台作用，通过接受媒体采访、刊发新闻稿件、组织专家解读等多种方式，组织中央媒体、委属媒体、市场化媒体和互联网新媒体，加强主动发布，深化政策解读，及时回应关切，有效引导舆论，着力营造全社会关心、支持和参与法治政府建设的良好社会氛围。不少地方发改委围绕《政府投资条例》《优化营商环境条例》以及地方出台的与发展改革工作密切相关的法规开展专题讲座等法治宣传系列活动，取得较好的宣传普及效果。

三是创新开展主题法治宣传。《中华人民共和国民法典》颁布后，国家发展改革委印发《国家发展改革委关于深入学习宣传实施民法典的工作方案》，迅速开展民法典系列学习宣传贯彻活动。在每年的全国节能宣传周、全国低碳日，各级发展改革部门广泛宣传《中华人民共和国节约能源法》《中华人民共和国循环经济促进法》等法律法规，促进绿色低碳发展。在《中华人民共和国价格法》实施20周年之际，国家发展改革委组织召开纪念座谈会，指导各级发展改革、物价部门因地制宜开展普法活动，联合多家新闻媒体推出专题报道，全面呈现价格领域依法行政的生动实践，全方位营造推进价格法治的良好舆论氛围。加强诚信法治宣传，在“3·15”“双11”“春运”等重要时点，综合运用新闻发布会、微电影、专题片、知识竞赛等多种方式宣传法治与诚信；配合中宣部开展“诚信建设万里行”活动，评选“诚信之星”，曝光违法失信案件，强化全社会诚信守法意识。在国家安全日开展国家安全法普法宣传活动。在严肃查处造纸行业、原料药市场、聚氯乙烯树脂、山西电力等垄断案件，组织调查茅台酒、天价烟、家电涨价等事件，重拳出击各种乱加价乱收费行为的同时，依法公开行政处罚决定书，加大典型案件新闻媒体曝光力度，有效增强市场主体公平竞争意识。各地发改部门积极响应和落实部署，结合地方实际，通过开展讲座、制作动漫微视频、印发宣传册等方式开展全国节能宣传周、全国低碳日、价格法规政策宣讲、诚信体系建设宣传等活动。

（四）服务大局，闻令而动，积极开展普法专项活动

落实全国普法办关于开展“服务大局普法行”“防控疫情　法治同行”等专项法治宣传活动的部署，同时结合发展改革工作实际，系统上下协同联动，积极开展系列普法专项活动。

一是全面发力上下联动，强化疫情防控法治保障。为做好新冠肺炎疫情防控工作，国家发展改革委精心组织“疫情防控　法治同行”专题普法活动。为方便战“疫”同志对标对表、集中查找法律依据，以管用、实用、好用为原则，编制了近500页、共30万字的《新型冠状病毒感染的肺炎疫情防控相关法律法规汇编》，同《新冠肺炎疫情防控法治保障工作方案》一起，印发全国发展改革系统，同步加载系统纵向网和内部信息网等线上平台。在内部信息网、门户网站、发展改革系统纵向网、线上线下“发改书吧”和办公楼内电子屏幕开通“防控疫情　法治同行”专栏，聚焦深入贯彻落实习近平总书记重要批示指示和疫情防控法律制度，已累计加载各类资料600余份。各地方发展改革委还根据当地实际和疫情防控需要，创新开展法治宣传、制度建设和执法规范、法律服务等工作。北京市发改委制定10方面制度措施，推动京津冀联防联控和协同发展。大连市发改委配备社会执法监督员参与执法监督，以“阳光执法”促进依法防控。杭州市发改委将普法办公桌搬到火车站、社区、高速公路入口等防疫一线，现场开展疫情防控法律知识宣传。

二是创新开展法治扶贫，通过普法宣传，巩固拓展脱贫攻坚成果。为深入贯彻习近平总书记关于脱贫攻坚的重要指示精神，提高国家发展改革委定点扶贫县广大干部的依法行政能力和水平，助力脱贫攻坚工作，国家发展改革委通过法律专家讲座和网络直播方式创新开展“法治扶贫云培训”，对河北省灵寿县委县政府及县直部门、所辖乡镇500余名党员干部进行依法行政培训，委内司局和委属单位部分同志旁听了培训。有关省市发改委也通过普法积极推进扶贫工作，例如，云南省发改委通过微信公众号和新闻发布会平台，定期发布易地扶贫搬迁工作信息，编印《易地扶贫搬迁简报》，扩大政策宣传，通报工作进度。

（五）普治并举，以普促治，提升发展改革法治建设水平

坚持法治宣传教育与法治实践有机结合，紧密围绕发展改革中心工作，推动职权法定、运行规范、公开透明、权责统一、廉洁高效的发展改革法治机关建设并取得显著成效。

一是发展改革法规制度体系建设取得明显进展。重点立法不断取得新突破。“七五”普法期间，国家发展改革委先后起草并提交全国人大、国务院审议出台了《中华人民共和国外商投资法》《政府投资条例》《优化营商环境条例》《企业投资项目核准和备案管理条例》《机关团体建设楼堂馆所管理条例》《中华人民共和国外商投资法实施条例》等多项法律、行政法规，向国务院上报了发展规划法、《中华人民共和国招标投标法（修订）》、粮食安全保障法、《中华人民共和国电力法（修订）》、《粮食流通管理条例（修订）》等涉及发展改革重要职能的法律法规草案。持续推进规章规范性文件立改废，对其中不利于稳增长、促改革、调结构、惠民生，以及不符合简政放权要求的规定进行全面清理，共废止失效规章39件、规范性文件1175件、政策性文件1680件。2020年，为落实《优化营商环境条例》，对国家发展改革委规章规范性文件进行了全面清理，共拟废止规章5件，规范性文件170余件。同时，价格领域专门进行了全系统法规文件专项清理，组织各省级价格主管部门全面清理1978年以来价格规章规范性文件，发文废止约1.6万件；国家层面，“七五”普法期间废止2300余件，文件数量已由“六五”普法期间的3000件减少到约500件。地方立法取得新进展。各地发展改革部门积极推进地方关于投资管理、发展规划、优化营商环境、信用建设等方面的立法，推动出台了一批地方性法规。

二是深化“放管服”改革优化营商环境取得明显成效。缩减负面清单事项，放宽市场准入。经党中央、国务院批准，印发实施2018年版、2019年版《市场准入负面清单》，并于2017~2020年连续4年发布《外商投资准入特别管理措施（负面清单）》《自由贸易试验区外商投资准入特别管理措施（负面清单）》，持续提升对外开放水平。缩减政府定价范围，健全政府定价规则。修订颁布新版《中央定价目录》和各地的地方定价目录，缩减政府定价项目约30%。修订颁布《政府制定价格听证办法》《政府制定价格成本监审办法》等规章，建立健全分行业、分领域的垄断行业和公用事业价格监管制度，进一步规范政府定价行为。清理规范政府定价经营服务性收费。推动取消石油天然气（含煤层气）对外合作项目总体开发方案审批事项。制定本委证明事项清单。建立完善中国营商环境评价体系。以市场主体和社会公众满意度为导向，2019年在直辖市、计划单列市、省会城市和部分地县级市等41个城市和东北地区21个城市开展评价，2020年在全国80个地级及以上城市和18个国家级新区开展评价，以评促改、以评促优。推动印发《国务院办公厅关于做好优化营商环境改革举措复制推广借鉴工作的通知》，大力推广京沪等地改革先进经验。组织做好《优化营商环境条例》的贯彻实施。开展营商环境百项诉求处理行动和招投标领域营商环境专项整治，切实解决企业和群众反映强烈的问题。加大产权保护力度。推动有关方面甄别纠正一批涉产权冤假错案。开展涉及产权保护的规章规范性文件清理工作，共清理涉及

有违产权保护要求的规章规范性文件5723件。开展涉政府产权纠纷问题专项治理，推动各地重点查找和解决一批产权纠纷问题，共梳理出7000余条问题线索，其中，3000余条已得到基本解决。

三是规范公正文明执法制度得到较好落实。全面推行行政执法“三项制度”。国家发展改革委印发《国家发展改革委全面推行行政执法公示制度执法全过程记录制度重大执法决定法制审核制度的实施方案》《行政执法公示暂行办法》《国家发展改革委行政执法全过程记录暂行办法》，修订《国家发展改革委政府信息主动公开基本目录》，完善重大行政执法决定法制审核机制，推动形成覆盖行政执法全过程、各环节的执法制度规则体系。选择执法基础较好、具有一定代表性的天津、安徽、贵州、大连、厦门等5省市部署开展示范创建活动，推动形成了一批符合发展改革执法工作实践的制度性成果。大力推进行政执法规范化标准化。做好权力和责任清单编制试点。积极稳妥推进市场准入负面清单制度，进一步缩减清单事项，事项数量由2018年的151项减少至2019年的131项。修订投资项目执法案卷标准。大力推进行政许可标准化，2017年6月，国务院审改办组织开展国务院部门行政许可标准化测评，国家发展改革委在测评中获得满分，在59个部门中排名第1。各地积极探索建立执法规范相关制度，重庆市发改委建立完善“一单两库”（检查清单、检查人员名录库、检查对象名录库）制度，全面提高执法效能；北京市发改委统筹建立市区统一“两库”和“双随机”抽取系统，双随机抽取确定执法人员和执法对象。

四是行政决策科学化、民主化、法治化水平明显提升。规范议事程序规则。修订《委党组工作规则》和《国家发展改革委工作规则》，确保重大决策必须按程序集体审议。设立委务会议制度，研究涉及国家发展改革委全局性工作的重大事项、通报有关情况，以及审议以委名义出台的规章和起草上报的法律、行政法规草案等。编印并及时更新《国家发展改革委规章规范性文件合法性审核指引》《公平竞争审查制度实施细则（暂行）》，规范合法性审核和公平竞争审查程序，确保出台的制度政策合法合规。强化政民互动交流。升级改版委门户网站，设立《意见征求》《建言献策》《网上公示及调查》《信访举报》等子栏目。制定《关于建立健全企业家参与涉企政策制定机制的实施意见》，对企业家参与涉企政策制定、加强政商沟通明确提出程序性要求。将民意调查作为重大民生决策事项的重要环节，认真听取地方、部门、市场主体、业界专家意见。严格执行《国家发展改革委重大固定资产投资项目社会稳定风险评估暂行办法》，在投资项目审核过程中要求有关方面提供项目社会稳定风险评估报告及审核意见。制定《政府制定价格行为规则》，要求价格制定过程中应当广泛听取意见，充分进行沟通，明确制定价格对经济社会可能造成重大影响的应当开展风险评估。地方发改委积极健全依法决策机制。湖南省发改委制定《省发展改革委主任办公会议制度》《重大行政执法决定法制审核办法（试行）》，坚持科学决策、民主决策、依法决策。

五是社会治理方式进一步创新。会同有关部门积极稳妥推进行业协会商会与行政机关脱钩改革。报请党中央、国务院同意后，联合民政部等9部门印发《关于全面推开行业协会商会与行政机关脱钩改革的实施意见》并加强督促落实，加快建立政会分开、管办分离、自主办会、有效监管的新型管理体制。按照“适合由社会组织提供的公共服务和解决的事项，交由社会组织承担”要求，大力推动政府向社会力量购买服务，不断扩大购买服务范围和标准。完善投资补助政策，优化政府投资使用方向和方式，提高政府投资效益，引导社会资本投资方向。充分发挥专项建设基金的带动作用，支持医疗、养老、体育等设施建设，促进社会资本愿意进、进得来、留得住、有效益。

六是政务服务公开度透明度持续提升。建立完善新闻发言人制度和新闻发布制度。截至 2020 年 12 月 31 日，国家发展改革委有 4 位新闻发言人，各省、自治区、直辖市、计划单列市发展改革部门均设 1 位新闻发言人，全国发展改革系统新闻发言人名单已通过委门户网站向社会公布。进一步提升信息公开工作标准化、规范化水平。制定《国家发展改革委政府信息公开工作考核办法（试行）》，并根据新的《政府信息公开条例》，同步修订了《国家发展改革委政府信息公开实施办法》《国家发展改革委政府信息公开答复法律指引》，进一步完善国家发展改革委配套制度。委内印发《国家发展改革委办公厅关于做好政府信息公开有关事项的通知》等一系列关于信息公开工作的制度文件，进一步指导和规范政府信息公开工作。在新上线的政府信息公开系统中设置《公开规定及通报》栏目，分版块加载了《政府信息公开条例》、国办公开办相关解释文件、委内配套制度等内容，便于司局查阅学习。推进重大决策公开。深入推进重大建设项目批准和实施、公共资源配置领域政府信息公开，涉及公共利益和公众权益的重大事项，主动向社会公布决策草案、决策依据等。及时公开办事指南、行政审批事项公开目录、行政审批事项等，做好服务公开和结果公开。积极创新体制机制提升政务公开水平。福建省发改委通过网上办事大厅全面深化行政审批网上公开透明运行，广西壮族自治区发改委建立常态化门户网站运维机制，定期对网站栏目进行全面检查，坚决杜绝“不及时、不准确、不回应、不实用”等问题。

七是行政复议应诉在化解矛盾防范风险方面的作用得到充分发挥。国家发展改革委积极应对行政复议和行政诉讼发案数量高位运行的新情况，“七五”普法期间共办理行政复议案件 732 起，行政应诉案件 347 起，严格依法纠错，进入实体审理的行政复议综合纠错率接近 30%，切实保障人民群众合法权益和发展改革部门依法履职。做好案件分析反馈。坚持年度统计分析、类型化案件分析和违法案件通报相结合，总结分析系统复议应诉发案形势特点，提示违法风险点，提出完善工作的意见建议。组织开展全系统复议案卷评查。以评比促提升，以先进带后进，推动系统办案能力提升。实现司法与行政良性互动。积极协调推动管辖法院明确对滥用信息公开权案件一律裁定驳回起诉，不再进行实体审理，保障信息公开工作有序进行；推动对部委需在基层法院应诉的共同被告类案件通过视频系统实现远程开庭审理，节约大量行政成本。各地发展改革部门持续加强行政复议和行政应诉能力建设，坚持以严格依法办案，防范法律风险为主线，“七五”普法期间共办理行政复议案件 1696 起，行政应诉案件 641 起，有效化解行政争议，实现案结事了，为发展改革中心工作提供有力法治保障。

在各级发展改革部门共同努力下，全国发展改革系统“七五”普法工作得到了中宣部、司法部、全国普法办的充分肯定。“七五”普法中期评估，国家发展改革委法规司综合处、湖北省发展改革委政策法规处、云南省发展改革委政策法规处被评为先进集体，3 名同志被评为先进个人。

二、开展“七五”普法的经验与体会

“七五”普法期间，全国发展改革系统勠力同心，法治宣传教育工作取得显著成效，为各项发展改革工作提供了有力法治保障。总结起来，主要有以下五方面经验与体会，需要在下一步工作中加以坚持。

（一）坚持把学习贯彻习近平新时代中国特色社会主义思想贯穿始终，引领法治宣传教育工作

发展改革系统始终坚持以习近平新时代中国特色社会主义思想为统领，统一思想和行动，推动系统“七五”普法工作守正创新、全面发展。一是加强学习领会。国家发展改革委党组始终坚持第一时间传达学习习近平新时代中国特色社会主义思想，以上率下，带动各级党组织通过集体学习讨论、专题研讨、专家讲座等形式加深理解、指导工作。二是坚持对标对表。通过制定印发《深入贯彻落实习近平总书记重要讲话精神　全面加强发展改革系统法治建设工作方案》等方式，将习近平总书记关于全面依法治国的各项要求逐一对照落实到发展改革法治宣传教育工作中，明确时间节点、责任单位，做到对账销号。三是努力融会贯通。坚持运用法治思维和法治方式深化改革、推动发展，指导法治宣传教育工作，推动发展改革立法、执法、行政复议与应诉等依法治理各项工作在法治轨道上开展，始终坚持将党的领导和习近平新时代中国特色社会主义思想放在第一位。

（二）坚持服务中心工作，牢固树立普法大局意识

发展改革系统始终坚持发挥好党中央、国务院以及各级党委和政府的参谋助手作用，通过做好法治宣传教育工作，不断提高依法行政水平，保障发展改革工作在法治轨道上有序推进。一是服务重大战略。围绕“一带一路”倡议及京津冀协同发展、长江经济带发展、粤港澳大湾区建设、“长三角”一体化发展等国家重大战略，做好法治服务保障，特别是有关政策制度的学习宣传工作。二是服务重点工作。围绕扶贫攻坚、疫情防控等重点任务，开展法治扶贫讲座、编纂配套法规汇编等，助力有关工作依法依规开展。三是服务重大决策。通过严格规范开展重大规划、重要文件、重大建设项目等重大决策的合法性审核程序、纳入依法行政考核等方式，促进法治观念进一步深化、法治能力进一步提升，不断提高决策的科学化、民主化、法治化水平。

（三）坚持长效推进机制，保障普法工作有序推进

不断完善普法制度机制，长期坚持，久久为功，确保普法工作持续有效推进。一是加强组织保障。国家发展改革委和各省级发展改革委均成立由主要领导或分管领导担任组长的“七五”普法工作领导小组，形成党政主要负责人履行推进法治建设第一责任人、各单位齐抓共管的普法工作格局。二是加强制度保障。编制普法工作规划，落实“谁执法谁普法”责任制，将普法任务完成情况纳入绩效考核，把有关法治学习宣传的内容、方式、程序等规范化和程序化。三是加强队伍和经费保障。始终将队伍建设作为普法工作的一项基础性工程来抓，“七五”普法期间，各级发展改革部门法制机构得到不同程度加强。同时，创造条件保障普法经费。

（四）坚持与业务工作紧密结合，保证普法实际效果

只有将普法工作与系统法治建设紧密结合起来，才能保障普法工作取得较好的实际效果。一是与立法结合起来。制定立法技术指引、合法性审核指引等，增强司局的立法合规意识，确保依宪立法、依法立法，提高立法质量。二是与执法结合起来。坚持落实好“谁执法谁普法”普法责任制，确保公正文明规范执法，提高依法行政水平。三是与行政复议与应诉结合起来。通过以案说法、旁听庭审等活动，进一步加深党员干部对法律法规的认识。四是与处理重大矛盾问题结合

起来。坚持法治先行，在法律框架内寻求解决方案和途径，切实提升党员干部运用法治手段解决问题的能力。

（五）坚持不断创新方式方法，实现普法工作与时俱进

顺应新形势新任务要求，切实提升普法效果。一是紧跟新形势。聚焦推进经济高质量发展过程中遇到的法治问题，聚焦人民群众关注的重点问题，聚焦社会关注的热点问题，如2018年《中华人民共和国宪法修正案》、《中华人民共和国民法典》颁布及优化营商环境、信用体系建设等，深入开展普法宣传。二是利用新技术。充分发挥新媒体传播迅速、形象直观、时效性强的特点，开设“网上课堂”，利用“两微一端”，扩大普法影响力。三是采用新形式。不少地方发改委积极制作有关法治动画、微视频，增强法治宣传的趣味性，利用微信公众号等为社会公众、市场主体提供法治咨询服务，收到良好效果。

三、做好“八五”普法的建议

“八五”普法正值我国开启全面建设社会主义现代化建设新征程。进入新发展阶段，贯彻新发展理念，构建新发展格局，对法治宣传教育提出了新要求，普法面临艰巨任务。建议在“八五”普法期间要着力加强以下工作。

（一）进一步加强普法服务大局重大问题研究

当今世界正经历百年未有之大变局，我国经济社会发展的内部条件和外部环境正在发生深刻复杂变化。党的十九届四中全会对加快形成完备的法律规范体系、高效的法治实施体系、严密的法治监督体系、有力的法治保障体系作出全面部署，习近平总书记就全面推进依法治国提出明确要求。“一带一路”倡议及京津冀协同发展、长江经济带发展、粤港澳大湾区建设、海南全面深化改革开放、长三角一体化发展等国家重大战略稳步推进，推动出台了一批重要制度建设成果。如何通过普法工作使党政工作人员和社会公众加深对重大战略和重大法治成果的理解，进一步发挥好政策作用，建议全国普法办组织力量加强研究。

（二）进一步创新普法工作的方式方法

我国社会已全面进入信息化时代，互联网深刻影响生产生活各个方面，技术进步对普法工作带来较大挑战。运用信息技术、互联网技术推进普法工作的需求十分迫切。但是从普法工作实践来看，运用“两微一端”等新媒体以及动漫、微电影等新技术开展普法宣传的手段和方式有待进一步丰富，能力有待进一步提升。建议进一步研究适应经济社会发展形势、人民群众需求和信息技术发展的普法形式，切实提升普法工作效果，更好地服务于经济社会发展大局。

（三）进一步强化普法工作监督激励机制

普法工作已经成为各级政府的一项常规工作。但从实践来看，普法工作仍然没有实现由“软任务”向“硬指标”的转变，工作的重要性和开展的广度深度很容易受到其他因素的影响。建议进一步研究完善全国层面普法依法治理考核评价机制，采取监督检查与正向激励相结合，对单位、人员同步考核相结合等方式，进一步增强普法工作的刚性约束力，更好调动各方面工作积极性。

（四）进一步加强部门普法工作交流

积极学习借鉴好的经验做法，是做好普法工作的有效方式。建议在现有工作交流机制的基础上，开辟更多的部门普法工作交流平台，相互学习借鉴，共同提高“八五”普法工作水平。

教育系统“七五”普法规划实施情况

“七五”普法期间，教育系统坚持以习近平新时代中国特色社会主义思想为指导，认真贯彻落实党的十九大和十九届二中、三中、四中、五中全会精神，深入学习贯彻习近平法治思想和习近平总书记关于教育的重要论述，根据国家“七五”普法规划总体要求，深入开展法治宣传教育，着力提升广大干部师生的法治意识和法治素养，推动教育系统普法工作取得新进展。

一、坚持正确政治方向，党对教育普法的全面领导不断加强

（一）持续用新时代党的创新理论武装头脑

教育部党组始终把学习贯彻习近平新时代中国特色社会主义思想作为重大政治任务，研究制定集体学习方案，全面推动习近平新时代中国特色社会主义思想进学术、进学科、进课程、进培训、进读本，用马克思主义中国化最新成果铸魂育人。深入学习贯彻习近平总书记关于教育的重要论述，认真跟进学习和落实习近平总书记重要指示批示，组织编写《习近平总书记关于教育的重要论述摘编（2020年版）》，部署在高校开设“习近平总书记关于教育的重要论述研究”必修课。深入学习贯彻习近平法治思想，研究制定学习贯彻中央全面依法治国工作会议精神实施方案，组织召开贯彻落实习近平法治思想专家座谈会议，着力推进习近平法治思想教材编写、干部培训和理论研究阐释等工作。

（二）认真贯彻落实党中央相关决策部署

教育部党组高度重视教育普法工作，将其摆在工作全局的重要位置，着力推动党中央相关任务举措在教育系统落地落实。制定发布《全国教育系统开展法治宣传教育的第七个五年规划（2016—2020年）》，大力推进法治宣传教育机制、载体和方式方法创新，不断增强教育普法的针对性和实效性。配合中宣部等部门印发《关于组织开展宪法学习宣传教育活动的通知》，研究制定宪法学习宣传和贯彻实施工作方案，深入开展宪法宣传教育。加大民法典学习宣传教育，推动将民法典教育纳入国民教育体系，引导广大干部师生学好用好民法典。

（三）充分发挥领导干部示范带动作用

将习近平法治思想、宪法、民法典等内容纳入各级党委（党组）理论学习中心组重点学习内容，作为干部教育培训的重点课程，推动领导干部带头学法、模范守法。举行国家工作人员宪法宣誓仪式，进一步增强领导干部依法履职的责任感和使命感。研究制定《关于贯彻落实〈2018—2022年全国干部教育培训规划〉的实施意见》，举办领导干部法治专题研修班，加大公务员初任培训、任职培训等项目法治培训力度，在干部网络学院培训中设立法治培训项目，不断增强党员干部的法治思维和法治能力。

（四）持续强化党内法规学习宣传

深入学习贯彻习近平总书记关于制度治党、依规治党的重要论述，切实加强教育系统全面从严治党的思想自觉、政治自觉和行动自觉。结合开展“两学一做”学习教育、“不忘初心、牢记使命”主题教育，通过集中研学、支部联学、辅导报告等形式，推动教育系统党员干部学习党内法规制度。组织开展党内法规干部集中轮训，举办学习贯彻《中国共产党巡视工作条例》等专题培训班。向党员干部配发《中央和国家机关党员干部应知应会党内法规文件选编》《中国共产党党内重要法规汇编》等，推动党内法规学习不断深入。

二、加强统筹规划，法治教育全面纳入国民教育体系

（一）着力推进法治教育系统化和科学化

会同司法部、全国普法办联合发布《青少年法治教育大纲》，整体构建大中小学法治教育体系。会同最高法、最高检、公安部、司法部、全国普法办、共青团中央联合发布《关于加强青少年法治教育实践基地建设的意见》，明确基地建设的目标要求、推进举措和保障机制等内容。加强与检察、司法、公安、税务等单位沟通合作，进一步统筹整合社会法治资源，着力打造社会多方共同参与的青少年法治教育格局。

（二）不断夯实课堂教学主渠道

开设义务教育“道德与法治”课程，统编统用《道德与法治》教材。修订普通高中思想政治课程标准，设置法治教学模块。在中职学校和高等学校开设法律基础相关课程，提高学生尊法学法守法用法意识。在语文、历史、地理等课程中挖掘法治教育内涵，努力推动全学科渗透、全要素育人。法治教育内容已纳入中考、高中学业水平考试范围，学生遵纪守法等表现已作为综合素质档案组成内容，成为高校招生录取的重要参考。

（三）深入开展学生学讲宪法活动

自2016年开始，每年组织开展全国学生“学宪法 讲宪法”系列活动，通过网络宪法学习、“宪法小卫士”行动计划、主题演讲等多种方式，进一步增强宪法教育的感染力和吸引力，推动地方和学校深入普及宪法知识，大力弘扬宪法精神。2020年，通过教育部全国青少年普法网参与宪法学习的人次超过71亿；经过学习测评，产生了8900多万名“宪法小卫士”，其中新疆生产建设兵团、重庆和黑龙江的学习测评参与率分别达到81%、71%和70%。浙江省连续10年开展青少年“法在心中”宪法宣教活动，累计有数百万名青少年参与其中。广东省着力打造“宪法教育大课堂”，5年来开展活动15,700多场次，覆盖85%以上中小学校。

（四）组织举办国家宪法日教育系统“宪法晨读”等活动

每年12月4日，由教育部领导在主会场领读宪法部分条款，地方教育部门和学校师生通过网络连接同步参与诵读活动。2020年，全国有36万所学校、7200余万师生参与了“宪法晨读”活动。此外，推动各地各校将青少年宪法法治教育有机融入社会实践，结合公益劳动、社区服务、志愿服务等，引导学生体验感悟宪法法治精神。

三、夯实组织保障，普法服务支持体系日益健全

（一）切实提升教师法治意识和法治素养

组织实施“中小学法治教育名师培育工程”，累计培训千余名道德与法治课“种子教师”。举

办“国培计划”法治专项培训，推动地方分级开展教师法治教育培训，着力提升全体教师法治素养。开展教师网络法治教育培训，首批培训约3000名法治课一线教师。完善教师考核评价体系，在教师资格考试、中小学教师专业标准中，明确提出法治素养相关要求。注重推动教学交流，征集各学段法治教育课件1.6万余件，遴选出3000多件优质课件在网上免费长期展示。鼓励地方开展法治教育教学研究与集体备课，不断提升法治课教学能力和水平。

（二）不断加强青少年法治教育理论研究和实践探索

推进青少年法治教育智库建设，与地方教育部门和高校密切协作，在东、中、西部先后建立多个青少年法治教育中心，深入开展法治教育理论研究和实践探索。围绕宪法教育、法治协同教育等内容，推动开展相关专项研究。推动创设青少年法治教育相关期刊，以中小学校长和师生为对象，展示交流地方和学校法治教育的优秀成果、先进经验和典型案例。

（三）推动建立法治教育协同机制

加强与法治实务部门合作，从检察院、法院、公安、司法行政等单位选聘干部担任学校法治副校长、法治辅导员。最高人民检察院张军同志率先垂范，亲自担任学校法治副校长，围绕“学法懂法用法，做社会主义法治的崇尚者遵守者捍卫者”等主题为学生讲授法治课；最高人民检察院副检察长出席2020年国家宪法日教育系统“宪法晨读”活动，并讲授法治课。健全法律顾问制度，推动教育行政部门设立公职律师，通过一校一聘、多校联聘等方式为中小学校配备法律顾问。鼓励高校成立专门法治工作机构，聘请专任法律顾问。加强与行业部门协作，认真开展国家安全、国防、交通、环保、税收、禁毒等法律法规宣传。

四、创新方式方法，普法针对性和实效性切实增强

（一）深入推进教育系统“互联网＋普法”

搭建网络普法资源平台，不断优化网站栏目布局和内容资源，通过设置动漫视频、微电影、在线学习测评、法治知识游戏等栏目，进一步增强学生学习法治知识、参与法治实践的积极性和主动性。设立网络“青少年宪法课堂”，组织专家录制涵盖500个宪法知识点的121集微视频，制作了3000多道练习题。组织开发网络教学资源，征集宪法等教学课件，遴选出优秀作品长期在网上免费展示。加强与检察、环保、税务等相关单位沟通合作，设立《法治大讲堂》等普法专栏，助力社会法治资源共建共享。

（二）着力加强青少年法治教育实践基地建设

研究起草国家级青少年法治教育实践基地建设标准，确定不同阶段法治实践教育的目标任务，明确馆内教育功能、场馆建设等具体要求。会同司法部建设全国青少年学生法治教育实践示范基地，建成了集学习、实践、互动为一体的5000平方米智慧场馆。推动地方深入开展法治教育实践基地和法治资源教室建设。黑龙江省为每个县（区、市）至少配置1间标准化法治资源教室，并实现互联互通。湖南省建成各类青少年法治教育实践基地438个，命名省级青少年优秀法治教育实践基地25个。

（三）丰富完善法治教育文化资源

充分发挥社会主义法治文化的引领、熏陶作用，推动开展形式多样的校园法治文化活动。创作宪法主题歌曲《宪法伴我们成长》并录制MV，积极推进在学校广泛传唱。结合中小学学生心理特征，选取青少年日常用语，设计开发了

普法卡通人物“小治”和“小治学习篇”微信卡通表情，受到广大中小学生的喜爱并广泛传播。上海市每年组织开展“新沪杯”中学生法律知识竞赛、“浦江杯”中小学生法治文艺作品征集等普法活动。海南省连续多年组织“为了明天——法治文艺进校园”巡演活动，累计演出444场，观演师生达70余万人次。

五、融入法治实践，教育依法治理能力和水平不断提升

（一）不断增强普法服务大局的能力

认真做好疫情防控普法宣传，开展公共卫生法律知识和科学知识普及教育，推动普法与科普相互促进。编写《教育系统依法做好新冠肺炎疫情防控工作有关法律问题指引》《关于疫情期间和开学后教育系统可能面临的法律风险分析与应对举措的报告》等，指导学校师生依法做好防疫招生复学工作。在教育部门户网站、“全国青少年普法网”开设专题栏目，推送控辍保学、消费扶贫、毕业生就业创业相关政策法规和案例指导等，向河北威县、广西隆林等贫困地区捐赠法治资源教室及法治图书设备等，助力教育扶贫重点工作。

（二）全面推进教育系统依法治教

组织召开全国教育法治工作会议，研究部署新时代全面推进依法治教的主要任务，为加快推进教育现代化、建设教育强国、办好人民满意的教育提供法治保障。加强行政规范性文件管理，进一步完善的合法性审核、公平竞争审查机制，提升了教育行政决策的合法性和科学性。印发《教育部关于加强教育行政执法工作的意见》，推动解决基层教育部门不敢执法、不会执法、不愿执法等难题。

（三）着力营造教育系统良好法治环境

深化落实“放管服”改革要求，联合中央编办、财政部等部门印发《关于深化高等教育领域简政放权放管结合优化服务改革的若干意见》，进一步推动向地方和高校放权，保障学校更大办学自主权，为激发高等教育改革提供政策支持。教育部等五部门印发落实《关于完善安全事故处理机制维护学校教育教学秩序的意见》，明确需要治理的8种“校闹”行为，建立多部门参与学校安全事故预防与处置机制。制定颁布《中小学教育惩戒规则（试行）》，以部门规章形式对教育惩戒属性、适用范围以及实施规则、程序措施等作出规定，推动依法落实立德树人根本任务。

5年来，全国教育系统认真组织开展法治宣传教育，广大干部师生法治素养明显提高，全面依法治教、依法治校、依法办学持续得到加强，同时也存在一些问题：一是部分地区对法治教育的重要地位和作用认识不深刻、定位不准确；二是法治课教师的法治素养和教学能力相对薄弱，亟待提升；三是法治教育课程设置、课时安排和教材建设有待优化，针对性、实效性需进一步增强；四是青少年法治实践教育有待加强，学校家庭社会共同推进法治教育的机制有待完善。

下一步，教育部将坚持以习近平新时代中国特色社会主义思想为指导，深入学习贯彻习近平法治思想和习近平总书记关于教育的重要论述，认真总结“七五”普法经验成效，科学谋划“八五”普法工作，进一步加大工作力度，完善工作机制，拓展法治宣传教育内容、形式和载体，在教育系统营造尊法学法守法用法的浓厚氛围，进一步提高广大干部师生的法治意识和法治素养，为建设教育强国、办好人民满意的教育作出更大贡献。

科学技术部“七五”普法规划实施情况

科技部坚持以习近平新时代中国特色社会主义思想为指导，认真贯彻落实党中央、国务院转发《中央宣传部、司法部关于在公民中开展法治宣传教育的第七个五年规划（2016—2020年）》，紧密结合科技工作实际，强化组织领导，完善工作机制，紧扣重点内容，创新宣传方式，大力推进“七五”普法工作，取得积极成效。

一、部党组高度重视，加强组织领导，健全工作机制，加强宣传培训

一是强化组织领导。科技部党组高度重视普法工作，部党组书记、部长亲自分管，认真执行《党政主要负责人履行推进法治建设第一责任人职责规定》，多次专题研究部署普法工作。二是完善工作机制。构建了由法制机构牵头，各相关单位按职能分工负责的工作推进实施机制，形成工作合力。三是加强培训宣传。将法治教育和依法行政培训纳入部系统干部年度教育培训工作计划，在各类培训中设置法治教育课程；充分利用科技部官网、《科技日报》、“锐科技”新媒体平台等载体，加强法律法规和政策文件宣传解读，推动法治宣传教育常态化、制度化。

二、聚焦重点，服务大局，大力推进普法工作

（一）深入学习习近平新时代中国特色社会主义思想

科技部党组高度重视习近平新时代中国特色社会主义思想的学习贯彻落实，部党组书记、部长及时传达部署，要求全体干部职工认真学习习近平总书记在中央全面依法治国工作会议上的重要讲话精神和关于全面依法治国的重要论述，深刻领会精神实质和重大决策部署，结合工作实际做好贯彻落实。要求部系统各单位将学习领会习近平新时代中国特色社会主义思想作为一项重要政治任务融入科技管理工作的方方面面，不断强化法治观念，切实提高运用法治思维和法治方式推动科技创新发展、化解矛盾、维护稳定能力，不断提高依法行政和法治政府建设水平。

（二）全面推动宪法学习宣传

一是科技部专门制定了《开展学习宣传和贯彻实施〈中华人民共和国宪法〉工作方案》，将宪法学习宣传和贯彻实施工作纳入党建工作要点和人事工作要点，在全部范围开展“学习宪法遵守宪法”专题学习。二是科技部党组两次召开会

议学习《中华人民共和国宪法》。举办宪法专题培训讲座，邀请全国人大常委会委员、法制工作委员会副主任就宪法核心要义和宪法修订内容进行解读。三是庄严举行宪法宣誓仪式。科技部重新组建后已经举行了两次宪法宣誓仪式，党组书记、部长亲自监誓并主持，科技部机关局级、处级公务员共计300余人庄严宣誓。四是科技部系统各单位组织开展了形式多样、各具特色的学习教育活动，推动宪法学习宣传和贯彻实施，共同营造浓厚的宪法学习氛围。通过一系列活动，科技部广大干部的宪法意识和法治思维得到普遍提高。

（三）认真学习宣传党内法规

科技部党组和部系统各级党组织通过多种形式，认真学习了《中国共产党纪律处分条例》《中国共产党问责条例》《中国共产党巡视工作条例》《中国共产党支部工作条例（试行）》等党内法规。一是科技部党组带头学习党内法规，通过党组会、党组理论中心组学习会等形式开展党内法规学习。二是印发了专门通知文件对党内法规学习进行动员部署，各直属基层党组织积极采取“三会一课”、主题党日、理论中心组学习等形式，开展党内法规专题学习。三是在“不忘初心、牢记使命”主题教育期间，为全体党员配备了《中国共产党党内重要法规汇编》，作为党员干部的案头书，将学习宣传党内法规贯穿党员教育管理监督的全过程。

（四）围绕中心，服务大局，深入开展“防控疫情　法治同行”专项法治宣传活动

科技部紧紧围绕党和国家工作大局，紧扣人民群众现实生产生活需求，大力开展“防控疫情　法治同行”专项法治宣传活动。通过多种方式，加强宣贯《中华人民共和国传染病防治法》《中华人民共和国突发事件应对法》《中华人民共和国人类遗传资源管理条例》等疫情防控和公共卫生相关法律法规，进一步增强针对性、实效性，提高部系统干部职工的疫情防控和公共卫生安全法治意识和依法行政能力。

（五）落实国家机关“谁执法谁普法”普法责任制

科技部围绕科技管理中心工作所涉及的法律法规开展普法工作，切实做到“谁执法谁普法”。一是每年科技活动周期间，通过开展科技竞赛等形式多样的科普活动，运用报刊、网站等新闻媒介，向社会公众普及《中华人民共和国科学技术进步法》《中华人民共和国科学技术普及法》等重要法律。二是围绕促进科技成果转化工作，组织全国性培训班，向科技人员宣讲普及《中华人民共和国促进科技成果转化法》等相关法律法规。三是围绕人类遗传资源开发管理工作，举办多场培训班，普及《中华人民共和国人类遗传资源管理条例》，提高了相关从业人员依法依规开展人类遗传资源活动的意识。四是围绕新修订的《国家科学技术奖励条例》，通过多种方式组织新闻媒体和专家，向科学家群体和社会各界加强重点内容的宣传解读，营造条例实施的良好氛围。五是围绕科研诚信管理工作，召开了新闻媒体通气会，对《科学技术活动违规行为处理暂行规定》进行全面解读，中央电视台、《人民日报》、新华社、《光明日报》、《科技日报》等主流媒体参加。持续举办了多期面向从事科研诚信案件调查处理工作人员的培训班，增强普法宣传的针对性和实效性。

（六）推动学习宣传民法典

一是科技部制定了《科技部学习宣传民法典工作方案》，明确学习宣传组织安排，各有关单位分工负责，协同推进各项学习宣传任务落实落地。二是将《中华人民共和国民法典》学习纳入部党组和各基层党组织议事日程，丰富学习形式，组织干部职工开展了民法典学习宣传活动。

科技部网站开设了专栏，转载《中华人民共和国民法典》及其解读和民法典系列评论言论、理论文章。部系统干部充分利用“干部在线学习网”、“学习强国”App等开展了自学。三是科技部开展了民法典涉及行政法规、规章和行政规范性文件的清理工作，增强了科技部各基层党组织和党员干部的民法意识，确保科技部作出的重大行政决策、制定的政策文件等，符合《中华人民共和国民法典》的有关规定。

三、工作成效和下一步工作考虑

在部党组的统一领导下，科技部坚决贯彻落实“七五”普法规划，依法全面履行政府职能，严格规范决策机制，完善法治保障制度，强化对行政权力的监督，不断规范科技执法。健全了普法宣传教育机制，使法治学习教育逐渐常态化、制度化，增强了法治宣传教育的实效性。领导干部带头学法、模范守法，全体党员党章党规意识明显增强，科技系统干部职工法治观念和法治意识不断强化，自觉做到尊法学法守法用法，更好地运用法治思维和法治方式解决问题、深化改革、推进工作。依法治理水平进一步提升，依法行政能力不断提高，形成了法治宣传教育与科技管理相互促进、良性互动的局面。

下一步，科技部将进一步完善普法工作长效机制，不断创新法治宣传教育方式，注重加强新颁布、修订的法律法规规章的学习宣传和解读实施工作，将法治学习教育作为干部队伍建设的重要内容，将法治宣传教育贯穿于执法、管理、服务工作的全过程，推动新时期科技普法工作迈上新台阶。

工业和信息化部“七五”普法规划实施情况

工业和信息化部坚持以习近平新时代中国特色社会主义思想为指导，全面贯彻党的十九大和十九届二中、三中、四中、五中全会精神，深入学习贯彻习近平法治思想，增强“四个意识”，坚定“四个自信”，做到“两个维护”，加强组织领导，扎实开展工业和信息化领域普法工作，为制造强国和网络强国建设营造良好法治环境。

一、“七五”普法工作开展情况

（一）强化组织领导

习近平总书记强调，普法工作要紧跟时代，在针对性和实效性上下功夫，落实“谁执法谁普法”普法责任制，特别是要加强青少年法治教育，不断提升全体公民法治意识和法治素养，使法治成为社会共识和基本准则。要加大全民普法工作力度，弘扬社会主义法治精神增强全民法治观念，完善公共法律服务体系，夯实依法治国社会基础。工业和信息化部党组深入学习贯彻习近平总书记重要指示精神，加强法治宣传教育工作。聚焦核心职责，按照党中央决策部署，部党组书记、部长认真履行推进法治建设第一责任人职责，通过召开党组会议、党组理论学习中心组学习等形式，及时传达学习习近平总书记在中央政治局第二十次集体学习“切实实施民法典”、中央全面依法治国工作会议，以及中央全面依法治国委员会第一次、第二次、第三次会议上的重要讲话精神，组织学习《中华人民共和国宪法》《中华人民共和国民法典》《中华人民共和国行政诉讼法》等，部署工业和信息化系统法治宣传教育和依法行政工作。

（二）加强统筹规划

印发《工业和信息化系统法治宣传教育第七个五年规划（2016—2020年）》，明确“七五”法治宣传教育的主要任务、工作安排和组织保障。印发《工业和信息化部关于实行“谁执法谁普法”普法责任制的实施意见》，建立普法责任清单。落实《法治政府建设与责任落实督察工作规定》，将普法工作作为工业和信息化领域法治政府建设的重要内容，压紧压实工作责任。

（三）做好重要普法活动

一是通过印发通知、培训研讨、释义解读等，宣传贯彻《中华人民共和国民法典》《中华人民共和国无线电管理条例》《食盐专营办法》等法律法规。二是举办执法培训和执法考试，加大对执法人员的培训力度。三是面向青年学生开展法治教育，开展大学新生“法治第一课”等普法活动。四是开展“防控疫情　法治同行”法治宣传，编印新冠肺炎疫情防控普法资料，多渠道发布疫情防控相关法律、案例等；组织电信运营商发送新冠肺炎疫情防控公益普法短信。五是举办“宪法宣传周”相关普法活动，参加“我与宪法”微视频制作活动；开展“全民国家安全教育日”普法活动，编制国家安全相关法律等普法材料。

（四）创新工作形式

一是在法律制度制定过程中贯彻普法要求。坚持“开门立法”、决策公开，法规规章和行政规范性文件制定过程中向社会征求意见，公布后及时通过新闻发布会、法律释义、专题解读、微博微信等进行广泛宣传。二是在化解行政纠纷过程中“以案释法”。严格依法办理行政复议、行政应诉案件，在复议审理、行政应诉、阅卷安排等环节向当事人释法说理；编发典型案例，建立行政复议行政应诉案件季度、年度通报机制，指导全系统加强依法行政；推行“送法上门”，派员到基层单位指导依法行政工作。三是利用新媒体进行普法。协调电信运营商发送宪法宣传等公益普法短信；在政务服务大厅公示行政许可事项的法律依据、办事指南等；编制行政执法考试题库，开展网上执法考试。

（五）加强条件保障

建立法治宣传队伍，聘任10名法律顾问、25名公职律师，充分发挥研究机构、法律服务机构、法律专家在法治宣传中的作用。加大普法经费投入，保障行政执法培训、普法工作经费。完善普法工作机制，组建普法联络员队伍。

（六）构建普法合力

通过普法规划、开展执法培训、宣传典型案例等，指导各省（区、市）工业和信息化主管部门、通信管理局开展多样化的普法活动。天津、上海、重庆、河北、河南、内蒙古、安徽、广西、西藏等地工业和信息化主管部门、通信管理局建立普法工作领导小组；北京、山西、辽宁、江苏、青海、云南等地工业和信息化主管部门、通信管理局编制了法治宣传教育规划；湖北、湖南、福建、安徽、重庆等地工业和信息化主管部门、通信管理局印发了“谁执法谁普法”普法责任制实施意见和普法责任清单；天津、辽宁、河南、江西、西藏等地工业和信息化主管部门、通信管理局以群众关注的事例创作音乐快板等节目，在世界无线电日、世界电信日等活动期间宣讲。

二、下一步工作考虑

下一步，工业和信息化部将坚持以习近平新时代中国特色社会主义思想为指导，全面贯彻落实党的十九大和十九届二中、三中、四中、五中全会精神，继续深入学习贯彻习近平法治思想，立足新发展阶段、贯彻新发展理念、构建新发展格局，紧扣高质量发展主题，坚持系统观念，围绕制造强国和网络强国建设，扎实抓好普法工作，以实际行动做到“两个维护”。

（一）创新工作方式，营造法治氛围

创新普法形式和渠道，利用微博微信、编印宣传画册、建设办事大厅、宣传典型案例、组织旁听庭审等传统普法方式，以及音像资料、网络平台、新媒体等新形式，开展普法工作进党校、进高校、进管局、进企业、进基层活动，加强工业和信息化系统法治宣传教育工作。

（二）坚持目标导向，提升普法效果

针对社会关注、工作急需和群众利益密切相关的事项，开展形式多样的专项普法活动。在立法、行政审批、行政执法、政务服务、复议应诉等工作中强化普法工作，营造良好法治文化氛围。做好对部属单位普法工作的指导，不断提升普法工作实效。

（三）统筹各方力量，加强队伍建设

加大对行政执法人员的培训力度，发挥依法行政对法治宣传教育和法治社会建设的“溢出效应”。动员各方积极参与，发挥法律顾问、公职律师、法律专家和业务骨干等的作用，做好法治宣传教育。全面落实普法责任制，强化部内、部省普法交流联动。

国家民族事务委员会“七五”普法规划实施情况

“七五”普法期间，国家民委系统以习近平新时代中国特色社会主义思想为指导，紧紧围绕铸牢中华民族共同体意识的工作主线，认真组织实施《中央宣传部、司法部关于在公民中开展法治宣传教育的第七个五年规划（2016—2020年）》（以下简称《规划》）和《全国人民代表大会常务委员会关于开展第七个五年法治宣传教育的决议》（以下简称《决议》），深入开展法治宣传教育，推动宪法和相关民族工作法律法规的宣传普及和贯彻落实，取得了明显成效。

一、“七五”普法工作开展情况

5年来，全国民委系统紧密结合工作实际、加强领导、精心组织、锐意创新，扎实深入开展法治宣传宣传教育活动。

（一）健全完善机制，统筹推进“七五”普法工作

《规划》和《决议》出台后，国家民委党组高度重视，认真组织学习，及时作出工作部署，积极推进全国民委系统普法工作的开展。先后印发《国家民委关于组织实施法治宣传教育第七个五年规划的通知》《关于成立全国民委“七五”普法工作领导小组的通知》，对全国民委系统开展“七五”普法工作提出明确要求。各地民委也按照要求和部署，结合各自工作实际，制定法治宣传教育规划，建立健全普法领导小组和办事机构，把普法宣传教育工作摆上重要议事议程，打造省、市、县、乡四级宣传网络，确保规划确定的各项措施和任务落到实处。

（二）落实普法责任制，不断创新宣传教育形式

全国民委系统统紧紧围绕“十三五”期间民族工作的中心任务，结合少数民族和民族地区的实际情况以及本部门的工作特点，认真落实“谁执法谁普法”责任制，多种形式开展法治宣传教育。一是深入开展国家宪法日主题宣传活动，通过制作展示橱窗、开设网上专题、印发宣传册等方式，在宪法日当天集中开展学习宪法和以民族区域自治法为主的民族工作法律法规，以及党的民族理论政策、民族基本知识的宣传教育。二是加强与相关部门合作，形成普法工作合力。国家民委联合司法部、全国普法办、共青团中央等部门，针对各族群众的不同需求，从2017年起连续开展三届民族政策法规知识竞答活动，参与人次超过1000万，并积极指导各地结合实际开展多种形式的竞答活动，切实提升各族群众宪法观念和法治意识；针对边境地区法治宣传教育的实际困难，与司法部、全国普法办共同组织开展“宪法边疆行”活动，指导边疆民族地区开展宪法巡讲、组织专题培训、建设教育基地以及组织宪法进基层、进军营、进宗教活动场所等举措，推动边疆民族地区尊崇宪法、学习宪法、遵守宪法、维护宪法、运用宪法，加强边疆民族地区各

族群众法治意识，促进民族团结。三是各地结合自身实际，不断强化法治宣传阵地建设。山东省自2018年4月起组织开展民族宗教政策大宣讲活动，省委统战部、省民宗委班子成员赴各市县，以市县乡党委政府分管领导、县乡村党组织主要负责同志、各级统战民族宗教工作干部、全省本科院校和省属企业党务统战干部，以及高校思政教师为对象开展民族政策和法律法规宣讲，累计宣讲1026场、175,227人次，实现省市县乡四级组织全覆盖；云南省以“法治宣传固边防”为着力点，打造多种形式的普法产品，破解边境民族地区普法宣传难题。四是创新形式开展宣传活动，在抓好传统普法产品的基础上，充分运用“互联网+法治宣传”，不断拓展普法形式和载体。2017年国家民委拍摄制作了两部以依法保障民族团结为题材的微视频，网络播出总浏览量达1000余万人次；上海市充分利用轨道交通人流密集的优势，将法治宣传教育融入地铁文化建设，开通“民族团结号”地铁专列，宣传相关民族政策和法律法规。

（三）抓重点普法对象，增强宣传教育针对性和实效性

一是大力推进领导干部和公务员学法用法，各级民族工作部门领导干部和公务员坚持把学习宪法和民族工作法律法规作为创建学习型机关的重要内容，举办全国民委系统依法行政专题研讨班，提升民委系统法治政府建设水平；黑龙江省制定《省民宗委领导干部学法制度》《省民宗委处级以上领导干部学法方案》，并明确学法参考书目，把干部学法作为机关建设的重要内容。二是深入开展青少年法治宣传教育和民族团结宣传教育，向民族地区中小学生赠送宪法读本，在各级各类学校中不断加强对青少年的民族团结宣传教育，培养各族青少年牢固树立正确的民族观和国家观，不断增强“五个认同”和自觉维护民族团结、国家统一的责任感。三是深入开展面向社区、企业的法治宣传教育，积极引导、组织各种社会力量参与民族工作，深入社区、企业开展民族工作法律法规和民族政策的宣传教育。北京市重点针对少数民族流动人口开展普法宣传，将课堂教育和开展爱国主义、民族团结主题活动相结合，引导各族群众加强交流交往、增进包容互信，3年时间培训近万人。

（四）坚持法治宣传与法治实践相结合，突出法治实践的重要作用

5年来，全国民委系统坚持用法治宣传引导法治实践，以法治实践带动法治宣传。一是推进普法宣传与法治政府建设相结合。全国民委系统认真贯彻《法治政府建设实施纲要》，深入推进全国民委系统依法行政，不断完善民族事务法治化体制机制。把依法行政工作列入年度干部教育培训计划，举办多种形式的讲座培训，提高机关工作人员的依法行政观念和水平。二是推进普法宣传与民族团结进步工作相结合。各级民族工作部门把普法宣传作为民族团结进步创建的重要内容，以创建为平台和载体广泛开展民族工作法律法规宣传教育，以普法宣传带动创建工作的深入开展。三是推进普法宣传与解决实际问题相结合。通过过法治宣传教育，提升各级机关依法行政水平，注重利用法治思维和法治规范解决问题；引导群众尊法学法守法用法，以法治精神为依托，推动形成依法办事、遇事找法、化解矛盾靠法的良好法治环境，促进和保障民族团结。

二、“七五”普法工作取得的成效

（一）全社会对民族工作法律法规的认识进一步提升

各族干部群众的宪法和法律意识明显增强，

法治观念不断提高，法律面前人人平等的意识不断深化，各族群众运用法律维护自身合法权益的意识明显增强，形成良好的遵守法律观念。

（二）民族工作法治建设迈上新台阶

以宪法的相关规定为根本，以民族区域自治法为主干，包括有关法律法规、规章和自治条例、单行条例、补充变通规定等在内的民族工作法律法规体系已基本形成，为民族事务依法治理提供了基本保障，为少数民族和民族地区经济社会发展创造了良好的法制环境。

（三）依法治理民族事务全面推进

各级民族工作部门法治政府建设步伐不断加快，完善行政执法程序，规范行政执法行为，强化行政监督和问责，完善执法责任制和执法过错责任追究制，民族工作领域治理体系和治理能力现代化水平逐步提升。

三、做好普法工作的几点建议

（一）加大对普法工作的督导力度

进一步加强对民委系统普法工作的指导，探索法治宣传教育工作的新方法、新机制，增强法治宣传教育的吸引力和感染力。加强普法工作经验交流，开阔视野，拓展思路，使普法工作更具生命力。落实法治宣传教育考核评估机制，加强年度考核、阶段性检查，真正做好中期督导检查和终期评估验收，以督促检查推进普法工作的开展和普法规划的落实。

（二）推动普法工作的法治实践

进一步加强法治宣传教育与法治实践相结合，突出宣传法治实践的重要作用，不断提高法治宣传教育的实际效果，完善民族工作法律法规体系，推动民委系统法治政府建设，用法治宣传教育引导法治实践，在法治实践中加强法治宣传教育，深入推进各项事业依法治理，加快民族事务法治化进程。

（三）创新法治宣传的手段方式

进一步结合少数民族和民族地区的实际情况，让少数民族干部群众准确理解国家有关法律法规。推动新媒体在普法工作中的应用，着力建设好各级民委政府网站及官方微信、微博等宣传平台。强化互联网思维，推进“互联网＋法治宣传”行动，更好地运用微信、微博、微电影、客户端开展法治宣传教育。

公安部“七五”普法规划实施情况

2016年以来，全国公安机关以习近平新时代中国特色社会主义思想为指导，全面贯彻落实党的十九大和十九届二中、三中、四中、五中全会精神，深入贯彻习近平总书记在中国人民警察警旗授旗仪式上重要训词精神，根据“七五”普法规划和全国人大常委会决议要求，围绕公安中心工作，大力加强普法工作，宣传学习宪法以及相关法律规定，推动法治宣传教育与公安执法实践相结合，有力促进了公安机关严格规范公正文明执法。

一、加强组织领导，夯实“七五”普法基础

（一）领导高度重视

国务委员、公安部党委书记、部长赵克志在全国会议上强调指出，各级公安机关要认真贯彻落实习近平总书记重要指示精神和党中央决策部署，按照政法领域全面深化改革推进会的部署要求，聚焦建设法治公安目标，着眼解决执法突出问题，以深化执法规范化建设为抓手，不断提升公安工作法治化水平和公安机关执法公信力。

（二）健全工作机构

公安部成立普法工作办公室，由法制局牵头，办公厅等部门参加。公安部治安管理局、铁路公安局等成立由局主要领导任组长、各位副局长任副组长的执法规范化建设领导小组，加强对普法宣传和贯彻落实“谁执法谁普法”责任制等各项工作的组织领导。

（三）加强组织部署

公安部积极贯彻落实各项普法工作部署，通过下发文件、召开会议、调查研究、督导检查等方式，对各级公安机关组织开展的尊法学法守法用法法治宣传教育活动进行部署、推动，确保全国公安机关及广大公安民警开展好宪法法律宣传、以案释法、执法培训、执法资格等级考试、法治文化建设等各项普法活动。

（四）强化督导检查

公安部组织开展部机关宪法学习宣传实施工作情况自查、“七五”普法中期评估等，确保宪法学习宣传教育和普法各项工作措施落到实处。

二、突出重点领域，扎实开展普法宣传

（一）认真学习贯彻落实习近平总书记重要讲话精神

赵克志部长多次强调，要坚持以习近平新时

代中国特色社会主义思想为指导，深入学习贯彻习近平总书记对公安工作的重要指示精神，不断增强“四个意识”、提升政治站位，毫不动摇地坚持和加强党对公安工作的绝对领导、全面领导，切实担负起党和人民赋予的新时代职责使命。党的十九大召开后，公安部党委迅速传达学习十九大精神，组织抓好十九大精神在全国公安机关的学习宣传工作。2017 年，根据习近平总书记明确提出的“对党忠诚、服务人民、执法公正、纪律严明”总要求，公安部党委把深入学习贯彻习近平总书记“十六字”总要求作为全国公安机关的重要政治任务，各级公安机关按照公安部要求，不断深化对民警的执法理念教育，不断增强民警尊法学法守法用法的自觉性，提高理性平和文明规范执法的能力水平，着力解决突出执法问题，提高公安机关的执法公信力。2020 年 8 月 26 日，习近平总书记向中国人民警察队伍授旗并致训词，公安部要求全国公安机关将学习宣传贯彻习近平总书记重要训词精神作为当前和今后一个时期全国公安机关的首要政治任务。

（二）认真学习宣传宪法

全国公安机关根据中央关于深入学习宣传和贯彻实施宪法的部署要求，围绕公安中心工作，大力加强宪法学习宣传实施教育。2018 年 3 月，公安部党委召开会议学习传达并印发学习宣传和贯彻实施宪法的通知、实施方案，教育引导广大公安民警充分认识深入学习宣传和贯彻实施宪法的重大意义，要求紧密结合公安工作和公安队伍建设实际，采取多种形式认真组织党员干部开展学习宣传和贯彻实施活动。

（三）认真学习宣传相关法规和党内法规

公安部新闻宣传局切实做好对近年来颁布实施的《中华人民共和国民法典》《中华人民共和国香港特别行政区维护国家安全法》等法律以及中国特色社会主义法律体系的学习宣传，切实做好党章及《中国共产党廉洁自律准则》《中国共产党纪律处分条例》等各项党内法规的学习宣传，组织人民公安报社等公安自有媒体刊发评论员文章、理论文章、反响报道、人物访谈等稿件，引导全警真学真懂真信真用，引导各级公安机关把全面依法治国的各项要求落实到公安工作中。公安部法制局依托全国公安机关电视电话会议系统举办线上培训，对全国公安机关民警讲解修改后的《公安机关办理刑事案件程序规定》等新法新规，进一步提升公安民警适用法律能力。

三、突出重点对象，全力提高法律素养

（一）狠抓执法实战化训练，大力提高公安民警执法能力和水平

公安部高度重视公安民警普法培训，紧密结合执法实践，坚持问题导向，突出实战实用实效，通过培训进一步提高执法质量和执法公信力，切实把执法为民理念和严格规范公正文明执法要求落实到每一项执法活动、每一起案件办理中。同时，根据新时代公安队伍能力建设需要，坚持将法律和训练高度融合，加强常见警情现场处置、现场警务指挥、武器警械基础技能战术训练，努力提升民警规范执法水平。公安部全警实战大练兵领导小组办公室专门将“法律法规”列为 11 个公共练兵科目之一，要求各部门、各警种加强学习培训。公安部人事训练局研制印发年度培训计划时，要求将习近平法治思想和基础法律法规作为各级各类培训的公共课程，并要求各警种各部门结合实践，设置与业务相关的法律法规课程。据统计，公安部平均每年举办培训班 200 余期，培训民警 2 万余人次。海关总署缉私局通过编写《〈刑事审判参考〉涉走私犯罪指导案例备忘录》、每季度典型案例战法等形式，加强对相

关法律适用疑难问题的工作指引，总结提炼缉私战术战法，有效指导一线办案。公安部法制局专门研制法律法规练兵大纲、练兵手册，推进各地公安机关研发配套题库、案例库、微课程等，为全警学法、用法提供依据和遵循，指导各地按照精细化、标准化、实战化要求，以领导干部、执法骨干、一线民警为主要对象，以集中培训、网上授课、旁听庭审、技能比赛等形式，强化日常教育培训和专项技能培训，有力推动民警执法能力的不断提升。

（二）加强青少年普法工作

各地公安机关扎实开展“护校安园”专项行动，积极落实警校共建，在校园中开展法治教育和安全防范教育，选派业务能力强、工作经验丰富的社区民警担任学校法制辅导员、法治副校长。公安部禁毒局依托全国青少年毒品预防教育数字化平台全面开展青少年禁毒法治宣传工作，推动教学计划、大纲、师资、课时、教材“五落实”，27 万所学校的 1.44 亿学生接受禁毒教育。

四、落实普法责任，深入推进“谁执法谁普法”普法责任制

根据中办、国办关于实行国家机关“谁执法谁普法”普法责任制文件要求，公安部印发公安机关贯彻落实“谁执法谁普法”普法责任制的文件并按要求制定普法责任清单。2018 年，公安部印发《公安机关以案释法工作规定》，要求各地公安机关建立健全以案释法制度，增强公安机关普法工作的针对性和实效性，提高社会公众法治意识，提升公安民警执法能力。2019 年，公安部法制局转发《关于推动国家工作人员领导干部和民警旁听庭审活动常态化制度化的意见》的通知，要求各地认真组织开展公安机关领导干部和民警旁听庭审活动，制定完善本地旁听庭审的具体办法，推动旁听庭审活动工作常态化、制度化、全覆盖。公安部铁路公安局积极组织各地铁路公安局开展“以案释法”“说理执法”等活动，在执法办案过程中对当事人相关权利义务、救济途径、投诉方式等进行公开告知，确保当事人合法权益，提高公安执法透明度和公信力。

五、坚持以文化人，大力加强法治文化建设

不断丰富普法载体，拓宽宣传阵地，广泛利用电视台、电台及各种新媒体等新闻宣传渠道，面向社会公众开展法制宣传，介绍公安机关打击违法犯罪、规范执法工作、服务群众、促进和谐警民关系的举措，全面推进公安法治文化建设。

（一）主动送法上门，深入一线普法宣传

各地公安机关基层治安户政部门和派出所充分发挥处在基层一线、点多线长面广的特点和优势，依托户籍窗口、警务室，通过警民恳谈、社区走访等方式，向群众面对面进行法治宣传教育，普及宣传相关法律法规，告知相关政策，开展安全防范宣传。公安部交通管理局持续推进文明交通进驾校“五个一”活动，从源头上提升新驾驶人安全法治素养。3 年来，共推动全国 1.8 万余所驾校开展“五个一”活动，共建设 1.3 万余个交通安全宣传教育基地或中心（室）、参与文明交通体验活动和领证前宣誓等活动，有效提升新驾驶人的安全文明法治意识。公安部禁毒局将法律“七进”与禁毒宣传“进学校、进单位、进场所、进家庭、进社区、进农村”活动相结合，充分利用禁毒微信、禁毒微博等宣传媒介以及全国 4400 多个禁毒教育基地，大力开展面向广大人民群众的普法宣传活动。

（二）依托主流媒体，扩大社会影响力

公安部督察审计局通过召开新闻发布会、在《人民公安报》刊发专刊和综述等形式，集中宣传《公安机关维护民警执法权威工作规定》，指导各地公安机关警务督察部门加大对侵犯民警执法权威典型案例的公开曝光、报道力度，在加强普法和警示教育的同时，促进公众加深对维护民警执法权威重要性的认识，提高社会公众知晓度。公安部新闻宣传局与中央广播电视总台联合拍摄制作大型警察职业荣誉竞技类电视节目《警察特训营》，组织创作推出电视剧《燃烧》《三叉戟》《光荣时代》，以及电影《片警宝音》《我是警察》等一批公安题材文化精品佳作，深刻反映近年来公安工作取得的成就，讴歌公安民警感人事迹，提升公安普法宣传工作传播力、影响力。公安部防范和处理邪教犯罪工作局联合央视《等着我》栏目，组织开展“让邪教人员回家”活动，通过被解救的邪教人员在电视中现身说法，揭露邪教的欺骗手法，宣传国家惩治邪教犯罪的法律法规，推进反邪教社会共治共建工作，进一步提高反邪教部门做好群众工作能力和水平。公安部禁毒局建设推出《人民公安报禁毒专版》、《中国禁毒报》、“中国禁毒网”、“中国禁毒”微信微博等媒体组成的禁毒宣传自有媒体平台，建成省级禁毒网站21个，禁毒官方微信30个，成为全国全面深入开展禁毒普法宣传的中坚力量。国家禁毒办会同新华社、中央电视台等中央主流媒体和门户网站，高频次、常态化发布禁毒消息，制作播出深度专题节目。

（三）依托新媒体，打造普法宣传矩阵

公安部新闻宣传局整合《人民公安报》、“中国警察网”和各地公安机关政务新媒体资源，打造上下协同、内外互动的全国公安新媒体矩阵，巧借热点话题等发布科普视频、图文等，在重大案件报道中加入警方提示和法律解析，主动设置议题，充分发挥在警务公开、回应社会关切、展示队伍形象、引导社会舆论、普法宣传、密切警民关系等方面的重要作用，先后打造了“全民国家安全教育日”、“全民禁毒月”、“6·26”国际禁毒日、“12·4”国际宪法日、“疫情当前　警察不退”等许多现象级网络话题，累计阅读量超过350亿，先后制作了《打击和防范经济犯罪宣传》等视频专题专辑，指导组织“中国警察网”积极策划线下公益活动，扩大普法宣传活动覆盖面，先后与“快跑中国”联合发起“警民同心　天下无诈”和“警民同心　天下无毒”主题快跑活动，开展“劝止酒驾”公益短视频大赛，并自创品牌“做自己的首席安全官”，成为公安普法宣传的重要阵地，同时，坚持创新文艺手段丰富公安普法宣传工作，组织开展“我奉献·我快乐”公安民警微信、微博、微电影（三微）大赛。公安部网络安全保卫局自2015年开始在新浪微博、百度、腾讯、今日头条等上线网警巡查执法账号，使网警从幕后走向台前，对网民轻微违法行为进行警示教育，对网络安全法律法规、网络犯罪手法及形势等进行宣传，不断提升网民的安全防范意识和技能。公安部交通管理局不断提升“公安部交通管理局”新媒体平台运营水平，打通“部—省—市—县”宣传链条，将交通安全宣传工作触角延伸至广大社区、乡村，以部局“两微一抖一快”等新媒体官方账号为龙头，带动全国1.2万个交警官方新媒体账号矩阵联动，持续开展全天候交通安全知识普及，“七五”普法期间，全国公安交管新媒体矩阵累计推送内容2.3亿条。

（四）依托宣传节点，集中宣传

公安部经济犯罪侦查局连续11年组织开展“5·15”日宣传活动，2018年以来会同“人民网”连续推出了《竹篮岂能打水？！》《非法集资“会诊室”》《解析诱惑背后的陷阱》等3部专题节目，采用演播室录制、分领域介绍、以案说法、专家点评等多种形式，为广大人民群众提供普法教育，受到社会各界的普遍好评。2020 年克服新冠肺炎疫情影响，如期在“人民网”推出了专题页面和节目，首次围绕 8 个经济犯罪领域开展防范宣传，“人民网”相关宣传报道全网阅读量达 1700 余万次。公安部交通管理局在“春运”“五一”“十一”等重大节假日期间，持续开展酒后禁驾、抵制“三超一疲劳”和“一盔一带”等法律法规宣传，并会同中央文明办、教育部、司法部、交通运输部等 7 部门，连续每年组织开展“12・2”全国交通安全日主题活动，通过部门联合、全国联动、媒体联播，持续开展近一个月的主题宣传，“七五”普法期间，在新华社、《人民日报》、中央电视台、《法治日报》、《人民公安报》等中央级新闻媒体刊播相关报道 3 万余条次。公安部禁毒局利用在“虎门销烟纪念日”“国际禁毒日”等重要时间节点，集中开展禁毒法律宣传活动，发布典型案例，彰显公安机关严厉打击毒品违法犯罪活动、切实维护社会大局稳定、保障人民安居乐业的坚强决心。

六、普法执法并重，认真开展依法治理工作

赵克志部长多次在全国性会议上强调，要求牢固树立以人民为中心的执法理念，以更高标准推进执法规范化建设和作风建设。各地公安机关坚持“以规范执法促进精准普法，以深度普法推动严格执法”，多方位、多层次引导群众依法参与社会管理、依法表达利益诉求、依法解决矛盾纠纷，营造社会尊法守法的良好氛围。

（一）严厉打击违法犯罪，教育群众遵守法律底线

全国治安系统不断深化治安打击整治行动，依法严厉打击治安部门管辖刑事案件和相关行政违法行为，对涉黄涉赌、涉枪涉爆、制贩假证等违法犯罪持续开展打击整治。突出缉枪、治爆、净网三个战场，围绕境内制贩、网上贩卖、境外走私三个重点，深入推进打击整治枪爆违法犯罪专项行动，大力加强危爆物品安全监管，使持枪、爆炸犯罪发案持续下降。坚持打击涉黄涉赌违法犯罪，深入开展打击整治跨境网络赌博犯罪“断链”行动。通过系列治安打击整治行动，有力惩治震慑违法犯罪活动，增强广大群众法治观念，使其自觉遵守法律，推动执法普法工作落实。全国公安机关反恐部门在法律的强力保障下，全警动员、先发制敌，依法开展严厉打击暴力恐怖违法犯罪活动工作，提前打掉一批暴恐极端团伙，抓获一批涉恐违法犯罪嫌疑人和在逃人员，及时消除了一大批涉恐隐患。

（二）打造阳光警务工作机制，促进警民关系和谐

2016 年以来，公安部不断规范和强化执法公开工作，大力推进治安、户政、道路交通、出入境等行政管理领域的执法公开，以及刑事、行政案件信息向特定对象公开等工作，以公开促进规范。为进一步加强执法公开工作，公安部于 2018 年 8 月修订印发《公安机关执法公开规定》，要求公安机关采取措施使社会广为知晓执法公开的范围、期限和途径，方便公民、法人和其他组织依法获取执法信息。公安部督察审计局针对群众反映强烈的执法突出问题，先后组织开展了执法检查“回头看”、立案突出问题专项治理等，有效推动了各类“痼疾顽症”治理工作。根据国务院做好证明事项清理工作的要求，积极推进公安部证明事项清理工作，对法律、行政法规以及公安部规章、其他规范性文件设定的证明事项进行了全面梳理，提出清理意见，以公安部名义印发通知，下发各地公安机关执行。

国家安全部“七五”普法规划实施情况

2016年至2020年年底，国家安全机关以习近平新时代中国特色社会主义思想为指导，落实“七五”普法工作规划，紧密结合维护国家安全工作实际，深入开展法治宣传教育，积极创新方式方法，法治宣传教育工作机制进一步健全，依法决策、依法行政工作进一步深化，各级领导干部和广大干警运用法治思维和法治方式开展维护国家安全工作的能力水平明显提高，全社会维护国家安全、反奸防谍的意识进一步提升，取得明显成效。

一、高度重视，切实加强组织领导

国家安全部党委高度重视法治宣传教育工作，专门成立“七五”普法工作领导小组，加强组织领导，研究解决普法工作中的重大问题。印发《国家安全机关开展法治宣传教育的第七个五年规划》，明确全国国家安全机关开展普法工作的指导思想、工作原则、目标任务和步骤安排。印发关于落实“谁执法谁普法”普法责任制的意见，明确贯彻落实“谁执法谁普法”普法责任制的工作要求。每年对全系统普法工作作出安排，对普法工作情况进行总结和监督检查。组织完成“七五”普法中期督查，总结经验，发现问题，推进工作，加强普法工作保障。加强制度建设，不断完善法治宣传教育规章制度，进一步规范和保障普法工作的开展。全国国家安全机关紧密结合自身工作实际，坚持年初有部署，年中有检查，年终有总结，工作有保障，围绕中心，服务大局，突出重点，注重实效，学用结合，普治并举，切实抓好各项普法工作。

二、突出重点，加强法治教育培训

一是突出习近平法治思想的学习宣传。通过党委理论学习中心组学习、专题培训、专门会议、辅导报告、政治轮训等形式，深入系统学习习近平法治思想，深入领会全面依法治国重大意义和总体要求。二是突出宪法的学习宣传。召开国家安全部党委理论学习中心组扩大会议，专题学习宪法，举行宪法宣誓仪式。要求全国国家安全机关开展工作必须以宪法为根本遵循，并结合国家宪法日、宪法宣传周，专门部署加强宪法学习。三是深入推进中国特色社会主义法律制度体系和国家安全领域相关法律法规的学习宣传。围绕国家安全重点领域立法，通过专题培训、学习研讨、编印学习读本和执法手册等方式，开展学习活动，并作为专业化建设的重要内容，纳入各级各类教育培训。四是加强对党章党规党纪的学习宣传。召开国家安全部党委中心组学习扩大会议，专题学习新出台的党规党纪，对全系统学习作出部署，从“关键少数”向广大党员干警拓展，促使真正入耳、入脑、入心。五是抓好领导干部这个“关键少数”。各级国家安全机关将与工作密切相关的法律法规纳入党委中心组学习内容，领导干部带头学习、带头宣讲、带头撰写心得体会。将法治教育纳入任职培训必修课程，凡晋必学，以考促学。六是强化对干警执法能力的教育培训。将法治纳入干警教育培训总体规划，作为新入职干警初任培训的必训内容，同时与各类培训相结合，强化法治意识，培养法治素养和能力，引导干警严格规范公正文明执法。七是围绕党和国家工作大局开展普法。结合抗击新冠肺炎疫情需要，国家安全部党委部署全国国家安全机关学习宣传《中华人民共和国传染病防治法》《突发公共卫生事件应对条例》等法律法规；组织专题学习《中华人民共和国民法典》《中华人民共和国香港特别行政区维护国家安全法》等重要法律。八是加强法治教材和教师队伍建设。加强各类培训法治教材编写工作，强化师资培训，打造精通相关法律的专家型师资队伍。

三、深入落实“谁执法谁普法”责任制，积极开展面向社会的国家安全法治宣传工作

一是积极动员公民、组织履行维护国家安全义务。制作并通过电视、网络等渠道播出“12339”系列公益宣传片，2018年至2020年，连续三年组织开展公民举报表彰奖励活动，依托“12339”网络举报受理平台、建审信息服务网站，开展常态化的国家安全法治宣传。北京、重庆、湖南等地出台举报间谍行为线索奖励办法，充分调动人民群众积极性，依法处置了一批群众举报的危害国家安全违法犯罪活动。二是创新方式方法。结合典型案例，精准化加强舆论引导。将宣传教育与典型案例相结合，以案说法、以案释法，利用“4·15”全民国家安全教育日、“7·1”《中华人民共和国国家安全法》颁布实施纪念日、“11·1”《中华人民共和国反间谍法》颁布实施纪念日等重要时间节点和有关宣传月、宣传周、宣传日，综合运用网络、电视、广播、报刊、公共场所屏幕、移动终端等传统和新兴媒体，采取宣教片、微动漫、微电影、专题网课等群众喜闻乐见的形式，加强宣传教育。制作并通过央广总台播出《间谍罪名的背后》《汇聚人民力量　维护国家安全》等专题片，联合央广总台新闻中心制作播出《中华人民共和国反间谍法》施行5周年和6周年、《完善法制　确保香港长治久安》、《国家安全部披露多起危害国家安全案例》等专题新闻报道，集法治教育、敌情教育和防范教育于一体，引起强烈反响；制作国家安全宣传教育“六进”公益宣传短片并通过央视、地方卫视及网络新媒体开展宣传，策划、组约权威专家评论文章，并通过《光明日报》《法治日报》等央媒予以刊发；以“国安宣”名义分别在《人民日报》、“新华网”等主流媒体平台发布《坚持以总体国家安全观为指导　全面深入推进国家安全法治建设——写在国家安全法颁布实施5周年之际》等多篇署名文章。北京市国家安全机关制作的宣传反间谍法的动漫片获得北京市微电影动漫类三等奖；浙江省国家安全机关制作的国家安全宣传片，在中央政法委、中央综治办主办的比赛中获得“最佳微视频”奖；江苏省国家安全机关创作的以小精灵“安仔”为主线的系列动漫宣传片，获得中央政法委第四届“平安中国”三微大赛全国十大微视频和最佳编剧奖。三是建设特色法治宣传阵地。在全国32个国家安全教育、反奸防谍展览和6个“全国国家安全教育基地”开辟专门国家安全法治宣传展区，其中，“上海国家安全教育馆”“江苏国家安全教育馆”“绥芬河国家安全教育馆”被司法部命名为“全国法治宣传教育基地”。四是积极推进国家安全宣传教育

进学校、进课堂、进教材。湖北、河北、海南等地开展将国家安全知识纳入大学、中学新生入学教育试点工作，连续多年举办大学生国家安全知识竞赛，编写国家安全法治教材，将国家安全教育纳入团校、党校必修课程。江苏省国家安全机关以《中小学国家安全教育》系列读本为教学依托，开展全省中小学教学试点工作，开发网络课程，社会反响热烈。浙江省国家安全机关与浙江大学联合开展国家安全形势政策必修课试点，在全省 12 所高校开讲。五是加强对机关、团体和其他组织对本单位人员维护国家安全教育的协调和指导。综合运用宣讲、手册、展览、宣传片等形式，定期深入有关机关、团体和组织，加强动员、组织、协调和指导，增强全社会维护国家安全的意识，鼓励和倡导公民、组织通过各种方式为维护国家安全贡献智慧和力量。

四、坚持法治宣传教育与法治实践的有机结合，强化法律实施

国家安全部党委把全面加强法律实施，依法开展维护国家安全各项工作，作为检验法治宣传教育成效、推进法治建设的重要方面。一是强化依法决策和依法行政。健全完善各级国家安全机关科学决策、依法决策制度，完善工作规则和议事决策程序，积极推动法律顾问工作，切实保障各项重大决策合法、合规，提升各级国家安全机关依法决策、依法行政的水平和能力。二是规范执法活动，维护宪法法律权威。建立健全国家安全机关执法规范体系，将法治宣传教育覆盖主要执法工作领域和环节，服务和保障执法实践。三是坚持在法治轨道上开展工作，着力构建科学完备的内部规章制度体系。推进规章制度“立改废释”工作，构建形成系统完备、科学规范、运转有效的规章制度体系。同时，加强对已出台规章贯彻落实的督促检查，推动规章制度的常态化教育培训，依法依规开展工作。

下一步，国家安全部将坚持以习近平法治思想为指引，进一步加强对法治宣传教育工作的组织领导、部署协调、督促检查；进一步加强面向社会法治宣传的广度、深度和力度，建立持续化、常态化的法治宣传模式，运用新媒体新技术开展灵活多样的宣传活动；进一步扩大法治培训的覆盖面，持续推进法治教育与培训工作的紧密结合，提高领导干部、执法干警运用法治思维和法治方式开展工作的意识和能力；进一步加强普法队伍建设，提高普法干部的法律素质和业务能力。

民政部“七五”普法规划实施情况

普法是全面依法治国的长期基础性工作，是建设中国特色社会主义法治体系的重要内容。“七五”普法期间，民政部按照《中共中央 国务院转发〈中央宣传部、司法部关于在公民中开展法治宣传教育的第七个五年规划（2016—2020年）〉的通知》要求，深入开展法治宣传教育，圆满完成了各项工作任务，民政部党员领导干部法律素养进一步提高，办事依法、遇事找法、解决问题用法、化解矛盾靠法的能力显著提升。

一、高度重视普法工作，保障“七五”普法有序开展

（一）提高政治站位，将思想统一到党中央国务院关于“七五”普法的部署上来

民政部高度重视“七五”普法工作。2016 年

10 月，印发《全国民政系统法治宣传教育第七个五年规划（2016—2020 年）》，把普法作为推进民政法治建设的基础性工作，与其他法治业务同部署、同检查、同落实，并在 2017 年全国民政法治工作会议中，对“七五”普法期间民政系统法治宣传提出明确要求，为有序开展普法工作奠定了基础。

“七五”普法期间，民政部每年举办全国民政法治工作培训班，部署年度法治宣传工作，要求各地民政部门用心讲好民政法治故事，把普法工作同立法工作结合起来，进一步加强民政法规宣传、解读和阐释，使民政立法过程成为宣传普及法律法规、弘扬法治精神的过程，增强全社会法治观念，促进全民守法。

为做好“七五”普法收官工作，科学制定“八五”普法规划，2020 年 6 月，民政部印发了《民政部办公厅〈关于进一步加强普法宣传工作的方案〉的通知》（以下简称《通知》），要求进一步深入学习贯彻习近平新时代中国特色社会主义思想，并对各类专项普法宣传活动进行部署，切实提高了普法工作的针对性和有效性。

（二）贯彻落实“谁执法谁普法”普法责任制

为贯彻落实《中共中央办公厅　国务院办公厅〈关于实行国家机关“谁执法谁普法”普法责任制的意见〉的通知》，推动民政系统全面履行普法责任，2018 年 7 月，民政部印发《民政系统落实“谁执法谁普法”普法责任制的实施意见》，要求各级民政部门制定本单位普法规划、年度计划和普法责任清单，明确普法任务和要求，建立健全普法工作机制，保证各项普法任务落实到位。

“七五”普法期间，民政部按照普法责任清单，重点推进基层群众性自治组织、养老服务、慈善事业、志愿服务等领域的普法工作，在法规规章起草制定、行政执法、社会管理和公共服务过程中全面履行普法责任，增强了民政法治宣传教育的实际效果。

二、积极开展各项法治宣传工作

（一）深入学习习近平新时代中国特色社会主义思想

民政部将学习宣传贯彻习近平新时代中国特色社会主义思想作为普法的首要任务，统一购买了《习近平关于全面依法治国论述摘编》，要求各单位将习近平新时代中国特色社会主义思想纳入集体学习计划，定期组织专题学习，从推进国家治理体系和治理能力现代化的高度，深刻把握核心要义和精神实质，做到学懂弄通，真正入脑入心。

（二）开展宪法学习宣传和贯彻落实工作

民政部将宪法学习宣传和贯彻实施作为一项长期政治任务。2018 年 5 月，印发了《民政部关于深入学习宣传贯彻〈中华人民共和国宪法〉的工作方案》，要求从实现“两个一百年”奋斗目标、实现中华民族伟大复兴的中国梦的战略高度，尊崇宪法、学习宪法、遵守宪法、维护宪法、运用宪法。

为学习宣传好宪法，民政部组织召开党组理论学习中心组（扩大）会议，邀请专家深入系统解读新修订的《中华人民共和国宪法》。贯彻落实宪法宣誓制度，研究制定《民政部任命的国家工作人员宪法宣誓实施办法》，以宪法精神凝心聚力，推动国家工作人员带头恪守宪法原则，维护宪法权威。认真开展“12・4”普法宣传活动，通过发放《中华人民共和国宪法》单行本、举办宪法知识竞赛、组织在线学习等多种形式开展宪法学习。组织开展“宪法伴我行”主题宣传活动，部属主要媒体刊发宪法宣传系列文章，部门户网站和政务微博微信及时发布学习宣传和贯彻实施宪法的相关信息。

联合司法部、农业农村部、全国妇联和全国普法办开展“宪法进万家”活动，要求把宪法和法治元素融入村（社区）建设。要求村（社区）以宪法为依据，对村规民约进行修订完善，并结合文明、模范家庭评选，组织引导村（居）民开展制定家规家训活动。

（三）开展疫情防控普法宣传

为贯彻落实习近平总书记关于加强疫情防控法治宣传的重要指示精神，落实党中央国务院关于开展疫情防控法治宣传要求，按照《通知》要求，组织民政部党员干部深入学习习近平总书记关于依法防控疫情的重要讲话精神和党中央关于依法防控疫情的重要决策部署，开展了公共卫生普法宣传活动，重点学习了《中华人民共和国传染病防治法》《中华人民共和国突发事件应对法》《中华人民共和国野生动物保护法》《突发公共卫生事件应急条例》《全国人大常委会关于全面禁止非法野生动物交易、革除滥食野生动物陋习、切实保障人民群众生命健康安全的决定》等法律法规，教育引导民政部党员领导干部树立公共卫生安全法治意识，自觉遵守公共卫生法律法规。

注重将法治宣传教育与立法实践相结合，配合全国人大及司法部修订《中华人民共和国突发事件应对法》《中华人民共和国传染病防治法》，并提出了切实可行的意见和建议。

（四）加强党内法规学习宣传

加强党内法规的学习宣传教育，对提高党内法规执行力，增强党员干部纪律意识，具有十分重要的意义。按照《通知》部署，对习近平总书记关于全面依法治国和全面从严治党重要论述进行了深入学习，充分运用“三会一课”等基本形式，组织开展学习和专题讨论活动。突出宣传党章，教育和引导广大党员尊崇党章，以党章为根本遵循，坚决维护党章的权威。认真学习新颁布或修订的各项主干党内法规，推动党的制度优势转化为治国理政的实际效能。

将党内法规学习宣传与日常工作实际相结合，认真做好党内法规征求意见、合法性审查与部党组规范性文件备案工作，切实增强了党员干部党章党规党纪意识，形成了尊崇党章、遵守党纪的良好习惯。

（五）学习宣传《中华人民共和国民法典》

《中华人民共和国民法典》是新时代中国特色社会主义法治建设的重大成就，是一部固根本、稳预期、利长远的基础性法律。为贯彻落实好《中华人民共和国民法典》，2020 年 7 月，民政部印发《关于学习宣传贯彻〈中华人民共和国民法典〉的通知》，要求全国民政系统扎实做好《中华人民共和国民法典》学习宣传工作，将其作为“十四五”时期民政系统法治宣传的重点。同时，对部门规章、规范性文件进行全面系统清理，积极推进与《中华人民共和国民法典》相配套、相关联法律法规的制修订工作。围绕《中华人民共和国民法典》，建立健全配套政策措施，全面落实离婚冷静期、收养评估等制度。

（六）宣传与民政业务相关的法律法规

“七五”普法期间，民政业务领域出台或修订了《中华人民共和国慈善法》《中华人民共和国老年人权益保障法》《中华人民共和国城市居民委员会组织法》《中华人民共和国村民委员会组织法》《志愿服务条例》《行政区划管理条例》等法律法规和《社会组织信用信息管理办法》《慈善组织公开募捐管理办法》《慈善组织认定办法》《慈善组织信息公开办法》《慈善组织保值增值投资活动管理暂行办法》《儿童福利机构管理办法》《行政区划管理条例实施办法》《养老机构管理办法》等部门规章，为新时代民政业务工作提供了法治保障。在上述规定出台或修订后，民政部通过举办专题培训班的方式，对全国民政干部进行宣传教育，为法规的正确贯彻奠定了基础。同时在重要时间节点，加强面向社会、面向群众的宣传活动，提高民政方面法规的社会知悉度。

积极开展脱贫攻坚法治宣传。为履行好社会救助兜底保障职责，贯彻落实习近平总书记关于民生保障的重要论述和重要指示批示精神，以及中共中央办公厅、国务院办公厅《关于改革完善社会救助制度的意见》精神，民政部积极推进社会救助立法工作，并将立法实践与普法工作相结合，在征求意见过程中，广泛宣传社会救助法的立法精神。

三、突出“关键少数”，进一步加强领导干部普法宣传力度

（一）加强党员领导干部法治宣传教育力度

认真贯彻落实国家工作人员学法用法制度，坚持领导干部带头尊法学法守法用法。将习近平新时代中国特色社会主义思想纳入部党组理论学习中心组学习内容，每年举办两次法治专题讲座，学习了《中华人民共和国宪法》《中华人民共和国民法典》《中华人民共和国国家安全法》《中华人民共和国社区矫正法》《优化营商环境条例》等法律法规及以党章为核心的党内法规。充分发挥了党组理论学习中心组示范引领作用，带领部机关各级党组织和党员干部进一步增强“四个意识”，坚定“四个自信”，做到“两个维护”，带头厉行法治、依法办事。

（二）注重提高领导干部和国家工作人员日常学法的针对性和有效性

充分利用“民政部机关公务员在线学习平台”，围绕国家发展大局，将宪法、民法典、公共卫生、突发事件应对、重大行政决策程序、优化营商环境、党内法规等纳入学习内容，注重增加与民政业务密切相关的法律法规专题课程，提高法治宣传教育的针对性。抓好公务员任职培训和初任培训法治宣传教育。在公务员任职培训和初任培训中开设法治课程，提高了领导干部和国家工作人员运用法治思维和法治方式开展工作的能力水平。

“七五”普法期间，民政部完成了各项普法任务，但也存在一些问题和薄弱环节，如普法宣传和贯彻实施工作还需要进一步深化，宣传教育活动形式不够丰富，吸引力、感召力有待加强。下一步，民政部将按照党中央国务院关于“八五”普法工作的统一部署，进一步提高政治站位，加强对普法工作的组织领导，创新普法工作的方式方法，落实好各项普法任务，讲好民政法治故事。

财政部“七五”普法规划实施情况

“七五”普法工作开展以来，全国财政系统坚持以习近平新时代中国特色社会主义思想和习近平法治思想为指导，深入贯彻党的十九大和十九届二中、三中、四中、五中全会精神，根据《中共中央、国务院转发〈中央宣传部、司法部关于在公民中开展法治宣传教育的第七个五年规划（2016—2020年）〉的通知》要求和统一部署，围绕全面推进依法治国和加快建立现代财税制度，圆满完成了财政系统“七五”普法规划的各项任务。

一、全国财政“七五”普法工作的主要做法

（一）加强组织领导，夯实普法工作基础

1. 强化组织领导，履行主体责任

财政部党组多次集体学习习近平总书记在中央全面依法治国委员会会议上的重要讲话精神，及时传达全国人大常委会立法工作会议精神，充分认识中央全面依法治国委员会成立的重大意义。2018年，财政部将“全国财政法治宣传教育和依法理财工作领导小组”更名为“全国财政法治建设领导小组”，进一步健全完善财政法治宣传教育工作机制。2016年以来，根据《法治政府建设实施纲要（2015—2020年）》，财政部先后印发《法治财政建设实施方案》《财政部关于深入推进财政法治建设的指导意见》，进一步明确了部党组和部内各单位的责任分工和主体责任。

2. 落实普法责任，形成工作合力

2018年，财政部印发了《财政部关于落实“谁执法谁普法”普法责任制的实施意见》，指导地方各级财政部门和财政部各地监管局结合本级政府要求制定普法责任清单，确保全国财政系统步调一致，齐抓共管。

3. 狠抓队伍建设，夯实普法基础

全国财政系统狠抓队伍建设，各省、市、区级财政部门法制工作机构负责财政法治建设工作，财政部各地监管局专人负责财政法治建设工作。此外，各省级财政部门普遍建立了法律顾问和公职律师制度，充分发挥法律人才专业优势。

（二）突出系统特色，打造财政普法阵地

1. 推广财政法治示范，创建地方法治名片

2012年以来，财政部开展全国财政法治示范点建设工作。2018年，按照示范点先行先试，“边试点、边总结、边宣传、边推广”的原则，将最初确定的9家示范点建设单位扩展至68家，并采取现场会、座谈会、平台宣传等多种方式推广经验，江苏省财政厅推进“六位一体”标准化管理体系，陕西省财政厅以建设“五型财政”为抓手，推广“信息一体化云系统”建设等，财政法治工作亮点纷呈，示范效应逐步凸显。

2. 建立常态机制，加强现场督导

财政部建立日常督导工作机制，在出差调研时按照就地、就近原则，对各地方财政部门的财政法治建设情况一并进行督导，并将有益经验和

先进做法通过《财政法治动态》等宣传平台在全国财政系统进行推广。

3. 纳入绩效管理，增强激励效能

河北、四川等多地财政部门将财政法治建设和依法行政作为绩效考核指标，进行“周记、月结、季评、年考”的全过程管理，将普法任务细化为具体的个人指标，将普法考核结果与干部的晋升挂钩，加强法治宣传教育的刚性约束。

4. 推进“以案释法”，提升普法实效

财政部通过编制行政复议、行政诉讼中的典型案例向全国财政系统推广经验。山东省财政厅2017年编写的《财政涉法案例选编》成为当地基层财政部门涉法工作的“教科书”；河南省财政厅对全省财政系统重大违法案件进行通报，切实发挥警示和教育作用；北京市财政局在政府采购网设置“指导案例”专栏，解读政府采购领域法律法规适用标准以及重点热点问题；广州市财政局将各类执法文书在“广州财政网”予以公开，2019年广州市在清华大学市级政府财政透明度排行榜上排名全国第一。

5. 丰富宣传形式，创建普法品牌

财政部积极组织全国财政系统参加全国普法办举办的第十届至第十二届全国百家网站、微信公众号法律知识竞赛，以及第十三届至第十六届全国法治动漫微电影征集活动。各地财政系统也逐步打造了一批法治宣传明星品牌，江苏省财政厅在每年5月或6月开展“财政宣传月”活动，湖南省财政厅精心打造“湖南财政”大讲坛，山东省财政厅联合山东财经大学开展《中华人民共和国预算法》及其实施条例知识竞赛活动，宁波市财政局开发财政普法电子台账系统，杭州市财政局建立“杭州财税直通车”市级服务站点等。

（三）围绕重点任务，提升干部法治意识

1. 强化依宪执政意识

财政部坚持深入学习宣传宪法，邀请法律顾问在部机关开展宪法专题讲座，组织全国财政系统参加全国普法办开展的“我与宪法”优秀微视频征集展播活动。江苏省财政厅举办“弘扬宪法精神 树立法治信仰”主题宪法宣传活动，浙江省财政厅组织参观“五四宪法”历史资料陈列馆，福建、安徽、青海等省财政厅开展宪法知识考试和宪法学习宣传征文活动，天津市财政局推动开展宪法展厅和宪法专栏等。此外，财政部机关、各地监管局认真落实宪法宣誓制度，在新提任的司处级干部就职时举行宪法宣誓仪式。

2. 突出宣传党章等党内法规

各级财政部门大力宣传《中国共产党廉洁自律准则》《中国共产党纪律处分条例》《关于新形势下党内政治生活的若干准则》《中国共产党党内监督条例》《中国共产党问责条例》等各项党内法规，教育引导广大财政系统党员做党章党规党纪和国家法律的自觉尊崇者、模范遵守者、坚定捍卫者。

3. 紧密结合财政中心工作

财政部编发年度《政府预算解读》，将预算法相关内容结合当年预算草案提交全国人大代表参考；组织《中华人民共和国预算法实施条例》宣讲团赴有关省市讲解最新法律规定。北京市财政局公平竞争审查工作成效显著，被中国社会科学院《地方法治蓝皮书——中国地方法治发展报告（2020）》收录，黑龙江省财政厅深入开展预算法立法后评估工作，安徽省财政厅主动上门为预算部门和其他单位宣传财税政策，宁波市财政局开展“预算专业提升年”法治宣讲活动。

（四）“点、线、面”结合，提升财政普法效果

1. 以领导干部为重点，抓住“关键少数”

部党组坚持开展理论中心组学法活动，带头尊法学法守法用法。江苏省财政厅建立“局长轮训”制度，对新任财政局长进行法律知识培训，四川、河北等省财政厅将学习宪法等内容列入党组中心组学习计划等。

2. 提升财政干部学法用法水平

财政部向部机关干部开放行政处罚听证会，组织部机关党校学员旁听行政诉讼案件庭审，坚持举办年度财政法治工作培训班。各地财政部门也逐步建立了公务员职业道德建设和法律知识培训、新录用公务员和行政执法人员上岗前法律培训考核等机制，并开展多种形式的干部学法用法活动。

3. 加强财务会计人员尊法护法意识

各级财政部门组织行政事业单位、企业财务会计人员认真学习国家有关财政、税收、财务、会计等法律法规知识。深入开展法律“六进”活动，积极设置法治宣传点、“送法下乡”场所配备法治宣传车，通过接地气的方式向广大财务会计人员普及法律知识。

4. 营造社会公众学法用法氛围

各级财政部门着力打造“全方位多层次立体式”的法治宣传教育格局。法律法规规章的解读材料及时通过门户网站、微信公众号等开展宣传，方便公众第一时间理解掌握和执行；通过采取座谈会、听证会、公开征求意见等多种形式，广泛听取社会公众对法律法规、规章、规范性文件的意见；充分利用报纸、展板、电子屏、法律宣传手册等多种实物载体，结合网络宣传平台、微信公众号等新媒体优势，及时编写发布法治工作信息。

二、面临的问题

（一）法治宣传教育重要性认识还需进一步提高

存在将法治宣传教育当作法制机构的职责，个别单位还存在“普法工作说起来重要，干起来次要，忙起来不要”的问题，依法办事的主动性与自觉性需进一步提高，遇到问题不愿或不会运用法律武器，将个人理解、工作惯例和传统理念作为解决问题的依据。

（二）法治宣传教育力量配备还不均衡

从横向来看，不同省、不同市、不同县之间财政法制机构人员配备不均衡，东中部经济发达地区人员配备优于西部欠发达地区；从纵向来看，省级财政部门在机构设置、人员配备、经费保障、制度建设和工作创新力度上要好于市、县两级。

三、下一步工作建议

（一）大力推进落实普法责任制

要继续推进普法责任制落实，各级财政部门要进一步分解、细化财政普法责任，划清“财政普法责任田”，使普法工作由法制机构的“小独唱”转变为法制机构与业务机构联动的“大合唱”，真正形成党组织统一领导下各机构各司其职、齐抓共管的“大普法”局面。

（二）加强财政法制机构和队伍建设

要将财政法治建设作为广大财政干部，特别是领导干部绩效考核的重要内容，强化刚性约束。鼓励和推动各地加快法制机构建设，推动市级财政部门逐步建立专门机构，县级财政部门明确专人从事财政法治工作，并配备一定数量具备法律专业背景和法律工作实践经验的干部。

（三）加大普法培训组织力度

建议全国普法办进一步发挥牵头统筹作用，加大对各部门法治干部的培训力度，将普法工作中总结积累的经验和方法及时与各部门共享，有效提升各部门的普法工作质量和水平。

人力资源和社会保障部“七五”普法规划实施情况

2016年以来，全国人力资源社会保障系统以习近平新时代中国特色社会主义思想为指导，全面贯彻党的十九大和十九届二中、三中、四中、五中全会精神，按照《中央宣传部、司法部关于在公民中开展法治宣传教育的第七个五年规划（2016—2020年）》的部署，紧紧围绕“十三五”时期人力资源和社会保障事业发展目标任务，深入开展人力资源和社会保障法治宣传教育。

一、“七五”普法工作情况

人力资源社会保障部高度重视“七五”普法工作，把法治宣传教育作为全面依法治国的一项长期基础性工作抓紧抓好。部党组书记、部长切实履行推进法治建设第一责任人职责，每年都主持召开党组会研究法治工作中的重大问题，部署普法重点工作安排，推动法治宣传教育深入开展。为全面落实“七五”普法规划要求，人力资源社会保障部成立了全国人力资源社会保障系统法治宣传教育领导小组，制定了《全国人力资源社会保障系统法治宣传教育第七个五年规划（2016—2020年）》《人力资源社会保障部关于贯彻“谁执法谁普法”普法责任制的实施意见》等文件，提出了具体措施，进行了全面部署。各地人力资源社会保障部门都建立了相应的领导机构，制定了本地区的普法规划和实施意见。全系统上下联动、积极谋划、创新方式，组织开展了一系列法治宣传教育活动，取得了较好效果。

（一）大力开展系统干部普法工作

1. 深入学习宣传习近平新时代中国特色社会主义思想

各级人力资源社会保障部门通过中心组学习、个人自学、集中研讨、邀请专家辅导等多种方式，深入学习习近平新时代中国特色社会主义思想，特别是习近平总书记在中央全面依法治国委员会第一次、第二次、第三次会议上的重要讲话精神，深刻领会精神实质，准确把握核心要义，从严从实抓学懂弄通，对标对表抓贯彻执行，切实提升贯彻落实的政治、思想、行动自觉。

2. 突出学习宣传宪法

各级人力资源社会保障部门都把宪法列为党组（党委）中心组学习的重要内容，通过多种方式开展学习。2018年《中华人民共和国宪法修正案》颁布后，人力资源社会保障部立即举办了学习贯彻宪法专题讲座暨部党组中心组学习（扩大）会，举办了“认真贯彻实施宪法、自觉维护宪法权威”专题讲座。同时，每年都在全系统组织开展以学习宣传宪法为主题的普法宣传活动，通过组织知识测试、主题征文、宪法宣誓等方式，构建形式多样的学习载体，实现学习宣传宪法全覆盖，提高党员干部宪法意识。

3. 持续开展系统干部法治培训

认真落实4部门《关于完善国家工作人员学

法用法制度的意见》，把法治教育纳入干部教育培训总体规划，大范围、多层次开展系统干部法治培训，人力资源社会保障部每年至少举办 1 期法治专题培训班，地方人力资源社会保障部门每年举办 2 期以上法治专题讲座。充分利用系统干部在线学习平台开展网络法治培训，聘请优秀师资录制法治课程，丰富学习内容，推动系统干部更加重视法治学习，提高依法行政能力。

（二）面向社会公众开展普法工作

1. 围绕中心工作，开展重点领域普法宣传

坚持普法和业务相结合，围绕年度重点工作安排，聚焦群众关心的热点问题，大力宣传就业创业、社会保障、人事人才和劳动关系领域的法律法规。特别是 2020 年，为了推动一系列复工复产和稳就业的政策措施的贯彻落实，人力资源社会保障部在全国组织开展了“普及人社法规，稳定百姓就业”为主题的法治知识网络竞赛活动，系统干部和社会公众踊跃参加，参与答题人数超过 700 万人次，营造了稳就业、保民生的良好氛围。

2. 针对重点人群，有针对性地开展普法

根据就业困难人员、农民工、高校毕业生等不同群体特点，组织开展就业援助月、“春风行动”、民营企业招聘周、高校毕业生就业服务月等专项活动，有针对性地宣传就业创业政策。针对企业经营管理人员，开展多种形式的劳动用工法律知识培训，进一步提高企业依法用工水平。针对技工院校学生，专门印发通知，要求技工院校从 2017 年新学年起，将人力资源和社会保障法律法规作为技工院校必修课程的重要内容，增强法治观念，提高参与法治实践的能力。

3. 利用重要时间节点，扎实开展各类主题普法活动

针对年底欠薪较为集中问题，每年“两节”期间都组织开展保障农民工工资支付集中宣传活动。打造“12333”品牌，先后组织开展了以“走近社保卡”“话说居民养老保险”“全民参保”“智慧人社、智慧服务”“职业技能提升，改变你的生活”为主题的“12333”全国统一咨询日活动。

4. 狠抓重点环节，认真落实普法责任制

在法规规章草案起草过程中，充分利用召开座谈会、到基层调研、公开征求意见等方式，说明相关制度设计，增强社会对相关立法的知晓度和理解。法规规章和规范性文件公布后，都要通过“1+2+X”形式进行深入解读。大力推动“看得懂、算得清”政策解读工作，以群众喜闻乐见的形式，用接地气的群众语言解读政策，切实增强宣传实效。在组织重大活动、专项检查、专项行动时，对普法的内容、形式作出同步部署。充分发挥公共就业服务、人才、社会保险经办等窗口单位作用，把向管理服务对象普及相关法律知识作为必备工作流程，在依法履行职责、提供公共服务的过程中答疑解惑，使人民群众及时、准确了解相关政策法规。

（三）创新普法形式开展普法工作

1. 组织开展多种形式的法治知识竞赛

人力资源社会保障部分别于 2017 年、2018~2019 年、2020 年三次通过互联网组织开展全国人力资源和社会保障法治知识竞赛，其中 2018~2019 年还进行了现场竞赛。三次竞赛参与答题超过 1000 万人次，总访问量超过 7.6 亿人次。活动全面覆盖 31 个省、自治区、直辖市和新疆生产建设兵团，有 10 余个省份参与人数超过了 30 万人，取得了良好的普法效果。通过法治竞赛活动，初步探索了一条发动系统和全社会积极参与，实现上下联动、社会共建的普法路径。

2. 积极推动以案释法

建立并落实工作人员以案释法制度，在行政处罚、行政检查、劳动人事争议仲裁、工伤认定等过程中，结合具体案情向当事人进行释法说

理，把矛盾纠纷排查化解和法治宣传教育有机结合起来，让群众在解决问题中学习法律知识、增强法治观念。在人力资源社会保障部门户网站、《中国劳动保障报》及“中国劳动人事争议调解仲裁”微信公众号等平台上设置《典型案例》专栏，组织开展经常性的以案释法活动，推动法治宣传教育贴近基层、贴近百姓、贴近生活。

3. 充分利用新媒体开展普法

充分发挥互联网的重要作用，建立健全新媒体普法的工作机制，打造人力资源社会保障网络宣传矩阵，依托网站、微博、微信、微视频和移动应用等新媒体新技术开展普法活动，努力构建多层次、立体化、全方位的法治宣传教育网络，增强普法活动的可及性和针对性。

通过 5 年的努力，系统干部的法治意识和依法行政能力进一步提高，社会公众对人力资源和社会保障政策法规的知晓度普遍提升。但是，与中央要求、社会需求相比，仍然存在一些不足，主要表现在：一是不同群体对法律知识的需求存在较大差异，普法的针对性和有效性有待提高。二是在互联网时代，如何更好地开展普法宣传，吸引更多“粉丝”，扩大宣传面和强化宣传效果，尚需要不断研究。三是有的单位对普法工作重视不够，普法经费不足，缺少普法工作人员，还没有找到推动普法责任制落实的有效手段和方法。

二、有关建议

第一，各级人力资源社会保障部门普法宣传经费普遍存在困难，进而使普法宣传工作的深度、广度受到严重制约，建议加大普法宣传经费支持力度。

第二，普法的内容、形式、方法与形势发展、群众的需求相比还有一定差距，建议进一步研究普法工作的有效形式，加强新媒体新技术在普法工作中的运用，提高普法实效。

第三，建议进一步落实领导干部学法用法制度，加强对领导干部学法的效果评价和结果运用，督促和引导广大干部进一步增强法治观念，提高依法行政能力。

自然资源部“七五”普法规划实施情况

“七五”普法工作开展以来，自然资源系统以习近平新时代中国特色社会主义思想为指导，全面落实“谁执法谁普法”普法责任制，自然资源“七五”普法工作圆满收官，成效良好，依法行政能力显著提升，自然资源法治环境持续向好，法治化水平明显提高。

一、加强学法用法，深化法治实践

各级自然资源主管部门党组（党委）认真落实法治建设工作的领导责任，切实履行法治建设第一责任人的职责，强化领导干部学法用法实践，健全普法工作考核机制，完善依法行政制度，显著提升了全系统干部法治思维和依法行政能力，进一步深化了自然资源法治实践。

（一）建立健全党组（党委）宪法法律学习制度

自然资源部建立了党组中心组宪法法律学习制度和国家工作人员宪法宣誓制度，落实“一把手”亲自抓法治建设的领导和工作机制。部党组会议专题学习研究贯彻中央全面依法治国委员会会议精神，研究和审议自然资源法治工作。党组中心组召开扩大会，带领全体干部学习《中华人民共和国宪法》《中华人民共和国民法典》《中华人民共和国公职人员政务处分法》等多部法律。举办新任命干部宪法宣誓仪式。地方各级自然资源主管部门建立党组（党委）中心组学法制度。天津市规划和自然资源局扩大对区分局局长法治培训的范围，要求所有新任局长1年内接受法律法规相关课程培训，5年内必须达到一定课时。黑龙江省自然资源厅党组中心组每年至少进行4次集体学法，同时以“全面依法治国，加快法治建设”为专题，开展厅领导登台讲法活动。

（二）强化干部学法实践

以推动全系统干部牢固树立社会主义法治信仰、宪法法律至上的意识、“有权必有责，用权受监督”理念为目标，通过把法治教育课程纳入全系统各级干部队伍培训，不断健全干部学法用法制度。学习内容上，深入学习习近平法治思想，注重学习党内法规，全面学习以宪法为核心的中国特色社会主义法律体系和自然资源管理法律法规。时间安排上，注重在相关法律法规规章出台或修订后及时组织培训。课程设置上，区别岗位、环节、人员需求，精心设计相应学法课程，开展全方位、多领域、多层次的培训。山西、福建、广东、贵州等省自然资源厅专门组织法律知识考试，包括厅领导班子成员在内的全体干部全部参加考试。

（三）完善普法考核机制

注重把法治学习教育、普法责任落实等作为自然资源法治建设考核的重点标准，纳入干部绩效考核和领导班子、领导干部年度述职，将考核结果作为年度考核的重要内容和领导干部任免、晋升、奖惩的重要依据。与此同时，积极推动地方建立普法工作考核制度，将普法情况与自然资源节约集约模范县创建、土地指标分配、重大专项资金分配等挂钩。河北省自然资源厅建立法治宣传教育工作考评指导标准和评估机制，加强对普法规划贯彻落实情况的检查考核，将“七五”普法工作任务分解，纳入年度工作绩效考核，年初部署、年中检查、年末考评。江苏省自然资源厅健全普法与法治同步部署、同步推进、同步考核“三同步”联动机制，注重考核结果应用，考核分值折算后纳入自然资源节约集约利用综合评价考核体系中，实现考核与地方政府评先评优、土地指标奖励相挂钩。

（四）完善依法行政制度

一是健全自然资源法律制度体系。推动完成了《中华人民共和国土地管理法》修改工作，加快推进《中华人民共和国矿产资源法》《中华人民共和国土地管理法实施条例》等法律法规修改工作。二是完善依法行政制度。自然资源部作为全国推行行政执法“三项制度”、规范性文件合法性审核、行政执法监督工作等多项试点（联系点），积极推进各项试点（联系点）工作，并在实践中不断完善相关制度。建部以来，自然资源部制定了全面推行行政执法“三项制度”的实施方案，全面推行行政规范性文件合法性审核机制工作，加强和完善行政复议和行政诉讼制度建设，发布了自然资源部行政许可事项清单、行政处罚事项清单，抓紧制定自然资源部行政检查事项清单。三是建立健全法律法规规章规范性文件动态清理机制。认真落实党中央精神和深化“放管服”改革要求，对自然资源管理领域现行有效的法规规章规范性文件进行了全面清理，在此基础上编印并向全系统干部发放《自然资源管理常用法律法规汇编》《自然资源管理规范性文件汇编》等系列书籍。

二、创新社会普法，优化法治环境

坚持把树立法治理念、弘扬法治精神、培育法治文化摆在突出重要位置，通过把握普法的重要时点、重点对象、重点环节，创新普法形式，增强普法实效，大力培育自然资源法治文化，不断优化自然资源法治环境，积极营造“办事依法、遇事找法、解决问题用法、化解矛盾靠法”的自然资源法治环境。

（一）创新形式，提升普法实效

积极利用世界地球日、全国土地日、世界海洋日、全国测绘法宣传日、国家宪法日等重要时点，在因地制宜开展法律“六进”活动的基础上，主动适应时代要求和受众需要，创新普法形式，充分运用门户网站、微博、微信、“学习强国”App 等新媒体平台，精心制作普法漫画、短视频，大力开设云端课堂，积极开展网上答题等活动，在全社会积极营造自然资源法治氛围，形成普法新常态。将网络新媒体作为普法工作重要阵地，定期发布重大法律法规和政策文件以及典型案例，围绕自然资源领域热点难点问题发布法律解读文章，发布《以案说法》《政策解读》《你问我答》《环球法苑》等法治宣传教育专栏，在与网友的良性互动中普法。与此同时，号召全系统干部职工和群众关注“中国普法”微信公众号。山东省自然资源厅深化“双基”法治建设，推行工作前期介入制度，建立自然资源咨询员制度，设立法治工作室。河南省自然资源厅结合乡村振兴，开展“百名政策法规专家下基层巡回宣讲活动”。湖北省自然资源厅深入开展“疫情防控　法治同行”专项法治宣传活动，通过印制普法手册和宣传挂图、编写抗击疫情助力复工复产法治微视频剧本等，开展针对性强、内容接地气、形式灵活的法治宣传活动。四川、贵州、云南等省自然资源厅结合精准脱贫，针对易地扶贫搬迁、土地整治、设施农业发展、地质灾害避险搬迁等进村入户开展法治扶贫。

（二）抓重点对象，加强青少年普法

自然资源部一直以来都将青少年作为普法宣传教育的前沿阵地。联合中央网信办、外交部、教育部等 12 家单位组织举办多届全国版图知识竞赛和少儿手绘地图大赛，推动将国家版图意识教育纳入中小学教学内容，参与编撰以青少年学生为主要受众的《国家版图知识读本》。地方各级自然资源部门也精心组织了以青少年为主体的宣传活动。天津市规划和自然资源局在天津规划展览馆和海洋博物馆等青少年喜爱的场所开展法治宣传教育基地活动，寓科普于普法。江西省自然资源厅与江西省农业大学联合开展进学校、进农村、进社区“三进”法治知识宣讲活动，让学生了解熟悉《中华人民共和国土地管理法》《中华人民共和国野生动物保护法》等法律知识，树立珍惜土地、保护自然的观念，增强节约集约利用资源、推进生态文明建设的意识。

（三）抓重点环节，坚持普执结合

坚持把普法工作融入法治实践全过程，切实落实“谁执法谁普法”普法责任制。一是充分利用法规规章的起草制定过程向社会开展普法。自然资源部通过将《中华人民共和国土地管理法》《中华人民共和国矿产资源法》《不动产登记暂行条例实施细则》等法律法规规章向社会公开征求意见，引导社会公众主动参与重大立法决策。二是围绕自然资源领域热点难点问题向社会开展普法。针对 2019 年修订的《中华人民共和国土地管理法》，积极采取参加新闻发布会、接受访谈、发表解读文章、编写辅导书籍、制作动漫微视频等多种方式进行全方位解读，增强社会公众对自然资源法律法规的知晓度。2019 年，某热播剧

因存在的“问题地图”引发网友热议，自然资源部第一时间通过官方微博进行回应，责成属地管理部门对涉嫌违法违规的行为依法进行处理，优化标准地图服务并公布获取渠道，同时结合全国测绘法宣传日暨国家版图意识宣传周活动，进一步强化国家版图意识的宣传教育，提升公民的国家版图意识。三是开展行政执法人员以案释法。在执法案件办理过程中，将执法依据的相关法律法规、救济途径告知行政相对人，结合案情进行充分释法说理。浙江省自然资源厅把执法普法中建立“以案释法”制度、定期组织案件评查和旁听庭审作为“分内之事”，使行政执法和纠纷解决过程成为向社会弘扬法治精神的过程。四是通过行政复议应诉工作开展普法。通过发布行政复议、行政诉讼、公益诉讼等典型案例，引导行政相对人学习相关法律、依法表达诉求，在法治框架内解决矛盾纠纷。上海市自然资源局采用行政复议现场审理会的方式，邀请申请人、被申请人共同参与，把矛盾纠纷化解与法律宣传教育有机结合，从源头上化解矛盾纠纷。

三、统一思想、凝心聚力，开创普法新局面

“七五”普法期间，在全国普法办的指导和支持下，自然资源系统扎实开展工作，顺利完成了各项任务，也取得了一定成绩，全系统有多个单位和个人获得了全国普法办“七五”普法中期通报表扬。经检查督导，从总体上来看，自然资源系统“七五”普法工作领导机制健全、保障措施有力、普法形式多样，普法工作取得明显成效。在开展自然资源系统“七五”普法工作的过程中，始终坚持做到“五个注重”：注重在服从服务党和国家大局中推进普法工作；注重抓重点对象关键环节，强化党组（党委）对普法工作的领导；注重将对内教育和对外宣传相结合，推动“将纸面上的法律变成现实生活中的法律”；注重精心设计普法活动载体，积极创新普法工作形式，提高普法的精准性实效性；注重深入基层贴近群众，关注对农民、矿山企业及各类市场从业主体等的法治需求。

对照新时代新形势新要求，自然资源系统普法工作与党中央国务院的要求和人民群众的期盼相比，与建设法治政府的总体目标相比，还有一定的差距，存在工作水平不够均衡、工作进展不够平衡、普法与业务工作有待进一步融合、普法主体责任有待进一步加强等问题和不足。下一步，自然资源部将继续以习近平法治思想为根本遵循和行动指南，坚持党的领导、以人民为中心、服务党和国家工作大局等原则，按照全国普法办的统一部署，结合自然资源管理工作实际，不断健全普法工作机制，系统部署推进“八五”普法工作，认真抓好各项任务落实，推动法治宣传与法治实践深入融合，力争开创普法工作新局面，持续营造良好法治环境，提升法治能力和水平，为深化全面依法治国实践提供坚强的基础保障。

生态环境部“七五”普法规划实施情况

自2016年实施“七五”普法规划以来，在司法部、全国普法办的统一部署下，生态环境部结合工作实际，精心组织，有计划、有步骤地开展“七五”生态环境普法工作，调动全社会积极参与用最严格制度、最严密法治保护生态环境，形成了依法治污良好氛围，取得了生态环境法治宣传教育的良好成效。

一、以习近平法治思想为指导，统筹部署“七五”生态环境普法工作

（一）深入学习宣传习近平法治思想、党中央关于全面依法治国的重要论述和文件

部党组建立健全法治学习机制，每年组织举行1~2次理论中心组法治讲座。认真组织学习传达习近平法治思想、习近平生态文明思想的严密法治观、习近平总书记关于民法典等法律实施的重要指示精神、中央全面依法治国委员会会议精神、新修订宪法辅导报告等全面依法治国的重要论述和文件。部党组书记围绕贯彻落实习近平法治思想、习近平总书记重要指示精神，结合每次法治讲座内容，提出深化生态环境法治工作有关要求，引导和推动全国生态环境系统努力提升法治思维和法治能力，在法治轨道上推进生态环境治理体系和治理能力现代化，切实将习近平总书记重要指示精神融入生态环境保护工作的各方面和全过程。

（二）细化分工，明确责任，积极推进

生态环境部高度重视生态环境法治和普法工作。部长明确提出，要以法律的武器治理环境污染，用法治的力量保护生态环境。2016年6月，生态环境部印发《环境法治宣传教育第七个五年规划（2016—2020年）》，明确“七五”生态环境普法指导思想、主要目标和普法对象，细化普法工作主要内容、方法与措施，并提出了强化组织领导等一系列保障措施。2017年11月，为深入开展环境法治宣传教育，全面推进法治政府建设，出台《落实“谁执法谁普法”普法责任制的实施意见》，明确了生态环境部落实普法责任制的指导思想、主要任务，建立普法责任制、考核评价制度、普法资源共享等机制，强化普法实效。

二、以环境执法推进环境法治宣传教育，发挥“谁执法谁普法”普法责任制实效

（一）把普法教育贯穿于环境行政执法全过程

为严格落实生态环境法律法规，有效开展环境违法问题专项整治行动，生态环境部统筹安排舆论宣传工作，通过互联网、报刊、电视、广播等方式，定时发布专项行动开展情况，及时推进正面典型报道，曝光违法行为。2016年以来，以2015年修订的《中华人民共和国环境保护法》实施为龙头，印发按日计罚、查封扣押、限产停产、信息公开等4个配套办法，连续开展“环保法实

施年”活动，清理整顿常年累积的违法违规建设项目64.1万个，关停取缔污染严重单位2万余家，废除阻碍环境监管执法的“土政策”206件。“七五”普法期间，全国实施环境行政处罚案件83.3万件，罚款金额536.1亿元，分别较“六五”普法期间增长1.4倍和3.1倍。全国适用2015年修订的《中华人民共和国环境保护法》配套办法案件达到14.7万件。鼓励公众参与，推动实施生态环境违法行为有奖举报制度，畅通公众监督渠道。2019年，广东东莞在石马河流域上游4镇试行生态环境违法有奖举报政策，累计核发举报奖金1350万元。2020年，河南、安徽分别实施生态环境违法举报奖励6761件和4057件。推动构建生态环境保护社会共治新格局，使公众更加了解生态环境法律法规，更加尊重和支持环境执法工作。

（二）健全科学民主沟通机制，实现普法与执法深度融合

积极推进在依法行政过程中，生态环境系统工作人员主动告知行政相对人、利害关系人实施行政行为的法定依据及可能产生的法律后果及救济途径的普法。例如，在建设项目环境管理过程中，严格落实《建设项目环境影响评价信息公开机制方案》，对建设项目环境影响评价文件进行拟审查公示，并在公示中明确告知申请人、利害关系人提出听证申请的权利。出现可能引发网络舆情、涉群体性事件等情形时，对涉及的法律问题等向社会公众进行释明。强化执法帮扶，落实“谁执法谁普法”普法责任制，与企业集团、行业协会联合举办环境守法培训，定期针对中小企业开展普法培训。全面推进信息公开，强化企业自律，推动企业从“要我守法”向“我要守法”转变。服务群众、方便群众发挥监督作用，引导和支持公民、法人和其他组织依法表达诉求和维护权益，使行政许可、纠纷调解、督察帮扶的过程成为向人民群众弘扬生态环境法治精神的过程，形成最广泛、最可靠的生态环境法治宣传教育“统一战线”。

（三）以解决环境民生问题为契机，推进精准普法

在推进整治事关群众生态环境权益突出问题时，以身边事教育身边人，通过明确识别普法对象，大力开展精准普法研判。如对饮用水水源地、黑臭水体、细颗粒物和臭氧污染防治等重点领域、重点任务保持高压态势，特别是对重污染天气应急预警期间超标排放从严打击、从重处罚，持续增强人民群众生态环境获得感。以废矿物油等危险废物为重点，持续深入开展严厉打击危险废物环境违法犯罪专项行动，完善跨省危险废物环境违法犯罪案件的信息共享和联动执法机制。对跨区域危险废物案件实行提级查办，对涉及多省多地、性质恶劣的，会同公安部、最高检视情况开展专案督导。推动在生态环境领域形成办事依法、遇事找法、解决问题用法、化解矛盾靠法的良好法治氛围，以精准普法为着力点，推进环境民生问题有效解决。

三、围绕法治政府建设，扎实开展生态环境普法工作

（一）积极推进宪法学习宣传贯彻实施工作

根据《中共中央关于深入学习宣传和贯彻实施〈中华人民共和国宪法〉的意见》和《中共中央宣传部等关于组织开展宪法学习宣传教育活动的通知》要求，生态环境部印发了《关于深入学习宣传和贯彻实施宪法工作方案》，明确了指导思想，突出了4方面的学习重点，细化了6项工作任务，确保学习宣传和贯彻实施宪法工作取得成效，落到实处。

（二）将普法宣传工作贯穿到法律法规制（修）订的全过程

承办生态环境领域“新法”宣贯座谈会，印

发重点法律宣贯通知，指导和督促地方生态环境部门结合工作实际主动探索，持续建立健全法律宣贯工作机制。2017年、2018年、2020年，全国人大环资委、全国人大常委会法工委、司法部（原国务院法制办）等与生态环境部联合召开《中华人民共和国水污染防治法》《中华人民共和国土壤污染防治法》《中华人民共和国固体废物污染环境防治法》实施座谈会。在座谈会上，生态环境部主要负责同志均进行交流发言，对生态环境系统宣贯相关法律进行部署。同时，积极通过媒体向社会公众进行法治宣传，生态环境部于2019年、2020年专门举行两次新闻发布会，介绍生态环境法律、行政法规和规章制定和实施情况，围绕重点立法进展、公众关心的法律制度回答了媒体的问题。此外，在所有生态环境法律法规送审之前，公开征求社会意见。通过全社会的参与，宣传相关生态环境法律法规。

（三）做好行政复议普法工作

积极受理群众向生态环境部申请行政复议案件，在行政复议个案审理过程中强化普法实效。认真分析案情，核实有关事实，强化行政复议法律文书说理。“七五”普法期间，生态环境部行政复议决定作出撤销或者确认行政行为违法、责令履责的约占21%，其中，针对下级生态环境部门具有普遍性行政行为违法等问题印发法律意见书，规范执法和依法履责，切实保障人民群众合法的环境权益，让人民群众在生态环境个案中感受到公平正义，实现普法和依法行政两者法律效果和社会效果的有机统一。

四、深入开展普法宣传培训，切实提高普法工作针对性

（一）强化反腐倡廉法律法规和党纪条规学习宣传

针对孟某、万某某严重违纪违法案件，印发《关于孟某严重违纪问题的通报》《关于万某某严重违纪违法案件查处情况及其教训警示的通报》。召开全国生态环保系统“以案为鉴，营造良好政治生态”专项治理工作动员部署视频会议，组织实施以案为鉴专项教育方案，举行全面从严治党责任书签订仪式暨党组织书记、纪检组织负责人述职会，在全系统推动全面从严治党向纵深发展，宣传反腐倡廉的决心和信心。

（二）以推选法治人物为契机，树立生态环境保护法治典型

根据司法部（原国务院法制办）关于推荐年度法治人物候选人的要求，在全国环境保护执法系统进行了认真、广泛、严格的组织、遴选。经生态环境部推荐参选，四川省凉山州环境保护局环境监察执法支队支队长被推选为“2017年度法治人物”、浙江省温岭市环境监察大队副大队长兼大溪中队中队长被评为“2019年度致敬奖”获奖者，经过中央电视台等媒体报道，有力宣传了环境保护系统法治典型，获得了社会公众理解和认同，具有积极意义。

（三）多形式多途径开展法治宣传活动

结合“6·5”环境日、“4·22”地球日、“9·16”国际保护臭氧层日、“5·22”国际生物多样性日、“12·4”国家宪法日宣传活动，通过网站、微博、微信等途径，扩大环境法治宣传教育的覆盖面，积极开展环境保护法律法规的专题宣传教育活动。

（四）以普法清单为重点，大力开展专业培训

为进一步提高生态环境干部业务水平，增强依法行政能力，围绕《环境保护部普法责任清单》梳理的125项重点环境法律法规规章，明确普法牵头司局。同时，举办各类专业培训班100余期，培训内容涉及新制（修）订的法律法规、依法行政、典型案例分析等，共计培训各级环境管理及执法人员10,000余人次，有力提升了生态环境系统干部队伍普法实效。

住房和城乡建设部“七五”普法规划实施情况

“七五”普法工作启动以来，住房和城乡建设系统认真贯彻落实《中共中央　国务院转发〈中央宣传部、司法部关于在公民中开展法治宣传教育的第七个五年规划（2016—2020年）〉的通知》要求，围绕住房和城乡建设中心工作，深入开展法治宣传教育，普法工作取得明显成效。

一、开展的主要工作

（一）加强组织领导

住房和城乡建设部先后成立由部主要负责人任组长的法治建设领导小组和分管负责人任组长的普法领导小组，定期召开会议，研究部署普法工作。各省级住房和城乡建设主管部门均相应成立法治建设和普法领导小组，由主要负责人或分管负责人任组长，配备专人开展普法工作，并将普法经费纳入财政预算予以专项保障。

（二）完善工作机制

住房和城乡建设部印发《关于在住房城乡建设系统开展法治宣传教育的第七个五年规划（2016—2020年）》《贯彻〈法治政府建设实施纲要（2015—2020年）〉的实施方案》等文件；从中国政法大学、中国人民大学等单位聘请5名专家为部法律顾问，充分发挥法律顾问在普法工作中的策划、咨询、把关作用；印发《全国住房城乡建设系统公职律师试点工作方案》《住房和城乡建设部公职律师管理暂行办法》，推动部机关20名公职律师和系统内公职律师积极参与普法工作。地方各级住房和城乡建设主管部门结合实际，制定了本地区的“七五”普法规划和年度计划，不断完善各项普法工作机制，并认真组织实施。

（三）全面学习宣传

一是重点学习宣传习近平新时代中国特色社会主义思想。住房和城乡建设部党组坚持把习近平新时代中国特色社会主义思想作为法治建设的行动指南，通过党组扩大会议、专题讲座等形式进行认真传达学习。中央全面依法治国工作会议召开后，部党组及时传达学习习近平总书记在会议上的重要讲话精神，并部署推动全系统深入学习贯彻习近平法治思想。北京市住房和城乡建设委“七五”普法期间举办专题学习讲座近 50 场；甘肃省住房和城乡建设厅将厅党组中心组相关专题学习扩大到机关副处级以上干部，参加学习讨论的党员领导干部达 4800 余人次。

二是突出学习宣传宪法。住房和城乡建设部党组将宪法学习宣传作为普法重点组织专题学习。上海市住房和城乡建设管理委依托市宪法宣讲团，开展了 30 余次宪法宣讲活动，推动宪法学习覆盖系统各个层面；西藏自治区住房和城乡建设厅组织 20 余名干部参加自治区党委、直工委宪法学习辅导报告会和专题讲座，积极宣传党的领导和宪法至上理念；山西省住房和城乡建设厅在厅门户网站设置宪法宣传专栏，在机关党建微信群定期推送宪法知识，全省共组织宪法宣传活动 600 余场次；宁夏回族自治区住房和城乡建设厅组织领导干部观看《中国宪法》等宣传片，多次开展学习宪法演讲活动。

三是深入学习宣传党内法规。住房和城乡建设部党组每年将党内法规列入党组理论学习中心组学习计划，认真组织学习宣传。山东、黑龙江、云南省住房和城乡建设厅运用“学习强国”“龙建学堂”“灯塔—党建在线”“云岭先锋”等线上平台，组织党员干部随时随地学习党内法规；湖南、江西、四川、陕西、海南、贵州、辽宁、吉林、新疆、西藏、青海等省（区）住房和城乡建设厅和北京、重庆市住房和城乡建设委多次安排党组会、理论学习中心组学习党内法规。

四是认真学习宣传民法典。住房和城乡建设部印发《关于加强民法典学习宣传的实施意见》，对全系统民法典宣传作出部署，提出明确要求，并举办专题讲座组织各级领导干部通过视频学习；在《中国建设报》推出《一典一点看》专栏，宣传民法典中与住房和城乡建设领域相关的知识点。江苏、山东、安徽、湖南、四川、吉林、西藏等省（区）住房和城乡建设厅和北京市、天津市住房和城乡建设委通过组织专题讲座，河南、河北、贵州、陕西、内蒙古、黑龙江等省（区）住房和城乡建设厅和新疆兵团建设局、重庆市城市管理局通过开展知识竞赛等形式，广泛开展民法典学习宣传活动。

五是持续学习宣传行业法律法规。住房和城乡建设部就《危险性较大的分部分项工程安全管理规定》《建设工程消防设计审查验收管理暂行规定》等部门规章及时开展宣贯和培训工作，其中 2020 年连续开展 5 期视频培训，累计培训 5 万余人。上海市绿化和市容管理局推进市、区、街镇三级垃圾分类普法宣传，组建宣讲团集中培训 1.6 万余场次，培训 150 万余人次；内蒙古自治区住房和城乡建设厅组织 10 余次新闻发布会，宣传解读《内蒙古自治区物业管理条例》《内蒙古自治区民用建筑节能和绿色建筑发展条例》等行业法规；浙江省住房和城乡建设厅厅长参加浙江电视台普法节目，向全省居民宣讲《浙江省城镇生活垃圾分类管理办法》；重庆市住房和城乡建设委组织物业服务企业、街道办事处、社区居委会等单位宣传《重庆市物业管理条例》，张贴海报 9 万份，发放条例单行本 1.5 万册；湖北省住房和城乡建设厅组织《湖北省城镇供水条例》《湖北省风景名胜条例》《湖北省城镇保障性住房管理办法》等法规规章学习宣传，印发宣传册4万余本，张贴标语横幅2000余条。

（四）聚焦重点对象

各级住房和城乡建设主管部门针对领导干部、行业管理、行政执法人员等重点普法对象，不断完善学法用法制度。住房和城乡建设部印发《关于完善住房城乡建设系统国家工作人员学法用法制度的实施方案》，坚持部机关领导干部带头尊法学法用法守法。江苏、四川、湖南、河北、黑龙江、云南、内蒙古、甘肃等省（自治区）住房和城乡建设厅和重庆市住房和城乡建设委等对拟任职领导干部进行依法行政情况考察和法律知识测试，不合格的不予任命；广东省住房和城乡建设厅党组开展法治专题学习50余次，厅领导带头讲法治专题党课；宁夏回族自治区住房和城乡建设厅加强对一线执法人员的普法工作，累计培训行政执法人员3000余人次，覆盖面100%；福建省住房和城乡建设厅建立省市联合、分片组织机制，对全省行政执法人员进行轮训，做到计划、内容、时间、人员、效果“五落实”。

（五）做好专项普法

一是做好国家宪法日、宪法宣传周专项普法工作。各级住房和城乡建设主管部门积极利用“12·4”国家宪法日以及宪法宣传周，开展多种形式的宪法宣传活动。住房和城乡建设部每年“12·4”前后部领导带头举行宪法宣誓仪式。河南省住房和城乡建设厅在宪法宣传周组织制作的宪法宣传作品“让人人在蓝天下呼吸”获得国家优秀奖；广东、甘肃、安徽、广西、贵州等省（区）住房和城乡建设厅深入基层乡镇，开展“12·4宪法进农村”活动，进行宪法现场宣传。

二是积极开展“防控疫情　法治同行”等专项法治宣传活动。住房和城乡建设部在《中国建设报》专版刊登新冠肺炎疫情防控和国家安全法律知识等法律知识。浙江省住房和城乡建设厅在全国率先编发《住房城乡建设行业企业新冠肺炎疫情防控有关法律风险应对指引》，湖北、辽宁、山西、内蒙古、广西、青海等省（区）住房和城乡建设厅先后印发各类复工复产政策法律问题指引和优化行政审批服务通知，帮助行业企业解决实际困难；北京市城市管理综合行政执法局将商务楼宇、商场和餐馆“三类场所”作为疫情防控法律法规宣传重点，通过新闻发布会、制作疫情防控宣传片进行解读；天津市住房和城乡建设委通过观看专题片、发放宣传册、微信群推送宣传资料等方式，在每年“4·15”国家安全教育日积极宣传国家安全知识。

（六）落实普法责任

住房和城乡建设部印发《关于在住房城乡建设行政复议工作中落实“谁执法谁普法”普法责任制的指导意见》；定期邀请法官、专家学者、律师等开展法治专题讲座；2019年12月以来，每月在《中国建设报》上刊发行政复议典型案例，推进以案释法。广东、湖南、辽宁、海南、江西、安徽、青海、山西、宁夏、贵州等省（区）住房和城乡建设厅和上海市住房和城乡建设管理委印发普法责任清单，细化年度普法责任，主动接受社会监督；黑龙江省住房和城乡建设厅印发《以案释法工作制度》，指导执法人员依法行政；江苏省住房和城乡建设厅坚持普法与安全生产同部署、同检查，每年组织开展安全生产法律法规主题学习宣讲。

（七）创新普法形式

一是充分发挥各类媒体的宣传教育作用。各级住房和城乡建设主管部门充分发挥广播、电视、报刊、门户网站、政务微博、微信等媒体作用，创新开展直播互动、网上展厅、线上安全体验、微视频等活动，大力宣传法律法规。住房和城乡建设部在《中国建设报》、“中国建设新闻网”和“中国建设报”微信公众号上分别开设“建设法治”专版，及时向社会公众宣传各类建设法治信息。北京市住房和城乡建设委建立“安居北京”新媒体矩阵，解读行业法律法规和政策，截至2020年年底，关注量150余万人，阅读量达9900余万次；陕西省住房和城乡建设厅利用互联网、微信公众号、手机App等新媒体平台实施普法宣传，形成立体化的法治宣传教育网络；广西壮族自治区住房和城乡建设厅通过开设“广西乡村微课堂”，制作以住房保障、垃圾分类、消防设计为内容的微视频，宣传有关法律法规；福建省住房和城乡建设厅开设普法微信公众号，累计推送660余次，阅读量达220余万次；甘肃省住房和城乡建设厅在《甘肃建设手机报》开设《七五普法》专栏，向全省行业主管部门累计发送普法内容100余期；湖南省住房和城乡建设厅在黄花机场设置媒体机，向社会公众宣传行业法律法规和有关工作动态。

二是积极通过旁听庭审普法。住房和城乡建设部印发《关于在住房和城乡建设部机关推行行政应诉案件旁听庭审制度的规定》，2019年以来选取近20个典型案例，组织部机关公职律师和工作人员1500余人次参加现场和线上旁听庭审。天津市城市管理委组织全体领导干部到天津市第二中级人民法院、和平区法院参加旁听庭审；四川、广东、辽宁、新疆、广西、甘肃等省（区）住房和城乡建设厅每年组织领导干部和工作人员参加旁听庭审。

三是多种形式推进法治宣传。各级住房和城乡建设主管部门结合本部门、本地区实际，多种形式开展普法宣传。内蒙古自治区住房和城乡建设厅创建党建子品牌“法规处说法”，通过“线上、线下、走出去、请进来”四大说法方式，推进法治宣传；陕西省住房和城乡建设厅组织开展“法治陕西大讲堂”专题活动，邀请专家通过系列生动的案例宣讲，摆事实、讲道理，取得了良好的普法效果；福建省住房和城乡建设厅依托厅法律服务团、省建设法治学会力量，深入厦门、宁德、泉州、平潭等地举办各类基层法律法规培训。

二、存在的主要问题

（一）部分地方宣传形式单一

部分地方普法工作与重点工作结合不紧密，形式单一，不能满足普法对象的实际需求，法治宣传效果不够理想。

（二）法治队伍建设有待加强

各地法治机构和人员配备参差不齐，特别是部分基层法治部门往往只有1~2个工作人员，承担了大量的工作任务，普法人员大多是兼职，难以全面、系统、专业地开展普法宣传。

（三）基层经费保障还有不足

大多数基层单位普法经费较为紧缺，部分没有专项普法经费，无法满足实际需求，基层普法活动开展存在一定困难。

三、有关意见建议

（一）积极探索普法工作创新

充分利用新媒体和“互联网+”平台，创新普法形式，丰富普法载体，扩大普法工作的覆盖面，增强普法工作的吸引力和实际效果。

（二）不断加强普法队伍建设

进一步配齐配强普法机构和人员，确保基层有专职普法人员；探索高校、政法机关、企事业单位、人民团体和社会组织中具备法律知识、热心普法工作的人员组建普法讲师团，使之成为普法工作重要力量。

（三）保障基层普法专项经费

加大对基层普法经费的保障力度，将每年普法经费列入年度财政预算，足额拨付，专款专用，力争普法经费逐年增加。

交通运输部“七五”普法规划实施情况

根据《中央宣传部、司法部关于在公民中开展法治宣传教育的第七个五年规划（2016—2020年）》要求和交通运输部“七五”普法规划工作安排，交通运输系统认真开展“七五”普法活动，顺利完成了各项既定的普法目标任务。

一、提高政治站位，精心组织部署

（一）高度重视，提高认识

交通运输部高度重视“七五”普法工作，坚持以习近平新时代中国特色社会主义思想为指导，认真学习贯彻习近平法治思想，深入贯彻党的十九大和十九届二中、三中、四中、五中全会精神，增强“四个意识”、坚定“四个自信”、做到“两个维护”，把全面依法治国放在“四个全面”战略布局中把握，坚持党对交通运输法治工作的领导，始终把交通运输法治政府部门建设摆在突出位置，与交通运输中心工作同部署、同推进、同督促。充分发挥法治政府部门建设领导小组的作用，先后组织召开6次法治政府部门建设领导小组会议，传达学习习近平总书记重要讲话精神，研究部署普法依法治理工作。同时，认真开展交通运输法治政府部门建设系列在线访谈等活动，把法治贯穿到交通运输规划、建设、运营、养护、管理全过程各环节，不断提高交通运输治理能力。

（二）精心组织，周密安排

严格按照全国普法办的要求，科学制定“七五”普法工作方案、细化工作分工、明确工作重点、确定时间节点和实施步骤，确保普法工作顺利开展、稳步实施、层层推进。各级交通运输主管部门和部属各单位把普法依法治理情况作为综合督查和年度目标考核的重要内容，采取年度检查和日常考核相结合等方式进行督促检查，实行部署、检查、考核“三落实”，确保思想认识到位、工作计划到位、责任分工到位，保证“七五”普法工作有组织、有计划、分层次、有针对性地开展。

（三）加强领导，强化保障

认真贯彻执行《党政主要负责人履行推进法治建设第一责任人职责规定》，建立健全普法工作责任制，普遍成立由党政主要领导或分管领导参加的普法依法治理领导小组和办事机构，并定期召开会议，落实专人负责普法工作任务，负责指导、协调、监督、考核、宣传教育等各项普法工作，形成了“主要领导全面抓、分管领导亲自抓、各个单位和部门具体抓”的工作格局，为“七五”普法工作的顺利开展提供了有力组织保障。同时，为保障“七五”普法工作的顺利开展，普遍加强普法工作经费保障的制度化建设，将普法经费纳入财政预算，为普法工作提供了有力物质保障。

二、拓展普法内容，抓牢宣传重点

（一）深入学习宣传贯彻习近平法治思想

认真学习宣传习近平总书记关于全面依法治国重要论述和《习近平谈治国理政》等著作，认真学习贯彻习近平总书记在中央全面依法治国委员会第一次、第二次和第三次会议上的重要讲话精神，按照全面依法治国总要求，发挥法治固根本、稳预期、利长远的保障作用，着力抓好法治宣传与法治实践的有机结合，推动全行业干部职工法治意识、法治思维、法治素养的全面提升，把社会主义核心价值观融入法治建设全过程、各方面，努力在交通运输系统形成良好的法治氛围。

（二）重点开展宪法法律和交通运输领域相关法律宣传

一是深入学习贯彻落实宪法。以宪法宣传周、“12·4”国家宪法日等为契机，普遍开展形式多样、内容丰富的学习宣传活动，将宪法纳入日常学习内容，定期举行宪法宣誓，教育引导干部职工进一步增强法治意识。交通运输部认真开展宪法学习宣传活动，积极参加司法部、国家网信办、全国普法办举办的“我与宪法”微视频征集活动。二是认真学习宣传贯彻国家法律法规。2020年，为落实习近平总书记关于“全党要切实推动民法典实施，以更好推进全面依法治国、建设社会主义法治国家，更好保障人民权益”的重要指示，交通运输部党组组织集体学习民法典，邀请专家进行授课，切实推动民法典实施，不断提高部机关工作人员的法治意识和依法行政能力。同时，认真学习宣传贯彻《中华人民共和国安全生产法》《中华人民共和国国家安全法》《中华人民共和国反恐怖主义法》《中华人民共和国突发事件应对法》《中华人民共和国保守国家秘密法》《优化营商环境条例》《保障农民工工资支付条例》《生产安全事故应急条例》《中华人民共和国政府信息公开条例》等，努力提高运用法治思维和法治方式深化改革、推动发展、化解矛盾、维护稳定、应对风险的能力。三是深入开展《中华人民共和国公路法》《中华人民共和国航道法》《收费公路管理条例》《道路旅客运输及客运站管理规定》《交通运输行政执法程序规定》等交通运输领域法律法规规章学习宣传，切实增强依法行政意识，不断规范行政行为特别是执法行为。

（三）深入学习宣传贯彻党内法规

交通运输系统广大干部职工认真学习《中国共产党章程》《中国共产党支部工作条例（试行）》《中国共产党纪律处分条例》《中国共产党问责条例》《中国共产党党内监督条例》《关于新形势下党内政治生活的若干准则》等党内法规法纪，坚持开展“三会一课”，结合“两学一做”学习教育和“不忘初心、牢记使命”主题教育活动，认真开展党性分析，多次召开系统警示大会，及时通报违反中央八项规定精神、违法违纪典型案例，以案释纪、以案明纪、以案示警，不断增强干部职工的红线意识、底线意识、规矩意识。

三、创新普法形式，突出工作实效

（一）深入开展法治培训活动

交通运输系统高度重视法治培训工作，通过邀请专家学者，开展多种形式的培训活动，有力推进交通运输法治政府部门建设，不断提高交通运输系统领导干部、法治工作干部的法治思维与依法行政能力。交通运输部每年至少举办两期全国交通运输行业领导干部法治政府部门建设专题培训班，邀请专家学者专题讲授法治政府建设最新理论研究及实践、《交通运输部重大行政决策程序规定》、行政诉讼典型案例等，对省级交通运输主管部门、部属单位、部内司局分管法治工作的厅局级和处级负责同志进行法治培训，不断提高领导干部尊法学法守法用法的法治观念，以及运用法治思维和法治方式深化改革、推进发展、化解矛盾、维护稳定的能力水平。例如，海南省交通运输厅自“七五”普法以来，共组织举办讲座 129 场，受训人员 5079 人，提高了执法队伍的执法规范化水平。

（二）认真开展“防控疫情　法治同行”活动

认真学习宣传习近平总书记在统筹推进新冠肺炎疫情防控和经济社会发展工作部署会议上的重要讲话精神，扎实开展“防控疫情　法治同行”活动，学习宣传贯彻《中华人民共和国野生动物保护法》《中华人民共和国国家安全法》《中华人民共和国传染病防治法》等法律法规。交通运输部高度重视、周密部署在运输环节做好野生动物保护和疫情防控工作。系统梳理疫情防控方面的法律法规政策文件，编写应对新冠肺炎疫情文件汇编。地方各级交通运输部门积极发放新冠肺炎防控法律知识手册，张贴疫情防控内容的海报，及时解读宣传疫情防控法律政策，引导群众稳定情绪、增强信心，同时统筹推进疫情防控和交通运输行业有序复工复产，全面提高依法防控、依法治理能力。中国船级社认真开展“安全生产月”活动，组织参加国家安全生产法知识竞赛和答题近 2 万人次，开展“隐患排查治理”和安全生产“随手拍”活动，共收集案例 840 余件，不断提高风险防控和应急处置能力。

（三）扎实开展“旁听庭审”活动

为提升广大干部职工依法履职、依规办事的能力，交通运输系统积极组织干部职工参加观看法院庭审活动，开展“以案释法”活动，进一步提升干部职工法治意识、程序意识、权利意识、责任意识，提高依法行政的主动性和自觉性。有的地方还举办了“路政处罚案件行政诉讼庭审演练”活动，教育干部职工严格依法规范公正文明执法。

（四）持续开展“法律六进”和“服务大局普法行”专题活动

结合交通运输行业特点，积极创新普法工作方式，将普法融入执法全过程，认真落实行政执法“三项制度”，事前公开执法依据、执法权限等，事中注重说理式执法，事后建立案例库，开展法治宣传月、安全生产月、路政宣传月等主体普法活动，有效引领全行业提高诚信执法、依法办事的观念和素养。有的地方持续深化法律“六进”机制，利用各单位自身资源条件，组织执法人员送法进机关、进乡村、进社区、进学校、进企业、进单位，开展法治专题活动，积极引导和帮助服务对象、管理对象以及社会群众学法用法。例如，甘肃省交通运输厅自“七五”普法以来，共组织出动法治宣传车辆5000余台（次），行程近万公里，散发传单10万余份，开展法治讲座和现场咨询近百场次，有力提高了交通运输系统从业人员的法治意识。

四、落实普法责任制，加强法治文化建设

（一）贯彻落实“谁执法谁普法”普法责任制

印发《交通运输部办公厅关于贯彻落实交通运输系统“谁执法谁普法”普法责任制的通知》，坚持普法工作与法治实践相结合，健全普法宣传教育机制，落实普法责任，大力构建“谁执法谁普法”工作格局。向全国普法办报送的《普法责任清单》，被列入第一批《中央国家机关普法责任清单》。地方各级交通运输主管部门制定落实方案，以“谁执法谁普法”责任制为抓手，把普法融入执法的全过程、各环节，同时加强检查考核，确保交通运输系统普法工作的顺利开展、稳步实施、层层推进、取得实效。

（二）创新普法工作机制

结合行业和地区特点，因地制宜，创新普法工作机制，提高普法宣传的效果。有的地方通过协调多部门协作、大数据精准识别，基本清除“克隆”出租车。有的地方启动“法治护航强国路”系列普法活动，实现公水铁全参与，点线面全方位，山区库区海岛全覆盖。有的地方积极构建以案释法机制，积极参与“法律与你同行”广播节目，通过媒体宣传执法典型案例，宣传交通运输法律法规，解答群众疑问，树立严格规范公正文明的行政执法形象。

（三）加强法治文化建设

高度重视法治文化建设，丰富法治宣传教育的形式和载体，通过组织开展法治文化长廊、法治交通大讲堂、法律知识竞赛等丰富多彩的法治宣传文化活动，努力创建紧跟时代特色、服务交通发展的法治文化，使广大交通运输干部职工和服务对象深刻领悟法律的精神和精髓。有的地方推出系列法治文化创建项目，推出“八百里皖江海事包公”“浔阳清风”“亮剑三江”“奖惩履职先锋”等一系列具有社会影响力的法治文化品牌，将法治文化和党建品牌创建、文明创建结合起来。有的地方打造“依法护航、星辉三江”品牌、创立“法治道德讲堂”品牌，有效拓展法治文化的传播途径，丰富法治文化宣传内涵和外延，为落实法治要求提供文化支撑。

“七五”普法活动开展以来，交通运输系统各级干部职工的法治意识不断增强，依法行政、依法办事能力不断提升，交通运输治理能力不断提高，交通运输法治环境持续改善。交通运输部积极参加全国普法办举办的相关活动，在“第十二届全国百家网站 微信公众号法律知识竞赛”活动中荣获优秀组织奖，在2018年、2019年“我与宪法”优秀微视频作品征集展播活动中荣获“优秀组织奖”，交通运输部选送的《路与使命》等7部参赛作品获奖。2019年，共4名人员和2个单位获得全国普法办“七五”普法中期先进个人和先进集体称号。同时，在普法工作中尚存在普法责任制落实不够有力、普法载体创新不够、普法效果有待加强等不足。建议全国普及法律常识办公室增强普法宣传力度、创新普法宣传方式方法、提高普法宣传的效果。

下一步，交通运输部将进一步贯彻落实“谁执法谁普法”普法责任制，加大普法力度，创新普法载体，切实提高普法宣传的覆盖面、影响力和有效性。

水利部“七五”普法规划实施情况

“七五”期间，水利部坚持以习近平新时代中国特色社会主义思想为指导，全面贯彻党的十八大、十九大和十九届二中、三中、四中、五中全会精神，深入贯彻习近平法治思想和习近平总书记关于治水工作重要讲话、重要指示批示精神，积极践行“节水优先、空间均衡、系统治理、两手发力”的治水思路，以实施水利“七五”普法规划为重点，扎实推进水利法治宣传教育与水利法治实践相结合，取得了积极成效，为水利改革发展营造了良好的法治环境。

一、加强组织领导，健全普法体制机制

（一）领导重视，考核推动

水利部高度重视普法依法治理工作，部党组把“七五”普法作为推进水利系统依法行政的重要基础工作，将普法教育纳入水利部年度考核，强化结果运用。部党组主要负责同志认真履行法治建设第一责任人职责，多次主持研究水利法治重要事项，及时听取工作汇报，带头尊法学法守法用法。

（二）编制规划，确保落实

水利部印发《全国水利系统法治宣传教育第七个五年规划》，每年制定实施水利系统普法依法治理工作要点和重要普法活动节点制定实施方案，稳步推进“七五”普法各项任务落到实处。组织开展水利系统“七五”普法中期检查和总结验收，确保全面完成“七五”普法各项任务。

（三）充实队伍，保障经费

水利系统各级建立健全普法领导小组和普法办公室，制定完善制度，明确工作职责。例如，黄河水利委员会构建了100余支普法队伍，专兼职普法联络员达2000余人。2019年3月，水利部印发《水行政执法监督业务经费定额标准（试行）》，明确水利普法定额标准，保障了经常性普法经费。

二、紧抓普法重点，力促普法精准有效

（一）紧扣重点内容宣传

部党组多次组织学习习近平法治思想，深入领会核心要义，认真抓好贯彻落实。加强宪法学习宣传，组织开展一年一度的宪法宣传周活动，举行部机关公务员宣誓仪式和辅导讲座，弘扬宪法精神。加强民法典学习宣传，水利部党组举行中心组（扩大）学习会专题学习民法典，梳理《中华人民共和国民法典》与水利工作密切相关条款，制定《水利系统学习宣传民法典实施方案》。适应全面从严治党新形势新要求，通过“三会一课”，采取各种方式，加强党内法规学习宣传。

（二）突出重点活动开展

“世界水日”“中国水周”普法宣传是水利普法重要抓手，每年3月22~28日，各级水利部门围绕宣传主题精心组织，百万水利人齐心协力，线上线下深度联动，以举办法治专题讲座、举办新闻发布会、水法知识大赛等多种形式，扎实开展集中宣传活动。据统计，每年发布有关报道超2万篇，在全社会营造了浓厚的爱水惜水节水和依法治水管水的良好氛围。围绕党和国家工作大局，组织开展了“服务大局普法行”“防控疫情　法治同行”“全民国家安全日”“网络安全宣传周”“安全生产月”等专项活动。例如，长江水利委员会坚决贯彻落实党中央、国务院关于新冠肺炎疫情防控决策部署，广泛普及防疫法律知识，提高职工自我防护意识，保障复工复产安全有序推进。海河水利委员会推进“水法律进村庄”和“法治扶贫”相结合，联合结对帮扶村，开展基层普法、水法治宣传教育和法律咨询援助工作。

（三）强化重点对象学法

将领导干部作为学法普法的“关键少数”，进一步完善了部党组理论中心组集体学法、机关工作人员、水政执法人员学法用法等机制，举办年度水利系统司局级领导干部法治培训班，全国水利系统受培训司局级领导干部近300人次。水利系统党校和重点培训班次中，增加依法行政和涉水法规的相关学习，不断提升水利干部队伍法治素养。

三、落实普法责任，推进普法执法融合

（一）建立健全水利普法责任制

水利部印发《关于实行水利系统“谁执法谁普法”普法责任制实施意见》，促进普法与执法有机融合。制定水利部普法责任清单，将部机关各司局负责执行的重点法律法规规章以清单的形式列示，明确了普法主体责任，划定了普法工作的“责任田”。

（二）加强水行政执法中的释法说理

把普法责任贯穿到法治实践的事前、事中、事后全过程，推行说理式执法，在执法中强化水利政策法规的宣传教育，提高行政相对人的法律

意识，增强了行政相对人严格守法的自觉性。在河湖违法陈年积案“清零”行动中，对涉河违建依法进行处置，案件处理过程中将普法工作同部署、同落实，开展警示教育，以案释法，取得了以点带面、震慑一片的良好效果。

（三）落实以案释法制度

通过典型案例征集、宣讲比赛、微视频制作等多种形式开展以案释法活动。针对全国河道溺水伤亡案例开展调研，提炼有指导意义的案例，其中“男子冰面遛狗溺亡索赔案”被最高人民法院列为指导性案例。组织拍摄《人・水・法》系列宣传片，在《中国水利报》上开设专栏刊载案例，通过个案宣传普及水法规，加强水利社会管理和公共服务。

四、加强阵地建设，营造浓厚水法治文化氛围

（一）打造水利普法文化品牌

经过20多年的努力，“世界水日”“中国水周”已经成为我国水利公益性宣传和水利法治宣传最重要的平台；《人・水・法》系列法治宣传片在“共产党员网”在线播出，深受社会各界好评，已成为水利普法的重要品牌。同时，在《中国水利报》和“水政在线”网站设立《人・水・法》普法专刊和专栏，扩大了普法品牌的覆盖面及影响力。

（二）推进法治宣传教育基地建设

各级水利部门沿河、沿湖打造了水法治文化长廊、水法治文化主题公园、水法治文化主题广场等，人民群众在休闲娱乐中，潜移默化接受普法教育和水情教育。加大法治元素融入水情教育基地、水利风景区建设，因地制宜加强法治宣传教育。黄河水利委员会河南黄河法治文化带和江苏南京“聚焦长江”水法治宣传园地入选全国法治宣传教育基地。

（三）拓展水利普法互联网阵地

开展“互联网＋水法治宣传”行动，强化互联网思维，以“中国水利”及“法治水利”微信公众号、“水政在线”网站等为龙头，积极发挥水利普法新媒体矩阵作用，创作水法治文化作品，积极参加各类法治宣传活动，在“我与宪法”微视频征集活动，全国法治动漫微视频征集活动中均斩获奖项。

五、普法成效显著，推进依法治水管水

（一）普法与立法并举

水利部加快推动水资源管理、河湖管理等方面的法规制度建设。“七五”期间，《长江保护法》通过全国人大常委会审议，《农田水利条例》颁布施行，《大中型水利水电工程建设征地补偿和移民安置条例》完成修订，《最高人民法院、最高人民检察院关于办理非法采矿、破坏性采矿刑事案件适用法律若干问题的解释》施行，水法律法规的宣传内容不断丰富。

（二）普法与执法并重

严格落实水行政执法“三项制度”，水政执法成效逐步显现。持续开展全国河湖“清四乱”行动，累计清理整治“四乱”问题16.4万个。深入开展重点水利领域扫黑除恶专项斗争，扎实开展水事违法陈年积案“清零”行动，普法效益凸显，水事违法案件逐年下降。

（三）普法与依法行政结合

深化“放管服”改革，行政许可事项持续精简，“证照分离”改革顺利推进，“双随机、一公开”监管加快实施，便利企业和群众办事。水利部建立法律顾问和公职律师制度，严格落实规范性文件审查与备案管理。加强水事纠纷预防调处，地区间边界水事活动总体平稳，在实践中展现了普法工作的成效。

农业农村部"七五"普法规划实施情况

2016年以来，农业农村部以习近平新时代中国特色社会主义思想为指导，认真贯彻落实《中央宣传部、司法部关于在公民中开展法治宣传教育的第七个五年规划（2016—2020年）》，紧紧围绕农业农村经济社会发展目标任务，多措并举推动"七五"普法工作取得明显成效，广大干部和农民群众法治意识不断增强、法治素养持续提升，以尊法守法为基础的农业农村法治文化氛围逐步形成，为实施乡村振兴战略、推进乡村治理体系和治理能力现代化提供了有力保障。

一、加强领导，夯实责任，构建普法工作大格局

（一）强化领导机制

农业农村部党组高度重视农业农村法治建设，把普法作为基础性根本性工作来抓。机构改革后，重新组建农业农村部依法行政领导小组，由部长任组长，分管领导任副组长，部机关司局、派出机构主要负责同志为成员，强化对农业农村法治工作的领导；组建法规司，并将依法行政领导小组办公室设在法规司，着力强化农业农村法治工作的统筹组织和推进实施。各地农业农村部门也成立了以部门负责人为组长、相关工作机构负责人为成员的普法工作领导小组，形成了分工有序、运行高效的工作机制，为"七五"普法规划实施提供组织保障。

（二）制定规划方案

认真落实"七五"普法规划要求，及时研究制定《农业系统法治宣传教育第七个五年规划（2016—2020年）》，对"七五"普法工作作出系统部署安排，地方各级农业农村部门也结合实际制定了本部门"七五"普法规划和工作方案。结合实际制定《农业农村系统"七五"普法规划总结验收考核指标体系》，扎实开展"七五"普法中期检查和终期总结验收工作。

（三）明确责任清单

严格落实"谁执法谁普法"的普法责任制，机构改革后制定新的《农业农村部普法责任清单》，明确了108部涉农法律法规规章的普法责任分工，把普法任务分解落实到具体负责执行涉农法律法规规章的相关司局和事业单位。责任清单实行动态管理，根据法律法规规章立改废情况，及时调整补充清单内容，确保新制修订的法律法规规章及时纳入普法范围。各单位按照清单要求，明确分管领导、分管处室和具体责任人，制定普法工作计划，细化普法工作措施，有效推动普法任务落实。

（四）强化落实保障

将农业农村普法纳入部机关和事业单位年度绩效考核内容，明确工作责任，量化考核指标，扎实推进普法任务落到实处。及时调度部内各司局各单位和各地农业农村部门的普法工作情况，通过

印发简报、组织媒体宣传等方式，交流互鉴，激励鞭策。各级农业农村部门将法治宣传教育工作经费纳入本级财政预算，确保普法工作顺利开展。

二、结合实际，突出重点，打造法治宣传主阵地

（一）积极开展“服务大局普法行”活动

按照“服务大局普法行”主题实践活动有关要求，结合农业农村实际，在全系统组织开展“乡村振兴与普法守法”为主题的普法宣传活动，推动普法向系统拓展、向基层延伸。中国农民丰收节期间，制作“民法典为乡村振兴保驾护航”“一分钟带你了解农业法”“一分钟带你了解种子标签、二维码追溯、种子备案”等短视频，以生动的形式解读法律，在今日头条、新浪微博、微信公众号等新平台上发布，受到了广泛欢迎。春耕春播期间，结合农资打假开展普法宣传，重点宣传《中华人民共和国种子法》《中华人民共和国农药管理条例》，提高群众依法维权、科学规范使用农资的能力，确保春耕春播顺利开展。开展“平安农机”创建工作，“七五”普法期间共创建全国“平安农机”示范市27个、示范县224个，示范岗位标兵共517名。充分运用各媒体平台，推动乡村法治宣传教育向纵深推进。

（二）积极开展“宪法进农村”活动

在宪法宣传周期间，组织开展形式多样、内容丰富的宪法及涉农法律法规宣传活动，机构改革后连续两年举办“宪法进农村”主题活动。2019年，在北京顺义举办主题为“深入贯彻实施宪法法律，推进乡村治理体系和治理能力现代化”的主场活动，开展宪法知识问答、法律咨询服务、法治宣传资料发送和民俗文化展示等农民群众喜闻乐见的活动，同时通过微视频、动漫等新媒体新技术广泛宣传宪法和涉农法律。2020年，在山西省太原市清徐县举办主题为“唱响宪法主旋律，共谱法治惠民曲，为全面推进乡村振兴保驾护航”的主场活动，包含“铺设宪法通村大道”“过好宪法传统大节”等多个环节，开通“宪法走基层直播间”，活动当天直播观看量达到200多万人次，有力扩大了宣传覆盖面和影响力。同时，组织全国农业农村系统上下联动举办各具特色的“宪法进农村”主题活动，编印《宪法及主要涉农法律汇编》《宪法及主要涉农法律知识农民读本》《农民群众学法用法简明读本》等发放给基层干部和农民群众，推动宪法法律进村入户，增强了农民群众尊法学法守法用法意识。制作全国“宪法进农村”主题活动宣传视频，在“农视网”等平台播放340余万次，提升了宣传的持续影响。

（三）积极开展“防控疫情　法治同行”活动

及时制定印发《农业农村部防控疫情专项法治宣传行动实施方案》。发布疫情防控法律法规和法治宣传手册，供干部群众在网络、微信等客户端免费阅读和下载。发布水生野生动物专题普法宣传知识问答，点击量超过13万次。制作发布“一条鱼拥有的权利”“把一头牛放进冰箱需要几步”等微视频，深入浅出地介绍动物防疫、水生野生动物保护等方面的法律知识，点击量超过10万次。制作发布专题微课，将法律知识讲准、讲活、讲透，点击量超过8万次。各级农业农村部门积极创新形式，走进田间地头，线上线下融合，开展全覆盖、全方位、全过程普法，增强了广大基层干部和农民群众依法防控意识和依法治理能力，为坚决打赢疫情防控人民战争、总体战、阻击战提供了有力的法治保障。

（四）积极开展“送法下乡”活动

充分利用农业农村部门主管农业、熟悉农村和贴近农民的工作优势，深入农村开展“放心农

资下乡宣传周”“食品安全宣传周”“农机安全生产月”等送法下乡活动。通过发放宣传手册和光盘、张贴宣传画、举办讲座和培训班、组织知识竞赛等多种形式，提高农民群众法律意识，引导广大农民群众通过法律途径维护权益、规范表达诉求。通过培训班、检查调研、执法告知等多种途径，积极向农资生产经营企业和农民专业合作社、家庭农场、农业龙头企业等新型生产经营主体，宣传农产品质量安全以及种子、农药、肥料、兽药、饲料等方面法律法规规章，农资市场秩序逐步规范，农产品质量安全水平不断提高，切实保障了农业农村经济平稳健康发展。

三、把握全局，融入业务，推动普法实现广覆盖

（一）贯穿立法执法全过程深度普法

在农业法律法规规章和规范性文件起草制定过程中，对社会关注度高、涉及公众切身利益的重大事项，广泛听取公众意见。《中华人民共和国农民专业合作社法》《中华人民共和国农村土地承包法》《农作物病虫害防治条例》等法律法规制修订后，利用新闻媒体、网站、微博、微信等多种渠道对新法新规进行宣传解读，促进社会公众理解掌握。将普法融入监督检查、案件受理、调查取证、告知听证、处罚决定和处罚执行全过程，提高行政执法的说服力和公信力。及时公布年度农业行政执法典型案例，围绕案件事实、证据程序和法律适用等问题进行释法说理。指导督促农业综合行政执法机构开展专项执法活动，梳理总结典型经验做法并宣传推广。在开展种子、农药、肥料、兽药、生鲜乳质量安全等监督检查时，对当事人进行相关政策法规的宣传教育，引导公众树立诚信守法、依法办事、依法经营的观念。

（二）利用化解矛盾纠纷时释法普法

在复议应诉过程中，抓住案件审理主要环节，积极向当事人普及相关法律法规，将处理问题与宣讲法律规定、分析案件事实有机结合，引导当事人办事依法、遇事找法、解决问题用法、化解矛盾靠法。在作出行政复议决定书时，结合案件具体事实、清晰翔实地阐述法律论证过程，增强结论的合理性。在开展农村土地承包经营纠纷调解和仲裁工作时，注重结合个案情况，向当事人宣传相关法律法规规章和国家政策，促使农民群众解决纠纷“认得到门，找得到人”。

（三）发挥行业和地方特色优势普法

组织各地农业农村部门开展社会覆盖面广、基层群众参与度高的特色普法活动。广东开展了“送法下乡庆丰收”活动，采取符合网络传播规律、群众易于接受的形式进行普法宣传。内蒙古面向农村牧区农牧民，制作农业法律法规常识宣传资料，并进行现场讲解答疑，指导农牧民学法、用法。贵州省市县乡村联动普法，围绕《中华人民共和国农业法》《中华人民共和国畜牧法》《中华人民共和国农产品质量安全法》等法律法规开展普法宣传。福建运用农民群众喜闻乐见的特色文艺表演形式“挑幡”，打出“学农业法　庆丰收节”宣传标语，让广大群众在享受丰收喜悦的同时学法、懂法。江西举办“丰收农忙季　普法庆丰收”为主题的农业法律法规知识有奖竞答活动，得到农民朋友积极响应。

四、提高站位，强化素质，培育依法行政新力量

（一）领导干部带头学法用法

坚持抓住领导干部这个“关键少数”，完善和落实领导干部学法用法制度，不断推进领导干

部法治教育的制度化、规范化。部党组将法治作为必修课，把宪法法律和党内法规纳入部党组和各司局各单位党组织理论中心组学习内容，深入学习贯彻习近平法治思想以及党的十九大和十九届二中、三中、四中、五中全会精神，深入学习贯彻《中国共产党章程》《中国共产党农村工作条例》等党内法规，将党的要求落实到“三农”工作各方面和全过程。部机关各司局各单位领导带头讲党课，组织专题会认真学习中国特色社会主义法律体系，不断提升依法行政能力水平。

（二）机关干部深入学法用法

认真组织学习习近平总书记在全面依法治国委员会历次全会上的讲话。邀请权威专家为部系统干部作主题为“深入学习习近平总书记全面依法治国新理念新思想新战略、推进法治政府建设”专题报告。深入开展《中华人民共和国宪法》《中华人民共和国民法典》《中华人民共和国国家安全法》《中华人民共和国预算法实施条例》和新颁布、修订涉农法律法规的主题讲座、宣传活动，组织开展“加强农业农村法治建设”专题征文活动，引导机关干部深入研究农业农村法治重大问题，提升法治思维、法治能力。将《中华人民共和国宪法》和涉农法律法规作为公务员初任培训、任职培训、青年干部能力培训等各类培训班的重点培训内容。

（三）加强基层法治教育培训

注重加强农业综合行政执法人员培训，累计举办 15 期农业综合执法骨干培训班、1 期地方执法师资培训班、1 期网络培训，培训基层执法骨干 9000 余名。针对重点群体，举办全国植物检疫干部、农民合作社带头人和辅导员培训班，以及种子执法、基层动物卫生监督执法能力建设培训班。据不完全统计，“七五”普法期间全国农业农村系统开展各类法治培训班共计 5000 余次，培训覆盖基层干部和农民群众达 300 万人次，有效地提升了干部群众的法律意识和法治素养。

“八五”普法期间，农业农村部将进一步深入贯彻习近平法治思想，将普法作为农业农村法治建设的基础性工作抓紧抓实，在提高普法广度和深度上下功夫，在提高普法针对性和实效性上下功夫，为全面推进乡村振兴和加快农业农村现代化营造良好的法治环境。一是抓紧制定实施“八五”普法规划。认真贯彻“八五”普法规划要求，结合实际研究“八五”普法期间农业农村法治宣传教育的工作思路、重点内容和具体措施，建立普法工作长效机制，力争“八五”普法规划期间有新的突破。二是突出普法宣传重点。紧紧围绕乡村振兴战略开展重点法律法规宣传，着重抓好基本法、涉农法律法规和与农民群众生产生活密切相关法律法规的宣传、解读、教育。在注重法律知识广泛传播的同时，更加注重法治信仰、法治精神、法治思维的树立。三是加强农民群众学法用法教育。开展农村学法用法示范户培育工作，建设农村法治教育基地，发挥示范引领作用，解决农村普法“最后一公里”问题。四是注重运用先进技术普法。依托新媒体新平台，运用大数据、人工智能等新技术新手段推进智慧普法，以农民群众喜闻乐见的方式开展普法活动，提升普法的实效性。

商务部“七五”普法规划实施情况

“七五”普法以来，商务部以习近平新时代中国特色社会主义思想为指导，全面贯彻习近平法治思想，增强“四个意识”、坚定“四个自信”、做到“两个维护”，在党中央、国务院的领导下，按照《中央宣传部、司法部关于在公民中开展法治宣传教育的第七个五年规划（2016—2020年）》（以下简称《规划》）以及《全国人民代表大会常务委员会关于开展第七个五年法治宣传教育的决议》（以下简称《决议》）的总体部署，紧密围绕商务中心工作，坚持普法和依法治理并举、集中宣传与日常宣传并重，深入开展了内容丰富、形式多样的法治宣传教育活动，取得了良好效果。

一、“七五”普法工作情况

（一）加强组织领导，全面部署“七五”普法工作

根据《规划》及《决议》要求，商务部制定

了 2016~2020 年全国商务系统法治宣传教育工作方案，对商务系统 2016~2020 年法治宣传教育工作作出了具体安排，明确了“七五”普法指导思想、主要目标、工作原则、主要任务和工作要求。各省级商务主管部门成立了普法领导小组，制定了“七五”普法工作方案，对普法工作作出全面部署。

（二）习近平法治思想学习宣传情况

商务部及地方商务主管部门将学习宣传习近平法治思想纳入党组中心组学习议题，深入学习宣传党中央关于全面依法治国的重要部署，了解和掌握全面依法治国的重大意义和总体要求。商务部在全国商务普法培训班、中德经济法培训班等培训班中将习近平新时代中国特色社会主义思想作为课程内容的重中之重。

上海市商务委，一方面，突出重点，抓好干部队伍普法，以习近平新时代中国特色社会主义思想作为领导干部依法决策、依法管理、依法办事的根本遵循；另一方面，将工作融入日常，做好商务领域行业普法，以习近平新时代中国特色社会主义思想指引企业、行业日常工作。湖南省商务厅邀请省委法治宣讲团以及法律专家做专题讲座，对习近平新时代中国特色社会主义思想进行深入阐述和讲解。山西省商务厅在厅网站、微信群及厅办公平台等发布“习近平总书记全面依法治国新理念新思想新战略十论”“习近平总书记讲述法治故事”等，组织全体干部职工深入学习，努力做到融会贯通，入脑入心。

（三）宪法及民法典学习宣传情况

商务部党组高度重视学习宣传和贯彻实施宪法工作，坚决贯彻落实党的第十九届中央委员会第二次全体会议强调的“要在全党全社会深入开展尊崇宪法、学习宪法、遵守宪法、维护宪法、运用宪法的宣传教育活动，大力弘扬宪法精神，大力弘扬社会主义法治精神，不断增强人民群众宪法意识”的重要内容，制定实施深入学习宣传和贯彻实施《中华人民共和国宪法》的工作方案，对宪法学习宣传进行周密安排和有序部署。各级领导干部带头制订学习计划，建立学习制度。全体干部职工积极参与学习，保障学习效果。举行商务部党组中心组学习贯彻宪法报告会，邀请全国人大常委会法工委负责人就“中国宪法制度的若干问题”作专题辅导报告。同时，在各类培训中设置宪法学习专门课程。健全和完善新任职司处级干部宪法宣誓机制，组织新录用公务员参加入职宪法宣誓，强化党员干部遵守宪法、维护宪法的意识。地方商务主管部门均通过开展党组理论中心组学习、举办“12・4”全国宪法宣传日活动、邀请专家授课、组织知识竞赛、购买并发放宪法学习资料等方式积极学习和广泛宣传宪法，要求干部职工恪守宪法原则、增强宪法意识、弘扬宪法精神，严格依照宪法法律履行职责，在全系统增强宪法意识、法治意识。

商务部及地方商务主管部门坚决贯彻落实习近平总书记“民法典要实施好，就必须让民法典走到群众身边、走进群众心里”的指示精神，大力开展民法典学习宣传工作。商务部党组批准制定了深入学习宣传和贯彻实施《中华人民共和国民法典》的工作方案，全面部署学习宣传活动。天津市商务厅在厅网站设立民法典学习宣传专题栏目。浙江省商务厅开展《中华人民共和国民法典》宣传月活动，联合律所通过制作 10 多期音频节目以及海报、视频节目、手机测试答题等方式，在该省商务主管部门中营造学习和宣传民法典的良好氛围。

（四）“防控疫情　法治同行”等专项法治宣传活动开展情况

新冠肺炎疫情暴发以来，商务部及地方商务主管部门积极部署开展“防控疫情　法治同行”专项法治宣传活动。商务部在部网站设置《疫情防控普法》栏目，在该栏目及“e新商务”微信公众号上发布全国普法办“防治疫情、法治同行”宣传图册，在商务云课堂设置“依法科学有序防控　提高疫情防控法治化水平”等课程，要求干部职工深入学习。商务部投资促进局在“中国投资指南网”上设置《抗“疫”政策在线》专题栏目，汇总国务院、商务部及其他有关部门制定的推进经济社会发展相关政策文件120余项。商务部指导五矿商会联合北京仲裁委员会举办“国际贸易法律和实务”系列直播课程，通过新浪平台播出，课程内容涉及国际货物买卖、国际贸易支付、结算与运输、国际贸易保险和技术转让等领域的法律问题及解决方案，为广大企业应对新冠肺炎疫情相关法律风险及时提供法律知识和实务经验。

在地方商务系统中，浙江省商务厅和浙江省司法厅、浙江省律协等单位联合发布《“新型冠状病毒肺炎疫情”背景下浙江企业应对外贸出口合同纠纷的法律指南》，为企业提供应对建议及参考文本。四川省商务厅及时编印《商事合同不能履行的法律救济》等商事法律指引，在厅网站和微信公众号上发布，引导广大企业自觉守法用法，运用法律手段维护自身合法权益。针对企业复工复产亟须政策解读的情况，广东省商务厅联合科技厅等部门多次举办支持企业复工复产政策和法律宣讲会，现场解决英国石油公司（British Petroleum，BP）等外资企业面临的法律问题，主动加强疫情防控法律服务，及时化解矛盾纠纷。

（五）贯彻落实“谁执法谁普法”普法责任制，学习宣传商务法律法规情况

商务部及地方商务主管部门坚决贯彻落实中共中央办公厅、国务院办公厅印发的《关于实行国家机关“谁执法谁普法”普法责任制的意见》要求，健全普法责任制，制定本部门本单位普法责任清单，层层压实责任，着力推动执法与普法相结合，针对商务热点问题开展普法，加大力度学习宣传商务法律法规。2016~2020年，商务部共举办中德经济法培训班4期，全国商务普法培训班6期，共计培训部机关、直属事业单位、商协学会以及地方商务主管部门工作人员450人，同时，积极派员赴地方授课，形成了部门和地方商务普法工作有机配合和相互协作的良好局面。例如，2019年商务部负责同志为上海市政府做《中华人民共和国外商投资法》专题辅导讲座，从理论和实践多个角度对该法确立的主要制度进行详细解读，充分宣传该法对于打造法治化营商环境、提升对外开放新格局的重要作用。

各省级地方商务主管部门每年均至少举办一次商务普法培训，对商务法律法规进行培训宣传。安徽省商务厅、山东省商务厅分别组织编辑《商务常用法律法规汇编》《商务法律法规新编（2020年版）》，帮助全省商务系统干部学习商务法律知识，推动商务部门依法行政。广西壮族自治区商务厅积极开展“以案释法”，印制《商务行政执法典型案例汇编》，详细介绍有关案例基本案情、法律适用、处理结果，并作案例点评。湖北省商务厅组织干部职工旁听行政诉讼案件庭审，结合案件学习商务行政执法相关法律法规，提升干部法治能力和执法水平。甘肃省商务厅编印《甘肃省商务执法手册》《商务行政执法法规文件汇编》等，配发全省各级商务主管部门，对提升基层商务执法业务水平发挥了积极作用。

（六）商务普法工作创新情况和普法的实际效果

商务部和地方商务主管部门积极探索普法教育新思路、新办法，积极利用微信、微博、网络课堂等形式开展普法宣传，取得良好效果。上海市商务委员会网站开设《国际经贸微课堂》等栏目，推出“疫情防控物资出口云培训系列课程”“海外安全风险防范实务班”等一系列务实而卓有成效的网络培训课程，为企业应对新冠肺炎疫情导致的涉外法律风险提供了及时有效的法律服务。浙江省商务厅开展“浙”里有“援”法律服务专项行动，组织百余名涉外律师、专家分组入驻全省各市外贸预警点微信群，为企业提供专业指导，共答复解决 2600 余个法律问题，服务延伸惠及 1.6 万余家企业。江西省商务厅开展“百万网民学法律”《中华人民共和国外商投资法》专场知识竞赛活动，起到了以赛促学、以学促用的良好效果。广东省商务厅在疫情暴发后，着力加强涉外法律服务和培训，联合司法厅举办“防疫物资商业出口法律风险防范”“新形势下企业对外投资法律风险防范”等系列培训，持续开展贸易摩擦案件应对指导工作，组建涉外经贸法律服务律师团赴各地市开展专题培训，及时帮助企业解决法律问题，提升企业维权意识。

通过开展“七五”普法工作，商务系统干部职工的法治意识、法律素养普遍增强，运用法治思维和法治方式深化改革、推动发展、化解矛盾、维护稳定、应对风险的能力显著提升，商务法律体系日臻完善，商务依法行政有序推进，更加积极参与国际经贸规则制定和全球经济治理，有力提升了我国际话语权，维护了国家利益。

二、下一步工作考虑

“七五”普法期间，商务部及地方商务主管部门开展了大量工作，取得了良好成效，但与更好地服务于统筹推进疫情防控和商务高质量发展的目标和要求相比还存在一定差距，普法工作的投入和力度尚显不足，普法师资队伍建设需要进一步加强，普法的精准度还有待提升，普法效果的检验和评估需要进一步完善。为继续推进法治宣传教育工作，商务部将进一步加大普法工作投入和力度，增加普法培训频次和时间，扩大培训人员范围。加强普法师资队伍建设，进一步加强师资队伍产学研结合力度。提高普法工作精准度，增强授课内容的实效性。完善对于普法效果的检验和评估，以普法培训有力促进各项商务法律工作。

在“八五”普法工作中，商务部将继续坚持以习近平新时代中国特色社会主义思想为指导，进一步深入贯彻落实党的十九大和十九届二中、三中、四中、五中全会精神，在全国普法办的统一领导下，立足商务工作发展实际，继续大力推进普法工作，切实增强商务干部法治意识和法治思维，不断提高依法行政水平，为促进商务事业高质量发展、构建新发展格局提供更加有力的法治保障。

文化和旅游部“七五”普法规划实施情况

文化和旅游部党组深入学习贯彻习近平新时代中国特色社会主义思想，认真贯彻落实《中央宣传部、司法部关于在公民中开展法治宣传教育的第七个五年规划（2016—2020年）》和中共中央办公厅、国务院办公厅印发的《关于实行国家机关“谁执法谁普法”普法责任制的意见》要求，切实履行普法职责，扎实开展普法工作。

一、加强对普法工作的组织领导

（一）深入学习贯彻习近平新时代中国特色社会主义思想

文化和旅游部党组切实发挥党组中心组学习的带头示范作用，多次组织学习习近平新时代中国特色社会主义思想特别是关于学习宣传宪法、民法典等普法工作的重要指示精神，把普法作为推进法治建设的基础性工作来抓，纳入文化和旅游部工作总体布局，切实保障普法经费；部党组成员带头做尊法学法守法用法的模范，定期听取普法工作情况汇报，及时研究解决工作中的重大问题。各司局、各直属单位也组织开展相关学习活动，培养法治思维和法治意识，增强厉行法治的积极性和主动性。

（二）积极推行“谁执法谁普法”普法责任制

文化和旅游部印发《关于进一步推行“谁执法谁普法”普法责任制的通知》等文件，明确了普法任务和工作要求，推动建立了文化和旅游行政部门“谁执法谁普法”普法责任制，制定了《文化和旅游部普法责任清单》（已纳入全国普法办公布的《中央国家机关普法责任清单（第二批）》），分解了部机关各司局的普法责任，确定了各司局主要负责人履行普法工作第一责任人的职责，明确了行业普法重点内容。

二、聚焦普法重点开展学习宣传

（一）突出学习宣传宪法

制定了文化和旅游部工作人员宪法宣誓相关实施办法和方案，先后组织了5次司局级以上领导干部、二级巡视员以上职级人员宪法宣誓仪式，6次机关处级领导干部和职级公务员宪法宣誓仪式，近900人参加。2017年“12·4”国家宪法日在黄山市等地组织开展宪法宣传主题活动。2018年会同司法部、商务部和全国普法办制定实施了《关于组织开展宪法进宾馆活动的方案》。2019年组织创作展览了表现宪法宣誓仪式场景的中国画《阳光下的誓言》等作品。

（二）深入宣传中国特色社会主义法律体系

坚持把宣传以宪法为核心的中国特色社会主义法律体系作为法治宣传教育的基本任务，注重学习与公务员履行职责密切相关的法律法规，包括《中华人民共和国公务员法》《中华人民共和国公职人员政务处分法》等规范公务员行为的法律法规，《中华人民共和国行政许可法》《中华人民共和国行政处罚法》《中华人民共和国行政复议法》《中华人民共和国政府采购法》《中华人民共和国招标投标法》《中华人民共和国政府信息公开条例》《信访条例》《优化营商环境条例》等规范政府行政行为的法律法规，《中华人民共和国城乡规划法》《中华人民共和国环境保护法》《中华人民共和国消费者权益保护法》《中华人民共和国安全生产法》《中华人民共和国传染病防治法》《中华人民共和国突发事件应对法》等规范社会管理的法律法规，《中华人民共和国民法典》《中华人民共和国公司法》《中华人民共和国电子商务法》《中华人民共和国反不正当竞争法》等涉及民商事行为的法律法规，以及《中华人民共和国外商投资法》等对外开放的法律法规。特别是认真学习党的十八以来新制定（修改）的法律法规，努力掌握法律基本知识，不断提高法律素养。

（三）深入学习宣传党内法规

将《中国共产党章程》等党内法规作为党员领导干部的日常学习必修课，将《中央和国家机关党员干部应知应会党内法规文件选编》作为工具书分发到每个党员干部手中。特别是在“两学一做”“不忘初心、牢记使命”学习教育期间和党内法规制定（修订）颁布后，部党组中心组坚持以上率下形成“头雁效应”，带头先学一步、学深一层。

（四）深入学习宣传文化和旅游法律法规

各司局依照各自职责，采取集体学习与自学相结合等方式，加强对《中华人民共和国公共文化服务保障法》《中华人民共和国非物质文化遗产法》《中华人民共和国旅游法》等5部文化和旅游法律，《营业性演出条例》《旅行社条例》等12部文化和旅游行政法规，《娱乐场所管理办法》《导游管理办法》等40部文化和旅游部门规章，以及文化和旅游国际公约、条约的学习。

三、抓住“关键少数”做好系统内普法工作

（一）落实部机关领导干部学法用法制度

贯彻落实中央组织部、中央宣传部、司法部、人力资源社会保障部联合印发的《关于完善国家工作人员学法用法制度的意见》，印发实施《关于健全干部职工学法用法制度的意见》。建立部机关和直属单位法治联络员制度，组织开展了司局级领导干部和法治联络员的普法培训；将公共文化服务、图书馆、著作权、旅游等相关法律法规内容编入培训教材或者纳入培训课程大纲；在部机关干部培训中，增加法治相关课程，确保制度落实到位。

（二）加强对地方文化和旅游行政部门领导干部的法治培训

编印年度文化和旅游法律法规汇编，印发行政许可、处罚、复议、调解等法律文书示范文本，为各地文化和旅游行政部门做好相关工作提供参考。举办各类法治培训班，对省级、副省级文化和旅游行政部门法治机构、管理机构、执法机构工作人员进行培训，仅文化市场综合执法培训每年即举办10类20余期，形成了“师资巡讲”“以案施训”等培训品牌。每4年开展一次岗位练兵技能竞赛，参赛执法人员2万余名，通过以赛代练、以赛促练等方式提高执法人员法治意识和水平。每两年开展一次全国文化市场综合执法案卷评查活动，评选出“最佳案卷”、“优秀案卷”和“规范案卷”，供各地执法人员学习观摩。探索建立由“文化和旅游法治专家委员会”、“文化市场综合执法培训师资库”、文化和旅游部法律顾问组成的普法讲师团。

四、扎实做好社会普法工作

（一）围绕党和国家工作大局开展普法工作

认真贯彻落实中宣部、司法部、全国普法办《关于开展“服务大局普法行”主题实践活动的

方案》，在举办的庆祝新中国成立70周年、庆祝中国共产党成立99周年等美术作品展中，展出油画《法之光辉下》等体现法治中国建设成就、脱贫攻坚事业的艺术作品。认真贯彻落实习近平总书记“要在党中央集中统一领导下，始终把人民群众生命安全和身体健康放在第一位，从立法、执法、司法、守法各环节发力，全面提高依法防控、依法治理能力，为疫情防控工作提供有力法治保障”的有关要求，在部官网发布《新型冠状病毒感染肺炎疫情防治工作有关法律知识问答》，编辑《新型冠状病毒感染肺炎疫情防控期的政策汇编、旅游纠纷及应对建议》，会同最高人民法院、司法部印发《关于依法妥善处理涉疫情旅游合同纠纷有关问题的通知》，为旅游行业适用法律提供指引。认真贯彻落实《中共中央宣传部等关于加强民法典学习宣传的通知》，印发《关于学习宣传民法典的通知》，编印民法典对文化和旅游行业影响的相关条文解读参考文本，并组织发表系列专家访谈文章、开展系列普法宣传活动。

（二）充分利用重要时点、重要纪念日开展社会普法

在“5·18”国际博物馆日、“5·19”中国旅游日、文化和自然遗产日、文化和旅游法律法规颁布实施纪念日等时间节点及在文化和旅游节庆活动期间，开展旅游法、公共文化服务保障法、公共图书馆法和非物质文化遗产法等法律法规的宣传活动。依托国有文艺院团、网络文化企业和公共文化机构等优势资源，围绕“网络表演”及“网络音乐”等网络文化市场秩序规范、“扫黄打非”等文化市场净化、“不合理低价游”及“强迫消费”等旅游市场秩序整治、版权保护等行业热点难点重点问题，开展文化和旅游法治文化艺术作品创作展示活动（如创作油画《草原上的普法教育》、雕塑《草原普法》等）、企业遵法守法倡议签字活动、文明消费依法维权倡议活动、现场普法咨询活动、法治动漫微电影展播展示活动、进景区进宾馆法律知识宣传活动、法律知识网上有奖竞答活动等普法宣传活动。积极开展以案释法，曾公布暑期旅游市场秩序专项整治十大典型案例、网络文化市场典型案件等案例，编印了《文化和旅游系统法律纠纷典型案例与实务指南》等书籍，发挥典型案例的引导教育作用。

（三）充分利用立法、执法、权利救济等环节开展社会普法

在文化产业促进法、《在线旅游经营服务管理暂行规定》、《导游管理办法》等立法项目征求意见期间，对行业和公众关注的重要制度作详细解读说明，阐释立法目的和核心要义，以便达成立法共识。法律法规规章颁布施行后，通过多种方式宣传解读，如公共文化服务保障法宣传报道334篇，纸媒转载5000余篇，网络转载2800余篇。在办理行政处罚、行政复议、政府信息公开、投诉调解和参与涉法涉诉信访案件过程中，结合案情并围绕争议焦点充分释法说理、深入解读法律，如在行政复议决定书中有大篇幅释法说理内容，力争以情感人、以理服人、以法育人。

经过几年的努力，文化和旅游部“七五”普法工作取得了一定成效，基本完成了“七五”普法工作任务，但也存在一些问题：比如，文化和旅游部门及单位运用法治思维和法治方式推动工作的能力有待进一步增强，文化和旅游经营者、消费者尊法学法守法用法的意识有待进一步提高，全行业遇事找法、办事依法、解决问题靠法的良好习惯有待进一步形成等。

下一步，文化和旅游部将继续以习近平新时代中国特色社会主义思想为指导，结合行业实际认真贯彻落实“八五”普法规划，继续推行“谁执法谁普法”普法责任制，进一步强化对普法工作的领导，建立健全普法工作机制，落实普法责任和工作任务，丰富普法工作形式，增强普法工作的针对性和实效性，推动文化和旅游行业形成尊法学法守法用法的自觉性和主动性。

国家卫生健康委员会“七五”普法规划实施情况

“七五”普法工作开展以来，全国卫生健康系统以习近平新时代中国特色社会主义思想为指导，深入学习贯彻党的十九大和十九届二中、三中、四中、五中全会精神，坚决贯彻落实党中央、国务院决策部署，按照十二届《全国人民代表大会常务委员会关于开展第七个五年法治宣传教育的决议》和《中共中央国务院转发〈中央宣传部、司法部关于在公民中开展法治宣传教育的第七个五年规划（2016—2020年）的通知〉》要求，认真组织开展法治宣传教育活动，全系统依法行政、依法执业水平进一步提高，人民群众对卫生健康法律法规的认知度逐步提升，基本形成了自觉学法用法、依法治理的良好局面。

一、七五普法工作扎实开展、成效显著

（一）突出政治引领，强化组织领导，确保普法工作沿着正确方向深入推进

国家卫生健康委党组深入学习贯彻习近平新时代中国特色社会主义思想，切实提高政治站位，强化理论武装，坚持不懈把普法工作作为依法行政的基础性工作来抓，加强对普法依法治理工作的领导，用法治保障健康中国建设，运用法治思维和法治方式推进深化医改向纵深发展。及时制定印发《卫生计生系统法治宣传教育第七个五年规划（2016—2020年）》，对全系统“七五”普法工作作出统一安排部署。各级卫生健康部门高度重视，普遍成立了由主要领导或分管领导任组长的相应领导机构，并结合实际出台了“七五”普法规划和具体实施方案，明确工作目标、任务和具体措施。全系统上下认真落实“谁执法谁普法”普法责任制，制定普法责任清单，形成了任务纵向到底、责任层层压实的工作机制，为推进普法依法治理工作提供了强有力的组织保障。

（二）突出系统特色，聚焦重点内容，实现卫生健康领域普法工作纲举目张

一是深入学习领会习近平总书记关于全面依法治国的重要论述，切实提高运用法治思维和法治方式深化改革、推动发展、化解矛盾、维护稳定的能力。二是突出宪法引领。全系统通过开展专题讲座、制作“我与宪法”微视频、落实宪法宣誓制度等方式，深刻学习领会宪法修正案的核心要义和精神实质，在全系统形成崇尚宪法、遵守宪法、维护宪法权威的良好氛围。三是持续学习《中国共产党纪律处分条例》等党内法规。各地结合“三会一课”、警示教育活动等开展集中学习和专题研讨，基本形成了党内法规学习的常态化。四是深化《中华人民共和国民法典》《中华人民共和国基本医疗卫生与健康促进法》《医疗纠纷预防和处理条例》等新制定、修订法律法规的学习宣传。重庆市卫生健康委在宣传《中华人民共和国民法典》过程中，与“5·12”国际

护士节结合，强化“人格权编”在医疗执业过程中的注意事项，并将普法工作与义诊相结合，把法律送进医院、送进家庭、送进患者心中。江西省卫生健康委联合江西省司法厅、《新法制报》开展“百万网民学法律”《中华人民共和国基本医疗卫生与健康促进法》专场网上知识竞赛活动。《健康报》开设《基本法·案例解析》专栏，从现实场景切入，请业内专家、律师等解读《中华人民共和国基本医疗卫生与健康促进法》的立法理念和规定。

（三）突出学用结合，抓住关键少数，发挥卫生健康系统普法示范带动作用

一是健全领导干部学法用法机制。将学法用法作为各级卫生健康部门党组理论学习中心组的“规定动作”，将法治教育纳入干部培训总体规划和年度培训计划。江苏省卫生健康委建立了领导干部任职前法律知识考查和依法行政能力测试制度，对2015年以来新提拔的处级领导干部开展任前法律考查测试，覆盖率和成绩合格率均达到100%。二是推动卫生监督执法队伍专业化、规范化。将法律法规学习作为卫生监督员岗前培训、在岗培训和平时业务学习的主要内容，通过编写汇编、开展执法案卷评查、创建现场执法培训基地、开展VR模拟执法流动课堂等多种形式，指导基层规范办案，不断提升执法水平。三是狠抓医疗机构法治建设和医疗卫生人员学法用法。国家卫生健康委与国家中医药局联合印发《医疗机构依法执业自查管理办法》，建立医疗机构自查制度，压实医疗机构相关人员责任，推动医疗机构及其从业人员切实做到依法执业。各地通过开展“改善医疗服务行动计划”及“平安医院”创建、大型医院巡查等活动，规范诊疗服务行为，提升医疗服务质量。各级医疗机构通过集中培训、病历研讨、典型案例分析等方式不断提高医务人员的法治意识。

（四）突出为民导向，鼓励创新实践，提高普法教育针对性、有效性、可及性

一是普法宣传与群众关心的热点问题紧密结合。国家卫生健康委向社会公布有多项违法情形的单位名单，包括受到多次查处的住宿场所经营单位、重点城市游泳池水质卫生抽查不合格单位；传播游泳场所卫生科普材料；开展游泳场所卫生专家在线访谈；利用多种形式普及公共卫生监督相关法律法规，有效回应社会关切。深圳市卫生健康委开播《深圳卫监直击》执法普法类节目，直击社会公众关注的卫生健康热点问题，5年来累计播出209期。二是普法宣传与监督执法紧密结合。结合赴用人单位、医疗卫生机构、学校、职业卫生技术服务机构、采供血机构、供水单位和消毒产品生产企业监督检查，通过现场指导、法律法规宣讲、专题讲座培训、违法案件查处、约谈等方式，增强监督对象依法执业、依法经营的意识。三是普法宣传与重要活动紧密结合。利用中国医师节、国际护士节、世界献血日、食品安全宣传周、职业病防治法宣传周、精神卫生日等各种卫生健康纪念日关键节点，采取义诊、专题讲座、文艺演出、走访慰问等多种方式，大力开展卫生健康法律法规宣传。四是普法宣传与创新载体紧密结合。上海市卫生健康委在地铁12号线开设“营养与食品安全文化列车”，通过播出专题纪录片《急诊室故事》《紧急救护120》等一系列丰富多彩的活动，提高普法宣传的趣味性。安徽省卫生健康委积极开展集中餐饮具消毒企业和居民小区二次供水“你点我查”行动，在微信公众平台上设立专栏，与群众进行执法互动，取得了良好的社会效果。

（五）突出普治并举，强化监督执法，深化普法成果对法治实践的促进推动

一是不断完善卫生健康法制体系。“七五”

普法期间，《中华人民共和国基本医疗卫生与健康促进法》《中华人民共和国疫苗管理法》《中华人民共和国药品管理法》等3部社会关注度高、人民群众十分关切的重要法律先后出台，为医疗卫生事业改革与发展提供了坚实的法治保障。二是全面完成重要法律法规落实情况监督检查。国家卫生健康委在全国范围内开展了《中华人民共和国职业病防治法》《中华人民共和国传染病防治法》等法律法规落实情况的监督检查工作，共摸清了卫生健康领域7部法律、17部行政法规实施以来取得的主要成效，发现了法律法规实施过程中存在的问题，有力促进了法律法规的贯彻落实。三是为新冠肺炎疫情防控保驾护航。2020年上半年，全国卫生健康系统深入开展"防控疫情　法治同行"专项法治宣传活动。在官方网站开设普法专栏，制作、发放宣传材料，开展网络答题，组织专家访谈，发布典型案例，发动行业协会，针对群众关心的热点问题进行解答，增强群众依法防控意识，引导群众科学防疫。

二、存在的问题及下一步打算

"七五"普法规划实施以来，卫生健康系统法治宣传教育工作取得了良好成效，但也存在一些问题和不足。如普法的形式还不够丰富，医疗机构法治建设还需进一步加强，公共卫生法律法规的宣传力度还需强化。下一步将推动开展以下工作：

第一，认真学习贯彻习近平新时代中国特色社会主义思想，使之成为推动工作的思想自觉和行动自觉。

第二，提前谋划"八五"普法工作。结合卫生健康行业特点，明确重点领域和创新举措，促进普法工作与业务工作深度融合，助推新时代卫生健康事业高质量发展。

第三，强化公共卫生普法。主动服务依法防疫需求，扎实做好《中华人民共和国传染病防治法》等公共卫生法律法规宣传贯彻工作，引导人民群众切实增强依法防疫意识，为统筹推进疫情防控和经济社会发展提供法治保障。

退役军人事务部“七五”普法规划实施情况

退役军人事务部成立以来，坚持以习近平新时代中国特色社会主义思想为指导，深入学习贯彻党的十九大和十九届二中、三中、四中、五中全会精神，深入学习贯彻习近平法治思想和习近平总书记关于退役军人工作重要论述，认真贯彻落实“七五”普法规划，把法治宣传教育放在退役军人工作大局中统筹推进，取得积极成效。

一、深入学习宣传贯彻习近平法治思想

习近平法治思想内涵丰富、论述深刻、逻辑严密、系统完备，提出了“十一个坚持”的重要论断，是全面依法治国的根本遵循和行动指南。部党组书记、部长主持召开部党组会，专门学习习近平法治思想和中央全面依法治国工作会议精神，对学习宣传贯彻工作提出明确要求。退役军人事务部将学习宣传贯彻习近平法治思想作为全面推进依法行政、开展法律政策落实年、加强干部培训等工作的重要内容，推动习近平法治思想深入人心，增强广大党员干部走中国特色社会主义法治道路的自觉和自信。

二、深入学习宣传宪法

部党组高度重视宪法学习宣传贯彻工作，部党组理论学习中心组专门安排学习宪法，把学习宪法与学习习近平法治思想结合起来，要求各级全面贯彻实施宪法，坚决维护宪法尊严和权威。退役军人事务部注重加强宪法文化建设，结合国家宪法日，围绕宪法宣传周大力开展宪法宣传活动。2019~2020 年，连续两年组织部机关新任职司处级干部以及直属事业单位负责同志进行宪法宣誓，营造宪法至上的浓厚氛围，强化依法执政、依法行政的理念。

三、全面加强退役军人工作法律政策宣传贯彻

2020 年 11 月 11 日，十三届全国人大常委会第二十三次会议通过《中华人民共和国退役军人保障法》，习近平主席签署第六十三号主席令公布，自 2021 年 1 月 1 日起施行。《中华人民共和国退役军人保障法》是我国第一部专门规范退役军人保障工作的基础性法律，是中国特色社会主义法治建设的又一重要成果，在我国退役军人工作发展史上具有里程碑意义。《中华人民共和国退役军人保障法》通过后，退役军人事务部紧锣密鼓开展系列学习宣传贯彻活动，以退役军人事务部、军委政治工作部负责人名义发表答记者问，在《人民日报》发表评论文章；会同军委政治工作部、司法部、全国普法办联合印发宣贯通知，和军委政治工作部联合召开电视电话会议等。此外，退役军人事务部坚持宣传和服务结合、线上与线下结合，组织动员电视、广播、报纸、网络等新闻媒体，全方位、多角度、立体式宣传建部以来制定修订的《中华人民共和国英雄烈士保护法》《烈士褒扬条例》《境外烈士纪念设施保护管理办法》《伤残抚恤管理办法》《光荣院管理办法》《为烈属、军属和退役军人等家庭悬挂光荣牌工作实施办法》《关于进一步加强由政府安排工作退役士兵就业安置工作的意见》《关于促进新时代退役军人就业创业工作的意见》《关于解决部分退役士兵社会保险问题的意见》《关于加强困难退役军人帮扶援助工作的意见》《关于加强军人军属、退役军人和其他优抚对象优待工作的意见》《关于加强退役军人司法救助工作的意见》等法律政策，取得了良好效果。

四、着力提升系统学法用法能力

部党组理论学习中心组充分发挥示范带头作用，将习近平法治思想、《中华人民共和国宪法》、《中华人民共和国国家安全法》、《中华人民共和国民法典》等纳入学习计划。分级分类组织教育培训，邀请有关专家讲解依法行政和法治政府建设理论与实务，举办法治专题讲座，强化党员干部尊法守法意识，提高党员干部法治思维和依法行政能力，提高学法用法能力。

五、分级分层创新社会普法形式

全面落实“谁执法谁普法”的普法责任制，精准分类，着力提高普法的针对性和实效性。充分运用互联网新媒体，通过发布普法短视频、涉法警示案例等创新方式，增强普法宣传的趣味性和吸引力。《中华人民共和国退役军人保障法》通过后，及时筹备退役军人政策法规微动漫、研发《中华人民共和国退役军人保障法》线上有奖答题程序、制作普法系列宣传片，立足树立普法新理念、搭建普法新载体、开发普法新产品，力争用更多令退役军人喜闻乐见的方式提升法治宣传教育实效，蓄力“八五”普法新规划。

应急管理部“七五”普法规划实施情况

应急管理部门认真贯彻落实“七五”普法规划的工作部署，坚持以习近平新时代中国特色社会主义思想为指导，认真学习贯彻习近平法治思想，把应急管理法治宣传教育与法治实践相结合，进一步创新应急管理普法方式，健全应急管理普法工作机制，持续加大应急管理普法力度，着力建设应急管理法治文化，切实提升全民应急管理法治素养，努力为防范化解重大安全风险，有效应对处置各类灾害事故，保护人民群众生命财产安全，推进应急管理事业改革发展营造良好的法治环境。

一、“七五”普法工作开展情况

（一）加强组织领导，落实普法责任

一是健全部门普法工作机制。“七五”普法期间，各地应急管理部门（含原安全监管部门）成立了由分管领导担任组长，法制工作机构及其他内设机构负责人担任成员的普法工作领导小组。机构改革以后，应急管理部内设机构“三定方案”，明确政策法规司作为普法工作的牵头负责单位。二是落实部门普法责任。按照实行“谁执法谁普法”普法责任制的要求，制定了应急管理部《普法责任清单》，推动形成普法合力。三是积极发挥基层网格员作用。国务院安委会办公室制定印发了《关于加强基层安全生产网格化监管工作的指导意见》，把普法宣传作为基层安全生产网格员的一项基本职责，真正把普法工作落实到了最基层。

（二）深入学习宣传宪法，切实增强宪法意识

一是部党委率先垂范。应急管理部党委把宪法学习宣传实施作为一项重要政治任务，召开理

论学习中心组（扩大）学习会议专题学习宪法，并对学习宣传宪法进行专门部署；部党委举办学习宪法专题视频报告会，邀请司法部党组书记授课，组织全系统党员干部收看学习。二是组织开展宪法宣传周活动。每年宪法宣传周期间，组织全系统举办宪法宣传咨询日活动，开通宪法学习宣传网页，扩大宪法宣传声势；组织开展宪法知识网络有奖答题活动，推动社会广泛关注并积极参与宪法学习。三是组织参加“我与宪法”微视频展播活动。组织全系统积极参加“我与宪法”微视频征集展播活动，促进干部职工增强尊崇宪法、厉行法治的积极性和主动性。四是组织开展宪法宣誓，提高国家工作人员宪法意识。制定部门任命的国家工作人员宪法宣誓组织实施办法，每年举行部机关国家工作人员宪法宣誓仪式，教育和激励全体干部职工恪守宪法原则，认真履行宪法赋予的职责和使命。

（三）加大重点普法力度，营造良好法治氛围

一是开展安全生产法律法规宣传普及活动。每年12月第一周组织开展《中华人民共和国安全生产法》宣传周活动，每年6月组织开展“安全生产月”和“安全生产万里行”活动，大力宣传普及安全生产法律法规和安全知识技能，切实增强全民安全法治意识，提升社会公众安全素质。二是开展防灾减灾宣传周活动。每年“5·12”全国防灾减灾日期间，国家减灾办、应急管理部联合开展防灾减灾宣传周活动，大力宣传习近平总书记关于防灾减灾救灾重要论述精神，普及防灾减灾法律法规知识、各类灾害事故常识和防范应对基本技能，进一步筑牢防灾减灾救灾的人民防线。三是开展消防安全宣传月活动。每年11月，应急管理部消防救援局组织各地区、各单位开展“119”消防宣传月活动，大力宣传普及消防安全法律法规知识和消防安全常识，切实提高火灾自防自救和群防群治能力。

（四）创新举办普法知识竞赛，塑造普法“应急管理”品牌

应急管理部组建以后连续两年联合司法部、全国普法办举办全国应急管理普法知识竞赛，创新竞赛方式，把线上网络答题和线下实操竞答相结合，把应急管理普法工作融入群众喜闻乐见的各种形式之中，取得了良好的普法效果和社会效果，两年来全国共有2577多万人参与活动，线上答题3.59亿人次，超过32.1亿人次点击浏览，掀起了应急管理普法学法用法热潮，《全国应急管理普法知识竞赛活动的探索与实践》成功入选全国普法办“2019年全国普法依法治理创新案例”。一是四级发动强力推进。省、市、县、街道四级发动，推动形成了全民广泛参与的良好局面。二是线上线下衔接联动。全民线上答题突出科普性和趣味性，决赛阶段线下活动实操比赛部分把应急法律法规知识和电子科技手段有效融合，切实增强了竞赛的互动性和观赏性。三是“五矩阵”宣传报道扩大影响。依托新媒体新技术手段，积极运用“报、网、端、微、屏”等媒体平台对竞赛全过程开展立体化宣传报道，扩大了竞赛活动社会效果。

（五）加强党内法规学习宣传，强化依规治党意识

部党委将党内法规学习纳入年度理论中心组学习重点内容；部机关党委每年制定党建工作要点，将党内法规学习贯彻作为理论武装工作重点，并纳入每月印发的理论学习重点内容。一是以《中国共产党章程》为学习宣传重点，教育引导广大党员尊崇党章，以党章为根本遵循，坚决维护党章权威。二是注重党内法规学习宣传与国家法律学习宣传的衔接和协调，教育引导广大党员做党章党规党纪和国家法律的自觉尊崇者、模范遵守者、坚定捍卫者。三是督促指导各级党组织认真落实“三会一课”制度，利用支部工作App、“学习强国”等平台，按照月度理论学习安排重点集中开展学习，确保学习“不走样”。

（六）加大重点群体学法普法力度，提高普法工作的针对性和实效性

一是落实国家工作人员学法用法制度。把法治教育纳入了部门干部教育培训总体规划和公务员初任培训内容，切实增强了工作人员自觉守法、依法办事的意识和能力。二是加强企业重点人员安全生产学法守法培训。组织各级应急管理部门以提升安全生产法治意识，强化主体责任落实为重点，通过成立普法宣讲团、举办业务培训班等形式，加强对企业主要负责人、安全管理人员等重点人员的法治宣传教育，督促企业全面落实安全生产主体责任，提升自主管理水平，自觉消除安全生产违法行为。三是加强青少年应急管理法治宣传教育。应急管理部组织开展“普法专题行”走进职业院校活动，结合职业院校专业特点，通过组织举办法治专题讲座，开展调查问卷、座谈访谈和微信普法知识推广等形式，面向即将步入企业生产一线的职业院校学生普及安全生产法律法规知识。北京市应急管理局连续两年联合市教委、公安局、消防救援总队等单位联合主办中小学生《公共安全开学第一课》，在北京卫视黄金时段播出，切实增强中小学生安全法治意识，普及防灾自救知识。

（七）推进法治宣传教育基地建设，巩固拓展社会主义法治文化阵地

各地应急管理部门紧贴应急管理法治宣传教育实际，把普及法律知识和学习应急技能有机结合起来，完善建设标准，增强实用功能，积极推进应急管理法治宣传教育基地建设。深圳市应急管理局依托南山区安全教育体验馆，将应急管理法律法规、标准等内容和现代电子科技手段相互关联、有效融合，通过沉浸式的互动体验方式，高效地向体验者传播应急管理法律知识，2019 年 11 月该馆被全国普法办命名为全国应急管理系统首家“全国法治宣传教育基地”。北京市应急管理局以北京市安全生产实训基地为依托，采用政校合作的建设模式，采取实景搭建、二维码扫描、虚拟现实、数字沙盘、三维动画、红外感应、微缩模型等多种展陈技术，实现了法治宣传场地规模化，普法工作人员专业化，法治宣传教育特色化，管理运作规范化，该基地获评北京市第一批“法治宣传教育示范基地”，普法宣传效果显著。

二、存在不足和有关意见建议

应急管理部门“七五”普法工作虽然取得了明显成效，但也存在一些问题和不足，主要表现在专职普法队伍力量还比较薄弱，齐抓共管的普法大格局尚未形成，普法针对性实效性有待进一步提高，普法考核激励约束机制不完善等。下一步将重点做好以下工作。

一是切实加强对应急管理普法工作的领导。以推进落实“八五”普法规划为契机，切实加强各级应急管理部门普法工作机构及队伍建设，切实履行好组织、协调、指导、督查的职责，为应急管理普法工作深入开展提供重要保证。

二是推动形成全社会共同普法大格局。持续深入落实国家机关“谁执法谁普法”普法责任制，把普法融入执法的全过程、各环节，推动形成全社会共同参与普法的良好格局。

三是不断加大普法改革创新力度。提高运用新媒体新技术开展普法的能力和水平，重视普法受众的主体地位，强化运用互动方式，激发普法受众自我普法、自我教育。

四是提高应急管理普法考核评估科学化水平。科学设定应急管理普法考核评估标准，增强考核评估的客观性和公信力。推动把应急管理普法考核纳入部门绩效考核、地方安全生产工作考核和消防工作考核等范围，增强考核激励作用和刚性约束。

中国人民银行“七五”普法规划实施情况

根据全国“七五”普法工作部署，人民银行以习近平新时代中国特色社会主义思想和习近平法治思想为指导，深入学习贯彻党的十九大和十九届二中、三中、四中、五中全会精神和中央全面依法治国工作会议精神，认真开展法治宣传教育，全面推进法治央行建设，为推动“十三五”时期金融改革发展和决胜全面建成小康社会营造了良好的金融法治环境。根据《全国普法办公室关于做好“七五”普法总结验收工作的通知》部署，人民银行组织对全系统“七五”普法工作情况进行了评估验收。

一、加强组织领导，建立健全普法工作保障体系

人民银行根据《中共中央、国务院转发〈中央宣传部、司法部关于在公民中开展法治宣传教育的第七个五年规划（2016—2020年）〉的通知》和《全国人民代表大会常务委员会关于开展第七个五年法治宣传教育的决议》，结合工作实际，制定了《中国人民银行法治宣传教育第七个五年规划》。各省级分支行根据总行部署，陆续出台本单位“七五”普法规划，成立普法领导小组及

办公室，明确责任分工，为全系统普法工作顺利开展提供了坚实的组织保障。各级行党委（党组）高度重视法治宣传教育工作，健全相关工作机制，将法治宣传教育与本单位总体工作同部署、同安排、同考核，为做好人民银行系统“七五”普法工作奠定了良好的基础。

二、围绕重点内容，加大普法宣传教育学习力度

一是深入学习贯彻习近平法治思想。人民银行将学习贯彻习近平法治思想作为当前和今后一段时期重要政治任务。人民银行行长、党委书记通过行长办公会、党委会等多种形式，带头深入学习习近平法治思想，并对贯彻落实工作作出部署。人民银行依托网络学院在全系统开展了“学习党的十九大精神远程培训”。各分支行面向干部职工通过专题培训、讲座、党课等各种形式组织深入学习习近平总书记系列讲话，推动全体干部职工深刻领会全面依法治国科学内涵与主要任务，取得了良好效果。例如，人民银行南京分行在分行党校处科级干部进修班中开设“习近平法治思想”等课程，邀请中央党校、省委党校相关教授现场授课。

二是深入学习宣传宪法。“七五”期间，各级行通过组织开展“12·4”国家宪法日和“宪法宣传周”活动，通过举行宪法宣誓、讲座、专题培训等方式，深入学习宣传宪法，在人民银行系统形成尊崇宪法、学习宪法、遵守宪法、维护宪法、运用宪法的良好氛围。2019 年，人民银行系统开展第三届“我与宪法”微视频征集活动，从全系统报送的 142 件参赛作品择优选取 10 件报送全国普法办。其中，人民银行合肥中心支行、甘南州中心支行、茂名市中心支行等分别创作的《宪法相伴一生》《使命》《一“宪”相牵，在我身边》等 9 件作品在司法部、全国普法办联合举办的“我与宪法”微视频作品征集展播活动中获奖，人民银行条法司获得“优秀组织奖”。此外，人民银行邀请国内著名教授作宪法专题讲座，并通过电视电话会议系统覆盖县级以上分支行，为干部职工作宪法学习专题辅导。

三是大力加强民法典学习宣传。为深入贯彻落实习近平总书记关于民法典的重要指示精神，人民银行先后印发《关于加强民法典学习宣传的通知》等文件，组织全系统深入学习宣传民法典。2020 年 7 月，人民银行举办“深入学习民法典 全面贯彻民法典”专题讲座，邀请全国人大法工委民法室负责同志讲解民法典相关问题。人民银行行长等行领导及各司局主要负责同志在主会场参加讲座；县级以上分支行通过电视电话会议系统参加讲座。

四是深入学习宣传党内法规。人民银行党委认真组织开展十八大以来党内重要法规学习宣传活动，深入结合“两学一做”、“不忘初心，牢记使命”主题教育、创建“让党中央放心，让人民群众满意的模范机关”活动，深入学习党章党规。通过制定修订全面从严治党主体责任清单、重大事项请示报告制度等 50 多项党内规章制度，印发《落实〈2019—2023 年全国党员教育培训工作规划〉的意见》，对党内法规规章制度学习教育提出明确要求。各级行党委（党组）将党内法规教育纳入党建工作重要内容，注重运用典型案例、身边事例现身说法，通过多种教育形式增强党员领导干部的党规党纪意识。2018 年，人民银行邀请中央纪委、国家监委有关同志对新修订的《中国共产党纪律处分条例》进行解读，对全系统纪委书记、纪检组长等进行专题辅导。

五是广泛开展与履职、行政执法相关法律法规的学习培训。“七五”期间，人民银行编发《金

融法治动态与参考》《典型案例》等刊物100余期，深入普及金融法律知识。各级行通过业务培训、专题讲座、党校学习、远程培训等方式，深入学习宣传《中华人民共和国中国人民银行法》《中华人民共和国反洗钱法》《征信业管理条例》《存款保险条例》等与履职密切相关的法律法规。

三、分层次、有重点地在干部职工中深入开展法治教育

一是发挥领导干部“头雁效应”，带动全体干部职工学法用法。各级行党委将习近平法治思想、宪法、党内法规等法律法规列入党委（党组）中心组学习计划。“七五”期间，人民银行每年主办“法治央行建设专题研修班”，累计举办5个班次，培训地市中心支行行长440人次。二是加强行政执法人员培训。2020年，人民银行举办首届行政执法人员培训班，提升系统内执法人员行政执法能力，进一步规范行政许可、执法检查、行政处罚等行政行为。各级行坚持落实执法上岗前培训考试制度，确保执法人员通过培训考核取得执法资格。三是强化普通干部职工法治教育。人民银行每年举办法律工作技能培训班和法律法规培训班，“七五”期间共培训系统法律干部1100余人次。面向全系统举办了多期“金融与法律博闻论坛”。2019年、2020年，人民银行每月举办“法律开放日”活动，解答干部职工生活中遇到的法律问题，不断增强干部职工的法治观念。此外，各分支行也面向干部职工开展了形式多样的法治教育活动。例如，人民银行上海总部为方便员工法律学习和交流，开设了“金融法治之家”微信平台。

四、有效落实普法责任制，向公众广泛开展法治宣传

各级行组织研究制定普法责任清单，明确执法职能部门普及法律法规宣传清单和工作要求，严格落实“谁执法谁普法”责任制，切实担负起面向社会的普法责任，努力做到实时普法、动态普法、精准普法。

一是丰富普法形式，深入开展服务大局普法行活动。各级行围绕“三大攻坚战”，充分利用“3·15”金融消费者权益保护日、“6·14”信用记录关爱日、反洗钱宣传月等重要时点，组织开展金融法律扶贫、打击非法集资、防范电信诈骗、反洗钱、征信法律宣传等活动。人民银行成都分行依托“萤火虫工程·农民金融夜校”，采用多种方式开展点对点法律扶贫活动；人民银行广州分行在全省实施“南粤金融　春风化雨——金融知识进校园”工程；人民银行拉萨中心支行通过“三农”金融综合服务站、农牧区助农取款点、驻村工作队等多种方式，在辖内建立5768个金融普法服务点，推动农牧区基层金融普法平台建设；人民银行张家界市中心支行组织制作《金融知识启蒙》系列视频网课对小学生进行金融知识普法。积极开展“防控疫情　法治同行”等专项法治宣传。例如，人民银行天津分行制作《金融支持稳企业保就业政策解读》等宣传材料。此外，根据全国普法办工作部署，在“4·15”国家安全教育日，大力开展国家安全教育宣传活动，通过远程教育平台组织全系统干部职工参加线上知识竞赛，内容涉及《中华人民共和国国家安全法》《中华人民共和国反恐怖主义法》等法律法规，共计11,235人参加。

二是注重在行政执法与日常监管中释法说

理。人民银行将普法有效融入金融管理与服务，通过参加国务院新闻发布会及国际国内经济金融峰会与论坛、接受中央电视台等央媒采访等方式，向国内外宣传解释金融政策法规知识。各级行将普法与依法治理相结合，在执法检查、行政处罚等工作中积极督促行政相对人对照法律法规完善工作机制、规范经营行为；在处理举报投诉中，与举报人充分沟通，围绕争议焦点问题涉及的法律规定充分说理和宣传解释。各级行反洗钱、征信、支付结算等执法部门运用业务辅导、专题培训、季度监管例会等多种方式，对金融机构开展各类金融法律法规宣传培训。人民银行西宁中心支行面向金融机构开展了青海省普惠金融业务知识竞赛活动；人民银行哈尔滨中心支行持续对辖内金融机构进行巡回辅导，组织各类培训1300余次，共计6万余人参训。

三是积极运用典型案例、风险提示等方式提高普法针对性。人民银行反洗钱、支付结算等执法部门结合监管实际及时编发业务风险提示；金融消费权益保护部门按年度公开发行《金融消费权益保护典型案例》，并通过媒体与网络向公众发布。人民银行营业管理部采取“京味”话剧形式编排全国首部金融消保普法话剧，为人民群众所乐见，宣传效果显著；人民银行南昌中心支行把金融纠纷典型案例制作成宣传短片向社会进行广泛宣传。

五、加强法治文化建设，普法工作成果丰硕

一是积极打造媒体普法品牌。各级行积极利用广播、电视、报刊等新闻媒体开辟普法宣传栏目。人民银行举办的“模拟法庭”活动被中央国家机关工委评为2017年中央国家机关第二届优秀学习品牌；人民银行成都分行营管部在成都市政府网站开设公众金融法律知识普及专栏；人民银行杭州中心支行联合建设银行在“FM89杭州之声”电台进行“守住钱袋子，守住幸福”直播；人民银行扬州市中心支行组织金融机构在扬州电视台开办“聚焦富民·普惠金融”金融政策普及专栏，已制作近500期电视节目。

二是不断丰富法治宣传作品。各级行积极创作各类法治文化宣传作品，涌现了一大批质量高、传播广泛的优秀作品，并在司法部、全国普法办以及地方举办的各类普法比赛中获奖。如人民银行南京分行、成都分行等分支行分别创作的《了解套路贷，不被套路害》《爱护人民币是我们义不容辞的责任》《西游银行之反洗钱记》等14件作品分别在司法部、国家网信办、全国普法办共同主办的第十三届、第十四届、第十五届、第十六届法治动漫微电影作品征集展播活动中获奖。

六、结合行业特点，不断创新优化普法宣传的载体和内涵

一是推进“互联网+金融法治宣传”模式。利用微博、微信、移动应用程序等“互联网+”现代信息技术，建设符合互联网时代特点的普法新模式，实现法治宣传为民服务“零距离”。人民银行通过官方网站，向全社会公开各项金融法律法规规章，进行政策解读；人民银行营业管理部制作普法专刊通过“贝壳找房”App向C端客户宣传；人民银行杭州中心支行联合蚂蚁集团首创在线直播辩论互动宣教模式，在支付宝App“OK播”中开设“守住钱袋子”专场节目。

二是多方位打造金融法治宣传长效机制。一方面，强化普法示范点建设，因地制宜、分类施教，加强外部沟通，形成重点突出、以点带面的常态化普法宣传机制。例如，各级行组织金融机构广泛建设“农村金融服务站”“金融知识宣传

站”，打通农村地区金融普法的“最后一公里”。人民银行长春中心支行建立吉林省首家“金融普法示范点”，依托“吉林省金调委社区工作站”进行金融普法宣传。另一方面，强化专业化法治宣传队伍建设。各级行业务条线骨干、金融机构工作人员组建了“央行志愿者”“巾帼反假小分队”“立信志愿者服务队”“平安金融志愿者”等多个专业化普法队伍，培养了一批业务能力强、法律素养高的宣传队员。

三是结合当地特色文化开展特色金融法治宣传。一方面，在少数民族地区、边境地区积极开展“双语”金融法治宣传宣传，如人民银行贵阳中心支行、拉萨中心支行、呼和浩特中心支行、南宁中心支行、昆明中心支行、延边市中心支行等针对辖内少数民族，编写了少数民族语言金融知识读本。保山市中心支行利用多语种，深入边境口岸向傈僳族同胞、缅甸边民和商人开展法治宣传。另一方面，充分利用民族特色节日、特色活动，以广大群众喜闻乐见的形式开展法治宣传教育活动。人民银行阿坝州中心支行和甘孜州中心支行不断深化金融法律知识“进藏区”“进寺庙”活动。

审计署“七五”普法规划实施情况

按照《全国普法办公室关于做好“七五”普法总结验收工作的通知》要求，审计署及时印发总结验收工作方案，组织全国审计机关认真开展“七五”普法总结验收工作。从总结验收情况看，审计署能够坚持以习近平新时代中国特色社会主义思想为指导，按照《中央宣传部、司法部关于在公民中开展法治宣传教育的第七个五年规划（2016—2020年）》和《全国人民代表大会常务委员会关于开展第七个五年法治宣传教育的决议》要求，结合审计工作实际，组织全国各级审计机关深入开展“七五”普法工作，取得很好成效。

一、加强党的领导，统筹推进普法工作

审计署党组高度重视“七五”普法工作，专门成立审计署审计法治工作领导小组，统筹推进法治政府建设和普法工作。署党组书记、审计长认真履行推进法治建设第一责任人职责，每年至少召开一次党组会研究法治政府建设和普法工作。5年来，审计署先后印发《审计机关开展法治宣传教育的第七个五年规划（2016—2020年）》、《审计署贯彻落实国家机关“谁执法谁普法”普法责任制的实施意见》、《普法责任清单》和审计机关年度普法工作要点等文件，对普法工作作出部署，明确工作重点和任务分工，立项督办，逐项销号。地方审计机关也普遍结合实际，制定“七五”普法规划或实施方案。

二、坚持以上率下，推动全员学法用法

（一）署党组自觉发挥“头雁作用”

坚持以习近平新时代中国特色社会主义思想为指导，把宪法法律和党内法规学习纳入署党组理论学习中心组年度学习计划。2020年，署党组理论学习中心组第四次集体学习会专题学习了《中华人民共和国民法典》《中华人民共和国公职人员政务处分法》等重要法律。从2019年起，署党组理论学习中心组每年至少组织观看一次庭审录像，不断推动旁听庭审工作常态化、制度化。

（二）聚焦领导干部这一“关键少数”

5年来，审计署举办8期依法行政能力培训班、复核审理能力提高班，培训省级审计机关总审计师和法规审理部门负责人等900余人次；举办11期市县审计局局长培训班，开设“增强法治意识提升依法审计能力”教学模块，培训局长2700余人次。同时，注重发挥考核评价的引导作用，将法治建设和普法责任制落实情况纳入各单位领导班子和领导干部年度综合考核。

（三）严格落实全员学法用法制度

依托中共审计署党校、审计干部教育学院，加强对审计干部的法治教育，在教学培训中设置不低于总课时40%的理想信念教育和依法审计教育课程，重点讲授社会主义法治理念、宪法和审

计法律法规、审计实务中的法律应用等内容。5年来，共培训干部5100余人次。

三、坚持突出重点，增强普法实效

（一）深入学习宣传贯彻习近平新时代中国特色社会主义思想

坚持把深入学习宣传贯彻党的十九大和十九届二中、三中、四中、五中全会精神作为首要政治任务，深刻学习领会习近平总书记在中央全面依法治国委员会第一次、第二次和第三次会议上的重要讲话精神，准确把握全面依法治国的指导思想、发展道路、工作布局和重点任务，自觉对标对表。

（二）坚持把学习宪法摆在首要位置

印发《审计署开展宪法学习宣传教育的工作方案》，深入开展宪法学习宣传教育活动，严格开展国家工作人员宪法宣誓活动，每年认真组织国家宪法日、宪法宣传周活动。通过署政务微信公众号开展宪法知识答题活动，共计3.46万余人次参加；在《中国审计报》推出10期《朗读者·审计人读宪法》栏目。

（三）注重加强党内法规学习

把加强党内法规学习宣传作为全面从严治党的基础性工作来抓，突出学习宣传党章、党内政治生活的若干准则等重要党内法规。2019年，开展“不忘初心、牢记使命”主题教育期间，组织全署党员学习《中国共产党党内重要法规汇编》，署党组3次集中学习研讨，各单位组织集体学习1187次。2020年，署党组以“认真学习贯彻党内法规制度”为主题，召开中心组专题学习会。

（四）积极开展疫情防控专项法治宣传

在署门户网站加载“新型冠状病毒感染肺炎疫情当前防治工作有关法律知识问答”，在政务微信平台转载《新型冠状病毒感染肺炎疫情防控有关法律法规》电子书。一些省级审计机关组建“疫情防控志愿服务队”，深入社区开展疫情防控法治宣传工作，组织疫情防控相关法律知识线上答题等活动。

四、坚持普执融合，认真落实“谁执法谁普法”要求

（一）结合审计工作特点，广泛开展“法律六进”活动

在审计进点会、审计取证和交换意见、审计整改等环节，向被审计单位宣讲审计及相关行业法律法规。采取为被审计单位举办讲座、发放财经法规读本、到定点帮扶村开展主题普法等多种形式，广泛开展普法活动。2018~2019年，连续举办“国家审计进高校”活动，先后走进35所高校，面向大学生开展审计法治宣传教育，现场直接参与师生近2万人。

（二）注重“以案释法”，充分发挥典型案例的示范指导作用

《中国审计报》开设《以案说法》专栏，刊登审计人员撰写的典型案例分析；结合年度优秀审计项目评选，组织编发依法审计经验总结；全面梳理近年来在开展领导干部任期经济责任审计、自然资源资产离任（任中）审计等项目中发现的违法违规问题，向被审计单位发放重点风险提示清单。

五、坚持依法审计，持续推进审计法治化建设

（一）坚持依法审计，不断完善审计法律规范体系

全力推进《中华人民共和国审计法》修订工作，组织修订制定《党政主要领导干部和国有企事业单位主要领导人员经济责任审计规定》《领

导干部自然资源资产离任审计规定（试行）》《关于深化国有企业和国有资本审计监督的若干意见》等重要党内法规和文件，不断完善审计业务管理制度，加大国家审计指南、法规向导的制定、修订力度，引导审计人员严格按照法定职责、权限和程序开展审计工作。

（二）健全合法性审核工作机制，充分发挥法治工作机构审核把关作用

2019 年，审计署出台规范性文件合法性审核办法和合同合法性审核办法。对审计项目安排，重要审计方案、审计报告和审计决定、规范性文件制定，以及重要合同签署等事项，未经合法性审核或经审核不合法的，不得提交会议讨论。建立健全特约审计员、法律顾问制度，推行公职律师制度，注重在决策中发挥特约审计员、法律专家的作用。

六、创新普法方式，切实提高普法工作实效

（一）积极推动法治教育与道德教育深度融合

修订《审计署思想理论建设工作规定》，要求审计人员学习中华民族优秀传统文化，大力弘扬社会主义核心价值观，恪守严格依法、正直坦诚、客观公正、勤勉尽责、保守秘密的基本审计职业道德。

（二）善于运用新媒体，引导媒体履行公益普法社会责任

审计署门户网站、“中国审计数字在线网”设立《学习宣传贯彻宪法精神》《国家安全意识形态》等专栏，署政务微信公众号设置法律规范查询功能，《中国审计报》、今日头条号等署管媒体开设《审计知识问答》专栏。审计署各特派办在局域网开设法治宣传教育专栏，建立微信群，发布普法动态，传递法治声音。

（三）普法实效好，普法工作得到有关部门充分肯定

2016 年，在中央国家机关法治人物和法治故事宣传展示评选活动中，审计署 2 名同志被评为最受欢迎的法治人物。2019 年，全国各级审计机关共有 5 家单位被评为全国普法办“七五”普法中期先进集体，5 名同志被评为全国普法办“七五”普法中期先进个人。在全国普法办“我与宪法”优秀微视频征集展播活动中，审计署法规司、南京办分别获得优秀组织奖，3 部作品获得优秀奖。

七、存在的主要问题及下一步举措

“七五”普法期间，审计署普法工作取得了不少成绩，但也存在一些不足，主要是对地方审计机关普法工作开展情况掌握不及时、不全面，指导不够。下一步，审计署将坚持以习近平新时代中国特色社会主义思想为指导，按照党中央、国务院部署，结合审计工作实际，积极谋划、扎实开展“八五”普法工作，不断提高审计人员依法审计的意识和能力，为审计工作顺利开展提供良好的法治保障。在工作中，将进一步加强调查研究，注意掌握地方审计机关普法工作开展情况，及时总结经验、发现问题，有针对性地加强工作指导。

国务院国有资产监督管理委员会系统“七五”普法规划实施情况

“七五”普法工作开展以来，国资委系统以习近平新时代中国特色社会主义思想为指导，以打造国资监管法治机构和法治国企为目标，深入贯彻《中央宣传部、司法部关于在公民中开展法治宣传教育的第七个五年规划（2016—2020年）》，持续推进法治宣传教育，取得了明显成效。按照《全国普法办公室关于做好“七五”普法总结验收工作的通知》要求，国务院国资委认真组织开展了“七五”普法总结验收。

一、提高政治站位，突出理论指引，始终学习贯彻习近平新时代中国特色社会主义思想

（一）始终坚定政治方向

党的十八大以来，习近平总书记就全面依法治国发表了一系列重要论述，为新时代法治中国建设指明了方向。国资委系统始终坚持以习近平新时代中国特色社会主义思想为根本遵循，切实提高政治站位，把党的领导贯穿到普法工作的全过程、各环节，确保法治宣传教育始终沿着正确方向不断前进。

（二）始终坚定理论自信

各级国资委党委通过党委中心组学习、党委会专题学习等方式，及时深入学习习近平总书记关于全面依法治国的新思想、新观点、新论断、新要求，引导广大干部不断增强法治意识和法治思维能力。各中央企业通过专题学习会、辅导会、报告会、普法宣讲等形式，学习宣传习近平总书记关于全面依法治国的重要论述，增强广大职工坚定走中国特色社会主义法治道路的信心和决心。

二、加强组织领导，完善制度机制，为普法工作奠定坚实基础

（一）全面部署安排

“七五”普法启动后，国务院国资委立即成立“七五”普法工作领导小组，印发《国务院国资委关于在国资委系统开展法治宣传教育的第七个五年规划（2016—2020年）》，系统部署法治宣传各项工作。国资委系统各单位迅速行动，结合自身实际，制定“七五”普法规划的实施意见或落实方案，细化任务，明确职责，为“七五”普法顺利开展提供坚强组织保证。

（二）落实普法责任

按照中央要求，国务院国资委制定了《国务院国资委普法责任清单》，把普法责任压实到委内各厅局。各单位通过建立健全普法工作机制、加强监督检查，调动业务部门积极性，形成推进普法工作的合力。

（三）做好支撑保障

国务院国资委高度重视普法人才建设，相继建立中央企业涉外、金融法律人才库，入库专家193人。国家电网有限公司成立普法讲师团696支，招募普法志愿者15,849人，累计开展活动7721次。中国移动通信集团有限公司创设普法专家积分奖励制度，增强普法人员获得感和积极性。各单位在“过紧日子”中大力支持普法经费预算，有力保障普法工作顺利开展。

三、紧抓“关键少数”，坚持全面覆盖，不断提高普法工作的针对性、有效性

（一）着力提高“关键少数”法治素养

国务院国资委制定《中央企业主要负责人履行推进法治建设第一责任人职责的规定》，将深入推进法治宣传教育纳入中央企业主要负责人履行推进法治建设第一责任人职责。各单位党委（党组）中心组带头学习法律法规，中央企业党委（党组）理论学习中心组每年组织1000多次学习活动，其中1/3为学习法律法规制度。中国商用飞机有限责任公司在领导干部任前谈话中明确提出法治工作要求，将落实法治建设第一责任人职责纳入领导干部任前考试考察范围。

（二）着力增强专业队伍法治能力

国务院国资委每年举办机关法治建设、中央企业高级法律管理人员履职能力培训班；每两个月邀请知名专家为全系统法治工作队伍作“法治讲堂”，5年共开展30期，受众达60万人次。各中央企业通过与高校合作培养等方式强化法律骨干人才的业务能力和管理技能。上海市国资委联合有关部门每年举办“企业法务技能大赛”，充分激发法治人才专业潜力。

（三）着力强化一线员工法治意识

各中央企业结合岗位特点和工作性质，通过班组学习、专业培训等形式，重点向一线员工普法。中国兵器工业集团有限公司推动普法工作向境外项目一线延伸，坚持“要外派，先普法”；中国中铁股份有限公司制作《农民工维权手册》，引导广大农民工知法守法、依法维权。

四、弘扬宪法精神，聚焦民商法域，助力国有企业实现高质量发展

（一）深入学习宣传宪法

国务院国资委党委多次召开党委会议，组织学习习近平总书记关于宪法的重要论述，部署宪法学习宣传和贯彻实施活动。各单位积极组织学习宪法，重点结合宪法宣传周大力开展宣传活动，积极参与“12·4”国家宪法日知识竞赛、“我与宪法”优秀微视频作品征集等活动，并多次获得嘉奖。

（二）深入学习《中华人民共和国民法典》

国务院国资委组织开展《中华人民共和国民法典》系列专题讲座，邀请民法典起草组专家就“总则编”“物权编”“合同编”等分别进行专题授课，在系统内掀起民法典学习热潮。海南省国资委在新冠肺炎疫情期间开设战“疫”云普法在线法律培训，围绕2019年《全国民商事审判工作会议纪要》作了5期专题讲座，累计受众达1.5万人次。

（三）深入学习公司业务相关法律法规

国资委系统始终坚持普法与业务深度融合，突出宣传教育与企业生产经营相关的法律法规。中国东方航空集团有限公司组建《中华人民共和国民用航空法》、基建法等法律学习小组，针对合规风险防范、个人信息保护等多个领域举办专题培训。招商局集团有限公司有关企业紧密关注业务相关法律动态，每月或每季编写《最新法律与案例摘要》，累计发布151期。

五、树立党章意识，学习党内法规，不断增强国有企业党组织的战斗力、凝聚力

（一）牢固树立党章意识

国资委系统各级党组织在“两学一做”学习教育中把学党章放在突出位置，认真研究学习《中国共产党章程》的历史背景和核心要义，以及《中国共产党章程（修订案）》的主要内容。在“不忘初心，牢记使命”主题教育中，通过重温入党誓词、党章知识竞赛等教育引导党员干部对照党章觅初心、对照党章找差距，争做党章的自觉尊崇者、模范遵守者、坚定捍卫者。

（二）认真学习党内法规

各企业围绕把国有企业党组织打造成为坚强战斗堡垒，积极宣贯《中国共产党国有企业基层组织工作条例（试行）》，持续加强基层党组织建设。各单位始终把纪律和规矩挺在前面，将《中国共产党廉洁自律准则》《中国共产党问责条例》等党内法规纳入党委（党组）中心组学习、理论培训等组织生活的必修课。

六、应用信息技术，创新方式方法，不断提高普法宣传实效

（一）持续提升“互联网＋法治宣传”的工作效能

国务院国资委充分利用门户官网和微信公众号等新媒体开展法治宣传教育，多维度提升普法宣传立体效果，“国资法治”微信公众号 2018 年至 2020 年推广文章 486 篇。中国五矿集团有限公司成功举办“法治五矿”网络直播公开课，将普法工作覆盖到各级企业，延伸到项目工地和生产一线。

（二）充分发挥传统宣传载体的积极作用

国务院国资委每年组织委内各厅局到北京市第一中级人民法院旁听行政诉讼案件庭审，“零距离”开展普法教育；专门邀请新华社、中央电视台等媒体对企业进行法治建设主题采访并发表报道数百篇。河南省国资委联合省法学会开展“百名法学家百场报告会”宣讲活动，传播专业法律知识，打造普法特色品牌。中国核工业集团有限公司等企业在内部发行的报刊中开辟《法治建设》栏目，持续开展普法宣传。

5 年来，通过深入法治宣传教育，各地国资委和各中央企业“七五”普法工作取得较好成绩，干部职工法治意识得到进一步增强，依法行权履职和防范风险能力得到进一步提升。同时，仍存在部分单位对普法重视不够、普法工作开展不平衡、普法工作队伍难以满足需求等问题。下一步，国资委系统将认真落实中央宣传部、司法部、全国普法办公室关于普法工作的部署要求，进一步强化普法工作，不断提升依法监管和依法治企能力。

海关总署“七五”普法规划实施情况

《中共中央关于全面推进依法治国若干重大问题的决定》指出，坚持把全民普法和守法作为依法治国的长期基础性工作，深入开展法治宣传教育，引导全民自觉守法、遇事找法、解决问题靠法。5年来，海关总署始终将普法作为法治建设的基础性、全局性工作进行部署，稳步推进“七五”普法规划确定的各项工作任务，在依法把关过程中压实责任、精准普法，为服务海关工作大局持续贡献普法力量。

一、组织与保障，普法工作基础不断强化

（一）强化组织领导

海关总署党委高度重视普法工作，主要负责人担任全国海关普法依法行政工作领导小组组长。制定《海关法治宣传教育第七个五年规划》及年度普法工作计划，以实现阶段性目标的方法稳步推进实现整体目标；出台《海关总署关于实行“谁执法谁普法”普法责任制的意见》《海关总署党组关于深入学习宣传和贯彻实施〈中华人民共和国宪法〉的通知》等文件为重点普法工作提供制度保障。

（二）夯实普法责任

深刻认识到实行普法责任制是党中央对深化普法工作作出的重要决策，通过“四个三”落实普法责任。即通过2017年7月在中央国家机关中第一个出台《海关总署关于实行“谁执法谁普法”普法责任制的意见》、2018年在中央国家机关中第一批制定普法责任清单、2020年制定《海关“谁执法谁普法”普法责任制实施办法》等“三项规

定”，建立健全海关“谁执法谁普法”普法责任制实施长效机制；通过开展全员执法资格考试、常态化法治教育培训、以案普法等“三大行动”，提升执法能力；通过紧扣社会热点、企业痛点、外贸堵点等“三个重点”，推进精准普法；通过采用广泛开展融媒体宣传、精工细作普法产品、积极培塑普法阵地等“三种方式”，扩大普法影响。

（三）优化普法平台

成立署、关级普法讲师团20余个，打造优质普法平台。出台讲师团工作制度，推动普法规范化、长效化发展；严选系统内外法律、业务专家组建讲师队伍，提供精品普法课程，以问题和需求为导向开展“点菜式”普法，满足个性化法治需求；开展形式多样的宣教，推动普法工作活起来、准起来、实起来。

二、重点与热点，抓住宣教重点精准滴灌

（一）把学习宣传习近平新时代中国特色社会主义思想作为首要宣教内容

海关总署党委开展经常性的专题学习活动，同时部署并督导检查各海关单位的专题学习，各海关单位通过细化、量化学习活动，确保学习往实里走、往深里走、往心里走。

（二）深入学习宣传贯彻实施宪法

建立宪法宣誓制度，每年依法组织集体宪法宣誓活动；结合宪法修正案内容采用中心组学习、邀请权威专家授课、宪法诵读等形式推动全系统学懂弄通做实；突出行业特色开展“宪法边关行”活动；以“我与宪法”微视频制作为切入点，联系工作生活实际开展“渗透式”宣教，已征集发布微视频作品百余部。

（三）系统开展重点法律法规学习宣传

聚焦新法新规，有重点开展社会主义法律体系学习。以《中华人民共和国民法典》学习宣贯为契机，推动海关法治建设再上新台阶。分管署领导率先讲授民法典学习第一课，并带队先后在成都、威海召开片区座谈会，研讨在海关执法中如何深入贯彻民法典要求；海关法治专家结合海关实务制作5期视频课推送到海关全员培训平台，截至2020年12月31日，累计点击量已近30万次；根据民法典要求，全面

梳理海关执法依据，拟修订2部行政法规和近10部海关规章，筑牢海关执法根基。

将党内法规列为各级党委必修课，建立学习台账定期检查；结合海关中心工作、重点工作及岗位要求，分类分众培训，实现“本职领域精通、相关领域熟悉、全领域了解”的普法效果。

三、提升与强化，全员法治教育成效明显

（一）牢牢抓住关键少数

各级海关党委均将宪法法律和党内法规列入理论中心组学习内容，每年专题学法不少于2次；建立领导干部学法用法制度，将法律课程列入所有晋衔培训和领导干部轮训内容，以上率下尊法学法守法用法。领导干部的法治意识、依法决策能力和水平得到显著提升。

（二）量化培训真抓实测

每年下发《全员培训方案》，量化法治培训学时学分。每人每年参训达到180学时并取得100学分（法治内容占50%以上），实现全员学法长效化、制度化。2017年组织全员“执法资格考试”，实现了全员持证上岗。2018年机构改革后全员重新考试，全系统8.1万名在编人员和2241名新录用公务员参考。量化培训考试促进关警员自发学法用法，切实提升执法能力水平。

（三）以案普法强化能力

总署示范、各关跟进，广泛开展“模拟法庭”活动，同时制作网络课程，以案释法，深入学法；建立旁听庭审制度，通过现场旁听、在线观看视频等多种形式组织关警员每年至少旁听庭审一次，实现学习常态化、制度化；建立行政执法指导性案例制度，建立行政执法案例库，截至2020年12月31日，已收录发布案例71例，编印下发16辑《海关行政复议诉讼案例选》，剖析问题，规范执法；连续14年发布“中国海关知识产权保护典型案例”，推广典型经验做法；精选全系统优秀普法案例100余个编印《服务大局普法行优秀案例汇编》《防控疫情、法治同行优秀案例汇编》，固化普法经验成果。

四、精准与高效，法治宣传坚持服务大局

（一）抓服务大局，聚焦中心有的放矢

总署牵头，全系统发力，持续开展“服务大局普法行”主题实践活动成效显著。坚决贯彻落实习近平总书记重要指示批示精神，运用多种形式广泛宣传严厉打击“洋垃圾”入境、象牙等濒危物种及其制品走私等重点工作；以普法助力打造市场化、法治化、国际化营商环境，第一时间公开执法依据、解读改革方案、宣传政策利好，增强人民群众获得感，帮助企业切实享受海关改革红利；2020年，组织开展“防控疫情 法治同行”专项行动，以普法全程护航新冠肺炎疫情防控工作，筑牢口岸疫情防控防线。

（二）抓精准服务，直击企业痛点难点

治难点，“靶向式”服务精准解决企业疑难，如南京海关“企业问题清零”工作机制，及时为企业排忧解难，截至2020年年底解决疑难问题308个，出台精准惠企措施98项，惠及企业3000余家；聚焦点，“药方式”服务精准满足企业需求，如新冠肺炎疫情期间杭州海关推行“一企一策、精准画像”，加大帮扶力度、量身送法解忧，2020年精准调研1300余家企业，解决复工复产问题600余个；抓热点，“嵌入式”服务精准投递新规新策，如通过设立“关企协调员”，借助微信群、QQ群等方式第一时间宣传新法新规和政策利好、收集解决企业问题需求，实现良性互动。

五、智慧与融合，培育海关特色法治文化

（一）智慧普法拓平台

着力推动以媒体融合理念精准推送普法信息，借助全媒体传播优势唱响海关普法“好声音”。5年来，在中央电视台、《人民日报》、《法治日报》、“新华网”等各级新闻媒体进行法宣报道8万余篇次，打造“两微一端”普法平台120余个、发布各类普法信息20余万条次、点击量过亿，海关“12360”服务热线及时解答各类通关政策法规疑问800余万个，各单位结合辖区和业务特点采取“网络普法联盟”线上普法、热线直播空中普法、二维码指尖普法等丰富手段形成融合、广域、精准的智慧普法新形态。

（二）法治文化广传播

建设行业特色鲜明的海关法治文化。“8·8”海关法治宣传日连续开展18年，已成为海关普法的靓丽“名片”；“一村一品”，培育优秀法治文化品牌，如南京、宁波、青岛、广州、拱北、福州等海关创立的“通关金钥匙”“大榭法眼”“青晓法”“通关小灵通”“福关E家”，已成为群众的随身普法“锦囊”；鼓励关警员创作发布优秀普法作品，积极组织参加“我与宪法”优秀微视频征集展播、全国法治动漫微电影作品征集展播等活动，“七五”以来累计征集优秀普法作品100余部；因地制宜建设各具特色的普法基地53个，每年面向200余万人次提供普法服务。以法治文化树立法治理念、坚定法治信仰。

六、成效与目标，推动全民普法走深走实

（一）成效明显，亮点纷呈

“七五”普法期间，海关系统在多次重要评比表彰活动中取得优异成绩：海关有7家单位和7名个人获得“七五”普法中期先进集体和先进个人称号；3家单位和3名个人获得全国法治政府建设工作先进单位和先进个人荣誉称号；南京海关法治文化基地被全国普法办授予“全国法治宣传教育基地”称号，另有24家单位获评省级普法基地；南京海关“‘推进企业问题清零’的探索与实践”入选司法部、全国普法办公布的十大“2019年全国普法依法治理创新案例”；在全国“我与宪法”优秀微视频征集展播、全国法治动漫微电影征集展播等活动中，海关系统26部作品获得包括一等奖在内的各类奖项，海关总署获得3次优秀组织奖。全国多家海关单位获得全省“七五”普法“中期先进”“精准普法十大品牌”“宪法宣传周先进组织单位”等荣誉。

（二）目标明晰，更上层楼

“七五”期间海关取得了显著的普法成果，下一步，将在全国普法办的精确指导下大力开创“八五”普法新局面，继续加强以下几方面工作：一是以全员培训为基础，进一步提高关警员法治素质。按照“干什么、学什么，缺什么、补什么”的要求开展个性化培训，推动建立浸入式学法体系。二是以普法讲师团为平台推进普法责任制有效落实。依托普法讲师团提高普法的专业化、科学化、品牌化、精准化程度，提高在执法中融入普法的自觉性和有效性。三是以智慧普法为手段推进海关法治文化建设提档升级。以媒体融合理念扩大海关普法影响力，培树具有行业特点的普法品牌，以开展创新普法、文化普法、开门普法活动积极融入普法大格局。四是以科学考评为量尺促进普法工作走深走实。设定更加科学全面的评估标准和量化指标，形成具有科学性、合理性、长期性的普法工作机制。

国家税务总局“七五”普法规划实施情况

为贯彻落实《中央宣传部、司法部关于在公民中开展法治宣传教育的第七个五年规划（2016—2020年）》要求，税务总局坚持以习近平新时代中国特色社会主义思想为指导，认真贯彻习近平总书记关于全面依法治国重要论述精神，围绕税收中心工作，着力落实“谁执法谁普法”普法责任制，积极构建多层次、广覆盖、立体式的税收普法大格局，形成了普法与税收中心工作深度融合、同频共振、同向发力的生动局面，推动“七五”普法规划全面落实。

一、坚持责任落地，强化税收普法组织保障

（一）强化组织领导

税务部门不仅是税收执法部门，而且服务管理对象覆盖十多亿纳税人、缴费人，税收普法任务十分繁重。对此，税务总局党委高度重视，总局党委书记、局长对“七五”普法工作多次

作出批示，税务总局成立“七五”普法工作领导小组及其办公室，统筹协调和组织推动全国“七五”普法工作。各省、市税务局普法领导小组办公室均选配专（兼）职工作人员，具体负责“七五”税收法治宣传教育工作的牵头组织协调工作，形成有专门机构管、有专职人员抓的工作格局。

（二）健全工作机制

税务总局制定下发税收“七五”普法规划、年度普法宣传计划、普法责任清单，明确全系统普法的指导思想、总体目标、工作原则、对象和任务，并提出了具体的工作措施、步骤和时限要求。各级税务机关坚持一级抓一级、层层抓落实，强化上下联动，形成了党委领导，牵头部门组织实施，相关部门各尽其职、齐抓共管的普法工作机制。

（三）强化绩效考评

各级税务机关均把普法作为推进依法治税的基础性工作纳入本部门工作总体布局并纳入绩效考评，把普法责任制从“软任务”变成“硬指标”，将普法工作与其他税收业务工作同部署、同检查、同落实，实现普法宣传有目标、有计划、有抓手。

二、坚持分类实施，增强税收普法针对性

（一）聚焦重点人群

一是抓好“关键少数”学法守法。健全各级税务局党委理论学习中心组学法制度，把领导干部作为学法普法重点对象，带头推动全系统税务人员自觉学法用法。以组织各级领导干部依法行政专题研修班、依法行政会议会前学法、邀请专家学者讲座辅导学法等形式，推动领导干部学法日常化、规范化、制度化，并将法治学习情况纳入领导班子和领导干部年度考核述职内容，增强领导干部自觉学法、用法、守法意识，树立宪法和法律法规权威，维护法律尊严。二是推进执法主体普法全覆盖。将学法用法作为评价各级税务机关税收工作和干部实绩的重要内容，作为干部年度考核、评先评优、职级晋升的重要依据；制发干部学法工作规定，完善各项学法培训制度，明确年度学法计划，将学法列入全系统干部任职培训、初任培训等课程，形成学法培训常态机制。加强旁听庭审组织，培育税务干部法治理念和法治精神，全面提升税务干部知法守法用法能力。三是多措并举加强青少年普法。针对青少年群体，积极打造精品税收普法项目，丰富青少年税收普法教育形式。充分运用网络平台推广优质教育资源，依托教育部普法网办好“青少年税法学堂”专题网站，创办 3 年来累计访问量达 720 多万人次，吸引更多青少年学习税法、投身税法宣传；组织编写《税法教育读本》系列辅导教材，已出版小学版和初中版，发挥其系统、权威、规范的特点加强青少年税法普及；联合教育部开展两届“全国青少年税收法治教育大课堂”活动，制作税法课程视频节目向全国中小学校推送；持续开展两届“税官讲税法”青少年普法视频征集活动、三届全国青少年“我身边的税收故事”主题征文活动，丰富青少年税法教育资源，普及税收理念和税法知识。

（二）聚焦重要时点

一是围绕税收宣传月开展普法宣传。每年 4 月是全国税收宣传月，全国各级税务机关围绕宣传月主题和“便民办税春风行动”，加强与新华社、《人民日报》等中央主要媒体的沟通力度，开展线上线下税收普法宣传，认真落实减税降费。如 2019 年以“落实减税降费促进经济高质量发展”，2020 年以“减税费优服务　助复产促发展”为主题，在宣传月期间对纳税人、缴费人开展一系列政策辅导解读活动，确保各项税费

优惠政策措施“实打实”落地。二是围绕宪法宣传周开展系列普法宣传。将宪法宣传周活动与减税降费、税法“六进”、脱贫攻坚、国家宪法日、优化税收营商环境等相结合，通过主题日、“开放日”、宪法法律知识有奖答题、播放税收与宪法宣传片、发送宪法税法小知识短信等，因地制宜开展好宪法宣传活动。三是围绕疫情防控开展普法。在2020年新冠肺炎疫情期间，总局党委聚焦服务“六稳”“六保”，创新部署实施优惠政策落实要给力、“非接触式”办税要添力、数据服务大局要加力、疫情防控要尽力的“四力”要求，助力各类市场主体复工复产。四是认真抓好《中华人民共和国民法典》学习宣传。结合税收工作实际制定学习计划方案，采取自主学、集中学等形式深入开展学习宣传；在《中国税务报》、《中国税务》杂志、税务总局网站等设立专栏专题，通过群众喜闻乐见的形式，运用鲜活生动的语言准确宣传解读《中华人民共和国民法典》。

三、坚持融合推进，提升税收普法服务水平

（一）认真落实“谁执法谁普法”的税收普法责任制

将普法工作贯穿于税收征收、管理、检查等各个环节，在税收执法和服务的全过程中进行实时普法、精准普法，进一步促进严格、规范、公正、文明执法，减少执法中的冲突和对立，增强普法的实用性。

（二）在普法中推进税收执法

按照“谁起草谁解读”原则，凡是涉及纳税人、缴费人切身利益的部门规章和规范性文件，均落实文件和解读稿同步起草、同步审批、同步发布“三同步”机制，第一时间向社会公告，着力为纳税人、缴费人提供统一、规范、权威的政策服务。全力做好行政执法公示制度、执法全过程记录制度、重大执法决定审核制度三项制度试点和全面推行工作，打造阳光税务、规范税务、法治税务。推行全程说理式执法，切实做好行政复议、信访工作，严格依法化解涉税矛盾纠纷，做到不偏不倚、不枉不纵，实现了法律效果与社会效果的统一。进一步优化税务执法方式，紧盯“假企业”“假出口”“假中标”等涉税违法犯罪行为精准打击，既营造公平良好税收环境，又确保国家税收安全。

（三）在普法中强化税收监管

坚持把提高班子依法决策水平作为推进依法行政的关键环节和领导班子建设的重要内容，全面推行法律顾问制度，建立了联通总局、省、市、县四级税务机关的法律顾问工作体系，让法律顾问对“三重一大”、税收决策、税务管理和税收执法等内容进行事前把关。制定全面依法行政工作规范，积极加强规范性文件管理、行政复议、行政应诉、重大税收案件审理等专项工作规范化、标准化建设，为落实全面依法行政提供重要支撑。

（四）在普法中优化税费服务

在普法中凝聚共识，在各地办税服务厅开设电子触摸屏、宣传资料架等普法设施，除了与纳税人、缴费人面对面开展普法，还推出智能机器人导税普法。及时回应个性需求，根据差异化、分层化、分众化的要求针对不同的受众群体开展普法，根据受众需求推动普法内容“供给侧结构性改革”，实现精准推送，让企业享受“点餐式”的税收普法服务。彰显税法力度效应，落实税收“黑名单”制度、重大税收违法案件公布制度，开展纳税信用等级评价工作，加大评价结果应用，积极参与跨部门的守信联合激励；与银保监部门联合开展“银税互动”活动，为有需求中小企业解决融资难问题。

四、坚持全面拓展，营造税收法治文化环境

（一）打造普法平台，增强普法生命力

在普法中提炼文化，打造“阵地＋人才＋品牌”的法治文化品牌。联合司法部扎实开展全国税收普法教育示范基地创建工作，分两批评选命名了19个示范基地，引领和带动各地因地制宜抓好税收普法教育基地建设，不断丰富税收普法内容形式，广泛开展普法实践活动。创新普法宣传载体，通过税务门户网站、“两微一端”大力开展税收普法宣传，多个省局微信公众号成为具有数百万、超千万关注人数的政务号。开展全国税收公益广告作品征集评选活动，组织参与“我与宪法”微视频征集活动，“七五”普法期间推出上千部优秀作品，打造税法宣传和法治文化建设精品。

（二）创新普法方式，提升普法吸引力

税务总局指导各级税务机关创新形式，融会贯通，结合当地特色和亮点，通过不同形式打造“立体化”“滴灌式”普法模式。一是面向纳税人、缴费人，创办培训学校和网上学堂，以“实体＋网校”模式，创新运用VLOG、直播、MV、微海报、“听税”等形式，推出人民群众喜闻乐见的政策解读产品。二是面向全社会，将税收普法拓展至基层社区、热门商圈，政策宣传贴邮包、进地铁、上飞机、乘公交、搭电梯，“走”进大街小巷、千家万户。三是组建税收普法志愿者队伍，不定期组织志愿普法活动，实现全系统税收志愿者普法宣传“月月有活动、节点有高潮、全年不断线”，凝聚税收共治合力。四是围绕重要改革营造氛围，如围绕个税改革，掀起“人人学个税、人人懂个税、人人宣个税”的新热潮，确保纳税人应知尽知、政策应享尽享优惠。

（三）密切媒体合作，扩大普法影响力

进一步加强与《人民日报》、新华社、中央电视台、《法治日报》等中央主要媒体和地方权威媒体合作，搭建起普法宣传传播平台矩阵。通过召开新闻发布会、媒体见面会、媒体恳谈会等形式，放大普法宣传效应。邀请主流媒体记者深入一线，走基层、访企业，展示税务部门在减税降费、优化办税缴费服务等工作上的创新举措。

“七五”普法以来，通过扎实有效的普法工作，全国税务系统的依法行政水平显著增强，干部执法行为明显规范，纳税人的税法遵从度大幅提高，纳税人满意度持续提升，社会各界的法治意识普遍增强，有力地促进了各项税收重点工作任务的圆满完成。但也应清晰地认识到，普法工作还有待进一步强化和提升，例如，税收普法方式方法还需创新完善，全国税收普法教育示范基地的影响力和辐射面还有待拓展，青少年税法普及教育还需进一步加大力度，线上线下普法宣传资源有待整合，税法专业人才梯队的教育培养有待加强，以及激励全系统干部共同参与普法的体制机制还需完善等。

下一步，税务总局将坚持以习近平新时代中国特色社会主义思想为指导，全面贯彻习近平总书记关于全面依法治国重要论述精神，认真落实党中央、国务院关于“八五”普法工作的决策部署，严格落实中央和国家机关普法责任制要求，主动加强部门协作，积极拓展普法思路，创新普法方式，丰富普法内容，培养普法人才，不断提高纳税人、缴费人税法费规遵从度和社会各界法治意识，努力营造良好的税收法治环境，为全面构建法治型、服务型税务机关，发挥税收在国家治理中的基础性、支柱性和保障性作用作出更大贡献。

国家市场监督管理总局“七五”普法规划实施情况

“七五”普法期间，原工商总局、质检总局、食药总局以及机构改革后成立的市场监管总局，始终坚持以习近平新时代中国特色社会主义思想为指导，坚决贯彻党的十九大和十九届二中、三中、四中、五中全会精神，健全工作机制，创新工作方式，提升市场监管法治宣传教育实效，领导干部法治思维和法治意识显著提升，执法人员依法行政意识和能力进一步增强，市场主体诚信守法意识进一步提高，消费者法治观念和依法维权能力明显提高，市场监管普法依法治理工作成绩显著。

一、加强组织保障，有序推进市场监管普法依法治理工作

（一）健全领导机构

严格执行《党政主要负责人履行推进法治建设第一责任人职责规定》，成立由局长任组长，分管副局长任副组长，各司局负责人为成员的普法依法治理工作领导小组（法治建设工作领导小组）；法制机构作为领导小组下设的办公室，组织实施系统普法依法治理工作。各地市场监管部门也相应成立普法依法治理工作小组，形成统一领导、层层落实、整体推进的工作格局。

（二）制定普法规划

“七五”普法伊始，原三总局及时制定普法规划，明确“七五”普法期间市场监管法治宣传教育的原则、目标、重点、方式等，并将普法工作纳入年度法治工作计划。各省级市场监管部门也结合实际制定本地普法规划和年度法治工作计划，实现了五年有规划、年年有计划，确保“七五”普法工作顺利开展。

（三）强化队伍建设

一方面，着力加强法治宣传专门队伍培养，逐年举办法治宣传专题培训班，提升业务骨干工作水平。建立 109 个基层法治联系点，统筹发挥全系统普法力量作用。另一方面，积极发动社会各方力量共同推进市场监管法治宣传工作。组建讲师团进行专题宣讲；鼓励、支持协会、学会、技术机构为企业、消费者和从业人员提供形式多样的法律宣传教育服务；建立健全市场监管公职律师和法律顾问队伍，发挥其在市场监管普法依法治理工作中的支撑性作用；与中国人民大学等高校合作建设法治研究基地，利用高校资源开展法治教育培训。

二、突出重点，做好重要法律法规学习宣传

（一）深入学习宣传习近平新时代中国特色社会主义思想

制订市场监管总局党组理论学习中心组学习计划，将法治理论作为学习的重点内容，党组成员带头深入学习习近平总书记关于建设社会主义法治国家的重要论述，认真学习习近平总书记在

中央全面依法治国委员会第一次、第二次会议上的重要讲话精神及习近平总书记关于市场监管的重要论述。总局党组多次召开会议，专门研究部署落实习近平总书记关于全面依法治国一系列重要指示精神，对市场监管法治建设中的重要工作和重大问题坚持集体研究审议。2019年度市场监管总局局务会议74个审议议题中的法治建设议题达47个。

（二）积极开展宪法学习宣传

把宪法学习宣传教育放在普法工作首位。将宪法和党内法规作为党组理论学习中心组学习、各类业务培训班学习、执法证考试的重要内容。在系统持续深入开展宪法学习宣传教育活动。2018年，市场监管总局组织开展系统“宪法知识竞赛”，共计9万多人参与竞答。各地市场监管部门也以多种形式积极开展宪法宣传教育活动。制定《市场监管总局国家工作人员宪法宣誓组织办法》，先后分3批次共538名新任司处级干部举行宪法宣誓仪式。各地市场监管部门也结合实际，组织新任职领导干部进行了宪法宣誓。

（三）认真做好《中华人民共和国民法典》学习宣传贯彻

及时印发《市场监管总局办公厅关于认真学习贯彻民法典的通知》，部署工作；及时邀请全国人大常委会法工委有关人员进行专题辅导；在局属媒体和微信公众号开设《民法典与市场监管》专栏，进行集中宣传解读。各地市场监管部门也以专题学习、发放宣传资料、开展文件清理等工作扎实学习宣传贯彻民法典。

三、抓住关键，营造市场监管学法用法浓厚氛围

（一）强化领导干部培训

市场监管总局每年举办地方党政领导干部市场监管专题研讨班，提升地方党政领导对市场监管工作的理解和支持。持续推动省级市场监管部门领导干部和市、县市场监管部门主要负责同志轮训工作，提升领导干部法治思维和法治意识。各级市场监管部门认真开展党组理论学习中心组集体学法、局务会议会前学法、领导干部法治讲座等活动，实现了领导干部法治教育的规范化、制度化、常态化。

（二）加强监管执法骨干培训

举办监管执法骨干培训班、处级干部党校班和任职培训班，突出抓好新出台的市场监管法律法规及食品安全执法稽查、知识产权执法稽查、信用监管、反垄断与反不正当竞争、价格监管、广告监管、产品质量监管、特种设备安全监管等领域执法技能的学习培训。

（三）加强专家型人才法制培训

定期举办以高级职称专业人才为对象的高级研修班，全系统专业技术人才每年参加脱产培训累计不少于12天或者90学时，提高系统专业人才依法行政能力。

（四）加强基层干部培训

举办基层所长（党支部书记）培训班、偏远少数民族地区优秀基层干部培训班、边境州市市场监管执法骨干培训班、新录用公务员初任培训班，推动基层法治建设。全系统科级以下干部每年参加脱产培训累计不少于12天或者90学时。

四、多措并举，深入落实“谁执法谁普法”责任制

（一）建立清单，推动普法责任落实

2018年11月，编制总局普法责任清单，明确了重点宣传的95部法律法规规章和责任部门，形成了法制机构牵头协调、各司局分工负责，各

司其责、齐抓共管的“谁执法谁普法”工作格局。2018~2019年，连续举办“谁执法谁普法”专题培训班，对各普法责任司局、各省级市场监管部门法治宣传业务骨干进行培训。

（二）强调以案释法，以规范执法促精准普法

规范行政执法，制定《市场监督管理行政处罚程序暂行规定》等6部综合性部门规章，统一市场监管立法、行政处罚、行政许可、投诉举报和执法监督程序。注重“以案释法”，编印市场监管各类业务典型案例，开展典型案例线上巡讲，指导地方执法。集中宣传打击非法制售口罩等防护产品和野生动物违规交易、“长江禁捕打非断链”等执法专项行动，公布“联合双打行动”、“保健”市场乱象、涉企违规收费等市场监管领域典型案例；开通“中国市场监管行政处罚文书网”，公示行政处罚文书；建设反垄断执法信息发布平台，公布反垄断行政处罚和审查决定。市场监管执法信息公示成为宣传市场监管法律知识、弘扬法治精神的重要途径。

（三）把握时间窗口，开展重要法律法规规章宣传贯彻活动

结合“3·15”国际消费者权益保护日、“4·26”世界知识产权日、“5·20”世界计量日、“12·4”国家宪法日、质量安全月、食品安全周等纪念日、宣传周，开展相关法律法规主题宣传教育活动。采取知识竞赛、电视电话培训会议、专题培训班、业务研讨会等形式，对《中华人民共和国电子商务法》《中华人民共和国疫苗管理法》《中华人民共和国民法典》等重要法律法规规章进行宣传培训，确保新法顺利实施。通过召开新闻发布会、专题宣传、公益广告等形式开展《中华人民共和国食品安全法》《中华人民共和国反垄断法》等市场监管重要法律实施周年宣传纪念活动，推动相关法律法规深入人心。

（四）丰富普法形式，提升市场监管法治宣传实效

一是多形式面向公众开展法治宣传教育。各级市场监管部门、直属技术机构的“公众开放日”成为传播市场监管法律知识、宣传市场监管工作成果的重要形式。面向企业和协会、商会举办的各类市场监管法律培训、市场监管大讲堂以及形式多样的企业培训帮扶活动，全面提升了市场主体守法意识。石家庄市市场监管局通过企业培训活动，培养了东明家具公司、南三条小商品市场等普法先进典型。二是持续开展市场监管法治宣传“六进”等活动。每年组织开展特种设备安全进校园、食品安全“六进”等市场监管主题法治宣传活动。防止传销进校园系列活动共计走近30所高校，3万名左右大学生参加现场活动，近40万名大学生实时收看视频直播，上百万名大学生参与万人签名、争做志愿者等活动。三是充分发挥“12315”投诉举报平台、企业信息公示系统等平台法治宣传优势。“12315”投诉举报平台已成为普及市场监管法律法规的前沿阵地；年报和信息公示是企业法定义务已成为社会共识，通过国家企业信用信息公示系统查询应用企业公示信息已成为通行做法。2016年年底至2020年8月底，国家企业信用信息公示系统网站页面累计访问量达到1379.6亿。四是融合发挥传统媒体和新媒体在法治宣传教育中的作用。各级市场监管部门依托主流媒体进行政策解读和法治工作宣传报道，同时开通微信公众号等，利用图解、漫画、动画、短视频等群众喜闻乐见的形式讲好市场监管法治故事。五是积极展示市场监管普法依法治理工作成效。2016年来，市场监管总局持续组织开展全国市场监管部门“十大法治人物”和“十大法治故事”宣传展示活动。2019年，举办全国市场监管法律知识竞赛活动，共32.28万人积极参与，各地也相继开展市场监管法律知识竞赛，实现了“以赛促训、以赛促学、以赛促宣”的目标。

五、围绕中心工作，扎实开展“服务大局普法行”主题实践活动

各级市场监管部门紧密围绕全国普法办工作安排，积极开展知识产权保护、食品安全、脱贫攻坚、扫黑除恶、“疫情防控、法治同行”等主体实践活动。

（一）组织开展食品安全宣传活动

联合有关部门，每年举办全国食品安全宣传周。2019年食品安全宣传周期间，共有80多万名监管人员及宣传人员、近万名专家学者参与宣传，7000多万名食品从业者、青少年学生、媒体工作者等接受了专门的法律、诚信、科普宣传教育，覆盖4亿多人次。2019年，组织开展《中华人民共和国食品安全法》实施10周年纪念宣传活动。2020年6月7日，联合有关部门举办“世界食品安全日”中国主场活动。上述活动有效推动构建食品安全社会共治大格局。

（二）开展消费者权益保护日主题宣传活动

市场监管总局作为主办单位，连续多年与有关部委以及中央电视台联合主办“3·15”晚会，并就消费热点问题公示权威信息，发布消费预警，倡导健康消费。该节目现已成为消费者权益保护的重要宣传品牌。地方市场监管部门通过发布侵害消费者权益典型案例、发布消费者投诉热点、播放公益广告等形式，宣传消费者权益保护法，提升消费者维权意识和能力。

（三）积极开展“疫情防控、法治同行”专项活动

及时印发《市场监管总局关于依法从重从快严厉打击新型冠状病毒疫情防控期间违法行为的意见》等文件，并配发解读文章；汇编并印发市场监管部门新冠肺炎疫情防控工作相关法律依据；开设“防控疫情　法治同行”专栏，开展《中华人民共和国野生动物保护法》《中华人民共和国价格法》《中华人民共和国食品安全法》等新冠肺炎疫情防控相关法律和执法典型案例解读；会同中国个体劳动者协会开展复工复产法治宣传；制作并向全国普法办报送市场监管部门疫情防控和复工复产普法短视频。

“七五”普法以来，市场监管普法依法治理工作成绩显著，但与全面依法治国、法治政府建设的新要求还有差距，主要是对法治宣传教育的重要性认识还有待加强，普法依法治理的广度和深度还有待进一步提升，普法依法治理与日常业务工作的结合还不够充分，普法方式还需要进一步探索和创新。下一步，市场监管总局将进一步强化普法依法治理工作的主体责任，积极探索普法依法治理工作的新途径、新方法，强化市场监管普法依法治理工作的系统性、创新性、实效性，进一步提高市场监管普法依法治理能力和水平，为实现依法治国、依法执政、依法行政共同推进，法治国家、法治政府、法治社会一体建设作出积极贡献。

国家广播电视总局“七五”普法规划实施情况

自“七五”普法开展以来，国家广播电视总局（以下简称总局）坚持以习近平新时代中国特色社会主义思想为指导，深入贯彻落实党的十九大和十九届二中、三中、四中、五中全会精神，按照《全国人民代表大会常务委员会关于开展第七个五年法治宣传教育的决议》、《中央宣传部、司法部关于在公民中开展法治宣传教育的第七个五年规划（2016—2020年）》和《全国新闻出版广播电视系统法治宣传教育第七个五年规划（2016—2020年）》的总体部署和要求，组织指导全国广播电视系统扎实推进普法和依法治理工作，抓好普法重点、提高法治意识，承担媒体责任、做好社会普法，不断丰富普法内容、创新普法形式，推动普法依法治理工作深入开展、稳步推进。

一、深入学习宣传习近平新时代中国特色社会主义思想，持续推进宪法学习宣传向纵深扩展

学习好、宣传好、贯彻好习近平新时代中国

特色社会主义思想，突出学习宣传宪法，是党中央赋予总局的重大政治任务，也是总局加强意识形态管理、提高依法行政水平、推动事业产业繁荣发展的内在需要。

（一）抓专题学习，做到早学习早部署早落实

总局党组多次专题学习习近平总书记关于全面依法治国的重要论述，特别是习近平总书记在中央全面依法治国委员会第一次会议上发表重要讲话后，总局党组即组织专题学习，提出贯彻落实的具体意见。2018 年《中华人民共和国宪法修正案》通过后，总局党组理论学习中心组在第一时间举行宪法专题学习（扩大）会，邀请全国人大常委会委员、全国人大常委会法制工作委员会副主任作辅导报告。各省局也相应地及时进行了学习并邀请专家作辅导报告。

（二）抓重点培训，做到入脑入心

总局明确将“学习宣传习近平新时代中国特色社会主义思想”和“宪法学习宣传教育情况”作为全国广电系统法治宣传教育第七个五年规划的重点学习内容，广电系统“七五”普法中期检查评估予以重点督导评估。同时，把宪法学习教育列入党员教育和干部培训规划，将宪法学习宣传贯彻工作同深入学习贯彻习近平新时代中国特色社会主义思想和党的十九大和十九届二中、三中、四中、五中全会精神结合起来，例如，总局将“学好宪法修正案、维护宪法尊严、坚决贯彻宪法精神”课程作为有关培训主题辅导报告之一。5 年来，各级广电系统均进行了相关内容的专题培训。

（三）抓主题宣传日和宪法宣誓活动，提升使命感和荣誉感

在 2018 年《中华人民共和国宪法修正案》通过后和“12・4”国家宪法日暨全国法制宣传日期间，全国广电系统广泛开展系列宪法宣传活动，例如，开展宪法知识答题活动，发放新版《中华人民共和国宪法》单行本，在办公场所显示屏播放宪法主题宣传片、宣传标语等。总局印发《国家广播电视总局司、处级国家工作人员宪法宣誓组织实施办法》，连续多年组织宪法宣誓仪式。宪法宣誓制度在系统内得以广泛施行。

（四）抓日常普法，促进学习宣传持续化、常态化

在 2018 年全国广播电视网络法纪知识竞赛中，将 2018 年《中华人民共和国宪法修正案》内容作为重点考核内容。按照司法部、国家网信办、全国普法办统一部署，总局在全系统开展“我与宪法”优秀微视频征集展播活动，并对征集到的微视频进行认真筛选，择优报送司法部。广播电视系统各单位也开展了发放新版《中华人民共和国宪法》单行本，组织宪法知识答题，在办公内网、微信工作群、宣传栏等平台传播宪法特别是 2018 年《中华人民共和国宪法修正案》信息等形式多样的宪法宣传贯彻工作。

二、把习近平新时代中国特色社会主义思想转化为做好广播电视法治工作的实际行动，推进“谁执法谁普法”普法责任制落到实处

总局积极贯彻习近平新时代中国特色社会主义思想，坚决落实习近平总书记关于广播电视工作的重要指示，将贯彻落实工作做细做实。各省局也普遍开展相关学习和贯彻落实工作。

（一）做好规划，制定下发广电系统“谁执法谁普法”普法责任制实施意见

总局认真贯彻落实中央办公厅、国务院办公厅《关于实行国家机关“谁执法谁普法”普法责任制的意见》，制定了总局“谁执法谁普法”普法责任清单，在系统“七五”普法规划及总局年

度法治工作要点中按照普法责任制要求，明确总局机关各部门应当承担的相应普法职责，并根据机构改革具体情况，下发全系统“谁执法谁普法”普法责任制实施意见。上海局、天津局、内蒙古局等各省局也积极出台“谁执法谁普法”普法责任制的实施意见及责任清单，将普法工作与其他业务工作紧密结合，同部署、同检查、同落实，切实增强法律意识，营造良好的法治宣传教育氛围。

（二）健全广播电视法律体系，夯实普法责任制的制度基础

“七五”普法期间，总局启动了广播电视法的起草工作，配合国务院有关部门修订《广播电视管理条例》、发布对该条例有关条款的解释。按照“放管服”要求，修订了《广播电视设备器材入网认定管理办法》。特别是机构调整后，大力推动《未成年人节目管理规定》《国家广播电视总局立法工作规定》《国家广播电视总局行政规范性文件管理规定》《广播电视行业统计管理规定》等部门规章相继出台。地方层面，已颁布《江苏省广播电视管理条例》《湖北省广播电视管理条例》《广西壮族自治区广播电视管理条例》等地方性法规。

（三）深入学习宣传党章党规，把纪律和规矩挺在前面

总局以及各省局先后组织认真学习《中国共产党党章》《中国共产党纪律处分条例》《中国共产党党内监督条例》《中国共产党党和国家机关基层组织工作条例》《中国共产党支部工作条例（试行）》《关于新形势下党内政治生活的若干准则》等，促进党建工作和法治工作相互融合相互促进。

（四）在立法、执法和服务管理中开展普法

总局和各省局均注重将立法、执法和服务管理工作与普法工作相结合，向社会公众、管理和服务相对人做好普法工作。总局通过新闻发言人答记者问形式，对《专网及定向传播视听节目服务管理规定》等规章、《关于进一步加快广播电视媒体与新兴媒体融合发展的意见》等规范性文件进行深入解读。上海局、安徽局结合窗口服务普法，通过“上海文广行政事务社区服务系统”等载体及时公布行业政策、法规规章，让服务对象在服务过程中学习了解相关法律知识。总局严格落实中共中央办公厅、国务院办公厅《关于推行法律顾问制度和公职律师公司律师制度的意见》，健全完善法律顾问、公职律师工作机制。总局有关部门提前介入，与各部门协调合作，在处理媒体虚假违规报道等一些重大敏感问题和疑难复杂案件中发挥重要作用。总局还积极开展公职律师试点，制定有关工作方案，组织申报机关公职律师及后续年审工作。各省局也认真建立健全法律顾问制度，引导法律顾问积极参与重大行政决策和涉法事务的研究、咨询和论证。浙江局、云南局分别印发有关建立法律顾问制度实施办法等文件。

三、围绕中心，服务大局，全面增强法治宣传实践活动的时效度

5 年来，总局和各省局将法治宣传实践与宣传党和国家大政方针政策相结合，不断推进宣传工作更上新台阶。

（一）统筹协调，严格落实全面依法治国基本方略的相关宣传工作

总局和各省局通过专门工作机制，指导全国广播电视媒体及时开展党的十九大和十九届二中、三中、四中、五中全会精神和习近平新时代中国特色社会主义思想宣传，及时传达宣传工作要求，指导各广播电视机构综合运用新闻报道、言论评论、专家访谈等多种形式，深入全面宣传

党的十八大以来中央对全面依法治国重大决策部署、理论实践和进展成效。

（二）运用新媒体新技术开展普法宣传

总局和各省局坚持普法工作坚持与时俱进，在充分发挥传统媒体普法作用的同时，大力加强新媒体普法载体建设运用，推动中国普法“两微一端”用户订阅等工作。例如，总局在“广播电视远程教育培训网”开设了“习近平总书记关于全面依法治国重要论述”“中国共产党党内监督条例解读”等视频课程；积极组织全国系统从业人员参加全国百家网站、微信公众号法律知识竞赛活动，并连续多年组织全国广播电视网络法纪知识竞赛。调动爱奇艺、优酷、搜狐视频等视听网站和抖音、快手等短视频平台，着力打造特色鲜明、内容丰富的广播电视网络视听普法宣传矩阵。

（三）主动担当作为，统筹推动疫情防控宣传工作

新冠肺炎疫情发生以来，总局组织全系统汇聚优质资源，指导全国广播电视和网络视听服务机构持续做好正面宣传报道，指导制作专题纪录片、公益广告、网络短视频，重点宣传防疫知识，全面宣传传染病防治、突发事件应对、野生动物保护、食品药品安全、动物防疫等方面的法律法规。北京、上海、湖北等省强化安全播出和应急值守，统筹整合行业力量，引导指导基层广播电视全天候立体宣传战“疫”。新疆、西藏等省局还及时指导组织播出多语种相关节目。内蒙古等省局利用应急广播“村村响”，打通农村宣传“最后一公里”。不少广播电视播出机构还开设辟谣专区，及时对谣言和错误予以纠正。

（四）推进法治宣传服务脱贫攻坚

总局指导广电机构开设《精准扶贫》专栏节目栏目，指导爱奇艺、优酷等网络视听节目服务机构设立主题宣传专栏，着力开展脱贫攻坚法治宣传教育，及时播报党中央、国务院有关决策部署和政策规定，积极推动广播电视公共服务。

（五）推进法治宣传助力扫黑除恶

按照中央相关工作部署，总局组织指导广电系统综合利用广播、电视、网络积极营造声势和氛围，持续强化扫黑除恶法治宣传。北京广播电视台制作《套路贷》等纪实性专题片，得到中央政法委高度肯定。新疆局指导区内重点新闻节目统一开办《中央扫黑除恶督导在新疆》专栏，对督导工作进行全面报道，确保各项整改工作到位。

国家体育总局“七五”普法规划实施情况

一、体育总局“七五”普法工作情况

为进一步深入贯彻落实党的十九大以及十九届二中、三中、四中、五中全会精神，全面落实“七五”普法规划，体育总局认真开展习近平总书记关于全面依法治国重要论述的学习宣传以及宪法宣传教育等方面的工作，按照中共中央办公厅、国务院办公厅发布的《党政主要负责人履行推进法治建设第一责任人职责规定》和《关于实行国家机关“谁执法谁普法”普法责任制的意见》有关普法依法治理工作精神，以及中组部、中宣部等部门发布的《关于完善国家工作人员学法用法制度的意见》相关要求，紧紧围绕建设法治政府目标，落实法治政府建设各项要求，严格依法行政，努力推动体育系统普法宣传教育工作取得新成绩。

（一）健全普法工作机制

一是印发《全国体育系统法治宣传教育第七个五年规划（2016—2020）》（以下简称《七五规划》）。结合体育系统工作实际，体育总局于2016年5月10日印发《七五规划》，明确了“七五”时期体育普法工作的指导思想、工作任务、工作要求、方法步骤、组织领导和保障措施，将体育普法工作任务按年度分解到全国体育系统各部门、各单位，要求全国体育系统深入学习宣传习近平总书记关于全面依法治国的重要论述，坚决落实党中央关于全面依法治国的重要部署，把学习宣传宪法放在首位，深入学习宣传中国特色社会主义法律体系以及党内法规，积极推进法治教育与道德教育、法治实践相结合。

二是印发《体育总局关于贯彻落实“谁执法谁普法”普法责任制的实施意见》。要求全国体育系统结合“谁执法谁普法”的要求，进一步明确和强化体育系统普法职责任务，制定普法规划、普法计划和普法责任清单，明确普法任务和工作要求，健全普法责任制；深入学习宣传习近平新时代中国特色社会主义思想；加强宣传以宪法为核心的中国特色社会主义法律体系；切实加强各级领导干部带头学法、模范守法，做到遇到问题找法、主动用法，深入开展体育行业从业人员法治宣传教育；利用体育法律法规规章起草制定过程中向社会公开征求意见的途径，推进普法工作深入开展，提升体育系统依法行政、依法治体能力和水平。

（二）开展体育总局系统普法工作

一是加强《中华人民共和国宪法》《中华人民共和国民法典》等重点法律的学习宣传。利用“12·4”国家宪法日开展宪法学习宣传活动，印发《体育总局办公厅关于加强民法典学习宣传工作的通知》，重点学习习近平总书记关于宪法和民法典的重要指示精神，深刻理解民法典在中国特色社会主义法律体系中的重要地位，以法律法规政策解读、典型案例宣讲、法治专题培训等方式，开展形式多样的普法工作，组织领导干部带头学习、深入推进全系统学习民法典，做好民法典在体育领域的应用研究。

二是开展疫情防控专项普法。及时按照司法部、全国普法办统一要求，转发了“新型冠状病毒感染肺炎疫情当前防控工作有关法律知识问答”和《防控疫情　法治同行挂图（第2辑）》，引导体育总局系统广大干部职工深入了解疫情防控工作有关的法律知识，促进疫情防控工作依法有序开展。

三是开展重点领域重点人群普法。把法治宣传教育与全民健身、奥运备战等重点工作紧密结合，大力宣传《中华人民共和国体育法》和《全民健身条例》等法律法规，重点抓好各级领导干部、工作人员的法治教育，注重在实际工作中依法行政，把宪法法律和党内法规列入党组理论学习中心组以及“周末大讲堂”等干部教育培训的学习内容。领导干部带头学法、守法、用法，增强法律意识，树立法治观念，努力提高依法决策、依法行政、依法管理的水平，能够正确处理依法行政与体育改革发展的关系，逐步学习掌握并善于运用法律手段解决体育改革发展中的各种突出矛盾和问题。编写国家队参加东京奥委会法律知识问答读本，以针对国家队运动员、教练员开展有针对性的普法教育。建立法律顾问制度。总局及所属各单位、全国性单项体育协会均按要求建立了法律顾问制度，重点开展体育领域法律咨询、法律宣传和法律援助等工作。

四是编辑出版《中华人民共和国体育法律法规汇编（2015—2016）》，建立健全体育政策法规文件库（已更新至2020年）。向全国各省、自治区、直辖市体育部门免费发放法规汇编书籍，每年根据文件清理结果及时更新体育政策法规文件库内容并向社会公开，加强体育法治教育。

五是编辑发送普法短信息。向体育总局系统和全国各省、自治区、直辖市体育部门工作人员发送，通过《新法速递》《以案释法》等栏目不断提高法治思维。

六是举办全国体育系统政策法规干部培训班。每年体育总局均邀请高校法学专家为全国体育系统政策法规干部培训班进行法治专题讲座。

七是完善法律顾问工作机制。充分发挥法律顾问作用，根据需要及时安排法律顾问组织法律知识和法律实务讲座，开展普法教育，提高工作人员尤其是运动员、教练员和裁判员等的法律素养以及运用法律手段解决问题的能力。

（三）积极开展社会普法宣传

一是落实政策解读工作。体育总局对于新制定的规章和规范性文件通过官方网站、新闻媒体等方式向社会开展普法，积极落实政策解读，促进社会公众的理解和认知。

二是在重要时间节点开展法治宣传教育。利用“12·4”国家宪法日暨全国法制宣传日、“全民健身日”等重要时间节点，宣传《中华人民共和国宪法》、《中华人民共和国体育法》和《全民健身条例》等法律法规。

二、地方体育部门“七五”普法工作情况

（一）完善工作机制

各地体育部门建立了普法领导小组，完善了普法责任制，细化分解了普法工作任务。围绕重点内容和对象，有计划、有重点地组织学习重点法律法规以及与体育工作相关的法律、法规和规章，深化法治宣传教育。

部分省区市体育部门建立了省法律顾问制度，聘请律师事务所协助开展体育普法以及法律咨询、法律宣传和法律援助等工作。

完善行政执法责任制，大力推进依法行政。通过制定考核实施方案，将承担的行政执法职责、体育普法责任目标落实到依法治体的各个环节，层层分解到各单位、各岗位，并加大监督检查力度，切实抓出效果。

（二）突出普法重点

一是针对体育部门领导干部开展普法教育，深入学习宣传习近平新时代中国特色社会主义思想和习近平总书记关于全面依法治国及关于体育工作的重要论述，突出学习宣传宪法、党内法规和法治政府建设等方面的法律法规，重点做好体育领域政策法规的学习宣传。

二是为运动员、教练员、青少年运动员举办“全体师生基本法律知识讲座”“远离校园暴力、争做祖国栋梁”的专题讲座及“法治宣传与法律培训”主题讲座。借助“3·15”消费者权益保护日、“6·26”禁毒日、“12·4”国家宪法日、宪法宣传周等系列活动，积极开展普法宣传工作，提高体育从业人员法律意识。

三是加强新冠肺炎疫情防治法治宣传工作，及时传达党中央、国务院以及地方相关部门关于疫情的政策法规，发挥体育部门优势，做好居家健身和线上运动培训，以体育助力抗“疫”，抓好防疫防控工作。

四是部分地方组织全省体育系统职工参加国家普法办组织的网上知识竞赛，取得良好效果。有些地方每年制订年度和月度学习计划，每月集中安排一天时间专门组织学习有关法律法规和执法程序等方面的知识，提高业务处室人员的法律素养。

（三）创新普法形式

充分发挥互联网在普法宣传中的作用。部分省区市体育部门建设法制宣传教育专栏，涉及党内法规、行政法规，并通过专栏将开展的普法宣传工作及时进行登载，宣传法律法规及各项

规章制度，增强了法治宣传的针对性、实效性；通过省级“12345”热线、“局长信箱”等方式对群众咨询进行答复，内容涉及体育工作各个方面，促进了工作人员法律知识储备和法律素养的提高。

推进法治教育与道德教育相结合。部分省区市体育部门在推进依法治理和法治乡村建设、推进法治教育与道德教育相结合方面取得了较好的成绩，例如，贵州省体育局利用驻村工作队开展普法工作宣传，进一步增强群众法治意识和权利义务观念，扶贫点安龙县笃山镇工作队在实施乡村振兴战略中营造普法宣传氛围，在大坡村、洪泥村、万家店村开展普法宣传活动，宣传禁毒戒毒法律法规、《中华人民共和国道路交通安全法》、《中华人民共和国消防法》、《中华人民共和国安全生产法》、《中华人民共和国人民调解法》等与乡村振兴战略、农民生产生活密切相关的法律法规；在赶集日通过摆摊设点、解答法律咨询、提供法律服务、发放法治宣传资料、摆放宣传展板等形式向基层群众宣传法律法规知识。每年邀请专家、教授开展道德讲堂活动，加强社会主义法治文化建设及法治宣传创建工作，弘扬社会主义核心价值观，推进法治教育与道德教育相结合工作。

三、存在的不足

虽然体育总局和各省区市体育部门在推进法治宣传教育、严格规范公正文明执法、提升依法行政水平等方面做了大量工作，取得了一定的成效，但距离中央全面推进依法治国的战略要求和实现依法治体、法治政府建设的目标要求，仍存在一定的差距。主要表现在普法质量有待提高，有的地方没有紧密结合体育改革发展的实践以及本部门、本单位的实际情况开展普法，普法的内容与本职工作结合不紧密，重点不够突出。“两张皮”的现象仍然存在，少数单位表态多调门高、行动少落实差，少数干部法治意识和法治思维仍然不强，存在惯性思维，运用法治思维和法治方式开展工作的能力有待提高。普法形式有待丰富，一些法治宣传教育仅停留在文件上、会议上，形式也局限于宣传单、横幅、普法考试等传统的普法形式，普法的影响力和感染力不足。

之所以存在以上不足，一是认识不够到位。少数单位对法治宣传教育工作的重视程度不够，认识不足，没有将其摆在重要位置来抓，认为法治宣传教育工作是“软”任务，将其放在业务工作之后。二是专业人才匮乏。法治宣传教育对于专业性要求较高，省一级的体育系统法律专业人才匮乏，大多数从事法治宣传教育的干部都不是法律专业人才，法律知识相对不足。三是相关保障不够到位。普法专项经费投入较少，一定程度上制约了体育普法工作成效。

四、下一步措施

法治宣传教育是一项事关推进全面依法治国全局、影响深远、涉及面广的重要工作，是法治建设的基础性工作。下一步，体育总局将按照全国普法办的统一要求，认真研究制定体育系统“八五”普法规划，制定“十四五”体育法治建设专项规划，全面推进依法行政和依法治体进程，以备战东京奥运会和北京冬奥会、加强体育行业治理和赛风赛纪管理、加强反兴奋剂等方面的工作为重点，进一步强化组织领导、补齐“短板”弱项、加强队伍建设、加大督查考核、创新普法形式，加大普法力度，提高普法工作实效。

国家统计局“七五”普法规划实施情况

2016年，中共中央、国务院转发《中央宣传部、司法部关于在公民中开展法治宣传教育的第七个五年规划（2006—2020年）》，《全国人民代表大会常务委员会关于开展第七个五年法治宣传教育的决议》发布。5年来，国家统计局以习近平新时代中国特色社会主义思想为指导，深入贯彻落实党的十九大和十九届二中、三中、四中、五中全会精神和党中央、国务院关于统计工作重大决策部署，按照“七五”普法规划和全国人大常委会决议要求，结合统计系统实际，研究制定统计“七五”普法规划，组织带领全系统因地制宜、因时制宜，全面贯彻落实规划各项内容，全力推动统计法治建设迈上新台阶。

一、完成的主要工作

（一）做好组织领导和保障

一是健全领导机制。国家统计局高度重视普法工作，及时成立以党组书记、局长为组长的全国统计普法工作领导小组，加强对“七五”普法工作的领导。地方各级统计机构均按照要求，在2016年10月前完成普法领导机构和办事机构组建。

二是制定普法规划。2016年10月印发《全国统计法治宣传教育第七个五年规划（2016—2020年）》，对统计“七五”普法工作作出全面部署。各省级统计机构结合实际，制定出台本地区、本系统的普法规划和年度计划。

三是强化骨干培训。建立健全普法骨干定期培训制度。“七五”规划期间共举行4期全国统计普法骨干培训班，培训普法骨干1200余人次，地方统计机构定期开展普法骨干培训交流。

四是做好验收总结。组织开展统计系统“七五”普法中期检查，针对发现的不足，提出5类改进措施，认真督促落实。严格按照总结验收工作方案，制定考核评估指标，组织全系统开展总结评估，确保“七五”规划圆满收官。

（二）突出重点内容宣传

一是深入学习宣传习近平新时代中国特色社会主义思想。通过党组会、中心组学习会、培训会等形式，及时传达学习习近平总书记关于依法治国的重要论述，深入学习习近平总书记关于统计工作重要讲话指示批示和党中央、国务院印发的《关于深化统计管理体制改革提高统计数据真实性的意见》（以下简称《意见》）、《统计违纪违法责任人处分处理建议办法》（以下简称《办法》）、《防范和惩治统计造假、弄虚作假督察工作规定》（以下简称《规定》）等8部重要统计工作文件，利用统计督察和执法检查等形式，推动全系统和各部门各地方深入学习贯彻中央有关重要文件精神，用法治思维深化统计改革，不断提升政府统计法治水平。

二是广泛开展宪法学习宣传。国家统计局党组多次集中学习习近平总书记关于宪法和推进全面依法治国的重要讲话精神，专题学习《中华人民共和国宪法》及其修正案。2018 年 9 月，组织全系统 2 万多人次参与宪法知识测试、收听收看宪法讲堂。制定并完善宪法宣誓制度，定期组织宪法宣誓仪式。

三是围绕中心工作推进普法宣传。在全国三大普查和脱贫攻坚普查中，聚焦《中华人民共和国统计法》、《中华人民共和国统计法实施条例》和三大普查条例等，通过组织开展法律知识竞赛、制作推广普法宣传视频等多种普法形式，保障各项统计中心工作依法开展。北京、四川等多地统计机构加大统计法律法规学习，保障统计调查任务。坚持利用“12・4”宪法日和“12・8”统计法颁布纪念日开展集中法治宣传月活动，发动全系统多途径宣传宪法和统计法律法规。

（三）开展重点普法活动

一是积极参与“服务大局普法行”专项活动。全国统计系统积极参与“防控疫情　法治同行”活动。湖北省统计局和湖北调查总队在新冠肺炎疫情暴发期间，先后派出近 200 名党员干部下沉社区一线参加抗“疫”工作，宣传依法防疫、科学防疫，利用“湖北统计微讯”微信公众号及时推送疫情防控法律知识。贵州省统计局驻村扶贫工作队迅速深入田间地头，向村民宣传传染病防控法律法规及防控知识。国家统计局海淀调查队在下沉社区开展疫情防控案例讲解，相关事迹在“学习强国”平台刊载。

二是通过统计督察契机推动普法。经党中央、国务院授权和批准，国家统计局 2019 年、2020 年对 18 个省（自治区、直辖市）和 9 个中央部门开展统计督察。在督察期间，将提升被督察地区、部门深入学习理解中央有关统计工作重要文件和统计法律法规作为督察重要目的，通过个别谈话、问卷调查、执法检查等方式，有效推动地方党委政府领导、部门负责人、各级统计人员和调查对象进一步深入学习中央有关统计工作重要文件和统计法律法规核心内容。

三是创新开展集中普法活动。2020 年 9 月，国家统计局继续开展线上知识竞赛，内容涵盖统计法律法规以及《中华人民共和国宪法》《中华人民共和国民法典》《中华人民共和国突发事件应对法》等。竞赛通过统计联网直报平台和微信公众号广泛推广，参与竞赛总人数 63.2 万人，答题总次数 293.8 万次，答题总量 1260.5 万道。

（四）加强重点对象普法

一是加强党政领导干部学法。国家统计局主要负责同志 2017 年专门在中央党校宣讲统计法，分管法治工作负责同志 2017 年以来共 7 次在中央部门、省级党委政府组织的学习班宣讲统计法律知识。2019 年 3 月，受中央组织部委托承办全国地（市）级领导干部依法统计专题研究班，对全国 41 名地（市）级党委政府分管统计工作领导开展统计法治培训。经中央办公厅同意，将《意见》《办法》《规定》等重要统计党内法规文件汇编成册，向各地区、各部门发放近 14 万册，明确传达学习要求，将有关情况纳入统计督察重要内容；编写《领导干部统计法律读本》作为各级党校（行政学院）、干部学院、社会主义学院领导干部培训指定教材。

二是完善政府统计人员学法。国家统计局认真执行理论中心组集体学法、会前学法等定期学法制度，将法律知识列入各类培训班学习内容。各级统计机构明确干部学法时间，并在各类考试和培训中将统计法知识作为重点测试内容。

三是广泛开展调查对象普法。将国家联网直报平台作为统计法治“宣讲台”，在新冠肺炎疫情期间向百万企业发送《致国家统计联网直报平台企业的一封信》，向企业宣讲统计法知识，要求企业依法如实填报统计资料，将普法宣传做到数据填报“前一秒”。推进统计领域社会信用体系建设，直接公示124家统计严重失信企业。

（五）贯彻“谁执法谁普法”普法责任制

一是规范统计执法机制。建立健全相关制度，规范违法举报受理、“双随机”抽查、违法案件查处等各个工作环节。严格实施法律事务告知制度，执法过程中针对企业关键人员宣讲法律法规，帮助其明确违法成本，提高守法自觉性。

二是严格执法证件管理。国家统计局严格依照《统计执法证管理办法》开展执法资格培训工作，将统计法律法规和统计执法知识作为执法人员培训、考试重要内容。

三是曝光典型案例。实行统计违法案件通报曝光制度，曝光42起重大统计违法案件，并将其中部分案件推送中央纪委国家监委网站曝光。在联网直报平台链接《曝光台》栏目，向联网直报企业警示统计违法风险。要求省级政府在全省范围内通报重大统计违法案件。

（六）开展普法作品创作推广

一是创作普法作品。2019年国家统计局组织报送12件优秀作品参与全国法治动漫微视频作品征集，获优秀组织奖；贵州省统计局《弘扬法治精神　严惩统计腐败》微视频获提名奖。国家统计局江苏调查总队创作《统计铁律》法治宣传动漫，获中组部全国党员电视教育观摩交流三等奖。国家统计局酉阳调查队普法微视频《酉村风波》，在“学习强国”等平台展播。

二是丰富推广方式。国家统计局积极利用“统计微讯”微信公众号等新媒体平台，不断拓展统计法治宣传覆盖面，如在微信公众号设置《统计法》《曝光台》等栏目，推出《经普调查在身边》《统计法》等普法宣传系列短片，阅读量和播放量达300多万。北京市统计局2019年录制《统计法充电进行时》节目，在北京财经频道《数说北京》栏目播出。安徽省统计局2018年开发“统计学苑”微信答题程序，开展互动式、体验式智慧普法。国家统计局广州调查队法治骨干化身“主播”，在网络直播平台“带货普法”。国家统计局深圳调查队在6条地铁线路里播放统计法治宣传片，扩大宣传效果。

二、存在的不足和下一步措施

“七五”普法期间统计普法工作虽然取得一定成果，但通过统计督察和日常调研，也发现存在一些问题：一是一些地方党政领导干部依法统计观念有待进一步增强；二是统计普法宣传实效性有待进一步提升；三是包括联网直报平台在内的网络平台宣传力度还需加大。针对上述不足，国家统计局将切实加强组织领导，完善保障措施，结合中心工作，创新工作方式，注重普法实效，力争在“八五”普法期间推动统计法治宣传工作取得新成效。

国家机关事务管理局“七五”普法规划实施情况

一、坚持健全机制，切实抓好普法宣传教育工作组织领导

国管局党组高度重视“七五”普法工作，将普法宣传教育作为贯彻落实党的十九大和十九届二中、三中、四中、五中全会精神的重要载体，作为推动新时代机关事务工作改革创新发展的重要组成部分，纳入机关事务工作“十三五”规划和年度工作计划，推动责任落实。召开党组会议听取专题汇报，提出明确要求，成立局“七五”普法工作领导小组，研究制定普法规划和工作措施，协调解决有关重要问题。制定印发国管局《关于开展“七五”普法工作的意见》，提出全局“七五”普法工作的总体要求、主要内容、工作措施和组织领导。健全完善普法工作指导协调、活动组织、学习考核等工作机制，推进“谁执法谁普法”普法责任制落实。局属各单位明确普法工作分管领导，指定专人负责，并把法治宣传纳入工作考核和文明创建考核体系，汇聚推动普法宣传教育落细落实的工作合力。

二、坚持突出重点，不断增强干部职工法律观念和法治意识

（一）坚持把学习贯彻习近平新时代中国特色社会主义思想摆在首位

组织干部职工认认真真读原著、学原文、悟原理，深入学习《习近平谈治国理政》第一卷、第二卷、第三卷及《习近平新时代中国特色社会主义思想学习纲要》等规定书目。及时跟进学习习近平总书记在中央全面依法治国委员会历次会议上的重要讲话精神，特别是以学习宣传党的十九大和十九届二中、三中、四中、五中全会精神为契机，通过组织司处级干部集中学习班、党组书记讲党课、读书征文等形式，学深悟透习近平总书记关于全面依法治国的重要论述，不断增强普法工作的思想自觉、政治自觉、行动自觉。

（二）深入学习宣传宪法和有关法律法规

聚焦《中华人民共和国宪法》第五次修改，开展“12·4”国家宪法日和宪法宣传周集中宣传活动，引导干部职工准确把握宪法修改的重大意义和主要内容，严格落实宪法宣誓制度，组织参加宪法主题报告会，普及宪法知识，弘扬宪法精神。印发专门通知部署《中华人民共和国民法典》普法工作，局党组理论学习中心组带头进行学习研讨，邀请中国人民大学法学教授授课，开展普法讲座、在线教学等形式多样的活动，在国管局官微刊发“《民法典》中的机关事务工作”系列解读，帮助干部职工学好用好民法典。新冠肺炎疫情期间开展“防控疫情　法治同行”专项行动，深入学习习近平总书记有关重要讲话精神，宣传普及《中华人民共和国传染病防治法》《中华人民共和国突发事件应对法》等法律法规，提高依法防控能力。落实全民国家安全教育日普法要求，以学习贯彻《中华人民共和国保守国家秘密法》为重点，开展普法宣传，研究制定局《“七五”保密法治宣传教育规划》。在对口帮扶地区开展脱贫攻坚法治宣传。普及《中华人民共和国公务员法》《中华人民共和国劳动法》《中华人民共和国妇女权益保障法》《中华人民共和国消费者权益保护法》《中华人民共和国道路交通安全法》《中华人民共和国食品卫生法》等与干部职工工作生活密切相关的法律法规，增强了运用法律手段维护自身合法权益的能力。

（三）切实抓好党内法规宣传教育

在“两学一做”学习教育及其常态化制度化和“不忘初心、牢记使命”主题教育中，通过党校教学、青年论坛、编印学习专刊、制作板报等方式，突出抓好《中国共产党章程》和《中国共产党支部工作条例（试行）》《中国共产党党内监督条例》等党内法规的宣传，国管局代表队参加中央国家机关党章党规知识竞赛，荣获二等奖。开展“立规矩、明规矩、守规矩”主题教育，举办警示教育月活动；各单位通过参观廉政教育基地、观看廉政警示片、举行家庭助廉座谈等形式，学习宣传《中国共产党廉洁自律准则》《中国共产党纪律处分条例》等党内法规，把廉政教育抓在经常、融入日常。及时跟进学习新修订的《中国共产党党和国家机关基层组织工作条例》《中国共产党基层组织选举工作条例》等党内法规，各级党组织运用“三会一课”等基本形式，抓好集中学习、自查自纠、整改落实，推动党内法规宣传教育常态化、全覆盖。

三、坚持聚焦主业，认真落实“谁执法谁普法”普法责任制

（一）认真开展《机关事务管理条例》实施评估

《机关事务管理条例》是我国第一部全面规

范机关事务工作的行政法规。国管局落实普法责任制关于“履职评议和第三方评估”的要求，会同原国务院法制办联合开展实施评估，并委托北京大学开展第三方评估。从总体来看，《机关事务管理条例》实施以来，机关事务管理部门法治意识明显增强，机关运行成本有效降低，机关运行保障模式逐步由粗放型向集约型、规模型向效益型转变，进一步推动了全面从严治党要求落细落实，促进了政府治理体系和治理能力现代化。

（二）切实抓好《党政机关厉行节约反对浪费条例》的宣传普及

聚焦学习贯彻习近平总书记关于厉行节约反对浪费的系列重要指示批示，特别是关于制止餐饮浪费行为的重要指示精神，按照《党政机关厉行节约反对浪费条例》要求，第一时间面向全国机关事务管理部门、中央国家机关各部门各单位和各驻京办事处以及局属各单位，印发工作通知，紧盯重点环节，强化源头管控，加强宣传引导，督促广大干部职工养成勤俭节约的良好习惯。

（三）扎实推进《党政机关公务用车管理办法》《党政机关办公用房管理办法》宣传培训

两个办法印发后，第一时间通过新华社等权威媒体予以宣传解读；面向各省（区、市）、中央单位举办5期集中培训班，并组织赴上海、广西、教育部、国资委等27个地区和部门培训宣讲，累计培训千余人次；充分利用《中国机关后勤》杂志、政务外网、微信公众号等宣传平台，发布动态信息、组织专题文章，不断深化政策解读，取得良好效果。

（四）不断深化《中华人民共和国节约能源法》和《公共机构节能条例》宣传教育

依托公共机构节约能源资源网，围绕公共机构节能宣传周，组织开展节水、绿色校园、节约型医院等主题宣传，每年举办面授和网络培训班，带动地方教育培训，提升了宣传影响力。特别是克服疫情影响，以节约型机关创建和生活垃圾分类为宣传重点，用好网络宣传媒体，开展“云启动”“云课堂”“云兑换”“云直播”“云竞答”5个“云”活动，产生了良好社会反响。

（五）继续做好《中华人民共和国政府采购法》及相关法律法规宣传工作

配合《政府采购货物和服务招标投标管理办法》《政府采购质疑和投诉办法》等规章出台，通过业务培训、上门授课、调研走访、业务巡查、编写手册、中央政府采购网答疑等方式，面向采购人、供应商及评审专家开展普法宣传、政策咨询服务，营造了依法采购的良好氛围。采购中心原综合监管处获评全国“七五”普法中期先进集体。

（六）大力加强《中华人民共和国人民防空法》的宣传培训

向中央国家机关各部门、各在京中央企业印发《防空防灾应急知识手册》《地下空间管理知识系列读本》等宣传材料；每年举办形势报告会、国防安全知识教育讲座，开展人防工程行政执法培训、地下空间安全管理培训，采取政策讲解和案例教学相结合的方式，解读人防法律法规，提高了干部职工人防工作法治意识。

法治宣传教育是一项长期任务。下一步，国管局将按照全国普法办公室的要求，认真总结“七五”普法以来的工作经验，以习近平新时代中国特色社会主义思想为指导，深入贯彻落实党的十九大和十九届二中、三中、四中、五中全会精神和习近平新时代中国特色社会主义思想，持续加强以资产管理为基础的集中统一管理，深入推进法治化和标准化、信息化建设，坚持深化改革与法治建设有机结合、相互促进，围绕中心、服务大局，突出重点、系统推进，探索机关事务法治建设规律，不断提高法治思维和依法办事能力，提升依法管理、依法保障、依法服务水平。

国务院发展研究中心“七五”普法规划实施情况

国务院发展研究中心（以下简称中心）党组坚持以习近平法治思想为指导，深入学习贯彻习近平总书记关于全面依法治国的重要论述，高度重视和认真实施《中央宣传部、司法部关于在公民中开展法治宣传教育的第七个五年规划（2016—2020 年）》有关内容，不断加大法治学习宣传力度，深入推进法治教育向纵深发展，法治化水平明显提高。

一、提高政治站位，统一思想认识，深入学习习近平新时代中国特色社会主义思想

中心党组认真贯彻落实习近平总书记关于尊

法学法守法用法的要求，严格落实普法责任制，通过党组会、党组理论学习中心组学习会、普法座谈会、宪法宣誓等形式，带领全体干部职工认真学习习近平新时代中国特色社会主义思想，引导中心全体干部职工充分认识坚持全面依法治国的丰富内涵和重大意义，进一步增强“四个意识”，坚定“四个自信”，做到“两个维护”。一是深入学习党的十八大以来，习近平总书记关于全面依法治国的重要论述，深入学习以习近平同志为核心的党中央关于全面依法治国战略的重要部署，进一步了解和掌握全面依法治国的重大意义和总体要求，进一步增强厉行法治的积极性和主动性，更好地发挥法治的引领和规范作用。二是坚持把学习宪法摆在突出位置，积极开展宪法教育，弘扬宪法精神，树立宪法权威，先后在中心举行 5 次宪法宣誓。每次宪法宣誓时，中心主要领导都针对当前和今后一个阶段的形势任务，提出树立法治观念、依法履职尽责等方面要求，引导全体公职人员牢固树立宪法意识，始终尊崇宪法、忠于宪法、遵守宪法、维护宪法，深入落实全面依法治国基本方略，加快推进法治政府建设。三是坚持把学习宣传以宪法为核心的中国特色社会主义法律体系作为法治宣传教育的基本任务，认真学习宪法相关法、民法商法等多个法律部门的法律，进一步弘扬法治精神，培育法治理念，树立法治意识。四是深入学习党内法规，认真学习《中国共产党党章》《关于新形势下党内政治生活的若干准则》《中国共产党廉洁自律准则》《中国共产党问责条例》《中国共产党纪律处分条例》《中国共产党党委（党组）理论学习中心组学习规则》等各项党内法规，坚持纪在法前、纪严于法，带领全体党员干部做党章党规党纪和国家法律的自觉尊崇者、模范遵守者、坚定捍卫者。

二、加强组织领导，抓好队伍建设，有力推动普法工作深入开展

中心党组高度重视，及时作出安排部署，建立健全有关制度，成立专门机构，将普法工作纳入日常重要工作狠抓落实，有力地推动了普法工作的深入开展。一是建立健全制度，明确职能职责。中心党组召开党组会议专题研究普法工作，审议通过《国务院发展研究中心党政主要负责人履行推进法治建设第一责任人职责规定》，明确中心主要负责人、中心内设机构及直属单位主要负责人是中心及各单位推进法治建设第一责任人，规定主要负责人在推进法治建设中的主要职责，强调将主要负责人履行推进法治建设第一责任人职责情况列入年终述职内容，并作为考察使用干部的重要依据。二是成立专门机构，打造专业队伍。中心办公厅和机关党委联合成立普法办公室，办公室主任由分管法制工作的办公厅副主任兼任。普法办公室负责组织实施普法规划，安排法治宣传教育，指导协调各部门各单位开展法治宣传教育和依法治理工作，有力地推动了各项工作的开展。三是建立督查机制，强化工作落实。建立随机督查和日常督查相结合的督查机制，聚焦普法重点工作，不定期对各部门各单位进展情况进行督查，指导督促各部门各单位制订和落实普法工作计划，进一步强化责任意识，狠抓工作落实，确保各项普法工作圆满完成。

三、围绕热点问题，加大宣传力度，发挥正面宣传阐释积极作用

中心党组针对普法工作特点，突出普法宣传主题，积极发挥普法宣传引领作用。一是在中心网站开设《法治教育宣传》栏目。内设“法治

培训”和“日常学法”，主要发布习近平总书记关于全面依法治国的重要论述、各项法律法规和规范性文件等，为中心进一步学习宣传法治精神提供有效平台，进一步培育和增强了党员干部的法治意识和法治思维。二是积极开展普法教育讲座。通过邀请中心领导、专家学者为中心党员干部讲课和座谈的方式，深入学习宣传习近平新时代中国特色社会主义思想，深入宣传依宪治国、依宪执政等理念，宣传以宪法为核心的中国特色社会主义法律体系。《中华人民共和国民法典》颁布后，中心及时邀请全国人大常委会法制工作委员会民法室主任作“学好用好民法典”专题辅导报告，使中心人员对《中华人民共和国民法典》的理解和掌握更加全面深入。三是指导直属新闻出版单位做好法治宣传阐释引导，积极回应社会关切，有效稳定社会预期，弘扬主旋律、传播正能量。2020年中心主管主办的《中国经济时报》围绕《中华人民共和国民法典（草案）》，推出《民法典：依法治国迈出坚实一步》《代表委员聚焦民法典草案》《民法典立法：新时代民族精神与大国境界之承载》等解读报道，为《中华人民共和国民法典》的正式实施营造了良好氛围。

四、发挥专家优势，加强法治研究，为法治建设建言献策

中心立足政策咨询研究机构定位，发挥专家优势，紧密围绕推进全面依法治国、依宪执政、国家治理体系和治理能力现代化、社会治理和民生保障、完善重大疫情防控体制机制、健全国家公共卫生应急管理体系、构建国家生物安全法律法规体系等问题，深入调查研究、精准分析研判，及时提出一系列有价值的政策建议。围绕改革开放、吸引外资等问题，提出“法治与改革——从立法机制入手”“跨国企业期待尽快完善《外商投资法》配套法规”等建议；围绕大气污染和治理、水资源保护等问题，提出“提升南水北调中线水源地水质保护法律保障能力”“水和大气污染防治的政策与法律保障”等建议；围绕健全完善应对突发重大公共卫生事件法律法规等问题，提出“健全完善新发传染病监测报告和信息发布法律法规”“完善疫情预警机制、完善临时性措施的授权和合规性审查制度”“加大疾控系统在疫情应对中的决策参与权”“完善配套制度，加强执法监督”等建议，为加强社会主义法律体系建设建言献策。

普法工作是一项长期而艰巨的任务。下一步，中心将坚持以习近平法治思想为指导，进一步深入学习贯彻落实习近平新时代中国特色社会主义思想，认真学习宣传以宪法为核心的社会主义法律体系和党内法规，创新法治学习和宣传机制，全面提升法治工作水平，为依法治国，建设社会主义法治国家作出新的更大贡献。

中国气象局“七五”普法规划实施情况

一、加强组织领导，夯实普法工作基础

“七五”普法期间，各级气象部门坚持普法宣传工作机制到位，顶层设计和制度建设到位，普法工作经费保障到位，普法工作队伍建设到位，有效保障了气象法治宣传工作开展。中国气象局认真贯彻落实习近平总书记关于法治宣传教育的重要指示精神，坚持局党组领导、各部门密切配合工作机制，加强统筹规划，切实做到与气象事业发展同部署、同推进、同督促、同考核。制定印发了《中国气象局党组贯彻落实〈党政主要负责人履行推进法治建设第一责任人职责规定〉实施办法》，压实各级气象主管机构主要负责人落实法治建设主体责任。中国气象局强化顶层设计，制定印发了《气象部门开展法治宣传教育第七个五年规划》和年度普法工作要点，加强对下指导，促进了部门“七五”普法工作制度化、规范化开展。5 年来，全国气象部门出台普法工作制度性文件 600 多件，各级气象主管机构均配备了专兼职普法工作人员，中国气象局和省级气象局建立了法律顾问制度，进一步夯实了气象普法工作基础。

二、以新理念新思想为抓手，突出普法宣传重点

（一）深入学习宣传习近平总书记全面依法治国重要论述，提高政治站位

各级气象部门高度重视习近平总书记全面依法治国重要论述的学习宣传，把学习宣传习近平新时代中国特色社会主义思想作为全部门普法的首要任务纳入党组理论学习中心组学习内容切实加强学习。同时，认真贯彻落实中央对全面依法治国的重大决策部署，并结合贯彻落实习近平总书记关于气象工作重要指示精神，积极谋划部署气象法治建设。5 年来，全国各级气象部门开展党组（党委）中心组学法 1 万余次，举办各类法治专题讲座4900 多期，受众人数超过 27 万人次，进一步强化了干部职工学法用法积极性和主动性。

（二）深入开展宪法学习宣传，维护宪法权威

中国气象局始终把深入学习宣传和贯彻实施《中华人民共和国宪法》作为一项重要政治任务，在全部门持续深入开展。一是采取“两融入”确保宪法学习宣传任务得到落实。将宪法学习宣传工作融入习近平新时代中国特色社会主义思想和

党的十九大精神学习贯彻中，融入“七五”普法规划实施中。二是坚持部门上下联动。在国家宪法日和宪法宣传周期间集中开展学习宣传活动，在中国气象局官网开设学习专栏，举办气象部门“我与宪法”及法治动漫优秀微视频作品展播，组织开展宪法宣誓，发放学习读本等，引导干部职工增强宪法意识，弘扬宪法精神。三是积极参加全国宣传活动。组织全部门参加宪法宣传周知识答题、全国百家网站微信公众号法律知识竞赛以及“我与宪法”微视频征集展播活动，在部门内掀起学习热潮。2018~2020 年，各级气象部门创作“我与宪法”微视频作品 141 件，其中，9 部作品和 1 个单位在全国获奖，43 部作品获得地方或部门奖项。

（三）深入开展党内法规学习宣传和气象法律法规宣传

1. 加强党内法规学习，推动党风廉政建设

全国各级气象部门按照全面从严治党、依规治党新形势新要求，将党内法规学习纳入党组（党委）中心组学习、党支部和党小组“三会一课”日常教育内容，结合“不忘初心、牢记使命”主题教育，通过“学习强国”“党建微课”“气象远程教育网”等载体，加强对《中国共产党章程》《中国共产党廉洁自律准则》《中国共产党纪律处分条例》等党内法规学习，同时组织法院庭审旁听活动，教育和引导全体党员做党章党规党纪的自觉尊崇者、模范遵守者、坚定捍卫者。

2. 开展以气象法律法规为重点的普法宣传

一是在立法中普法，认真做好气象法律法规规章在制定出台后的贯彻实施工作。二是各级气象部门抓住“3·23”世界气象日、“5·12”国家防灾减灾日等重大宣传日，多渠道多形式向社会宣传气象法律法规知识。5 年来，全部门面向社会宣传 2.3 万次，受众人数超过 1600 万人次。三是不断丰富气象普法产品。中国气象局组织制作普法绘本、微网页、微视频等 9 大类 130 余种法治宣传产品，累计阅读量超过 7 万次，大幅提升气象普法覆盖面和影响力。

三、认真落实“谁执法谁普法”责任制，推进依法治理

各级气象部门认真落实“谁执法谁普法”普法责任制，积极面向社会开展气象普法。一是进一步健全工作机制。中国气象局办公室制定印发《气象部门落实“谁执法谁普法”普法责任制的实施意见》，在全部门推行普法责任清单制度，各省制定了普法责任清单，形成各司其职、各负其责的普法工作新格局。二是扎实推动法治实践过程普法。各地在立法、执法以及气象政务服务中进行释法说理、以案释法和警示教育，取得显著效果。5 年来，全国气象部门开展以案释法 7000 多次。三是推动全国气象普法资源共建共享。建立了“气象法治宣传产品共享库”，与基层气象部门共享共用普法宣传资源，形成了普法宣传的集聚效应。

四、服务大局，开展专项法治宣传活动

（一）深入开展疫情防控法治宣传，着力推动依法防控

认真贯彻落实习近平总书记关于新冠肺炎疫情防控的重要指示精神，充分发挥法治宣传在疫情防控中的基础保障作用。一是组织全国气象部门参与“疫情防控、法治同行”宣传活动，并推送《新型冠状病毒感染肺炎疫情当前防控工作有关法律知识问答》和疫情防控法律法规电子书等宣传资料，为疫情防控筑牢法律基础。二是多种方式强化法治宣传。各地通过制作条幅、海报、广播，利用公众号、微博等新媒体开展漫画说法、H5 宣传等方式，解答疫情防控问题，宣传法律

法规，助力打赢疫情防控阻击战。

（二）围绕脱贫攻坚、乡村振兴扎实开展法治宣传

各级气象部门始终坚持把气象助力脱贫攻坚和乡村振兴作为重大政治任务，在全力做好疫情防控同时，通过开展送法下乡、防灾减灾科普活动，面对面普法等方式，积极宣传实施乡村振兴战略、打赢脱贫攻坚战以及农村气象灾害防御等有关法律法规。例如，河南省气象局联合扶贫工作队共同举办“宪法进农村主题日”活动，云南省气象部门派出 500 多人深入各扶贫挂钩单位和社区乡村现场普法宣讲。

（三）开展法治宣传教育主题活动

积极围绕庆祝新中国成立 70 周年等重大主题活动开展普法宣传教育，集中展现气象法治建设成就，进一步增强走中国特色社会主义法治道路的自觉性和坚定性。积极组织开展《中华人民共和国民法典》学习宣传和贯彻实施活动，在全部门形成尊法学法守法用法的浓厚氛围和良好法治环境。

五、抓好重点对象学法用法，推进依法行政

一是认真落实《关于完善国家工作人员学法用法制度的意见》，建立完善了领导干部集体学法制度。二是坚持抓住领导干部这个“关键少数”，通过多种学习方式，强化对法律法规学习，提高领导干部运用法治思维和法治方式开展工作的能力。三是建立重点岗位学法用法制度，加大气象法治培训力度。5 年来，各级气象部门组织各类法治培训班 3600 多次，参加培训人员超过 13 万人次，参加法律知识考试答题人数超过 23 万人次。四是以气象科普宣传为依托，制作了适合青少年的普法产品，利用气象台站、气象科普教育基地向青少年普及法律知识。5 年来，全国气象部门 17 个单位和 23 名个人获得普法先进集体和先进个人称号。

六、坚持效果导向，求新求变推进普法宣传工作

（一）顺应新媒体发展趋势，制作特色气象普法产品

5 年来，中国气象局加大气象普法产品开发制作力度，推动全部门制作完成动漫、视频、图书、展板、折页、手册等一批内容丰富、形式新颖，融合气象特色的法治宣传产品，在传统普法产品基础上不断突破创新。

（二）丰富宣传载体，打造立体普法新格局

不断丰富宣传载体，充分利用“报、网、端、微、屏”等新媒体、新技术开展气象法治宣传教育，将气象科普基地以及气象信息服务站等打造成气象普法阵地，形成线上线下、全媒体、融媒体普法宣传的新格局，取得了良好社会反响。

各地在气象普法宣传渠道运用中，新媒体传播渠道占比 54%，传统媒体传播占比为 46%。

七、存在问题和意见建议

气象部门的“七五”普法工作虽然取得了一定成绩，但还存在一些薄弱环节和不足之处，主要表现在以下三个方面：一是普法工作的发展态势不平衡；二是普法产品还不够系统、丰富，新媒体普法形式和渠道有待拓宽；三是能力建设有待提升，普法人员的专业化程度不够。下一步，中国气象局将继续按照全国普法办的工作部署，认真谋划和落实好“八五”普法工作，进一步提高认识，抓好落实，加大创新，补齐“短板”，不断提高气象部门依法治理、依法管理和服务社会的水平，为推动气象事业高质量发展作出贡献。

中国银行保险监督管理委员会“七五”普法规划实施情况

2020年是《中共中央、国务院转发〈中央宣传部、司法部关于在公民中开展法治宣传教育的第七个五年规划（2016—2020年）〉的通知》（以下简称《普法规划》）实施的收官之年。为总结《普法规划》落实情况，检验普法工作措施成效，继续做好下一阶段工作，中国银保监会对5年来普法工作情况进行了认真梳理总结。

一、“七五”普法工作情况

（一）强化组织保障，完善普法工作机制

1. 建立领导机制

按照工作要求，原银监会、原保监会均成立由主要负责同志任组长的普法工作领导小组，强化对各单位法治宣传教育活动的组织领导，做好协调、检查、督促、指导、保障等工作。机构改革后，银保监系统普法工作继续深入推进，各部门协同配合，确保普法任务落到实处。

2. 强化工作部署

印发《全国银行业系统开展法治宣传教育第七个五年规划（2016—2020年）》《中国保监会“七五”普法规划》，各级银行保险监督管理部门、银行保险机构和有关行业协会在上述规划的基础上，制定本单位“七五”普法规划，建立起上下协调统一的法治宣传教育工作长效机制。

3. 加强工作保障

加强法治宣传教育队伍建设，在全系统建立公职律师制度，积极推进法律顾问工作。部分银保监局积极探索聘请法律顾问、常驻律师，组建法律专家咨询委员会、法律人才库等工作机制，充分发挥法律专业人员、法律院校专家学者在法治宣传教育方面的优势和作用。

（二）突出重点内容，强化关键领域普法

1. 认真学习宣传习近平法治思想

银保监会认真贯彻落实党的十八大、十九大及历次全会精神，以“不忘初心、牢记使命”“两学一做”等专题学习教育为契机，先后在全系统举办多期干部培训班，深入学习宣传习近平总书记关于全面依法治国的重要论述。同时，专门邀请系统内外优秀师资，帮助全系统干部深入学习领会。开设《学习宣传党的十九大精神》《深入学习宣传党的十九届四中全会精神》专栏，及时发布学习动态，交流经验做法，营造良好氛围。

2. 着力学习宣传宪法

宪法是我国的根本大法，普法工作以宣传宪法为重中之重。围绕弘扬宪法精神、增强法治意识，组织开展国家宪法日、宪法宣传周、法治

宣传教育月系列活动。组织干部参加宪法宣誓仪式，要求系统干部在履职中忠于宪法，维护法律权威。吉林、云南银保监局以电子显示屏和微信公众号等为载体开展宪法学习和宣传，营造了良好的学习宣传氛围。山东银保监局引导银行保险机构充分利用营业网点和网络媒体等渠道，常态化开展宪法宣传教育，不断扩大受众面，提高影响力。

3. 加强党内法规学习

银保监会将党内规章制度作为系统各级党委中心组、各级党组织的必学内容，列入年度理论学习计划。先后邀请中央纪委、国家监委有关同志就《中华人民共和国监察法》《中国共产党问责条例》《中国共产党纪律处分条例》等为全系统作专题辅导，参会人员累计达3万余人次。认真抓好《中国共产党廉洁自律准则》等党内法规学习，编发《银保监会机关党员干部党规党纪应知应会手册》，并组织知识测试。

4. 抓好监管法律法规学习

积极适应银行业保险业改革发展要求，重点学习宣传《中华人民共和国商业银行法》《中华人民共和国银行业监督管理法》《中华人民共和国保险法》等法律。积极贯彻习近平总书记关于学习宣传《中华人民共和国民法典》的重要指示精神，组织机关党员干部认真收看“百名法学家百场报告会”法治宣讲活动中央和国家机关专场报告会。在各类培训班中增设法律法规课程，受训干部达2.5万余人次，进一步提高依法行政意识和能力。

（三）立足行业实际，落实“谁执法谁普法”责任制

中国银保监会认真落实国家机关“谁执法谁普法”普法责任制工作要求，结合工作实际，创新普法理念和方式方法，积极履行面向社会的普法责任，切实增强普法的针对性和实效性。

1. 加强政策解读，做好市场预期管理

银保监会负责同志承担主体责任，主动发声，通过出席“部长通道”、参加新闻发布会、接受中央媒体采访、发表主题文章等方式，当好重大政策“解读人”和“宣传员”。充分发挥派出机构、银行保险机构、行业协会以及业内专家的作用和优势，针对重大监管政策、社会关注热点等进行全方位、立体式宣传解读。充分运用官方微信公众号等新媒体平台积极发声，增强法治宣传影响力。

2. 普及金融知识，提升公众金融素养

面向不同受众，采取高校讲坛、公益微电影、发放知识手册等多种方式，组织开展“金融知识进万家”、“防范电信诈骗”、“防范非法集资、校园贷”、“3·15”消保教育宣传周等系列活动，普及金融知识，解读金融政策，增强金融消费者依法维权意识。着力推进金融知识宣传教育体系化、常态化、长效化，营造“网点有资料、手机有信息、身边有活动、网络有简讯”的浸润式宣传氛围，不断扩宽正面宣教领地，增强社会公众风险防范能力和依法维权意识。

3. 组织行业学法，加强机构合规文化建设

以合规管理评价体系为抓手，通过对银行保险机构进行监管评价、通报结果、督促整改，提升机构合规经营水平。印发《中国银保监会办公厅关于开展银行业金融机构案件警示教育活动的通知》，以案件为载体开展警示教育，贯穿银行业高管人员专题培训。派出机构结合地方特色，开展合规文化建设年、合规知识大讲堂大比武、合规经验交流等系列活动，引导从业人员牢固树立合规理念，切实提升依法合规经营水平。

（四）着眼服务大局，扎实开展普法专项活动

1. 开展“防控疫情　法治同行”专项行动

坚决贯彻落实习近平总书记重要指示精神和党中央决策部署，把新冠肺炎疫情防控作为重大

政治任务，坚定不移做好宣传落实工作。北京银保监局先后编发《北京银行保险业复工复产防疫工作快报》26期，及时反映复工复产防疫情况，总结分析防疫经验做法，指导辖内机构借鉴学习。黑龙江银保监局通过编撰《金融支持疫情防控和复工复产纾难解困政策措施问答》，搜集整理61条银行业保险业政策问答，帮助企业知晓政策、理解政策、用好政策。

2. 开展脱贫攻坚法治宣传

做好金融扶贫、助力脱贫攻坚是党中央交给银保监会的一项重要任务。根据会机关统一安排部署，各银保监局及银行保险机构积极作为，深入宣传金融扶贫政策，营造良好氛围。河北银保监局在深入推动扶贫小额信贷工作的同时宣传金融法律法规和扶贫政策，统一设计扶贫小额信贷政策“明白纸”、录制视频与音频宣传资料，多次组织全省银行业金融机构集中开展入户宣传，确保金融扶贫和法治宣传精准到位。宁夏银保监局通过组织“3·15”消费者权益保护周、“7·8”全国保险公众宣传日、全国扶贫日、保险扶贫图片展、“保险大篷车”等大型宣传活动，采取“机构参与、媒体传播”的宣传模式，充分运用报纸、广播、网站、微信公众号等媒介宣传报道宁夏金融扶贫事迹，全面展示宁夏脱贫攻坚成效，推动扶贫宣传持续加力扩面。

3. 开展扫黑除恶法治宣传

印发《中国银保监会关于银行业和保险业做好扫黑除恶专项斗争有关工作的通知》，指导银行保险机构以非法放贷、暴力催收、电信诈骗等非法金融活动为重点，做好对群众的警示宣传。通过在营业网点LED屏滚动播放宣传标语、张贴宣传海报、设置宣传栏或宣传展板、派发宣传折页手册、推送微信公众号文章、发送宣传短信等多种方式展示扫黑除恶工作要求、宣传相关法律法规知识，充分调动群众参与扫黑除恶专项斗争的积极性，凝聚反黑反恶共同力量。开展打击电信网络新型违法犯罪集中宣传月活动，银行业金融机构全网点联动，深入基层宣传法律政策和防范知识，切实提高群众防范意识，减少电信网络诈骗犯罪的发生。

4. 开展防范非法集资专项宣传

健全防范非法集资宣传常态化机制，成立防范和处置非法集资部际联席会议，各成员单位联合召开防范和处置非法集资法律政策宣传座谈会，中央和地方媒体专题宣传。连续7年组织开展全国防范非法集资宣传月活动，向公众普及防范非法集资有关法律知识，各地共组织大型宣传活动17万余次，发放相关宣传材料4.2亿余份。连续两年在央视黄金时段播放公益广告，利用微信、微博发布防范非法集资信息，起到良好宣传效果。

二、存在的问题

（一）思想认识有待进一步提高

“七五”普法开展以来，银行保险机构学法普法意识不断提升，但仍有部分机构对普法工作的重要性和长期性认识不足，抓落实不够深入，考核评价机制有待完善。

（二）普法人员配备和队伍建设有待加强

部分单位普法工作主要依赖法律、合规等专业条线的工作人员，专职从事法治宣传工作人员比重相对较低，普法专业队伍有待进一步发展壮大。

（三）普法工作形式有待进一步创新

普法宣传工作主要采用网点厅堂、LED电子屏、重要节日集中摆点等传统宣传方式，利用微电影、微视频等创新载体以及通过进校园、进社区等宣传方式运用不足。此外，金融方面法律法规内容较多，部分内容相对生涩枯燥，普法宣传难以深入，如何以群众喜闻乐见的宣传方式提升教育效果，有待进一步探索。

三、下一步改进措施

（一）提高政治站位，充分认识普法工作的重要性

以习近平新时代中国特色社会主义思想和习近平法治思想为指导，严格依法行政，在“强监管、严监管”的氛围下依法开展监管工作，营造勤于学法、善于用法的浓厚氛围，提升人民群众对银行业保险业法治建设的认识和理解。引导银行业和保险业从业人员将普法工作与银行保险机构合规发展有机结合，把普法宣传教育工作落到实处。

（二）充实普法力量，加强法律工作队伍建设

一是继续丰富干部职工的专业理论知识，提高对银行保险监管和金融法律的认识，拓宽视野，切实做到尊法学法守法用法。二是加强法律专业人才的引进，充实基层法规工作力量，将法律人员配齐、配强，壮大法律工作队伍，提高执法能力。三是继续推动公职律师队伍建设，激励监管工作人员主动学法用法，发挥法律专业特长，推动普法工作再创新局面。

（三）创新宣传形式，提升普法工作效果

创新工作理念，推动法治宣传教育载体和方式方法创新，深入开展参与式、实践式法治宣传教育，不断提高普法的针对性和实效性。

中国证券监督管理委员会“七五”普法规划实施情况

中国证监会深入贯彻落实习近平新时代中国特色社会主义思想，按照“七五”普法相关要求，制定印发《全国证券期货监管系统法治宣传教育第七个五年规划》，将“七五”普法工作与资本市场基础制度的完善创新、依法行政、文化建设紧密结合，开展了形式多样、内容丰富的普法活动，圆满完成了“七五”普法规划确定的各项任务。

一、中国证监会“七五”普法工作情况

（一）深入学习贯彻以宪法为核心的中国特色社会主义法律体系

一是深入学习习近平新时代中国特色社会主义思想。学习贯彻党中央关于全面依法治国的重要部署、习近平总书记在中央全面依法治国委员会会议上的重要讲话精神，积极学习领会第五次全国金融工作会议以及习近平总书记等党中央领导同志有关证券期货市场建设的重要论述；将全面依法治国列入党校、党委理论学习中心组会议以及各类系统内培训的重要课程。

二是深入学习贯彻宪法。将宪法学习纳入证监会系统各级党委理论中心组会议、党的十九大精神教育培训体系以及证监会党校课程，系统各级党委理论中心组累计开展宪法法律专项学习 400 余次；建立中国证监会宪法宣誓制度，“七五”普法期间，证监会系统局级干部及会机关处级干部 462 人参加宪法宣誓；邀请全

国人大常委会立法专家、高校知名学者等专门为系统干部讲授宪法修正案；坚持每年在全系统开展“12·4”国家宪法日集中宣传活动；积极参加历届“我与宪法”微视频征集展播活动，累计报送300余件作品，9件作品获奖，连续2年被评为“优秀组织奖”。

三是深入学习与资本市场相关的重要法规制度。组织对《中华人民共和国民法典》、《中华人民共和国证券法》、《中华人民共和国刑法》、《中华人民共和国公司法》、《中华人民共和国期货交易管理条例》、2019年《全国法院民商事审判工作会议纪要》等多部与资本市场相关的法律、法规、规章、规范性文件及司法解释的学习宣传；制定资本市场法治政府建设实施方案，连续3年向党中央、国务院报送法治政府建设年度报告；印发《关于进一步做好提请主席办公会议审议事项会前合法性审查工作的通知》，健全重大决策合法性审查机制；印发《中国证监会外聘法律顾问管理工作规程（试行）》，聘任多位知名学者为中国证监会资本市场法治建设高级咨询专家，使高水平的外部法学专家在制定重大行政决策、推进依法行政中发挥积极作用。

四是加强法治专项学习宣传。参与制定《关于进一步强化金融支持防控新型冠状病毒感染肺炎疫情的通知》，出台《关于做好当前上市公司等年度报告审计与披露工作有关事项的公告》，积极加强对《中华人民共和国传染病防治法》《中华人民共和国突发事件应对法》《突发公共卫生事件应对条例》等的宣传工作，助力疫情防控工作；认真学习《中华人民共和国国家安全法》《中华人民共和国网络安全法》《中华人民共和国反间谍法》《中华人民共和国保密法》等法律法规，组织全系统开展保密、密码和国家安全知识线上测试，累计8000余人参与。开展《中华人民共和国公职人员政务处分法》《中华人民共和国公务员法》《中华人民共和国国防交通法》等重要法规的专项学习工作。

五是大力学习宣传《中国共产党章程》《中国共产党党内监督条例》《中国共产党支部工作条例（试行）》《党政机关厉行节约反对浪费条例》等党内法规；加强党纪学习教育，编写《知敬畏　守规矩　改作风　防止“灯下黑”机关廉政手册》，累计组织1800多名处级（中层）及以上干部参加系统警示教育大会。

（二）持续做好面向市场主体的普法工作

一是坚持以监管执法促普法。“七五”普法期间，作出行政处罚决定1397件，对298人实施市场禁入，罚没款金额共计318.97亿元；做好行政处罚听证公开工作，采取“常态化宣传和深度专题解读相结合”方式，加大执法宣传力度；印发证监会行政复议听证规则，进一步完善行政复议案件审查机制；充分发挥上交所等系统单位自律监管职责，加强违规行为自律惩戒；落实行政机关负责人出庭应诉要求，例如，2017年12月，会领导在“欣泰电器案上诉案”中出庭应诉，普法效果显著；适时发布案件调查进展情况，加大对“深大通”“獐子岛”等典型案件的宣传力度。

二是持续做好法律服务平台建设。开发建设证券期货法规数据库，收录各类规则5300余件、行政处罚决定2100余件，月均访问量超过10万人次；编制证监会行政许可事项服务指南，开发建设一体化在线政务服务平台；加大信息公开力度，畅通信访渠道，用好“12386”热线，普及法律知识；开发建设中国基金业法律法规库小程序，使用人数达13万余人；制定《关于在发布规章规范性文件时同步公布立法说明的通知》，方便市场主体学习理解相关规则。

三是加强培训教育。开展各类培训3000余场，累计4000万人次参加；投放各类投教产品

1600万余份，举办“股东来了”等知识竞赛，开展投资者教育进学校、进社区等普法活动3000余次，开展“明规则·识风险”“走进科创　你我同行”等投教活动8万余次，吸引超过7000万投资者参与；加强公益性、一站式、体验式的投资者教育基地建设，设立“5·15”全国投资者保护宣传日，开通运行“中国投资者网”，打造多种多样的投资者法治宣传平台。

（三）全面加强监管干部学法用法

一是落实《关于完善国家工作人员学法用法制度的意见》，连续举办11期监管干部法制专项培训班，全系统累计1312名干部参训；持续开展稽查执法、依法行政、应诉工作等各类法治培训700余次；邀请起草部门有关负责同志等就重大规则起草背景、主要内容、争议焦点等与系统干部交流。

二是鼓励监管干部开展法治研究，撰写法律文章，坚持编发《证券期货法治参考》《资本市场法制动态》等内部法治学习交流期刊，持续办好《中国资本市场法制发展报告》《中华人民共和国证券期货法规汇编》《证券法苑》《期货及衍生品法律评论》等公开出版物。

三是认真举办“上证法治论坛”“上期衍生品论坛”等研讨会，形成法治共同体，突出法治研讨实效，宣传法治市场理念；专门组织召开证监会系统法治政府座谈会并做好宣传工作，进一步提高监管干部法治意识。

二、“七五”普法工作的主要经验做法

（一）加强组织领导是保障

成立由会领导及相关部门负责人组成的“七五”普法工作领导小组，统筹协调各项普法工作。印发普法责任制相关通知，明确执法部门普法责任；对于承担管理和服务职能的系统单位，实行“谁服务谁普法”“谁主管谁普法”制度。充分发挥法制机构、公职律师功能；将普法工作经费列入经费预算，将普法工作完成情况纳入考核体系。

（二）形成各方合力是关键

充分发挥证券期货经营机构的“主力军”作用，促使其将普法工作融入日常经营活动中。指导证券期货行业协会、交易所等自律组织根据行业发展情况开展普法工作。积极联合最高人民法院、最高人民检察院、司法部等单位举办多种普法活动。加强与中央电视台、新华社、《法制日报》、《证券日报》等权威性高、传播力强的权威媒体合作。

（三）创新普法途径是动力

积极主动借助微信、微博、动漫、微电影、客户端等自媒体、新媒体传播优势，大力推进“互联网＋法治宣传”行动。建设证券期货法规数据库系统，开通“中国投资者网”，依托“上交所浦江学院”等线上培训平台，有力拓展普法工作的广度和频度。创作轻喜剧、京剧贺岁视频、说唱作品、微视频等人民群众喜闻乐见的作品，有力提升普法效果。

三、下一步工作计划

下一步，中国证监会将在“七五”普法工作经验的基础上，认真做好“八五”普法规划，以习近平新时代中国特色社会主义思想为指导，深入学习宣传贯彻宪法精神，认真学习宣传中国特色社会主义法律体系，结合证券期货监管工作实际，进一步优化普法工作机制和方式，不断提升普法工作质量，积极推动形成具有资本市场特色的法治文化和法治理念，为资本市场平稳健康发展营造良好的法治环境，为中国特色社会主义法治建设事业贡献力量。

国家信访局“七五”普法规划实施情况

自“七五”普法工作启动以来，国家信访局高度重视，专门成立由局长任组长的“七五”法治宣传教育领导小组，把法治学习宣传教育作为一项基础性和长期性的重要工作来抓。坚持以习近平新时代中国特色社会主义思想为指导，全面贯彻落实党的十九大和十九届二中、三中、四中、五中全会精神，深入学习贯彻习近平总书记关于加强和改进人民信访工作的重要思想，把全国“七五”普法工作的指导思想、主要目标和工作原则与信访工作实践紧密结合起来，有针对性地制定《全国信访系统开展法治宣传教育的第七个五年规划（2016—2020年）》，加强工作指导，强化考核评价，扎实推进依法治理和法治创建，确保中央决策部署得到不折不扣地贯彻落实。

一、健全完善法治学习教育机制，提升信访干部法治素养

（一）抓住领导干部这个关键少数

健全党组中心组学法制度，把学习宪法法律和党内法规列入局党组中心组年度学习计划重要学习内容。建立领导干部学法记录制度，将学习宪法以及相关法律法规情况列入司处级班子平时考核和年度考核重要内容，要求领导班子和领导干部就专门内容进行述职。健全完善重大决策机制，把学法作为重大决策的前置程序。健全完善重大决策合法性审查机制。制定机关工作人员宪法宣誓实施办法，组织新任命的处级以上干部进行了宪法宣誓。

（二）健全教育培训机制

制定国家信访局落实“谁执法谁普法”普法责任制、完善国家工作人员学法用法制度的分工方案，明确普法内容和要求，压实普法责任。把宪法以及相关法律法规的学习教育纳入年度干部教育培训总体规划和年度计划，列为初任培训、任职培训、在职在岗人员定期学习培训的必训内容。组织干部参加中央国家机关法治专题辅导，在局机关通过举办专题讲座、发放学习材料等方式，加大法治教育力度。组建国家信访局公职律师、法律顾问队伍，引入社会律师参与来访接待工作，充分发挥法律工作者的专业优势。江苏、

广东、重庆、四川、甘肃等地党委和政府信访部门和教育部、人力资源社会保障部、住建部、民政部、科技部、国税总局、国资委等部门内设信访工作机构建立了常态化法治教育培训工作机制。

（三）完善考核评估机制

在干部选用工作中加强对法律素养、法律知识和法治思维的测试，把法治观念强不强、法治素养好不好作为衡量干部德才的重要标准，把能不能遵守法律、依法办事作为考察干部的重要内容。利用法律颁布实施纪念日，组织开展法律知识测试。内蒙古、辽宁、江西、广西、陕西、西藏、青海、新疆、新疆生产建设兵团等地党委和政府信访部门加强法律知识考试考核，抓好干部职工的法治教育。

二、面向群众开展法治宣传活动，引导依法理性表达诉求

（一）突出法治宣传重点

加强对宪法的宣传，组织开展“宪法宣传周”活动，使广大群众深刻理解宪法的基本原则和精神，进一步增强宪法意识。加强对房屋拆迁、土地征用、劳动社障、生态环境等信访问题较为集中领域相关法律法规的宣传，营造尊法、学法、守法、用法的良好氛围。加强对《信访条例》的宣传，组织开展《信访条例》颁布纪念日活动，引导群众在法治轨道上、法制框架内、法定渠道中表达和解决诉求，维护自身合法权益。

（二）创新法治宣传载体

在局机关丰富电子显示屏、电子触摸屏等载体在普法宣传中的运用。推进互联网+信访宣传，打造国家信访局“一网两微一端”新媒体宣传平台，提升门户网站建设水平，强化信息发布“第一平台”作用，办好官方微博和政务头条号，开通微信公众号，推动形成信访系统政务新媒体矩阵。北京、天津、吉林、黑龙江、上海、安徽、福建、湖南、海南、贵州、云南等地党委和政府信访部门和最高检、公安部、司法部、财政部、商务部、工信部、卫生健康委、银保监会等部门内设信访工作机构坚持科技普法，综合利用现代媒体技术开展形式多样的普法宣传活动，扩大普法覆盖面。

（三）丰富法治宣传方式

把办信接访实践作为法治宣传教育的有效途径，把宣讲信访法规、告知信访权利义务作为接待群众来访的必要内容，发放《群众来信指南》《依法逐级走访手册》等宣传资料，制作普法专题片和语音告知，开展“网上信访，你了解这些吗？”系列宣传活动，编制常见法律法规问题宣讲手册，把法治宣传和法律服务紧密结合起来。在全国信访系统策划开展“县委书记谈信访”、“市委书记谈信访”、“寻找最美信访干部”、“我在基层做信访”、“贯彻新思想　展示新作为　开创新局面”微信创造大赛、“新时代·新作为”征文等系列活动，打造法治宣传教育品牌。广西壮族自治区信访局通过组织山歌擂台赛等形式宣传《信访条例》，福建省南平市浦城县、龙岩市武平县、厦门市翔安区等地结合当地特色编排快板、方言说《信访条例》进行生动有趣的宣传。浙江省信访局每年 5 月开展信访宣传月活动，结合机关支部党建和扶贫工作，积极开展“送法下乡”。山西、河南、宁夏等地电视台通过以案说法的方式加强普法宣传教育。

三、坚持普法与信访法治化建设相结合，保障合理合法诉求依照法律规定和程序就能得到合理合法的结果

（一）加强信访法律制度建设

深入推进信访法治化建设，制定《依法分类

处理信访诉求工作规则》等规范性文件，健全完善《信访条例》配套措施。加快推进信访立法进程，信访法被列入国务院立法工作计划和十三届人大常委会立法规划。山东、浙江、云南等地出台了信访工作地方性法规。

（二）严格落实诉访分离制度

支持和配合政法机关依法处理涉法涉诉信访问题，把涉及民商事、行政、刑事等诉讼权利救济的信访事项从普通信访体制中分离出来，引导到政法机关解决。访诉分离实施以来，从制度机制上推动形成办事依法、遇事找法、解决问题用法、化解矛盾靠法的法治环境，有效维护司法权威和群众合法权益。

（三）深入推进分类处理信访诉求

与原国务院法制办牵头推进中央部门开展依法分类处理信访诉求工作，梳理出台分类处理清单，在行政体系内部进一步理清信访与仲裁、行政复议等其他法定途径的界限，让群众知道“谁来办”“怎么办”。国家信访局出台《依法分类处理信访诉求工作规程》，大部分省份出台了工作规程，河北、山东、浙江等地将依法分类处理信访诉求纳入了地方性法规，并在市县层面推开这项工作。根据机构改革职责调整情况，有关中央部门更新了清单并在国家信访局门户网站公开。

与中央的要求相比，国家信访局的普法工作还存在一定差距，主要是对干部学习教育的深度和广度还不够，运用法治思维和法治方式化解矛盾、维护群众合法权益的能力还需进一步提高。下一步，国家信访局将深入贯彻落实习近平新时代中国特色社会主义思想以及中央关于全面依法治国重大战略决策部署，紧紧围绕“八五”普法规划各项要求，把开展法治宣传教育与推进信访法治化建设结合起来，开展多层次多类型的法治学习教育，增强法治宣传教育的针对性，加强对全国信访系统的指导，为做好新时期信访工作提供有力保障。

国家粮食和物资储备局“七五”普法规划实施情况

“七五”普法期间，全国粮食和物资储备系统认真贯彻落实《中共中央、国务院转发〈中央宣传部、司法部关于在公民中开展法治宣传教育的第七个五年规划（2016—2020年）〉的通知》精神，紧密围绕粮食流通和物资储备中心工作，深入开展法治宣传教育，扎实推进依法治理和依法行政，为粮食和物资储备事业深化改革、转型发展提供有力的法治保障。

一、主要做法及成效

（一）组织推动有力

国家粮食和物资储备局党组高度重视“七五”普法宣传工作，始终将其摆在重要位置，加强组织领导，稳步推进实施。制定《全国粮食行业法治宣传教育第七个五年规划（2016—2020年）》《国家物资储备系统法治机关建设规

划（2015—2020年）》，明确粮食和物资储备行业普法工作的指导思想、目标任务、工作措施和组织保障等事项；认真组织开展“七五”普法中期自查，总结推广先进做法。各地粮食和物资储备部门按照“谁执法谁普法”责任制要求，普遍建立普法责任清单制度，成立领导小组强化组织保障，制定普法规划及年度工作要点，层层压实工作责任。山西、贵州粮食和物资储备部门逐年增加普法经费；北京、广东粮食和物资储备部门将普法宣传纳入粮食安全责任制考核内容；国家粮食和物资储备局湖南局将法治宣传教育纳入综合考评，加大考评权重和结果运用；湖北省粮食局成立法治政府建设领导小组，统筹督导普法工作，被湖北省普法办确立为省级“七五”普法“落实普法责任制联系点”。

（二）普法重点突出

一是明确学法重点。紧紧围绕学习贯彻习近平总书记关于全面依法治国、落实国家总体安全观等重要论述这条教育主线，集中开展党内法规和《中华人民共和国宪法》《中华人民共和国民法典》等法律法规和粮食和物资储备规章制度学习活动，举办各级各类教育培训100多期，邀请专家学者授课辅导300余次，推动全系统干部职工提高法治理念。国家粮食和物资储备局举行司处级国家工作人员宪法宣誓仪式，组织警示教育月活动，各级组建各类学习题库，不断深化学习效果。二是突出重点对象。充分发挥领导干部“关键少数”作用，定期开展理论中心组学法、会前学法、集中学法、法治讲座等活动，努力提升法治素养和依法办事能力。国家粮食和物资储备局党组带头落实学习计划，召开党组中心组学习会专题学习《中华人民共和国宪法》《中华人民共和国民法典》等法律，《中国共产党廉洁自律准则》等党内法规；在“司处级领导干部学习贯彻党的十九大精神集中轮训班”中安排专题，邀请国家行政学院权威专家作“依法行政与领导干部法治思维”专题讲座，切实增强领导干部依法行使职权、履行职责的意识。三是健全学法机制。将法治教育培训纳入公务员任职培训、业务培训等各类培训计划，确保干部职工培训全覆盖。全系统基层党组织把党内法规和法律纳入“三会一课”重点学习内容，建立法治学习教育长效机制。

（三）普法形式丰富

一是发挥新媒体优势。积极利用互联网、移动通信、微博、微信等新媒体、新技术传播范围广、速度快、互动性强等优势，搭建法治宣传新平台，提高职工和社会大众参与度，增强法治宣传教育的覆盖面和影响力。国家粮食和物资储备局定期在公众号上推送普法动态。江西省粮食和物资储备局通过《江西粮食》、“粮食执法”微信公众号等宣传粮食普法相关信息，宣传爱粮节粮知识。湖北省粮食局面向社会广泛宣传粮食流通法律法规，原创法治微电影《我的青春我的库》，荣获湖北省第三届法治动漫微电影大赛二等奖。二是拓展宣传渠道。在优化营商环境、发展粮食产业、政策性粮食大清查、安全生产等工作中加大法治宣传力度；充分发挥“12325”全国粮食和物资储备监管热线作用，加大热线宣传力度，张贴热线宣传海报、全国政策性粮食大清查宣传图及折页万余份；依托粮食科技周、世界粮食日、全国爱粮节粮宣传周等活动载体，宣传普及粮食和物资储备法律法规，加强“爱粮节粮”等主题宣传，号召广大群众珍惜粮食、节约粮食。三是组织专项活动。5年来，各级组织开展“社会治理　法治先行”、“服务大局普法行”、全民国家安全教育日、安全生产月、食品安全宣传周、“防控疫情　法治同行”等专项法治宣传活动3000余场，制发宣传资料万余册，累计宣传教育数十万人次。

（四）着力服务大局

一是推进法治机关建设。在“七五”普法中，国家粮食和物资储备局按照党中央、国务院关于法治政府建设的决策部署，制定出台政府信息公开、法律顾问、行政规范性文件制定等相关规定，建立健全合法性审核机制，推动粮食和物资储备行业依法治理和依法行政水平不断提升。二是深化放管服改革。国家粮食和物资储备局认真落实党中央、国务院推进农业供给侧结构性改革和深化粮食收储制度改革的决策部署，充分发挥市场在资源配置中的决定性作用，并更好地发挥政府作用，取消、下放有关行政许可。各地粮食和物资储备部门全面梳理权责清单，进一步优化审批流程，加强事中事后监管。北京市粮食和物资储备局对7大项政务服务事项185项申报材料进行精简，精简比例达到66%，承诺办理期限压缩比例达55%。完善为企业送证照上门服务，“跑腿数”减至0.22次/项。三是加快立法修规。5年来，国家粮食和物资储备局党组认真贯彻落实习近平总书记关于粮食安全的重要指示批示精神，加快推动构建以粮食法律法规为统领，地方性法规和规章、规范性文件为基础的制度保障体系。广东、贵州、浙江、江苏等4省陆续出台粮食安全保障省级地方性法规，宁夏颁布实施地方储备粮管理条例；20多个省（区、市）出台粮食流通、粮食储备等省级政府规章，另有多地粮食立法已纳入地方性法规立法计划，切实推动粮食安全制度创新、实践创新。

二、存在问题与不足

“七五”普法开展以来，全国粮食和物资储备系统普法工作取得了一定的成绩，但也存在一些问题和不足：一是个别单位对普法工作重视不够，法治理念仍有提升空间，法治意识和法治观念还需进一步增强；二是有的单位在开展普法教育中典型案例宣传少，在学用结合、指导实践上仍有不足；三是创新手段仍需丰富，需进一步开拓思路，运用广大干部职工喜闻乐见的各种形式，提高普法工作的参与度。

三、下一步工作安排

（一）继续加强思想引领

把学习宣传习近平法治思想作为普法责任清单的首要内容，深入贯彻落实《全国普法办公室关于印发〈关于深入贯彻落实习近平总书记重要指示精神进一步加强全民普法工作的意见〉的通知》精神，提高政治站位，增强“四个意识”，坚定“四个自信”，做到“两个维护”，全面引导全国粮食和物资储备系统依法行政、依法办事。

（二）加大法治宣传教育力度

进一步推进普法与党务、业务工作深度融合，运用新媒体，突出新要求，加大法治宣传教育力度。加强法治文化建设，积极组织粮食和物资储备系统参加“法治动漫微电影征集展播”等活动。

（三）加强执法队伍建设

加强法治教育培训，按要求开展职前培训，增强“为国管粮”“为国管储”的责任担当意识，提升粮食和物资储备行政执法队伍的依法履职能力，自觉让法治思维和法治意识常驻心中。

（四）培养树立先进典型

收集普法工作中先进典型案例，加大国家粮食和物资储备宣传力度，对好经验、好做法及时进行总结，并在全系统宣传推广，形成学习先进典型的浓厚氛围，使榜样精神深入人心。

国家能源局“七五”普法规划实施情况

《中央宣传部　司法部关于在公民中开展法治宣传教育的第七个五年规划（2016—2020年）》和《全国人民代表大会常务委员会关于开展第七个五年法治宣传教育的决议》印发以来，国家能源局认真组织实施，确保各项普法工作顺利推进。按照《全国普法办公室关于做好“七五”普法总结验收工作的通知》要求，国家能源局对“七五”普法工作进行了总结验收。

一、加强领导，健全机制，推动普法规划落地

（一）加强组织领导

加强组织领导，成立了由主管法治工作的副局长担任组长，各司、各派出机构、各直属事业单位、有关能源企业、行业协会的负责人为成员的能源行业普法工作领导小组，下设办公室作为日常办事机构，形成上下联动、横向互动的能源行业普法工作格局。要求各派出机构、各省级能源管理部门和能源企业组建法治宣传队伍，强化统筹协调和协作配合，形成推进法治宣传教育工作创新发展的合力。

（二）全面部署落实

国家能源局制定了《能源行业法治宣传教育五年规划（2016—2020年）》，对“七五”普法工作进行具体部署，明确了指导思想、主要目标、工作原则、主要任务、工作措施等，结合能源行业实际全面开展能源行业法治宣传教育工作。认真开展“七五”普法中期总结检查，抓实抓牢各项任务的落实，为“七五”普法工作圆满收官奠定扎实基础。

（三）压实普法责任

要求各省级能源管理部门、派出机构健全普法责任制，建立普法责任清单，制定普法工作计划；要求能源企业和能源行业协会落实“谁主管谁负责”普法责任，在管理、服务过程中结合行业特点开展普法宣传教育。按照全国普法办确定的普法任务，结合能源行业实际，每年制定能源行业普法工作要点，对当年普法工作作出具体部署。

二、突出重点，全面完成普法任务

（一）深入学习宣传习近平新时代中国特色社会主义思想

始终将习近平新时代中国特色社会主义思想作为局党组理论学习中心组和各基层党组织的重点学习内容。认真学习习近平总书记在党的十九大和十九届二中、三中、四中、五中全会上的重要讲话和在中央全面依法治国委员会第一次、第二次、第三次会议上的讲话，深入学习习近平总书记关于全面依法治国重要论述，深刻领会全面依法治国精神实质、核心要义，不断增强能源行业推进法治建设的思想自觉和行动自觉。

（二）树立宪法权威，学习宣传宪法重要精神

坚持把学习宣传宪法摆在首位，坚持常态化学习宣传宪法，印发《深入学习宣传和贯彻实施〈中华人民共和国宪法〉的工作方案》，对宪法学习进行全方位多层次安排部署；在制定普法工作规划和年度普法工作要点中明确将宪法学习宣传作为重要内容；充分利用专题会议学习、讲座、国家宪法日系列活动等多种形式对宪法进行学习宣传，增强全体党员干部恪守宪法原则、弘扬宪法精神、履行宪法使命的自觉性和坚定性，奠定依法行政坚实基础。

（三）深入开展党内法规学习宣传

国家能源局党组坚持以党的政治建设为统领，高度重视党内法规学习宣传工作。“七五”普法以来，深入学习《中国共产党党章》《中国共产党廉洁自律准则》《中国共产党党内监督条例》等党内法规，深刻认识各项党内法规的重要意义，准确把握主要内容，教育引导广大党员做党章党规党纪和国家法律的自觉尊崇者、模范遵守者、坚定捍卫者，使党内法规转化为日常习惯和自觉遵循，推动各项规定落到实处。

（四）纵深推进领导干部学法用法

坚持把领导干部带头学法、模范守法、树立法治意识作为普法工作的关键。不断完善领导干部学法用法制度，提高依法决策、依法管理的意识和能力，完善局党组中心组集体学法制度，通过召开党组中心组（扩大）专题学习会议、专家授课、专项讲座等多种形式宣传普及法律知识，把每年至少组织一次旁听法庭庭审列入学法内容，推动领导干部带头尊法学法守法用法，充分发挥示范引领作用。

（五）严格落实“谁执法谁普法”普法责任制

“七五”普法以来，高度重视贯彻落实“谁执法谁普法”普法责任制，结合能源发展需求，制定《中共国家能源局党组关于落实“谁执法谁普法”普法责任制的实施意见》。制定能源行业普法责任清单制度，明确具体责任部门和各项普法任务，将普法工作融入能源监督管理的全过程、各环节，做到与其他业务工作同部署、同检查、同落实。

（六）扎实做好机关人员普法

深入学习宣传《中华人民共和国保守国家秘密法》《中华人民共和国公务员法》《中华人民共和国行政许可法》《中华人民共和国政府信息公开条例》等规范政府活动的法律法规，深入学习宣传《中华人民共和国电力法》《中华人民共和国可再生能源法》《中华人民共和国石油和天然气管道保护法》《电力监管条例》《电力设施保护条例》等能源监督管理的法律法规，广泛学习宣传《优化营商环境条例》等行政法规，积极推动简政放权，进一步深化“放管服”改革，促进依法依规履行职责。

（七）加强能源行业法治文化建设

在普法工作中坚持法治宣传教育与实践相结合，与能源监管工作相结合。根据“电力安全文化建设年”“安全生产月”等安排部署，组织开展“安全生产万里行”等活动，向企业宣传《中华人民共和国安全生产法》《电力安全事故应急处置和调查处理条例》《电力建设工程施工安全监督管理办法》等安全管理法律法规和规章，加强与电力企业的沟通协作，依托企业的法律队伍，有针对性地开展法律知识宣传，消除企业在日常工作中的法律误区和“盲点”。

（八）强化疫情防控法律保障

深入学习贯彻习近平总书记重要指示批示精神，统筹新冠肺炎疫情防控和能源保供工作，坚持“防控疫情　法治同行”。组织干部职工重点深入学习习近平总书记关于依法防控新冠肺炎疫情的重要思想、重要指示。“中国能源普法网”推出《防控疫情，法治同行——能源行业在行动》专题普法栏目，及时更新疫情防控有关的政策法规，广泛宣传能源行业防疫战“疫”、复工复产的措施成效。

（九）多举措创新普法宣传

创新普法宣传教育工作方式，不断拓展普法宣传的深度与广度。一是用好传统媒体进行普法宣传。依托国家能源局主管的中国电力报做好普法宣传报道，以“4·15”国家安全教育日、“12·4”国家宪法日、宪法宣传周为契机，刊发公益广告宣传图；常态化追踪报道各派出机构学法、普法、依法监管的工作成效，积极宣传能源行业法治建设成就。二是运用新媒体拓展普法宣传渠道。积极构建“互联网＋普法”的普法宣传格局，充分发挥“中国能源普法网”作为能源领域法治宣传窗口的积极作用，加强普法宣传工作的舆论引导。创立并充分利用“能源普法”微信公众号，多维度提升普法宣传效果。三是积极参与普法宣传活动。积极组织国家能源局系统单位参加司法部、全国普法办举办的“我与宪法”微视频、法治动漫微视频征集活动、法律知识竞赛、观看廉政普法宣传片等普法活动，充分调动广大干部职工学法用法的积极性，努力营造全员普法的良好氛围。

三、存在的不足和改进设想

“七五”普法规划实施以来，国家能源局干部职工法治意识和法治观念全面增强，依法行政、依法监管能力进一步提升，圆满完成各项普法目标任务。但是，法治教育是长期且艰巨的工作，下一阶段国家能源局需从以下方面加强。

一是进一步推动能源立法。能源行业改革逐步深入，但是能源立法工作滞后，实践中普法宣传的内容，有时难以解答、解决群众和企业关心的问题。国家能源局将针对能源行业法治建设面临的形势，不断完善能源法律法规，增强立法工作的针对性和法律法规的可操作性，统筹推进能源立法。

二是进一步提高普法工作实效。经过普法工作的持续推进，依法治国、法治政府已深入人心。下一步将把“灌输式”教育改变为“服务式”引导，加大普法宣传教育的深度和实用性，增强普法内容的科学性、合理性和感染力，采取有针对性的宣传方式，满足普法对象需求。

三是进一步创新学法、普法方式。学法、普法的宣传教育形式多数局限于召开会议、发放宣传资料等固有方式。下一步要充分运用“报、网、微、端、屏”等新媒体方式和平台，探索“微普法”“指尖普法”等融合普法方式，不断创新普法宣传形式。

国家能源局将以“七五”普法总结验收为契机，持续深入贯彻习近平新时代中国特色社会主义思想，持续加大普法力度，全面提升干部职工依法行政能力，为谱写“八五”普法的新篇章打下坚实基础。

国家烟草专卖局　中国烟草总公司“七五”普法规划实施情况

“七五”普法工作开展以来，烟草行业在党中央、国务院的正确领导下和全国普法办的指导下，以习近平新时代中国特色社会主义思想为指导，深入贯彻落实党的十九大和十九届二中、三中、四中、五中全会精神，按照《中央宣传部、司法部关于在公民中开展法治宣传教育的第七个五年规划（2016—2020 年）》的要求，继续在全行业深入开展法治宣传教育，取得了良好成效。

一、完成的重点工作及成效

（一）深入学习宣传习近平新时代中国特色社会主义思想，突出学习宣传宪法，深入学习党内法规，广泛学习宣传民法典，干部职工法治观念不断增强

一是制定印发《国家烟草专卖局关于开展尊法学法守法用法主题法治宣传实践活动的通知》，部署行业各单位深入学习习近平总书记关于全面依法治国的重要论述，深入学习宪法、党内法规和中国特色社会主义法律体系。要求各单位坚持完善领导干部学法用法制度，把宪法法律和党内法规列入党委（党组）中心组学习内容、领导干部理论学习规划、行业党校和培训中心教育课程。2018 年 6 月，国家烟草专卖局党组理论学习中心组（扩大）组织集体学习，邀请最高人民法院任审判委员会副部级专职委员的二级大法官做专题讲座，机关副处级以上干部参加学习。

二是坚持开展宪法普法宣传。以“12·4”国家宪法日为契机，每年印发宪法普法工作通知，组织行业单位开展宪法普法活动。例如，陕西省烟草专卖局（公司）组织“尊法学法守法用法”宪法法律知识竞赛、宪法宣誓和“烟语秦话”大讲堂法治专题授课等系列法治宣传活动；河北省烟草专卖局（公司）组织参与司法部组织的第三届“我与宪法”微视频征集活动，石家庄、唐山、保定市烟草专卖局（公司）获优秀奖。通过开展普法活动弘扬宪法精神，不断树牢行业干部职工宪法法律至上的法治观念。

三是积极开展《中华人民共和国民法典》普法宣传。为贯彻落实习近平总书记关于广泛开展民法典普法工作的重要讲话精神，国家烟草专卖局法治宣传教育领导小组召开了专题会议，印发了《国家烟草专卖局办公室转发中共中央宣传部关于加强民法典学习宣传通知的通知》，在国家烟草专卖局、中国烟草总公司机关开展了“配备一本民法典、通读一遍民法典、举办一堂民法课、开展一次民法研讨”的“四个一”活动，并组织行业内法律工作者结合烟草行业实际研究撰写有关民法典的学习贯彻落实的文章，在行业报刊网

站进行民法典专题普法。同时，组织行业各单位积极开展民法典普法宣传，例如，云南中烟工业有限责任公司通过音乐情景剧、小品、音乐快板、说唱、朗诵等形式普及高空抛物、技术合同等民法典知识；河北省烟草专卖局（公司）、河北中烟工业有限责任公司共同策划“‘荷’舟共冀、与法同行”特色活动，开展“荷花杯”法律知识辩论赛，积极探索普法宣传教育新形式。

（二）扎实推进法治培训教育和法治监督常态化，法治烟草建设持续加强

一是坚持密切联系实际，推进行业法规人员教育培训常态化。每年举办一期“烟草行业法治建设专题培训班”，各直属单位法规部门负责人参加，累计培训500余人次；2016~2017年，举办了2期“法规科长能力提升培训”，地市级烟草专卖局（公司）、卷烟工厂等基层单位的法规部门负责人参加，累计培训290人次；2018~2020年，举办了5期“法规人员素质提升培训”，基层单位法规人员参加，累计培训538人次。通过各项教育培训，着力提升行业法规人员法治意识和专业素养，取得良好效果。

二是持续开展执法案卷评查与合同评查工作，推进行业法治监督常态化。“七五”普法期间，坚持每年开展执法案卷评查与合同评查，制定评查方案，各直属单位完成自查，国家烟草专卖局、中国烟草总公司抽取直属单位进行实地评查。2016~2020年，各直属单位完成五轮自查，国家烟草专卖局、中国烟草总公司累计抽取50多家直属单位进行了实地检查。通过执法案卷评查与合同评查强化行业法治监督，行业专卖执法与合同管理规范程度持续提升，促进了行业法治建设总体水平的不断提高。

（三）全面落实“谁执法谁普法”普法责任制，使法治意识在广大群众中深入人心

国家烟草专卖局制定印发《关于贯彻落实国家机关“谁执法谁普法”普法责任制的实施意见》，结合烟草行业实际，明确责任部门与普法任务，行业各单位积极向卷烟零售户及公众普及烟草专卖法律法规。例如，江苏省烟草专卖局（公司）充分发挥法治宣传领导小组职能作用，制定普法责任清单和年度普法计划，在执法各环节中同步普法、精准普法；四川省烟草专卖局（公司）采取“普法式执法检查”，把群众满意度作为衡量普法和执法成效的重要标尺，得到一致好评。

（四）以“防控疫情　法治同行”专项行动与脱贫攻坚法治宣传为重要抓手，积极开展“服务大局普法行”法治宣传实践活动

一是组织做好防控新冠肺炎疫情专项法治宣传教育工作。转发《全国普法办关于印发防控疫情专项法治宣传教育行动工作方案的通知》，结合烟草特色和疫情防控实际，组织做好行业防控疫情专项法治宣传教育工作。行业各单位按照要求积极深入开展各类疫情防控专项法治宣传活动。例如，江苏省烟草专卖局（公司）制定全省系统防控疫情专项法治宣传工作方案，围绕防控疫情重点法律法规开展专项法治宣传活动；山东中烟工业有限责任公司组织干部职工对疫情防控法律知识进行学习，并对800余份合同进行风险排查，为疫情防控与复工复产“两手抓”“双促进”提供法治保障。

二是组织做好脱贫攻坚法治宣传工作。按照习近平新时代中国特色社会主义思想和关于扶贫工作的重要论述，积极组织行业各单位稳步推进脱贫攻坚法治宣传工作。行业各单位将法治宣传与脱贫攻坚相结合，积极开展脱贫攻坚专题法治宣传活动，成效显著。例如，福建省烟草专卖局（公司）安排普法志愿者队伍深入贫困村开展农村法治教育宣传，引导农村零售户守法经营，脱贫与学法有机结合，实现物质、精神层面“双脱贫”。遵义市烟草专卖局（公司）以“法治扶贫”助力脱贫攻坚，“七五”期间投入帮扶资金7万余元，帮助扶贫联系点建立法治辅导站 39 个、法律图书角 43 个、法治宣传栏 75 个。

（五）不断创新普法形式，推进普法工作生动开展，普法工作深入基层成效明显

“七五”普法期间，行业各单位精心设计和利用丰富多样普法形式与载体，重点关注普法工作深入基层成效。一是充分运用各类媒体开展普法宣传。例如，浙江中烟工业有限责任公司运用电视台以及《杭烟报》的普法专栏向基层员工普法。二是开展各类丰富趣味普法活动。例如，宜昌市烟草专卖局（公司）通过开展法治书画竞赛、法治文艺晚会、大力推进“送法下乡”。三是充分利用基层法律人才开展普法宣传。例如，天津市烟草专卖局（公司）、儋州市烟草专卖局（公司）将零售户、优秀专卖稽查人员和客户经理吸收为普法志愿者，打通普法“最后一公里”。

二、工作中存在的主要问题与不足

烟草行业“七五”普法开展以来虽然取得了一些成绩，但也存在一些问题与不足，主要表现在以下几方面。

一是地区间、单位间普法工作发展不平衡。由于工作基础与领导重视程度不同，地区间、单位间普法工作差距较大，个别地区、单位工作成效不够突出。

二是普法工作与日常业务工作的契合程度有待进一步提高。由于认识不足，部分单位将普法宣传作为一项独立的业务工作开展，未能做到以满足工作需要、解决实际问题为导向，普法工作流于形式，依法治理与法律风险防控与各项业务的系统化融合有待加强。

三是普法工作力量还有欠缺。普法工作内容多、任务重、专业性强，行业部分单位法规专业人员的数量和业务水平都相对薄弱，一定程度上制约着普法工作成效的持续提高。

三、下一步工作打算

下一步，国家烟草专卖局、中国烟草总公司将以习近平新时代中国特色社会主义思想为指导，认真落实全国普法办普法依法治理的工作要求，针对工作存在的问题与不足，在“八五”普法期间，重点在以下方面加强普法宣传和依法治理工作。

一是以习近平新时代中国特色社会主义思想统领普法工作。坚持以习近平新时代中国特色社会主义思想为指导，立足于在全面推进依法治国的大局中来谋划和落实行业普法工作，不断加强党的领导，把加强党的领导体现在普法的全过程、各环节，进一步加大普法工作力度广度和深度，从而持续提升广大干部职工对全面依法治国的认识和理解。

二是以解决问题为导向、以融合业务为方向，推动普法宣传与依法治理的有机统一。进一步加强干部职工运用法治思维、法治理念处理和解决工作中的实际问题的能力，不断提升行业规范管理水平，高质量推进法治烟草建设。

三是以加强普法队伍建设为抓手，不断夯实行业普法依法治理工作基础。统筹发挥行业内的法律人才在普法工作中的骨干作用，加强各单位法规队伍配备，加强普法讲师团建设；充分利用行业外普法力量，加强企业法律顾问及普法志愿者队伍建设。

国家移民管理局“七五”普法规划实施情况

一、宪法学习宣传情况

宪法是国家的根本大法。国家移民管理机构坚持把学习宣传宪法摆在突出位置，积极引导广大民警、群众成为宪法的忠实崇尚者、自觉遵守者、坚定捍卫者。

（一）宪法学习情况

各级国家移民管理机构将宪法作为党委（党组）理论学习中心组学习重要内容，通过举行宪法宣誓、举办宪法系列专题辅导讲座、观看宪法宣传片、开展宪法知识竞赛等方式，增强全体民警特别是领导干部的宪法意识。移民局 2019 年印发文件，强调将维护宪法的权威和严肃性作为移民管理法治建设的重要原则，将宪法学习纳入入警训练、晋升训练、专业训练和发展训练的必训内容，作为“全警实战大练兵”活动重要内容。移民局所属各出入境边防检查总站（以下简称边检总站）以及各省（区、市）公安机关出入境管理部门（以下简称出入境部门），结合实际认真贯彻落实宪法学习要求。北京边检总站落实宪法宣誓制度，举行新任正处级领导干部和初任民警任前宪法宣誓仪式 4 次，弘扬宪法精神、彰显宪法权威。云南边检总站所属各单位 2019 年共组织开展宪法专题学习 778 次，受教育民（辅）警 2 万余人。深圳边检总站、甘肃出入境部门组织举办宪法法律知识竞赛，提升队伍法治素养，增强宪法学习实效。

（二）宪法宣传情况

国家移民管理机构结合“12·4”宪法宣传日开展主题宣传，立足口岸边境、执勤现场、服务窗口，通过“报、网、端、微、屏”等宣传载体，向中外旅客、边民群众深入解读宪法知识，营造浓厚的宪法宣传教育氛围。移民局在所属媒体平台集中发布主题文章 13 篇，宣传宪法精神；组织指导全国移民管理机构开展 2019 年“我与宪法”微视频征集活动，向司法部推荐报送 25 部优秀作品，获评二等奖 1 部、三等奖 7 部、优秀奖 2 部，移民局获优秀组织奖；在队伍内部组织开展“我与宪法”微视频集中展播，活动期间视频播放点击量达 5.3 万余次。2019 年国家宪法日普法宣传活动期间，山东边检总站开展“国门讲坛”等专题培训活动，强化民警特别是新警对《中华人民共和国宪法》及相关法律法规条文学习和掌握。江苏边检总站组织民警深入机场、码头、企业开展宪法宣传，累计发放宣传资料 1 万余份，开展执勤现场专题法律咨询 100 场次。河南出入境等部门通过利用出入境接待大厅电子显示屏滚动播放宪法宣传片等形式，向前来办理出入境证件的群众广泛开展宪法宣传教育。

二、“谁执法谁普法”普法责任制落实情况

国家移民管理机构认真落实“谁执法谁普法”普法责任制工作要求，充分发挥职能作用，坚持普法工作与法治实践相结合，坚持系统内普法与社会普法并重，坚持立足实际、注重实效，不断提高普法工作质量。

（一）压实责任，有序推进普法工作

各级移民管理机构把普法作为推进法治建设的基础性工作，纳入本部门工作总体布局，制定年度普法计划和普法责任清单，明确普法任务和普法内容，压实普法责任，推进普法工作。移民局 2019 年、2020 年下发多个指导性文件，要求全国移民管理机构全面落实“谁执法谁普法”普法责任制，在执法过程中加强释法说理，推进普法与执法有机融合，促进严格规范公正文明执法。江西、广州等边检总站成立总站、站两级普法工作领导小组，把普法工作与中心工作同部署、同推进、同落实，确保普法工作取得实效。湖南出入境部门将年度普法责任制落实情况纳入单位绩效考核，考核结果作为各单位年度评奖评优重要依据。上海出入境制定普法任务分解表，逐一明确责任部门和完成时间节点，确保工作落实到人。

（二）科学谋划，做好系统内学法用法

各级移民管理机构逐步完善移民管理法律教育训练体系，推行领导干部学法用法制度，健全队伍学法用法长效机制，通过开展法制业务培训，组织专题法治讲座，落实执法资格考试制度，鼓励业务骨干参加公安机关高级执法资格考试和国家统一法律职业资格考试，鼓励符合条件的民警申请公职律师以及建立旁听庭审活动等

方式，不断加强内部法治教育，提高民警法治素养。移民局编制相关法律法规文件汇编以及各类执法典型案例，印发基层单位，有效规范基层民警执法办案行为；编写国家移民管理机构民警专业练兵手册，组织开展移民管理领域相关法律法规培训，不断提升民警执法能力和水平。内蒙古边检总站制定领导干部学法用法规定，着力提升领导干部运用法治思维和法治方式开展工作的能力。深圳边检总站等定期组织民警赴法院现场旁听庭审、线上观看庭审视频，持续强化民警执法的权责意识、程序意识和证据意识。

（三）创新形式，积极开展社会普法

国家移民管理机构在巩固传统宣传阵地的同时，努力构建多层次、立体化、全方位的法治宣传新媒体平台，并通过民警上门、日常执法等形式，紧扣“12·4”国家宪法日以及重要法律法规颁布实施等时间节点，积极面向社会开展普法宣传，提高人民群众的法治意识，积极营造办事依法、遇事找法、解决问题用法、化解矛盾靠法的良好氛围。移民局在所属“一报一刊”，即《中国移民管理报》和《中国出入境观察》杂志中开辟普法专栏，着力将“一网多微”新媒体平台打造成普法宣传高地，2019年、2020年累计推出“NIA国门说法”系列报道34篇、“NIA普法”以案释法文章67篇、“全国公安机关执法示范单位”系列报道11篇、典型案例短视频宣传片14部，总阅读量超7000万；部署开展第一届全国移民管理机构“NIA·新视界”微视频大赛，积极鼓励、调动全系统进行“普法”文化作品创作和宣传，优秀作品展播取得良好普法效果，全网累计浏览量超1亿次。国务院办公厅在2020年政府网站和政务新媒体检查情况通报中肯定国家移民管理局“运用图片、视频等形式宣传《中华人民共和国出境入境管理法》，内容鲜活接地气”。“七五”普法期间，云南边检总站组织开展“心系边境、服务群众”“法治宣传集中月”等主题宣传活动，与越南、老挝有关部门合作开展专题集中宣传7000场次，印制双语普法资料10万余份，发放各类宣传资料70万份，受教育边民群众达530万人。天津出入境部门依托“校园流动服务站”，在春秋两季开学高峰期，向新入学外籍留学生集中进行法律宣讲，2000余名新入学留学生从中受益。山西出入境部门策划制作《安全出游》《守法出游》《文明出游》系列宣传手册及宣传微视频，以“贴心话”的形式教育引导群众安全、守法、文明出境旅游。

三、专项法治宣传活动开展情况

（一）“服务大局普法行”法治宣传实践活动情况

各级移民管理机构紧紧围绕党和国家工作大局，重点突出庆祝新中国成立70周年，广泛开展普法宣传，深入推进依法治理，促进依法防范化解重大风险。移民局下发通知对中宣部、司法部、全国普法办印发的《关于开展“服务大局普法行”主题实践活动的方案》作出具体部署。各地各部门结合公安机关“践行新使命、忠诚保大庆”实践活动，开展了形式多样具有移民管理特点的普法宣传教育。山东边检总站围绕新中国成立70周年、海军成立70周年等重大活动，推动与相关部门建立区域普法协作机制，联动开展执法检查、普法教育50余次，有效提升口岸依法治理水平。

（二）“防控疫情　法治同行”专项法治宣传行动情况

在疫情防控工作中，国家移民管理机构处在“外防输入”的最前线，全系统各单位立足本职、

坚守战线，针对疫情防控工作中存在的突出问题和人民群众关注的热点问题，深入开展疫情防控法治宣传行动。移民局下发通知对“突出依法防控，加强专项宣传”作出部署安排；组织编译中英文版本《须知！在华外国人疫情期间要遵守这些法律》，编撰《新型冠状病毒感染的肺炎公众预防提示》和《疫情防控期间移民与出入境管理工作问题解答》，通过门户网站、网络平台和新媒体向在华外国人推送，全网总阅读量达3亿人次。北京出入境部门策划“面对疫情我们同在”系列宣传活动，展现首都出入境管理民警坚守一线、抗击疫情的有力举措和队伍形象。山西、江西等出入境部门多渠道向辖区外国人和涉外单位推送疫情防控相关信息，解读疫情防控期间相关法律规定。

（三）全民国家安全教育日普法宣传活动情况

国家移民管理机构紧扣“4·15”全民国家安全教育日，围绕活动主题，积极开展专题普法宣传工作。移民局2019年、2020年分别下发关于开展全民国家安全教育日普法宣传活动的通知，要求全国移民管理机构采取多种形式开展学习宣传，提高全民国家安全法治意识，增强防范和抵御安全风险能力，营造维护国家安全的浓厚法治氛围。黑龙江、河北等边检总站邀请专家就总体国家安全观作专题授课，增强民警国家安全和反奸防谍意识。西藏边检总站组织各级领导干部观看国家安全教育警示片，通过以案释法，提升领导干部驾驭风险、迎接挑战的本领。深圳边检总站组织民警创作《画说“国家安全”》并在“深圳边检”公众号推送，有效传播维护国家安全的法律知识。

“七五”普法期间，国家移民管理机构立足新机构新职责新任务，扎实有效地推进各项普法宣传教育工作，普法宣传教育机制得到有效健全，法治宣传教育实效显著增强，依法治理工作取得明显成效，但与普法宣传教育工作面临的新形势新任务新要求相比，仍存在一些薄弱环节和不足：一是在普法宣传形式、宣传内容和宣传方式上还有待进一步完善；二是有的领导干部运用法治思维和法治方式研究解决新问题的能力有待进一步提高；三是有的民警的学法主动性积极性还有待进一步增强。下一步，国家移民管理机构将以习近平新时代中国特色社会主义思想为指引，深入学习贯彻习近平法治思想，全面贯彻党的十九大和十九届二中、三中、四中、五中全会精神，增强“四个意识”、坚定“四个自信”、做到“两个维护”，主动作为、积极作为、创新作为，切实增强法治宣传教育精准性实效性，加大普法力度、优化普法格局，不断提高移民管理法治化水平，努力为“十四五”时期经济社会发展提供有力保障，为全面建成社会主义现代化强国、实现中华民族伟大复兴的中国梦营造良好法治环境。

国家林业和草原局“七五”普法规划实施情况

“七五”普法规划实施以来，全国林草系统以习近平新时代中国特色社会主义思想为指导，深入贯彻落实党的十九大和十九届二中、三中、四中、五中全会精神，按照“七五”普法规划安排部署，紧紧围绕“十三五”时期林草发展战略，坚持法治宣传教育与林草中心工作相结合、与依法治林实践相结合，深入扎实开展法治宣传教育。

据统计，“七五”普法期间，全国林草系统组织各类普法宣传活动10.2万次，开展各类普法培训班及普法专题讲座3200期，培训人员26.4万人次，参加各类法律测试2.6万人次，制作宣传用品1900万份，发放法律法规单行本等宣传资料348万本。通过持续推进法治宣传教育，全国林草系统广大干部的法律意识、法治观念和法律素养明显增强，社会公众特别是林农群众、青少年群体的法治和生态意识进一步提高，涉林涉草企业依法从事生产经营的观念不断强化，保障了林草事业健康发展。

一、主要做法

（一）加强组织领导

2016 年 7 月，原国家林业局召开全国林业法治工作会议，对贯彻落实“七五”普法规划作出全面部署，同年 9 月印发《全国林业系统法治宣传教育第七个五年规划》，明确林业行业“七五”普法的主要任务和具体要求。调整充实国家林草局普法领导小组，增强普法工作组织领导。各级林草部门普遍建立了普法工作领导机构和办事机构，河北、山西等 25 个省份林草部门制订了本地区林草“七五”普法规划或法治宣传教育工作计划。江西省林业局将普法工作纳入年度综合考核，要求领导干部每年述职时必须述法，强化对普法工作的考核监督。各省均将普法工作经费列入预算，保障经费足额到位。

（二）突出普法重点内容

一是深入学习宣传习近平新时代中国特色社会主义思想。国家林草局召开多次党组会议，传达学习习近平总书记在历次中央全面依法治国委员会的重要讲话精神。福建省林业局在法制宣传日期间，组织开展“习近平总书记全面依法治国重要论述”普法考试。二是开展宪法专题学习。国家林草局两次召开党组会议集中学习 2018 年《中华人民共和国宪法修正案》，安排了党组理论中心组宪法专题学习，先后组织 61 名新任职司局级干部开展了宪法宣誓。各级林草部门均认真组织了“12・4”国家宪法日宣传及宪法宣誓活动。三是学习新近颁布的重要法律法规。国家林草局先后购买《中华人民共和国国家安全法》《中华人民共和国民法典》等法律书籍发放全体干部职工学习。福建、广东、河南等省邀请普法宣讲团、省高级人民法院专家开展了民法典专题讲座，并将其作为学法用法考试内容。四是学习宣传林草领域法律法规。通过培训、测试等形式，强化林草干部职工对行政程序类法律法规的学习。系统学习宣传《中华人民共和国森林法》《中华人民共和国草原法》《中华人民共和国野生动物保护法》《中华人民共和国农村土地承包法》《中华人民共和国种子法》等林草领域法律法规，增强工作人员依法履职能力，提高社会公众对相关法律法规的知晓度。

（三）明确重点普法对象

一是加强林草干部职工法治教育。国家林草局印发了《完善国家林业和草原局工作人员学法用法制度的实施意见》，明确局“绿色大讲堂”每年至少组织一次法治专题学习，健全领导带头学法制度。先后举办新修订宪法解读、行政公益诉讼、行政应诉工作形势、民法典解读、新修订森林法讲解等法治专题讲座。组织全国林草系统干部职工国家宪法日暨全国法制宣传日普法考试、国家林草局行政执法人员资格考试。每年举办 1~2 期面向省级林草部门的法治业务培训，与最高人民检察院联合举办公益诉讼培训班。云南省林草局自 2016 年以来，每年组织机关及直属单位 1500 余人参加在线学法考试，参考率达 95% 以上。二是深入开展法治乡村宣传教育。河北省林草局、陕西省林业局利用农贸会、庙会和农村各种集市，组织法治宣传员采取通俗易懂的方式向广大林农牧民广泛宣传林草法律法规，引导林农牧民正确运用法律手段维护自身合法权益。中国野生动物保护协会建立村民志愿者队伍，与全国 486 个乡村签订《爱鸟护鸟文明乡村共建协约》。三是推进青少年法治教育。以青少年关注的生态保护热点问题为切入点，拓展林草法治宣传教育渠道。中国野生动物保护协会在辽宁、福建、江西、云南等省 16 所大学中，建立了大学生野保志愿者社团，引导大学生学习法律知识，成为普法骨干。山东省、河南省林业局通过组织青少年观鸟活动、摄影展、科普讲座等形式，提升青少年爱林护林、爱护野生动物及森林防火意识。

（四）落实普法责任，促进行政执法

一是明确普法责任。指导林草系统认真履行“谁执法谁普法”“谁主管谁负责”普法责任制。制定了国家林草局普法责任清单，明确各司局单位作为普法工作责任部门，普法办负责组织协调工作。浙江省、山东省林业局组织开展责任清单制度实施情况考核。二是利用执法过程开展普法。依托一线执法人员，建立普法宣传队伍，把普法融入执法案件办理全过程。海南省在开展“飓风1号”“春雷2018”等专项行动中，积极宣传林业法律法规，在有力打击违法犯罪的同时，有效提升了公众法律素养。三是开展以案释法。加强典型行政执法、行政复议和行政应诉案例的收集、整理、研究和发布，发挥典型案例的引导、规范、预防与教育功能。原国家林业局编写了《林业行政执法典型案例评析》。河北省林草局在“金钺”“金剑”“金网”“金盾”“昆仑一亮剑2020.5号”等专项行动中，汇总发布典型案件近百起。江西省林业局将非法猎捕候鸟类案件汇编成册，发放湖区群众，起到了很好效果。

（五）创新普法宣传形式

一是典型带动，巩固传统媒体阵地。国家林草局积极发掘典型，宣传先进事迹，通过中央电视台《新闻联播》《焦点访谈》等节目对河北塞罕坝机械林场、甘肃八步沙“六老汉”治沙造林先进事迹进行深度报道。新疆林草局每年开展2次维吾尔语“法律与你同行”广播节目直播工作。二是创新方式，开拓新媒体渠道。探索将微视频、图解、漫画等新媒体新形式运用到林草普法宣传中。国家林草局先后向全国普法办选送“我与宪法”微视频11部、法治动漫微视频10部。上海市林业局开通“野趣上海”微信公众号，宣传相关法律法规，年均阅读量超70万次。武夷山国家公园管理局利用国家公园门户网站、“掌上武夷”App等方式宣传国家公园政策法规和典型案例。三是突出效果，注重宣传时机。利用世界湿地日、世界野生动植物日、国际森林日、植树节、爱鸟周、世界防治荒漠化和干旱日、保护野生动物宣传月等时间节点组织开展普法活动。江苏省南京市林业局利用“爱鸟周”开展野生动物保护法宣传系列活动，5年间累计70万人次参与。贵州省启动“互联网+全民义务植树”活动，累计4万人次参与网上植树，募集资金113万元，植树209亩，共23,199株。四是广泛动员，形成普法合力。中国野生动物保护协会加强会员队伍和志愿者管理，开展“候鸟护飞”行动，向全国180多支志愿者团队发放了《野生动物执法手册》，发放各类普法资料123万余份，组织讲座、座谈会、摄影展、放飞活动等2303场，志愿者足迹遍及26个省份。中国野生植物保护协会在湖南茶陵、四川松潘等多地开展了野生植物法制宣传活动。

（六）开展疫情期间法治宣传

新冠肺炎疫情期间，国家林草局研究制定《妥善处置在养野生动物技术指南》《国家林业和草原局关于稳妥做好禁食野生动物后续工作的通知》等文件，做好《全国人民代表大会常务委员会关于全面禁止非法野生动物交易、革除滥食野生动物陋习、切实保障人民群众生命健康安全的决定》政策解读和落实，指导各地科学、有序、稳妥处置在养野生动物。组织了野生动物保护法律知识在线答题活动，参加人数13,798人。吉林省林草系统共出动防控人员40,167人次，悬挂条幅、摆放展板及宣传单等宣传品398,013个。湖北、江西、广东加强社区共建共治，强化对野生动物栖息地、繁殖地、迁徙通道等重点活动区域周边群众的普法宣传。云南省林草局制作了《保护野生动物 守护美丽家园》公益宣传片，在云南卫视推送1622次，播放811小时，受众超6000万人次，网络点击超200万次。

二、主要问题

（一）新媒体运用方式不够灵活

部分单位习惯于传统宣传教育手段，仍以挂横幅、出宣传栏、屏幕播放标语、文件宣讲、课堂灌输等形式为主，面向群众普法教育覆盖面不足，对于微信公众号、短视频等普法方式的探索仍需加强。多地开展了新媒体普法尝试，但部分宣传形式不够灵活，语言习惯仍较为生硬刻板，重说教、轻互动，影响了传播效率。

（二）普法内容重点不突出，缺乏针对性

部分单位缺乏实地调查，不善于有的放矢地开展普法工作，对不同普法对象的法律“盲点”和需求了解不深入，简单采取“广撒网”的方式，宣传重点不突出，缺乏针对性。内容比较枯燥，缺乏趣味性、新颖性，未做到群众喜闻乐见，难以调动干部群众的学法积极性。

三、下一步工作措施

（一）加强林草法治宣传队伍建设

推动基层林草法治和执法队伍建设，充实林草普法力量。加强涉及林草领域的社会组织合作，借助外力提升普法成效。积极促进志愿者活动规范化开展，鼓励法律工作者、林草院校教师、学生和各类群体加入法治宣传队伍。

（二）丰富普法宣传形式

发挥林草工作尤其是野生动植物保护工作内容鲜活生动的优势，运用电影、电视、报刊等传统媒体，将普法内容融入优秀的文艺作品中。扩大微信公众号、微博、短视频平台等新媒体平台的法治宣传覆盖，提高宣传频次和投放精准度。结合机关、林区、牧区、社区、学校、企业的不同特点和需求，有针对性地开展宣传教育工作，提升普法效果。

（三）督促落实普法责任

明确各级林草部门普法责任，完善工作人员学法用法成效评估机制。大力开展机关法治文化建设，营造良好的机关学法氛围。推动执法过程中普法，加强对热点事件的法律解读，不断提高普法工作成效。

国家邮政局“七五”普法规划实施情况

一、普法工作推进情况

国家邮政局按照《邮政业法治宣传教育第七个五年规划（2016—2020 年）》，完善邮政业法治宣传教育工作机制，增强工作实效，切实将行业普法作为全面加强依法治邮、建设法治邮政的重要支撑，有序推进了各项工作任务。

（一）强化宪法宣传教育

国家邮政局把宪法法律和党内法规、邮政业法律法规列入党组中心组学习内容，列入领导干部学习培训必修课，切实提高领导干部运用法治思维和法治方式深化改革、推动发展、化解矛盾、维护稳定的能力。2018 年 4 月，国家邮政局党组召开中心组（扩大）学习会，以电视电话会议的形式组织全系统党员干部认真学习宪法，并邀请中央党校专家作专题辅导报告。国家邮政局按照《中共中央关于深入学习宣传和贯彻实施〈中华人民共和国宪法〉的意见》要求，组织党员学习宪法修正案。国家邮政局连续 3 年举行宪法宣誓仪式，彰显宪法权威，激励教育各级干部职工忠于宪法、恪守宪法、维护宪法、依宪履职。各级邮政管理部门在“12・4”国家宪法日开展社

会宣教形成常态机制，出现了现场咨询、发放资料、专题讲座、官网专栏等多种成型的做法。湖北省恩施土家族苗族自治州邮政管理局通过“大篷车”进村等方式在扶贫点开展宪法宣传活动，取得了良好效果。

（二）落实行业普法责任

国家邮政局全面落实“谁执法谁普法”普法责任制。健全了行政执法人员特别是领导干部学法用法制度，先后组织5次邮政行政执法资格统考，推动以考促学，引导和督促执法人员深入学习宪法和法律法规。2017年，国家邮政局编发《邮政行政执法案例选编》，加强案例指导。2020年，发放《中华人民共和国民法典》单行本，明确民法典宣贯要点。国家邮政局构建了法治邮政建设指标体系、邮政行政执法案卷评议等内部监督制度，组织实施评议试点。开展政策解读和舆情引导工作，围绕党和国家中心工作，利用“报、网、端、微、屏”等媒体平台，加强邮政快递业法治宣传教育，营造行业尊法守法浓厚氛围。指导业内企业进一步健全日常学法制度，拓宽学法渠道，提高从业人员参与法治宣传教育的积极性和遵纪守法的自觉性。

（三）完成普法政治任务

2020年，国家邮政局围绕新冠肺炎疫情防控任务，加强邮政市场普法宣传。结合疫情防控和行业恢复生产期间工作特点，根据全国人大常委会禁止非法交易野生动物有关决定以及修订后的《邮政业寄递安全监督管理办法》，强化普法宣传教育。重点宣传了严格落实寄递安全“三项制度”、禁止非法寄递野生动物、加强邮政业生态安全管理等法律法规。国家邮政局立足行业特点，结合脱贫攻坚任务，组织全系统开展普法宣传活动。2019年9月21日，国家邮政局在国务院新闻办公室举办新闻发布会，宣传了落实邮政普遍服务法定义务助力脱贫攻坚情况。国家邮政局指导各级邮政管理部门开展扫黑除恶法制宣传。2018年10月，河北省邮政管理局召开省邮政业扫黑除恶专项斗争整改工作动员会，将当地邮政业扫黑除恶专项斗争向纵深推进。

（四）突出行业普法特色

国家邮政局每年组织开展全国邮政行政执法工作培训，局领导到场辅导，邀请全国人大常委会工作机构、司法行政机关、有关院校的法学专家莅临授课。组织省（区、市）邮政管理局负责人、市（地）邮政管理局领导干部、一线执法人员、快递企业代表、行业高校教职工等参加培训。以培训为平台，收集研究具体执法问题，剖析案例，对参训人员进行法规知识测验，确保培训不走过场、普法落到实处。2018年，国家邮政局组织开展《快递暂行条例》系列宣传活动。在国务院新闻办举行政策例行吹风会，组织召开《快递暂行条例》宣贯全国电视电话会议，联合司法部编写出版《快递暂行条例释义》。安排局相关负责人接受新闻媒体采访，组织行业媒体对《快递暂行条例》宣贯情况进行跟踪报道。2019年，国家邮政局开展《中华人民共和国邮政法》修订施行10周年总结评估，全面总结行业法治建设经验，研究法律实施过程中的问题，探索新时代依法治邮工作走向。

二、普法工作成效情况

（一）建成了成熟有效的责任体系

自“七五”普法工作开展以来，邮政管理系统形成了运转有效的普法工作机制。各级邮政管理部门主要负责人作为推进法治建设第一责任人的责任得到有效落实。各级邮政管理部门建立了分管领导抓组织协调、法制工作机构具体联系同级普法办、其他内设机构分工协作的责任体系。

各省（区、市）邮政管理局建立普法工作领导小组，根据工作安排制定普法工作方案，能够结合行业实际，面向系统内领导干部、工作人员，业内企业、从业人员，用户和行业相关单位、个人开展广泛的法治宣传教育。

（二）形成了良性互动的工作机制

邮政业形成了普法与立法、执法互动互促的工作机制。国家邮政局充分发挥立法的引领作用，以立法草案征求意见和新颁法规规章宣贯为平台，以法律法规制修订为契机，以群众关心关注的问题为重点，及时发布解读材料，广泛开展法治宣传教育，厚植邮政业法律法规的群众基础，使行业法律法规更好地为全行业、全社会所掌握、遵守和运用。2020 年，国家邮政局先后举办了《邮政行政执法监督办法》在线访谈和《邮政行政处罚程序规定》网络培训活动。国家邮政局坚持法治宣传教育与依法治理相结合，将法治宣传教育融入行业法治实践，坚持普法、执法“两促进”，将责任分解到各内设机构，持续优化行政许可、行政处罚等工作机制，不断扩大邮政业法治宣传教育的影响力和受众面。

（三）营造了尊法守法的社会氛围

邮政业法治宣传教育主人翁意识显著增强，为行业普法提供了良好的社会氛围。官方网站、微博、即时通信、电视等平台已经成为开展法治宣传的日常渠道，重要节日、纪念日成为行业普法活动的常见节点。各地邮政管理部门、业内企业利用各种形式宣传依法寄递知识，推动普法形式创新。2017 年以来，浙江省湖州市邮政管理局每年组织全市 6000 余名快递员组成志愿者服务队，通过在快递包裹上粘贴“温馨提示”等方式，在日常收寄、投递等服务中，利用快件方寸之地向广大用户开展普法宣传。业内总部企业落实品牌管理责任，压实企业和分支机构普法任务，动员广大从业人员参与普法。数百万邮递员、快递员由被动学法向主动参与普法转变，借助连通千家万户的寄递服务网络送法进社区、进农村，为推进人人学法用法、处处普法贡献力量。

（四）筑牢了法治宣传的行业根基

各级邮政管理部门运用法治思维和法治方式深化改革、推进发展、化解矛盾、维护稳定的能力普遍提升。国家邮政局党组贯彻领导干部带头学法制度，全系统完善法律顾问制度，建立了法律学者和律师参与的专家队伍。邮政行业法规体系、标准体系、规划体系、政策体系和统计管理体系基本形成。邮政管理系统公平竞争审查工作逐步深化。形成了业内企业依法经营、从业人员守法用法、邮政管理部门依法执法的良好法治生态。邮政业法律知识在全社会进一步普及，行业法治环境更加优化，用户依法使用邮政服务、快递服务的意识逐渐普及。

邮政业普法工作还存在力量不足、新业态普法经验不多等问题，国家邮政局将继续提高认识、强化组织，加大投入、创新方法，推动行业普法工作适应新时代法治工作需要。

国家文物局“七五”普法规划实施情况

2016年以来，全国文物系统坚持以习近平新时代中国特色社会主义思想为指导，认真贯彻落实习近平总书记关于全面依法治国和文物工作重要论述，围绕全面推进依法治国、加快建设法治政府的目标要求，立足文物工作实际，深入开展文物法治宣传教育，提高依法行政水平，进一步夯实文物工作基础，不断增强领导干部运用法治思维和法治方式推动文物保护利用改革的能力，为文物事业发展营造良好法治氛围。

一、开展的主要工作

（一）完善国家工作人员学法用法制度

一是深入学习习近平新时代中国特色社会主义思想，认真领会习近平总书记关于文物工作重要指示批示精神。完善国家文物局党组理论学习中心组学习制度，在理论中心组学习中安排习近平总书记关于全面依法治国重要论述的内容。全面梳理党的十八大以来习近平总书记关于文物工作重要论述，按年度编印《习近平总书记关于文物工作重要论述摘编》，扎实推动各项工作落实落地。

二是突出学习宣传以宪法为核心的中国特色社会主义法律体系。国家文物局将宪法法律纳入党组理论学习中心组学习内容，坚持党组理论学习中心组集体学法和党组重大决策先行学法，进一步增强法律意识和底线思维。各地、各单位认真组织开展宪法主题学习交流研讨，深入宣传依宪治国、依宪执政理念。将《中华人民共和国民法典》《中华人民共和国行政许可法》《中华人民共和国行政处罚法》《中华人民共和国行政复议法》《中华人民共和国政府信息公开条例》等法律法规作为重要学习内容，切实提高文物工作法治化、规范化水平。

三是深入学习宣传党内法规。适应全面从严治党、依规治党新形势新要求，文物系统切实加大党内法规宣传力度。在“两学一做”“不忘初心　牢记使命”主题教育中，突出党章学习，领导干部带头宣讲党章，教育引导广大党员尊崇党章。组织学习《中国共产党廉洁自律准则》《中国共产党巡视工作条例》《中国共产党纪律处分条例》《党政领导干部选拔任用工作条例》等党内法规，教育引导领导干部和全体党员做党章党规党纪的自觉尊崇者、模范遵守者、坚定捍卫者。

（二）坚持普法工作与文物工作相结合

一是以文物立法引领普法。文物系统充分利用法律制定过程开展行业和社会普法。在《中华人民共和国文物保护法》《中华人民共和国水下文物保护管理条例》修订过程中，充分调研论证，广泛征求社会意见，加强与公众沟通。与原文化部联合召开全国文化文物系统学习贯彻《中华人民共和国公共文化服务保障法》视频会议，充分发挥各级各类公共文化机构的阵地作用，广泛开展普法宣传。举办《长城保护条例》实施十周年纪念活动，部署开展长城专项执法检查，发布《中国长城保护报告》。组织开展《大运河遗产保护管理办法》实施情况调研。组织各地文物部门积极宣传贯彻《博物馆条例》。各地结合文物保护地方立法，开展普法宣传。甘肃省文物局结合《甘肃省长城保护条例》《甘肃炳灵寺石窟保护条例》颁布实施，举办新闻发布会，向公众阐释法规内容，方便公众理解掌握。

二是以能力建设助推普法。健全完善重大决策合法性审查机制，积极推行法律顾问制度，提升依法决策能力。坚持法治能力作为用人导向，天津市文物局实施政府工作人员法治能力考察测试制度，新任用干部选任前进行法律知识考试。江西省文物局将文物保护法规纳入干部党校轮训重要内容。湖南省文物局举办全省文物行政执法技能大比武活动。重庆市累计举办文物法治培训班 100 余期，培训学员 3600 余人次。

三是完善常态化普法宣传。国家文物局组织编印《文物保护法律、行政法规和部门规章汇编》《文物保护地方性法规和地方政府规章汇编》《文物保护国外法律文件选编》等丛书。《中国文物报》开设《文博法治》专栏，通过“以案说法”搭建文物系统普法平台。北京市文物局编辑出版《文物背后的法律故事》，以文物为切入点生动讲述法律知识。宁夏回族自治区文物局为群众提供法律咨询服务 517 人次。

（三）深入推进依法治理和法治创建活动

一是落实“谁执法谁普法”普法责任制。国家文物局印发《关于落实“谁执法谁普法”普法责任制的实施意见》，按照“谁执法谁普法”“谁服务谁普法”“谁主管谁普法”原则，把落实普法责任制作为推进文物法治建设的基础性工作，纳入文物系统各部门、各单位总体工作布局。天津、山西、甘肃等省市文物部门制定《文物普法责任清单》。

二是建立健全以案释法制度。2016 年，国家文物局启动文物法人违法案件专项整治行动 3 年计划，严肃查处湖北红安七里坪革命旧址、黑龙江哈尔滨刘亚楼故居被拆等一批法人违法案件并公开曝光，以专项督察为契机，切实加强普法宣传，及时回应社会关切。举办 3 届全国文物行政执法指导性案例遴选活动，累计发布 39 个指导性案例，发挥典型示范作用。组织开展全国文物行政处罚案卷评查工作，评选“十佳案卷”“优秀案卷”，向社会主动公开，起到良好普法宣传效果。

三是坚持法治宣传教育与法治实践相结合，加大文物执法普法宣传引导。国家文物局举办全国文物行政执法骨干培训班，系统学习文物保护法律法规、文物犯罪法律适用等课程，提升文物执法人员法治素养和依法行政能力。用好“12359”文物违法举报热线，畅通社会监督渠道，提高社会文物保护意识。开展寻找“最美文物安全守护人”等宣传推介活动，动员社会力量参与文物普法宣传，积蓄守护能量。

（四）广泛开展社会普法

一是抓好重点时段。充分利用国际古迹遗址日、国际博物馆日、文化和自然遗产日、国家宪法日等时间节点，集中组织开展文物普法活动。

二是坚守普法阵地。依托博物馆、纪念馆、文物保护单位、文化遗址公园、革命旧址等普法宣传教育主阵地，将陈列展览与文物普法宣传相结合。

三是深入开展青少年法治宣传教育。充分利用博物馆社会教育功能，通过与学校联合开设第二课堂等形式，使学生感受文化遗产魅力，培养文物保护意识。河北博物院开设“快乐学习”课程，将文物法律法规寓教于乐。陕西省文物局开展“普法小使者”宣传活动，护航青少年健康成长。

（五）积极拓展文物普法渠道

一是加强新媒体新形式运用，提升普法感染力。“七五”期间，国家文物局组织制作文物普法动画 18 部、新闻资讯类节目《社会热点关注》26 期、《文物普法讲堂》4 期，起到良好宣传效果。山西省文物局普法作品《国宝归来》，荣获第三届“我与宪法”微视频征集活动全国优秀奖。陕西秦始皇帝陵博物院联合当地剧团开展“文物法宣传文艺演出”活动，以秦腔折子戏、眉户情景剧等群众喜闻乐见的表演方式，向群众普及法律。

二是利用文物与数字互联，开展云端普法。利用“互联网 +”、全媒体传播等手段，推动文物与科技融合。甘肃省文物部门推广“中国普法”“甘肃丝路法雨”普法微信公众号，创新宣传形式。天津、山西、重庆等地文物部门组织观看法院庭审现场直播，增强普法实效。

三是服务大局，配合开展专项法治宣传活动。围绕脱贫攻坚，陕西省文物局开展智力扶贫进校园活动，捐赠文化遗产法规等书籍。围绕新冠肺炎疫情防控，重庆市文化和旅游委员会成立公益律师宣讲团，疫情期间累计普法 1 万余人次，助力文博单位复工复产。围绕扫黑除恶，山西省文物局制定《山西省文物领域扫黑除恶专项斗争实施方案》，与省公安厅举办打击文物犯罪行动追缴文物移交仪式，接收追缴文物 2 万余件。

二、主要成绩与不足

5 年来，文物法治宣传教育主题活动广泛开展，文物领域依法治理不断深化，以宪法为核心的中国特色社会主义法律体系得到深入宣传，文博工作者法治观念明显增强，文物领域治理体系和治理能力现代化水平明显提高，法治宣传教育在文物事业发展中的重要作用日益凸显。但是，与全面依法治国新要求和人民群众新期待相比，还存在一些问题和不足：对文物法治宣传教育重要性认识还不到位，普法宣传教育机制还不够健全，文物法治宣传教育实效性有待进一步增强，文物普法队伍建设与新时代文物发展法治需求尚存差距。

三、下一步工作思路

法治宣传教育是全面依法治国的长期基础性工作。文物系统将以《中华人民共和国文物保护法》修订为重要抓手，持续深入开展文博法治宣传教育，认真组织实施“八五”普法规划，加强文物系统法治政府建设，广泛增强社会文物保护法治意识，着力提升文物领域治理能力和治理体系现代化，为“十四五”时期文物事业发展和经济社会发展营造良好法治环境。

国家中医药管理局“七五”普法规划实施情况

2016年以来，国家中医药管理局紧紧围绕党中央、国务院“七五”普法部署，认真学习、贯彻党的十九大和十九届二中、三中、四中、五中全会精神和习近平新时代中国特色社会主义思想，严格按照《中央宣传部、司法部关于在公民中开展法治宣传教育的第七个五年规划（2016—2020年）》要求落实普法工作，深入开展中医药行业法治宣传教育，坚持将普法、依法治理贯穿并融入中医药事业发展之中，深入推进中医药行业法治建设，全力推进中医药治理体系和治理能力现代化，普法和法治建设取得了明显的成效，为中医药事业科学发展提供了有力的法治保障。

一、加强组织领导，做好普法规划，夯实普法基础，为“七五”普法提供坚强保障

（一）加强普法工作组织领导

为保障“七五”普法规划顺利实施，国家中医药管理局成立了由局长任组长、分管副局长为副组长、各司办负责人为成员的国家中医药管理局学法用法暨中医药行业“七五”普法工作领导小组，明确责任与分工。领导小组下设办公室作为日常办事机构，具体负责各项日常工作。指导各地中医药主管部门加强中医药普法工作机构建设，落实普法工作责任制。实行普法工作联络员制度，加强普法工作的指导和沟通协调，为普法组织工作的顺利有序进行提供坚强保障。

（二）精心谋划部署，认真做好规划指导，力求法治宣传教育收到实效

按照《中央宣传部、司法部关于在公民中开展法治宣传教育的第七个五年规划（2016—2020年）》要求，结合中医药工作实际，一是及时研究制定并印发了《中医药行业开展法治宣传教育第七个五年规划（2016—2020年）》，对中医药行业普法工作进行了整体部署，指导各地中医药主管部门制定“七五”普法工作规划，夯实普法基础，有序开展中医药法治宣传教育工作。二是将中医药法治工作纳入《中医药发展“十三五”规划》，把中医药法治工作作为发展中医药事业的重大举措积极贯彻实施，让法治宣传教育工作开展更有成效。

（三）加强评估考核，建立考评机制

实行中医药普法工作责任制，明确各级中医药主管部门和人员的职责，实行目标量化管理，加强评估考核，建立考评机制。辽宁、宁夏、吉林等省中医药主管部门将普法工作纳入省市卫生与健康工作目标考核指标体系实施考核，加强对落实普法工作的督导考评。

二、强化宪法引领，提高中医药行业干部职工法治意识及法治素养

面向全局干部职工普遍开展宪法教育，以宪法为引领，提升干部职工的法治意识和依法行

政观念，推动新时代中医药法治工作新发展。一是做好工作安排部署，加强分类指导。制定印发《关于认真学习宣传贯彻〈中华人民共和国宪法〉的通知》，对局机关各部门、直属各单位做好宪法学习宣传实施工作进行具体安排；制定印发《国家中医药管理局关于贯彻落实国家机关“谁执法谁普法”普法责任制的实施意见》，指导各地中医药主管部门落实好宪法宣传教育工作。二是贯彻落实“谁执法谁普法”普法责任制。明确各级中医药主管部门普法工作职责，省局领导为主要普法责任人，各地市中医药主管部门将普法工作纳入日常工作中统一部署，推动各医疗卫生单位进一步强化法治教育。深入学习宣传习近平总书记关于全面依法治国的重要论述，宣传和贯彻宪法和中国特色社会主义法律体系精神，强化学习宣传《中华人民共和国中医药法》及配套制度等中医药相关法律法规，提高干部运用法治思维和法治方式开展工作的能力。三是加强领导干部学习培训，提高法治修养。在每年的中医药管理干部治理能力培训班及中医药系统普法培训班中进行宪法专题学习；依托局党组中心组集体学习制度，建立法治讲座制度，“七五”普法期间多次邀请法学专家授课讲解；把学法用法纳入中心组学习、民主生活会、述职述廉的重要内容，组织编写普法教材《新编常用中医药法规汇编（2015 版）》，并在此基础上修订形成《常用中医药法律法规汇编（2020 版）》，为广大干部职工学法用法提供了基础工具书，进一步提高干部职工的依法行政能力和水平。

三、服务大局，围绕中医药重点工作开展普法宣传

（一）广泛开展中医药法普法宣传培训

《中华人民共和国中医药法》颁布实施以来，国家中医药管理局联合国家卫生健康委，分层分批开展了中医药法学习培训，各有关部门将中医药法纳入“七五”普法重要内容，广泛开展中医药法法治宣传教育。据不完全统计，已宣传培训 9000 多场次，培训 15 万余人次。国家中医药管理局和各地中医药主管部门通过编制发放宣传材料、电视广播报纸及官网官微宣传、组织义诊以及举办中医药法主题宣传日（周、月）、中医药法知识竞赛、“中医中药中国行”等大型活动宣传方式，开展了形式多样的中医药法宣传活动，受众累计近 500 万人。

（二）坚持法治宣传教育与中医药法治实践相结合，推进普法工作落地见效

一是提升依法治理能力水平，保障中医药事业健康发展。以推动中医药法宣传贯彻实施为抓手，全力推进依法发展中医药，提升中医药治理体系和治理能力现代化水平。二是以立法促普法。加快推进中医药法配套制度建设，全面推动各地地方性中医药法规的制修订进程，充分利用立法过程向社会普法，提高社会公众对中医药相关法律法规的知晓度。三是依法办理行政复议、诉讼案件。加强行政复议风险防范，依法做好行政复议、行政诉讼案件办理，妥善解决行政争议，化解双方矛盾。

（三）做好“防控疫情　法治同行”专项法治宣传工作

一是中医药法宣贯工作与贯彻落实党中央、国务院关于疫情防控的决策部署相结合。二是开展“4·15”全民国家安全教育日普法宣传，围绕依法防控新冠肺炎疫情，大力宣传《中华人民共和国传染病防治法》《突发公共卫生事件应急条例》等与疫情防控相关的法律法规，营造依法防控的法治氛围。三是开展中医药应急管理政策研究。组织专家深入研究中医药参与传染病防治、突发公共卫生事件的相关政策举措，编印

《新冠肺炎疫情中医药防控工作文件汇编》，及时发布中医药防控最新要求。四是加强培训指导，提升医院疫情防控能力。督促各地区各中医药单位加强对全员疫情防控法律法规培训，依法开展疫情防控工作。同时加大普法宣传力度，如北京、上海、广东、甘肃等多地在微信公众号、网络、新媒体、医院内宣传栏等平台同步开展科普教育、政策宣讲与法治宣传，引导群众增强疫情防控意识和法治意识，自觉配合做好疫情防控工作，为疫情防控营造了良好的法治氛围。

（四）加强政策理论宣传，助推脱贫攻坚

深入贯彻习近平总书记关于扶贫的重要论述，充分发挥政策理论宣传在脱贫攻坚中的保障作用。把中医药法贯彻落实统一到党中央、国务院的决策部署上来，积极推动中医药脱贫攻坚工作有效开展。国家中医药管理局对定点扶贫县加大扶贫攻坚力度，从项目、资金、政策等方面全力支持山西省五寨县脱贫攻坚，为五寨县医疗卫生事业发展、经济社会进步、人民群众增收脱贫做了大量卓有成效的工作。

四、存在的问题及下一步工作

回顾“七五”普法工作，虽然取得一定的成效，但是仍然存在一些不足和薄弱环节，主要表现有：一是对普法认识有待进一步提高，个别单位对普法工作重视不够，普法责任落实不到位，开展活动流于形式。二是法治宣传方式方法有待进一步创新。部分地区的法治宣传方式比较单一，创新不足，不能适应新时期的工作需要。三是依法治理水平有待进一步提高。个别单位法律法规的应用和执行还不够严格，贯彻落实的效果还不够明显。

下一步，国家中医药管理局将坚持问题导向，采取更加有力措施，巩固成效，结合中医药行业工作实际，进一步深入推进普法学习宣传教育。一是健全法治宣传教育长效机制。建立有效的考核机制，加强考评督导，促进普法工作落实。二是进一步加强普法学习培训，提高中医药行业广大干部职工法治认识和素养，切实做到依法行政。三是进一步创新普法宣传方式。积极探索适应新形势发展要求的新的宣传教育方式和手段，不断提高普法宣传的效果。

国家外汇管理局“七五”普法规划实施情况

自“七五”普法工作启动以来，国家外汇管理局（以下简称外汇局）高度重视，深入贯彻落实党中央、国务院关于认真开展“七五”普法总结验收的要求，积极组织外汇局系统大力开展普法教育和政策宣传活动，努力营造学法用法守法的良好氛围，为外汇管理服务实体经济发展提供有力法治保障。

一、外汇局系统“七五”普法工作开展情况

（一）强化组织领导，完善普法工作机制

一是局领导班子高度重视“七五”普法工作，及时布置有关工作，明确责任分工。发挥局党组理论学习中心组领学促学作用，持续开展全面从严治党、宪法、民法典、依法行政等主题学习，切实将法治理念和法律法规要求落实到外汇管理工作之中。二是明确普法要求和工作重点。2017年，外汇局对各分局、外汇管理部做好“七五”普法工作进行全面部署，明确指导思想、主要目标和基本原则，分解具体任务措施，要求分支机构逐项落实。三是开展普法验收评估。2018年，外汇局在全系统内开展了“七五”普法中期自查评估，2020年7月下发通知，组织全系统开展评估和总结验收。

（二）找准关键，以宪法作为学习宣传重点

一是外汇局持续组织全体新任职干部进行宪法宣誓，将宪法知识作为外汇局党组理论学习中心组、外汇局副处级（含）以上领导干部党风廉政培训班以及新入职职工培训学习重要内容，强化宪法意识和精神。二是组织全系统积极参加有关普法在线学习和网络考试，带动全系统学法热情，提升学习成效。积极借助特定活动开展普法宣传，如在“12 月 4 日国家宪法日”“3 月 15 日国际消费者权益日”“4 月 15 日全民国家安全教育日”“5 月 15 日全国公安机关打击和防范经济犯罪宣传日”等主要时间节点，全系统、高频次、广覆盖进行法治宣传。

（三）突出重点，推进中国特色社会主义法律体系学习宣传

一是组织中国特色社会主义法律体系系统学习。组织全系统学习《加快建设社会主义法治国家》等系列论著，运用法治思维和法治方式推动工作。二是重点落实《优化营商环境条例》，及时部署落实方案，对应出台配套细则，分类明确具体工作任务、责任分工和完成时限，保证《优化营商环境条例》贯彻实施工作有序、高效推进。三是认真学习民法典，为正式实施做好准备。在局机关和全系统组织广泛宣传，邀请全国人大常委会专家解读民法典，组织全系统人员以线上民法典测试形式提升对民法典的学习理解。四是党建引领，督促党员干部率先学法。积极组织开展“两学一做”学习教育、“不忘初心，牢记使命”主题教育，加强对《中国共产党章程》《中国共产党纪律处分条例》《中国共产党党内监督条例》等党内法规的学习。

（四）加大系统内培训力度，强化系统内外普法宣传

一是“七五”普法期间，外汇局机关坚持每年开展 2 期全系统依法行政培训，加强对系统内工作人员的法治宣传教育，邀请政府机关工作人员、法官、律师、大学教授等授课，重点讲解行政诉讼、行政复议、行政许可、行政处罚、行政强制等法律法规，党中央、国务院依法行政要求及最新经济金融立法，参与人员近万人次。二是 2018 年，外汇局印发通知，专门强调在行政复议工作中落实“谁执法谁普法”责任制，要求各级外汇局将行政复议过程同时作为普法过程，重点宣传行政执法、行政复议及外汇管理相关规定。三是通过政府网站、银企座谈等加大外汇违规案例公开力度，发挥宣传警示效应。

（五）创新普法方式，提高外汇普法精准性

各级外汇管理局积极结合工作实际和地方特色，拓展普法渠道、丰富普法载体。如浙江省分局配合中央电视台新闻频道摄制的“1・22”专案宣传片在中央电视台播出，向全社会宣讲地下钱庄等非法买卖外汇违法犯罪活动危害性；贵州省分局采用网络直播新媒体宣传方式在线为广大社会公众解读外汇便利化政策；北京外汇管理部依托交通广播新媒体宣传平台，在高峰时段栏目中播出宣传情景剧《小冯和小关的快乐生活》；内蒙古自治区分局开展了“草原红色轻骑兵送外汇知识进草原”系列宣传活动。2019 年，外汇局报送的《一分钟看懂个人外汇那些事》等微动漫、《筑梦路上　与你同行》等微视频分别获全国普法办动漫微视频征集活动三等奖和“我与宪法”微视频征集活动优秀奖。2020 年，外汇局在“国家外汇管理局”微信公众号设立“抗击疫情　外汇系统在行动”专栏，开展外汇战“疫”系列报道 31 期。

二、存在的主要问题

一是普法宣传内容不够深入。存在“碎片化学习”的情况，对法规条文背后蕴藏的法治精神掌握得还不够深入，宣传较为表面。

二是普法宣传形式和实效性有待提升。当前，法治宣传形式还相对传统，主要仍是培训学习、PPT 宣讲、讲座等传统方式，创新手段有限。

三是基层普法力量不足。部分基层外汇管理局因人员少、欠缺法律专业素养、工作任务繁重等原因，存在“一人多岗”现象，行政复议和行政应诉等经验不足，普法队伍有限性与普法宣传专业性和全面性之间的矛盾突出。

三、下一步改进措施

（一）增强金融法治理念，夯实现代金融市场的法治化基础

进一步提高政治站位，坚决维护习近平总书记党中央的核心、全党的核心地位，坚决维护党中央权威和集中统一领导。增强金融法治理念，围绕党和国家中心工作开展法治宣传教育，围绕外汇管理中心工作和重点领域推进依法治理。把法治宣传教育融入立法、执法等外汇行政监管及法规建设之中，不断夯实现代金融的市场化法治化基础。

（二）强化针对性普法，提高普法工作质量

一是紧密联系法治宣传教育与外汇管理工作。围绕群众关心的热点、难点问题，以具体案件作为示例，增强法治宣传教育的生动性和形象性；利用办理外汇管理行政许可、信访、复议等与市场主体接触的机会，说群众话，讲身边事，提高普法的针对性。二是丰富学习宣传渠道。探索制作有故事、有情节的外汇普法微电影、微视频、微动漫，通过新媒体、自媒体等传媒新方式广泛宣传；增加“音频学法”“语音读法”等新型学习方式，浓厚学法氛围。

（三）合理增配人员，强化法治队伍建设

合理增配法律工作人员，夯实外汇系统法律专业人才力量。充分发挥外聘法律顾问、公职律师的作用，加强与其他部委和高校的合作研究和学习。在外汇局系统内完善法律法规教育课程、普及法律法规知识，提高外汇法治队伍专业化水平。

（四）坚持依法治国、依法执政

外汇局将继续严格督促全体干部职工时刻保持头脑中有法治这根弦、行为上有法律这个度，尤其注重加强对基层外汇局贯彻实施法律法规的指导，将践行法治精神与推进外汇管理依法行政有机结合，持续推动提升党员干部自觉运用法治思维和法治方式深化外汇管理改革、防范跨境资金流动风险的能力。

下一步，外汇局将按照全面依法治国要求，围绕外汇管理中心工作和重点领域改革，对标对表，补齐短板，不断推进外汇管理法治建设，提升外汇管理依法行政的规范性和有效性，形成尊崇法律、学习法律、遵守法律、维护法律、运用法律的良好氛围，为我国经济社会高质量发展营造良好的法治环境。

国家药品监督管理局“七五”普法规划实施情况

“七五”普法（2016~2020年）开展以来，原食品药品监管总局、国家药监局以习近平新时代中国特色社会主义思想为指导，深入贯彻落实党的十八大，十九大和十九届二中、三中、四中、五中全会精神，全面贯彻落实习近平新时代中国特色社会主义思想，按照党中央、国务院“七五”普法规划和全国人大常委会决议要求，在全系统深入开展药品（包括医疗器械、化妆品，下同）安全法治宣传教育，扎实推进药品安全依法治理和法治文化创建，进一步提高药品监管法治水平。

一、加强组织领导和考核

（一）加强组织领导

原食品药品监管总局、国家药监局领导班子高度重视法治宣传教育工作，严格落实党政主要负责人履行普法工作第一责任人职责，成立普法工作领导小组，局长任组长，负总责。领导小组统一领导、协调推进、指导监督食品药品监管系统法治宣传教育工作。地方各级药品监管部门也相继成立普法领导小组，制定“七五”普法工作计划，细化分解任务分工。各级普法领导小组认真履职，将普法经费纳入部门年度财政预算，定期研究重要普法宣传问题，全面部署本行政区域内药品安全普法宣传工作的指导、中期督查和终期考核等工作，确保普法规划各项任务落到实处。

（二）注重制度建设

为切实推进食品药品监管“七五”普法工作，原食品药品监管总局先后印发了《关于全面加强食品药品监管系统法治建设的实施意见》《食品药品监管总局关于印发全国食品药品监管系统法治宣传教育第七个五年规划（2016—2020年）的通知》，对全系统“七五”普法工作作出具体部署和指导，确定法治宣传教育的对象和要求，细化了工作任务、工作措施和工作步骤等。

（三）强化考核评价

在年度药品安全考核工作中，将新实施的《中华人民共和国疫苗管理法》《中华人民共和国药品管理法》普法宣传贯彻情况纳入考核指标，考核对象明确为省级人民政府。充分发挥考核指挥棒和风向标作用，有力推动了省级人民政府重视和支持药品安全普法等工作；及时开展年度考核、阶段性检查和专项督查，组织开展“七五”普法中期督查和终期总结验收工作，建立健全激励约束机制，总结推广典型经验，充分发挥引领和带头作用，深入开展法治宣传教育。

二、推动重点普法内容的宣传和落实

（一）学习宣传习近平总书记关于全面依法治国重要论述

一是认真传达学习习近平总书记在中央全面依法治国委员会第一次、第二次和第三次会议上的重要讲话。国家药监局党组召开专题会议进行学习，并组织全机关各司局传达学习，要求全体工作人员深刻领会习近平新时代中国特色社会主义思想，认真做到全面依法治国的“十个坚持”，切实把思想和行动统一到讲话精神上来，全面贯彻落实依法治国各项任务部署。二是抓好《中华人民共和国民法典》的宣传贯彻。《中华人民共和国民法典》颁布后，贯彻落实习近平总书记在中央政治局集体学习会议上讲话要求，认真抓好《中华人民共和国民法典》宣传培训，邀请民法典编撰领导小组专家为局机关公务员、直属单位领导干部授课，提高公职人员尊法意识，履职自觉遵守民法典规定，保护公民和法人的权利义务。三是认真领会落实习近平总书记关于药品监管“四个最严”重要指示精神。全系统深刻认识药品安全“四个最严”总体思路、基本原则、具体要求，坚持以人民为中心的发展思想，完善制度体制，深入排查药品监管风险隐患，堵塞监管漏洞，严守药品安全底线，全力保障群众用药安全有效。

（二）深入开展宪法学习宣传教育

一是组织宪法宣誓活动。2018 年 10 月 9 日，新组建的国家药品监督管理局召开全体工作人员大会，会议举行了庄严的宪法宣誓仪式，全体工作人员郑重承诺，忠于《中华人民共和国宪法》，维护宪法权威。二是统一集中组织学习宣传宪法。把宪法列入党委（党组）理论学习中心组学习内容，邀请全国宪法知名专家分别进行了“中国特色社会主义宪法理论与实践”“依法治国与宪法修改”专题讲座，全体工作人员进一步增强了学习宣传贯彻宪法的自觉性和责任感，坚持树立宪法的权威。三是采取多种形式学习宣传宪法。在每年的“12·4”宪法日，通过网站、“两微一端”以图文并茂的方式，广为宣传解读宪法精神，在办公场所张贴宪法宣传海报，播放宪法宣传活动视频，营造宪法宣传浓厚氛围。全系统积极参与“我与宪法”、全国法治动漫微视频征集展播活动，踊跃报送优秀参赛作品。参赛作品多次获一等奖、三等奖的优异成绩。

（三）学习宣传重要药品监管法律法规

“七五”普法期间，原食品药品监管总局、国家药监局加快建设药品监管法规体系。《中华人民共和国疫苗管理法》《中华人民共和国药品管理法》《化妆品监督管理条例》相继出台，《药品注册管理办法》《药品生产监督管理办法》等核心配套规章及时修订，药品监管制度建设取得突破性进展。新的法律法规规章制定出台后，国家药监局第一时间进行政策解读，更新官网法律法规专栏，利用召开新闻发布会、成立普法讲师团宣讲、拓宽咨询渠道等多种形式向系统内和社会广泛宣传贯彻新法新规，取得实效。同时，专门印发学习宣传贯彻《中华人民共和国药品管理法》等法律法规的通知。地方各级药品监管部门有针对性地加强对执法人员、行政相对人等重点普法对象，以及社会民众的宣传贯彻，宣传鼓励创新措施，明确监管具体要求。国家药监局传媒集团利用报纸杂志、“中国食品药品网”、“食事药闻”App 等融媒体平台，开设“法治天地”专版和法治频道，打造传播法治理念、指导监管执法的平台。“七五”普法期间，共刊发习近平总书记“四个最严”要求相关报道 700 余篇，刊登与《中华人民共和国药品管理法》相关的法规解读、案例解析 329 篇。

（四）认真学习贯彻党内法规

为适应全面从严治党、依规治党新形势新要求，全系统以领导干部和公务员为重点，切实加大党内法规宣传力度，通过组织开展集中培训、网络培训、专题党课等多种形式，及时开展了《中华人民共和国行政监察法》《关于新形势下党内政治生活的若干准则》《中国共产党党内监督条例》《中国共产党党员领导干部廉洁从政若干准则》《中国共产党纪律处分条例》等党内法律法规的学习贯彻，提升全体党员干部的素质能力和理论知识水平，为推动药品监管事业发展提供强有力的党的纪律保证。

（五）开展“防控疫情　法治同行”等专项法治宣传

新冠肺炎疫情防控期间，国家药监局认真贯彻落实党中央、国务院决策部署，在做好药品医疗器械应急保障、应急审评审批，严厉打击制售假劣药品医疗器械违法行为等工作同时，加大对《中华人民共和国传染病防治法》《中华人民共和国突发事件应对法》《中华人民共和国野生动物保护法》等法律法规宣传力度；全系统大力开展疫情防控期间的普法宣传工作，引导干部群众增强法治意识，依法支持和配合疫情防控工作。

三、扎实抓好“谁执法谁普法”普法责任制落实

（一）夯实普法责任制基础

一是建立健全普法责任制。根据原食品药品监管总局《关于实行“谁执法谁普法”普法责任制的实施意见》，各级药品监管部门制定了普法责任清单，列明了普法重点宣传的法律法规规章、普法具体责任部门和组织协调部门等内容，全面推进普法责任制。二是广泛开展行政执法人员普法培训和法律知识考试。为进一步提升行政执法队伍业务工作能力，扎实推进普法责任制，出台《执法证管理办法》，加强执法资格管理，为申领执法证人员组织开展培训、网络测试和执法资格考试，组织国家药监局领导干部和执法人员参加最高人民检察院指导的旁听庭审活动，进一步增强规范执法意识和办案技能。地方各级药品监管部门结合工作实际，开展了任前考法、在线授课等普法培训活动，有效提升了药品监管部门执法人员执法能力和素质。

（二）充分利用立法进程开展普法

在法律法规规章制修订过程中，对社会关注度高、涉及公众切身利益的重大事项，运用座谈会、论证会、“政府法制信息网”等多种形式广泛听取意见和建议。规章出台后，及时通过政府网站、新闻媒体发布解读说明、方便药品生产经营企业及其从业人员、社会公众理解学习运用，提高公众对药品监管立法的认识和参与度。

（三）围绕热点难点问题开展普法

在处理药品监管热点难点问题和应对突发事件过程中，组织专家学者、行政执法人员政策宣讲，发布权威解读，及时辟谣解惑，正确引导舆论。

（四）推动在执法过程中不断加强法治宣传教育

2019 年，国家药监局印发《关于进一步做好案件查办工作有关事项的通知》，深入推行执法“三项制度”，要求坚持说理式执法，严格按照案件查办程序办案，保障行政相对人了解行政执法法律依据和权利救济途径的权利。各级药品监管部门狠抓对监管相对人的法治宣传教育，要求行政执法人员在执法过程中，及时释疑解惑，积极阐明和宣传食品药品监管法律法规。通过日常审批、检验检测、审评认证、飞行检查等，加大对药品生产经营企业的法治宣传教育，引导企业自觉诚信守法；通过定期发布抽验情况和质量公告、查办违法案件、公布典型违法案例等形式，以案说法，警示和倒逼企业依法经营、依法管理、依法办事，强化企业质量第一责任人的意识，切实使药品生产经营管理人员依法执业的意识和业务水平有了明显提高。

四、高度重视普法队伍建设

（一）成立普法宣讲团

组织培训全系统宣讲骨干，开展两期“两法”

宣贯师资培训，共计培训药品监管系统法规和业务部门工作人员超过200人。组建“两法”宣讲团，局领导任团长，全国人大、司法部、各业务司和有关专家共同参加，紧锣密鼓地开展法律解读和宣传，截至新冠肺炎疫情前，已宣贯数百场，培训80余万人次，营造了“两法”宣贯的良好环境。

（二）加快打造法律顾问、公职律师团队

国家药监局高度重视法律顾问、公职律师制度推进，2014年，在中央各部委中，率先制定出台了《法律顾问管理办法》。2015年聘请了14名来自行政法学、民法学、法理学和法律实务界的资深法律专家组成法律顾问组。2016年，经商司法部同意，在全系统内推广公职律师制度，至今原食品药品监管总局和国家药监局先后已有41名公职律师获得司法部批准。药品监管法律顾问和公职律师队伍的建立，为系统增加了2支极为重要的专业普法队伍。机构改革后，国家药监局于2019年出台了《公职律师管理办法》和《法律顾问管理办法》，加强两支队伍的管理和配备，促进法律顾问、公职律师在制度建设、执法办案、复议应诉等工作中充分发挥作用，提供法律服务，普及法律知识。法律顾问、公职律师制度实施以来，法律顾问、公职律师为国家药监局药品科学、依法监管保驾护航，进一步提升药品监管依法行政水平方面作出了实实在在的贡献。

五、深化依法治理，创建良好法治文化氛围

（一）大力开展“两法”宣贯培训

《中华人民共和国药品管理法》《中华人民共和国疫苗管理法》出台后，国家药监局立即组织宣贯师资培训，组建宣讲团，扎实开展“两法”宣贯工作。各级药品监管部门纷纷行动，采取多种形式深入开展法律宣传。推动地方各级政府、药品监管部门及有关部门学法懂法，药品研制、生产、经营、使用单位尊法守法，形成了学习、宣传、贯彻药品监管法律法规的浓厚氛围，为全面提升药品安全法治水平奠定了良好基础。

（二）组织开展“两法”知识竞赛活动

《中华人民共和国药品管理法》《中华人民共和国疫苗管理法》出台后，国家药监局认真做好宣贯工作，2020年下半年启动了“两法”知识竞赛活动，进一步推进“两法”的深入贯彻落实。国家药监局精心组织、认真筹划，确保竞赛公平公正，取得实效。初赛以网络参与形式进行，各级积极参与、广泛组织动员，省市县药品监管执法人员、相关行业协会、药品生产经营企业，以及消费者共计174万人参加，在全国范围内掀起学习药品安全知识的学习高潮。

（三）多种方式推动药品安全依法治理

国家药监局通过制作专家访谈节目“中国药闻会客厅”、科普动画“药你知道”等科普品牌，为地方普法、科普宣传提供重要资源；通过与中央人民广播电台、中央电视台密切合作，在“全国安全用药月”期间重点打造安全用药系列节目；与百度联合建立“权威科普网络平台”，将“秒懂百科”打造为药品科普宣传的重要名片。还利用政务新媒体积极开展了“网络安全宣传周”等宣传活动，提高公众药品安全法律意识。地方各级药品监管部门因地制宜，创新方式方法，深入推进依法治理工作。北京市局以行政处罚公示为重点开展行政执法公示试点工作，从事前事中事后三个环节对行政处罚的依据、程序和结果进行公示。四川省局联合省科协通过刊发新法解读文章，实施“千企培训工程”等形式，分级分批对药品生产经营企业法人代表进行培训，扎实推进“法律进企业”。广东省局通过向公众征集“安全卫士”卡通形象

"安安"，并使其在多媒体平台上担任普法工作的"主人公"，获得公众的支持和喜爱。武汉市局打造"康康姐"微信、微博新媒体品牌，广泛普及药品安全法律和科学知识。

（四）做好普法宣传基地建设

在积极参与全国普法办组织的普法示范点、法治宣传教育基地建设工作同时，国家药监局还着手开展药品安全宣传教育基地建设工作。根据各地推荐进行培育，对候选单位建设国家药监局普法宣传基地提出了具体要求，下一步将加强指导评估，适时验收挂牌，以点带面，促进普法宣传工作在基层扎根。地方也充分发挥普法宣传教育基地作用。青岛西海岸新区局率先打造了全国首家药品安全宣传教育基地，定期更新药品法律法规知识，整理重大药品警示案例，推动建成全国首家药品案件巡回法庭。湖北省局充分利用全省 400 多个食品药品科普教育基地，组织监管人员深入企业、机关、学校、农村、社区、单位开展法律宣传咨询服务活动，取得良好普法效果。广东省局与多家单位合作，打造全国首家活动式食品药品科普体验馆；举办省食品药品科普展，展厅 2000 平方米，传统方式结合 AR、VR 等现代高科技手段，普及食品药品安全知识。陕西省局组织开展了"关注用药安全，共享健康人生"药品安全沙龙，邀请药品专家现场演示，与媒体记者面对面交流，共同探讨药品安全，破除不实谣言。

（五）充分利用新媒体开展普法

探索"互联网 +"法治宣传教育方式，综合运用新媒体宣传载体，以更加贴近实际、贴近生活、贴近群众的形式宣传药品安全知识，开展药品安全预警，及时发布药品安全信息和查处的药品违法案件情况。国家药监局新闻中心在央视全频道以及各地方台、公交地铁播出《药品管理法》公益广告及宣传海报；会同广播电台音频媒体发布"两法"语音公益播报，借助央广"中国之声"节目早晚高峰播出。"两法"及配套规章发布后，国家药监局传媒集团快速反应，App、网站、微信、微博与报纸联动，第一时间发布新闻消息和评论员文章，制作相关图解，邀请专家撰稿，采访业界反响，筹备政策解读线上直播活动 10 余场，及时、权威解读"两法"亮点，获得良好传播效果。北京市政务微博"首都食药"粉丝量已近百万，政务微信"首都食药"关注量较开通时增长 5 倍，各区局形成微信传播矩阵，成为宣传和回应公众的新途径。

六、下一步普法工作安排

经过 5 年的普法宣传教育，各级药品监管部门的领导干部和执法人员的法律素质有明显提升，监管对象诚信守法生产经营的"新常态"正在形成，社会公众的药品安全法律知识也进一步提高。同时，普法工作中还存在普法手段方法有待创新、行政执法人员的普法意识还有待提高等问题。下一步，国家药监局将继续深入学习宣传贯彻习近平总书记关于全面依法治国的重要论述，按照全国普法办的工作部署，坚持创新发展，注重实效；坚持落实"谁执法谁普法"普法责任制；坚持法治人才队伍的建设。进一步增强全系统厉行法治的积极性和主动性，进一步宣传科学立法、严格执法、全民守法和党内法规建设的生动实践，更好地发挥法治的引领和规范作用。

国家知识产权局“七五”普法规划实施情况

为深入学习贯彻习近平新时代中国特色社会主义思想，坚决落实习近平总书记关于知识产权工作的重要指示论述，国家知识产权局坚持围绕中心、突出重点、多措并举、严格检查，扎实开展“七五”普法工作，有效提高全局干部职工的法律素养和依法行政能力，增强全社会知识产权意识。

一、“七五”普法具体举措

（一）加强统筹协调，完善普法工作机制

国家知识产权局历来高度重视普法工作，“七五”普法期间，局党组多次召开会议研究部署包括普法在内的法治政府建设相关工作。通过周密部署，做好普法工作规划，完善工作机制，努力把普法工作落到实处。

1. 做好“七五”普法整体规划

2016 年 9 月，印发《全国知识产权法治宣传教育第七个五年规划（2016—2020 年）》。内容主要包括：健全普法工作组织机制、加大对干部职工普法工作力度、加大对全社会的知识产权普法力度、加大保障力度、加强考核和检查等。

2. 完善普法工作机制和人员队伍建设

成立国家知识产权局普法工作领导小组，负责对法治宣传教育工作进行部署、指导和检查。领导小组组长由局长担任，副组长由分管相关职能部门的副局长担任，成员由各相关职能部门和单位主要负责人组成。领导小组下设普法办公室，由法制工作部门牵头，成员根据情况动态调整，每年更新。同时，深化落实法治联络员、公职律师和法律顾问制度，充分发挥其在“七五”普法过程中的积极作用。

3. 严格落实普法工作任务

加强对国家知识产权局各部门单位以及地方知识产权局普法工作任务落实的监督指导，确保普法工作取得实效。一是强化统筹协调。明确每年各部门单位制订年度普法工作计划，由局普法办公室指导执行年度计划，并要求及时提交落实报告，总结经验、查找不足。二是开展“七五”普法中期检查和总结验收工作。组织各部门单位按照任务分工和工作计划的要求进行检查，对普法工作任务总体落实情况进行全面总结和梳理。

（二）立足中心工作，提高干部职工依法行政能力

始终围绕中心工作，多措并举，统筹兼顾，不断加强干部职工尊法学法守法用法意识，有效提升全局干部职工的法律素养和依法行政的能力和水平。

1. 坚持普及提升宪法意识

为落实习近平总书记关于弘扬宪法精神、树立宪法权威的指示，在普法工作中始终坚持和突出宪法学习宣传教育。局党组理论学习中心组举办宪法学习活动，发挥示范带动作用。2017 年 11

月和2018年10月，两次举行国家工作人员宪法宣誓仪式，新任司级和处级干部列队庄严宣誓。每年宪法宣传周前后，各部门单位开展一系列宣传教育活动；多次举办宪法讲座，邀请国内著名学者和专家深入阐述依宪治国的重大意义，并紧跟宪法修改动态对2018年《中华人民共和国宪法修正案》进行解读，促进干部职工进一步学习宪法，了解宪法精神。

2. 推进领导和干部职工学法用法

积极推进各级领导和干部职工学法用法。安排省部级和司级领导干部参加中央党校、国家行政学院、干部学院等调训和专题研修，系统学习中国特色社会主义法治理论。“七五”普法以来，每年举办2期司级领导干部能力建设培训班。在处级领导干部任职培训以及干部职工能力培训中开设法律课程，提升运用法治思维履职的能力。2018年机构改革后，紧紧围绕党中央、国务院决策部署，不断加大地方知识产权行政管理人员培训力度。2018年和2019年，举办面向地方管理人员相关培训共61期，2020年举办轮训项目超过50期，培训涉及知识产权法律法规等内容。

3. 丰富法治宣传教育内容

为自觉养成办事依法、遇事找法、解决问题用法的好习惯，国家知识产权局各部门单位结合实际确定学法内容，举办多种多样的普法活动。如多次开展全局范围的普法讲座，内容涉及对《民法总则》《行政法规制定程序条例》《规章制定程序条例》修改的解读以及商标法律制度最新进展的介绍等；举办依法行政专题培训班，将法治政府建设和依法行政作为培训的主要内容；举办“行政能力论坛”，通过案例分享、热点问题讨论等多种形式开展研讨，从法律角度剖析业务工作；开辟“一分钟学法律”专栏，每月邮件推送专栏信息，结合时政热点和热门新闻，将寓教于乐的普法漫画、微视频等法律知识推荐给干部职工；推出“网络侵权小讲堂”和“以案说法，每人一讲”等活动，形成“人人学法、人人讲法”的法律学术氛围；还有部门建立普法微信群，讨论最新立法动态及知识产权法律疑难问题，为干部职工提供了法律知识学习和交流的平台。

4. 加大各类人才法律培训

对知识产权领军人才、高层次人才、骨干人才等中高端人才有针对性地安排法律培训。在“七五”普法期间，共举办17期领军人才及高层次人才专题研修班，累计培训700余人次，举办6期骨干人才法律轮训班，累计培训900人次左右。为充分发挥知识产权法律人才在推进法治政府建设中的作用，自2017年以来，共举办4期法律人才培训班，邀请21位国内知名专家授课，累计培训500余人次；授课内容紧密切合局职能变化和工作实际，加深授课对象关于知识产权领域焦点问题的理解，拓展国际视野。

5. 深入学习宣传和贯彻落实《中华人民共和国民法典》

2020年6月和7月，局党组先后召开理论学习中心组学习会和理论学习中心组扩大会议，深入学习习近平总书记在中央政治局以“切实实施民法典”为主题的第二十次集体学习时的重要讲话精神，专题学习《中华人民共和国民法典》并部署贯彻落实工作。精心制订工作方案，迅速兴起《中华人民共和国民法典》学习宣传热潮，灵活采用集体学习与个人学习相结合、专家授课与条文精读相结合、线下培训与线上培训相结合等形式，全面提升干部职工理解和运用《中华人民共和国民法典》的能力水平。

（三）加大宣传力度，提升全民知识产权保护意识

贯彻落实“谁执法谁普法”“谁主管谁普法”责任制，积极开展知识产权有关法治宣传，进一步推动知识产权法律知识在全社会的普及，提升社会公众知识产权保护意识，形成尊重创新、崇尚创新、保护创新的社会氛围。

1. 持续推进知识产权新闻发布制度和平台建设

完善新闻发布制度，“七五”普法期间，制修订局《新闻宣传管理办法》《例行信息发布暂行规定》，明确以新闻发布会、吹风会、接受记者采访等方式，围绕重要法律法规的颁布、重要政策或数据的公开、重大突发事件的回应等事项定期或适时组织新闻发布。每年平均举办新闻发布会约 10 场，受到国务院新闻办公室肯定和表扬。局政府网站接入国家政务服务平台，提供知识产权“一站式”便民服务；局政务微信、政务微博、政务抖音平台自开办以来，用户量持续攀升，影响力不断扩大，关注人数总计超过 50 万人。

2. 大力宣传知识产权法律法规

在国家知识产权局政务微信开设《聚焦新修改专利法之你问我答》《商标侵权判断标准》等专栏，普及专利、商标、地理标志相关法律知识。与人民网等中央媒体合作，建设知识产权频道等，开设《以案说法》《案例聚焦》等特色栏目，强化知识产权普法。同时，做好整治违法行为的宣传报道，启发公众守法用法。自 2019 年以来，围绕“蓝天”行动宣传加强专利代理监管的各项工作举措，为专利代理行业健康发展营造良好环境；2020 年，针对涉疫恶意商标注册申请行为，在出重拳严厉打击的同时，协调人民日报等中央媒体开展 5 轮次宣传引导，有效回应社会关切；有关新闻报道单篇点击量近 130 万次，微博平台有关话题阅读量超过 4 亿人次。

3. 不断提升宣传周等品牌活动影响力

自 2009 年起，每年联合中央宣传部等近 20 家部委共同举办全国知识产权宣传周活动。“七五”普法期间，国务院领导同志多次出席宣传周活动并作重要指示，世界知识产权组织（World Intellectual Property Organization，WIPO）总干事也连续多年参加活动。活动期间，各地、各部门集中开展数千场次知识产权专题宣传，发布各类知识产权案件、典型案例和年度报告，媒体报道量和公众参与热情逐年上升。据不完全统计，仅 2020 年宣传周活动期间，相关报道量超 2.5 万篇，同比增长 86%；新媒体平台上，公众参与知识产权话题的总量超过 12 亿次。

4. 深度挖掘知识产权领域先进经验和典型案例

注意利用本领域先进经验的辐射作用和典型案例的教育启示作用，每年结合局党组工作重点，组织中央媒体团深入基层开展“知识产权竞争未来”主题采访。2016 年以来先后围绕改革开放 40 年发展成就、国家知识产权战略纲要实施 10 年来我国知识产权事业取得的重大进展和突出成就、专利转化运用典型案例等开展报道。每次活动期间，中央媒体刊发原发报道 50 篇次左右，产生了持续而积极的影响。发布年度商标专利行政执法十大典型案例、专利复审无效十大案件等，指导推进行政保护工作，积极营造严格保护的良好氛围；先后出版《知识产权行政保护典型案例（2014—2018）》《以案说法——专利复审、无效典型案例指引》《知识产权行政复议典型案例解析（第一辑）》，通过对知识产权典型案例的阐释提升普法效果。

5. 持续繁荣知识产权文化作品创作

2017 年，国家知识产权局联合广电总局开展全国知识产权公益广告作品征集暨评选活动，我国首部知识产权专题纪录片《国之利器》在湖南广播电视台和芒果 TV 网站同步播出；2019 年，精心制作机构重组后的局宣传片，全面反映党的十八大以来、国家知识产权战略实施 10 周年以来知识产权事业发展成就，当年观看量达 2.7 万次；协助中国国际电视台拍摄首部知识产权英文专题纪录片《中国专利》，面向全球 170 个国家（地区）同步首播。在书籍编制方面，先后出版《郑成思知识产权文集》等一批具有影响力的知识产权主题法学著作，受到公众广泛好评。

6. 着力加大对青少年的知识产权普法教育

自 2015 年起，国家知识产权局联合教育部开展全国中小学知识产权教育试点示范工作。截至 2020 年 12 月，累计评定 27 所国家级示范学校、140 所国家级试点学校。全国 24 个省（区、市）同步开展了省级中小学知识产权教育试点示范工作，评定省级试点示范学校近 1400 所，“教育一个孩子，影响一个家庭，带动整个社会”的作用充分发挥。学生的知识产权意识和创新意识得到有效培育。

7. 有效利用培训讲座提升普法效果

2016~2020 年，连续 5 年制订发布年度全国知识产权人才专业能力提升培训计划，并通过培训班宣传普及专利法、商标法等知识产权相关法律法规。年均组织 10 期左右全国知识产权专家服务基层活动，范围覆盖京津冀、“一带一路”建设相关省份、长江经济带、东北、西部等区域。平均每年举办面向知识产权代理、法律、信息等知识产权服务业领域人才的培训班 90 余期。2016~2020 年，中国知识产权培训中心培训规模达到 820 万余人次，其中，面授培训班 300 期，培训人员 24,000 余人次。利用公益讲座向社会公众开展知识产权法治宣传教育，2016 年以来，共举办知识产权法相关培训专题 40 期，课程 143 门，培训社会公众达 113,103 人次。

二、“七五”普法工作经验

（一）整体规划，严格责任，注重普法工作机制建设

注重普法工作机制建设，通过一系列举措，将普法责任落实到部门。一方面，发挥普法办公室工作推进主体作用和法治联络员、公职律师、法律顾问的重要支撑作用。另一方面，注重在“宪法日暨全国法制宣传日”“世界知识产权日”等重要时间节点开展宣传，并有专门部门负责组织落实和协调，使知识产权制度宣传普及常规化、体系化。

（二）多措并举，内外联动，注重提高普法工作实效

广泛调动局内各部门单位普法积极性，采取多种措施，开展形式丰富的普法活动，注重提升普法实际效果，避免普法工作流于形式。对内持续开展全方位普法宣传教育，对外落实好“谁执法谁普法”“谁主管谁普法”的普法责任制。通过“七五”普法活动，既加强了全局干部职工对宪法以及中国特色社会主义法律体系的认识，也加深了全社会对知识产权制度的了解，真正使普法工作见实效。

三、下一步工作方向

（一）充分发挥法律人才作用

虽然以普法办公室为工作推进主体，法治联络员、公职律师和法律顾问为重要支撑力量的普法工作机制已初步形成，但是法治联络员、公职律师和法律顾问参与普法工作的“抓手”不多，积极主动性仍有待提高。国家知识产权局将进一步完善相关法律人才的考核评估机制和激励措施，充分发挥其在普法工作中的作用。

（二）丰富普法手段和形式

虽然国家知识产权局对普法工作开展方式进行了创新，但与社会公众对知识产权普法内容和形式的需求相比，仍然存在一定差距。国家知识产权局将进一步开拓思路，在普法活动的内容、组织宣传方式等方面不断创新，充分利用新媒体平台，使普法渠道更为多元、受众更为广泛、时效性和互动性更强。同时，充分调动干部职工参与普法活动的积极性，围绕知识产权工作、利用专长服务公众，推动知识产权法治宣传教育。

国家档案局“七五”普法规划实施情况

“七五”期间，在全国普法办的正确指导下，国家档案局坚持以习近平新时代中国特色社会主义思想为指导，深入贯彻落实党的十九大和十九届二中、三中、四中、五中全会精神，按照全国“七五”普法规划、全国人大常委会决议和国家档案局“七五”法治宣传教育规划的要求，立足档案法治建设大局，全面组织实施档案系统“七五”普法规划，大力开展档案法治宣传教育，确保档案系统“七五”普法规划实施顺利收官。

一、宪法学习宣传情况

（一）国家档案局积极学习和宣传以宪法为核心的中国特色社会主义法律体系

一是要求全国档案工作者坚持把学习宪法摆在重要位置，深入宣传依宪治国、依宪执政理念，弘扬宪法精神、维护宪法权威；二是积极组织全国档案工作者参与司法部、国家网信办、全国普法办开展的“我与宪法”优秀微视频征集展播活动；三是认真组织开展“12·4”国家宪法

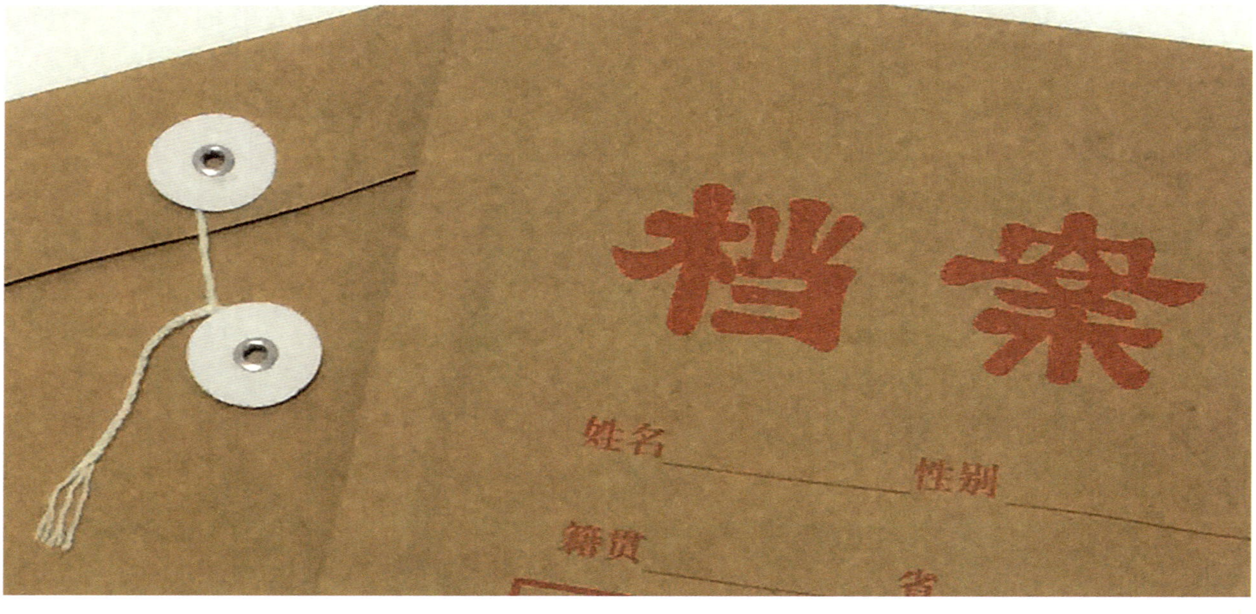

日集中法治宣传活动，上下联动，深入社区、乡村、学校、机关、单位、企业宣传宪法，推动宪法家喻户晓、深入人心，积极营造学习宣传宪法的浓厚氛围，各级档案部门充分利用“宪法法律宣传月”、“6·9”国际档案日、“12·4”国家宪法日等开展宣传活动，制作展板800余块，吸引万余人次参观，接待咨询5000余人次，发送短信5600条，发放宣传资料80,000余份，发放档案普法文创用品65,000余份；四是把学习宪法纳入档案干部远程教育培训、网上学法课堂的重要内容。

（二）各级地方档案局全面认真学习和宣传宪法

全国有26个省（市、自治区）档案局将宪法学习纳入局党组理论中心组年度学习计划并组织了集中学习和研讨；江苏省盐城市举办“宪法润心田　档案展风采”主题征文活动，安徽省亳州市开展“宪法法律至上、法律面前人人平等”现场签名活动，安徽省黄山市拍摄《宪法与我》宣传片，福建省厦门市在局馆门户网站和电子显示屏上发布宪法日宣传口号，湖南省株洲市经开区档案局利用“12·4”国家宪法日和“宪法宣传周”，在全区中小学集中开展“学宪法讲宪法”“晨读宪法”等活动，贵州省档案局为新晋升的干部和新进人员举行宪法宣誓仪式。

二、国家机关普法责任制落实情况

（一）国家档案局在依法行政、依法治档过程中，严格执行“谁执法谁普法”责任制

一是全面落实“谁执法谁普法”文件精神，召开局务会议传达《中共中央办公厅、国务院办公厅关于实行国家机关“谁执法谁普法”普法责任制的意见》，健全普法领导工作机构，细化档案行政系统普法责任制，明确职责和任务；二是积极践行“谁执法谁普法”责任制，充分利用《中华人民共和国档案法》修订过程进行普法宣传，抓住《中华人民共和国档案法》颁布30周年、“6·9国际档案日”等重要时间节点，积极开展多种形式的集中普法宣传，并在行政执法检查过程中做好普法宣传工作。

（二）各级地方档案局全面认真落实“谁执法谁普法”责任制

黑龙江省积极推进档案系统依法治理，坚持规范普法。按照全面推行行政执法“三项制度”工作部署，常态化开展“双随机一公开”检查，及时主动向社会公布行政执法信息，接受群众监督。上海市深入贯彻落实国家机关“谁执法谁普法”普法责任制。认真制定“谁执法谁普法”普法责任制实施方案，及时完成普法责任清单，在“上海档案信息网”上向社会公布，明确普法重点内容、普法途径和形式，对组织群众性普法活动和加强档案法治文化建设、档案普法队伍建设提出要求，切实推动普法责任制落地。河南省落实普法责任制和普法责任清单制度。建立部门普法工作报告制度，健全完善科学有效的普法考核奖惩机制。制定年度普法责任清单，明确普法内容、普法举措、时间进度和责任处室，并按照党务公开和政务公开的要求，公布年度的普法责任清单，进一步提高普法工作质量和效果。浙江省以“6·9国际档案日”和“《中华人民共和国档案法》颁布三十周年”为契机，组织开展档案法宣传活动，进一步增强群众法治意识，让法治理念深入人心。湖北省积极做好普法责任制考核工作。开展领导班子及第一责任人的考核、局机关法治工作考核、市（州）法治绩效考核。重庆市建立健全市和区县两级普法责任机制，构建架构清晰、目标明确、步骤科学的普法工作体系。广东省各级档案部门普遍成立普法工作机构或指定普法责任人，建立普法责任清单制度和普法工作

报告制度，将档案法治宣传、法治教育等纳入年度重点工作计划，形成普法长效机制。四川省全面完善档案普法工作机制，建立普法责任制和责任清单，将普法工作与业务工作同部署、同推进、同检查、同考核，形成党组统一领导、法制工作机构牵头协调、各职能机构具体实施的普法工作格局。贵州省切实抓好执法用法。全省有 162 人持有效档案行政执法证。全省各级档案部门坚持与同级人大、政府法制部门等联合开展档案行政执法，省档案局对 9 个市（州）及部分县、部分省直单位开展了执法检查。各市（州）档案部门共开展执法检查 6000 余家（次），贵阳市、六盘水、铜仁、黔东南等地通过“双随机一公开”监管平台分别对上千家单位开展执法检查，向有问题的单位下达整改通知书。云南省对加强普法责任制组织领导提出要求，每年下发档案法治宣传教育工作要点或者档案宣传工作要点，对全省档案系统开展法治宣传教育工作作出安排部署；制定出台省档案局“谁执法谁普法”责任清单，明确了普法内容、普法对象和责任处室；积极创新普法模式，各级档案部门在开展执法监督检查过程中，在开展档案行政执法检查的同时，同步向各受检单位普及档案法律知识。

三、“服务大局普法行”法宣实践活动情况

（一）国家档案局积极组织参与和开展“服务大局普法行”法宣实践活动

一是颁布了《全国档案“七五”法治宣传教育规划（2016—2020 年）》；二是抓住《中华人民共和国档案法》颁布 30 周年、“6 · 9 国际档案日”等重要时间节点，积极开展“档案法律法规知识有奖竞赛”活动；三是组织在全国档案系统内开展“我与宪法”优秀微视频征集活动；四是组织参与全民国家安全教育日普法宣传活动；五是组织开展档案“七五”普法中期工作总结及推荐先进集体和个人材料活动；六是组织参加第十七届全国法治动漫视频作品征集活动。

（二）各级地方档案局开展“服务大局普法行”法宣实践活动

安徽省开展“防控疫情　法治同行”活动。档案部门高度重视，积极行动，坚决服从各级党委政府的统一指挥、统一协调、统一调度，开展社区防疫法治宣传，引导人民群众增强法治意识，依法支持和配合疫情防控工作。湖南省株洲市在疫情防控工作形势严峻时期，积极加强疫情防控重点法律法规和重点领域的法治宣传活动。江西省将精准扶贫档案工作纳入本省市县脱贫攻坚成效考核内容，并建立精准扶贫档案工作月通报制度，实行每月一调度一通报。贵州省注重扶贫同扶志、扶智相结合，深入帮扶点，积极开展法律宣传咨询等活动，黔南州档案局帮扶的重阳村成为贵州省第三批“省级民主法治示范村”。云南省深入寻甸县脱贫攻坚档案工作示范点农户家开展活动。德宏、版纳、怒江、迪庆、文山等地，利用村民赶集、街子天、州庆、县庆等人口集中活动市集，采用群众喜闻乐见的形式开展档案法治宣传活动。

全国档案系统普法宣传工作还存在一些问题和不足：一是部分地区档案部门还不能适应机构改革后依法治档的新要求；二是部分档案部门领导干部档案意识不强，档案法治观念淡薄，对“关键少数”的档案普法任重道远；三是档案普法宣传形式单一，宣传精品不多，档案普法的实效性有待提升。全国档案系统将以问题为导向，进一步深入查找不足，有针对性地研究采取改进措施，在编制档案系统“八五”普法规划中得到全面贯彻落实，为决胜全面建成小康社会营造良好法治环境。

中国地震局“七五”普法规划实施情况

自“七五”普法启动以来，中国地震局坚持以习近平新时代中国特色社会主义思想为指引，深入贯彻落实党的十九大和十九届二中、三中、四中、五中全会精神，以及《中共中央关于全面推进依法治国若干重大问题的决定》，认真贯彻落实习近平总书记关于防灾减灾救灾重要论述和防震减灾重要指示批示，不断强化地震系统防震减灾法治宣传教育，扎实推进依法治理工作取得实效。

一、深入贯彻落实习近平新时代中国特色社会主义思想

中国地震局高度重视法治建设工作，深入学习领会习近平总书记全面依法治国的重要论述，及时学习传达习近平总书记在中央全面依法治国委员会第一次、第二次会议上的重要讲话精神，组织开展党组理论中心组专题学习，召开地震系统视频会议，研究部署防震减灾法治建设工作；成立了以中国地震局局长为组长、分管法治工作的副局长为常务副组长的依法行政工作领导小组；印发了《中共中国地震局党组关于加强防震减灾法治建设的意见》，明确将各单位党政主要负责人履行法治建设第一责任人情况纳入领导干部年终述职考核内容，将系统各单位普法工作列为综合考评目标任务；制定了《地震系统法制宣传教育第七个五年规划（2016—2020 年）》，要求按照“谁执法谁普法”的普法责任制，加强地震系统普法工作，并明确了普法重点任务及清单。

地震系统各单位也成立了“七五”普法工作领导小组或依法行政领导小组，将普法依法治理工作与业务工作同安排、同部署、同推进。制订法治宣传教育规划，把普法工作列入年度工作要点、年度考核和绩效考核内容，把法治宣传教育经费列入年度工作预算，并建立了动态调整机制。组建防震减灾宣讲团、防震减灾科学传播师等队伍，开展防震减灾法治宣传。

二、强化宪法及党内法规宣传

在地震系统深入开展尊崇宪法、学习宪法、遵守宪法、维护宪法、运用宪法宣传教育活动。认真落实宪法宣誓制度，组织 145 名新任职处级及以上干部进行宪法宣誓，为职工发放宪法学习读本，组织开展专题讲座、宪法知识答题、旁听庭审等活动，组织参与“我与宪法”微视频征集、“服务大局普法行”主题实践活动、全国应急管理普法知识竞赛、全国百家网站微信公众号法律知识竞赛、“防控疫情　法治同行”、《中华人民共和国民法典》学习等专题活动，开展国家宪法日暨宪法宣传周活动，增强地震系统领导干部遵守宪法、尊崇法治、依法行政的意识和能力。

积极开展党内法规宣传，将党内法规制度作

为地震系统领导干部、广大党员的学习必修课程，组织参与党内法规和纪检监察知识网络学习答题活动，引导广大干部职工自觉维护好、遵守好、实施好党的纪律和各项规定。

三、推进领导干部和青少年等重点对象学法

落实领导干部学法用法制度。举办防震减灾政策法规培训班，在干部教育网络学院开辟法治宣传教育专栏、安排法治专题课程，将法律基本知识纳入新任局管干部、新任处长培训和初任公务员培训等的必学内容，将学法用法情况纳入领导干部年度考核述职内容，营造“主要领导带头学、班子成员主动学、干部职工积极学”的良好氛围。

高度重视提升领导干部、青少年等重点对象防震减灾法律意识。举办市县领导干部培训班，提升市县领导干部防震减灾法治能力和水平。建设防震减灾科普示范学校，加强对中小学生在防震减灾领域法律法规以及《中小学校地震避险指南》等强制性国家标准的学习宣贯。在全国防灾减灾日、宪法日等重点时段深入学校、机关、企事业单位、社区、农村开展普法宣传教育活动，普及防震减灾法律法规、国家强制性标准。

四、落实“谁执法谁普法”责任制

印发《中国地震局规范性文件合法性审查办法》，聘请法律顾问，完善普法责任清单，指导各省、自治区、直辖市地震局制定普法责任清单、向社会公布权力清单。不断规范行政执法行为，建立健全行政执法公示制度，制定出台地震行政执法“三项制度”。强化对执法人员的培训，邀请专家为地震行政执法人员开展培训。在地震行政执法过程中嵌入普法程序，编制防震减灾执法典型案例教材，向行政相对人开展普法宣传教育，重点加强抗震设防、地震观测环境保护等法律知识的宣传教育。

2016 年、2017 年，全国人大教科文卫委员会与中国地震局组成联合调研组，分别赴云南、河北开展防震减灾法实施情况调研。2018 年，全国人大常委会将防震减灾法执法检查列入监督工作计划，对四川、新疆、甘肃等 6 省（区）进行实地检查，同时委托山西、内蒙古、广东、重庆等 10 个省（区、市）人大常委会分别在本行政区域内进行检查，有力促进了防震减灾法律法规的学习宣传和贯彻实施，受到社会的广泛关注，取得良好普法宣传效果。

五、加强防震减灾法治文化建设

将防震减灾法治宣传教育与社会管理实践相结合、与科普教育相结合，大力弘扬防震减灾法治文化。发挥防震减灾科普教育基地的主阵地作用，以点带面，推动建立普法长效机制，通过制作防震减灾普法宣传展板、开设主题展览、举办宣传活动、发放宣传资料、开展问卷调查等多种方式，引导社会公众了解防震减灾法治知识、参与防震减灾法治文化建设。

充分发挥各类媒体的积极作用，利用报纸专栏、电视访谈、微信、微博等载体，开展防震减灾普法宣传，为防震减灾营造良好的法治氛围。2020 年全国防灾减灾日期间，中国地震局通过官方网站、微信公众号、新浪微博等发布《防震减灾法》图解，开展《防震减灾法》网络问卷调查，累计有 15 万余人参与问卷调查。

中华全国总工会“七五”普法规划实施情况

一、总体情况及主要成效

“七五”普法工作开展以来，中华全国总工会（以下简称全总）坚持把普法和守法作为工会工作法治化建设的基础性工作整体推进，取得了明显进展。

（一）总体情况

全总党组、书记处高度重视，对全总普法工作提出明确要求，作出重要部署，全总领导参加工会普法主题活动。2016 年 6 月，全总制定下发了《关于在工会工作者和职工中开展法治宣传教育的第七个五年规划（2016—2020 年）》，加强守法普法工作的统筹谋划，积极落实普法责任制，把法治教育纳入工会干部和职工教育体系，充实和壮大工会法律服务志愿者队伍，强化工会劳动法律监督，深入开展职工法律服务，加强法治教育和职工维权人才培养。各级工会组织坚持以习近平新时代中国特色社会主义思想为指导，深入学习贯彻习近平法治思想，围绕全面推进依法治国总目标，完善机制，创新方式，强化责任，持续深入开展法治宣传教育，培育和践行社会主义核心价值观，弘扬社会主义法治精神，强化工会改革创新和产业工人队伍建设法治保障。各地工会均成立了由主要负责同志担任组长，各相关部门参与的工作领导小组。建立健全包括工作研究、目标分解、督查考核、信息交流和经费保障等一系列长效机制，为实现普法工作长效化、常态化、规范化发挥了积极作用。“七五”期间，各级工会共投入 7.5 亿元普法经费，发放各类普法宣传资料 5500 余万份，工会系统普法新闻报道 11.36 万条（次），职工参与达 2.47 亿人次。

（二）主要成效

一是工会干部运用法治思维和法治方式开展工作的能力进一步提高。工会干部，特别是工会领导干部，对工会法、劳动法等法律法规做到应知应会，必知必会，带头学法、模范守法，依法履职、依法维权意识明显增强，自觉以法治思维看待问题，用法治方式解决问题的习惯正在逐步形成。二是广大职工的法治意识和依法维权能力进一步提高。经过多层次、多渠道和多媒介的普法宣传教育，广大职工对自身权利义务的认识水平明显提高。全总开展的“七五”普法问卷调查显示，职工自觉遵守法律规定和企业规章制度、服从企业管理的意识得到强化；尊重劳动合同、集体协商、职工代表大会等制度在协调劳动关系中的作用，依法理性表达和维护利益诉求的能力显著提高。三是工会工作法治化建设水平进一步提升。通过广泛的法治宣传教育，工会组建方式增加、程序法治化程度逐步提升，组织召开职代会等企业民主管理活动更加规范，推进劳动合同和集体合同签订率不断提高；会籍管理、工会活动、工会经费和财产管理等形成了更加规范合法的制度体系。普遍建立法律顾问制度，为健全依法决策机制打下坚实基础。

二、主要经验和突出的工作亮点

“七五”普法工作开展以来，全总在以下 4 个方面深入总结和发现规律，形成可推广可复制的工会普法工作经验。

（一）突出重点，精准普法

一是加强工会领导干部的法治教育。各级工会坚持建立和完善党组中心组集体学法、专题讲座、法律知识考试考核等领导干部学法用法制度，把尊法学法守法用法情况作为考核领导班子和领导干部的重要内容，把法治教育纳入领导干部理论学习规划，促使各级工会领导干部深刻领会习近平新时代中国特色社会主义思想，熟练掌握和理解工会法、《中国工会章程》的内容，切实提高工会领导干部运用法治思维和法治方式深化改革、推动发展、化解矛盾、维护稳定的能力。二是加强基层工会干部的法治宣传教育。将法治培训纳入基层工会工作者初任培训、任职培训的必训课程，在工会各类培训中融入法治教育内容，全面提升基层工会工作者法律素质。全总先后在陕西、黑龙江、湖北等地举办了工会系统“七五”普法骨干培训班，培养了一批工会普法骨干力量。据统计，“七五”普法期间，全国各级工会组织开办的普法培训班 5.6 万个，培训人次 2000 余万。许多地方通过开展网络远程学习、视频讲座等多种方式，使更多的工会干部掌握法治基本知识，熟悉和理解法律基本概念、法律体系构成、法律适用规则，并将其熟练运用于维护职工权益的法治实践。三是加强以农民工为重点的职工法治教育。各级工会不断深化“法律六进”，将法治教育和道德教育相结合，根据不同职工群体的特点和需求，有针对性地开展普法宣传教育。切实加强职工法治文化建设，大力宣传保障职工权益的法律法规，围绕职工特别是农民工的法治诉求提供优质、高效的法律服务产品，引导职工依法理性表达利益诉求和维护自身合法权益。从 2017 年起，全总和教育部、司法部、全国律师协会联合开展“尊法守法·携手筑梦”服务农民工法治宣传和公益法律服务行动，组织高校师生、律师志愿者深入到农民工集中的乡镇、街道、社区及工地，积极开展法治宣传、争议调处、法律监督和法律援助服务。截至 2020 年年底，全国工会系统共组织 2.7 万名社会律师开展公益法律服务 3.5 万场（次），直接受众超过 2300 万人次，办理法律援助案件 7.1 万件，为职工挽回经济损失约 20 亿元。

（二）丰富内容，打造品牌

一是精心组织开展系列主题活动。近年来，全总在元旦、春节农民工讨薪案件高发、多发的特殊时间节点开展“法暖冬日，以薪慰心”公益活动，组织专业律师为广大职工特别是农民工提供免费法律咨询服务，累计覆盖人数约 5000 万人。各级工会充分利用“12·4”国家宪法日、元旦、春节、“安全生产月”、“春风行动”等重要时间节点，积极开展主题鲜明的集中宣传活动，将普法贯穿于工会服务和维权工作中，实现维权和普法的有机结合，实现工会普法工作常态化、即时化。山东、湖北等省（区、市）总工会深入企业开展“法治体检”，对劳动合同签订、集体协商建制等工作进行全面检查。内蒙古、重庆等省（区、市）总工会充分利用网络平台，开展内容丰富的宪法知识竞赛活动，通过竞赛促进学习，加深职工对宪法、法律知识的理解。二是把普法教育融入群众性文化活动。各地工会充分挖掘地方特色文化，结合职工需求，积极扶持职工艺术团体，精心编排法治文艺节目，举办法治文化活动，让职工在丰富多彩的文化活动中受到法治熏陶，增强法治意识，引导职工将法治精神内化为自觉行动。吉林省总工会组织社会志愿者成立普法文艺志愿队，自编自演普法快板、相声等文艺节目，以通俗易懂的方式开展包括宪法宣传在内的普法演出。湖南省总工会在全省上下开展了“万屏联播”宣传宪法，在湖南广播电视台播放法治微电影、法治公益广告，在地铁与磁浮列车等交通工具上宣传宪法。天津市总工会通过《天津工人报》、广播电台等多种媒体平台，跟踪报道各级工会组织普法宣传活动动态，宣传宪法及劳动法律知识。

（三）创新形式，科技支撑

全总树立“互联网 + 法治宣传教育”的理念，充分发挥互联网技术在普法中的作用，打造以“三微一端”（微博、微信、微视频、客户端）为主体的工会普法网络，坚持线上线下相结合，利用“报、网、端、微、屏”等媒体平台进行普法宣传，增强普法活动的吸引力和互动性。截至 2020 年年底，中国工会普法网发布文章 1.1 万篇，访问量 200 余万人次，处理在线法律咨询 1381 件。中国工会普法微博发布信息近万条，吸引粉丝 72 万，评论转发数十万人次。“劳法聚焦”微信公众号推送文章近 2000 篇，文章阅读量超百万人次。网易号“劳法聚焦”阅读量超 500 万人次，2016 年荣获“最佳内容政务网易号”，2017 年荣获“全国最具影响力百家工会新媒体”和“全国政能量指数十大中央机构”荣誉称号。一些地方工会积极利用新媒体的优势和特点，引入专业力量，开发、策划实用、有趣的普法产品和活动，将职工关心关注的法律问题通过新颖的方式作出解答，取得良好效果。《福建省工会劳动法律监督条例》出台后，福建省总工会劳动法律监督委员会和《福建省工会劳动法律监督条例》暨劳动法律宣讲团成立，15 支省服务农民工法治宣讲服务队分赴全省各地宣讲该条例，同时还启动了在 LED、电视屏及微信端的全屏宣传活动及百名律师现场开展法律服务等活动。陕西、四川等地工会开展微信有奖答题活动；安徽省总工会官方网站刊播《国法家事》等微视频，微信公众号设置专题推送普法宣传专题文章；截至 2020 年年底，全国工会系统开设的新媒体数量 3.02 万个，发布文章 20 余万篇。

（四）健全机制，人才保障

一是建立健全沟通协调机制，通过参与人大执法检查、政协委员视察、司法裁判等形式开展普法；与司法、宣传、司法行政、人社等党政部门建立长效合作机制，做到资源共享、优势互补。一些地方工会，如宁夏石嘴山市总工会，与地方法院联合设立劳动法庭，在推进劳动争议案件专业化审理的同时，积极鼓励职工旁听庭审，拓展了工会普法的阵地，进一步丰富了工会普法的内涵，增强工会普法的社会影响力。从 2014 年起，江苏省总工会连续 7 年联合司法厅、人社厅、企业联合会、企业家协会、工商联等单位，每年突出一个主题，集中一个月时间，在省、市、县三级工会联动开展“五一劳动法治宣传服务月”活动，集中为企业和职工送法律送知识送服务，现已形成具有江苏特色的工会劳动法治宣传品牌。二是强化普法干部队伍建设，加大对公职律师等法律人才的培养和任用力度，全总机关制定《工会公职律师管理办法（试行）》，充分发挥全总机关公职律师作用。各地工会积极争取党政领导和支持，主动加强与有关部门沟通联系，吸引大批律师、高校法律专业师生等具有法律专业知识的人才加入工会法治宣传骨干队伍，工会干部队伍整体素质得到明显提升。三是畅通志愿服务渠道，完善管理制度，培育了一批工会普法志愿者优秀团队和活动品牌。安徽省总工会职工维权法律顾问团承办了很多社会影响力较大的职工维权案件，如“华润能源工会主席辞退问题案”“美团外卖小哥送餐倒地案”，通过与相关企业积极沟通协调，有力地维护了工会干部和职工的切身权益，也为工会普法教育扩大覆盖面起到了很好的示范引领作用。江西省总工会探索建立了“三师一室”普法平台，把律师、劳动关系协调师和心理咨询师三支队伍整合起来，把“茶室”的形式开设进企业和工业园区，开设到职工身边。特别是在劳动关系较为复杂、诉求较为多元的矛盾调解中，“三师一室”更是集信访接待、法治宣传、劳动法律监督、劳动关系协调、职业病防治、健康义诊、心理咨询等多重角色于一身，体现出“组合拳”的服务特色。河北、上海、四川等省（区、市）总工会通过选树典型表彰先进、评选优秀维权案例的方式，将一批宪法精神的践行者、优秀工会法律人的维权成果作为加强工会法律人才队伍的典型案例加以宣传。

工会系统“七五”普法工作虽然取得了一定成效，但在普法针对性实效性、打造原创精品和整合社会资源等方面还需要进一步加大工作力度。

三、加强工会普法宣传教育工作的思路和打算

普法是工会工作法治化建设的基础性工作，是提高工会干部运用法治思维和法治方式协调劳动关系能力的重要手段，是引导广大职工依法理性维权的重要举措。对照工作中存在的问题，为进一步加强工会普法宣传教育工作，解决普法工作中的突出问题，切实增强普法实效，全总将在“八五”普法规划贯彻实施中，加强以下三个方

面的工作。

（一）提高政治站位，进一步提高对普法重要性的认识

一是进一步加大对习近平法治思想的学习宣传，原原本本读原文、悟原理，在学懂、弄通、做实上下功夫，把握精神实质，自觉用以武装头脑、指导实践，增强推进全面依法治国的思想和行动自觉。二是进一步加大宪法的学习宣传教育。深入开展尊崇宪法、学习宪法、遵守宪法、维护宪法、运用宪法宣传教育活动，弘扬宪法精神，让宪法家喻户晓、深入人心。三是重点做好工会领导干部和基层工会工作者的法治宣传教育。进一步健全落实工会领导干部学法制度，加大普法培训力度，切实提高工会干部运用法治思维和法治方式协调劳动关系、解决实际问题的能力和水平，不断强化工会干部学法用法的责任意识和使命感。

（二）创新普法形式，切实增强普法的感染力和社会影响力

充分发挥新闻媒体、网络远程教育等载体的作用，以职工需求为导向，兼顾形式和内容的时效性、易用性、通俗性和趣味性，充分利用微信、微博等新媒体社交平台和移动互联网技术，形成交互型互动模式，直接将普法知识送到职工手上，为职工提供全天候普法服务。加大普法力度，根据不同层次对象、不同受教育程度群体的特点，运用通俗易懂的内容和表现形式，增强普法感染力和社会影响力。建设法律维权服务网络系统，不断增强线上法律咨询和服务能力，结合线下法律援助服务，随时为职工提供更高效、更便捷、更贴心的法律服务。

（三）加强协调配合，大力推动形成工会普法工作新格局

进一步完善协作机制，加强与相关部门的信息沟通，实现资源共享，大力开展“尊法守法·携手筑梦”服务农民工法治宣传和公益法律服务行动，不断扩大工会普法工作影响力。通过引导志愿服务、购买社会服务等方式，广泛吸引社会力量参与工会普法工作，不断提升普法工作实效。加强普法工作督促检查，充分发挥各级工会普法工作领导小组统筹协调作用，调配好工会内部资源，将普法与工会各项工作结合起来，在建会、管会、履职、维权等各业务环节积极开展普法，在普法过程宣传、推动工会各项工作，推动形成配合有力、协调高效的工会“大普法”工作格局。

共青团中央“七五”普法规划实施情况

“七五”普法期间，共青团中央深入学习贯彻习近平新时代中国特色社会主义思想，把加强青少年普法宣传作为全面依法治国的重要实践，切实履行守法普法协调小组成员单位职责，专门制定《共青团中央关于贯彻实施“七五”普法规划在青少年中深入开展法治宣传教育的意见》，在《中长期青年发展规划（2016—2025）年》中明确青少年法治宣传教育的目标和任务，并将青少年法治宣传教育纳入平安建设考评体系，取得良好成效。

一、围绕党和国家工作大局突出普法重点

一是高度重视宪法宣传教育。团中央书记处带头开展以“我国宪法和推进全面依法治国”为主题的集体学习。全团以“12·4国家宪法日”为契机，广泛开展“法治宣传教育周”活动，普及与青少年密切相关的立法、执法、司法、法律

◆ 成立青少年普法工程公益讲师团，开展青少年法律服务活动

监督和法律服务等法治实践，引导青少年树立宪法法律意识、养成尊法学法守法用法习惯。二是认真组织学习宣传《中华人民共和国民法典》，团中央书记处开展以“民法典的颁布实施”为主题的集体学习，带动全团在青少年中开展《中华人民共和国民法典》宣传教育，引导青少年牢固树立规则意识、诚信意识，弘扬和践行社会主义核心价值观。三是指导各级团组织，在青少年中广泛开展法治课堂、普法大赛、公益讲座、法律咨询等普法活动。围绕庆祝新中国成立70周年，大力宣传新中国成立以来尤其是党的十八大以来我国社会主义法治建设重大成就。深入乡村、社区，为实施乡村振兴战略、决胜脱贫攻坚、全面建成小康社会提供良好法治环境。在每年“4·15全民国家安全教育日”“6·26国际禁毒日”“12·1世界艾滋病日”等时间节点，集中开展专项法治教育宣传。四是服务新冠肺炎疫情防控大局，依托各地“12355”青少年服务台和上海、武汉等6个区域中心，集中宣传党中央在法治轨道上统筹推进疫情防控和经济社会发展的决策部署。

二、适应青少年身心特点，提升普法实效

一是强化法治教育实践体验，推广模拟法庭、以案释法等互动性强、参与度高的实践形式。北京、山东、宁夏共青团打造沉浸式戏剧普及校园欺凌预防知识，河北、吉林、湖北、广西、贵州共青团通过快闪宣誓、以案说法、实地观摩、公益广告展演等提升青少年参与度。二是实施“青少年法治宣传、禁毒防艾教育专项资助”，2016年至2020年累计委托青年社会组织开展860个工作项目，有效引导社会力量参与法治宣传教育。2017年开始在全国大中专学生志愿者暑期文化科技卫生“三下乡”社会实践活动中，设立“青少年禁毒防艾宣传”服务专项。举办“全国青少年禁毒防艾网上知识竞赛”，相关短视频累计播放2.3亿次。三是充分发挥共青团新媒体矩阵优势，制作推广青少年喜闻乐见的法治教育文化产品，有机融入时尚元素，让青少年喜欢看、愿意转。共青团中央联合司法部、全国普法办持续开展青少年学法用法网上知识竞赛，“七五”普法期间累计吸引315万余名青少年参与答题。联合央视《社会与法》频道连续制作4季未成年人法治节目《守护明天》。各地团组织通过法治微电影大赛、法治辩论赛、新媒体普法大赛等活动，发动青少年广泛参与。在普法的同时，各级团组织还积极开展“青春自护”教育活动，提升青少年防诈骗、防性侵、人身安全等方面的自护意识和能力。

三、加强平台队伍建设，壮大普法力量

一是加强青少年法治教育实践基地建设。2016年会同教育部等六部门出台《关于加强青少年法治教育实践基地建设的意见》，把实践基地建设作为新形势下深入推进青少年法治教育的重要任务。二是充分发挥“12355”青少年服务台作用。指导各地稳定联系近4000名法律工作者，线上提供法律咨询服务，线下跟进介入个案帮扶。三是联合中国法学会、司法部持续开展“青年普法志愿者法治文化基层行”活动，动员青年踊跃加入普法讲师团、普法志愿者队伍，深入企业、农村、社区普及法治文化，在法治宣传实践中接受教育、增长才干。四是联合中央政法委等12家单位创建全国“青少年维权岗”，推动4232家基层创建单位在一线面向青少年开展法治宣传，形成未成年人保护合力。

四、注重法治教育服务，参与基层治理

一是代表和引导青少年参与民主协商和社会治理。积极参与人大、政协各类协商活动，围绕当前未成年人健康成长的重点难点问题，代表青少年提出意见和建议。2019年至2020年，开展全国青少年模拟政协提案征集活动，引导青少年理性表达利益诉求，5.6万名青少年参与并提交模拟提案作品，117.2万人参与网络投票，各地择优推荐近4000件模拟政协提案作品。推进青年信用体系建设试点，完善守法诚信褒奖机制和违法失信惩戒机制，培养青年在基层治理实践中增强法治意识、规则意识、诚信意识。二是会同相关部委在全国401个县区的743个社区（村）开展“青少年零犯罪零受害社区（村）”创建试点，推动普法教育向最基层延伸。三是与最高人民检察院合作建设未成年人检察工作社会支持体系。2019年在40个城市开展试点，至2020年年底，全国所有省（区、市）检察院、团委已签署合作协议。

五、深化青少年立法研究和理论研究

一是搭建“青少年立法与政策协商论证会”平台，依靠专业力量推动青少年相关立法和政策制定，注重利用团属媒体发动青少年对立法修法建言献策。先后配合全国人大工作机构参与修订《中华人民共和国未成年人保护法》《中华人民共和国预防未成年人犯罪法》，就制定《中华人民共和国社区矫正法》《中华人民共和国治安管理处罚法》《中华人民共和国监狱法》《未成年人网络保护条例》《儿童个人信息网络保护规定》等提出意见。二是围绕实施《中长期青年发展规划（2016—2025年）》，依托部际联席会议机制，推动相关部门在保护、关爱未成年人方面强化政策制定，落实好安全健康、权益维护等领域的监测指标。三是发布团中央“青少年发展研究”课题，其中包括“青少年法治素养研究”“未成年人司法保护”“民事法律领域未成年人权益保护机制”“未成年人监护权撤销转移案例评估分析”等课题，面向社会征集研究成果。联合研究机构定期开展全国未成年人互联网使用情况调研，加强“中国青少年网络安全治理”课题研究，编撰《青少年法律法规汇编》，全面反映我国青少年立法成果。

普法实践还有待改进之处，一是普法内容与青少年实际需求有差距。普遍仍以法律条文宣讲为主，对培养规则意识、加强生命教育重视不够，对引导青少年依法维护就学、就业、创业等方面权益的策划不足。二是法治教育产品及活动不够丰富，普法形式仍是硬性推广多、青少年自发传播少，缺乏持久吸引力。三是面向重点群体的普法宣传存在短板，对闲散青少年、城乡流动青少年和农村留守儿童等重点群体宣传覆盖有限。

下一步，共青团中央将认真落实守法普法工作协调小组成员职责，按照“八五”普法规划部署，不断深化青少年普法工作，组织带领广大青少年投身全面依法治国伟大实践。一是继续加强对宪法的学习宣传、对《中华人民共和国民法典》等法律知识的普及教育，让青少年树立法律意识、明确行为边界。二是突出青少年法治教育重点，强化培养规则意识、加强生命教育，引导青少年增强守法、自控、安全意识，深刻认识暴力犯罪、毒品犯罪和网络成瘾等行为的危害，正确面对和处理心理脆弱、思想困惑、行为失控等问题。三是持续关注重点群体，有针对性地开展宣传教育，帮助他们健康成长、顺利融入社会。四是加强与公检法司等部门的合作，提升面向青少年普法的专业性、权威性。五是注重新媒体时代传播规律的研究，强化普法产品和活动的时代感、体验感、参与感，创新法治宣传活动形式，真正让青少年喜闻乐见影响持久。

◆ 重庆市妇联在九龙坡区举办"建设法治中国　巾帼在行动——重庆市妇联'千万妇女大学法'"活动启动仪式

中华全国妇女联合会"七五"普法规划实施情况

2016~2020 年，中华全国妇女联合会（以下简称全国妇联）按照全国普法办的要求，认真落实国家"七五"普法规划，将法治宣传教育作为妇联组织贯彻落实党的十九大和十九届二中、三中、四中、五中全会精神，全面推进依法治国要求的具体举措，加强领导、精心组织，在全国范围内广泛开展了主题鲜明、形式多样、卓有成效的法治宣传教育活动。

一、高度重视，切实加强组织领导

（一）加强组织领导

全国妇联成立了"七五"法治宣传教育领导小组，指导妇联系统开展法治宣传教育工作。明确由党组书记、副主席、书记处第一书记任组长，分管领导任副组长，成员包括办公厅、组织部、宣传部、权益部、机关党委负责人。地方各级妇联也相应成立"七五"法治宣传教育领导机构，组织领导本级及下级法治宣传教育工作。如河北、辽宁等省妇联建立了"一把手"负责、多部门合作、层层分级管理的网络化普法工作组织体系。

（二）建立健全机制

2016 年，全国妇联研究制定了《全国妇联系统开展法治宣传教育的第七个五年规划（2016—2020 年）》（以下简称《规划》），对妇联系统普法工作作出整体部署，明确了指导思想和主要目标、工作任务、工作措施、组织保障及工作进展安排，特别强调以妇联工作人员和妇女群众为普法重点，领导干部带头学法用法，对妇联组织今后五年的法治宣传教育工作作出制度性安排。31个省区市妇联结合各自实际，制定了本地“七五”普法工作安排。

（三）强化示范引领

全国妇联党组坚持将习近平总书记关于全面依法治国的重要论述和重要指示精神、国家重要法律和党内法规等纳入党组理论学习中心组年度学习计划，坚持总书记讲话第一时间学习、集中学习研讨、深入领会精神实质，并结合妇联实际研究提出贯彻落实举措。

二、多措并举，推进法治宣传教育

（一）广泛开展宪法学习宣传

2018年3月宪法修正案公布后，全国妇联机关召开全体干部会议，全面传达学习包括宪法修正案在内的“两会”精神。将宪法学习材料下发到每位党员干部手中，邀请知名专家学者深入解读宪法修正案的核心要义。与司法部、民政部等部门联合印发《关于组织开展“宪法进万家”活动的方案》。各级妇联从自身实际出发，积极与司法行政等部门联系，开展形式多样的宪法主题宣传活动。宁夏、辽宁、黑龙江等地妇联在微信公众号、官方网站开辟宪法宣传专栏。江西省对省市县三级妇联都进行了农村妇女“法律明白人”培训，把宪法和维护妇女权益相关的法律法规作为重点培训内容。云南省妇联在扶贫点赶集日，面向妇女群众开展宪法宣讲活动，吸引了2000多名群众参加，受到妇女群众的欢迎。

（二）认真落实“谁执法谁普法”责任制

一是开展反家庭暴力法宣传。全国妇联党组主要负责同志组织专题研究反家暴经常性工作，出台《关于加强反家庭暴力经常性工作的意见》；编辑《反家庭暴力相关法律法规和政策文件汇编》，在“女性之声”新媒体平台推广反家庭暴力法律政策、司法实践和基层维权中的好经验好做法；联合女检察官协会、女法官协会、女律师协会，在人民网举行“反对家庭暴力，我们在您身边”网络访谈活动，当日视频播放量达340万次。湖南省等地妇联推动省公安厅将反家暴纳入警察业务培训范围，有的开设线下专门课程，有的在网上开展反家暴培训。浙江省衢州市妇联组织资深律师走进公安干校，累计为近700名新入职的干警和警衔晋升轮训干警讲授反家暴课程。内蒙古妇联编印1.5万册蒙汉双语《内蒙古自治区反家庭暴力条例》单行本发放到基层，在乡村大喇叭“喊你反家暴”，借助基层宣传网络广泛开展听得懂、记得住、接地气的反家暴条例宣传活动，覆盖全区11个盟市的45个旗县、20个乡镇、288个嘎查村。

二是开展民法典专题宣传，2020年5月《中华人民共和国民法典》表决通过后，全国妇联为机关干部配发学习资料，组织收看民法典专题报告会，邀请专家录制课程解读民法典亮点，在“女性之声”“妇联通”等新媒体平台转发宣传品及民法典解读课程17个，指导各级妇联干部积极学习。江苏省妇联制作“民法典与妇女权益”系列宣传片，结合“学习强国进家庭”“民法典进家庭”，在学习强国及省妇联公众号播放宣传。山东省妇联与山东广播电视台联合举办“女性：不可不知的民法典”融媒体直播普法宣传，现场参与人数达50多万人次。

（三）持续开展“建设法治中国 · 巾帼在行动”活动

全国妇联积极落实党中央关于全面依法治国整体部署，立足职能，发挥优势，在全国范围内发起“建设法治中国 · 巾帼在行动”活动，利用遍布城乡社区的“妇女之家”开展普法宣传活动，动员引导广大妇女积极行动起来，自觉尊法学法守法用法。自2015年至2020年，各级妇联积极行动，网上网下一体运作，共开展普法讲座、现场咨询、法治文化等活动190.2万余场，参与妇女群众达3亿人次。

（四）丰富宣传形式，提升宣传质效

开发普法维权宣传品。围绕“依法维护妇女儿童权益十大案例”开发主题漫画，首发当日71家网络平台发布，点击量达60万；开发印制反家庭暴力单位责任、重要制度主题宣传海报，线上线下同步宣传，阅读量达7.3万余次，并提供给84家中央和国家机关单位以及北京市直各单位张贴；制作反家庭暴力、反对性骚扰、反对就业性别歧视等主题微视频，解读法律法规，引导广大妇女群众以理性合法方式维护自身权益。与团体会员单位联合举办第三届“依法维护妇女儿童权益十大案例”发布会，人民网、新华网、中国妇女网等11个平台同步直播，线上直播收看人次达到589.4万。

（五）抓住重要节点，做好法律法规宣传解读

2016年、2017年，利用人口计划生育法、反家庭暴力法、慈善法出台及妇女权益保障法实施25年契机，策划推出《法律相助，共享二孩幸福》《慈善法来了，让爱心有法可依》等数百篇文章。2018年，围绕改革开放40周年主题，在《中国妇女》杂志策划刊发“40年，那些值得记住的法律”系列文章。2019年，围绕庆祝新中国成立70周年，推出“家国70年，法治助力女性成长”系列报道。2020年，围绕《中华人民共和国民法典》出台，推出《民法典将这样影响你我生活》《民法典是落实男女平等宪法原则的典范》等系列文章和解读视频。

三、抓住关键领域，凸显普法成效

（一）新冠肺炎疫情期间开展普法宣传活动

全国妇联收集整理了有关卫生防疫、孕产妇劳动保护的法律法规，编制了《防控新型冠状病毒感染肺炎若干问题解答及法律政策汇编》，供各地妇联参考使用。全国各地妇联12338热线或延长服务时间，或增加服务内容，为群众提供更优质的线上维权服务。湖北妇联组织了抗击疫情“家爱心坊”妇女儿童心理援助项目，开展了面向社区工作者和居民的团体心理辅导12场，举办湖北省妇女儿童心理援助专题培训班。广西妇联联合广西律师协会女工委成立“广西抗击疫情妇女维权公益女律师志愿团”，82名女律师轮流值班，公益接听12338妇女维权热线，为群众提供法律帮助。

（二）推动法规政策性别平等评估机制在地方普遍建立

全国妇联推动地方人大、政府建立健全法规政策性别平等评估机制。2020年4月，国务院妇女儿童工作委员会出台《关于建立健全法规政策性别平等评估机制的意见》，推动将男女平等理念纳入法规、规章、政策的制定和实施过程。目前，全国31个省区市全部建立相应机制。天津、河北、江苏、西藏；等地还将法规政策性别平等评估机制写入地方性法规，辽宁、上海、云南等地政府法制部门将性别平等审查的要求，写入政府规章或规范性文件制定办法或者程序中，为促进当地男女平等发展和地方经济社会进步发挥了积极作用。

（三）法治宣传教育融入家庭文明建设

2016年颁布的《关于指导推进家庭教育的五年规划（2016—2020年）》、2019年出台的《全国家庭教育指导大纲（修订）》、2020年与教育部共同修订的《家长家庭教育基本行为规范》、2019~2020年编印的《儿童家庭德育指导手册》等文件材料中，都鲜明提出家长要对孩子进行法治教育，培养儿童法治观念。2017年、2020年两次修订全国五好家庭表彰办法，强调家庭成员要爱国守法、遵德守礼，自觉学法尊法守法用法。2019年以来，每年寒暑假期联合公、检、法、司等相关部门共同开展关爱服务活动，将法治宣传教育作为儿童安全教育重要内容纳入其中。

（四）加强妇联干部教育培训

全国妇联加强顶层设计，将习近平新时代中国特色社会主义思想作为重要内容纳入各级各类培训班课程内容。制定下发《2019-2023年全国妇联干部教育培训规划》，维护妇女儿童合法权益纳入专业培训内容。《依法维护妇女权益的理论与实践》和《保障妇女儿童权益法律法规汇编（修订）》列入“新时代妇联干部教育培训参考教材”系列。2016~2020年10月底，全国妇联本级共举办71期相关培训班，培训妇联干部、各行各业女干部、少数民族女专家及乡村妇联执委共计8878人次。安徽、福建、甘肃、新疆等省区妇联专门邀请专家学者对维权干部开展保障妇女权益的法律知识专题培训。重庆市妇联到各区县举办法律、维权专题讲座29场次，惠及5000余名基层妇联干部。广东省妇联每年都组织专业培训，五年共培训近3000人次。

四、存在问题

（一）法治宣传教育形式还不够丰富

贴近实际、贴近生活、深受妇女群众喜爱的高质量法治宣传教育作品仍不够丰富，H5、抖音、图解、漫画等更为活泼的宣传形式还较为欠缺，有待于进一步挖掘。

（二）法治宣传教育的有效覆盖面还不够广

受地区发展不平衡、法治宣传手段不足制约，作为妇联“谁执法谁普法”责任之一，推动司法机关宣传普及反家暴法力度不够，法治宣传教育在农村及偏远贫困地区的影响力、覆盖面相对于城镇地区仍然较弱。

（三）妇联工作人员的法治宣传教育能力有待进一步提升

与新形势对妇联普法工作提出的新要求相比，妇联工作人员的法治素养、开展法治宣传教育工作的能力仍有不小差距，发现新情况、解决新问题的能力也有待提高。

五、下一步工作

针对以上问题，在今后的普法工作中，全国妇联将继续指导地方妇联，做好以下工作。

一是将法治宣传教育工作作为妇联组织的重要工作，持续深入学习习近平法治思想，以习近平法治思想为指导推动妇联系统守法普法各项工作，将常态化的法治宣传教育与常态化的妇女儿童工作相结合，领导干部带头学法用法，用法治思维开展妇女儿童维权工作。根据国家“八五”普法规划要求，制定妇联组织落实规划的具体实施方案，持续推进面向妇女、家庭的法治宣传教育工作，提高广大妇女依法办事、依法维权的能力。

二是继续推进新媒体宣传，打造立体化法治宣传模式。积极开发群众乐于接受、社会认可度高、影响力大的法治宣传品，推广分享其他部门制作精良的普法资源，不断增强妇女法治宣传的吸引力及用户黏性。

三是持续开展“建设法治中国·巾帼在行动”活动，并与“乡村振兴巾帼行动”、寻找“最美家庭”等活动紧密结合。立足家庭，提高妇女群众法律知晓率。推动司法机关将反家暴法纳入系统培训，提供专业支持，切实提高司法工作人员反家暴的意识和能力。

四是继续加强妇联干部法治宣传教育能力建设，着重加强对基层妇联干部、妇联执委的法治素养和能力培训。继续吸收社会组织参与法治宣传教育工作，建立完善由妇联干部和专业人士、志愿者队伍共同组成的法治宣传队伍，为法治宣传教育工作持续深入开展提供坚强保障。

中华全国归国华侨联合会“七五”普法规划实施情况

自2016年《中央宣传部、司法部关于在公民中开展法治宣传教育的第七个五年规划（2016—2020年）》实施以来，中华全国归国华侨联合会（以下简称中国侨联）坚持以习近平新时代中国特色社会主义思想为指导，认真贯彻落实党的十九大精神和习近平总书记关于全面依法治国的重要论述，带领各级侨联按照国家“七五”普法规划要求，紧紧围绕“四个全面”战略布局，从侨联工作实际出发，上下一心、通力协作，深入开展法治宣传教育，取得了较好的成效。

一、主要做法

（一）主动纳入国家“七五”普法规划，坚持将侨界普法与围绕中心、服务大局相结合

围绕中心、服务大局是中国侨联“七五”普法规划的首要原则。

一是加强顶层设计。中国侨联党组高度重视侨联系统普法工作，在国家“七五”普法规划实施以后，马上召开中国侨联普法工作领导小组会议，提出侨联系统要提高政治站位，对标中央要求，紧紧围绕党和国家大局，将深入学习贯彻落实习近平总书记关于全面依法治国重要论述和国家“七五”普法规划精神作为一项重要政治任务抓紧抓实。迅速制定并印发《中国侨联关于在归侨侨眷中开展法治宣传教育的第七个五年规划》，第一时间举办“七五”普法启动仪式，对侨联系统普法工作的指导思想、主要目标、工作原则、工作任务及要求作出规定，将法治宣传工作经费纳入支出预算，切实予以保障。在中国侨联“七五”普法规划的指引下，全国各级侨联相继制订了“七五”普法规划及规划实施方案，为全国侨联系统深入开展普法工作奠定了坚实的基础。

二是组织领导有序。中国侨联始终把落实党中央关于群团改革、侨联改革的决策部署、十代会工作部署同普法工作结合起来，提高侨联工作法治化水平。党组中心组（扩大）学习会连续3年邀请全国人大法工委、中央党校法律教研部和中国法学会专家教授为机关处以上党员干部、所属企事业单位负责人讲授中国特色社会主义法治体系、宪法和民法典等，提高侨联干部法治意识和法治观念。中国侨联主席认真履行党组书记第一责任人责任，先后9次召开党组会议和主席办公会议研究“七五”普法，指导中国侨联机关和各省级侨联成立“七五”普法工作领导小组及办公室，明确责任、分工到人，建立了主要领导亲自抓、分管领导直接抓、职能部门具体负责、全体干部共同参与的工作格局。

三是聚焦中心工作。主动将侨界法治宣传工作融入侨联中心工作全过程、全领域。5年来，联合地方侨联先后举办“‘侨商杯’全国侨联系统法律知识竞赛”“法治中国你我同行”“法治宣传边关行”“法律六进”“纪念‘侨法’颁布30

周年”等系列活动。中国侨联主席高度重视侨联法治宣传工作，多次作出批示，要求加强法治宣传、普及法律，用法治的思维、法律的手段指导侨联维权工作，让侨界群众知法、懂法、守法，依法维护权益，促进社会和谐稳定。中国侨联“七五”普法工作领导小组组长定期听取法治宣传工作汇报，出席中国侨联在全国各地举办的“法治中国你我同行”侨界法治学习活动，了解具体情况，提出指导意见，督促改进举措，确保法治宣传工作始终围绕侨联中心工作开展。

四是严格督查考核。根据中宣部、司法部、全国普法办安排和工作需要，下发《中国侨联办公厅关于做好“七五”普法中期检查工作的通知》，开展“七五”普法中期督导检查工作，要求各省级侨联高度重视，认真、客观、全面地做好中期检查总结工作。各级侨联切实将普法工作纳入本级年度考核和评先评优范围，完善考核机制，强化检查监督，严格落实奖惩，为全国侨界普法工作进一步制度化、规范化、科学化夯实了保障措施。

（二）发挥侨联独特优势，坚持将侨界普法与维护侨益、参政议政相结合

依法维护侨益是侨联组织的重要职责。中国侨联和各级侨联充分发挥侨界人才荟萃、联系广泛、融通中外的优势，通过运用法律手段维护归侨侨眷和海外侨胞在国内的合法权益。

一是坚持以人民为中心，服务侨界群众。以侨界群众集中的侨乡、华侨农场、园区、科研院所等为重点，围绕当前侨界群众普遍关心的投资合作、婚姻继承、劳务社保、产权保护等热点难点问题开展法治宣传教育，解答法律疑问，满足实际需求。黑龙江、吉林、贵州、青海等地侨联通过在当地知名报刊开设涉侨法律专栏、开展“普法依法治理结对帮扶”、举办“法治人物”推选、侨法大讲堂等特色普法活动宣传法律知识，为侨界群众提供法律援助。湖北、江苏、福建、山西等地侨联通过与校园侨联紧密协作、建立普法教育基地着重加强侨法、未成年人保护法等法律的宣传教育，引导他们学法用法、自我保护。

二是借力发力，形成部门合作。2018 年，中国侨联与公安部、司法部、国务院侨办、国家移民局等部门进行沟通座谈，对“一带一路”建设中的法律问题、华侨国内证件问题等进行深入探讨。2019 年，组织中国侨联法顾委海外律师团与司法部就加强中外律师交流合作交换意见。与中国法学会联合举办“知侨法、护侨益、凝侨心、聚侨力”高端法律论坛，邀请商务部专家作“一带一路”经贸合作讲座。应司法部之邀，参加上海合作组织国家法律服务国际论坛。2020 年，为纪念归侨侨眷保护法颁布 30 周年，与全国普法办联合举办第二届“侨商杯”法律知识竞赛。与国务院侨办联合编印《涉侨法律政策指南》，共同做好涉侨法律法规政策贯彻落实工作。

三是协助做好参政议政，积极建言献策。充分发挥侨联界政协委员参政议政、维护侨益的作用，积极参与归侨侨眷权益保护法修改和华侨权益保护法的立法工作。每年组织侨联界政协委员赴地方考察调研，宣传涉侨法律法规，了解涉侨政策法律落实情况，及时向党中央和有关部门反映。

四是延伸工作手臂，加强海外工作力量。近年来，不断壮大中国侨联法顾委海外工作力量，协助我驻外使领馆做好领事保护工作。开展“平安留学”法律知识宣讲和法律援助，向驻在国（地区）传播中国法治文化。

（三）围绕参与社会建设职能，坚持将侨界普法与机制创新、基层依法治理相结合

深刻领会党中央关于群团改革、党和国家机构改革精神，对标国家治理体系和治理能力现代化要求，加强基层依法治理和机制创新。经过多年的筹备建设，目前全国各级侨联共建有4296个“侨法宣传角”，通过推进“法律六进”活动，使其成为侨联扎根基层开展普法工作的前沿阵地。据不完全统计，5年来，各省级侨联依托基层“侨胞之家”“侨法宣传角”“法律服务站”等活动阵地，共开展法治宣传培训活动33,700余场次，打造宣传栏5100余个，发放法治宣传资料近540余万多份。举办了法律讲座、企业家法律沙龙、法律服务宣传月、法律走进生活、台港澳侨知识进社区等系列活动，切实增强了侨界群众的依法维权意识。

同时，于2020年启动了“连心侨—维护侨益”项目，下拨专项经费，加强基层侨法宣传角、涉侨纠纷调解室（工作站）等基地建设，激发了基层开展法治宣传、依法护侨工作的活力。

（四）立足侨界抗疫担当，坚持将侨界普法与抗击疫情、助力侨胞复工复产相结合

中国侨联积极贯彻落实习近平总书记关于新冠肺炎疫情防控工作重要指示精神和中央决策部署，积极抗疫，勇于担当，扎实做好“六稳”工作，落实“六保”任务。

一是及时向国内归侨侨眷和海外侨胞发出《关于为打赢新型冠状病毒感染肺炎疫情防控阻击战的倡议书》，号召海内外侨胞团结起来，发扬“一方有难、八方支援”的优良传统，坚定打赢疫情防控阻击战的决心和信心，同舟共济、共抗疫情。

二是积极开展线上普法答疑。自2020年年初复工以来，中国侨联普法办微信公众号每天发布国务院最新防疫工作精神、相关部委涉外防疫工作措施、复工复产政策解读等，为广大侨胞提供最新资讯参考，指引他们做好抗击疫情和复工复产。在各个微信工作群以及中国侨联官网上及时宣传侨界在疫情防控中发挥的重要作用，推介中央部委和地方侨联汇编的疫情防控法律法规汇编及问答。通过举行“抗疫助企复工复产线上法律培训活动”，关注了解侨商侨企面临的困难和问题，提供法律政策咨询。中国侨联官网每月刊发两期企业复工复产法律政策解答。开通法律服务热线电话、建立微信值班群，建立派驻值班律师制度，主动提供法律帮助和政策支持。

三是组织中国侨联法顾委海外律师团开展云端回国访问活动。来自全球五大洲25个国家的67名海外法律专家、学者在线参加了会议，大家围绕当地抗击疫情现状、华侨华人面临困难及对策建议等内容进行了研讨，编写上报多期侨情专报素材。在认真梳理向海外捐赠抗疫物资应注意的法律问题基础上，中国侨联发布了《海外捐赠风险防范通知》，帮助当地侨团在协调、接受物资时，有效规避海外捐赠的法律风险。撰写并发布疫情期间有关法律问题的书籍文章，翻译推介中国抗疫取得的先进经验，和当地侨团一起为当地抗击疫情和解决法律难题提供及时有效的指引。收集法顾委委员关于企业复产复工的法律建议，在《中国侨商》《海内与海外》杂志上刊发。

（五）顺应现代新媒体发展趋势，坚持将侨界普法与打造网上阵地相结合

一直以来，全国侨联系统都很注重运用报刊、电视、广播、横幅、短信等传统媒介开展普法工作。随着“互联网+”技术的迅猛发展，侨联组织更加重视运用以“互联网+”为代表的融媒体技术，不断提高普法宣传的影响力和渗透力。福建省侨联创建“福侨世界总网”，以“福侨世界总网”网站群、微信矩阵、智慧侨联数据库、《八闽侨声》杂志为龙头，逐步建立市县两级侨联全媒体中心。重庆市侨联利用《新华侨》、侨联微信公众号、侨界联谊群等平台发布《中华人民共和国宪法》《中华人民共和国民法典》《中

华人民共和国归侨侨眷权益保护法》《中华人民共和国归侨侨眷权益保护法实施办法》等涉侨法律法规及经典案例分析，以更加生动、形象的方式宣传法律知识。上海市侨联的“侨法宣传月”采用线上形式，受到广泛欢迎。据统计，在线观看云启动仪式的达7600人次，参加“侨侨你知道多少”侨法知识网上挑战赛的达26.2万人次，网上专栏点击量达27.6万人次。

二、亮点与成绩

（一）突出学习宣传宪法，分类开展普法活动，实现全国侨界普法全覆盖

紧抓重要时间节点，积极配合“3·15消费者维权日”“4·15全民国家安全教育日”“6·26禁毒宣传日”“7·1党日”“12·4国家宪法日”等重要时间节点开展侨界普法活动。尤其是突出学习宣传宪法，在全国侨联系统掀起了学习宣传宪法的热潮，无论是全面依法治国的“关键少数”，还是侨界群众，都经受了一次深刻的宪法精神洗礼，依宪治国日益深入人心。

结合各地侨情和本地实际，分类别、分区域开展普法。一是在浙江、海南、福建、广东、广西等沿海传统侨乡开展普法。由于侨胞数量庞大，华侨农场集中，涉侨法律纠纷繁多，这部分地区的侨联组织均与当地司法部门建立了涉侨案件沟通协调机制、侨界人民陪审员制度、侨界人民调解员制度等，定期与相关部门组织执法检查、联合调研或“法律进侨场”，通过以案释法的方式进行法治宣传。二是在山西、陕西、河南、安徽、甘肃等内陆省份开展普法。由于老侨以20世纪五六十年代归难侨为主，新侨侨眷数量逐年递增，这部分地区的侨联组织多通过走访慰问、发放普法宣传资料、张贴普法条幅等传统方式开展普法工作，部分基层侨联邀请法顾委委员在“侨胞之家”开办法律讲座，让侨法真正走进社区。三是在内蒙古、西藏、新疆、青海、宁夏、云南等少数民族地区开展普法。由于经济普遍欠发达，少数民族侨胞众多，涉侨事务往往牵涉民族、宗教，当地侨联通过组织下乡扶贫，开展“侨法宣传边关行”“法律进宗教场所”组织力量翻译并发放蒙、藏等少数民族文字版本的《中华全国归国华侨联合会章程》《涉侨政策法律知识问答》等方式，集中开展以“十个讲清楚”“三个离不开”“四个认同”“五个倍加”“树立正确的是非观”等内容的法治宣传教育活动，进一步打牢民族团结、社会稳定、崇尚法治的群众基础。

（二）丰富法治宣传载体，深化“法治中国你我同行”侨界法治学习活动，打造侨联法治宣传新品牌

自2015年至今，中国侨联持续在全国14省（区、市）举办了16期“法治中国你我同行”侨界法治学习活动，邀请全国人大、最高人民法院、中央党校（国家行政学院）、北京海关、律师事务所及知名教授、专家、学者，为广大基层侨联干部、侨资企业代表、侨界群众、侨联法顾委委员授课70余场，参与人数累计达1.6万人次。学习内容不仅涉及宪法与依宪治国、涉侨纠纷多元化解机制、商事调解、合同法、民商法等各方面涉侨法律知识，还包括大量法律实践和相关判例，具有很强的实用性和针对性，使各级侨联干部、侨资企业代表对如何更好地发挥侨界人才智力密集优势，服务“一带一路”倡议实施以及侨联组织如何运用法治思维参与社会治理具有重要的实践意义。

在“法治中国　你我同行”活动的基础上，中国侨联结合司法部、国家民委、全国普法办关于开展“中国宪法边疆行”的要求，自2017年开始在云南启动“法治宣传边关行”活动，宣

传普及宪法、中国特色社会主义法律体系及涉侨法律法规，为构建法治中国、和谐边疆作出重要贡献。“十代会”后，在总结“法治宣传边关行”成功经验的基础上，组织沿海沿边16个省区市侨联赴云南省对“法治宣传边关行—腾冲行暨12·4国家宪法日宣传活动”进行现场观摩，为做好上下联动，织好与地方侨联的工作网络，进一步打造“法治中国　你我同行”普法工作品牌，推动地方性特色侨界普法活动在全国铺开做好准备。截至2020年年底，云南、内蒙古等地共举办“法治宣传边关行”8期，活动收到了良好的效果。

（三）以侨法颁布30周年为契机，举办第二届“侨商杯”法律知识竞赛等系列活动，在全国侨联系统掀起学法用法新高潮

结合《中华人民共和国归侨侨眷权益保护法》颁布30周年，按照中国侨联“十代会”工作部署，2020年7月，中国侨联与全国普法办联合举办纪念归侨侨眷权益保护法颁布30周年暨第二届“侨商杯”法律知识竞赛活动。该活动由中国侨商联合会、中国侨联法律顾问委员会、司法部普法与依法治理局、法治日报社承办，各省级侨联、中国侨网、中国普法网、法制网协办，分线上宣传竞赛和线下颁奖仪式两个环节。活动开展以来，全国各地侨联认真组织形式各样的纪念宣传活动，一些地方司法厅局还与侨联联合发文推动社会各界积极参加侨法知识答题，积极发动本地侨界群众、海外侨胞以及社会各界人士广泛参与，大力宣传推广侨法视频图解，在全国掀起一场知侨法、学侨法、懂侨法的活动高潮，获得了良好反响，取得了显著效果。其中“侨法30年系列图解”和“侨法‘云课堂’”系列动漫的总阅读量超1300万次，点赞转发量超1000万。“侨法‘云课堂’”系列动漫成功参评第十七届全国法治动漫优秀作品评选。竞赛活动总访问量达605万人次，84万余人次参与答题，4000名参赛者中奖。竞赛期间，“中国侨联普法办”微信公众号粉丝突破20万人。

（四）加强部门之间合作，以点带面，进一步建立健全涉侨纠纷多元化解机制

为加强预防和化解社会矛盾机制建设，推进涉侨领域矛盾纠纷多元化解，打造共建共治共享的社会治理格局，依法维护归侨侨眷和海外侨胞合法权益，2018年3月，中国侨联、最高人民法院联合向吉林、江苏、浙江、云南等11个省（自治区、直辖市）下发了《关于在部分地区开展涉侨纠纷多元化解试点工作的意见》。2018年12月，中国侨联和最高人民法院联合举办的涉侨纠纷多元化解试点地区工作经验交流会在北京召开，云南、江苏、浙江、安徽、福建5个试点的省侨联分别就试点地区侨联、法院系统在拓展完善制度机制、推动司法为侨服务方面的创新经验进行交流发言和推广，得到最高人民法院、中国侨联领导高度肯定。2020年10月，中国侨联权益部与最高人民法院司改办、立案庭联合制定了《2020年涉侨纠纷多元化解试点工作推进方案》，联合主办试点地区涉侨跨境纠纷多元化解机制工作座谈会，签订了《涉侨纠纷在线诉调对接机制合作备忘录》。此外，尚未列为试点的天津、辽宁、山西、河南、江西5个省市侨联也主动践行上述意见精神。试点省份侨联分别结合当地实际情况制定了《关于在部分地区开展涉侨纠纷多元化解试点工作的规定》，明确了涉侨纠纷多元化调解的受理范围、程序、期限和终止规则，确定了调解组织、调解员，促进了涉侨案件的调解工作进入依法依规轨道，让涉侨纠纷在进入诉讼程序之前就能得到有效化解，让进入审判执行工作中的涉侨案件能够高效审结，让侨胞们少“跑路”少“奔波”，用具体行动践行了“以人为本、为侨服务”的宗旨，实实在在维护了侨益、凝聚了侨心。

（五）广泛调动侨务资源，充分发挥中国侨联法顾委委员智库专家团队作用，以侨法宣传推动法治实践落实落地

中国侨联坚持每年组织法顾委委员到全国各省（市）开展走访调研、普法教育宣传、法律咨询并指导基层侨联法顾委开展工作，切实发挥好法顾委这一侨界法律智库专家团队在侨法宣传中的引领作用。为更好地拓展海外工作网络，为海内外侨胞提供优质的法律服务，促进海内外同胞关系和谐发展，加强对新侨维权诉求的研判，依法护侨，促进侨资企业复工复产，服务以国内大循环为主体、国内国际双循环相互促进的新发展格局构建，服务“一带一路”建设，真正让法顾委海外委员在国际事务维护侨益中起到推动作用。为应对侨情新变化，加强对侨界法律需求及风险防范专项调研，了解掌握侨界的呼声诉求，继续大力推动归侨侨眷权益保护法修改，根据海外侨情发展、“一带一路”建设需要和十三届全国人大立法规划，推动华侨权益立法工作有序开展，加大对华侨投资保护的研究，立足侨界特点，确实让法顾委委员在侨法研究中成为践行者。

三、工作中的不足及下一步打算

通过全国各级侨联的不懈努力，广大侨界群众和侨联干部法治意识明显增强，侨界形成了尊法学法守法用法的良好氛围。在全国普法办组织的“七五”普法中期检查督导工作中，中国侨联取得了较好成绩。在肯定成绩的同时，针对普法教育的连贯性不够强、利用互联网思维创新不足、普法的精准度有待提高等不足，中国侨联将从以下方面推动普法工作：

一是培养侨界法治宣传的有心人。在今后的普法中，全国各级侨联应做好统筹安排，坚持将“润物细无声”和集中宣传相结合，要树立日积月累、久久为功、功成不必在我的思想。二是培育侨界法治宣传的明白人。在侨乡地区广泛培育“法律明白人”，探索新时代基层侨乡普法维权的有效途径，发挥“法律明白人”宣传涉侨政策法规、提供法律服务、化解矛盾纠纷、参与依法治理的桥梁纽带作用。三是培养侨界法治宣传的带头人。探索建设“智慧普法”平台，精准推送法治内容、普法资讯，充分利用各类新媒体，加强“两微一端”建设，大力实施“互联网＋法治宣传”，提升宣传范围和品质，不断扩大侨联法治宣传活动在国内的影响力。

中国法学会“七五”普法规划实施情况

2016 年 4 月，党中央、国务院转发了《中央宣传部、司法部关于在公民中开展法治宣传教育的第七个五年规划（2016—2020 年）》（以下简称“七五”普法规划），要求各地区各部门结合实际认真贯彻执行。5 年来，中国法学会坚持以习近平新时代中国特色社会主义思想为指导，深入学习贯彻以习近平同志为核心的党中央对全面依法治国作出的重要部署和对法治宣传教育提出的新要求，按照全国“七五”普法规划总体部署、对象要求和主要任务，精心组织，统筹推进，普法工作取得显著成效。

一、普法工作基本情况

中国法学会高度重视普法工作，“七五”普法期间，始终突出思想政治引领这条主线，把学习贯彻习近平总书记关于全面依法治国的重要论述作为首要政治任务，深入宣传宪法，宣传中国特色社会主义法律体系，宣传《民法典》等重要领域立法，宣传党内法规，把弘扬社会主义法治精神、传播社会主义法治文化摆在更加突出的位置，通过报告会、讲座、普法基层行、网上法治宣讲、法学研究、法律服务、对外法治宣传等多

种形式开展普法工作，普法效果显著，社会反响良好。深入开展“青年普法志愿者法治文化基层行”，全国2600多个县区开展活动300多万场，发放普法材料2.9亿多册，普法受众达4亿多人次。精心组织“百名法学家百场报告会”法治宣讲活动近11万场，进省（自治区、直辖市）党委理论学习中心组100余场，受众4600余万人。出版《领导干部法治读本》《领导干部学法用法案例读本》《民法总则大众读本》（2017年），连续5年发布《中国法治建设年度报告》。积极参与法律服务工作，推动“法治百科”“互联网+公益”法律服务项目，深入开展诉讼服务志愿专家工作，打造法治宣传教育新载体。坚持“引进来”与“走出去”相结合，举办各类国际会议、涉外研讨会33次，接待60多个国家和地区1300多人次来访交流，彰显“中国之治”制度优势，讲好中国法治故事。

二、经验做法及取得成效

（一）加强对习近平总书记关于全面依法治国的重要论述的系统研究、深入阐述、大力宣传

始终把学习贯彻习近平总书记关于全面依法治国的重要论述作为首要政治任务抓紧抓实，设立“习近平全面依法治国新理念新思想新战略形成和发展脉络”重大专项研究课题，设立“中国特色社会主义法治理论纲要”重点专项课题，形成多项研究成果。围绕中国特色社会主义法治理论问题组织编写《中国特色社会主义法治理论研究动态》、中国特色社会主义法学理论体系丛书。通过举办“学习贯彻习近平总书记全面依法治国新理念新思想新战略论坛”、召开“新中国法治建设成就与经验座谈会”、组织教育培训、开展“百名法学家百场报告会”法治宣讲和“青年普法志愿者法治文化基层行”等多种形式普法活动，在广大法学法律工作者中掀起了学习研究、宣传贯彻的热潮。中国法学会会长王晨出席“2020年青年普法志愿者法治文化基层行”电视电话会议时强调，青年普法志愿者要始终保持对党的忠诚、对人民的热爱、对法治的信仰，投身法治宣传教育和全面依法治国实践之中。发挥法学会所属媒体专业优势，开辟专栏，策划专题，重点推出“依法治国新时代”“学习宣传贯彻党的十九大和十九届二中、三中全会精神”“全国两会”等专题报道，开展“贯彻落实党的十九大精神　加强社会主义法治文化理论研究”征文活动，推动习近平总书记关于全面依法治国的重要论述入脑入心、走深走实。

（二）始终围绕党和国家中心工作开展法治宣传教育

根据党中央相关工作部署，发挥高端智库作用，围绕“全面推进依法治国、加快建设法治中国”“党的十八大以来法治建设新成就”“‘枫桥经验’的理论构建”“领导干部法治思维研究”“法治人才队伍建设”“党内法规制定工作五年规划”与《反有组织犯罪法》《加快推进社会治理现代化开创平安中国建设新局面的意见》等，组织起草专家建议稿和课题研究报告。把宣传以宪法为核心的中国特色社会主义法律体系作为法治宣传教育的基本任务，积极参与民法典的阐释、宣传和普法教育，召开2020年“双百”活动中央和国家机关专场报告会，组织法学法律工作者推出民法典系列普法文章、音视频等，推动民法典等法律走到群众身边、走进群众心里；组织召开学习贯彻香港国安法专家座谈会，就推动香港国安法有效实施提出对策建议；组织召开高空抛物坠物法治工作座谈会，就依法治理高空抛物坠物建言献策；组织研究“党内法规制定五年规划”课题，编写国内第一本《党内法规学》教材，定期发布《党内法规年度报告》，加强党

内法规宣传；配合全国人大常委会、国务院有关重要立法安排，就宪法修改、国家监察法制定、民法总则制定、民法典编纂等重大立法，组织召开160场立法专家咨询会，累计形成500余万字的专家咨询报告；新冠肺炎疫情发生以来，中国法学会充分发挥职能和优势，组织广大会员围绕依法科学有序做好疫情防控工作集中攻关，提出对策建议，《中国法学会部级课题成果要报》得到中央领导同志的重视和批示。组织编写《依法抗疫——新冠肺炎法律热点160问》，参与“公益网课直播：困境企业如何用好预重整与和解制度”，较好发挥了法治高端智库在防控疫情中的重要作用。所属媒体开辟专题、专栏，刊发防疫抗疫新闻报道和普法文章逾万篇。

（三）服务涉外法治工作战略布局，推进普法工作

举办中国法治国际论坛（2019），习近平主席向论坛致信祝贺，中国法学会会长王晨发表主旨演讲，指出习近平主席的贺信深刻阐释了法治对于共建“一带一路”的基础和保障作用，充分展现了中国愿同国际社会一道营造良好法治环境、更好造福各国人民的真诚愿望，对于加强国际法治合作、推动共建“一带一路”具有重要指导意义。来自沿线近40个国家和4个国际组织的400余名代表围绕“深化中国法治国际合作，服务共建‘一带一路’”的主题深入研讨，发布《中国法治国际论坛（2019）主席声明》成果文件。举办中国法治国际论坛（2020），习近平主席向论坛致信，中国法学会会长王晨发表主旨演讲，指出习近平主席致信中国法治国际论坛，充分体现了中国政府对加强国际法治合作、促进世界经济复苏、推动共建“一带一路”的真诚愿望，充分彰显了中方愿同各方一道营造良好法治营商环境、共同应对全球性挑战、建设开放型经济的坚定决心。来自中国和18个国家、国际组织的法学法律界人士共100余人（包括国外6位副国级嘉宾、30余位部长和高级官员）通过视频方式，围绕“一带一路”国际商事争端预防与解决、公共卫生国际法治合作等议题进行了深入探讨，发布《中国法治国际论坛北京宣言》。召开“金砖国家法律论坛”“中国—欧洲法律论坛”“中国—南亚法律论坛”“中国—东盟法律论坛”“中国—大洋洲法治论坛”等，主动设置论坛议题，围绕“一带一路”法治保障、全球治理体系变革等热点、难点问题深入研讨。举办“国际投资经贸法律风险及对策”研讨会，为涉外投资企业提供优质法律服务。举办了15期涉及60多个国家和地区近2000人次的“‘一带一路’沿线国家经贸法律人才研修班”“非洲国家经贸法制建设部级官员研讨班”等法律人才研修班，增进法学法律界人士对我国法律制度的了解。开展“港澳与内地青年法律交流周”、两岸青年法律交流研修班等活动，常态化举办“两岸和平发展法学论坛”，召开两岸法学交流合作30周年纪念研讨会，深化两岸法学交流。

（四）运用新媒体新技术推动新时代普法工作创新发展

把“键对键”线上学习和“面对面”线下普法结合起来，进一步扩大法治宣传的覆盖面和渗透力。以网络直播方式，举办2020年“双百”活动中央和国家机关专场报告会，人民网PC端同时在线观看访问量峰值达272万，观看总人数近千万。聚焦社会关注、群众关心的热点法律问题，录制普法音视频23支，点击量达300余万次。在百度百科、百家号、新浪微博、头条号等平台，组织专家编审、发布权威法律词条440个，发布普法文章累计50万字，网络阅读量超2000万次。开展网络直播说法、手机App动态讲法、原创微视频释法等“普法基层行”活动，制作“中国法学会战疫在行动”“第十六届全国法治动漫优秀作品展播”“网上双百”等专题网页，有效促进法律法规的实施和普及。

三、普法工作相关意见、建议

（一）坚持政治为魂，深入学习宣传贯彻习近平法治思想

把深入学习宣传贯彻习近平法治思想作为全民普法工作的头等大事，把握正确政治方向和舆论导向。中国法学会将全力以赴做好《习近平法治思想概论》相关教材研究编写工作，组织开展习近平法治思想系列研讨活动，精心办好习近平法治思想论坛，举办中国法学家论坛、中国法治论坛、中国法学青年论坛。把习近平法治思想宣传同普法工作结合起来，充分发挥“百名法学家百场报告会”“青年普法志愿者法治文化基层行”等普法阵地的作用，推动习近平法治思想向面上拓展，向基层延伸，向群众贴近。

（二）围绕党和国家工作大局，围绕重点工作、重点活动，扎实开展法治宣传

坚持从党和国家工作大局出发，把贯彻党中央精神体现到部署重大任务、推进中国法学会重大工作的实践中去，充分发挥法治智库作用，组织广大法学法律工作者围绕党中央重大法治战略、重大立法事项、重点改革举措，围绕科技创新、乡村振兴、区域发展、社会建设、安全发展等重点领域法律问题，加强调查研究，集中进行攻关，提出高质量的对策建议。健全重心下移、力量下沉的法律服务工作机制，探索建立首席法律咨询专家制度，为公民、企业特别是民营和中小企业提供优质、便捷的法律服务。

（三）运用新技术新媒体开展精准普法

党的十八大以来，以习近平同志为核心的党中央高度重视全民普法工作，明确要求加大新媒体新技术在全民普法中的应用。中国法学会将推进各级法学会融媒体建设，办好中国法学会融媒体中心演播室，推进中国法学会“法治百科”项目，加强新媒体、新技术在法治宣传教育中的应用，建设网上法治宣传阵地体系，加快构建全媒体传播体系，充分发挥中央主流媒体和法学会主管媒体等宣传工作重要阵地作用，提升法治宣传传播力和引导力。

中国残疾人联合会“七五”普法规划实施情况

根据国家“七五”普法规划要求，中国残疾人联合会（以下简称中国残联）加强普法工作的组织领导，制定实施《残联系统开展法治宣传教育的第七个五年规划（2016—2020年）》（以下简称残联系统“七五”普法规划），认真开展残疾人学法用法专项行动，努力提高广大残疾人及其亲友的法律意识，积极提升残疾人工作者依法维护残疾人权益的能力，大力营造关心、尊重、保护残疾人的良好社会氛围。残联系统“七五”普法各项任务指标全面完成，普法工作成效显著。

一、加强组织领导，制定实施本系统“七五”普法规划

（一）加强普法工作的组织领导

中国残联在原普法工作领导小组的基础上，成立了中国残联法治宣传教育工作领导小组，由党组、理事会领导同志分任正、副组长，相关部门和直属单位主要负责同志任成员；领导小组下设办公室，负责具体落实日常普法工作；同时明确了相关部门责任分工和具体任务。

（二）制定实施残联系统普法规划

中国残联促成将普法工作纳入《“十三五”加快残疾人小康进程规划纲要》；制定印发了残联系统“七五”普法规划，明确了指导思想、主要目标、主要任务、工作措施、组织领导和保障措施等内容。

（三）明确推进法治建设责任

中国残联党组制定印发《主要负责人履行推进法治建设第一责任人职责规定的实施方案》，明确将各部门、各单位和基金会主要负责人履行推进法治建设第一责任人职责情况纳入政绩考核指标体系，作为党组干部选任管理的重要依据。

（四）地方残联加强普法工作

各地残联积极调整、完善普法工作领导机构和办事机构，制定实施普法工作“七五”规划和计划，明确普法任务，创新普法举措。

二、围绕普法重点，认真完成国家“七五”普法任务

（一）积极学习贯彻习近平新时代中国特色社会主义思想和党内法规

将习近平新时代中国特色社会主义思想和党内法规作为党组、理事会和全体工作人员重要学习内容。党组理论学习中心组定期举行有关集体学习；举办四期机关和直属单位处级以上干部专题培训班；多次开展《中国共产党章程（修正案）》等党章党规的全会学习活动；选取《党政领导干部选拔任用工作条例》等党内法规开展法治讲座。

（二）突出学习宣传宪法

党组理论学习中心组专门召开扩大会议，对《中华人民共和国宪法修正案》进行集体学习，要求在残联系统开展宪法专题教育活动。党组成

员发挥“头雁效应”，在分管部门率先开展宪法宣讲。邀请专家学者作宪法学习专题辅导报告，全国各省残联、专门协会骨干和残疾人群众共6000余人通过网络直播进行了在线收听。

（三）坚持举办法治讲座

建立法治讲座制度，印发《中国残联法治讲座工作办法》，“七五”普法期间共举办法治讲座47期，对民法典等涉及残疾人合法权益保护的法律法规进行讲解，坚持“小干部讲、大干部听”。法治讲座被中央国家机关工委、全国普法办评为“中央国家机关最受欢迎的法治故事”。

（四）认真落实普法责任制

积极贯彻落实中共中央办公厅、国务院办公厅《关于实行国家机关“谁执法谁普法”普法责任制的意见》，向全国普法办整理报送了普法责任清单，明确了残疾人保障法等5部残疾人权益保障专门法律法规的普法责任部门。结合《残疾预防和残疾人康复条例》出台，申请国务院批准将每年的8月25日设立为“残疾预防日”。

（五）加强对地方残联普法工作指导

结合每年“全国助残日”“国际残疾人日”等重要时间节点，指导各级残联开展法律进残疾人家庭、进特教学校、进福利企业、进残疾人托养机构、进残疾人医疗康复中心、进残疾人专门协会的“残联法律六进”活动，开展手语普法、广播普法、庭院式普法、扶贫普法等有针对性的法治宣传教育活动。2016~2020年，各省级残联共开展普法宣传教育活动1894次，参加者达501,722人次；共举办法律培训班290个，参加者达22,888人次。

三、丰富普法形式，有针对性地开展“七五”普法活动

（一）开展“残疾人学法用法专项行动”

2017年以全民普法为重点，中国残联与司法部联合举办“全国残疾人权益保障法律知识网络竞赛”，以“全民普及法律知识，携手保障残疾人权益”为主题，两周赛期内，全国共有38万余人次参与竞赛。中国网、央视网等媒体先后对竞赛进行了报道。2018年以视力残疾人普法为重点，先后与中国盲协、盲文图书馆、盲文出版社共同举办“知法于心·守法于行”盲人演讲比赛、全国盲人法律知识网络竞赛、全国盲人法律知识邀请赛，提升了盲人知法用法水平。2019年以听力残疾人普法为重点，开展残疾人法律大讲堂活动，邀请11位法律专业人士录制普法视频，并加配手语和字幕，在中国残联官网央视频等平台免费播放，印制《残疾人权益保障常用法律法规手册》免费发放。2020年以精神残疾人和智力残疾人普法为重点，拍摄精神残疾人和智力残疾人权益维护专题片，在中央电视台连播4期。

（二）通过以案说法加强普法

2016年“全国助残日”前夕，中国残联协调最高人民法院公布了10起残疾人权益保障典型案例，充分发挥司法裁判对社会的示范引领作用。2017年，中国残联联合中国残疾人杂志社，开展“残疾人法律服务优秀案例”征集活动。由专家委员会选定20件优秀案例，以“每期一篇”的形式在《中国残疾人》杂志上进行连续宣传报道，积极引导残疾人树立自觉守法、遇事找法、解决问题靠法的正确观念。

（三）结合法律援助推进普法

司法部与中国残联联合开展“法援惠民生·关爱残疾人”法律援助品牌建设工作，实施方案中特别提出，开展送法上门、以案释法以及法援宣传和公共法律教育等活动。2018年，司法部与中国残联在全国12个省、36个市开展全国残疾人法律援助需求调查，完成6480位残疾人的入户调查工作。在调查工作中积极开展普法工作，为受访残疾人发放法律援助宣传品，引导他

们依法表达诉求、维护自身权利。

（四）结合执法检查调研强化普法

利用全国政协举办无障碍环境建设双周协商座谈会、《无障碍环境建设条例》视察调研以及与住房城乡建设部等4部门联合开展《无障碍环境建设条例》执行情况检查等契机，中国残联积极开展无障碍环境建设法律法规的普法工作，在中央电视台《焦点访谈》栏目制作播出“认识无障碍，共享有通途”宣传节目，有效促进了社会各界对无障碍环境建设法律知识的了解。

四、深化依法履职，创建法治残联

（一）建立法律顾问制度

2017年建立了法律顾问制度，成立了由17名专家组成的法律顾问委员会，为依法发展残疾人事业提供专业意见。该委员会成立以来，已就多项涉及残疾人权益保障的重大立法提供了专家意见，有效提升了中国残联依法履职能力和法治化管理水平。

（二）完善依法决策机制

切实贯彻落实《中共中央关于全面推进依法治国若干重大问题的决定》，2017年完成了中国残联《党组工作规则》《执行理事会工作规则》《“三重一大”决策制度管理办法》的修订工作，2019年根据修订后的《中国共产党党组工作条例》对《党组工作规则》作了进一步修订，要求重大事项决策前、实施后，严格执行向党中央、国务院及有关部门请示报告制度；“三重一大”事项全部经由党组及执行理事会集体决策；规范性文件草案在提交理事会审议之前，应完成合法性审查程序。

（三）坚持依法治理和依法维权

中国残联与最高人民法院联合印发《关于在审判执行工作中切实维护残疾人合法权益的意见》。截至2020年年底，全国各级残联与法院、检察院、司法行政等部门联合成立残疾人法律救助工作协调机构2881个，建立残疾人法律救助工作站2795个，引导残疾人依法维权。中国残联本级每年接待处理残疾人来电、来信、来访2万余人次，2018年通过购买服务的方式引入律师参与信访工作，将信访窗口同时变为普法窗口，帮助残疾人依法维权。

五、存在的问题及下一步工作设想

（一）存在的问题

一是普法机制建设不够健全，上下工作衔接和沟通协调不够及时畅通。二是普法形式仍待创新，对于微电影、微博、微信公众号等新媒体宣传方式采用较少，对于视力、听力、智力、精神残疾人群体开展有针对性的法治宣传教育不足。三是缺少普法工作经验交流，中国残联与其他国家机关经验交流较少，各地残联之间学习交流也不多。

（二）下一步工作设想

一是及时制定实施系统“八五”普法规划。根据国家“八五”普法任务和要求，及时制定实施全国残联系统“八五”普法规划，明确任务目标，特别是结合普法工作现状和存在的问题，提出有针对性的工作举措。二是探索开展新形式的普法活动。总结近年来围绕不同类别残疾人开展学法用法专项行动的经验，针对不同类别、不同年龄段残疾人的认知特点和行为习惯，开展拍摄微视频、举办趣味普法活动等新形式的普法工作。三是加强普法工作经验交流。增强与国家机关、各类残疾人服务机构在普法工作中的交流与合作，通过多种形式为各地残联交流学习普法工作经验创造条件，加强普法工作经验的总结与宣传。

中华全国工商业联合会“七五”普法规划实施情况

一、提升工作站位，加强组织领导

全国工商联高度重视民营经济领域普法宣传工作，全国工商联主席、书记多次对加强法治宣传、开展守法诚信教育等提出要求、作出批示。在《关于加强工商联法律服务工作的意见》中，全国工商联把普法宣传作为非公有制经济人士思想政治工作的重要内容，将增强企业法治意识作为开展理想信念教育的一项长期基础性工作，以制度文件的形式保障了民营经济领域法治宣传工作长效常态化。2016 年 8 月，全国工商联与司法部、全国普法办联合印发《关于开展“法律三进”活动的意见》，提出要在“七五”普法期间广泛开展法律进民企、进商会、进工商联机关活动，引导广大非公有制经济人士做中国特色社会主义法治的忠实崇尚者、自觉遵守者、坚定捍卫者；2017 年 9 月，又与全国普法办联合编发《非公有制企业经营管理法律知识及风险以案释法读本》，向省级工商联、全国工商联直属商会和直属企业发送 2000 余册。全国工商联法律部立足工作实际，将普法宣传作为部门核心职能之一，有效融入各类调研、培训、法律维权、法律风险防范和构建和谐劳动关系等业务工作，同时加强对地方工商联指导，及时答疑解惑，凝聚合力，形成了民营经济领域普法全国“一盘棋”的工作格局。

2019 年 5 月，全国工商联举办首届民营经济法治建设峰会。中央政治局委员、中央政法委书记郭声琨作出重要批示，最高人民法院、最高人民检察院、公安部、司法部领导莅临指导。峰会强调全面推进依法治国、建设法治经济既要靠良法善治，也要靠守法自律，要共促“法治观念立起来”，在民营经济领域大力宣传弘扬社会主义法治理念，推动开展“法治体检”系列活动，厚植民营企业发展法治土壤。15 位知名民营企业家联合发出倡议：崇尚法治精神、坚守诚信守法经营之道；增强法治素养、大兴尊法学法用法之风。同年 6 月，全国工商联与司法部联合制发了《关于深入开展民营企业“法治体检”活动的意见》，就深入持续开展“法治体检”活动，推进活动常态化制度化，广泛开展法治宣讲，引导企业守法诚信经营、防范法律风险、坚定发展信心作出细化规定。

地方工商联积极健全工作机制，加强谋划部署。北京市工商联党组专门成立“疏解整治促提升，法律三进‘七五’行”主题法治宣传活动领导小组，制定“七五”普法活动方案和年度工作要点。安徽省工商联成立以主席、党组书记为组长，副主席为副组长，各处室负责人为成员的“七五”普法工作领导小组，制定《关于贯彻落实“谁执法谁普法”普法责任制实施意见的通知》和开展“法律三进”活动实施意见，组建了以省工商联法律服务部门、劳动争议预防调解中心（省商会调解中心）和法律顾问团、公职律师为主的法治宣传队伍。广东、浙江、重庆等省级工商联亦成立了“七五”普法宣传教育工作领导小组。福建、青海两省工商联将“七五”普法经费列入财政预算，前者5年来共投入20余万元，后者共落实3.6万余元用于机关干部普法宣传。重庆市工商联贯彻落实《党政主要负责人履行推进法治建设第一责任人职责规定》，党组研究普法依法治理工作11次，党组书记带头宣讲法治和参加普法活动10次，5年累计统筹安排150万元用于民营企业法治专题培训，同时严格落实“3个100%”要求：机关干部参加“宪法知识竞赛”率100%，新任领导干部和干部年度法治理论知识考试合格率100%，副处级以上领导干部旁听案件庭审率100%。

二、多措并举，持续深化守法诚信教育

2016年2月，中央统战部办公厅、全国工商联办公厅联合印发《关于以“守法诚信、坚定信心”为重点深入开展理想信念教育实践活动的通知》，各级工商联纷纷推动守法诚信教育与普法工作有机融合，着力引导民营企业和民营经济人士践行法治精神，把诚信守法经营理念内化于心、外化于行。

全国工商联组织了以“信誉天下——民企诚信在行动”为主题的德胜门大讲堂，引导民营经济人士讲信用、守信誉、重信义，做到守法经营、诚信至上，引领企业行稳致远。2020年2月，在疫情防控关键时期，针对部分商家趁机哄抬物价、扰乱正常市场秩序的行为，全国工商联及时印发《关于加强民营企业守法诚信教育引导的通知》，要求各地工商联及其直属商会加大对守法诚信先进典型的正面宣传，结合负面案例在行业企业中开展守法纪、讲诚信教育，特别是要加强《中华人民共和国价格法》《价格违法行为行政处罚规定》等政策法规的普法宣传，加强行业自律和行业治理，保障疫情防控物资和原材料供给，不囤积居奇、不跟风涨价、不以次充好，树立民营企业负责任的良好社会形象。全国工商联法律维权服务中心把守法诚信教育融入个案维权工作，在维护民营企业合法权益时注重引导其明晰法理、举一反三、引之为戒，同时提出关于加强合规经营及法律风险防范的建议。

地方工商联积极培育企业家法治素养，营造诚信之风。安徽省工商联举办了非公有制经济人士守法诚信报告会，6位民营企业家分享了企业坚持守法诚信经营、实现健康发展的经验做法和感悟收获，倡导与会企业家有钱也不任性，做到遵纪守法办企业、光明正大搞经营。贵州省工商联积极打造“民营企业守法诚信法律大讲堂”普法品牌，已举办8期，普法对象达1000多人次。青海省工商联结合民营经济领域民族团结进步先进区创建工作，组织召开“经济下行形势下我省工业现状分析与对策”“共商丝绸之路经济发展”主题座谈会，作形势政策宣讲，并组织部分企业出资人和高管赴井冈山、延安、西柏坡等红色教育基地开展理想信念教育专题培训，引导其增强“四信”。广西壮族自治区工商联积极参加全区信用体系建设，督促各级工商联对重大税收违法案件和违法进出口失信企业实施联合惩戒，引导企业依法诚信经营。重庆市成立市非公有制企业信用建设促进会，开展“信用渝商，法治民企”创建活动；举办民营企业守法诚信法律知识竞赛，全市2443家民营企业、8513名企业员工参加；市区两级工商联深入重点企业、基层商会组织宣讲220多场次，着力以改革创新精神引导企业立信、立规、立德。江西省工商联设立《法治民企微窗》栏目，定期向政企直通App平台31万余家民营企业推送法治宣传短信，着力强化守法诚信经营舆论声势。福建省工商联通过创建“守法

诚信示范商会”品牌，大力推进所属商会和会员企业守法诚信建设，引导商会将守法诚信和信用体系建设纳入商会章程，通过换届大会、年会等契机，开展诚信自律宣誓等活动。辽宁省工商联加强信用商会建设，开展诚信企业考评和挂牌工作，进一步加强民营经济领域信用平台体系建设，在建设“信用辽宁”中作榜样、当先锋，全面提升辽宁商会和民营企业社会信誉，助力构建辽宁良好信用环境。

三、寓法治宣传于讲座、培训等主题活动

全国工商联着力把握讲座和培训在法治宣传教育中的基础性作用，在举办民营企业法律风险防范、产权保护与合规管理、劳动争议预防和调解培训班中，邀请最高人民法院、最高人民检察院、司法部、人社部、北京知识产权法院、中国政法大学等实务工作者和知名专家授课，着重引导民营经济人士自觉尊法学法守法用法，指导民营企业运用法治思维和法治方式完善内部治理结构，科学管控法律风险，加快转型升级和提质增效，推进企业法治文化建设；着力引导工商联及所属商会提升法律服务本领、积极主动作为，在市场化、法治化、国际化营商环境建设中促进企业依法合规经营、健康有序发展，推进法治化营商环境不断优化。2020年6月29日，为深入贯彻习近平总书记《充分认识颁布实施民法典重大意义，依法更好保障人民合法权益》重要讲话精神，我会采取线上线下相结合的方式举办工商联大讲堂活动，邀请全国人大法工委经济法室负责人就《中华人民共和国民法典》作专题宣讲。

地方工商联多策并进，积极开展相关活动。北京市工商联举办构建“亲”“清”新型政商关系报告会、产权保护培训、法律风险防控培训，与市一中院首次网络直播普法大讲堂活动，向企业发送“工商联 + 法律服务小助手”系列丛书以及《非公有制企业矛盾纠纷多元调解操作手册（修订版）——调解知识150问》《以案释法——商标权纠纷案例》，切实指导企业和商会强化法律知识。山东省工商联以“齐鲁企业家大讲堂”为载体举办系列法制宣讲活动，推动全省法治化营商环境持续改善。重庆市工商联2018年至2020年打造“民营企业法治大讲堂”，已举办6期专题讲座，逾2000余名企业家参训。

广东省工商联依托省新一代非公有制经济人士培训班暨全省优秀民营企业家培训班，邀请知名专家和律师宣传解读《优化营商环境条例》和《广东省促进中小企业发展条例》，帮助企业提高学法用法水平。安徽省工商联举办法律服务能力建设培训班9期，培训工商联系统人员1500余人次；党组书记在企业家大讲堂上讲解《中华人民共和国环境保护法》，宣传绿色发展新理念，在与省政协联合举办的首期“委员讲堂”上宣介《安徽省商会条例》及商会人民调解工作。福建省工商联举办“依法治国背景下的企业与企业家权益保护”“新形势下中小企业财税与投融资”“知识产权运用与保护”专题培训，进一步强化企业家法治思维，推进“法治民企”建设工程。云南省工商联与省税务局联合开展8场“聚焦减税降费，助力企业发展”专题培训，覆盖全省129个县区7000余人。黑龙江省工商联与有关部门共同举办学习《黑龙江省优化营商环境条例》宣讲报告会2场，200余名企业和商会代表参加；全国人大通过《中华人民共和国民法典》后，及时组织宣传学习。河南省工商联走进省汽车行业商会，邀请北京市盈科（郑州）律师事务所律师以“企业法商思维和合同法律风险防控”为题作专题讲座。

部分地区把普法宣传融入专项主题活动。广西各级工商联在发动全区9689家民企参与帮扶8342个村的“万企帮万村”精准扶贫行动中，统筹开展“送法下乡”系列活动，帮助村民解答婚姻、子女赡养、山林纠纷等方面法律知识疑问。区工商联与有关部门赴广西河北商会、广西河南商会开展“法律三进”暨“失业保险惠企政策进民企”专项活动。上海市区两级工商联与司法机关开展“法企联动”“检企联动”活动，让企业家与法官、检察官面对面交流，强化不越法律高压线的理念。福建省工商联开展“亲清润闽商，促进两健康”系列宣传教育活动，向省联所属45家商会发出倡议书，编印3000册宣传手册，制作亲清动漫宣传片和宣传画，同时指导全省20家企业开展“闽商廉洁文化示范点”建设。

四、专项“法治体检”与法治宣传融合并进

2020年3月，司法部、全国工商联、全国律协联合印发《关于深入开展民营企业“法治体检”活动服务疫情防控和企业复工复产的通知》（以下简称《通知》）。全国工商联法律部结合贯彻落实习近平总书记《全面提高依法防控 依法治理能力 为疫情防控提供有力法治保障》的重要指示精神，成立工作专班，着力加强对地方工商联贯彻落实《通知》确定的目标任务和服务内容的统筹指导。各地工商联坚持靠前作为、勇于担当，把法治宣传与体检活动有机融合、互促共进，着力服务疫情防控与复工复产取得实效。

积极谋划部署，创新丰富活动形式。江苏省工商联与省司法厅联合开展“法治体检四进四送”专项行动，即进商会、进产业园区、进重大项目、进顾问单位，送法律指引、送专场讲座、送专门体检、送专业调解。银川市工商联与市司法局集中开展“法治体检三进三送”援企助企系列活动，进商会组织、进园区、进企业，送金融、送法律、送培训。广东工商联推动“法治体检”活动与“疫情防控·法治同行”活动同步开展，宣传推动惠企政策和法规“入口袋、入脑袋”。省民营企业律师服务团、省工商联抗疫律师志愿服务团采用“面对面＋线上直播”模式举办“法治体检”大型直播，首场活动在线观众达59.9万人次。深圳市工商联运用法治体检自测系统，发动9947家企业参与线上法治体检。广州市工商联引导48名法律专家进驻“穗企通”微信小程序开展在线服务。全省各地工商联还以抖音等形式编发短视频220余个。浙江各级工商联组织18,450名律师，在对889家商会和85,786家民营企业进行法治体检时开展法治宣传13,052场次。

加强法律政策宣讲，引导企业依法合规经营。山西省工商联与省律协联合举办19期“山西律师大讲堂——助力企业复工复产线上系列公益讲座活动”，近3万人在线观看。陕西省工商联首次与省市场监督管理局联合发布《关于开展“送法送政策进商会”活动通知》，共同举办民营企业复工复产扶持政策及法律问题专项辅导讲座。鄂尔多斯市工商联举办“民法典护航民营经济行稳致远”主题宣讲，受众逾2.88万人次。浙江省工商联与省司法厅组建疫情防控公益律师服务团，积极宣传贯彻《浙江省民营企业发展促进条例》。湖南省工商联编发《湖南省企业复工复产法律指引》《疫情期间不可不知的税收优惠政策》等资料，累计覆盖40万人次。

做好风险预警和提示，切实强化“治未病”。北京市工商联组织指导1199家民营企业通过了北京法律服务网推出的“复工复产法律风险评估系统”风险评估，为企业发展注入强心剂。云南省工商联与省检察院、省公安厅联合编印《助

力企业复产达产 防范涉企经济犯罪风险指引》，向全省民营企业发放。浙江省工商联会同有关部门联合发布《新冠肺炎疫情影响下浙江企业应对外贸出口纠纷法律指南》，帮助企业防范化解国际贸易纠纷风险。厦门市工商联会同市法院编写《企业法律风险提示手册》，为企业合法合规经营、防范法律风险、诉前化解纠纷提供参考和借鉴。广西凭祥市工商联向企业赠送《中越法律知识手册》以及《最高人民法院关于涉外民商事案件诉讼管辖若干问题的规定》，降低企业涉外交易风险。

开通援企热线，提供复工复产政策指引。福建省工商联畅通全省民营企业疫情防控和复工复产“12348”法律服务热线以及法律援助专线400-6629-678，开展“送法战‘疫’，我们在行动，司法护航与您共渡难关！”活动，在线为民营企业解答和处理100多个涉及劳动用工、合同履约、商事纠纷、金融借贷、商事仲裁等方面法律问题。泉州市12345民营企业服务平台，为企业现场解答涉及复工稳产稳岗法律问题569个，处理解决102个。江苏淮安市工商联向全市民营企业家发出稳岗保就业倡议书，针对汽车4S店行业开展金融和社保方面政策解读服务，目前全市50多家汽车4S店企业全部复产复工。广东省工商联邀请专家就本省2.0版“促进就业九条”扶持政策作解读，内容包括企业不能错过的就业补贴等，通过西瓜视频等开展网络直播的受众达3万余人次。省民营企业律师服务团、省工商联疫情防控律师志愿服务团编印了《疫情防控常态化背景下企业十大灵活用工操作指引》，进一步规范指导企业用工实践。湖北省十堰市工商联编制《助力企业复工复产的政策解析》《疫情期间企业复工面临的劳动关系及工资支付问题》，咸宁市工商联编制《复工复产解难纾困法律政策汇编》，向全市企业发放。

五、着力抓好国家宪法日等节点的普法宣传

积极开展宪法日法治宣传活动。全国工商联及时通过微信群等媒介把中宣部、司法部、全国普法办《关于开展国家宪法日（宪法周）宣传活动的通知》发至地方工商联，指导地方开展“宪法进企业主题日”活动，在全国工商联机关开展“全屏法治宣传活动”。地方工商联纷纷按照该通知要求，结合年度活动主题，积极组织机关干部和民营经济人士踊跃参加各类普法宣传活动，突出宣传“依法治国首先要依宪治国”“法治是最好的营商环境”。

北京市工商联举办“弘扬宪法精神，推进国家治理体系和治理能力现代化”宪法宣誓活动，组织机关全体干部观看时任司法部党组书记、副部长所作的《习近平总书记关于宪法的重要论述和我国宪法的修改》辅导报告，参加全市国家机关工作人员宪法知识答题活动。广东省工商联组织机关处级以下干部应用省国家工作人员学法考试系统完成日常学法及法律考试，青海省工商联组织全体干部开展宪法知识学习竞答活动，参考率和优秀率均为100%。广州花都区工商联组成宪法宣传小队开展“送法入企”宣传活动，为企业经营管理人员派发宣传册，并现场讲解2018年宪法修正案。福建省工商联组织“我与宪法”优秀微视频征集展播活动，把思想政治引领与法治宣传教育有机融合。重庆工商联采取派发宣传资料、现场咨询服务、专题讲座等方式累计宣传热点法律法规逾200场次，发放法律书籍2万余册，发放宣传资料15万余份。威海市工商联联合环翠区工商联开展宪法进企业活动，走进威海焰上宴餐饮管理公司，共同交流学习宪法宣传明白纸和《威海市文明行为促进条例》。红豆集团组织开展宪法日普法暨红豆集团模拟法庭活动，旨在通过普及宪法和法

律相关知识、以案明法，践行依法治企和合规经营理念，培养从领导层到员工的法治意识，为建设“千亿红豆、美丽红豆、幸福红豆、智慧红豆”保驾护航。

地方工商联结合各类普法宣传日、宣传月开展主题宣传。浙江、广东、北京、贵州等地工商联认真落实习近平总书记总体国家安全观思想，在“4·15”全民国家安全教育日期间，组织机关干部观看国家安全和保密教育片，学习国防法、国家安全法、反分裂国家法、保守国家秘密法、反间谍法等国家安全法律法规，确保提高机关干部国家安全法治观念和保密意识。河南省工商联在“4·26世界知识产权日”期间，着重开展《专利法》《商标法》宣传活动。天津河北区工商联在“3·15”、防范非法集资宣传月等节点，向区内企业发放各类法治宣传资料。内蒙古乌兰察布市工商联在“6·14信用记录关爱日”期间，广泛开展守法诚信普法宣传，引导企业强化信用理念。

广东省工商联结合非公有制经济组织“讲法治、话公正、促发展”法律宣传月安排，与省法院联合开展“民企法院行”开放日活动，使企业充分了解集“网络化、阳光化、智能化”于一体的智慧法院，体验“一次都不用跑”的纠纷解决方式，增强了司法信仰。重庆市工商联联合市知识产权局举办“民企知识产权保护宣传月”主题活动，免费为200家民营企业“一对一”开展知识产权诊断，为1000家民营企业进行知识产权智能管家系统安装和培训。青海省工商联每年与省处非办成员单位集中开展为期一个月的防范和打击非法集资法制宣传教育活动，5年来共制作各类展板20块，发放资料2000多份，通过悬挂横幅、现场答疑解惑等方式进行宣传，取得良好成效。

综上所述，“七五”普法期间，工商联系统始终牢固树立“四个意识”，上下一心、协同努力，为推动普法宣传工作在非公有制经济领域深入开展作出了积极努力。通过开展形式多样、内容充实、载体丰富的各类法治宣传活动，有力增强了民营经济人士、商会人员和工商联干部的法治理念和制度自信，为促进和保障民营经济健康发展和民营经济人士健康成长厚植了法治根基，更为“八五”期间进一步开展法治宣传工作奠定了坚实基础。

面对承前启后、继往开来的新征程新形势新任务，全国工商联将再接再厉、不懈努力，更好发挥人民团体桥梁纽带和助手作用，秉持为实现民营企业高质量发展提供有力法治保障、助力民营经济走向更广阔舞台的初心和担当，久久为功地开展好入脑入心的法治宣传教育，为助推依法治国进程、实现第二个百年奋斗目标作出新的更大贡献。

中华全国供销合作总社“七五”普法规划实施情况

2016 年至 2020 年全国第七个法治宣传教育五年规划实施期间，中华全国供销合作总社（以下简称供销合作总社）按照党中央、国务院决策部署，在全国供销合作社系统深入开展法治宣传教育，普法依法治理工作取得显著成效，为全面深化供销合作社综合改革、开创中国特色供销合作事业新局面营造了良好法治环境，提供了坚实法治保障。

一、总体情况

（一）认真组织开展供销合作社系统普法依法治理工作

供销合作总社高度重视普法依法治理工作，专门召开理事会主任办公会议，对全系统“七五”普法依法治理工作作出全面部署。在总结全系统“六五”普法依法治理工作基础上，以《中共中央　国务院转发〈中央宣传部、司法部关于在公民中开展法制宣传教育的第七个五年规划（2016-2020 年）〉的通知》和全国人大常委会决议为遵循，结合供销合作社行业特色和改革发展要求，制定印发了《全国供销合作社法治宣传教育第七个五年规划》（以下简称《规划》）。为确保《规划》顺利实施，供销合作总社成立了以分管副主任为组长、相关部局负责人为成员的“七五”法治宣传教育领导小组。各地供销合作社以《规划》为指导，制定实施方案，并在当地普法部门指导下开展相关工作。天津、河北、内蒙古、江苏、浙江、江西、山东、河南、湖北、陕西、甘肃等省级供销合作社一把手挂帅抓普法，保证了领导到位、组织到位、人员到位。

（二）深入学习宣传习近平新时代中国特色社会主义思想及重大决策部署

供销合作总社结合“两学一做”“不忘初心，牢记使命”等主题教育活动，通过党组中心组理论学习等方式，重点学习习近平新时代中国特色社会主义思想、《习近平谈治国理政》以及习近平总书记对供销合作社工作、供销合作社立法工作的重要指示批示精神，深刻领会全面推进依法治国的重大意义，更好地发挥法治的引领和示范作用。各地供销合作社通过主题党日活动、专题讲座等多种方式，切实提高干部职工法治意识。江西省社结合主题党日活动，组织省、市、县供销合作社机关干部及直属企事业单位职工进行集体学习，坚持不懈用习近平总书记全面依法治国新思想武装头脑、指导实践、推动工作。河南省社联合省法学会多次举办“百名法学家百场报告会”供销社法治专场宣讲活动，邀请省委党校教授讲授“习近平治国理政的法治思想”。

（三）突出宪法学习宣传教育

供销合作总社把学习宪法作为机关干部履行职责的基本功和必修课，机关干部人手一本最新宪法修正案，邀请中央党校教授为机关干部就宪法修正案做专题辅导讲座。利用国家宪法日，在全系统开展以“尊崇宪法、学习宪法、遵守宪法、维护宪法、运用宪法”为主题的集中学习宣传活动，推动宪法家喻户晓、深入人心。湖北省社自觉落实宪法宣誓制度，组织新任领导干部、新录用军转干部、公务员参与宪法宣誓活动。辽宁省社组织机关全体党员干部认真学习宪法及相关法律法规，争做对党忠诚、依法执政、敢于担当、廉洁自律的供销人。武汉市社扎根“三农”，在新洲区凤凰镇毛冲村开展了以宪法宣传为主要内容的“送法进乡村”活动。

（四）深入学习宣传党内法规

供销合作总社适应全面从严治党、依规治党新形势新要求，切实加大党内法规宣传力度。供销合作总社党组中心组把《中国共产党党章》《中国共产党问责条例》《中国共产党党内监督条例》等列入中心组学习内容；邀请中纪委、中央党校的专家就学习贯彻《中国共产党纪律处分条例》《中华人民共和国监察法》为机关人员和直属单位领导干部做专题辅导报告；每年召开推进“两个责任”落实干部大会，以法治思维和法治方式推动主体责任和监督责任深化落实；根据党内法规的要求，将坚持党的领导写入供销合作总社章程。浙江等地教育引导广大党员干部做党章党规党纪和国家法律的自觉尊崇者、模范遵守者、坚定捍卫者。

（五）结合合作经济组织特点深入开展普法依法治理

供销合作社是党领导下的为农服务的综合性合作经济组织，组织成分多元，既有基层、县、市地、省和全国五级供销合作社，又有社有企业、事业单位、主管社团，还有农民专业合作社、农村综合服务社、连锁经营网点等经营服务组织。针对组织形态多样的特点，分类实施普法依法治理。供销合作总社探索干部职工学法新形式，对新出台的与供销合作社改革发展密切相关的法律法规和政策进行综合解读，从2016年开始每月一期，让系统干部职工及时“充电”。根据社有企业经营业务领域宽、涉及法律事务较多等特点，各级供销合作社对社有企业的经营管理者重点进行了以民法典、公司法、产品质量法、农业法、《农药管理条例》等市场经济法律知识为主要内容的强化培训，增强企业经营管理人员依法决策、依法管理、诚信经营的观念，北京海龙、黑龙江倍丰、安徽辉隆、广东天禾、新疆果业等社有企业配备了专职法律顾问或外聘了法律顾问，企业重大事项都要先经法律顾问合法合规性审查。以农民专业合作社法修订为契机，及时介绍主要修订内容，加大法律学习宣传力度。各级供销合作社充分发挥引领示范带动作用，积极引导广大农民依法组建各类专业合作社，截至2020年年底，领办创办各类农民专业合作社19.25万个。

（六）贯彻落实“谁执法谁普法”“谁服务谁普法”普法责任制

为进一步健全完善普法宣传教育机制，供销合作总社制定了《关于贯彻落实“谁执法谁普法”普法责任制的实施意见》，明确普法责任清单和每年的普法工作计划，督促系统认真执行。各省级供销合作社提出贯彻实施意见，并抓好落实。山东省社层层落实管理责任，做到依法决策、依法管理、依法经营。河北省社认真履行盐业管理职责，组织实施“行政执法三项制度”，有效遏制私盐乱象及系统内“越线抢跑”行为，维护食盐市场秩序。

（七）深入开展“防控疫情　法治同行”专项法治宣传行动

面对突如其来的新冠肺炎疫情，全系统贯彻落实习近平总书记作出的“要加强疫情防控法治宣传和法律服务，组织基层开展疫情防控普法宣传，引导广大人民群众增强法治意识，依法支持和配合疫情防控工作”的重要指示精神，迅速行动。一方面，做好战疫情、备春耕、保供给等工作。截至2020年年底，全系统销售化肥近1.6亿吨，供应量占全社会的70%以上，土地托管服务面积同比增长41%，在关键时刻发挥了主渠道、国家队作用，得到了中央领导和地方党政领导的充分肯定，产生了良好社会反响。另一方面，积极开展法治宣传教育工作，湖北省社通过门户网站、微信公众号、微信工作群、QQ群向干部职工和农民社员深入宣传传染病防治法、食品安全法、动物防疫法、刑法、《突发公共卫生事件应急条例》等法律法规及疫情防控知识问题。江西等地针对疫情防控工作中出现的矛盾纠纷和人民群众关注的热点问题，着力开展以案释法，为疫情防控工作提供良好舆论环境。

二、取得的成效

5年来，通过深入开展法治宣传教育和普法依法治理活动，全系统干部职工及社员的法治意识和法律素质普遍增强，依法治社、依法治企观念深入人心，形成办事依法、遇事找法、解决问题用法、化解矛盾靠法的良好法治环境。主要表现在：

（一）系统上下对依法治理有了更加迫切的需求

供销合作社自20世纪50年代成立以来，近70年一直没有一部专门的法律法规。通过普法依法治理工作的开展，全系统广大干部职工越来越清醒地认识到，制定出台《供销合作社条例》，实现供销合作社立法零的突破，对于全面依法治国、全面建成小康社会、推动国家治理体系和治理能力现代化、体现中国特色社会主义制度优越性，具有重要意义。目前，《供销合作社条例》制定工作已进入司法部审查程序，供销合作总社正在全力配合司法部做好审查程序相关工作，争取早日提请国务院常务会议审议出台。河北、山西、河南、江苏、安徽、四川等省级供销合作社积极主动与当地人大和相关部门沟通汇报，做好地方性法规立法前期立项和调研论证工作。

（二）工作的规范化和标准化得到了进一步提升

5年来，供销合作总社制定完善了涉及党建、法治建设、组织管理、业务发展、选人用人、反腐倡廉等一系列规章制度，推进各项工作实现规范化、标准化。2020年9月，全国供销合作社第七次代表大会对供销合作总社章程进行修订，为推进供销合作社新一轮依法治理奠定了坚实的制度基础。北京、江苏、浙江、安徽、山东、河南、广东、海南、四川、甘肃等地进一步健全社员代表大会、理事会、监事会等合作经济组织基本制度，修改完善章程。同时，聚焦规范决策程序，制定印发“三重一大”事项决策实施办法，指导推动各直属企事业单位和主管社团建立健全“三重一大”事项决策制度。根据工作需要，制定和完善了《中华全国供销合作总社“新网工程”专项资金管理办法》《供销合作社合作发展基金管理暂行办法》《出资人监管权力责任清单》《总社直属事业单位领导人员管理暂行办法》等，基本建立了适应当前供销合作社改革发展需要的规章制度；河北、江苏、山东、河南等地认真梳理现行规章制度，汇编成册，强化领导干部“法定职责必须为、法无授权不可为”法治意识。

（三）社有资产安全得到了进一步巩固

社有资产是供销合作社增强为农服务实力的重要经济基础，维护好社有资产安全对供销合作社发展具有重要意义。截至2020年年底，全系统社有资产总额1.8万亿元。5年来，通过法治宣传教育，各级供销合作社依法行使权利，加强监管，有效维护了社有资产安全。安徽省供销合作社加强对社有企业经济效益审计，依法开展清收清欠活动，共清收债权达7亿元。安徽辉隆集团公司自“七五”普法开始至今，共审查6000份合同，从源头上减少经营法律风险。甘肃省供销合作社依法解决历史遗留难题，以6600万元化解农行7.59亿元历史债务，大大提升了社有资产为农服务效用。广西壮族自治区供销合作社通过诉讼和行政复议等途径处理资产转让和止亏解困工作，有效防止了社有资产的流失。

三、存在的问题及下一步工作建议

“七五”普法期间，全国供销合作社系统普法依法治理工作取得了一定成绩，但与司法部、全国普法办的要求还存在一定差距，主要表现在：一是部分领导重视程度不够，重经营业务，轻普法宣传教育，没有将普法摆上议事日程。二是根据现行财政预算管理体制，普法工作很难安排专项经费，只能从平时办公经费中挤出有限的资金搞点活动，使普法依法治理工作在深度和广度上都受到制约。三是缺乏激励和制约手段，普法工作从上到下一般通过会议、文件、简报等来推动，而没有有效的激励手段促进工作的落实。四是供销合作社法律法规和相关制度还不健全，侵害供销合作社合法权益的行为时有发生。

中华全国供销合作社第七次代表大会召开之际，习近平总书记专门对供销合作社工作作出重要指示，为新时期供销合作事业发展提供了行动纲领和根本遵循。2021年是“八五”普法依法治理工作启动之年。为进一步提高普法实效，服务改革发展，下面，就做好“八五”普法工作提出以下几点建议：一是以习近平新时代中国特色社会主义思想为指导，深入贯彻落实习近平总书记对供销合作社工作的重要指示精神，围绕供销合作总社中心工作，继续做好“八五”普法依法治理工作。二是切实加强普法机构和普法机制建设，开展常态化法治宣传教育。探索如何更好地将普法依法治理工作与业务工作紧密结合起来，强化针对性和有效性。三是更加注重制度建设，促进制度和谐统一，发挥集成协同作用，推进供销合作社治理体系和治理能力现代化。四是更加注重普法工作队伍建设，通过招收法律专业的公务员、培养系统内的法治骨干、探索公职律师等形式，培育普法工作中坚力量。五是更加注重普法形式创新，充分发挥新媒体独特优势，加强典型宣传和经验交流，特别是加强部门之间、地区之间普法经验交流和借鉴。

中国银行业协会“七五”普法规划实施情况

2016年以来，在中宣部、司法部、银保监会等有关部门的正确指导下，在银行业金融机构的大力支持下，中国银行业协会（以下简称协会）党委坚持以习近平新时代中国特色社会主义思想为指导，高度重视普法工作。协会始终以“服务监管、服务会员”为己任，坚持履行“自律、维权、协调、服务”的核心职能，针对银行业普法工作的特点，扎实开展普法教育工作，积极创新金融普法形式，不断推进银行业提升依法合规经营水平，在助力国家金融法治建设方面取得了积极成效。

一、构建普法工作体系，建立普法长效机制

协会建立健全普法机制，保障普法工作长期有序进行。

（一）加强组织领导，建立普法领导机制

协会成立了以党委书记、专职副会长为组长的“七五”普法工作领导小组，明确了“七五”普法工作领导小组的职责和任务，并按照《中央宣传部、司法部关于在公民中开展法治宣传教育的第七个五年规划（2016—2020）》和司法部、全国普法办的相关文件精神，制定了《关于进一步推进银行业金融机构“七五”普法工作的指导意见》，以确保“七五”普法规划顺利实施。

（二）组建法律专家库，提升普法落实效果

“七五”普法期间，协会聘任的109名银行业法律专家组成的专家库，成为行业法治建设工作的有力专业保障。

（三）推动法律顾问制，充实普法专家队伍

根据《关于银行业金融机构法律顾问工作的指导意见》文件精神，银保监会确立了银行业金融机构法律顾问制度。协会以前期调研成果为基础，继续跟踪银行业金融机构法律顾问工作制度实施开展情况，发挥好法律顾问作用，推动金融行业普法工作向更深、更专、更精发展。

二、发挥行业桥梁作用，深化法治工作实效

协会通过加强与法院、仲裁机构、其他行业协会的合作，合力推进金融法治工作顺利开展。

（一）参与立法活动，提升普法格局

一是参与重要金融法律法规修改和制定工作，如参与《中华人民共和国商业银行法》《中华人民共和国人民银行法》等立法或修法的相关工作；二是配合金融监管部门建章立制工作，如根据银保监会法规部要求，完成了《银行业金融机构分支机构负责人违规或犯罪问题研究》等研究报告，支持监管部门推动后续有关监管政策的出台；三是组织会员单位参与有关法律、行政法规的制定和修改，如参与保理合同在民法典合同编中予以单列、《中华人民共和国民法典》担保部分司法解释制定等的相关研究工作。

（二）深化“银法”合作，提高普法质效

最高人民法院长期与协会开展合作，共同推动网络查控合作、执行积案清理、失信被执行人信息公开及惩戒等工作，促进营商环境优化。如协会开展的“依法保护银行债权打击逃废银行债务”四个一批专项活动得到了最高人民法院的大力支持。协会与最高人民法院执行局建立常态化沟通机制、重点督办机制。

（三）探索“银仲”合作，丰富普法内涵

协会高度重视运用多元化纠纷解决方式化解银行业金融风险工作，不断加强与中国国际经济贸易仲裁委员会、北京仲裁委员会的战略合作，引领全国银行业协会积极探索多元化纠纷解决机制建设工作。

（四）推动行业合作，拓宽普法领域

协会充分发挥行业平台优势，关注跨领域、跨行业的业务交流，整合专家资源，推动与各相关行业的横向互动，拓宽普法领域。一是加强中国仓储与配送协会等单位的交流合作；二是与中国公证协会开展合作，探讨赋强公证在化解银行业纠纷方面的推广路径；三是组织会员单位参加住建部有关调研会，探索推动银行保函担保方式在工程建设行业中的运用。

（五）开展行业研究，指导普法实践

一是认真开展银行不良贷款处置问题调研；二是深入调研线上贷款业务清收有关问题；三是开展重点立项的银行法治课题研究，推动有关课题成果的转化使用；四是通过协助商务部条法司、国家市场监督管理总局价格监督检查和反不正当竞争局等国家部委开展银行业调研活动，畅通会员单位政策建议渠道。

三、丰富普法宣传形式，打造普法活动品牌

“七五”普法期间，协会充分利用广播、电视、网络等媒体平台大力宣传宪法、法律和法规，注重发挥网络媒介对于提升法治宣传效率、扩大覆盖范围的作用。

（一）创新开展“七五”普法巡回宣讲活动

协会定期制订普法巡回宣讲工作计划，并于2017年召开了全国银行业“七五”普法创新工作座谈会，推动普法活动纵深开展。5年来，协会邀请法律专家先后在上海、南宁、合肥、石家庄、西宁、呼和浩特、昆明和长春等地进行普法宣讲，参加人数近3000人，推动“七五”普法向地方银行业干部员工全面深度传播。

（二）持续举办银行业法律学习培训普法活动

协会连续5年举办全国银行业法律风险管理高级研修班培训班，已培训银行业金融机构高级管理人员千余人次；在《中华人民共和国民法典》颁布之后，协会商洽国家法官学院举办银行业民法典专题培训班，由最高人民法院审委会副部级领导、金融审判与执行领域经验丰富的庭室领导和资深法官授课，130余名法律负责人及骨干完成了封闭培训；积极探索线上培训形式，组织会员单位观看贸仲直播间民法典专题系列讲座，先后举办3期民法典专题线上学习活动，深受会员单位关注，每场在线观看人数过万；为员工订购民法典图书，启动民法典相关课题研究立项；协会还开展了“法治银行　与我同行”专项活动，征集行业法治银行建设的相关典型材料在业内共享。

（三）充分整合媒体平台资源开展普法宣传

一是组织388家会员单位银行分批次有序开展“银行法治之窗”升级工作，优先在基础设施较好的北京、上海、杭州、深圳4个城市先行先试，并已协调3家银行总行升级完成“法治之窗”8个；二是积极做好“中国银协”“中国银行业协会法律工作委员会”等公众号自媒体的普法宣传工作，指派专人每日维护、每周更

新，及时推送银行业最新法治信息，关注人数近万人。

（四）全面开展消费者权益保护宣传教育活动

协会每年举办“普及金融知识万里行”活动，组织编写《银行业消费者权益保护典型案例汇编》。

四、立足金融行业特点，提升依法治行水平

协会立足行业风险化解与个案维权等工作实际，以深入推进普法宣传工作为抓手，并以此推动银行业提升依法合规经营能力和依法治行水平。

（一）指导会员单位防范风险，提高依法维权能力

一是在监管部门的指导下，支持会员单位债委会有关工作，制定《银行业债权人委员会协议参考文本》《银行业债权人委员会议事规则参考文本》等行业指导性文件；二是积极做好风险提示与失信惩戒工作，关口前移，发挥典型案例通报的警示作用。

（二）涵养从业人员清廉文化，强化遵纪守法底线

一是先后召开组织违法发放贷款罪等金融犯罪专题研讨会和预防银行业员工违法犯罪工作座谈会，开展警示教育；二是于2020年发布《银行业从业人员职业操守和行为准则》，对行业依法合规治理、提升风险防范能力起到积极作用。

（三）有效解决个案维权难题，提高学法用法能力

5年来，协会为会员单位稳妥应对多项国际国内重大案件提供专业法律支持服务，协助会员单位处理刑民交织、破产逃债、抵押担保等重大纠纷案件，得到了10余家会员单位的感谢信。

上述普法工作的扎实有序开展，在协会履行“自律、维权、协调、服务”职能中发挥了重要作用。“七五”普法期间，协会获得了全国普法办颁发的“七五”普法中期先进集体荣誉称号、司法部颁发的第13届全国法治动漫微电影作品征集展播活动优秀组织奖、“我与宪法”微视频评选活动优秀奖。连续两次被国家民政部授予“全国先进社会组织”荣誉称号，连续两次在国家民政部组织的全国性行业协会商会等级评估活动中获得5A最高等级。回顾过往工作，协会在普法工作上取得了一定的成绩，但在普法工作中仍存在还需加强和改进之处。如普法服务机制还需深入落实、普法普及率有待进一步提高、对领导干部普法仍有待加强等。

普法工作任重道远。下一步，协会将深入学习贯彻习近平法治思想，继续在中宣部、司法部和银保监会的领导下，畅通沟通机制，加强普法工作交流与协调，完善普法工作机制建设，结合银行业金融机构特点，统筹推进“八五”普法时期各项工作，努力开创普法新局面、取得普法新成果。

国家开发银行“七五”普法规划实施情况

“七五”普法期间，在全国普法办的指导帮助下，国家开发银行（以下简称开发银行）认真贯彻《中央宣传部、司法部关于在公民中开展法治宣传教育的第七个五年规划（2016—2020年）》的要求，深入学习宣传贯彻习近平新时代中国特色社会主义思想，坚持法治宣传教育“五个结合”，依法办行、从严治行，深入推进法治文化建设，持续提升开发银行治理的制度化、程序化、规范化、法治化水平。

一、坚持普法与党建相结合，加强顶层设计，贯彻落实习近平新时代中国特色社会主义思想

开发银行始终高度重视普法依法治理工作，将深入学习宣传贯彻党的十九大和十九届二中、三中、四中、五中全会精神作为“七五”普法工作的重要内容，不断增强全员“四个意识”，坚定“四个自信”，坚决做到“两个维护”。制定《国

家开发银行“七五”法治宣传教育规划（2016—2020年）》，明确“七五”期间开发银行普法工作的指导思想、工作目标、具体任务及保障措施，确保普法工作有序有力推进。印发《关于全面推进法治开行建设的工作措施》，坚决贯彻落实习近平总书记重要讲话、重要指示批示精神和中央决策部署，把党的领导贯彻于法治开行建设全过程和各方面。

二、坚持普法与廉政建设相结合，扎实开展党规党纪学习宣传，增强员工“讲规矩、守纪律”意识

结合“不忘初心，牢记使命”主题教育活动，加大党规党纪学习教育力度，强化员工规矩意识。组织学习宣传《中国共产党党章》《中国共产党纪律处分条例》等党内法规，强化“红线”意识，教育引导党员做党章党规党纪和国家法律的自觉尊崇者、模范遵守者、坚定捍卫者。加强廉洁从业制度建设，聚焦高风险领域、重点环节和关键岗位，明确廉洁从业管理要求，切实做到廉政文化“进制度、促业务、保发展”。深化廉政文化建设，培养员工的“讲规矩、守纪律”意识，将廉政纪律转化为干部员工的日常遵循和行为习惯。

三、坚持普法与服务国家战略和实体经济发展相结合，守正笃实，全面服务开发性金融改革发展与中心工作

（一）加强全流程法律支持保障

一是围绕中心业务发挥智库作用。聚焦服务“六稳”“六保”开展专题研究，提出政策建议，为服务高层决策提供智力支持。围绕国家财政、货币、消费、投资、就业、产业、区域等政策导向，依法推进市场化投融资模式创新。积极开展“一带一路”和国际前瞻性法律研究。编写《“一带一路”项目融资法律指引及案例评析》，加强对业务实践的总结和指导。领先同行业出版国内首部《“一带一路”国家法律风险报告》、编写《“走出去”的法律问题与实践》，夯实融智服务“一带一路”建设的理论根基。编写《国别法律报告（2019）》，全面介绍全球143个国家法律制度和法律风险情况，实现对“一带一路”沿线64个国家全覆盖。

二是优化合同文本体系和管理机制，服务金融创新和风险管控。创设信贷合同反洗钱、制裁合规条款内容，在金融同业中率先实现全部人民币信贷合同框架文本的贷款市场利率（LPR）定价。优化合同管理机制，以合同为抓手，领先金融同业首创法律风险动态管理平台，建立人民币信贷合同法律审查反馈机制。印发《民法典与人民币信贷合同框架文本对照读本》，优化调整合同文本体系和条款内容，形成近百个合同文本和附属文件，及时补齐短板，防控经营管理法律风险。推进全流程信贷系统合同电子化平台正式上线运行，实现了人民币信贷合同的起草、修改、审查、审批等流程电子化，为进一步强化信贷合同管理与使用、提升风险管控提供技术支持。

三是深入推进依法收贷机制和能力建设，持续提升依法收贷对不良化解贡献度。创新依法收贷机制、方法，深化依法收贷项目“名单制+分类管理”机制建设，综合运用诉讼、批转、清收等方式，依法高效推动存量风险出清。在金融同业中率先探索建立失信债务人黑名单管理和外部信用惩戒制度和机制，为维护国家金融资产安全、夯实国家社会信用体系建设作出积极贡献。

四是主动参与国家立法进程。广泛调研全球540家开发性金融机构立法与实践，形成《国际开发性金融机构立法汇编》等研究成果，为开

发性金融立法奠定基础。就民法典、民事诉讼法、商业银行法、政府和社会资本合作（Public-Private-Partnership，PPP）立法等法律法规向国家有关部门提出立法建议。其中，就政府和社会资本合作立法中有关应收账款质押、跨年预算管理等事项的立法建议，获得原国务院法制办重视。

（二）优化开发性金融制度建设

一是完善规章制度体系。按照"精细化、精准化"的管理思路，把制度建设的着力点放在务实管用上，把制度管理的落脚点放在刚性执行上，不断完善开发银行制度体系。创新建立制度论坛机制，搭建"研讨问题、凝聚共识、开拓思想、探寻良策"的平台，推动形成"学、讲、研"的制度文化氛围。重点关注国家政策法规出台修订情况，做好开发银行制度体系与国家政策法规衔接，及时开展宣传培训，指导全行依法合规开展工作，确保开发银行制度说得清、行得通、真管用，提高银行治理科学化、规范化、法治化水平。印发活页制度汇编，便于全行员工学习使用。在总分行、代表处、子公司建立184人的规章制度管理联系人队伍，畅通制度制定部门与归口部门、执行部门的沟通机制。加强制度审查和后评价，开展制度检视评估。全面修订《国家开发银行规章制度管理基本办法》等4项制度，从立项、拟定、审查、发布、后评价、执行监督等方面强化管理，提升制度体系的科学性、有效性和操作性。

二是优化评审管理制度体系。按照"筑牢额度管控天花板、全面优化额度管理机制流程、均衡效率与风控、确保有效衔接与平稳过渡"的总体原则，推动综合授信体系改革向纵深发展。建立"集团客户统一授信限额—单一客户综合授信额度—单笔业务"三层级自上而下的综合授信额度管理架构，构建"因人、因机构、因行业、因客户、因产品"5个维度的矩阵式基础授权体系，全面优化综合授信额度管理的逻辑、机制、流程和方法标准。

三是优化信贷管理制度体系。按照"问题导向、标本兼治"原则，对开发银行信贷管理工作流程及制度体系进行系统梳理和调整优化，推进信贷治理体系和治理能力现代化。明确信贷管理工作脉络和梳理框架，进一步建立和完善科学有效的治理体系、规范高效的工作流程，解决过去全行信贷管理碎片化、效率低等问题。

（三）持续强化内控合规管理

一是完善依法决策机制。出台《国家开发银行关于进一步规范"三重一大"集体决策制度的意见》，把党的领导融入依法治行各环节，完善重大决策的调查研究、科学论证、风险评估、合法合规性审查机制。

二是优化完善授权管理架构，健全差异化区别授权和动态授权管理机制。修订完善《国家开发银行授权管理规定》和实施细则，建立行长集中统一授权体制，做好与开行章程、董事会对行长（高管层）授权方案的衔接，按年度向董事会报告行长（高管层）授权执行情况。按照"放得下、接得住、管得好"标准，加强授权动态管理。按照"两个衔接"的原则，按季度开展基本授权动态调整工作；建立健全覆盖综合授信、人民币信贷、国际业务信贷管理等多个条线的差异化授权管理体系，将授权管理与经营、收益、风险、内控、合规挂钩，提高分支机构经营决策的权责匹配度。加强授权宣传培训，编写《授权知识百问百答手册》，提升全行"凡事无授权不可为"的意识。

三是加强内控体系建设，提升内控管理的有效性。深入贯彻制度建设、流程管理、系统配套、执行推动和监督检查"五位一体"全方位落实的内控工作要求，进一步优化制度管理体系，加强流程、系统缺陷性分析和评估，强化制度执行和监督检查，找准内控关键节点和薄弱环节，逐步构建矩阵式、网格化的内控管理体系，不断增强工作的系统性、精准性、有效性，提升全行内控管理水平。

四是优化操作风险管理体系，提升关联交易和案防管理质效。健全操作风险管理制度体系，制定《国家开发银行操作风险管理专业人员配置指导意见》《关于加强操作风险管理专业人员履职的通知》《国家开发银行外包风险管理规定》，规范操作风险专业人员履职要求，加强外包等重点领域操作风险统筹管理，提升操作风险管理与业务管理的融合度。建立健全开发银行集团关联交易、内部交易管理体系。制定《国家开发银行关联方信息管理操作规程》，全面排查关联交易合规风险，发布附属机构名单，夯实内部交易管理基础。完善案防制度体系建设，制定《国家开发银行案防工作管理办法》和《国家开发银行案防工作管理实施细则》，细化案件分类、业内案件和重大业外案件处置等要求。完善预防从业人员金融违法犯罪工作机制，制定《国家开发银行预防从业人员金融违法犯罪的工作方案》，提出健全内部治理体系、加强制度建设和执行、完善监督制约机制、加强金融违法犯罪行为预警、监测和排查、严肃责任追究和加强员工教育培训等六大措施。加大对骗取贷款、贷款诈骗等金融犯罪案件的排查力度，配合公安司法机关打击犯罪和刑事追赃，维护国有金融资产安全。加强对典型案例的研究分析，编印《金融违法违规警示案例汇编》，组织全行学习，深入开展警示教育。

五是统筹集团检查整改，扎实提升合规管理水平。深入开展全集团内外部检查整改“回头看”工作。按照现行检查整改长效机制的标准和要求，对近年来的所有内外部检查整改工作深入开展再评估、再督导、再落实，全面评估检查发现问题的整改进展和成效。全行上下联动，全面梳理整改任务清单、问题清单和责任清单，严格执行“销号制”管理。

六是强化违规问责管理，提升员工合规意识。完善问责制度体系，改进问责标准、工作机制和流程。坚持“遵纪守法合规尽职可免责，违纪违法违规失职要问责”理念，细化责任区分，强化精准问责。落实容错纠错机制，编写《国家开发银行违规问责案例汇编》，收集近年来85个典型问责案例，督促全行员工以案为鉴，增强主动合规意识、风险意识、责任意识和担当意识。

（四）加强洗钱及制裁风险管控体系建设

建立开发银行特色反洗钱及制裁合规管理体系，持续推进反洗钱体制机制、政策制度、流程和系统建设，严格履行反洗钱义务，进一步强化高风险领域风险管控，积极开展反洗钱培训与宣传，全面提升开发银行反洗钱管理水平。

四、坚持普法与践行社会责任和履行开发性金融初心使命相结合，广泛开展“法治扶贫”，助力建成全面小康社会

多年来，在司法部的指导下，开发银行主动深入革命老区、贫困地区和少数民族地区，推动普法与扶贫相结合，扎实推进法治建设、切实履行社会责任担当，取得良好社会反响。

（一）创建开发银行特色的行外普法图书站

截至2020年年底，开发银行在全国建立127个行外普法点，实现对5个自治区的全覆盖。其中在西藏、青海、宁夏、内蒙古、四川、贵州、新疆、黑龙江等地的少数民族或贫困地区捐建普法图书站34个，捐赠普法图书累计超过5万本。

（二）创新开展地域特色普法

西藏分行印发藏汉双语《防范打击传销活动、信用卡诈骗、邪教组织和拐卖妇女儿童犯罪宣传手册》《农牧民法律知识读本》。新疆分行驻

村工作组向村民赠送法治宣传光碟、开展法治宣传教育。

（三）深入开展“守住钱袋子”“金融知识进万家”“垄上行”“诚信校园行”“点对点”法律帮扶等金融知识普法活动

落实“法律八进”和“服务大局普法行”，组织青年员工走进社区、走进企业，发放金融法律知识手册，现场解答金融法律问题。走进乡村、走进校园，重点结合脱贫攻坚、助学贷款等工作，面向贫困群众宣介扶贫政策，开展助贷知识讲解及诚信教育，5年来共参与志愿活动3800余人次，服务基层群众8.6万人。

（四）积极参与法律援助事业

作为中国法律援助基金会理事单位，开发银行多年来资助善款365万元，用于西部地区办理法律援助案件、开展法治讲座和法治宣传、解答法律咨询等，多次获得中国法律援助基金会和当地政府民众肯定和赞许。

五、坚持普法与提升员工运用法治思维法治方法解决问题能力相结合，创新普法形式，切实增强普法教育工作实效性

（一）深入开展学习宣传宪法和民法典、“防控疫情　法治同行”等专项活动

响应司法部、全国普法办号召，组织开展宪法宣传周特色专题活动，引导员工认识宪法、学习宪法、敬畏宪法。认真研究民法典对开发银行业务和员工个人生活的影响，组织全行深入开展学习宣传民法典。新冠肺炎疫情期间，勇于担当、坚守岗位，扎实开展“防控疫情　法治同行”活动，助力全行依法抗疫，全力支持各地复工复产。

（二）抓住关键时点主动开展普法宣传

落实“谁服务谁普法”普法责任制，在“3·15”消费者权益保护日、“4·15”全民国家安全教育日、国家网络安全宣传周、保密宣传周等重要时间点开展形式多样、内容新颖的宣传活动。充分利用互联网等现代传媒，扩大普法影响面。通过微信、微博、公众号、短视频、直播等多层次多角度传达普法信息，提升员工学法用法热情。注重普法宣传的趣味性，寓教于乐。举办法治春联创作大赛，全行82家单位选送作品543副；举办廉政知识考试，全行9374名在岗员工参加测试。举办“献上法治青春礼”线上法律知识竞答活动，全系统7万余人参加。

（三）持续开展法律合规培训教育

坚持法律合规培训的全覆盖，不留空白和死角。将法治学习列入各级党委中心组年度学习计划，作为干部入职培训、职级晋升的必训内容。5年来，组织各业务条线部门围绕法律合规、制度解读、案例解析开展74期培训，累计培训4万余人次。加强法律部门与业务部门的互动、联动，开展以“强合规、防风险、促发展”为主题的建功立业竞赛活动。开展微信答题，全行参与答题的员工共计1.3万人，参与次数共计10万多人次。

5年来，开发银行普法工作获得外部机构的多次肯定和表彰。全国普法办授予开发银行“七五”普法中期先进集体荣誉称号，开发银行连续14年获得人民网颁发的“人民社会责任奖”。此外，还获得新华网“中国社会责任特别贡献奖”、“中国社会责任扶贫奖”；中国法律援助基金会授予“法律援助公益事业突出贡献单位”奖项；2名开发银行法律合规条线同志获得“全国三八红旗手”等荣誉称号。

下一步，开发银行将按照全国普法办的要求，认真总结好“七五”普法经验，做好“八五”普法规划，以更高的标准继续深入做好普法依法治理工作。

中国进出口银行"七五"普法规划实施情况

根据党中央、国务院转发的《中央宣传部、司法部关于在公民中开展法治宣传教育的第七个五年规划(2016—2020年)》,中国进出口银行(以下简称进出口银行)结合本行实际,制定了《中国进出口银行开展法治宣传教育第七个五年规划(2016—2020年)》。进出口银行法治宣传教育领导小组(进出口银行领导担任组长,下设办公室在总行法律事务部)在进出口银行党委的带领下,以习近平新时代中国特色社会主义思想为指导,深入贯彻落实党的十九大和十九届二中、三中、四中、五中全会精神,推动"七五"普法规划顺利实施。以宪法为核心的中国特色社会主义法律体系得到深入宣传,法治宣传教育主题活动广泛开展,法治银行建设深入推进,全行法治观念明显增强,法治宣传教育工作取得了明显成效。

一、基本情况

(一)学习宣传习近平新时代中国特色社会主义思想

进出口银行强化依法治行理念,切实加强法律工作,推动建立健全法律风险控制体系及其长效机制,制定了《中国进出口银行关于加强法律工作的意见》。同时,坚持把学习宣传习近平新时代中国特色社会主义思想作为普法的首要任务。利用全行电子普法刊物《普法之窗》,定期学习宣传中国特色社会主义法律体系,累计发布100余期法治宣传文章。各级党委理论学习中心组积极发挥领导干部示范带头作用,将习近平新时代中国特色社会主义思想纳入学习内容。以进出口银行党委理论学习中心组为例,2016~2020年,共开展学法用法相关学习18次,如开展集体研讨,学习习近平总书记在人大闭幕会上的重要讲话精神、宪法修正案、监察法等；围绕宪法开展集体学习，时任总行法律事务部分管行领导作专题辅导；围绕《中华人民共和国民法典》开展扩大学习，邀请全国人大常委会法工委民法室同志作专题讲解。

（二）学习宣传党内法规

进出口银行切实增强党员干部党章党规意识、保持党的先进性和纯洁性，提高党内法规执行力、深化全面从严治党。始终从讲政治的高度，加强对党内法规学习宣传的力度，并且，强调加强对重点对象的学习宣传，把党员领导干部作为重中之重。2016~2020 年，进出口银行针对机关党委和机关纪委负责同志、党支部书记、副总以上党员干部、党务干部、入党积极分子等各类对象，组织了多期培训班，包括赴古田干部学院和江西干部学院等单位开展实地教学。受众人数上千人，2017 年首次实现了对全系统基层党支部组织委员和机关党支部纪检委员培训的全覆盖。同时，将党性教育、警示教育列为教学计划中的专门学习单元。学员们通过赴红色革命老区开展主题教学、参观北京市反腐倡廉警示教育基地，强化规矩意识和纪律意识。

为便于全行各基层党组织学习，进出口银行将党内法规整理形成《基层党建工作常用法规文件选编》《习近平总书记关于党建与业务相结合重要论述和党章党规有关要求摘编》；还以竞赛的方式，以考促学，引导员工加强理论武装，掀起学习热潮。2018 年举办了全行学习贯彻党的十九大精神知识竞赛，2020 年开展了党章党规党纪知识竞赛。

（三）领导干部等普法重点对象学法用法

“七五”普法伊始，进出口银行为领导干部征订了《领导干部法治读本》、《国有企业经营管理人员以案释法读本》、《党内基本法规学习读本》和《宪法学习读本》。此后，紧跟形势政策，陆续购买了《中华人民共和国宪法》《中国共产党党内重要法规汇编》《习近平关于全面从严治党论述摘编》等多本书籍，供领导干部学习使用。

在日常学习中，把宪法法律党内法规纳入各级党委理论学习中心组、机关党支部学习内容和党员领导干部学习教育重要内容。进出口银行党校将宪法法律和党内法规列为司局级干部进修班、处级干部进修班等班级的专题课程，并多次组织进出口银行党委书记、副书记等党员领导干部讲党课，常年邀请中央党校（国家行政学院）、中国纪检监察学院、中国政法大学等单位专家学者进行现场教学。

围绕全行中心工作，进出口银行注重提高法律条线领导干部等人员的履职能力，致力于打造专业过硬的法律人队伍，实现贯彻依法治行。以 2019~2020 年为例，举办了“违法发放贷款罪相关问题”“制式保函文本和最高额担保”“办理强制执行公证”等多期专题培训、编写了《中国进出口银行法律实务丛书》（共 6 册）、累计发布了 60 余篇法律分析文章，为员工提供了优质学习资源。

（四）学习宣传宪法的情况

进出口银行积极开展宪法教育，以“12·4 国家宪法日”为契机，每年组织系列宣传活动，对习近平新时代中国特色社会主义思想、新中国宪法发展历程、宪法基本知识等内容进行宣传。活动形式多样化，包括制作宣传展板、制作宪法知识摆台、组织在线法律知识竞赛、在官方微信公众号和《普法之窗》上开设宪法宣传专栏、在营业大厅和协同办公系统主页播放标语和图片等。活动中，坚持总分联动，在全行推动形成共同学习宣传宪法的浓厚气氛，大力弘扬宪法精神，推动宪法精神深入人心。

此外，积极参与全国“我与宪法微视频”和“法治动漫微视频”比赛。在历年比赛中，全行共对外报送 10 余个参赛视频。其中，总行法律事务部获优秀组织奖，上海分行作品《宪法的样子》、山西省分行作品《宪法宣誓，庄严承诺》获优秀奖。

（五）专项法治宣传活动的开展

1.“防控疫情　法治同行”法治宣传活动

2020年，面对突如其来的新冠肺炎疫情考验，进出口银行深入贯彻落实党中央关于坚决打赢防控疫情阻击战精神，第一时间撰写了《我行下调受疫情影响的客户贷款利率相关法律问题》《新型冠状病毒感染肺炎疫情对我行业务的影响及其应对》《抗疫医疗物资出口与捐赠的法律风险及应对》3篇专题报告，从法律角度为全行业务稳健开展提出可行性应对建议。同时，连续在行内电子刊物《普法之窗》上刊登多期防控疫情专项法治宣传文章，内容涵盖习近平总书记关于疫情防控法治保障的重要讲话精神、全国人大常委会法工委关于疫情防控相关法律问题的权威解答、最高法和最高检关于妨害新冠肺炎疫情防控犯罪典型案例等，引导全行员工增强法治意识，依法支持和配合疫情防控工作。

2. 脱贫攻坚法治宣传活动

进出口银行在向定点扶贫县开展金融扶贫工作的同时，注重发挥法治在脱贫攻坚中的作用。以对口帮扶的重庆市云阳县为例，重庆分行多次组织专业律师前往云阳县一些村镇，就村民关心的土地承包法、物权法、继承法等法律问题开展法治宣传活动。分行并同云阳县当地一些村委会建立了长期沟通机制，针对村委会工作中和村民自身遇到的法律问题，会同常年法律顾问提供法律咨询。通过加强对贫困群众的法律援助，推动贫困地区领导干部带头尊法学法守法用法，教育引导广大群众遇事找法、解决问题靠法。

3.“4·15”全民国家安全教育日法治宣传活动

进出口银行每年围绕维护国家安全，开展主题普法活动。在《普法之窗》刊登相关普法文章，组织员工观看微电影和新闻专题节目、参加国家安全法主题法律知识竞赛等，促进员工加深对当前复杂多变的国际形势、国家安全面临的严峻形式的认识，增强国家安全意识和法治意识。

4. 金融消费者法治宣传活动

进出口银行立足政策性银行定位，开拓思路，丰富活动内容，积极参与“金融知识普及月”“银行业普及金融知识万里行活动”主题宣传活动，切实履行消费者权益保护的社会责任。从在营业场所投放自制宣传手册、举办金融知识宣传主题展、在官方微信公众号开设金融知识微课堂，到组织分行“走出去”，开展了一系列进企业、进农村、进机关、进校园、进社区的宣传活动。

二、下一步工作计划

党的十八大以来，党中央对全面依法治国作出了重要部署，对法治宣传教育提出了新的更高要求。进出口银行将紧密围绕司法部、全国普法办的统一要求，进一步加强法治宣传教育，强化工作措施，努力为实现全行高质量发展、全面建成小康社会营造良好法治环境。

一是推动普法常态化发展。持续深入宣传中国特色社会主义法律体系，坚持把领导干部带头学法、模范守法作为树立法治意识的关键，不断增强法治宣传教育的实效。

二是积极推进法治宣传教育工作创新。学习优秀普法案例，开拓工作思路。充分利用现代媒体，让更多的普法活动走出去，惠及更多人民群众。

三是进一步将普法与进出口银行中心工作紧密结合。组织员工加强学习银行业工作相关的法律法规，提升员工依法合规经营能力，为全行改革发展、为祖国美好发展贡献更大的力量。

中国农业发展银行“七五”普法规划实施情况

中国农业发展银行（以下简称农发行）坚持以习近平新时代中国特色社会主义思想为指导，深入贯彻落实党中央、国务院关于开展法治宣传教育的工作要求，积极宣传学习习近平新时代中国特色社会主义思想，推动宪法法律及党内法规宣传教育，顺利完成七五法治宣传教育工作。全行员工法治意识和依法管理水平显著增强，良好的法治文化氛围逐步形成，有力推动了法治农发行建设。

一、加强组织领导，统筹推进法治宣传教育工作

（一）充分结合农发行实际，整体谋划法治宣传教育

党的十八大以来，习近平总书记站在坚持

和发展中国特色社会主义全局的高度，对全面依法治国作了重要论述，提出了一系列新思想、新观点、新论断、新要求，为全面依法治国提供了科学理论指导和行动指南。农发行精心谋划、反复讨论，在全行部署开展广泛深入的学习宣传活动。印发《中国农业发展银行关于开展法治宣传教育的第七个五年规划（2016-2020年）》，将法治宣传教育与农发行业务实际相结合，深入学习宣传习近平总书记关于全面依法治国的重要论述，突出学习宣传宪法，学习宣传党内法规、与农发行经营管理密切相关的法律法规，扎实推进依法从严治行规定的法治宣传教育重点任务，重点加强领导干部依法决策和廉洁教育，大力开展员工守法和依法办事教育，明确了法治宣传教育时间表、路线图和任务措施。

（二）加强组织领导，发挥组织体系优势

一是坚持领导干部走在前、做表率，带头学法。农发行各级领导干部高度重视法律法规学习，将党内法规、宪法法律、规章制度等作为在各级行党委中心组学习的重要内容，并安排领导干部做重点发言。二是全面动员。农发行领导多次在“12·4国家宪法日”等重要普法宣传时点发表动员讲话，对扎实开展系列普法宣传活动、全面推进法治宣传教育和培育农发行法治文化做出重点部署，并以身作则、带头用法，在杂志刊发法治类署名文章，对全行员工起到示范带动作用。三是充分利用组织体系优势。农发行已形成总行、省级分行、二级分行有独立法务部门，县级支行有兼职岗位的四级完整组织体系，建立专兼职法务人员队伍，为法治宣传教育工作提供了机构和人员保障，确保通过总分行上下联动、业务部门齐抓共管，形成普法工作合力，保障普法实效。

（三）融入依法治行，将法治宣传作为法治农发行建设的重要基础工作

农发行将法治宣传教育贯穿到全面依法治行的全过程和各方面，通过印发《关于深入推进依法从严治行的通知》等文件，扎实推进法治宣传教育重点任务落实，有效实现法治宣传教育与法治农发行建设有机结合。一是定期编印法规最新动态，对法律法规、监管要求、行内规章制度“立改废”情况进行汇总、提炼。发表《农村土地经营权抵押贷款法律风险及防范建议》《公司法司法解释解读》等系列解读文章，及时、深入地解释宣传了新法新规。二是丰富法治宣传内容形式，务求取得实效。不断创新普法宣传教育的理念、载体和方式方法，通过“报、网、端、微、屏”等新媒体推送法律法规动态五百余次，在《农业发展与金融》发表各类法治宣传文章80余篇。5年来，农发行法治建设的短板基本补齐，全行干部员工的法治观念和合规意识显著提升。2018年2月，总行内控合规部（法律事务部）被中国银行业协会授予2017年度“法律风险管理工作先进单位”称号；2019年，总行内控合规部（法律事务部）被全国普法办评为“七五”普法中期“先进集体”。

二、突出重点，积极开展宪法法律普法宣传活动

（一）大力弘扬宪法精神，宪法宣传活动多次受到表彰奖励

农发行每年部署开展尊崇宪法、学习宪法、遵守宪法、维护宪法、运用宪法宣传教育活动，教育引导广大干部员工弘扬宪法和社会主义法治精神，不断增强宪法意识和法治观念。一是集中开展“12·4”宪法宣传周活动。坚持上下联

动，形成各级行各地区各部门共同宣传学习宪法的浓厚氛围，充分发挥“报、网、端、微、屏”等新媒体在宪法宣传教育中的作用，通过宪法进企业、进农村、进机关、进校园、进社区、进网络，推动宪法精神深入人心。二是积极参加司法部、国家网信办、全国普法办组织的“我与宪法”微视频、微动漫征集活动，不断健全内部评选机制和工作规则，提升作品质量和利用率，向全国普法办推荐报送优秀作品近百件，并于2018年、2019年连续两年荣获“优秀组织奖”。其中，河北省张家口市分行荣获2018年度“优秀奖”，河北唐山市分行、湖南新邵县支行荣获2019年度“优秀奖”，山东省潍坊市分行荣获2020年度提名奖。三是组织开展“我与宪法”主题征文活动，评选出20篇优秀征文在《农业发展与金融》杂志发表。5年内，各级行累计开展“12·4国家宪法日”宣传活动9951次，参与员工16万人次，发放宣传资料127万份，受众客户量191万人次，不断强化干部员工及客户的宪法精神和法治观念。

（二）深入宣传《中华人民共和国民法典》，系列宣传活动成效卓著

民法典是国家治理和社会治理的重要遵循，是全面贯彻习近平新时代中国特色社会主义思想的最新法治成果。农发行作为党中央、国务院领导下的政策性银行，旗帜鲜明讲政治，第一时间下发《关于开展民法典学习宣传活动的通知》，对全行上下深入学习民法典进行统一部署。一是将民法典学习纳入各级行党委中心组理论学习，持续纳入全行员工教育培训计划，确保全员全覆盖。二是聘请知名专家学者举办讲座。其中，总行已组织4期民法典专题讲座，累计参训人数达16万人。各分支机构已组织专题讲座10余期，并利用微信群、腾讯会议等方式建立灵活的学习交流机制，将集中学习和自学相结合。三是利用营业、办公场所电子广告屏、宣传橱窗、宣传展板，通过播放民法典公益宣传片等展示民法典知识。四是组织各级行购买民法典正式文本分发员工，做到人手一本，并有针对性地购买专业法律解读书籍，满足经营管理需要。通过系列宣传活动，不断推动平等自愿、诚实信用、权利义务相一致、公序良俗等法治精神深入人心。

（三）开展疫情防控法治宣传教育，切实履行疫情防控和助力打赢“三大战役”的坚强战斗堡垒

一是全力战“疫”不松劲。面对常态化疫情防控形势，深刻认识把握疫情防控工作的复杂性、长期性和艰巨性，紧守合规底线，统筹推进常态化疫情防控和各项工作有序开展。按照“急事急办、特事特办、贵在效率”原则，做好疫情防控、复工复产、传染病防治法、野生动物保护法等重点领域法律知识普及工作。二是发表《疫情期间银行债权保护的相关法律问题》等专业文章，印发《关于疫情防控常态化形势下开展相关经营管理工作的法律指导意见》，解读疫情影响下不可抗力规则适用、信贷合同违约纠纷处置等难点问题，指导各级行妥善处理贷款展期、财产保全等重点事项。

（四）举办“4·15全民国家安全教育日”等各类主题法治宣传活动，全员参与普法掀起法治宣传热潮

农发行紧抓关键时点深化普法教育，开展各具特色的法治宣传。在“3·15消费者权益保护日”、“4·15全民国家安全教育日”、金融网络安全宣传周、金融知识普及月、反洗钱宣传月等时点集中开展主题宣传活动。一是每年开展“4·15全民国家安全教育日”法治宣传教育，在2020年的普法活动中，广泛动员组织各级行和干部职工参加有奖知识竞答活动，共计13,548人参与答题，累计答题80,668次，增强了全行员工国家安全意识和法治意识，并被全国普法办授予“优胜组织单位”称号。二是全行开展“3·15消费者权益保护日”普法宣传活动共计10,075次、“4·15全民国家安全教育日”普法宣传活动共计4805次、“扫黑除恶”普法宣传活动3193次。三是开展“普及金融知识，守住‘钱袋子’”主题宣传活动2500余次，受众消费者10万余人次，发放宣传资料12万余份，微信微博推送阅读量18万余次，媒体报道100余次，有效提升公众风险防范意识，增强源头防范能力。四是开展“守住钱袋子·护好幸福家”防范非法集资宣传月活动，创作短视频积极参加2020年防范非法集资宣传月抖音话题挑战赛，引导全行员工自觉抵制非法集资。

（五）加强社会主义法治文化建设，全员参与竞赛培育良好法治文化

一是组织全行参加第十三届百家网站微信公众号法律知识竞赛，全行员工累计答题6万余次，为弘扬法治文化奠定坚实的思想基础。二是组织全系统积极参加全国普法办举办的民法典学习知识竞答活动，全行员工每月按时参加微信答题活动，充分调动了全行员工参与民法典学习的积极性。三是组织全行参加中央保密办、国家保密局举办的“五法”普法知识竞赛，此为契机，切实增强员工国家安全意识、国防意识、保密意识和敌情观念，我行共有32,565名员工参与竞赛，满分率达到81.8%，稳居各机构前列。四是全行组织开展党建知识竞赛10余次，以赛促学，推动党规党纪党史知识入脑入心。

（六）狠抓内部制度建设，扎紧织密制度笼子奠定良好法治基础

农发行推行制度全生命周期管理，狠抓内部制度体系建设，着力推进规章制度“制定权限化、体例标准化、行为流程化、口径一致化”。一是修订、制定农发行《规章制度管理基本制度》及《规章制度制定发布规范》，明确制度全流程管理要求和控制措施，总分行分别按年度发布现行有效制度目录、梳理废止制度，建立制度定期梳理机制。二是完成全行第一次制度“大清底”，首次摸清制度和规范性文件“家底”。三是规划全行制度体系建设，完成贯彻落实《中国农业发展银行监督管理办法》的制度建设任务，并持续加强制度体系建设，推动农发行制度体系更加健全完善。四是制定印发《2020年制度宣讲活动方案》，并构建制度宣讲长效机制，营造学制度、用制度、守制度的浓厚氛围，不断提升全行干部员工合规意识和制度执行力。通过建立有效的制度执行管控体系，确保全员依规办事、全行依法经营。

三、分类施策，构建覆盖全员的法治宣传教育体系

按照“坚持分类指导，突出重点”的原则，法治宣传教育既要覆盖全体员工，又要以领导干部为重点扎实推进。

（一）紧紧抓住领导干部这一“关键少数”，强化各级党员领导干部法治意识

农发行坚持紧紧抓住领导干部这一“关键少数”，着力提高领导干部运用法治思维和法治方式深化改革、推动发展、化解矛盾的能力，发挥领导干部“头雁效应”。一是健全领导干部集体学法制度。将党内法规、宪法法律、规章制度列入各级行党委中心组学习内容，5年内各级行党委累计开展法治学习30,047次。二是建立领导干部法治教育培训体系。将法治教育纳入农发行后备干部培训、县级支行行长轮训等，作为各级党员干部教育培训和任前考试的重要内容，通过“三会一课”、主题党日活动等组织开展宪法法律学习。三是构建拒腐防变长效教育机制。开展反腐倡廉法治宣传教育。定期汇编并在全行通报违

法违规典型案例，每季度集中开展一次纪律教育，组织领导干部参观司法部燕城监狱，观看警示教育片，并多次召开警示教育大会、邀请专家为党员干部授课。

（二）切实加强对全行员工的法治宣传教育，形成人人学法法治文化氛围

对全行员工普法以法律法规及农发行规章制度为重点，充分利用学习、培训、考试测验等手段，抓好普法教育，增强员工的法治意识、合规意识和执行能力。一是丰富法治教育材料，组织编写《法律与内控合规培训辅导读本》《典型案例选编》《法律与内控合规工作信息》《法规最新动态》等，引导员工学习与业务紧密相关的法律知识和行内制度规定。二是坚持线上与线下相结合，把法律法规和农发行规章制度纳入各类培训的必训内容，通过农发行“E 学堂”“农发行大讲堂”“信贷队伍建设年活动”等组织多期全系统视频讲座，推进法治培训常态化、现代化、信息化。5 年来，全系统举办各类包含法治课程培训班 3658 次，参训员工 109,740 人，增强了员工的规则意识和依程序办事的意识。三是将与业务操作相关的法律法规和农发行规章制度融入信贷上岗资格考试、信贷与风险条线重要管理人员任职专业资格考试等全行业务考试活动中，以考促学，提升全行员工法律专业水平。四是广泛开展法治主题演讲比赛，以喜闻乐见的语言，把宏大叙事和具象表达结合起来，讲好农发行普法故事，传递法治精神力量。5 年来，全行累计开展法治主题演讲比赛 10 余次。

四、存在的不足及下一步工作计划

5 年来，农发行普法宣传工作取得一定成绩，这得益于以习近平同志为核心的党中央坚定推进全面依法治国战略部署，得益于法治中国建设实现历史性发展的大环境。农发行也清醒地认识到，当前农发行普法宣传工作还存在一些问题。比如，因网点及人员的局限性，向社会公众普法宣传力度还需进一步加强，面向客户的各类普法宣传还需要不断创新宣传形式等。

下一步，农发行将持续深入学习贯彻习近平新时代中国特色社会主义思想，坚持党对全面依法治国的集中统一领导，不断创新普法方式，推进传统普法与新媒体普法方式有机结合，努力提升宣传质效，推动普法工作向纵深开展，用实际行动为农发行高质量发展和服务乡村振兴战略提供强有力的法治保障。

中国工商银行“七五”普法规划实施情况

自中央宣传部、司法部启动在公民中开展法治宣传教育的第七个五年规划（2016—2020年）以来，中国工商银行严格执行法治宣传教育工作各项要求，结合“七五”普法时期新形势新任务，通过构建自上而下的普法工作体系，扎实深入开展法治宣传教育和法治实践，全面落实“七五”普法规划，各项工作取得了显著成效。

一、“七五”普法工作总体情况

（一）加强组织领导，构建普法工作体系

中国工商银行认真贯彻落实《中央宣传部、司法部关于在公民中开展法治宣传教育的第七个五年规划（2016—2020年）》要求，在总结“六五”普法经验和做法的基础上，制定“七五”普法工作规划。为保障“七五”普法工作规划有序推进，中国工商银行高度重视组织领导，构建起总行法律部牵头、各业务部门配合、分支机构落实的普法工作体系。专门印发通知要求各分行高度重视、严格执行总行普法工作部署，有计划、有步骤、分阶段、扎实稳步推进各项普法工作。北京、河北、山东、安徽、甘肃、新疆、大连等多家分行成立了由行长担任组长的法治宣传领导小组，并明确了各级机构的牵头部门及相关责任。

（二）立足行业特色，推动普法深入全局

一是提高政治站位，将普法工作与全面从严治党、从严治行相结合。“七五”普法期间，全行普法工作以习近平新时代中国特色社会主义思想为指导，深入贯彻落实党的十九大和十九届二中、三中、四中、五中全会精神，将普法作为贯彻落实全面从严治党、从严治行的重要举措之一。总行召开“敬畏法律　从严治行”法治专题教育大会，通过对银行员工违法犯罪典型案例的深入剖析，解读相关法律规定，厘清常见认识误区，避免因不懂法、不知法而违法犯罪，要求各级领导干部带头遵守法律，心存敬畏、严守底线，做尊法学法守法用法的带头人。内蒙古、四川等多家分行积极开展“信贷领域案防合规警示教育大会”“敬畏法律尊严珍惜职业生命—普法大讲堂之银行业职务犯罪预防”“预防职务犯罪警示教育”等一系列培训教育活动。

二是围绕银行业务开展普法工作。结合银行业务实际，积极开展民商事金融领域最新法律法规和监管规定的普及宣传，将普法工作和银行业务实践有机结合，引导业务部门和基层员工学法用法。例如，为贯彻落实习近平总书记“民法典要实施好，就必须让民法典走到群众身边、走进群众心里”的重要指示，总行法律部联合相关部门，通过直播课堂成功组织开展了民法典普法培训系列讲座活动。在为期一周的培训中，全行累计有24,658名员工观看直播并参与交流互动，观看次数达46,610次，人均观看次数1.8次，取得

了良好的普法效果。各分行结合当地工作实际，开展了形式多样的民法典普及宣传活动，山东、辽宁等分行开通了民法典线上直播课堂，突破地域局限性，获得了基层员工广泛好评；北京、吉林等分行通过设立网讯民法典专栏共享交流学习成果、心得以及学习宣传活动动态；广东、上海、重庆等分行邀请了高校和实务领域的专家，紧扣民法典中与日常生活以及银行经营管理密切相关的条款，通过以案说法等形式生动、深入讲解民法典的主要内容；此外，广西、贵州、宁夏、甘肃等多家分行通过举办民法典专题培训、微信公众号宣传等多种形式，解读民法典对银行经营管理的影响，提升从业人员运用法治思维和方式解决问题的能力。

三是积极依托基层网点开展普法宣传。工商银行充分借助营业网点覆盖广泛的优势，始终将网点作为普法的重要渠道和主要阵地。“七五”普法期间，各级行通过基层网点张贴宣传海报、分发宣教材料、网点电子门楣及显示屏滚动发布宣教标语、开展网点微沙龙等方式，向客户和社会公众宣传“七五”普法时期各项重点普法内容，推动形成全方位、多角度、广覆盖的普法格局，获得了良好的法治宣传效果。如深圳分行营业部充分依托“法治之窗”，通过摆放形式多样的宣传资料，发放宣传纪念品等方式，积极面向广大客户开展公益法制宣传和服务。

四是高度重视金融消费者普法宣教。紧紧围绕扶贫攻坚、打击治理电信诈骗、扫黑除恶专项斗争等社会热点难点和群众关心的问题开展普法活动，不断拓展向社会公众普及金融法律知识的形式、渠道和维度，通过普法教育筑牢消费者保护自身金融安全的思想防线。“七五”普法期间，全行开展线下精准宣传与线上 e 宣教相结合的全方位普法宣传，累计开展各类宣教活动逾 33 万次，参与员工达 220 万人次，有效提升了消费者金融风险防范意识、金融知识水平和识假防骗能力。

（三）着力突出重点内容，强化普法核心工作

一是坚持把学习宣传宪法摆在重要位置，积极开展宪法教育，弘扬宪法精神，树立宪法权威。总行党委专门召开扩大会议，强调适时开展尊崇宪法、学习宪法、遵守宪法、维护宪法、运用宪法的宣传教育活动，大力弘扬宪法精神和社会主义法治精神，不断增强广大干部员工的宪法意识。各级机构高度重视宪法知识的普及和宣传，充分利用每年“12·4”国家宪法日通过线上线下平台宣传、专题培训等方式，开展以学习宪法为核心的集中法治宣传教育活动。

二是积极组织推动“服务大局普法行”各项法治宣传实践活动。在“防控疫情　法治同行”专项行动方面，面对突如其来的新冠肺炎疫情，总行法律部迅速反应，第一时间制定印发了《关于进一步做好新型冠状病毒感染肺炎疫情防控关键时期消费者权益保护工作的通知》，要求全行消保人员全力做好消保审查、消费者宣教、收费规范、业务宣传等工作，确保特殊时期的客户权益得到周到保障；强调要坚持运用法治思维和法治方式，密切监测并及时妥善处理疫情相关金融咨询和投诉，全力为客户解决实际问题。《金融时报》头版对相关工作进行了报道。各分行充分利用官网、微信、微博等线上渠道，灵活采用动画、H5、小视频等多种形式，结合各地区实际开展习近平总书记关于疫情防控各项决策部署、《传染病防治法》等相关法律规定及防疫知识的宣教活动。

在扫黑除恶法治宣传方面，各行通过网点 LED 显示屏播放宣传片、摆放宣传资料，深入商圈、学校、社区等群众聚集场所开展丰富多彩的现场宣传，组织开展专项知识考试、印制《扫黑除恶专项斗争应知应会手册》等方式，教育引导干部员工和广大群众提高认识，识别陷阱，做好自我保护，激发社会各界群众参与扫黑除恶专项斗争的热情，共同打好扫黑除恶专项斗争攻坚战。新疆分行将扫黑除恶专项斗争宣传与“防控疫情 法治同行”专项法治宣传行动相结合，将宪法、疫情防控、扫黑除恶相关法律法规作为国旗下宣讲、农牧民夜校和驻村干部入户走访的重要内容。北京分行结合“金融知识进校园”主题，在北京航空航天大学进行扫黑除恶专题宣教。福建分行在辖属453家营业网点通过LED屏播放“严惩黑恶势力，维护社会稳定”等宣传标语，摆放、张贴扫黑除恶宣传资料，并组织开展防范电信网络诈骗宣传活动，统一印制6万份宣传材料供辖属机构分发使用。上海分行通过官方微信号进行“扫黑除恶，警惕套路贷”专题宣传，以案例形式剖析“套路贷”，提高金融消费者安全防范意识。

在脱贫攻坚法治宣传方面，在总行的组织推动下，各分行开展了形式多样的“送法下乡”“法律服务进基层”活动。如海南分行结合“送金融知识下乡”活动，针对电信网络诈骗等社会问题深入特殊群体、贫困地区开展相关政策和法律知识宣传。辽宁分行组织辖内各分行定点扶贫村普法学习13次，发放宣教传单17,000余张，面向农村地区及经济不发达地区的低净值人群开展针对性宣教服务，普及常见金融产品、金融知识以及非法金融广告的表现形式和识别方法。四川分行送金融宣教进校园、进社区、进广场、进乡镇、进少数民族地区、边远山区、贫困地区，利用警示横幅、宣传折页、现场解答等方式，普及征信知识、反洗钱、反假货币、反非法集资、反金融诈骗等相关法律常识，帮助消费者提高自我保护意识、辨识能力和抗风险能力。

“七五”普法期间，工商银行获得了一系列表彰和奖励，先后荣获中国银行业协会颁发的“法律风险管理先进单位”“中国银行业协会最佳专业委员会主任单位”“中国银行业普及金融知识万里行活动最佳成效奖”等；总行法律部获得全国普法办“‘七五’普法中期先进集体”荣誉称号。多家分支机构荣获所在省市各类普法工作重要奖项，在司法部、国家网信办、全国普法办联合组织的全国第三届“我与宪法”优秀微视频征集展播活动中，广西分行作品获得全国优秀奖。

二、“七五”普法工作中存在的问题

（一）部分分支机构普法工作机制有待进一步完善

部分基层行普法统筹协调不够，其他部门参与积极性不高，相关业务部门的协调配合、联动宣教作用尚未充分发挥，与构建齐抓共管良性普法工作格局的工作要求还存在一定差距。少数基层行对普法工作缺乏长远规划，普法内容设计呈现碎片化，导致普法宣传的影响力较差，无法达到普法工作品牌化建设的高标准要求。个别分行尚未形成独立完整的法治宣传教育工作管理办法，未将法治宣传教育工作纳入单位管理考核范畴，导致基层行偏重业务经营发展，对普法工作重视不够。

（二）普法工作方式方法还需进一步创新

随着信息科技发展日新月异，新渠道、新手段不断涌现，“七五”普法期间各级机构在宣传方式、宣传工具、宣传途径上虽然有部分创新，但主要还是停留在传统的学习和宣传方式上，在深入挖掘运用各种现代传媒资源，开拓普法新渠道、新方式方面还有待突破。

（三）基层普法队伍专业能力需进一步提升

工商银行基层法律事务条线实施集约化管理，辖属分支机构配备的法律事务工作人员较为有限，人员数量少、日常工作压力大、综合能力存在一定局限等因素束缚了普法工作的进一步开展。部分普法宣教员并非法律专业人员，或并不长期从事银行法律工作，在普法宣传中对于法律法规及宣教重点内容理解不够深入，实际宣传效果仍有提升空间。

三、下一步工作措施

（一）不断优化普法工作长效机制

持续完善普法牵头部门协调推动、各部门各机构齐抓共管的立体式普法工作体系，着力构建全行齐抓共管的普法工作格局。将普法宣传与员工培训、业务营销、经营管理、履行社会责任、加强品牌建设等有机融合，持续增强全行员工法律知识素养和依法合规经营理念。充分发挥考核评价导向作用，从普法制度建设、宣传教育、员工培训等方面科学评估普法工作开展情况和实际效果，引导分支机构更加积极主动地做好普法工作。

（二）深入拓展普法宣教创新渠道

主动适应新时期知识需求和信息接收渠道变化，综合运用行内外各种传统和创新宣传资源，持续提高普法活动实效性、覆盖面和影响力，着力打造具有中国工商银行特色和龙头影响力的普法宣教品牌。不断拓宽普法宣教渠道，丰富普法宣传内容，在网点宣传基础上，充分发挥报刊、网络、广播、电视等传统媒体的作用，不断加强与外部机构的协调联动，创新、完善普法宣传方式方法，推动全行普法宣传工作更加扎实有效地开展。进一步发挥微博、微信、网点 WiFi、直播平台等新兴互联网媒体的传播力量，多层次、多渠道、多形式、低成本、高效率地开展全方位普法宣传工作。

（三）持续提升普法队伍工作能力

引导基层行重视内部普法力量挖掘，通过组建业务法律互进学习团队、联合开展普法宣传教育活动、组织普法队伍培训等形式，吸引其他条线人员参与普法工作，增强普法队伍的团队认同感，拓展普法队伍人才来源。构建多层次、系统化普法培训体系，注重知识覆盖的全面性，重点面向基层普法人员开展金融法律专题培训，着力提升普法人员专业技能。通过开展知识竞赛等形式，督促普法人员主动提升法律知识水平。

“七五”普法期间，中国工商银行严格落实全国和本行普法规划，多措并举、普治结合，扎实推动各项工作落地执行，取得了良好成效。下一步，中国工商银行将继续认真贯彻各项普法工作要求，持续健全法治宣传教育长效机制，不断丰富特色普法宣教体系，有效推动普法各项工作顺利开展，努力提升依法合规管理水平。

中国农业银行“七五”普法规划实施情况

2016年以来，中国农业银行严格落实《中央宣传部、司法部关于在公民中开展法治宣传教育的第七个五年规划（2016—2020年）》，坚持全员参与、全行覆盖、全面提高的“大普法”理念，大力推进法治宣传教育工作，顺利完成“七五”普法确定的各项目标任务。

一、加强顶层设计和机制建设，认真统筹推动普法和依法治理

（一）成立领导小组，加强统筹规划

全国“七五”普法规划下发后不久，中国农业银行及时印发《关于开展法制宣传教育的第七个五年规划（2016—2020年）》，明确全行“七五”普法的指导思想、主要目标、工作原则、工作内容和推进措施。行领导高度重视，专门成立了由行长、副行长分别任组长、副组长，各部室主要负责人为成员的“七五”普法工作领导小组。各一级分行参照总行标准成立领导小组，结合自身实际出台普法规划。

中国农业银行党委中心组坚持以习近平新时代中国特色社会主义思想为指导，将习近平总书记关于依法治国的重要论述和党内法规作为年度学习重点进行安排。总行、各一级分行在每年法律

工作要点中对普法工作作专项部署。内蒙古、辽宁、江苏等多家分行专门出台年度普法计划或实施意见。

（二）紧密贴合银行业务发展与风控要求，落实“谁实施谁普法”责任制

探索建立普法责任清单机制，各级行法律部门牵头制定普法清单，业务部门开展条线普法，建立法律部门统筹督导、业务部门具体实施的工作格局，实现全员参与普法、全员接受普法。各级行业务部门将普法与业务同研究、同部署、同落实，及时将国家法律法规内化为行内规章制度，嵌入业务流程和管理系统，融入岗位资格考试及培训等工作中。坚持将普法与党风廉政建设、法律风险管理、合规文化建设、案件风险防控、员工行为管理等相结合，持续增强全行干部员工依法合规经营意识。

（三）强化过程管控和监督评价，保障普法取得实效

将普法纳入分行法律工作尽职监督检查和质量评价，压实普法责任。扎实开展“七五”普法中期自查评估，及时调整下一步普法举措，巩固普法成效。克服疫情影响，召开线上法律风险座谈会，听取十家分行“七五”普法工作汇报。经充分调研，制定印发总结验收方案，启动全行总结验收工作，分支行自我验收与总行现场验收结合，发掘亮点、整改问题，确保“七五”普法圆满收官。

二、以宣传贯彻全面依法治国为核心，扎实开展多领域普法

（一）深入学习宣传习近平总书记关于全面依法治国的重要论述

2018 年 4 月，总行组织召开党委理论学习中心组辅导报告会，深入学习习近平新时代中国特色社会主义思想。报告会以“现场 + 视频”方式召开，全行处级以上领导干部参加。为党员干部配发《习近平新时代中国特色社会主义思想三十讲》《习近平谈治国理政》等学习资料，作为日常自学和支部集中讨论的重要内容。

（二）大力推动宪法学习宣传

2018 年宪法修正案通过后，总行召开党委会和党委中心组（扩大）学习会议，高管层带头学习宪法。印发《关于深入学习宣传和贯彻实施宪法的意见》，组织全行持续深入推进宪法学习宣传和贯彻实施。在《中国城乡金融报》刊登专版，全面解读宪法修正案。各级行开展党委中心组集中学习、专家报告会、专题讲座、专题座谈会和巡回宣讲，组织“讲好宪法故事”征文活动、“我与宪法”微视频征集展播、知识竞赛和专题考学等丰富多彩的“互联网 + 法治宣传教育”宪法宣贯活动，取得良好效果，受到司法部表扬。

（三）以民法典为重点深入学习中国特色社会主义法律体系

大力宣传民商、行政、经济、刑事等领域法律法规，提高全员依法经营意识。总分行定期撰写银行业法规解读、法律法规动态等，涵盖重点法律、行政法规、党内法规制度、金融监管规则、司法解释等内容，剖析法治热点，指导业务经营。

民法典颁布后，中国农业银行董事长、行长、监事长专门批示要求做好民法典学习宣传和内化实施。总行印发通知、转发中宣部文件、召开行长办公会，推动民法典学习宣贯。全行通过解读、培训、宣讲、知识竞赛、购买学习资料等方式积极学习宣贯民法典，并作为“七五”普法重要内容，纳入分行年度法律工作质量评价。总行撰写民法典贯彻实施解读报告，配发学习资料；内蒙古、陕西等 10 余家分行将民法典纳入党委中心组

理论学习；江西、江苏等分行开展全辖巡回宣讲。

（四）深入学习宣传党内法规

各级行将党内法规作为党委理论学习中心组必学内容，领导人员带头学习执行。组织党的十八届六中全会、党的十九大和十九届二中、三中、四中、五中全会精神轮训，集中培训全行处级以上领导干部。2017 年，组织全行“迎七一”党章党规知识竞赛，参赛党员 236,555 名，在岗党员参与率达到 95.57%。

（五）推进全行法治文化建设

在全行旗帜鲜明提出“依法治行”、建设“法治农行”，引导全行各级干部员工运用法治理念、法治思维、法治方式指导推动各项工作。从完善规章制度、推动法治实施、加强制约监督、形成有力保障四个方面，深入推进“法治农行”建设。

三、以重点项目为驱动，有针对性推进专项领域普法

（一）聚焦中心工作，深入开展“服务大局普法行”活动

总行印发《关于开展“服务大局普法行”等法治宣传活动的通知》，要求全行围绕新中国成立 70 周年及党和国家工作大局，集中宣传我国社会主义法治建设的重大成就。围绕防范化解重大风险开展以案普法，对重点、热点案件和风险事件进行法治解读，围绕数字化转型、服务小微企业和实体经济等中心工作做好法治宣传。

（二）聚焦疫情防控，助力打赢疫情防控阻击战

2020 年 2 月初，总行印发《关于加强新冠肺炎疫情防控法治宣传和法律服务工作的通知》，统筹指导疫情防控和法律工作。先后编写《新冠肺炎疫情防控法律知识简介》《新冠肺炎疫情防控法律指引》，介绍疫情防控基础法律知识，分析疫情防控涉及的法律问题。开设疫情防控专栏，传达工作要求，交流工作经验。分行法律部门积极行动，结合所在地区的防控政策，制作疫情专刊、发送提示函，开展疫情防控法律知识在线答题，累计形成 50 余项工作成果，取得良好效果。

（三）聚焦关键时点，开展专题普法宣传

在“12·4”国家宪法日、宪法宣传周，“4·26”世界知识产权日等关键时点，以讲座、展板、LED 屏幕、宣传折页等形式，开展专题法治宣传。广西分行“七五”普法期间累计开展法治宣教活动近千次，发放宣传资料 34.9 万份，受众 37.35 万人次，媒体报道 28 次，成功堵截电信网络诈骗案件近千起，累计涉及金额近亿元。山东分行创新宣传方式，制作《与宪同行　筑梦中国》微视频，荣获第三届全国“我与宪法”微视频征集活动优秀奖。

（四）聚焦意识提升，组织全行法律知识竞赛

2018 年 11 月至 2019 年 5 月，以“根植法治文化、建设法治农行”为主题开展全行法律知识竞赛。竞赛分为基层行初赛、分行选拔赛、总行决赛三个阶段，参赛人员主要包括分支行班子成员、业务部门负责人、客户经理等。各级行高度重视，北京、天津、河北等 24 家分行组织现场竞赛，其中天津、吉林、重庆等多家分行“一把手”现场参与；山西、上海、河南等分行组织了全员测试。竞赛历时 7 个月，全行近 14 万人次参与，法治意识、法治理念得到进一步提升。

四、关注重点对象，精准实施关键领域普法

（一）紧抓“关键少数”，加强领导干部学法用法

总行党委中心组率先垂范，持续落实党委中

心组学法制度。坚持做好依法决策，出台并严格贯彻农业银行“三重一大”决策制度实施办法；坚持做好领导干部法治培训，将法律风险作为每年领导干部党校培训、后备干部培训、支行行长轮训、网点负责人轮训等培训的重要内容。编写《银行业领导人员学法用法读本》，配套印发专门工作通知，通过“讲学考赛”，深化读本利用。广东分行将法律知识纳入各类人才选拔考试，青岛等多家分行组织全辖高管人员法律知识测试。

在全行建立领导人员旁听庭审制度，推动领导班子成员、业务部门负责人出庭应诉。以江苏分行为例，2020 年组织辖内机构领导人员和员工通过中国庭审公开网等线上方式或赴法院现场旁听庭审 548 人次，出庭应诉 354 人次，广大干部切身感受法律的权威和尊严，深刻认识依法经营的重要性，取得良好普法成效。

（二）紧盯重点岗位和重点人员，强化法治宣传教育

在全行 40 类岗位资格考试中，将法律法规、监管要求等作为必考内容，覆盖 47 万员工。严格落实合规教育“四必讲”：新员工入行必讲、员工转岗提职必讲、检查发现问题必讲、员工年度述职必讲。坚持开展“送法进部门、进基层”，总行每年针对热点法律问题常态化开展普法讲座；分支行结合本行实际，每年开展送法进基层，河北、内蒙古、辽宁等多家分行开展了多轮不同主题的辖内巡回宣讲。

（三）紧扣消费者权益保护，向客户普及金融法律常识

建立健全客户金融知识教育机制，总行专门成立消费者权益保护处。印发《金融知识宣传教育工作规定》，明确工作要求。每年制订金融知识宣传计划，开展贴近普通客户的特色宣教活动，履行国有大行社会责任。以 2019 年为例，农业银行累计开展各类消保集中宣传活动 46,000 余次，覆盖受众突破 7000 万人。

五、不断探索创新，加强普法阵地建设

（一）将普法融入具体法律工作中

对信贷、产品、科技等部门开展业务相关法律知识培训，在信贷、资产处置等重要项目审查中，列明法律依据并阐述理由，加深业务人员的法律理解；在处理诉讼案件过程中，推动业务部门、分支行作为专项案件联系人或共同出庭代理，帮助业务部门分析论证业务经营中的违法违规问题；创设《法律风险提示函》，不定期提示业务经营中的法律风险；向全行发布《法律风险情况报告》《法律服务报告》《银行业法规解读报告》，报行领导后分送业务部门和各级行，提示加强业务法律风险管理，贯彻落实相关法律法规。

（二）不断拓宽普法渠道

综合运用“报、网、微、端、屏”打出普法宣传“组合拳”，利用行内办公业务资源网、网络学院、手机银行、行外报纸杂志、微信微博等，多渠道开展普法宣传活动。如天津分行自 2017 年创设《法制信息快报》，至今共刊发 97 期，解读法律 932 项、案例 97 例；北京分行通过微博微信、手机银行、营业网点电子屏等，开展“反电信网络诈骗犯罪‘全民反诈　首都无诈’”等普法宣传活动。

六、全行共同努力，“七五”普法成效显著

（一）法治意识进一步提升

通过持续开展普法工作，依法决策、依法管理、依法操作、依法监督的理念逐步深入人心，广大干部员工的法律意识和法治观念明显增强，在全行形成了尊法学法守法用法的良好氛围。

（二）有效促进全行法律工作开展

健全法律顾问工作机制，落实监管要求，设置总法律顾问岗位；总行恢复单设法律事务部，法律工作得到进一步加强。将法律风险管理纳入全面风险管理体系，作为重要单项风险向高管层汇报。修订多项法律制度，制定专门的法律风险管理办法。成立线上信贷法律风险防控项目组，为数字化转型提供法治保障。

（三）树立“法治农行”的良好社会形象

总分行加强与监管机构、行业协会的沟通联系，高质量完成各类各项普法任务。总行荣获全国“七五”普法中期先进集体、法律风险管理先进单位等多项荣誉称号。

七、直面问题不足，推动普法工作再上新台阶

与党中央、国务院对普法工作的要求和农业银行改革发展需求相比，普法工作还存在一些不足，主要体现为：普法常态化机制需继续优化；普法方式方法需不断与时俱进；法律专职人员短缺，普法队伍建设尚需加强。

（一）以加强法律风险管理和依法治理为重点，推进提升普法工作效果

通过完善法律风险管理机制，加强依法治理，进一步在全行培育办事依法、遇事找法、解决问题用法、化解矛盾靠法的良好法治氛围。将法律风险管理各项工作和普法工作有机结合，形成日常法律风险管理与普法工作相辅相成、相互促进的良好局面。

（二）推动健全普法工作长效机制

按照“大普法”理念，持续深化普法工作与业务流程融合，细化部门分工，推动形成各负其责、齐抓共管的普法工作合力。抓住“关键人员”、重点岗位和重点人员，推动普法深入开展。完善普法考核评价机制，推动法治建设、普法工作纳入各级行综合绩效考评。

（三）与时俱进，完善普法形式内容

深入了解基层普法需求，区分不同岗位、不同人员，合理确定普法内容，分层分批实现精准普法。充分利用新媒体技术，积极探索员工喜闻乐见的普法新形式，不断提升普法实效。

（四）持续加强法律顾问队伍建设

加大各级行法律人员配置，推广河北、山西分行经验，从基层网点、支行选拔法律人员充实到二级分行，为普法工作提供人力保障。强化专兼职法律人员培训，提高普法能力。充分发挥业务部门法律背景人员作用，推动所在部门、所在条线的法治宣传教育。

中国建设银行“七五”普法规划实施情况

“七五”普法开展以来，中国建设银行（以下简称建行）坚持以习近平新时代中国特色社会主义思想为指导，贯彻落实全面依法治国战略，按照开展法治宣传教育规划要求，紧紧围绕银行改革、发展、稳定大局和中心工作，大力推进依法治行、合法经营。

一、加强组织领导，全面统筹推进

建行高度重视法治宣传教育工作，始终将学法用法作为一项长期性、经常性的重要工作来抓。一是健全领导体制。各级机构领导班子特别是主要领导同志、分管领导同志亲自抓、负总责，各部门各条线负责具体实施，法律部门牵头组织、协调、督促、考核，加强对普法工作的统筹谋划、推动落实。二是制定普法规划。总行制定了《中国建设银行开展法治宣传教育第七个五年规划（2016—2020年）》，各分行结合实际也下发了各自的“七五”普法规划。三是落实普法责任制。总行每年的《法律工作要点》均对普法工作提出要求，进行部署，积极组织各条线、各机构结合业务特点和特定群体需求，开展有针对性的法治宣传教育。四是加强普法队伍建设。总行设置了独立的法律事务部，各一级分行均设置相关部门，负责法治宣传教育和法律风险防范。同时，按照中央要求在全行推行公司律师制，建立法律专家库。五是加强普法工作督查考核。总行将普法工作情况作为分行法律工作的一项重要考核指标，各一级行及时向总行报告法治宣传教育开展情况，还报送了“七五”普法总结报告。六是推进法治文化建设。积极推动法治文化与建行企业文化相融合，总行《法律工作管理办法》专门对建设法治银行进行了规定，广泛利用企业门户网站、建行大学网络平台、建行报、微信公众号以及宣传栏、电子显示屏等多种载体开展法治宣传。七是积极承担社会责任。2019年总行向中国法律援助基金会“1+1”志愿者行动捐赠资金60万元。

二、突出学习重点，增强法治思维

（一）深入学习习近平新时代中国特色社会主义思想

总行制定下发党委中心组学习管理规定，每年年初印发党委中心组学习重点，将学习习近平新时代中国特色社会主义思想等作为重要内容。各分行领导干部通过党委中心组集体学习等形式，对全面依法治国重要论述等进行重点学习，许多分行都分期分批举办了脱产学习培训班。

（二）深入学习中国特色社会主义法律体系

1. 深入学习宪法

“12·4”国家宪法日之际，全行精心谋划、统一部署，开展宣传。总行通过企业网站专题介绍宪法和宪法修正案，在《建设银行报》连载《宪法学习问答》；各分行利用LED显示屏、现场宣讲等形式对宪法知识进行宣传；2019年度报送“我与宪法”微视频作品29件，并将优秀作品在总行主页展播。

2. 学习研讨民法典

总行大力营造民法典学习的浓厚氛围，宣传民法典的重大意义，阐释基本规定，举办了多期讲座和培训，编制了多期民法典参阅资料；组织开展征文活动，3个多月收到稿件40余篇。各分行纷纷掀起民法典宣传热潮，如江苏分行组织开展“百日民法典”系列宣讲活动，并被媒体广泛报道。

3. 加强银行业法律法规学习

组织学习行政法、刑法、诉讼法等领域的法律知识，大力宣传反洗钱、消费者权益保护、公司法、商业银行法等与银行业务密切相关的法律法规及司法解释，加强对人民银行、银保监会监管规定的教育。

（三）深入学习党内法规

把党内法规列入党委中心组学习内容。各级党委中心组成员带头进行专题学习，对照党章党规找差距；建行全体党员通过机关大讲堂、支部会议、党小组学习等形式进行集中学习；总行机关开展了“学习党的十九大精神及党章党规知识竞赛”、党章党规党纪知识线上测试。党校主体班设置相应课程。建行党校（一校三地）在各期主体班的教学中，均设置全面依法治国、党内法规的相关课程。建立常态化通报机制，对严重违纪案件，点名道姓通报曝光。

三、凝聚法律智慧，服务国家大局

（一）依法全力支持疫情防控

面对突如其来的新冠肺炎疫情，建行把打赢疫情防控阻击战作为重大政治任务，加强依法防控宣传，总行编写了《疫情期间典型法律问题解答》，为疫情期间的依法经营提供指南。各分行也编撰了具有特色的疫情防控法律专刊。

湖北分行开辟法律服务事项“绿色通道”，全力驰援火神山、雷神山医院建设项目信贷投放；促进减费让利、小微企业临时性延期还本付息等政策转化落地，助力企业复工复产。

（二）依法合规推进脱贫攻坚

总行制定了定点帮扶脱贫指导意见，下发《中国建设银行定点扶贫项目资金使用管理办法》，强化制度安排，明确资金使用的规范化流程。

总分行结合脱贫攻坚工作开展普法宣传，举办“建行扶贫　你我同行”扶贫培训班、金融大讲堂，为基层干部、扶贫工作队成员讲授国家在脱贫攻坚、乡村振兴方面的政策规定，解读法律、剖析案例，将法律知识和法律书籍送到定点扶贫地。甘肃分行持续开展“金智惠民”宣传金融法律知识；西藏分行驻村工作队深入牧区，采用藏汉双语对牧民、老人等特殊群体开展法治宣教，受到欢迎。

四、创新普法形式，提高宣传实效

（一）普法形式多样化

“七五”普法以来，总分行法律部门每年平均进行法律培训宣讲2000余次，受众10万人次，编发法律刊物300多期，发布法律风险提示和指导意见2000余次，开展征文、演讲比赛、知识竞赛等形式的普法活动200余次。

1. 总行不断拓展普法形式

一是开展案例警示教育，以行内一些领导干部和员工违法犯罪为素材，拍摄了《不可逾越的底线》《不可触碰的红线》《欲望的陷阱》等警示片；组织旁听庭审、参观看守所、监狱、廉政教育基地。二是公开出版了《员工之过与银行之责》一书，编写了《银行员工常用法律法规手册》，警示金融从业人员恪尽职守、不越底线。三是在《建设银行报》开辟《善建法治》《以案说法》专栏，刊登了280余期文章。四是每年举办法律培训班，持续提升法律队伍专业能力。五是丰富建行大学网上平台法律类课程，推出网络直播、微课等系列课程，开发网络学习课程，打造法律知识共享生态圈。

2. 各分行积极探索普法新路

各分行大力开展服务基层的普法活动，福建分行创建“法律服务八闽行”，广东分行持续开展“每月一走进”活动，河北分行开通“网上法律顾问”，重庆分行利用微信课堂学习新法律法规，深圳分行开展“纪委书记上讲堂”，辽宁、厦门等分行都开办电子法律刊物。

（二）普法对象精准化

1. 针对不同岗位人员开展差别化普法

对领导干部，注意做好根本法、基本法以及银行法律风险防范培训。如广西分行开展“领导干部周周学”微信群普法活动，设有宪法篇、党纪篇、工作篇、生活篇等栏目；对客户经理等人员，注意普及与银行经营相关的法律知识；对前台员工，注意普及储蓄管理条例、司法协助执行等方面的法律法规；对新入职员工，将“遵章守纪”“廉洁从业”等职业规范作为入职培训的重要内容。

2. 针对金融消费者开展法治宣传教育

参加“普及金融知识万里行”“金融知识进万家”等活动，对反洗钱、消费者权益保护、防范非法集资、防范金融诈骗、打击电信网络新型违法犯罪等法律知识重点宣传。如广东分行被评为广东省“3·15”教育宣传周优秀组织和宣传单位。

五、存在的不足和改进措施

通过“七五”普法教育，全行法律意识总体上明显增强，经营行为不断规范。但还存在一些问题：一是个别基层机构和员工对普法、学法仅满足于完成规定动作，主动性、创造性不够；二是普法队伍建设有待进一步加强；三是出现了个别员工的违纪违规违法行为。下阶段建设银行将认真总结普法工作好的经验和做法，进一步加强普法宣传教育：

其一，持续加强全行法治文化建设。将法治文化建设与建行企业文化、基层群众文化生活结合起来，丰富法治文化建设的内涵。

其二，进一步健全普法责任制。坚持“谁服务谁普法”的普法责任制，积极组织各业务条线、各营业机构结合工作特点和特定群体需求开展普法宣传教育，整合资源，形成合力。

其三，多渠道创新载体形式。增强法治宣传教育的渗透力和影响力，进一步开拓工作思路，创新工作举措，丰富普法形式，增强普法工作实效。

其四，继续加大普法检查督促力度。通过贯彻落实普法自评和情况通报，树立先进典型，通报督导落后单位，确保普法工作全面落实到位。

中信集团“七五”普法规划实施情况

中信集团坚持以习近平新时代中国特色社会主义思想为指导，贯彻落实党的十九大和十九届二中、三中、四中、五中全会精神，紧紧围绕全面依法治国方略，强化各级领导干部的法治意识，增强员工法治观念，采取多种积极有效手段做好“七五”普法工作。

一、扎实做好“七五”普法准备及保障工作

为落实好全国“七五”普法规划和全国普法办各项要求，更好地开展全系统法治宣传教育活动，中信集团成立了“七五”普法领导小组及普法办公室（以下简称普法办）。在普法领导小组的领导下，普法办总结集团多年的有效做法并借鉴其他单位先进经验，研究制定了《中信集团“七五”普法规划》及各年度普法工作计划，下发至各部门、子公司执行；制定并修订《中信集团“七五”普法考核验收评分表》，进行中期督导和最终考核验收，要求各职能部门和子公司对照自查，集团普法办组织检查，确保普法规划落到实处。将每年的普法经费纳入集团全面预算管理，有力保障了普法工作有序开展；拨出5万元专项经费，征订了《国有企业经营管理人员以案释法读本》1800册和《领导干部法治读本》《宪法学习读本》《党内基本法规学习读本》100多册，作为中信系统“七五”普法重点读物。各部门、子公司也按照集团普法办的要求，结合自身实际、投入相应资源，确保集团“七五”普法规划在系统内顺利落实。

二、突出实效抓好“七五”普法重点工作

（一）学习贯彻习近平总书记关于全面依法治国重要论述

中信集团始终坚持旗帜鲜明讲政治，将学习贯彻习近平新时代中国特色社会主义思想列为普法首要内容。集团党委及时在党委会上传达学习，并在理论中心组（扩大）学习报告会上邀请中央党校等知名专家就全面依法治国重要思想、党的十九大精神及新颁布的党内法规条例等举行专题辅导讲座。集团以现场培训、网络教学等方式组织开展多场宣传培训，包括举办学习贯彻党的十九大精神和十九届四中全会专题研讨班等。中信银行、中信工程、中信海直等子公司结合推进“两学一做”“不忘初心、牢记使命”主题教育学习各类党内法规，每年至少开展1次廉政警示教育，督促各级党组织切实扛起管党治党“一岗双责”，增强纪律规矩意识，筑牢思想防线，确保遵纪守法。

（二）深入开展宪法和民法典学习宣讲

集团普法办把学习宪法摆在重要位置，在每年“12·4”国家宪法日期间开展学习宪法的宣传教育活动，通过集团内联网、企业号推送多篇图文并茂、简明易懂的宣讲文章，编制宪法宣传彩色挂图在集团和子公司办公场所悬挂张贴；组

织集团总部员工学习宪法及党内各项法规，树立宪法权威；中信信托编制“案说您身边那些事儿”学习材料进行宣讲，通过OA系统线上答题开展知识竞赛，中信银行、中信证券、中信重工等子公司也做了大量宣传活动，取得了良好效果。2020年民法典颁布实施后，及时组织学习习近平总书记重要讲话精神，将民法典宣传挂图及普法宣传文章刊登至集团普法网，组织收看“百名法学家百场报告会”法治宣讲活动，联合集团直属机关工会组织开展两次民法典法律知识答题活动；中信银行、中信证券、中信云网等制作微视频宣传民法典，中信机电还采用了说快板的独特方式宣传民法典精神。

（三）积极推动“谁执法谁普法”普法责任制落实

依据中共中央办公厅、国务院办公厅《关于实行国家机关“谁执法谁普法”普法责任制的意见》的精神，研究制定《关于实行中信集团“谁主管谁普法”普法责任制的意见》，明确了总体要求、职责任务和组织领导方面的措施，编制了集团普法责任清单，将“七五”普法中需重点宣传的法律法规规章分解到各责任部门，形成集团普法办统一组织协调、部门分工负责、各司其职、齐抓共管的工作格局。部署各部门、子公司向集团普法办提交普法责任清单和落实普法责任制总结报告，同时拟定贯彻落实普法责任制的实施意见或工作方案，明确具体任务和拟采取的措施，基本实现了境内一级子公司全覆盖。按照要求把集团普法责任制总结报告、普法责任清单、普法责任制实施意见和中信重工普法责任制示范点申报材料一并上报全国普法办。

（四）切实开展“防控疫情　法治同行”专项法治宣传行动

新冠肺炎疫情发生后，集团普法办充分运用法治思维，组织全系统做好传染病防治法、突发事件应对法、《突发公共卫生事件应急条例》等法律法规的宣传工作，结合疫情防控特殊时期金融服务支持的相关政策规定与集团实际，对授信业务、消费者权益保护、劳动用工、法律诉讼、国际业务、民商事活动等方面涉及的重点难点法律问题作出研究解答，有效保障了集团各项业务有序开展，为维护金融稳定、支持实体经济提供法律专业支撑。中信海直《法律视窗》还专门刊发《“新型冠状病毒感染肺炎疫情”法律知识选编》。

三、多措并举确保“七五”普法工作实施落地

（一）大力探索创新普法新形式

集团积极构建“互联网＋普法”格局，依托内联网和企业微信号，强化新媒体新技术融合运用，利用多元化、广覆盖的渠道，打造更新颖、更高效、参与度更高的普法模式。“七五”普法伊始，就在内联网首页搭建“七五”普法专栏并及时更新内容，通过企业微信号专栏“中信安全侠”和邮件系统等渠道高频次开展专项法治宣传；做好内联网法律法规的内容宣传与数据维护，集成中经网政策法规信息、北大法宝中国法律检索系统等多个数据库，每天同步实时更新，提供翔实准确的法律法规条款查询和案例分析。各子公司也积极探索各种普法形式，中信银行举办的法律知识竞赛覆盖率超过99%、案例宣讲会覆盖21家分行和子公司；中信证券、中信建投证券在网站和微信设置专题发布证券类法律知识，通过电话、邮件、App等做好法律风险提示，配合证监会等监管机构制作动漫微视频等普法材料并推送投资者；中信海直内网普法专栏《法

律视窗》至今共计刊载20余期，内容涉及多个法律领域。

（二）及时组织开展各类日常普法活动及培训

全民国家安全教育日期间，集团普法办在内联网发布了“读懂国家总体安全观”等系列视频宣传片，组织总部员工观看《国家安全法》专题讲座视频，并开展“国家安全法主题法律知识竞赛”；各子公司也采取张贴宣传画、播放视频和标语、组织讲座等形式开展宣传，金融子公司还专门针对非法集资、反洗钱工作、网络信息安全等高风险业务进行专项培训宣导。针对新出台法律法规及时组织培训，如网络安全法、《最高人民法院关于适用〈中华人民共和国公司法〉若干问题的规定（四）》、欧洲《通用数据保护条例》颁布实施后，邀请有关部委、高校以及律所专家做讲座进行解读，并举办研讨会；结合集团业务举办多次法律培训，包括“受制裁国家业务管理合规培训”以及“公司治理，社会责任：国际公约、指引与主要国家法律”专题合规培训等。

（三）依托普法推动企业依法合规经营管理

集团坚持“七五”普法法治宣传教育与企业经营管理实际相结合，普法与依法治理并举，不断完善各项规章制度、加强法律风险防范、保障公司依法合规经营。在企业法律风险防控方面，积极贯彻以事前防范、事中控制为主，事后补救为辅的法律风险防控思路，推行重大经营决策前的法律论证制度。法律人员在项目论证阶段就积极介入，通过参与尽职调查、参加项目谈判、讨论起草项目合同等方式就项目的可行性、项目实施中可能面临的法律风险进行分析、论证，提供法律意见。对某些重大的、专业性较强的合同项目，发挥外部律师的专业优势，实现内、外部律师优势互补，对项目实施、运作中可能存在的法律风险进行揭示、提供解决方案，为项目的顺利实施扫清法律障碍。加强对重大合同项目实施过程中的监督、检查，及时发现问题，提出应对处理措施，有效避免了纠纷的发生，较好地维护了集团的合法权益。

总体来看，在司法部和全国普法办指导和支持下，在集团领导和集团“七五”普法领导小组领导下，经过集团上下共同努力，集团“七五”普法工作扎实有效，既体现了全系统普法工作的一体化，又体现了集团总部和各经营单位的自主性和行业特色，公司各级领导干部和广大员工的法治观念、法律意识逐步提高，公司依法治企的水平也进一步提升。

在肯定成绩的同时，也要认识到集团在普法工作中还存在一些问题和不足：一是部分子公司领导对普法工作重要性认识不充分，对普法工作的保障力度有待提高；二是普法内容与公司经营管理中存在的问题联系的紧密性仍需加强；三是部分子公司在安排法治教育学习时还存在人员、内容、时间落实不十分到位的情况；四是普法宣传方式、方法还可以进一步丰富和灵活。“八五”普法期间，中信集团将针对上述问题及不足认真研究并加以改进，努力推动普法工作再上新台阶，为推动集团持续、健康、高质量发展作出新的贡献。

中国光大集团股份公司“七五”普法规划实施情况

一、集团“七五”普法工作基本情况

根据《中央宣传部、司法部关于在公民中开展法治宣传教育的第七个五年规划（2016—2020年）》的要求，光大集团紧密结合集团改革与发展的实际，认真制定了《中国光大集团股份公司法治宣传教育第七个五年规划》，多措并举，扎实推进“七五”普法的各项工作。5年来，集团始终坚持学用结合、普治并举，将法治宣传教育与依法合规经营有机结合，把法治宣传教育融入集团及所属企业经营管理的全过程，在要求广大干部员工自觉学习、运用国家法律和党内法规，提升法治意识的同时，引导投资人和消费者了解和掌握金融法律知识和权益保护法规，依法维护自身权益，增强社会公众尊法学法守法用法的法治意识。

（一）完善机制，夯实普法基础

“七五”普法以来，集团持续加强普法工作的组织保障，完善激励机制，落实问责制度，加强队伍建设，夯实普法工作基础，确保普法工作顺利开展。

1. 加强组织领导

为贯彻党中央关于法治建设的重大决策部署，认真落实国务院关于法治建设的各项要求，集团成立法治宣传教育工作领导小组，党委书记、董事长担任法治宣传教育工作领导小组组长。法治宣传教育工作领导小组下设办公室，设在集团风险管理与内控合规部/法律部，承担集团法治宣传教育工作的组织、协调、督导、考核验收等具体工作；集团各直属企业分别成立了法治宣传教育工作领导小组，法律合规相关部门为牵头部门，并设立专、兼职普法工作联络员具体负责日常工作，保障了集团上下普法依法治理工作的顺利开展和有效衔接。

2. 建立激励约束机制

集团积极贯彻落实“谁主管谁负责”的原则，将内控合规管理、商标字号使用等事项纳入对各企业的关键绩效指标（KPI）考核体系，对在法治建设中作出突出贡献，避免或挽回重大损失的集体和个人，给予表彰和奖励；对未能有效防范重大风险、违反商标字号管理等行为，进行扣减考核分，督促形成企业各负其责、齐抓共管，切实履行普法依法治理主体责任。

3. 完善违规问责制度

为督促全员依法合规经营、严守内部规章制度，集团成立问责委员会，制定了《中国光大集团股份公司违规问责办法（试行）》，强化违反内部规章制度的问责力度。各企业层面也都成立问责委员会，积极建章立制、梳理流程，对产生的风险问题、风险事件严肃问责，逐步形成集团分级分层、有限衔接、上下贯通的问责工作体系。

4. 加强队伍建设

集团高度重视普法队伍建设，努力建设一支

信念坚定、知识过硬、敢于担当的普法宣传队伍。注重选拔任用善于运用法治思维和法治方式推动工作的优秀干部，把尊法学法守法用法情况作为选拔各级领导干部的重要依据。切实保障法治宣传教育工作经费，并根据经营水平建立动态增长机制，确保普法经费投入稳中有升。

（二）突出重点，增强普法实效

“七五”普法以来，集团践行依法治企的经营理念，强化风险内控合规管理，突出重点内容，抓住“关键少数”、规范重点领域，通过加强法治宣传教育，培育法治文化，进一步增强普法工作实效。

1. 突出重点内容

一是通过党委中心组学习、专题学习和专家讲座等多种形式，深入开展学习贯彻习近平总书记系列重要讲话精神，切实提高政治站位；二是在系统组织开展“宪法宣传周”活动，组织员工参加宪法专题讲座和“我与宪法”优秀微视频征集活动；三是紧跟立法动态，编纂《法律参考》等内刊，第一时间开展新颁布、新修订法律法规的学习宣传工作。各企业的营业网点均在显著位置悬挂宣传横幅或通过电子屏幕显示宣传标语，摆放或免费发放宪法文本，打造宪法法律宣传的前端窗口。

2. 抓住重点对象

不断强化领导干部和企业管理人员的法治与合规思维，坚持合规教育与专业培训同步安排、同步实施。组织领导干部认真学习习近平总书记在省部级主要领导干部坚持底线思维着力防范化解重大风险专题研讨班开班上的讲话，要求各企业管理人员将依法合规与企业高质量发展紧密结合起来，筑牢底线思维，不断提高依法治企、合规经营的水平。面向保密岗位、档案工作人员，公司落实保密法、档案法宣传教育要求，建立健全保密法治、档案管理普法教育机制。

3. 规范重点领域

一是加强企业投资融资、改制重组、对外担保、产权流程，招标投标等重点领域的管理，通过信息化手段固化流程，确保程序规范、公开透明。二是坚持重大决策前学法用法，切实增强领导干部运用法治思维和法治方式深化改革、推动发展、化解矛盾、维护稳定的能力。三是严格遵守国有企业“三重一大”决策制度等有关规定，依法合规开展各项经营管理工作。四是充分发挥法律顾问制度和法律咨询制度作用，对经营管理中可能存在的法律风险及时由法律合规部门出具法律意见。

4. 建设法治文化

集团总部连续5年举办风控合规专题培训，多次邀请中国人民银行、外部知名专家、系统内相关领域专家授课，培训内容涵盖了金融监管热点、全面风险管理体系建设、内控合规管理、法律风险防范等方面，为集团广大干部员工提供了多方位的合规理念宣贯和业务指导。2020年9月，集团举办光大法治大讲堂民法典专题讲座，邀请时任全国人大常委会法工委副主任作民法典精要解读。各企业因地制宜，组织开展各类法治宣传教育活动：光大银行开展“内控保驾、合规护航”合规知识竞赛活动。合规知识竞赛历时3个多月，竞赛与全员合规教育培训相结合，总分行通过题库建设、培训考试、竞赛选拔等环节以赛促训、以点带面，广泛开展了多种形式的法律合规知识普及教育活动。营造了“遵党纪、守国法、讲合规、控风险、防案件”的良好氛围，为全行业务的持续稳健发展保驾护航。光大证券邀请常年法律顾问开展了以“证券法修订解读”为主题的培训沙龙，对新旧证券法进行比较解读，引入典型案例，结合公司业务开展实际情况，探讨“证券法”修订对公司的具体影响。光大资管等子公司根据各自业务需求，邀请律师开展多次专题讲座，对新旧证券法的修订内容进行深入剖析，与子公司管理人员及重要岗位人员深度探讨新证券法的修订内容。光大科技充分利用公司创建的普法栏目法律合规小百科，利用“长图＋问题解答”的互动形式，在知识产权日系列宣传中，开展长达十周的全公司范围密集宣传。通过“IP 侵权风险知多少”“知识产权的三板斧”“知识产权显身手”“软件著作权也是硬科技”“字体侵权动了谁的奶酪”“字体使用安全指南”“图片侵权”等系列主题宣传，对知识产权的基础法律知识、风险点、注意事项等内容生动形象地进行宣传，提高全体员工的知识产权保护意识。

（三）精准普法，彰显央企担当

光大集团作为国有大型综合金融控股集团，持续引导投资人和消费者提升金融法律知识，创新法治扶贫进乡村，滋润人心，疫情防控、普法同行，更是彰显中央企业的担当。

1. 普及金融法律知识

5 年来，光大银行陆续开展了“3・15 消费者权益保护日”“金融知识进万家”“金融知识普及月”“金融知识万里行”“银行业消费者权益保护知识学习、网络竞赛、创优系列活动”等各项主题活动；通过“金融课堂进学校”、“金融知识进厂矿、进部队、进社区”、开设“公众教育区”“青少年服务窗口”、开展“亲子理财教育”等多种方式广泛宣传金融知识；与北京师范大学等高校通力合作，发放宣传手册、折页等各类宣传品 2 万余件，有效提升了大学生识别非法校园贷和电信诈骗的能力。

2. 法治扶贫送法下乡

光大保险为贯彻党的十九大“坚决打赢脱贫攻坚战、精准扶贫，坚持大扶贫格局，注重扶贫同扶志、扶智相结合”精神，在湖南湘西古丈县开展“送法律下乡”定向法治宣传活动，同时与当地企业家和个体工商户开展法律咨询座谈会。光大银行将 3000 余份法治宣传资料送至呼和浩特各“访惠聚”驻村工作队，有效地促进了当地农牧民群众的法治宣传教育工作。

3. 疫情防控、普法同行

自新冠肺炎疫情暴发以来，集团所属企业因地制宜，共同抗击疫情。光大银行以网点为宣传阵地，积极开展“疫情防控全民公益普法行动”，通过在网点大厅电视循环播放疫情普法宣传片、以案释法宣传视频等，向客户普及疫情防控法律知识。同时组织员工学习《中华人民共和国传染病防治法》《中华人民共和国国境卫生检疫法》等疫情相关法律，提高全行员工疫情防控法律知识，制作《应对疫情的法律风险及应对措施》《以往重大疫情后涉及金融行业的判例警示》等期刊，举办“疫情相关法律知识解答”主题普法教育活动，为干部员工在疫情期间防范化解法律风险提供参考；光大证券发布的“抗疫普法系列”，覆盖证券法修订、劳动人事关系、个人信息保护、营销人员行为规范等方方面面，以简洁、活泼的形式传播繁复、严肃的法律合规文化。“光证合规人同心战疫报导”系列，则聚焦于公司总部、分支机构、子公司合规人，报道他们在疫情期间，守住合规底线，助力公司业务发展的感人故事，进一步激发了普法队伍的工作积极性。

二、存在的不足

“七五”普法以来，光大集团法治宣传教育实效得到进一步增强，依法经营的能力和水平显著提升。截至 2019 年年末，光大集团合并总资产达到 5.2 万亿元，实现营业收入 2095 亿元，实现拨备前利润 1135 亿元，经营业绩实现了历史性突破。2020 年集团在《财富》世界 500 强排名 253 位，2020 年中国 500 最具价值品牌，位列第 30 位，品牌价值为 1698.65 亿元。

然而，与其他优秀同业相比较，集团仍深感存在一定的差距，主要体现在：一是普法宣传方式有待创新。普法宣传仍主要采取集中会议培训、法律专刊讲解、节日发送材料等传统方式，新媒体新技术运用不够，未充分通过微博、微信、直播软件等互联网渠道进行最大化普法宣传，普法宣传方式亟待创新。二是普法宣传内容有待深入。目前普法内容多为金融业法律法规、政策制度，以及与群众日常生活紧密相关的公民财产安全、市场经济秩序等民生领域的法律法规，对宪法和党内法规的学习宣传深度有待进一步加强。三是普法工作机制有待完善。所属企业经营活动差异较大，行业分布广泛，各企业规模和发展不平衡的特点，需要考核评价体系进一步完善，加强普法工作激励约束。

三、下一步工作安排

针对存在的不足，集团将深刻剖析形成原因，积极提出解决和整改措施。下一步，光大集团以习近平新时代中国特色社会主义思想为指导，持续、扎实做好普法工作，开创普法工作的新局面。

（一）提高站位，深入学习宣传宪法和党内法规

加强宪法和党内法规学习宣传力度。切实提高政治站位，增强“四个意识”，坚定“四个自信”，做到“两个维护”，确保宪法宣传的正确政治方向和舆论导向，讲好中国宪法故事，使宪法精神深入人心，以宪法精神凝心聚力；适应全面从严治党、依规治党新形势新要求，大力学习宣传《中华人民共和国公职人员政务处分法》《中国共产党纪律处分条例》《中国共产党问责条例》等各项法律和党内法规，教育引导广大干部员工做党章党规党纪和国家法律的自觉尊崇者、模范遵守者、坚定捍卫者。

（二）深入研究，建立健全考核评估机制

强化考核评估机制。科学论证，进一步完善普法考核评价指标体系，把法治宣传教育纳入综合绩效考核，认真开展阶段性考核，加强考核结果运用，做好普法评比表彰工作，激发开展普法工作的主动性和积极性。

（三）转变思路，创新普法宣传方式

创新普法宣传方式。在做好做强传统普法方式的基础上，创新工作理念，推动法治宣传教育机制、载体和方式方法不断推陈出新。加大新媒体普法内容原创力度，增强普法内容的新颖性和传播力。要推进“互联网＋法治宣传”行动，通过微博、微信、手机客户端、直播软件、门户网站等渠道开展全方位、多层次的法治宣传。

光大集团按照“七五”普法规划，通过扎实的法治宣传教育实践，推动法治理念深入人心，稳步提升普法依法治理水平。在今后的普法工作中，光大集团将及时总结经验，努力完善普法工作机制，着力探索法治宣传教育工作的新途径，推动企业治理体系和治理能力现代化，为努力建设以财富管理和民生服务为特色的具有全球竞争力的世界一流金控集团营造良好的法治氛围，为推动国家普法依法治理迈上新台阶作出更大的贡献。

交通银行“七五”普法规划实施情况

2016年以来，交通银行（以下简称交行）以习近平新时代中国特色社会主义思想为指导，全面贯彻党的十九大和十九届二中、三中、四中、五中全会精神，根据《中共中央 国务院转发〈中央宣传部、司法部关于在公民中开展法治宣传教育的第七个五年规划（2016—2020年）〉的通知》《中国银监会关于印发全国银行业系统开展法治宣传教育第七个五年规划（2016—2020年）的通知》总体要求，按照《交通银行“七五”普法规划》具体安排，扎实推进法治宣传教育和合规文化建设，有效提升全行干部员工法治意识和依法合规经营管理能力，持续增强稳健经营和高质量发展的法治保障，广泛开展社会公众普法活动，切实履行普及金融法律知识的社会责任。

一、强化保障，完善机制，全面部署法治宣传教育

（一）加强统筹规划，强化法治宣传教育工作的组织保障

交行党委深刻领会党中央关于全面依法治国的精神内涵，充分认识法治建设在推进治理体系和治理能力现代化进程中的重要作用，明确了交行法治宣传教育的总体要求、基本原则和工作方向。高级管理层部署推动全行法治宣传教育工作，组织编制《交通银行“七五”普法规划》，加强统筹协调，落实工作保障，有序推进“七五”普法规划实施。

（二）健全长效机制，稳步推进法治宣传教育规划实施

交行深刻认识到在打好防控金融风险攻坚战背景下，加强法治宣传教育的重要性和紧迫性，按照“整体一盘棋、走好每一步”的统一安排，周密部署“七五”普法中长期工作任务和年度工作举措，在《交通银行“七五”普法规划》的基础上，每年结合新形势、新要求制定年度工作方案，周密安排，持续发力，将法治宣传教育工作向纵深推进。

（三）落实普法责任制，充分发挥法治宣传教育合力

交行遵循“谁主管谁负责”的原则，完善全方位、立体化、矩阵式法治宣传教育体系，形成总行分行纵向同频共振、条线部门横向协同互动的工作格局，确保普法责任到位、任务分解到位、宣传引导到位。“七五”普法以来，总行先后举办“法治大讲堂”“授信大讲堂”“公司业务大讲堂”等大型系列宣传教育活动和其他形式多样的宣传教育培训。各分支机构结合当地普法主管部门要求和总行统一安排，落实法治宣传教育“规定动作”，保持整体步调一致；做好法治教育“自选动作”，争创分行各自特色。

二、全面布局，突出重点，深入推进法治宣传教育

（一）扎实做好宪法宣贯，大力弘扬宪法精神

交行坚持把学习宣传宪法摆在首要位置，深入宣传依宪治国理念，不断增强全行员工爱国意识、国家安全意识；认真做好“12·4”国家宪法集中宣传活动，积极培育民主法治观念。充分利用基层网点电子显示屏、服务窗口、宣传展板等，播放宪法宣传标语，推送宪法知识，使宪法“抬头看得见、了解多渠道”。

（二）加强党内法规宣传教育，引导党员干部遵纪守法

“七五”普法以来，交行贯彻全面依法治国决策部署，适应全面从严治党新要求，加大党内法规宣传力度，先后组织开展“学党章党规，学系列讲话，作合格党员”“两部准则、四部条例”等学习活动，并推进依法治国、合规经营和从严治党相结合，促进党内法规学习宣传与政治理论教育、理想信念教育、职业道德教育和作风教育相结合。

（三）系统学习银行相关法律法规，增强法律合规风险防控意识

交行组织开展新制定、新修订法律法规学习，详细解读和分析监管规则的最新变化。例如，针对新颁布的《中华人民共和国民法典》，面向全行开展“民法典担保相关司法解释精讲精解”“民法典与金融市场”等专题讲座，在中共中央宣传部“学习强国”学习平台发布“民法典与银行经营管理”系列共6篇专题文章，在《交通银行》（内部报刊）刊发6篇民法典解读和释义。

（四）细致开展疫情防控法治宣传，引导全行科学防疫

2020年，围绕《中华人民共和国传染病防治法》《中华人民共和国突发事件应对法》《突发公共卫生事件应急条例》等法律法规，开展“防控疫情　法治同行”疫情防控专项法治宣传，引导做好防疫措施，保障广大客户和营业网点安全。编制并发布《疫情防控期间个人义务与责任相关法律知识问答》，向全行员工提示疫情防控期间不当行为可能引起的刑事、行政、民事法律风险，引导全行员工履行防疫法律义务。

（五）深入开展扫黑除恶法治宣传，增强全行员工扫黑除恶的使命感

按照中央“不忘初心、牢记使命”主题教育领导小组、中共中央政法委员会《关于开展对黄赌毒和黑恶势力听之任之、失职失责甚至包庇纵容、充当“保护伞”专项治理的实施方案》综合运用多种宣传手段传导专项治理的要求，深入推进扫黑除恶专项斗争。开展预防从业人员金融违法犯罪专项活动，重点加强对违法发放贷款罪，骗取贷款罪，非法吸收公众存款罪，集资诈骗罪，伪造、变造金融票证罪相关法律知识宣传普及。

（六）加强消费者权益保护相关宣传教育培训，增强消费者权益保护意识

交行着力加强消费者权益保护相关宣传教育和合规培训，推动消费者权益保护工作深入开展。仅在2020年就开展了消费者权益保护宣传教育周、“普及金融知识，守住钱袋子”、“姣姣说消保”以及金融知识线上推送和线下课堂等活动，全年累计开展活动9010次，发布线上线下各类宣传资料1076.7万份，触及消费者1.56亿人次。2020年，交行在人民银行消保评级中获评A级，在中银协2020年度银行业文明规范服务千佳单位评选中，119家网点入围“千佳”，在人民银行、银保监会等联合举办的2020年“金融知识普及月　金融知识进万家　争做理性投资者　争做好网民”活动中获评“优秀组织单位”，

在银保监会“3·15 教育宣传周”活动中获评“优秀组织单位”。

三、覆盖全员，聚焦关键，切实增强全行法治意识

（一）坚持普法从高层做起，发挥各级领导干部表率作用

组织董事、监事参加财政部、银保监会、上交所、香港特许秘书公会举办的公司治理、国有金融资本管理、风险防控等培训；针对董事、高级管理层开展反洗钱监管形势分析和监管规则解读培训。开展领导干部学法用法活动，把法治宣传教育纳入教育培训课程体系。连续 5 年开展“行长讲合规”活动，引导分支行管理人员身体力行，做廉洁从业、合规经营的宣导者和推进者。仅 2020 年开展“行长讲合规”活动共 863 场，覆盖 656 家省辖分行、中心支行，受众达 56,648 人次。

（二）坚持普法聚焦关键，提升重点族群依法履职技能

建立全方位、立体式的法治宣传教育培训体系，加强直属机构 D 职等管理人员、省辖分行 C 职等管理人员普法教育和合规培训；加强省直分行法律合规部门负责人和员工岗位资质培训；深化业务人员培训，解读分析岗位职责密切相关的法律法规和监管规则；加强新进员工法治宣传教育和合规培训，上好新进人员法律合规第一堂课。

（三）坚持普法面向全员，培育全行员工法治思维和习惯

交行每年举办大型法治宣传教育活动，巩固宣传教育成果。2016 年，组织开展财务合规知识竞赛，覆盖全行 8 万多名员工，全行参与率 94.3%。2017 年，开展依法合规知识竞赛，覆盖全行 7 万多名员工，参与率近 90%。2019 年开展“违规放贷、违规销售、违规票据、基层机构违规操作、员工异常行为”五大领域专项治理警示教育活动，组织各类培训共 13,541 次，涉及 390,723 人次。2020 年开展“正风肃纪、合规经营”合规知识测试，涉及 93,173 人次，平均通过率 99.3%。

四、创新模式，注重实效，全力推进全行法治建设

（一）坚持法治宣传与合规文化建设相结合，促进依法合规经营

交行将法治宣传教育与合规文化建设有机结合，确保法治宣传教育与合规文化建设同谋划、同部署、同推进。2016 年，结合银监会“两个加强、两个遏制”回头看工作，汇总整理违法违纪典型案例，分析合规风险特征，揭示合规风险隐患，开展警示教育。2017 年，紧扣银行业依法合规经营实际，组织开展法律合规现场或视频培训 1730 次，涉及 68,000 人次。2018 年，组织开展法律合规培训课件竞赛，遴选优秀作品并在全行推广。2019 年，组织开展“反洗钱岗位责任指引知识测试”，覆盖全行 96% 的员工。2020 年，组织开展“反洗钱合规培训”活动，通过线上线下多渠道开展反洗钱法律法规宣传教育。

（二）坚持法治宣传与法律实践相结合，发挥法治建设的价值创造作用

交行密切跟踪法律法规和监管规则变化，及时开展内部规章制度与外部监管规则落差分析，在全面落实监管要求的前提下，结合经营管理实际，修订完善规章制度，将监管规则转化为内部行为规范。在准确掌握法律法规和监管规则的基础上，修订完善格式合同，做好服务实体经济服

务客户的同时，切实维护合规各方主体的合法权益。围绕全行中心工作，为全行重大项目、重点业务、创新产品以及日常经营管理提供有力的法律支持保障。运用法律工具，推进诉讼案件和法律纠纷的妥善处理，运用法治手段，保障国有金融资产安全。

（三）坚持行员普法与社会公众普法相结合，为展业获客营造良好的外部环境

交行积极履行法治宣传教育社会责任，借助服务客户的契机，广泛开展不特定公众法治宣传教育。2016 年，针对违法违规互联网金融风险、“校园贷”纠纷、网络电信诈骗案件等方面，组织开展“金融知识进万家”活动，引导消费者提高金融法律知识认知水平，3141 个网点指派 20,518 名工作人员，设置 5128 个户外宣传点，接待咨询 3,685,886 人次，媒体报道 588 次。2017 年，组织开展“防范电信网络诈骗”“反假币”“反洗钱”等公众普法宣传。2018 年，陕西省分行采用交行“新代言人”（机器人“娇娇”）开展社会公众法治宣传教育，让普法工作“萌”起来；广西壮族自治区分行利用举办“沃德杯”广场舞大赛的契机，向群众普及金融法律知识。2019 年，深圳分行联合银行同业开展以“消费者权益保护中对消费者的界定及惩罚原则是否适用于银行保险业”为主题的辩论赛，提升交行消保服务品牌美誉度。

五、丰富载体，拓展渠道，全面展现法治建设成果

（一）倡导百花齐放，体现法治宣传教育的多样性

在统一指导思想、工作目标和基本要求的前提下，充分发挥各经营单位能动性，组织各分支机构结合实际自主选题、自拟方案、自选动作，实现法治宣传教育活动“不一样的呈现、一样的精彩”。如上海市分行开展“践行合规事，莫沦案中人”合规宣讲活动，针对违规销售、违规放贷、员工异常行为等九大重点领域，通过剖析典型案例、讲解法律法规、阐明合规要求，使“遵流程、严操作、控行为、防案件、保安全、促发展”十八字箴言成为干部员工开展经营管理活动的座右铭。

（二）借助新载体，打造法治宣传教育的新阵地

在充分运用既往渠道和“旧载体”开展法治宣传教育的同时，交行顺应新时代新要求，加快推进线上法治宣传教育，依托内部培训网站（e 校园），开设“法治交行社区”，集中展示法治建设、合规文化建设成果和作品，搭建在线法治教育学堂和合规培训基地。依托“互联网 +”，注重运用漫画、动画、微电影、H5 作品、e 校园移动端、幸福交行 App 等新技术、新手段、新载体，打破传统宣传教育方式在时间、空间上的局限，以生动活泼、喜闻乐见的方式，有效提升法治宣传教育实效。

回顾“七五”普法以来交行法治宣传教育工作，在中宣部、司法部、银保监会等监管部门关怀指导下，全行齐心协力，获得了全行员工和广大客户的理解、认可和支持，取得了一定成绩。展望下一个五年，交行将全面贯彻党中央、国务院决策部署，严格落实监管部门关于法治宣传教育的要求，坚持高标准、严要求，采取自上而下逐级传导和层层推进的方式，将法治宣传教育覆盖各级经营单位和全行员工，进一步增强全行员工法治意识，提升全行依法治理能力。

中国国家铁路集团有限公司“七五”普法规划实施情况

2016年以来，中国国家铁路集团有限公司（以下简称国铁集团）坚持以习近平新时代中国特色社会主义思想为指导，认真落实全国“七五”普法规划，紧紧围绕“交通强国、铁路先行”发展目标，突出重点内容和对象，创新载体和形式，坚持普法宣传与依法治理有机结合，广泛开展法治宣传教育活动，全面实现“七五”普法各项目标，为国铁企业法治化市场化经营、推动铁路高质量发展提供了有力支撑。

◆ 中国铁路昆明局集团有限公司在各次列车上开展了丰富多彩的宪法宣传主题活动

一、加强组织领导，法治宣传教育工作扎实有序开展

国铁集团将法治宣传教育作为国铁企业贯彻落实全面依法治国基本方略的重要举措，作为依法治企的一项长期基础性工作，摆在重要位置来抓。一是加强规划设计。根据全国“七五”普法规划，结合国铁企业实际，国铁集团制定了法治宣传教育第七个五年规划（2016~2020年），明确“七五”普法工作的主要目标、重点任务和保障措施；成立“七五”普法工作领导小组，由公司主要领导任组长，机关各部门主要负责人为成员；普法工作领导小组办公室设在企法部，负责普法工作的组织、协调以及检查验收等工作。国铁集团所属各单位按要求，均制定了本单位的普法规划，成立了本单位的普法工作领导小组及办事机构，高效推进普法各项工作。二是强化队伍支撑。建立总法律顾问制度，国铁集团和铁路局集团公司均配备了总法律顾问，并有效发挥作用。建立铁路律师（公司律师）队伍，截至2020年年底，铁路律师已超500名，构建了一支以总法律顾问为引领、铁路律师为骨干、专兼职法律人员为基础的法律队伍，为普法工作开展提供了人才支撑。三是压实普法责任。制定实施《国铁企业主要负责人履行推进法治建设第一责任人职责规定》《国铁集团法治建设与责任落实督察工作实施办法》等制度，明确国铁企业主要负责人推进法治建设、开展普法工作的领导职责和各部门各单位的工作职责，并将法治建设情况纳入企业经营业绩考核，对于不履行或不正确履行职责的，依规依纪追究责任。加强检查督促，2018年、2020年，分别组织开展了“七五”普法中期检查、总结验收专项检查，推动普法各项任务落实到位。

二、突出重点内容的宣传教育，尊法学法守法用法氛围全面形成

根据全国“七五”普法规划确定的重点内容，结合国铁企业特点，明确“七五”普法重点内容。一是深入学习宣传习近平新时代中国特色社会主义思想。国铁集团党组带头，以党组中心组（扩大）学习会的形式，深入学习中央全面依法治国委员会第一次、第二次、第三次会议精神，以及中央全面依法治国工作会议精神，在深化认识的基础上，研究制定加强法治国铁建设的工作措施，确保全面依法治国重大决策部署在国铁企业落地落实。二是深入学习宣传《中华人民共和国宪法》。国铁集团专门作出部署，组织干部职工深入学习宣传宪法，深刻认识宪法是我国的根本大法，是治国安邦的总章程。将宪法学习作为“不忘初心、牢记使命，交通强国、铁路先行”宣讲活动的重要内容，正确阐释新时代依宪治国、依法执政和依法治企的内涵和意义，讲好中国宪法故事，使宪法精神深入人心。三是广泛学习宣传《中华人民共和国民法典》。制定印发民法典学习宣传实施方案，以民法典为主要内容，与铁路总工会联合举办“中国梦·铁路情·劳动美”全路职工法律知识竞赛，取得良好反响。以党支部为单位，举办“学习民法典、运用民法典”主题党日活动，强化了机关干部的学习。国铁集团所属各单位运用开设讲座、课题研究、专题培训、送法到一线等多种形式，加强对广大职工的宣传教育，促进民法典走近干部职工身边，走进干部职工心里。落实全国普法办部署，在铁路站车统一播放民法典公益宣传片《民法典：新时代的人民法典》，向社会广泛宣传民法典。四是深入学习宣传党内法规。适应全面从严治党的新形势新要求，国铁企业各级党组织以“两学一做”

“不忘初心、牢记使命”主题教育为契机，充分运用“三会一课”、主题党日等载体，深入学习《中国共产党章程》《中国共产党廉洁自律准则》《中国共产党纪律处分条例》《中国共产党支部工作条例（试行）》等党内法规，教育党员干部切实增强党章党规意识，争做合格党员。五是深入学习宣传与铁路密切相关的法律法规。适应政企分开后加快走向市场、推进法治化市场化经营的新形势新要求，以铁路客货运输、物资采购、工程建设、经营开发等领域为重点，大力学习宣传《中华人民共和国安全生产法》《中华人民共和国合同法》《中华人民共和国食品安全法》等法律法规，不断提升干部职工依法管理、依法办事的能力。

三、突出重点对象的法治教育，干部职工法律素质普遍提高

在开展全员普法的同时，重点加强领导干部、青年职工、关键岗位人员以及铁路沿线群众的法治宣传工作。一是突出加强对领导干部的法治教育。完善领导干部学法用法制度，把宪法、法律和党内法规列入各级党委中心组学习的重点内容，把法治宣传教育纳入各级领导干部教育培训的必训内容。“七五”普法期间，国铁企业举办的各级领导人员培训班中均安排了法律知识、依法治企理论和实务课程。建立实施国铁企业领导人员旁听庭审制度，加强领导人员日常学法和以案释法工作，领导人员运用法治思维和法治方式开展工作的能力显著提升。二是强化青年职工的法治教育。2018 年 5 月至 2019 年 5 月，广泛开展了“青春与法同行”青年职工法治知识竞赛活动，采取线上线下答题相结合的方式，累计举办各级竞赛活动 952 场次，吸引 22 万余名青年职工参加，是“七五”普法期间国铁集团举办的持续时间最长、活动次数最多、实施力度最大的一次普法宣传活动。三是强化关键岗位和窗口单位人员学法用法。以铁路客货运输、物资采购、经营开发等关键岗位人员为重点，分类开展与管理职责、工作内容密切相关的普法教育。“七五”普法期间，国铁集团先后编写出版了《铁路“七五”普法教育读本》《铁路企业管理人员学法用法实用问答》《铁路企业法律纠纷案例选编》等普法教育读本，促使关键岗位人员提升依法处理事务、依法解决问题的能力，切实防范经营风险。四是强化对铁路沿线群众的法治宣传。认真贯彻习近平总书记关于铁路安全工作的重要指示精神，组织国铁企业团员青年、志愿者，以《中华人民共和国铁路法》和《铁路安全管理条例》等铁路法律法规为重点内容，广泛开展铁路安全宣传“七进”活动，切实增强社会公众的爱路护路意识。

四、运用多种载体和方式开展普法，法治宣传教育的吸引力、感染力显著增强

结合工作实际，充分利用铁路站车资源，积极运用微博、微信、微视频等新媒体新技术开展法治宣传教育。一是深入开展“宪法进铁路站车”活动。发挥铁路客流量大、覆盖面广的优势，在“宪法宣传周”和春运期间，组织在全国近 3000 趟高铁列车和 1100 个火车站播放宪法宣传片，每天有近千万旅客收看，形成强大宣传声势，司法部给予充分肯定，《法治日报》进行了专门报道。二是深入开展微视频征集评选活动。国铁集团积极开展“我与宪法”微视频征集评选活动，2018 年征集微视频作品 123 件，2019 年征集作品 372 件，并参加全国“我与宪法”微视频征集评选活动，2018 年、2019 年均取得优异成绩，国铁集团还将获奖作品在铁路站车进行集中

展播，进一步扩大了宣传覆盖面。三是深入开展专项普法宣传活动。“七五”普法期间，国铁集团连续多年开展“4·15”全民国家安全教育日普法宣传活动，与铁路公安、地方政府联合开展“6·26”国际禁毒日普法宣传活动，引导干部职工切实增强国家安全意识、禁毒意识。2020年2月以来，深入开展“防控疫情　法治同行”专项法治宣传行动，通过编写法律知识问答、播放法治宣传片、开展法律咨询、以案说法等多种方式，加强对干部职工、旅客货主的普法宣传，促进了依法有效防控。

五、坚持学用结合，依法治企水平显著提升

把法治宣传教育融入企业中心和重点工作，充分运用法治思维和法治方式推进各项工作，依法治企水平得到显著提升。一是加强依法治理。贯彻中央要求，国铁集团和铁路局集团公司完成公司制改革，普遍建立了新的运行机制。贯彻落实十九届四中全会精神，研究构建了党内规范性文件、企业经营管理制度、运输技术规章三大制度体系，形成了《国铁集团制度图谱编制方案》。建立实施权力清单制度，公布《国铁集团权力清单目录（试行）》和《铁路局集团公司负面清单目录（试行）》，明确国铁集团权力事项146项、铁路局集团公司禁止事项13项，实现权力运行公开化、规范化。二是加强依法决策。建立重大决策法律论证机制，国铁集团和所属企业均建立了重大决策法律论证制度；对于经营管理重大事项，未经法律论证一律不得上会决策。党组织、董事会、经理层等各治理主体，严格按集体领导、民主集中、会议决定的决策机制，研究决策有关事项，大大提高了决策质量。三是加强依法经营。严格合同管理，对外开展经营活动一律签订合同，合同签订前一律进行法律审查。在运输、物资、建设等领域加强信用体系建设，落实失信惩戒机制，为社会信用体系建设作出了贡献。四是加强依法维权。针对铁路安全、风险债权等领域突出问题，集中开展主动维权活动，消除了一大批铁路安全隐患，切实防止了国有资产流失。

下一步，国铁集团将认真贯彻习近平法治思想，深入思考、谋划“八五”普法规划，广泛开展法治宣传教育活动，大力推进国铁企业治理体系和治理能力现代化，为建设中国特色社会主义法治体系、建设社会主义法治国家作出新贡献。

中国核工业集团有限公司“七五”普法规划实施情况

2016~2020年，中国核工业集团有限公司（以下简称中核集团）认真贯彻《中央宣传部、司法部关于在公民中开展法治宣传教育的第七个五年规划（2016—2020年）》《国务院国资委关于在国资委系统开展法治宣传教育的第七个五年规划（2016—2020年）》，以习近平新时代中国特色社会主义思想为指导，深入开展法治宣传教育，始终坚持围绕中心、服务大局，不断加强组织领导，强化制度保障，健全普法宣传教育机制，创新普法宣传形式，持续增强法治宣传实效性，打出一系列宣传工作“组合拳”，大大提高了集团上下对法治工作的知晓率和认可度，扩大了法治工作的影响力，形成了全员尊法学法守法用法的良好法治氛围。中核集团总部和2名同志分别获评全国“七五”普法中期先进集体、先进个人，相关普法工作得到了上级单位的充分肯定。

一、认真学习贯彻习近平新时代中国特色社会主义思想，开创普法工作新局面

中核集团将学习贯彻习近平新时代中国特色社会主义思想作为一项重大政治任务迅速部署，在全集团掀起了学习贯彻习近平新时代中国特色社会主义思想热潮。一是上下联动，把习近平新时代中国特色社会主义思想贯彻到集团公司各成员单位、各业务领域的全方面。中核集团党组专题组织学习传达习近平新时代中国特色社会主义思想，各级主要负责人积极谈学习心得、讲学习体会，在学习贯彻中切实践行推进法治建设第一责任人职责。二是联系实际，把习近平新时代中国特色社会主义思想转化为各单位法治建设的生动实践。中核集团牢牢把握习近平总书记提出的“十一个坚持”的部署要求，深刻领会习近平新时代中国特色社会主义思想的丰富内涵和精髓要义，结合法治中核建设的新形势、新任务，找准当前法治建设的着力点和侧重面，为开创法治中核新局面提供了有力保障。三是持续深化，把学习贯彻习近平新时代中国特色社会主义思想固化为长久主题。中核集团坚持系统学习、深入学习，除组织专题学习外，在领导干部培训、法治工作培训等学习中专门授课，推进广大干部职工学深悟透、融会贯通，真正把握精神实质，做到学懂弄通。

二、加强顶层设计和顶层推动，推动普法工作逐级落地

中核集团主要负责人始终高度重视普法工作，把普法宣传纳入法治建设统筹谋划。一是成立了集团公司党组书记、董事长任组长，总法律顾问任副组长，总部各部门负责人为成员的普法工作领导小组，下设普法工作办公室，加强对法治宣传工作的领导和指导。二是专门制定下发《中国核工业集团公司第七个五年法治宣传教育规划（2016—2020年）》，从指导思想、主要目标、

工作原则、主要任务、普法对象和要求、工作步骤和安排、组织领导和保障措施等方面对“七五”普法工作进行全面部署。三是各成员单位积极成立本单位“七五”普法工作领导小组，结合本单位实际情况，制定“七五”普法规划，并抓好贯彻实施，形成了“上下联动、齐抓共管”的良好工作局面。

三、强化制度和机制双重保障，确保“七五”普法规划各项任务顺利实施

中核集团根据“七五”普法规划，从制度规定、法治工作评价和宣传经费支持三个方面切实加强了工作保障。一是建立健全普法制度体系。进一步明确普法归口部门责任，强化普法工作的制度依据。中核集团《“十三五”时期法治工作专题规划》将“七五”普法作为一项重要内容，并在每年的法治工作要点中对法治宣传教育工作进行年度分解，确保“年年有进展、年年有实效”。二是将普法宣传教育纳入法治工作评价体系。年度法治工作评价在法治学习纳入党委（党组）中心组学习情况、组织领导班子集体学法情况、开展宪法贯彻实施学习宣传活动情况、开展员工普法活动情况、专职法律人员参加专项培训学时、单位定期组织法律业务培训知识情况等方面设置了多项指标，将法治宣传教育任务量化分解。三是总部每年单列法治宣传专项经费并明确专款专用，为普法工作提供经费支持。成员单位也普遍安排了普法经费，为普法工作提供硬件保障。

四、狠抓“关键少数”，切实提升领导人员运用法治思维和法治方式推进工作的能力

中核集团坚持把各单位领导班子带头学法、模范守法作为法治宣传教育的重中之重，切实抓紧抓好，起到了示范和引领作用。一是完善领导人员集体学法制度。把宪法、法律和党内法规纳入各级党委（党组）中心组学习内容，且每年至少举办 1 次党委（党组）中心组法治专题学习。董事长、党组书记、总经理等带头参加学习，树立了尊法学法的榜样。二是加大领导干部法治教育培训。针对各成员单位主要负责人、总法律顾问等领导干部开展专题法治培训。集团公司专门针对成员单位主要负责人举办为期 4 天的提升法治意识和法治能力研修班，对 60 家成员单位的主要负责人围绕党的十九大报告与法治建设新要求、公司治理、合规管理、核安全法等方面开展培训。集团公司每年组织总法律顾问培训班，对各成员单位的总法律顾问、主管法治工作的领导进行专题培训，为各成员单位法治工作领导创造了沟通交流的良好平台，达到了领导干部学法用法的效果。三是提升领导人员运用法律的能力水平。制定《集团公司贯彻落实“三重一大”决策制度管理规定》《集团公司党组工作规则》《集团公司总经理工作规则》等，要求重大决策必须遵守国家法律并且经过法律审核。集团公司设立总法律顾问和专门法律事务部门，将法律审核嵌入规章制度、经济合同和重大决策审核，充分发挥法律人员在决策中的参谋助手作用，切实增强领导干部依法决策意识，确保领导干部严格按照法定程序和法律要求进行决策。

五、着力开展重点岗位人员重点领域普法，有效提升经营管理人员依法经营的能力水平

中核集团始终把经营管理人员作为重点普法对象，有针对性地加强对他们的法治宣传教育。在财务骨干业务培训方面，邀请法律专家，对财务骨干就财务相关法律问题及风险防范作专题培训，进一步增强财务人员依法理财能力。组织各单位涉外人员参加国资委法治讲堂，不断提高法治意识、合规意识。在派出董事监事培训班的

培训课程中纳入现代企业制度与公司法人治理结构、企业投资、并购决策程序及风险管理、证券执法动态及违法典型案例剖析等重要法治内容，增强对董事监事法律知识和法律思维的培养。通过在总部各部门和成员单位各类业务骨干业务培训中嵌入法治内容，不断提升企业经营管理人员法治意识、依法经营的能力水平。中核集团围绕重点领域以多种形式开展普法工作。中核集团每年开展保密、安全领域法律培训。受国资委委托组织编制《PPP 业务合规管理指引》，得到国资委政策法规局高度认可；编制海外反腐败、进出口合规等重点领域专项指引，供成员单位学习相关领域法律法规，提升重点领域人员的法治意识，提高依法合规开展业务的能力水平。

六、积极开展全员普法，形成人人尊法学法守法用法的良好氛围

一是把握重大节点宣传，组织开展富有核工业特色的系列法治宣传活动。中核集团以“12・4”国家宪法日为契机，2016 年以“大力弘扬法治精神　全面推进法治中核建设”为主题、2017 年以“学习贯彻党的十九大精神　维护宪法权威　建设法治中核”为主题在全集团开展“12・4”国家宪法日系列宣传活动。集团总部下发通知，动员组织各成员单位结合实际，认真组织开展“12・4”国家宪法日宣传活动。各成员单位结合本单位实际，积极组织本单位领导和员工，开展各种形式的普法活动。2020 年开展《中华人民共和国民法典》专题宣传，组织干部职工在线学习民法典，掀起民法典学习热潮。二是广泛利用多种平台进行法治宣传，总部统一印制全国普法办法治宣传画，在总部大楼张贴并发放北京地区成员单位；充分运用集团所属报纸、杂志、微信公众号、网站等，开展经常性普法活动，使广大员工在潜移默化中提高法治意识。三是健全日常学法制度，拓宽学法渠道，落实普法责任到人。在总部全体职工中开展“12・4”有奖竞答活动，以《图说宪法》一书作为奖品，共有 360 余人参加了答题互动。

七、不断创新普法形式方法，增强法治宣传教育的渗透力和实效性

中核集团坚持将传统媒体宣传和现代媒体宣传、“推送式”普法宣传和“互动式”普法宣传、法治宣传和工作宣传、内部宣传和外部宣传有效结合，采取立体化、多层次、多渠道宣传方式，深入开展法治宣传教育。一是传统媒体与新兴媒体相结合。在《中国核工业报》开辟“法治建设”专栏，分 3 期分别对宪法、核领域立法法规和“法治中核”建设进行专题法治宣传，开设法律宣传栏、发放宣传手册，同时积极运用微信公众号、门户网站等互联网媒体，促进广大干部职工对国家宪法日的了解和对宪法及涉核法律的学习掌握。二是“推送式”普法和“互动式”普法相结合。策划设计宪法和涉核相关法律法规系列法治宣传画，在总部大楼外墙宣传栏张贴，并将宣传画在总部各个 LED 屏同步播放，在集团公司微信公众号、内网和外网同步刊载，通过“推送式”手段最大程度扩大宣传效应。通过举办答题比赛、组织法律咨询、“核法有约”微书吧等“互动式”形式，创新开展了一系列符合集团实际、具有核工业特色、员工群众喜闻乐见的普法活动，大大激发了广大职工的参与热情，取得了良好的宣传效果。三是坚持普法宣传与法治工作宣传相结合，内部宣传和外部宣传相结合。加强普法宣传的同时，加强法治工作宣传。在集团内部平台上对党组中心组中核法治大讲堂学习、国资委法治讲堂、“12・4”宪法活动等法治工作进行报道宣传，并在充分运用集团内部媒体的同时，把宣传阵地扩展到集团外部。

中国航天科工集团有限公司“七五”普法规划实施情况

中国航天科工集团有限公司（以下简称航天科工）法治宣传教育工作始终坚持以习近平新时代中国特色社会主义思想为指导，全面贯彻党的十九大和十九届二中、三中、四中、五中全会精神，认真落实国资委“七五”普法规划总体要求。在航天科工普法工作领导小组的指挥部署下，全系统单位以筑牢依法经营、依规治企思想基础为目标，以深入开展宪法宣传教育、部署《中华人民共和国民法典》宣传为重点，持续加大全员普法力度，大力建设法治文化，积极营造法治氛围，航天科工法治宣传教育工作在“七五”普法期间打开了新局面，呈现出新面貌，取得了新成效。

一、深入贯彻学习习近平新时代中国特色社会主义思想，专项学习党内法规，进一步提升法治工作政治站位

“七五”普法以来，航天科工坚持加强普法工作顶层推动力度，健全普法工作领导机构，落实主要负责人法治第一责任职责，将习近平新时代中国特色社会主义思想同航天科工“依法经营、依规治企”经营理念紧密结合，坚定正确政治方向，组织全系统学习领会习近平总书记全面依法治国重要的论述，并将深入学习党内法规纳入重点学习范畴，每年以召开专项工作会议形式，督促指导全系统单位深入学习习近平新时代中国特色社会主义思想，提升法治工作政治站位；督促指导全系统单位专题研讨学习《中国共产党章程》《关于新形势下党内政治生活的若干准则》《中国共产党党内监督条例》《中国共产党党内监督条例》《中国共产党纪律处分条例》等党内法规，自觉用党的路线、方针、政策指导全系统法治工作建设。航天科工坚持把加强党的领导摆在首位，教育引导党员干部职工自觉在思想上政治上行动上与党中央保持高度一致，增强“四个意识”，坚定“四个自信”，做到“两个维护”，在法治建设中充分发挥各级党组织的政治功能和组织功能，坚决履行“科技强军、航天报国”神圣使命。

航天科工党组、各级党委中心组紧紧围绕学习主题，教育和引导广大党员干部充分认识新时期学习和贯彻全面依法治国理念的重大意义，切实加强对全体职工尤其是领导干部的教育和引领。航天科工第二研究院党委在不同受众范围内宣贯依法治企相关规定和要求，建立院及院属单位党委定期听取法治工作汇报的工作机制；航天三江党委制定《深入贯彻落实习近平总书记重要指示精神　进一步加强全员普法工作专项计划》，将有关情况纳入党委书记季度例会、审计工作例

会讲评，推动专项计划落实。自“七五”普法以来，航天科工全系统党组（委）中心组专题学法2010次，集中听取法治工作专题汇报345次，研讨学习党内法规2131次；主要领导对法治宣传教育工作的重视程度明显增强，推动力度明显加大，法治工作政治站位进一步提升。

二、大力学习宣传宪法，进一步强化尊崇宪法维护宪法的浓厚氛围

（一）创新普法形式，特色普法效果显著

根据航天科工党组审定印发的《航天科工深入学习宣传宪法工作方案》，按照“全员覆盖、全年贯穿、全程策划、全面深入”的总体要求，以“一赛”“两平台”“三原创”“四专项”为特色，推动掀起航天科工全系统学习宣传宪法的热潮，并在“宪法宣传周”形成高潮。“一赛”：组织全员参与司法部“宪法学习知识竞赛”。动员号召航天科工全系统15万干部职工积极参加司法部全国普法办举办的“宪法学习知识竞赛”，激发全员学习宪法热情。“两平台”：一是《中国航天报》和航天科工官方微信公众号开辟宪法学习宣传专栏。二是利用航天科工在线学习平台开展宪法在线学习和考试。“三原创”：一是设计制作两套风格统一的宪法主题海报，下发全级次近500家单位，在办公楼、员工食堂等公共区域显著张贴；二是航天科工统一制作一部宪法宣传微信H5短片，在“法治宣传月”的集中宣传时段内广泛推送传播；三是定制宪法主题计算机屏幕保护程序，在全集团3万台商密网计算机上安装应用，屏保启动即进入学习，将学习宪法嵌入员工工作间隙。“四专项”：一是召开专项学习会议，航天科工党组在国资委动员部署会结束后第一时间学习宪法，为各级党委作出表率。所属各单位按照航天科工统一部署，全级次194个党委、111个党总支、2634个党支部，全部按要求完成至少一次宪法专题学习或专题研讨，强化宪法意识。二是专项推行基层经验，充分利用工作简报、政务信息、微信、媒体等渠道手段，挖掘、推广基层优秀做法和成功经验，法治声音进一步扩大。三是举办专项主题演讲，航天科工成功举办第二届、第三届“法治在我心中”主题演讲，通过在线点播、微信投票吸引阅读总量15万次，活动效果得到司法部、国防科工局等上级机关高度肯定，在集团内外引起热烈反响。四是组织专项微视频活动，航天科工组织全级次单位开展“我与宪法”微视频创作、评选活动，其中4部原创作品在司法部、国家网信办、全国普法办联合举办的第三届“我与宪法”微视频征集评选活动中荣获优秀奖项。

（二）宪法学习全级次、全员全覆盖，形成上下联动机制

按照航天科工党组统一部署，所属各单位全面落实学习宣传实施宪法各项要求，积极拓宽宣传渠道，丰富宣传形式，强化了活动的意义和内涵，确保了活动的有序开展。从总部到基层，从干部到职工，真正做到了全级次、全员全覆盖。据统计，22家二级单位全部举办了专题讲座或研讨会、制作了宣传展板或海报，充分发挥传统宣传优势；有20家单位利用微信、微博等新平台，提升新媒体宣传效果；有17家单位购置了相关书籍，或发放学习，或放置于阅览室、阅读角方便全员共享；有10家单位开展了法律知识竞赛活动，以答题促学习，检验学习成果，航天科工全级次呈现了动员有力、参与广泛、声势浩大、氛围热烈、影响深入的宣传学习状态。在法治宣传人员的辛勤努力下，航天科工宪法宣传活动圆满完成，受到国资委、司法部关注，并在全国普法办《“七五”普法宣传简报》中报道。

三、聚焦经营业务，法治宣传教育进一步融入科研生产经营管理全链条

“七五”普法期间，航天科工普法工作更加聚焦中心工作，推动融入科研生产经营管理全链条，坚持围绕中心、服务大局，提供高质量法律保障。将依法经营、依规治企要求纳入战略规划，制定“十三五”“十四五”法治建设、合规管理专题规划，落实党中央、国务院和国资委要求，提出与航天科工“两大目标四步走”发展规划相适应的法治建设任务和保障措施。

针对航天科工结构调整和发展方式转变相关重点任务，深入分析混合所有制改革、全员营销、双创成果转化、“三供一业”分离移交、股权激励等重点任务涉及的法律问题，全面梳理法律风险，做好防范预案，敢于预警，共商解决方案，确保重点任务依法依规、稳妥推进。指导业务部门和相关单位积极运用法治方式和法律手段推动解决“两金”压减、处僵治困、法人户数压减等重点难点问题，助力管理提升。

航天科工各级单位认真总结法治工作经验，将法治工作要求融入经营管理各个环节，航天科工第二研究院通过持续完善规章和决策程序，将法律风险防控职责、防控措施分解落实到规章制度中，通过管理标准化，推动行为规范化，加快了法治建设由专项业务工作向全局性、战略性工作升级；湖南航天总结提炼“七法”工作法：履职依据法、案头常备法、决策先问法、风控善用法、压案用好法、带头学法懂法、资源保障法，推动湖南航天法治建设整体水平稳步提升。

四、狠抓“关键少数”带头学法，进一步强化领导干部法治意识

航天科工全面落实中央办公厅、国务院办公厅《党政主要负责人履行推进法治建设第一责任人职责规定》和国资委党委《中央企业主要负责人履行推进法治建设第一责任人职责规定》关于普法依法治理的工作要求，深入推进加强法治宣传教育组织领导，推动完善法治宣传教育工作机制，不断提升主要负责人法治意识，完善主要负责人履行法治职责的工作机制，切实发挥企业法治工作领导机构的顶层推动作用，促进解决重点难点问题，形成长效机制，深入推进全级次单位层层落实。航天科工严格落实党组中心组与各级单位党委中心组学法制度，充实党委（党组）中心组学法内容，将依法治企与合规管理纳入航天科工领导干部“专业化能力提升计划”，不断提高领导干部运用法治思维和法治方式推动高质量发展的能力水平。自“七五”普法以来，航天科工全级次单位领导干部参加法治专题培训班 2800 人次，法治意识进一步提升。

航天科工全系统单位将依法办事、遵规守纪作为后备干部、新任干部培训的必修课，将法治素养和法治能力作为单位选人用人条件，始终高度关注领导干部学法用法制度的落实。各级单位也狠抓“关键少数”带头学法。航天系统公司组织编制了《领导干部法律风险知识手册》，将企业生产经营中分散的法律风险梳理为相对集中的体系，释明企业领导干部需承担的法律责任，便于领导干部突出重点、系统学习；航天科工第三研究院建立“关键少数”培训长效机制，每年举办 1~2 期领导干部依法经营、依规治企专题培训班，以三四级领导班子成员为重点，重点学习依法治国与企业领导法治思维、现代企业制度与公司治理、公司法及其司法解释、合同法与合同管理、企业内部审计与风险管理等法治课程。航天江南集团有限公司以关键业务岗位人员和“关键少数”为重点，抓好关键人员法治教育；组织实施“关键少数”法治能力提升轮训，部分单位主

要负责人不仅带头学法，还上台讲法。这些举措，切实提升了党组（委）运用法治思维和方式深化改革、推动发展、化解矛盾、维护稳定的能力和水平，有效推动了法治央企建设进程。

五、共克时艰，法治同行，进一步打造依法防疫压舱石

新冠肺炎疫情发生以来，针对生产经营环境更加复杂、法律合规风险日益凸显、涉外业务安全隐患增多的实际，航天科工以中央全面依法治国委员会第三次会议精神为纲领，以习近平总书记全面提高依法防控、依法治理能力重要指示为指引，认真落实国资委重要工作部署，切实强化组织领导，把防范法律合规风险作为疫情防控工作的重要内容，同谋划、同部署、同督促，多措并举，迅速构筑疫情防控、复工复产法治网，助力依法科学有序推进疫情防控工作。

（一）全力服务保障复工复产，切实防控法律合规风险

第一时间印发《航天科工关于落实依法防控疫情切实防范法律合规风险有关要求的通知》《疫情影响下合同履约“不可抗力”问题处理工作指引》《应对新冠肺炎疫情中央及地方支持性政策汇编》《国家与地方政府应急响应有关法规政策汇编》等系列文件，在内网开辟“依法防控疫情”专题法律法规库，为所属单位依法防疫提供指导保障；组织全级次单位开展法律合规风险排查，全面梳理因疫情影响可能带来的风险，提出应对措施，积极防范风险；充分利用航天云网云端优势，线上线下结合办公，法律审核及时响应，确保应审必审；细致梳理合同履约台账，精准掌握合同履约状态，严控逾期“两金”风险，关注受疫情影响可能或已经不能履行、迟延履行的合同，力求最大限度降低履约风险，累计避免合同损失 38.4 亿元；密切关注国际组织、外国政府针对疫情防控颁布的相关法律和规定，对疫情冲击所带来的涉外法律风险早发现、早预警、早处置，防患于未然。

（二）加强疫情防控普法宣传，增强依法合规意识

主要领导利用航天云信工作群带头在线学习防疫重要法规，并对“关键少数”强化法治意识、落实依法防疫要求多次作出指示。各级次单位结合各地各行业各领域实际，以便利灵活、针对性强的方式，全面开展“依法防疫　法治同行”专项普法宣传，借助航天云信、公众号、微信群、电子专刊等载体，发布应急预案、工作方案、知识手册、政策法律汇编 40 余份，向各级单位和法定代表人推送国家及地方的卫生防疫、突发事件应对相关法规政策，编发复工复产与防控疫情法律知识问答，开展形式多样的普法宣传活动，引导全体员工增强疫情防控意识、法治与合规意识，为平稳有序恢复生产经营打牢基础。

航天科工各级单位积极主动开展“防控疫情　法治同行”专项宣传活动。航天科工第三研究院组织职工干部学习《法律战“疫”：新冠肺炎疫情法律应对手册》《新型冠状病毒肺炎疫情防控工作有关法律知识问答》《新型冠状病毒肺炎防控有关法律法规汇编》，通过网站和宣传展板等形式，结合人民法院依法惩处妨害疫情防控犯罪典型案例，广泛宣传《中华人民共和国传染病防治法》《中华人民共和国突发事件应对法》《中华人民共和国野生动物保护法》等法律法规，引导公司职工建立尊重法律、严守法律、敬畏法律的公众自觉，切实将依法抗“疫”落到实处。中国航天建设集团有限公司重点开展合同履行、劳动用工、工程进度、诉讼案件、公益捐助、消费者权益保护、境外合作等方面法律问题排查，深入分析可能产生的法律合规风险，并研究制定

了风险应对措施，指导所属单位科学应用“不可抗力”法律规则和情势变更原则，防范化解合同履约风险。

六、全面部署学习宣传《中华人民共和国民法典》，进一步培育依法合规、诚信经营的法治企业文化

2020年5月28日，第十三届全国人民代表大会第三次会议表决通过了《中华人民共和国民法典》，于2021年1月1日起正式实施。为深刻理解《中华人民共和国民法典》在中国特色社会主义法律体系中的重要地位，引导干部职工充分认识到《中华人民共和国民法典》既是保护自身权益的法典，也是全体社会成员都必须遵循的规范，养成自觉守法的意识，形成遇事找法的习惯，培养解决问题靠法的意识和能力，按照《中共中央宣传部等关于加强民法典学习宣传的通知》精神，航天科工党组第一时间部署《中华人民共和国民法典》学习宣传工作，坚持“分类分级、线上线下、点面结合”的工作原则，充分发挥总部顶层设计和牵头作用，以航天科工重点活动为牵引，推动所属各单位学习宣传活动全面开展。

（一）党组理论学习中心组带头学法，部署各级党委和基层党组织专项学法

航天科工召开党组理论学习中心组集体学习扩大会议，重点学习习近平总书记在中央政治局以“切实实施民法典”为主题的第二十次集体学习时的讲话精神，并邀请中国人民大学法学院党委书记、院长作《中华人民共和国民法典》专题辅导，通过学习回顾起草历程，分析编纂先决条件，使大家进一步了解《中华人民共和国民法典》鲜明的中国特色、实践特色、时代特色等丰富内容。航天科工就贯彻落实习近平总书记重要讲话精神和做好《中华人民共和国民法典》学习宣传系统部署11项重点工作，要求各级党委理论学习中心组将《中华人民共和国民法典》列入学习计划，深入开展学习研讨。各基层党组织采取支部会、党小组会、理论研讨会、个人自学等多种方式，引导广大党员、职工学习《中华人民共和国民法典》。各级党委理论学习中心组和基层党组织学习《中华人民共和国民法典》1482次；组织创作《中华人民共和国民法典》主题微动漫、微视频12部；开展旁听民商事案件庭审378次，参与旁听6229人次，其中领导人员参与834人次；开展“百人百课进一线”活动368次，涉及27,802人次；组织参加司法部、全国普法办《中华人民共和国民法典》网上知识竞答活动，累计参与51,926人次；航天云课堂《中华人民共和国民法典》在线课程浏览量超过57万人次。

（二）部署安排特色活动，推动营造全员学法浓厚氛围

为充分认识《中华人民共和国民法典》实施的重大意义，深入学习宣传《中华人民共和国民法典》的基本原则和主要内容，进一步促进干部职工牢固树立“依法经营、依规治企、守法遵规、人人有责”的理念，做到先学一步、学深一层，航天科工提前部署安排，组织开展系列特色活动：“线上知识竞赛”“开展领导人员旁听民商事案件庭审活动”“法治宣传月集中普法”“制作宣传微视频和微信表情包”“开展百人百课进一线活动”“推出《中华人民共和国民法典》系列线上课程”“利用内部宣传平台开辟宣传专栏”等系列特色活动，在全系统掀起学习《中华人民共和国民法典》的热潮，营造浓厚学法氛围。

航天科工将《中华人民共和国民法典》学习纳入2020年7月“法治宣传月”活动，引导所属各级单位部署安排《中华人民共和国民法典》专项学习活动。所属各级单位结合工作实际，全面动员、积极落实，开展了多元化普法宣传活动。

航天信息股份有限公司主办“民法典每日一学”活动，组织干部职工参与在线考试，通过率达96.83%；航天华腾公司聘请外部专家集中授课讲解《中华人民共和国民法典》重点内容、学习《民法典开讲》普法视频；航天科工第六研究院所属单位领导班子成员齐上阵，化身法治讲师，精心策划，拍摄制作《实业公司普法讲堂》、录制《民法典能解决哪些“麻烦事”？——46所人这样说》法治宣传短视频。中国航天建设集团有限公司在微信公众号发布《中华人民共和国民法典》系列知识汇编内容，组织知识竞赛等活动。

“七五”普法期间，在航天科工党组的统筹部署和组织推动下，所属各级单位法治宣传教育活动政治站位进一步提高，组织领导和保障更加有力，宣传教育方法手段越发丰富、形式途径更加创新，法律部门与宣传部门、业务部门协同联动更加顺畅，基层单位法治声音越来越响，法治氛围越来越浓，法治意识越来越强，全体干部职工尊法学法守法用法良好氛围更加浓厚，依法经营、依规治企的经营理念更加牢固，为推进企业高质量发展创造了更加良好的法治环境。

中国航空工业集团有限公司“七五”普法规划实施情况

中国航空工业集团有限公司（以下简称集团公司）是由国务院国资委代表国务院履行出资人职责的国有独资公司，是中央管理的国有特大型企业，是国家授权投资的机构。集团公司下辖100余家成员单位、24家上市公司，员工逾40万人。“七五”普法实施以来，集团公司深入贯彻习近平新时代中国特色社会主义思想，培育和弘扬社会主义核心价值观，切实做好法治宣传教育和依法治理工作，全面建设法治航空工业，为集团公司持续健康稳步发展提供坚实的法治保障。

一、抓好领导机制和组织落实，保障“七五”普法规划全面实施

“七五”普法期间，集团公司及所属单位结合法治建设第一责任人职责落实，将法治宣传教育和依法治理工作列入党政工作的议事日程，纳入各级领导干部管理责任制，进一步健全、完善、发展各项保障措施，确保规划目标任务的全面完成。

集团公司成立了第七个五年法治宣传教育和依法治理领导小组，组长由集团公司党组书记、董事长担任，总经理担任常务副组长，主管法治建设、企业文化和宣传工作的副总经理分别担任副组长，总部各部门部长为领导小组成员，领导小组办公室设在集团公司审计法律部（普法办）。同时，要求集团公司所属各单位明确党政一把手同为法治宣传教育和依法治理第一责任人，明确具体办事机构，进一步健全党政统一领导、法律部门和宣传部门联合实施、各业务管理部门齐抓共管的法治宣传教育和依法治理运行机制，确保“七五”普法依法治理工作的领导和组织落实。

中航机载系统有限公司制定《全面依法治企和法治建设责任清单与履职规定》，落实依法治企各主体责任；哈尔滨飞机工业（集团）有限责任公司下达科研生产计划，将法治宣传教育和依法治理工作纳入单位考核评价体系，并赋予分值。

二、抓好法治宣传教育效果落实，推动法治宣传教育工作再上新台阶

“七五”普法期间，集团公司紧紧抓住改革发展的新形势、新任务对法治宣传教育工作提出的新要求，突出重点，创新形式，组织总部各部门和所属单位开展了卓有成效的法治宣传教育工作。

（一）学习贯彻习近平新时代中国特色社会主义思想，推动法治宣传教育融入党建工作

结合“两学一做”相关要求，集团公司组织全体党员认真学习党章和习近平总书记系列讲话精神，采取集中学习和“三会一课”等形式保证每季度学习党内法规不少于1次。洛阳电光设备研究所每年制定党员必学目录，将党内法规纳入学习目录。

（二）抓住领导干部这个“关键少数”，大力培养领导干部法治思维

集团公司党组以上率下，坚持党组中心组学法，邀请全国人大常委会法工委、国资委政策法规局领导等就宪法修正案、民法典、涉外法律风险防范等进行专题授课。中航光电科技股份有限公司制定《领导干部任前“法治谈话”实施方案》，2017年至今，累计谈话242人次。新乡航空工业（集团）有限公司定期对案件进行分析，制作《案例汇编》发放至公司领导、重点部门及子公司主要负责人，对管理薄弱环节提出整改建议。

（三）推动专业领域法治宣传教育责任化，促进学用结合

按照“业务谁主管，普法谁负责”的原则，集团公司组织所属单位通过业务驱动法治宣传教育，力争实现“专业的人员掌握专业的法，用好专业的法”。中国航空无线电电子研究所创新开展“让用法的人讲法”系列普法活动。中国航空规划设计研究总院有限公司印发《各部门法律法规清单指引》，明确各业务主管部门专业领域法治宣传教育职责。

（四）开展丰富多彩的法治宣传教育活动，构建航空工业法治文化体系

集团公司组织所属单位积极运用门户网站、飞信、微信等新兴媒体，持续营造浓厚的法治文化氛围。集团公司党组印发《关于深入学习宣传和贯彻实施〈中华人民共和国宪法〉的意见》，每年度“12·4”国家宪法日或宪法宣传周期间，集团公司及所属单位均开展了一系列宪法宣传活动。疫情期间，集团公司印发依法防控疫情相关指引，组织所属单位开展了疫情防控、复工复产法律及政策宣贯。成都飞机工业（集团）有限责任公司在本部及所属企业形成了“治理完善、经营合规、管理规范、诚信守法”的统一法治理念。昌河飞机工业（集团）有限责任公司发布《一张图读懂航空工业昌飞法治文化管理》，诠释公司法治文化的理念和基本管理逻辑。

三、围绕中心，服务大局，促进依法治企工作不断走向深入

“七五”普法期间，集团公司及所属单位紧密围绕集团公司“一心、两融、三力、五化”新时代航空强国发展战略，坚持法治体系、法治能力、法治文化一体建设，促进依法治企工作不断走向深入。

（一）依法治企基础工作整体水平不断提升

集团公司组织所属单位扎实推进依法治企基础工作，拓展依法治企的深度和广度。集团公司总部开展了“航空规”基本制度文件清理，加强了对党建和纪检监察工作规章制度的法律审核。沈阳飞机设计研究所以一张图可视化表达的方式对规章制度进行解读，促使对规章制度理解统一、执行精准、贯彻到位。陕西飞机工业（集团）有限公司、庆安集团有限公司、金城集团有限公司等单位积极探索利用信息化手段加强合同管理。成都飞机工业（集团）有限责任公司针对其流程变革，引入波音、空客的合同索赔制度，完善其合同索赔流程。

（二）推动普法依法治企融入合规管理体系一体建设

集团公司组织所属单位认真落实《中央企业合规管理指引（试行）》，2019年始全面启动合规管理工作，相继印发了《合规管理规定》、《合规手册》和合规管理相关指引，拓展并深化普法依法治企相关要求，探索推动普法依法治企融入合规管理体系一体建设。集团公司组织编写的《出口管制合规风险防范工作指引》被国资委作为课题成果案例向所有中央企业推广。西安飞机工业（集团）有限责任公司在“智慧西飞”新增合规普法模块，打造立体式普法合规宣传平台，构建合规普法融合体系。

（三）重大决策、重点项目、重要业务领域法律保障效果凸显

集团公司总部在决策结构清单中明确重大决策法律审核范围，将法律审核嵌入议题审批流程，确保法律审核作为重大决策的前置程序不可逾越。各单位法律部门深度参与瘦身健体、处僵治困、股权清理、“三供一业”移交等重大改革改制工作，在2020年疫情防控中坚持依法防控，充分体现了法律的支持和保障作用。中航工业产融控股股份有限公司资本定期召开月度法律风险视频会议，注重项目法律风险日常监测与控制管理。中航技进口有限责任公司在研发类项目中大力推进将知识产权归属与确权作为研发项目评审的必要条件之一，逐渐形成自身的知识产权库。中国航空技术国际控股有限公司法律团队全程参与地产业务重组、船舶业务转让、幸福控股、星联项目等瘦身健体项目，成效显著。沈阳飞机工业集团有限公司成立法律保障专项组全程参与公司大集体改制项目。

一直以来，集团公司通过持续推进多个“五年”普法规划的实施，培育和形成了强化法治宣传教育和依法治理的优良传统，“法治思维和法治方式”的文化素养初步形成，依法合规成为领导干部办事的首要考虑因素，自主合规管理能力显著提高，有力地推动了集团公司全面协调可持续发展良好态势的形成。回顾5年来的工作，我们感到上述成绩的取得与全国普法办、国资委的指导，与集团公司各级领导的重视和全体普法依法治理工作人员的辛勤工作是分不开的。在充分肯定成绩的同时，我们也清醒地认识到普法依法治理工作中存在的不足。一些单位的决策层、管理层运用法治思维和法治方式解决改革发展问题的意识和能力有待进一步提升，合规管理体系建设尚需进一步推进，涉外法治专业人才队伍建设尚需加强，在今后的工作中必须尽快落实改进。我们将在有关部门的领导和统一部署下，迎接并继续做好“八五”普法依法治理工作，推进“法治航空工业”建设，为集团公司“一心、两融、三力、五化”战略目标的实现提供可靠的法律保障。

中国石油化工集团有限公司“七五”普法规划实施情况

“七五”普法期间，中国石油化工集团公司（以下简称中国石化）坚持以习近平新时代中国特色社会主义思想为指引，贯彻落实中宣部、司法部、全国普法办及国务院国资委有关任务部署，积极开展法治央企建设，全面践行“七五”普法工作要求，努力营造“依法、合规、公平、诚信”法治文化氛围，“谁的业务谁普法”责任制有效落实，员工法律意识、法治观念、法律素养显著增强，企业依法决策、依法管理、依法经营能力持续提升。集团公司及胜利油田等多家直属单位和个人被评为全国“七五”普法中期先进。“七五”普法整体工作有序推进，重

点任务基本完成。

一、“七五”普法规划实施情况

（一）坚持以思想教育为先导，推动依法依规治企成为全公司普遍共识

中国石化党组高度重视企业法治建设，充分发挥领导作用，把方向、管大局、保落实，强调“法治思维是基本领导方式”，提出“打造依法合规亮丽名片”，要求运用法治思维规避风险、推动发展，统筹开展法治建设和“七五”普法的规划、组织、实施、监督和反馈，2016 年 6 月 20 日印发《中国石油化工集团公司开展法治宣传教育的第七个五年规划（2016—2020 年）》及配套工作考核评价办法；2016 年 7 月 14 日印发中国石化“十三五”发展规划，将企业法治文化建设和法治宣传教育作为一项重要内容，纳入公司整体部署推进落实。

1. 充分发挥领导干部的示范引领作用

各级领导班子带头学习贯彻习近平新时代中国特色社会主义思想，宪法法律、党内法规成为党组（党委）中心组每年必学内容。公司多次邀请国内知名法学家、国家部委有关部门负责人为党组中心组（扩大）学习授课，专题学习宪法、民法典等法律法规及党章党规党纪和依法治企典型案例，法律合规学习成为新任职党组管理干部的必修课程。各直属单位建立健全并严格落实领导干部学法用法制度，坚持党委理论学习中心组专题学法、领导人员日常学法、集中培训学法等多措并举，较好发挥示范引领作用，公司上下尊法学法守法用法氛围日益浓厚。

2. 充分发挥依法治企领导小组的组织推动作用

中国石化高度重视法治宣传教育工作，公司及 138 家直属单位全部成立依法治企领导小组，定期研究指导普法工作，督导“七五”普法规划有效落实。列支专项经费支持普法活动，总部层面每年保证不少于 100 万元预算支持开展各类普法活动。积极推动法律合规课程纳入各级组织人事培训内容，法治素养和法治能力成为企业选人用人基本要求，依法依规治企成为基本认识和普遍共识。各直属单位均制定本单位“七五”普法规划，下发年度法治宣传工作要点，94 家单位制定法治宣传教育工作制度。

（二）坚持以责任落实为抓手，推动“大普法”格局更加完善有效

建立完善权责清晰、任务明确、规范高效的普法工作机制，加强法律部门与业务部门间的协同联动，2018 年 2 月制定《中国石油化工集团公司普法责任清单》，明确总部各部门普法责任与普法重点，推动落实“谁的业务谁普法”责任制，各司其职、各负其责、相互配合、齐抓共管的法治宣传教育工作格局全面建立并有效运行。

1. 突出强化法律部门普法工作责任

各级法律部门切实履行法治宣传教育管理主体责任，对照公司“七五”普法目标任务，全面落实本企业依法治企领导小组部署安排，组织协调实施企业法治宣传教育工作，积极推进企业法治文化建设。结合企业实际情况，聚焦企业提质增效升级、深化供给侧结构性改革、完善公司治理体系、安全生产、环境保护、劳动用工等重点工作，常态化开展月度普法、季度学法，举办“边学边练”普法活动。

2. 压紧压实职能管理部门普法工作责任

各级职能管理部门认真落实专项普法主体责任，解读宣贯各自业务领域的法律法规、监管规定，以案说法、以案明纪、以案促改。按照企业普法工作总体部署，充分利用“4・15”国家安全日、“6・5”环境日、安全生产月等专题活动日、活动月，以及专项法律法规识别转化等契机，多措并举，开展专题普法活动。

（三）坚持以宣贯宪法为统领，推动普法依法治理走深走实

围绕贯彻落实党中央学习宣传和贯彻实施宪法决策部署，深入广泛开展尊崇宪法、学习宪法、遵守宪法、维护宪法、运用宪法的宣传教育活动，扎实推进法治宣传教育与业务工作深度融合，尊法学法守法用法与推进企业改革发展、实现提质增效升级、完善治理结构、强化集团管控和运作能力等法治实践紧密结合，有力促进企业依法治理、合规管理、诚信经营。

1. 全力推动宪法精神入脑入心

认真贯彻落实中宣部、司法部、全国普法办和国务院国资委的工作安排，以国家宪法日和“宪法宣传周”活动为契机，通过灵活多样的手段、喜闻乐见的形式、鲜活生动的事例，大力弘扬宪法精神，维护宪法权威，推动宪法法律意识入车间、到班组、上岗位、进头脑。公司党组印发《深入学习宣传和贯彻实施〈中华人民共和国宪法〉的方案》，对宪法学习全方位多层次安排部署；各直属单位按要求细化落实措施，推动宪法精神、法治元素融入企业文化建设。

2. 深入推进普法依法治理

以宣传法律知识、弘扬法治精神、推动法治实践为主旨，推动法治宣传教育全面融入企业决策运营各个环节，贯穿各业务领域、各管理层级、各工作岗位。健全依法决策程序，落实重点业务岗位法律风险防范责任制，强化对投资融资、改制重组、对外担保、产权流转、物资采购、招标投标、境外经营等重点领域的依法合规管理，及时把法律条文转化为引导、保障企业改革发展的基本规则。制定实施《中国石化全面依法依规治企强化管理的意见》，完善企业法治建设顶层设计；印发《中国石化诚信合规管理手册》，明确企业和员工在对外交往、职业操守、处理内部关系、维护公司利益和承担社会责任等方面的基本要求和行为准则；规范完善公司章程，突出强化总法律顾问法律审核把关作用；修订完善“三重一大”决策制度，明确事项决策前必须进行风险评估和合法合规性审查；适应法律合规风险防控要求，编印中国石化纠纷案例、国际大公司合规管理案例两套，共 23 个案例；组织开展合规承诺答题，全系统 20 万余名干部职工参与学习并签署承诺，主办以上管理人员全员参加。各直属单位均制定《落实〈中国石化全面依法依规治企强化管理的意见〉实施方案》，建立完善合规管理制度，强化诚信合规培训。

（四）坚持以服务大局为根本，推动依法战疫保障到位精准发力

新冠肺炎疫情暴发以来，公司上下深入学习贯彻习近平总书记关于坚决打赢疫情防控人民战争、总体战、阻击战等一系列重要讲话和指示批示精神，紧扣围绕中心、服务大局工作导向，坚持“防控疫情　法治同行”，从保障能源供应到增产医卫原料，从捐款捐物到拉动产业复工复产，从严守防线到“最美逆行”，从服务百姓日常生活到为社会增添正能量，彰显企业社会责任。

1. 强化疫情防控法律支撑保障

公司成立由董事长、党组书记任组长，总经理、党组副书记任副组长，公司领导班子为成员的疫情防控工作领导小组，自上而下建立完善疫情防控组织领导体制。法律战线聚焦疫情防控与生产经营双战双胜，建立健全疫情防控法律服务保障机制，切实做好保障能源供应、增产医卫原料及捐款捐物、复工复产涉及的法律工作。针对世界卫生组织将新冠肺炎疫情确定为“国际关注的突发公共卫生事件”（PHEIC），从法律角度分析可能对合同履行带来的影响，制定风险防范预案。为直属单位建设防疫专用熔喷布、纺粘布生产线全程提供法律支持，协助燕山石化做好经营范围增项，迅速启动相关商标补充注册，积极协

助执法机关打击假冒中国石化品牌生产、销售伪劣熔喷布干扰市场秩序、妨害疫情防控等行为。汇总分析各地减免承租国资性质经营用房租金及疫情期间建设工程计价方面的政策规定，形成供企业执行借鉴的指导意见。

2. 强化疫情防控普法工作成效

深入开展防控疫情专项法治宣传行动，及时发布国家、地方关于疫情防控的政策法规，广泛宣传公司防疫战疫、复工复产的措施成效，引导广大员工依法支持和配合疫情防控工作，以尊法学法守法的自觉行动，夯实筑牢疫情防控与生产经营双战双胜坚实基础。围绕传染病防治、突发公共卫生事件应对、商事活动、劳动用工、个人信息保护等领域的突出问题，组织系统内法律专家开展专题研究，提出针对性措施与建议，编印《新冠肺炎疫情防控法律合规工作指引》。利用“法治石化”官微开设依法战疫法律合规宣传专刊，发布疫情防控背景下不可不知的权利义务、劳动用工法律知识、商事活动法律注意事项、10省高级人民法院有关疫情防控司法支持的政策等，解读政策、提示风险，助力依法战疫和攻坚创效。印发《中国石化2020年法治宣传教育工作要点》，将加强疫情防控法治宣传教育工作作为重点任务进行部署安排。及时向国务院国资委、全国普法办报送公司和江苏油田依法防控疫情工作信息和经验做法。

（五）坚持以守正创新为遵循，推动“七五”普法工作圆满收官

“七五”期间，中国石化普法工作按照“总体规划、逐层推进、分步实施、完善提升”的工作思路，守正创新、砥砺奋进，纵向层级责任清晰、运行顺畅，横向分工明确、协同推进的体制机制日益完善；普法工作实现常态化、长效化、信息化、网格化；法治宣传教育方式更加丰富、法治宣传教育阵地稳步拓展、法治文化载体不断创新、法律队伍建设持续加强，法治宣教内容更接地气，法治宣传教育的影响面和渗透力进一步增强，为中国石化推进全面依法依规治企打牢夯实了法治文化根基。

1. 法治宣传教育取得新突破

实施精准普法新举措，明确党组管理的领导人员是依法治企的“关键少数”，经营管理与专业技术人员是依法治企的中坚力量，技能操作人员是依法治企的坚实基础，外部相关人员是依法治企的有机组成，分类施教、精准施策，法治宣传教育的员工满意度显著提升。完善长效普法新体系，实现长期有规划、年度有计划，全面建立年度自查、期中督导、期末验收、互检互评、跟踪整改机制并有效落实。开设企业法治建设“网上展厅”，完成公司及138家直属单位法治工作材料网上建档。通过线上开放式共享和“零接触”互检，保证企业线上交流、相互借鉴、共同提升。构建共享普法新机制，突出和强化系统内资源共享，做好重大项目和纠纷案件的案例总结，形成知识管理和共享平台，为以案释法提供支持。充分盘活和推广运用大单位的普法资源，鼓励中小单位积极吸收和运用优势资源，有效发挥系统内公司律师、法律专家的“智库”“智囊”作用。

2. 法律专业队伍建设迈出新步伐

畅通人才成长通道，选定法律专业作为首批试点开展“人才强企”工程先行先试，利用3年时间打通了一条覆盖集团公司法律首席专家、高级专家，总部部门高级专家、专家，直属单位高级专家、专家各职级的专家序列成长通道，形成了一支拥有36名法律骨干组成的专家团队，打破法律专业人才晋升天花板。健全素质提升渠道，定期举办直属单位总法律顾问述职、法律机构负责人和法律骨干培训，组织开展法治宣传专员培训、兼职合同管理员竞赛、法治宣传教育技能比武、公司法律事务技术比武、涉外法律业务竞赛等专项培训和技能比武，队伍专业能力素养不断提高，专兼职普法人员数量和能力素质显著提高。

3. 普法平台建设取得新进展

构建立体化普法网络，充分利用“报网端微屏”，多层次、多领域、多渠道开展法治宣传教育。在厂区、加油站、油库、社区等服务大厅和服务窗口增加法治宣传教育功能，积极运用公共活动场所电子显示屏、服务窗口触摸屏、手机屏等，推送法治宣传教育内容。内部报刊媒体设置普法宣传专版，《中国石化报》刊登法治新闻 200 余篇，企业电视台经常性播放普法专题视频。用好信息化普法工具，推进“互联网＋法治宣传”行动，加强新媒体新技术在普法中的运用，开展新媒体普法益民服务，更好地运用微信、微博、微电影、客户端开展普法活动。

4. 社会普法展现新成效

深化全方位普法，积极支持国家立法与普法工作，参与编写国家“七五”普法案例读本，广泛参加国家部委立法研究与普法宣传，连续十年支持法律援助志愿者公益行动，集团公司被司法部评为“推进法律援助事业发展贡献突出单位”。强化社会性普法，加强地企普法工作配合与联动，积极参加社会普法公益活动。连续 5 年面向公众举办“与法同行，油中感谢”社会普法活动，引导社会公众学习法律知识、参与普法答题，活动影响力逐年增大，累计参与人数接近 400 万。

二、存在的问题及不足

当今世界处于百年未有之大变局，国际营商环境复杂多变，能源市场多方博弈导致国际油价持续低位震荡，新冠肺炎疫情影响叠加全球经济下行压力带来更多合同违约风险，企业发展面临前所未有的严峻挑战，做好普法宣传、建设法治央企更加重要和紧迫。虽然中国石化“七五”期间取得了一定成绩，但较国资委法治央企建设目标任务，还存在差距，还不能适应公司打造世界领先洁净能源化工公司的新任务新要求。

1. 法治意识、法治思维、法治能力有待提升

基层管理人员对境内外反腐败、反垄断、出口管制、安全审查、国际制裁、反洗钱、个人数据保护等法律合规风险认识不足，惯性思维还未完全转变。

2. 合规管理刚刚起步，合规文化创建任重道远

虽然已经出台合规管理的办法和合规体系建设方案，但全面落实还需要一定时间，合规培训普法宣传有待持续加强。而国际形势对合规管理的要求越来越迫切，全员合规文化培育需要加快脚步。

3. 法律宣传队伍整体能力有待进一步加强

普法队伍建设取得一定成绩，但具有法律职业相关资格和法律专业教育背景的法律人员数量还不多，对国际化经营的法律知识储备不足，涉外普法宣传队伍力量亟待加强。

三、有关意见及建议

建议将国资委“治理完善、经营合规、管理规范、守法诚信”法治央企建设的有关要求，纳入社会主义法治文化建设范畴，在“八五”普法规划中予以明确并部署有关工作。

希望司法部、全国普法办继续支持和指导中央企业开展法治宣教工作，特别是在普法宣传队伍建设、基层普法宣教和境外合规管理方面，从国家和部委的角度为企业提供学习借鉴支持。

国家电网有限公司"七五"普法规划实施情况

国家电网有限公司（以下简称公司）以习近平新时代中国特色社会主义思想为指导，深入落实国家"七五"普法工作各项要求。在司法部的有力指导下，在公司党组的领导下，公司各级单位、各部门担当作为，持续创新，凝心聚神谱写法治新篇，全员法治素养和公司法治能力明显提升，"法治国网"理念和品牌深入人心，为公司加快建成具有中国特色、国际领先的能源互联网企业提供了法治宣传教育保障。

2020 年，公司按照《全国普法办公室关于做好"七五"普法总结验收工作的通知》的要求，结合实际制发《关于组织开展"七五"普法总结验收工作的通知》，在"七五"普法中期检查成果基础上，优化总结验收标准，突出成效总结提炼。总部及各单位扎实开展"七五"普法验收各项工作，全面完成自查。

一、坚持责任到人，压实"三类责任"

（一）抓住关键少数，强化组织领导责任

公司党组印发《国家电网公司法治企业建设第一责任人职责规定》，各级单位统一执行，各级主要负责人自觉履行法治企业建设的主要组织者、推动者和实践者职责。公司总部及所属二级单位均成立了法治建设暨法治宣传教育工作委员会，主要负责人担任主任，把普法工作作为重要

职责部署落实。2020 年公司董事长、党组书记作出“全面提高公司普法水平和全员法治意识”专门批示。各级党组（党委）听取普法依法治企工作情况汇报成为常态。总部及各级单位构建法治企业建设考核评价体系。

（二）实行一岗双责，强化业务普法责任

推行“谁主管谁普法”和“谁服务谁普法”工作机制，印发普法责任清单，把普法工作纳入各部门管理职责，与业务工作同谋划、同部署、同考核。

（三）加强资源整合，强化归口督导责任

法律部门归口履行专业职责。总部、27 家省公司、13 家规模较大的直属单位全部配备总法律顾问。27 家省公司全面建设法律服务保障中心。公司系统成立普法讲师团 696 支，累计开展活动 2365 次，普法志愿者队伍 2007 支，志愿者 15,849 人，累计开展活动 7721 次。

二、坚持精准普法，突出“三大重点”

（一）抓实重点内容宣传，把学习宣传习近平新时代中国特色社会主义思想作为重中之重

各单位深入学习党的十八届四中全会、十九大以及十九届二中、三中、四中、五中全会精神，全面贯彻习近平总书记重要指示批示，累计开展专题学习 918 次。把学习宣传宪法摆在首要位置。把宪法、法律列入党委（组）理论中心组专题学习，累计学习 811 次。各级单位累计开展宪法、法律学习宣传活动 17,441 次。把学习宣传党章和党内法规作为重要内容。推动党员教育与普法教育深度融合，引导广大党员及领导干部自觉学习遵守党章党规。完成党内规范性文件清理工作，共废止、宣布失效、修改党内规范性文件 1446 项，累计开展党内法规宣传教育 38,242 次。把学习宣传与公司改革发展密切相关的政策法规作为必修课程。认真组织学习国资国企、电力体制等重大改革政策文件，深入研究推进绿色发展、保障电力安全、优化营商环境、强化民生保障等方面法律问题。

（二）抓好重点活动，开展“防控疫情　法治同行”专题活动

总部成立应对新冠肺炎疫情工作法律保障专项工作组，印发方案，对相关法律问题及时提供专业支持、应对建议。各单位累计开展依法防疫宣传和法律服务活动 4593 次。推进《中华人民共和国民法典》在公司学习宣贯与全面实施。公司董事长、党组书记在《经济日报》发表署名文章《深入学习贯彻民法典　争当法治央企排头兵》，各级党委（组）理论学习中心组专题学习民法典 83 次，累计发放普法读本及宣贯手册 3.3 万册，创建动漫视频 89 部，培训 9.5 万人，组织开展专题活动与研究 187 次。做实重要节点普法活动。结合电网企业生产经营实际，各单位累计开展宪法日、国家安全日、保密法、安全生产法等法律实施纪念日普法活动 10,191 次，推动经常性学法活动不断深入。

（三）抓紧重点对象普法，提升领导干部法治素养

把宪法、党内法规、电力相关法律法规、规章制度等作为领导干部学习的重要内容。各单位累计设置相关课程 16,783 次，领导干部旁听庭审 10,248 次。增强管理人员和一线员工法治意识和法治能力。各级单位管理人员累计 62 万人参加法治培训，71 万人参加法律知识考试。注重对外普及电力相关法律知识。深化电网企业“法律六进”主题活动。各级单位联合当地司法、监管等部门建立普法志愿者队伍，开展法治共建与“送法进校园”活动，累计向 29 万青少年普及安全依法用电等法律知识。

三、坚持创新发展，普法工作取得积极成效

（一）法治文化建设见效，全员法治意识不断提升

一是构建了“有内涵”“成体系”的国家电网法治文化，成为公司软实力的重要内容。二是创建6家法治宣传教育基地暨法治文化阵地示范单位，拓展12家试点示范单位，形成了一批主题鲜明、特色浓郁、群众喜闻乐见的法治文化示范成果，切实提升全员法治意识。

（二）法治作品高产高质，服务公司新时代发展战略

一是“七五”普法系列读本丰富完善。《法治企业建设白皮书》逐年赋新。深化《法治企业行为指引》编制，涵盖4册职级系列以及10册专业系列。二是编发推广优秀司法典型案例，开展典型案例分析活动，以案释法形式多样。三是法治作品屡获佳绩。累计创作各类文化作品1832部，90部作品获司法部、全国普法办奖项。

（三）法治平台共建共享，探索构建“智慧普法”

一是推进“四化”法治信息平台建设，推动法律监督全过程、全方位、全环节覆盖。二是上线运行网络大学法治学院，全力建设国家电网大学法治“云课堂”，累计上线近300门法治课程。三是利用“两微一端”“互联网+”等新媒体开展普法成为常态，实现普法形式的多样化、网络化、大众化。

（四）法治实践见行见效，凸显普法创造价值功能

一是发布首份普法责任清单，覆盖公司27个专业102个业务领域应知应会法律法规规章439项，普法责任制更加健全完善。二是建设具有国家电网特色的合规管理体系，压紧压实合规管理“三道防线”职责，全系统合规理念更加牢固。三是实行法律风险年度计划管理与法律风险提示书制度，强化境外法律风险防范，全领域法律风险防控能力更加突出。四是完善协同监督体系，深度融合法律风险防范体系、内部控制体系和党风廉政惩防体系，全过程法律监督作用更加有效。

四、坚持总结提升，推进普法工作再上新台阶

通过“七五”普法验收自查，公司普法工作还存在一些问题和不足，普法工作发展仍不充分、不平衡，主要表现在法治宣传教育支撑主要集中于传统电网业务，在金融、产业、国际等业务领域的支撑深度和广度有待提升，对新业务新业态新模式的法律研究和普法宣传有待深入。

下一步，公司将以习近平新时代中国特色社会主义思想为指导，积极谋划“八五”普法工作，全面提高公司普法水平和全员法治意识，进一步夯实法治企业建设基础。一是持续深化法治文化建设。积极创建国家、公司层面法治宣传教育基地。健全完善法治文化建设任务清单和工作评价标准，推动法治文化在各专业条线落地落实。二是全面推广“普法责任清单制”。不断完善分工负责、共同参与的普法工作机制。强化以案释法，深化旁听庭审工作机制。三是提升法治宣传教育工作质效。利用公司全媒体优势，以“互联网+”等形式滚动发布法治宣传教材成果，深入营造民法典等法律法规宣贯实施浓厚氛围，横向拓宽法治宣传教育业务领域，覆盖电网、金融、产业、国际等全部业务板块，纵向“由表及里”，提升法治宣传教育工作质效，扎实工作，不断创新，为建设中国特色、国际领先的能源互联网企业提供坚强法治保障。

中国大唐集团有限公司“七五”普法规划实施情况

“七五”普法期间，中国大唐集团有限公司（以下简称中国大唐）以习近平新时代中国特色社会主义思想为指导，深入贯彻落实党的十九大和十九届二中、三中、四中、五中全会精神和习近平总书记系列重要讲话精神，贯彻落实司法部、国资委关于加强普法工作的各项要求，始终坚持把普法宣传教育作为推进依法治企的一项基础性工作来抓，切实推进了公司高质量发展。

一、落实普法责任制，着力健全普法体制机制

中国大唐高度重视全面依法治企工作，把法治化作为推进治理结构和治理能力现代化的重要部分，切实加强了普法工作的顶层推动。

（一）落实第一责任，加强普法工作的组织领导

中国大唐成立了法治建设领导小组，与普法工作领导小组合署，由集团公司董事长、党组书记任组长。印发了《中国大唐集团有限公司系统各企业主要负责人履行推进法治建设第一责任人职责实施办法》，在系统各企业建立了第一责任人抓法治的“十项制度”，包括法治建设领导小组会议制度、党委理论中心组法治培训制度、法治建设履职报告制度等；经国资法治、新浪网等媒体报道、转载后，在社会上产生了积极影响。中国大唐在系统内开展了“第一责任人讲法治故事”主题征文活动。系统各企业党政主要负责人结合履行推进法治建设第一责任人职责的情况，撰写了有关合规经营管理、弘扬法治文化、处理法律纠纷案件等方面稿件100多篇，推动了第一责任人履行法治建设职责的工作交流。

（二）实行清单管理，推动“谁主管谁普法”工作

中国大唐制定了普法责任清单，印发了《关于进一步落实“谁主管谁普法”普法责任制的实施意见》，对集团总部各部门的普法责任进行了划分，明确了重点普法工作的时间节点和关键内容。系统各企业结合实际推动了普法责任制的落实。中国大唐积极组织系统各企业参加全国应急管理普法作品征集活动。系统各企业也开展了丰富多彩的普法活动，例如大唐新疆公司法律宣教与服务坚持“下基层、进一线”，深入工程建设工地向参建人员发放安全生产法、劳动法等法律法规。“七五”普法期间，中国大唐组织工程管理部、燃料管理部和物资管理部等多个部门联合开展普法和依法治企工作检查，抽调不同专业160名骨干组成34个检查组，对76家企业进行了现场检查，累计抽查相关文件2593份，查找问题560项，提出整改意见446条，充分发挥了总部各职能部门的作用，进一步推动了“谁主管谁普法”工作的落地见效。

（三）完善考核规定，健全普法和依法治企机制

中国大唐修订了普法和依法治企考核等制度，明确了述职、考核、挂钩薪酬和干部任用等规定，要求系统各企业第一责任人将履行推进法治建设第一责任人职责情况纳入年终述职报告；将法治工作开展情况及建设成效作为衡量领导班子和领导干部工作实绩的重要内容。不断完善二级企业负责人经营业绩考核指标及评价规则，将法治工作相关指标纳入否决事项。法治建设重大事项与第一责任人考核直接挂钩。

二、聚焦领导人员普法，着力发挥“关键少数”示范作用

中国大唐在“七五”普法规划中明确将领导干部作为普法工作的重点开展对象，切实增强领导人员法治意识，发挥“关键少数”的示范作用。

（一）进一步加强了党组理论中心组学法

“七五”普法以来，中国大唐党组理论学习中心组共组织 9 次关于法治工作的专题学习，学习贯彻习近平总书记关于依法治国重要论述、重要讲话和重要指示批示精神，研究制定《关于深入学习宣传和贯彻落实〈中华人民共和国宪法〉方案》，深入学习贯彻民法典和系列重要法规，指导系统各企业层层落实党委理论中心组学法制度，加强了法治专题学习。

（二）进一步加强了干部培训学法制度

中国大唐将法治课列为干部培训必修课程。领导人员、后备干部法治培训，培训时间在 3 日以上、一周以内的，法治讲座不少于半天；培训时间在一周以上、两周以内的，法治讲座不少于一天；培训时间在两周以上的，法治讲座不少于两天。“七五”普法期间，中国大唐系统企业领导人员参加法治培训 15,029 人次，其他关键岗位人员参加普法培训 69,769 人次，各级领导人员和关键岗位人员依法办事、依法决策的素质和能力明显提升。

（三）进一步加强了领导人员以案学法用法工作

中国大唐明确规定，发生法律纠纷案件的企业负责人应当与对方进行沟通，争取协商解决案件；企业负责人要推动重点案件处理，除特殊原因外，应与案涉业务部门负责人出庭旁听案件庭审；新提任的领导人员应熟悉本专业法规和本企业近 3 年发生的重大法律纠纷、违法违规受到的行政处罚等情况。“七五”普法期间，中国大唐系统企业领导人员旁听庭审 531 人次，法治意识和依法治企的整体能力进一步提高。为加强领导人员学法，中国大唐组织编辑了《法治宣传教育和法治创建案例选编》《“以案释法”案例选编》等普法材料，以鲜活的案例为参照，举一反三，提升了领导人员的法律意识。

三、围绕服务企业改革发展，着力提升普法工作的实效

中国大唐始终坚持围绕企业中心任务开展普法工作，坚持在法治框架内深化改革，在法治引领下推动高质量发展，以法治思维和法治方式打造世界一流能源供应商。

（一）围绕中心工作，普法贴近生产的水平不断提升

中国大唐始终坚持把普法工作与生产经营紧密结合，建立普法和依法治企联络员制度，每年举办法治建设专题培训和各种普法活动。大唐燃料公司开辟的《三分钟说“法”》小课堂利用周例会、月度经济活动分析会前几分钟，结合经营管理实际，向干部员工进行法治知识宣讲。大唐新能源公司结合上市公司合规管理，开展了“打

开《民法典》之门”“《民法典》里的世界观”等民法典系列讲座；大唐华北电力运营公司建立“闯与创”微信群系统学习民法典。“七五”普法期间，中国大唐成立了7个法律协作组，各协作组积极组织法律知识竞赛、专题培训、案例研判等活动，进一步推动了普法工作交流和企业法治建设。

中国大唐切实加强了疫情期间的普法宣传和法律合规管理工作，制定和落实防范疫情法律合规风险的防控方案。汇集全国30多家法院、6家仲裁机构的办案公告和办案指南，指导帮助所属公司解决因疫情导致司法文书传达延误导致错失诉讼权利等问题，确保了重大经营行为的依法合规进行，为系统各企业防范合同履行风险提供指导意见。制定了《不可抗力通知》范本，加强境内外项目法律风险梳理，指导各企业防范合同履行风险，切实加强疫情防控工作。系统各企业共有41,729人次参加了疫情期间法治宣传行动，为统筹推进依法防控疫情和有序复工复产发挥了积极作用，全系统保持“零感染、零疑似”，高质量发展态势持续向好。

（二）聚焦依法运营，普法融入管理的途径不断深化

中国大唐全面开展制度清理和建设工作，构建科学制度体系，完善违规责任追究规定，着力整治制度“天书”现象，以依规治企落实依法治企，进一步完善公司治理制度体系。以企业“规章制度、经济合同、重要决策”的合法、合规、合程序和风险管理分析为切入点，编制《合规管理手册》，从制定规章制度、订立经济合同和完善重要决策的每个环节，增强业务部门“遇事先问法、违法不办事”意识。其中，《合同履行指引》《合同文本法律审核指引》等入选“中央企业法治建设优秀案例库”。加强合作伙伴合规管理，认真落实国家关于信用管理的政策和法律规定，加强涉电领域信用管理，健全外部主体信用管理，认定一至五星合格燃料供应商及黑名单，完善内部控制，促进了社会信用环境的净化。重视知识产权保护，向国家商标局成功申报认定“唐”商标为“能源生产”服务类驰名商标。

中国大唐加强以合同为主线的法务信息管理系统建设，推动了在线普法工作。开展管理流程梳理，突出对重点领域的法律管控，把生产经营各环节通过信息化手段串联起来，实现合同系统与财务共享中心、招标系统、国家信用管理系统等的互联互通，着力推进全业务流程的风险在线控制，得到国资委监管信息化三年行动验收工作专家组的肯定。加快推进合同范本建设，探索推进合同的风险类别化分析和合同文本智能化风险提示，完善了法律信息系统知识库。

（三）重视法治文化，普法走进人心的方式不断丰富

“七五”普法期间，中国大唐认真学习贯彻习近平法治思想，系统各企业组织学习宣传《宪法》和《民法典》173次，学习宣传党内法规239次，学习宣传其他与国有企业经营管理密切相关的法律法规150次。近年来，中国大唐还结合电力法、原子能法、环境保护税法、《核电管理条例》、《生产安全事故应急条例》等数十项法律法规立改废，反映行业实际，为完善国家安全、产业政策、国资国企改革等方面的立法积极建言献策。

“七五”普法期间，中国大唐除了充分发挥报纸、期刊、网络、电视、新媒体的宣传作用外，还采取案例评讲、演讲比赛、知识竞赛、模拟法庭、自编普法教材等丰富多彩的形式，扩大法治宣传学习效果。各企业纷纷推进“互联网＋法治宣传”行动，切实提高法治创建的知晓率和覆盖面。中国大唐积极组织系统企业参加“纪念改革开放40周年全国法治书画摄影展暨‘法治文化与法治中国’论坛作品征集活动”，获得优秀组织奖。大唐安徽公司田家庵电厂《累并快乐着》作品在司法部和全国普法办主办的“我与宪法”优秀微视频作品征集展播活动中荣获二等奖；大唐河南公司结合协作组活动举办了法律知识竞赛及法治征文演讲比赛；大唐江苏公司实施“我当一小时普法员”活动；大唐陈村电厂创办职工“法律图书角”和“法律进行时”网络论坛；大唐陡河发电厂牵手唐山市橡树湾小学，组织开展了“大唐启明星课堂”进校园活动，以宪法普法宣讲、电力知识科普等活动贯穿全过程；大唐广西岩滩公司利用地方赶集日向库区村民集中发放法律宣传画册活动，开展企业与地方法治共建。普法形式的创新，让法治宣传更加贴近员工，融入了员工的工作和生活。

下一步，中国大唐将以习近平新时代中国特色社会主义思想为指导，认真学习宣传贯彻习近平法治思想，着眼建设世界一流能源供应商，认真制定和落实中国大唐“八五”普法实施方案，着力抓好“三个结合”，即将普法工作与推动中国大唐“二次创业”相结合、与经营管理工作相结合、与法治文化建设相结合；重点落实“两个责任”，即法治建设第一责任和“谁主管谁普法”责任；全面加强中国大唐法治建设，培育有中国大唐特色的企业法治文化，使依法合规、守法诚信成为中国大唐全体员工的自觉行为和基本准则，把逐步形成的法治风尚作为依法治企不可动摇的基石，推动中国大唐普法和依法治企工作不断迈上新台阶。

下篇　探索创新

全国普法依法治理创新案例

2019 年，全国普法办组织开展首届“全国普法依法治理创新案例”评选活动，发布了“教育部全国学生‘学宪法　讲宪法’活动的探索与实践”等 10 个案例。2020 年，全国普法办组织开展第二届“全国普法依法治理创新案例”评选活动，发布了“北京市推动‘七五’普法考核体系清单化、项目化、社会化”等 9 个案例。

第一批全国普法依法治理创新案例

485　实现“订单式”“平台化”普法　北京市“以案释法”从有形覆盖迈向有效覆盖
——北京市司法局“以案释法”的探索与实践

488　创新普法理念　讲好普法故事
——内蒙古自治区司法厅开发推广系列法治动漫剧《小司来了》的探索和实践

490　法治助力居民小区治理的“宝华模式”
——上海市金山区山阳镇宝华海湾城小区治理法治化的探索与实践

493　自治法治德治融合发展　共建共治共享美好生活
——江苏省徐州市贾汪区潘安湖街道马庄村不断创新深化基层民主法治创建

496　以深化村级小微权力清单制度为切入点全面提升乡村治理法治化水平
——浙江省宁海县法治乡村建设的探索与实践

499　以“三治”促“三共”增强基层群众获得感幸福感安全感
——江西省实施农村“法律明白人”培养工程的实践探索

503　加强阵地建设　打造普法品牌以法治文化带建设护航黄河安澜
——河南省司法厅黄河法治文化带的探索与实践

506　寓教于乐　潜移默化　让宪法走进青少年
——教育部全国学生“学宪法　讲宪法”活动的探索与实践

508　精准普法　让企业问题清零
——南京海关推进企业问题清零的探索与实践
511　守正创新　开辟应急管理普法新路径
——应急管理部全国应急管理普法知识竞赛活动的探索与实践
第二批全国普法依法治理创新案例
515　北京市推动“七五”普法考核体系清单化、项目化、社会化
518　江苏省南通市创新建立“谁执法谁普法”闭环管理机制
521　安徽省宣城市创建“法治家庭”打通全民普法“最后一公里”
525　江西省南昌市连续18年坚持春节后第一个工作日举办领导干部法治讲座
528　广东省创建“法治文化节”新品牌
532　贵州省黔西南州加强基层依法治理助力易地扶贫搬迁安置
535　水利部黄河水利委员会山东黄河河务局打造“法治润黄河”普法品牌
539　农业农村部上下联动齐发力开展“防控疫情　法治同行”活动
542　国家税务总局创建立体式普法基地提升普法效能

第一批全国普法依法治理创新案例

实现“订单式”“平台化”普法
北京市“以案释法”从有形覆盖迈向有效覆盖

——北京市司法局“以案释法”的探索与实践

一、背景情况

“七五”普法以来，“以案释法”日益受到重视，但因为工作主体数量较多、重视程度不一，难以形成足够合力、发挥应有作用。客观来讲，“以案释法”工作涉及审判机关、检察机关、行政执法机关、司法行政机关等，点多、线长、面广，在一定程度上存在“各普各法”“各管一段”的现象。另外，随着法治政府法治社会建设进程的加速，群众遇事找法、解决问题靠法的意识和能力不断提升，对普法的需求和质量都提出了更高的要求。以村居法律顾问为

◆ 2019 年 6 月 27 日，北京市“以案释法”宣讲团成员在大兴区盛嘉华苑社区开展普法宣传

例，北京市已经实现了全市所有村居100%全覆盖，但由于村居法律顾问工作较忙、服务时间不稳定、对群众法治需求了解不充分等因素，律师和村居实现“一对一”式普法宣传的效果不如预期。

2018年以来，在司法部和市委市政府的坚强领导下，北京市以“谁执法谁普法”普法责任制为抓手，以满足人民多层次、个性化的法治需求为目标，以有序推进“七五”普法规划为纲，打造“订单式”“外卖式”普法平台，纲举目张、以点带面，全面推动“以案释法”迈上新台阶。

二、主要做法

（一）项目专业化，着力打造首都普法新品牌

专立项目，保障经费投入。在编制2018年工作经费预算时，北京市司法局决定将“以案释法”活动打造成首都普法品牌，制定北京市“以案释法”专项活动，实现重大普法举措的项目化。北京市司法局根据往年活动开展情况，计划全年开展以案释法律师宣传活动1000场，为此编制了专门的经费预算，并安排工作人员负责项目运作，定期汇报、及时反馈。

专门机构，完善规范运作。经过竞争性磋商程序，以政府购买服务的形式，确定北京市西城区晨夕法律服务中心为第三方负责执行该活动。在签订合同先后，北京市司法局多次与晨夕法律服务中心沟通协调，对经费使用、项目建设、人员保障等方面进行研究讨论，确定了专款专用、专人专责、按月统计、季度总结、年底报告的运作机制。

专业力量，巩固扩大队伍。2018年，北京市司法局、北京市律师协会整合全市村居法律顾问资源，重新组建北京市“以案释法”律师宣讲团，成员包括执业律师400人，确保了宣讲队伍人员齐备、资历完备，并多次制发通知，要求各区积极配合、重点扶持“以案释法”宣讲团到社区、村等基层单位开展宣讲活动。

（二）供给体系扩大化，全力打造普法新平台

发挥优势，引导发展壮大。北京市司法局定期向各区、市属各司法、行政执法单位征集“以案释法”案例，并挑选具有典型意义、与群众利益密切相关的案例，利用“一网两微”向社会公布。鼓励引导全市司法行政执法机关充实健全“以案释法”宣传团队，市高级人民法院、市检察院、市公安局、市交通委、市安监局、市税务局、市住建委、统计局等单位及时挑选办案经验丰富、善于沟通表达的执法人员纳入宣讲团，向人员更新、业务更强、水平更高迈进。

发扬传统，鼓励自主开拓。积极对接热心公益普法事业的律师，协助联系宣讲场所，提供更加广阔的平台。探索与民办非企业组织合作，指导其在原有项目基础上，加大普法力度，提升效果。鼓励退休法律工作者发挥余热，关心关注普法事业，定期组织最高人民检察院退休老同志与律师面对面沟通，提升工作热情、交流普法心得。

发掘潜力，整合多方资源。重点引导行政执法机关在执法办案过程中，结合处置实际案例，宣讲法律。北京市公安局在接警出警过程中结合具体案例，现场进行以案释法，在依法办案、化解冲突、普及法律方面，取得了非常好的效果。进一步推动司法、行政执法机关定期公布案例，紧密结合时间节点、关注焦点、新闻热点进行法律宣讲。

（三）定位精准化，倾力实现首都普法新模式

精准定位，提前研判需求。2018年伊始，北

京市司法局联合市委社会工委、市农委、市妇联等单位，对基层、特殊群体的法治需求进行摸底研判，初步掌握了800余个社区（村）、商务楼宇开展普法活动的需求和预期。2018年4月，北京市司法局、市委社会工委开始征集各社区（村）、商务楼宇的法治需求，根据普法时间、地点、形式、内容等方面建立工作台账。同时，北京市司法局利用“大数据”技术，对首都法宣网、“北京普法”微博微信公众号等“一网两微”的粉丝数量、阅读量等进行分析，通过对单日浏览量、单篇文章阅读量等研判，对粉丝的法治需求、关注热点进行了精确评估。

精确发力，实现一讲一策。北京市司法局结合“以案释法”案例上报工作，整理了一批以案释法讲义，提供给宣讲律师作为模板和素材。在邀请法律参加宣传活动时，优先邀请与群众所提需求契合度高、相关经验丰富的律师，确保专业对口、因需施教。北京市司法局要求，参加宣讲的律师，都要提前准备课件，并根据不同主题、不同地区、不同受众进行个性化设计，要精准滴灌，不要大水漫灌，确保讲到群众心坎上、讲到“节骨眼上”。

精细管理，确保对焦对标。紧密结合市委市政府中心工作，组织开展宣讲活动。结合疏解整治促提升工作，重点宣传拆迁、环境保护类法律法规。结合宪法修正案，每次宣讲中适当加入宪法元素，进一步增强群众对宪法内容的知晓率、宪法权威的认可度。经过探索和实践，北京市司法局基本形成了“订单式”管理、“平台式”普法的新模式：社区（村）等根据需求“下单”，北京市司法局通过第三方机构“派单”，律师根据特长和时间“接单”；社区（村）“评单”，北京市司法局“亮单”，律师“读单”。

2018年，北京市共有400余名律师参加“以案释法”活动，在800个社区（村）、商务楼宇开展了超过1200场普法活动，全市司法行政机关组织本行业、系统“以案释法”宣讲团在系统内部及到社区、企业、学校等场所开展“以案释法”活动，超过3万场。北京市“以案释法”活动，不仅实现了数量的空前提升，也实现了质量的极大飞跃，司法行政执法机关、律师参与普法的热情也得到充分释放，群众的法治需求也得到进一步满足。

三、经验启示

新时代对普法工作提出了新要求。如何最大限度满足群众的法治需求，最大限度盘活普法资源，是摆在所有普法工作者面前的共同问题。北京市创造性地在全市范围内开展“订单式”“平台化”普法，是解决这一问题的有益探索。

北京市积极推动落实“谁执法谁普法”普法责任制，通过统一摸底全市群众普法需求，统一调配全市普法资源，让基层主动“下单”，将群众从“被动接受者”转化为“主动学习者”，真正使群众成为普法工作的主体，也在最大限度上打破了村居法律顾问固定服务于一个社区（村）的“一对一”普法宣传模式，实现了“多对一”普法，即多个律师或普法团队为同一个社区（村）提供“量身定制”式普法服务，极大提升了普法的精准性和目的性，实现了普法资源的供给侧改革。

北京市的探索，证明“谁执法谁普法”普法责任制是新时代推动全民普法工作最重要的抓手和途径。用好普法责任制，就是抓住了“牛鼻子”，就能调动各个普法主体的积极性，就能了解、满足群众的真正需求，就能推动新时代全民普法工作实现新提升，取得新成绩。

第一批全国普法依法治理创新案例

创新普法理念　讲好普法故事

——内蒙古自治区司法厅开发推广系列法治动漫剧《小司来了》的探索和实践

一、背景情况

内蒙古自治区地域辽阔，东西直线距离 2400 公里，南北最大跨度 1700 公里，边境线长达 4200 多公里，最西边的阿拉善盟，人口密度每平方公里仅为一人，有的旗县法律服务半径达到五六百公里，普法覆盖面不均衡不充分的矛盾较为突出。同时，在互联网时代，传统法治宣传教育形式的程式化、灌输式的老方法越来越不能吸引人民群众，不能发挥普法效能。

经过认真调查研究，我们发现动漫片以其幽默、活泼、轻松的风格而见长，不但深受少年儿童喜爱，也为成人所喜闻乐见，它借助互联网平台，不受时间地域的限制，且传播速度快、传播效果更佳。通过动漫的方式，以案说法，释疑解惑，贴近生活，寓教于乐，是切实提高普法有效性和渗透力的重要手段。

为深入贯彻落实习近平总书记给内蒙古自治区苏尼特右旗乌兰牧骑队员们的回信精神和对法治宣传教育工作提出的“创新宣传形式，注重宣传实效”要求，打造法治乌兰牧骑普法品牌，内蒙古自治区司法厅创作了全国首部法治动漫连续剧《小司来了》，截至 2020 年年底已完成 20 集。该片于 2018 年 9 月开始策划，通过大数据平台，筛选群众关心的法律问题，历时数月，反复修改，精益求精，于 2019 年 3 月制作完成，于 2019 年 4 月 17 日在内蒙古电视台首播。一经播出，取得了广泛的社会好评。《小司来了》荣获内蒙古自治区“五个一工程”奖优秀电视剧奖和全国第四届平安中国“三微”比赛十大微动漫作品奖。

司法部部长要求司法部所属媒体同步安排转发。自治区党委政法委书记做出批示充分肯定。

二、主要做法

1. 有重点有针对性地策划选题

宪法是国家的根本大法，是治国安邦的总章程，具有最高的法律地位、法律权威、法律效力。广泛、深入地开展宪法宣传活动，对于增强全民法治信仰，推进全面依法治国，落实宪法规定的权利与义务，为各项建设事业提供强有力法治保障，积极意义和必要性不言而喻。为了引导广大公民掌握宪法知识、增进宪法意识、领会宪法精神、增强守法自觉、提升用法能力，内蒙古自治区司法厅精心策划了8集宪法宣传类选题:《“搜身”风波》《搞性别歧视违反宪法？》《公民合法私有财产不可侵犯！》《公民有批评政府的权利吗？》《宪法不让我们歧视乙肝人群！》《“宪法”说了，公民尊严不容侵犯！》《姓名也是有权利的！》《在互联网上被侵犯了名誉权该怎么办？》；针对广大公民在实际生活中遇到的新问题、疑难问题，有针对性地策划了《车被砸了，该找谁赔偿？》《电子数据也算证据！》《法律诉讼竟然有“保质期”！》《公共场所摔倒谁担责？》《姥爷的养老保险该怎么赔？》《千万不要小看一根头发丝！》《他这算侵权吗？》《竟然有人生吃遗嘱》等选题，以案说法，以案释疑，深受群众欢迎。

2. 突出民族特色、地域特点

内蒙古自治区是边疆地区、民族自治地区，要充分彰显普法的民族特色和地区特色。《小司来了》民族地区特色鲜明：在人物形象、场景以及选题内容上，均体现内蒙古地区民族特点、草原特色、边疆特色。聚焦以小司为中心的一个蒙古族家庭，讲述与牧民生活密切相关的法律故事。如《解决草场纠纷有门道》《草原不能随便变成农田哦！》《这块地到底算谁的？》《人民调解员很重要！》。同时，紧扣普法主题。把内蒙古司法行政系统全民普法的创新举措“法治乌兰牧骑”的内容融入剧中，同时本系列剧也成为“法治乌兰牧骑”这一金色普法品牌的特色项目。

3. 充分发挥信息化优势，通过多种媒体推广

通过传统媒体、网络媒体、移动媒体等多种媒体，进行全方位、立体式的推广，大大扩展了《小司来了》的传播覆盖面。

2019年4月，系列法治动漫连续剧《小司来了》在内蒙古电视台新闻综合频道一经播出，就位列内蒙古电视栏目收视率第一。司法部第一时间在微信公众号、微博、门户网站等官方平台实时转播并大力向全国推送，共计发布30余条信息，直接转发量1500余条。人民网、新华网、法制网、今日头条、新浪网、腾讯网、网易、爱奇艺、优酷等各大新媒体网站及专业视频播放网站第一时间播发新闻宣传报道，并开辟专栏同步转播。全国多个省市自治区多家司法行政机关自媒体平台纷纷转播。据不完全统计，《小司来了》自开播以来，宣传报道及转播量达43,900次以上，总点击量超过1亿次。

三、经验启示

1. 普法宣传只有先有吸引力，才有普及力。要在认真调查研究的基础上，了解人民群众对法律知识的需求，了解人民群众对普法形式的偏好，在更亲民、更接地气上下功夫。

2. 要注重基层普法的实效性，特别要注重基层特定对象的普法、贴近生活的普法，结合基层民族特色文化、地域文化，打造富有实效性的普法品牌。

3. 通过“互联网＋”普法，对扩大普法工作覆盖面，进一步缩小普法工作的城乡差异和区域差异，具有重要意义。

第一批全国普法依法治理创新案例

法治助力居民小区治理的“宝华模式”
——上海市金山区山阳镇宝华海湾城小区治理法治化的探索与实践

一、背景情况

宝华海湾城小区（以下简称华宝小区）位于上海市金山区山阳镇，建于2008年，小区建筑面积195,923平方米，高层19栋，别墅74栋，居民1400户。小区入驻率高，人口密度大，矛盾问题多。一方面，小区治理混乱无序，车辆乱停放，停车费、物业管理费不交、少交或迟交，智能道闸等公共设施无法有效使用甚至瘫痪；维护保养乱收费等现象长期存在，导致业主切身利益得不到保障。另一方面，社区治理“三驾马车”，即居委会、业委会、物业公司协作难，业主与居委会、业委会、物业公司之间矛盾重重，居民自治意愿得不到有效反馈和表达。这些乱象究其根源在于业委会没能充分履行自身职责。

习近平总书记在谈到社会治理时强调，社区在全面推进依法治国中具有不可或缺的地位和作用，要通过群众喜闻乐见的形式宣传普及宪法法律，发挥市民公约、乡规民约等基层规范在社会治理中的作用，培养社区居民遵守法律、依法办事的意识和习惯，使大家都成为社会主义法治的忠实崇尚者、自觉遵守者、坚定捍卫者。宝华小区在居民区党总支领导下，严格遵守《物业管理条例》《上海市住宅物业管理规定》《上海市居民委员会工作条例》《加强本市住宅小区业主大会、业主委员会建设的若干规定》等有关法律法规，重构“三驾马车”、重建工作机制、重修居民公约，运用法治思维和法治方式，实现从组织架构到方式方法再到行为规范的改头换面，从里到外有效转变宝华小区治理风貌。

二、主要做法

（一）重构“三驾马车”，依法依规赋权履职

居民小区的依法治理首先有赖于居民小区“三架马车”的有力有效履职。在居民区党总支的指导协调下，宝华小区依法依规重组业委会、重新选聘物业公司，重构“三驾马车”，打牢依法治理的组织基础。

按照“三力”，即“影响力、协调力、执行力”标准重组业主委员会。因对小区治理乱象不满，业主代表志愿团在多次问责无果后，请求居民区党总支、居委会介入协调，并启动业主委员会换届改选程序。宝华小区原业主委员会迫于压力在2017年11月13日集体辞职。在居民区党总支的指导下，宝华小区成立业主委员会换届筹备组，依法依规开展候选人员推荐、换届方案公示、组织业主投票、确定最终人选、备案公示等流程，于2018年3月正式组建第二届业主委员会。在考察候选人员时，筹备组注重按照影响力、协调力、执行力选优配强“当家人”，即候选人是否具备影响力，确保民主集中后的意见一致性；

是否具备较强协调能力，确保能处理好业主与物业关系；是否具备良好执行能力，确保能推进问题解决，避免敷衍塞责。

注重民意表达，多方考察重选新物业。宝华小区业主委员会重组后面临原物业合同到期是否更换物业公司问题。业主委员会充分尊重业主意见，两次开展意见征询，并根据业主意见启动协议招标物业企业程序。业主委员会组织聘用小组，实地考察排摸有投标意向的 10 家物业企业，接收 6 家标书，审核后遴选出 2 家企业向全体业主进行征询，并根据业主投票情况，与高地物业签约。

坚持党建引领“三驾马车”重构新合力。新业主委员会和新物业上任后，在居民区党总支领导下积极配合所在居委会重新梳理小区存在问题，迅速采取有效方案一一解决，小区治理逐步规范有序。比如，困扰业主的道闸问题彻底解决，从不识别不抬杆到功能齐全正常使用。所有长期未交费或过期未交费的车辆逐一补交齐全。临时停车由 1 个月收费改为半个月收费，业主权益得到维护。

（二）重建工作机制，法治理念贯彻始终

注重过程公开透明，建立监督机制规范业委会权力行使。宝华小区充分吸取经验教训，业主委员会重组后，成立专门的监督委员会，确保业主委员会权力行使更加规范、民主、廉洁、透明，杜绝业主委员会敷衍塞责的情况继续出现。同时，监督委员会代表广大业主对社区重要事项向业主委员会提出合理化建议并推动业主委员会组织实施，维护广大业主的合法权益，得到广大业主好评。

注重居民全程参与，建立民主决策机制发动居民深度自治。过去经验表明，居民是否全程参与小区治理直接决定小区治理效果。为此，宝华小区业主委员会在决策过程中充分发扬民主精神，在涉及小区重大事项上，通过各种座谈会征求居民意见形成草案，经居委会、房管所、社区办等相关部门审核后再广泛征求居民意见投票表决，尽力保障每一户居民的知情权、参与权和表决权。比如，在小区车辆单行、居民公约修订等重大事项上，均向 1400 户家庭征询意见，确保得到最广泛的居民支持，也为决策执行奠定群众基础。

注重源头预防治理，建立律师参与决策机制确保依法自治。法律顾问是宝华小区依法治理的底气和保障。除了开展法治讲座、提供法律咨询、化解矛盾纠纷外，法律顾问通过参与居委会“四位一体”（居委会、业委会、物业、社区民警）会议为宝华小区治理提供法律服务，从源头上杜绝决策可能引发的法律风险，在过程中指导宝华小区依法依规办事。比如，审核把关居民公约；在宝华道闸系统改造中，改造方反复改造未能正常使用，无法验收，宝华业委会通过法律顾问向改造公司发去函告，依法终止合同和补充协议，维护了小区业主权益；以及一些涉及赔偿的物业纠纷，在法律顾问参与下能较快明确各方责任，纠纷得到快速有效化解。

（三）重修居民公约，引导居民有效自治

突出实用性，以“总则 + 细则”的形式重新定义居民公约。宝华小区的治理乱象既有原业主委员会和物业企业能力不足的原因，更深层面在于基层组织缺乏有效的治理手段。借助金山区推进村规民约修订试点工作的契机，宝华小区重新修订居民公约，改变以往宣传教育、文明倡导的“口号”形式，经过“三上三下”充分讨论，最终形成 1 个“总则”加 3 个“细则”的居民公约“小宪法”，3 个细则分别针对停车管理、公共区域管理、宠物管理三大顽症进行约定，经居委会法律顾问审核后由全体业主表决通过，于 2018 年 7 月正式开始实施。

新的居民公约突出制约性，以可操作的惩处性条款确保居民公约有约束、可执行。新居民公

约详细写明了惩罚措施和处理程序，例如，针对压绿化乱停车问题，由物业公司进行锁车及主张赔偿，其他行为则采取力度递增的方式进行惩罚，如初次违约，书面告知，要求改正；再次违约，社区大屏幕曝光；第三次违约，就抄送其所在的单位。新居民公约奖惩措施针对性强、容易操作，实施效果立竿见影。自居民公约实施以来，该小区共发生“压绿化锁车赔偿”17起，每发生一起赔偿200元，资金主要用来补种绿化和日常维护等。小区大门口的大屏幕曝光4起。原本拟实施1起“抄送单位”，但在即将抄送时其本人同意改正。居民公约施行以来，“停车压绿化”现象基本杜绝；小区单向行驶顺利实施，挪车率同比下降93%；高层楼道大厅非机动车乱停车同比下降75%；小区宠物饲养和管理实现有序可控。

宝华小区居民公约实施卓有成效，小区环境整体明显改善，居民参与楼道创建、年货节、美食节等社区活动积极性激发，居民自治共治热情得到充分展现。山阳镇其他村居也都参照此形式在村民素质教育、移风易俗、公共区域管理等方面进行规范，均取得明显成效。金山区于2018年召开村规民约修订推进会，将宝华小区居民公约经验在全区推广。宝华小区居民公约实施情况受到《解放日报》、《新民晚报》、新华网、中新网、人民网等媒体报道，引起广泛关注，中央依法治国办、司法部调研组进行了实地调研。

三、经验启示

（一）居民小区依法治理必须坚持党的领导

习近平总书记强调：“党政军民学，东西南北中，党是领导一切的。”在社区治理的“最后一公里”尤其如此。基层党组织在基层治理中发挥着思想引领、组织动员、指导协调、规范监督等重要作用。缺乏力量的，敷衍塞责的，思想不一的，基层党组织都能把它拎起来。宝华小区在重构“三驾马车”、实现小区治理组织的良性互动过程中，在完善小区依法治理机制、调动居民投身小区自治过程中，在推动修订居民公约、实现小区规范治理的过程中，居民区党总支都发挥了至关重要作用。比如，在修订居民公约过程中，部分业主委员会成员认为业主委员会是民间自治组织，只要监督好物业，管好维修资金，其他不必干预。居委会书记就此专门召开会议，统一思想认识，确保了居民公约的修订和实施。

（二）居民小区依法治理必须走好群众路线

习近平总书记说过，创新社会治理，要以最广大人民根本利益为根本坐标，从人民群众最关心最直接最现实的利益问题入手。在宝华小区治理中，群众的立场、群众的作用得到了充分体现。治理的初衷是为了居民生活的便捷舒适，治理的智慧来源于居民的广泛参与，治理的效果得益于居民的有力支撑。立足群众关心关切问题，发动群众广泛深度参与，就能让群众最终受益，进而进入另一个螺旋上升的积极循环。

（三）居民小区依法治理要善用“软法”解决硬问题

依法治理是规则之治。以是否依赖国家强制力为界，治理规则可分为“软法”和“硬法”。居民公约就是典型的软法。基层遇到的问题既琐碎又多样，难有“硬法”的规范，居民公约等社会规范就比较灵活，也相对便捷，可以为基层治理提供“合法性依据”。同时，宝华小区的居民公约也充分运用法治方式，克服了以往村规民约缺乏可操作性和执行力的弊端。例如，通过“总则加细则”的形式对社区治理难题进行逐项细化规范，增强了针对性；明确执行主体和执行方式，实现了可操作性；法律顾问的审核把关，保障了合法性，真正实现用“软法”规范解决了小区治理的硬问题。

第一批全国普法依法治理创新案例

自治法治德治融合发展　共建共治共享美好生活

——江苏省徐州市贾汪区潘安湖街道马庄村不断创新深化基层民主法治创建

一、背景情况

江苏省徐州市贾汪区潘安湖街道马庄村共有5个村民小组，村民2863人，村党委下设7个党支部，有党员116名。马庄村在巩固深化“民主法治村（社区）”建设过程中，以自治为主体、法治为保障、德治为基础，积极探索党建引领、乡风润村、旅游富民的乡村振兴新路子，为马庄村发展产业经济、优化人居环境、促进乡风文明提供了有力保障。马庄村先后荣获“全国民主法治示范村”“全国文明村”“中国民俗文化村”“中国十佳小康村”“全国民兵预备役工作先进单位”“全国军民共建社会主义精神文明先进单位”“全国造林绿化千佳村”等37项国家级奖项，59个省级奖项。

2017年12月12日，在徐州考察的习近平总书记，对马庄村精神文明建设和民主法治建设给予了高度评价，对马庄村坚持发展村民自治、探索乡村振兴新路径所取得的成果给予了充分的肯定。

二、主要做法

（一）制度为本，不断提升自治水平

一是以“参事制”强化村民对村务管理的参与权，民主管理有载体。在村里选出6位德高望重的村民作为参事，由村委发放聘书，任期2年。参事们每季度参加村“两委”定期举办的情况通报会，列席村重要会议，走村串户、开展调研，联系、代表群众参政议政，被誉为村“两委”的“智囊团”、群众的知心人，直接拉近了干群距离。2020年，全体参事共参与完成公厕改建、废弃矿坑填埋、河道管护等重大事项决策13项，对推进村务民主管理和监督起到积极的促进作用。二是以“票决制”强化村民群众对村务决策的表达权，民主决策有基础。组织成立“小人大”——村民代表大会，每10户选出1名村民代表，凡是村级重大事务，凡是涉及群众切身利益的重大事项、重大决策，须经“小人大”讨论票决通过并公示。全村包括老年补贴、垃圾收运、太阳能沼气站建设等在内的20多件重大村级事务都通过票决制进行。每月25日的“民主理财日”逐笔上墙公示各项集体财务收支，确保各项工作和谐推进。三是以“双票制”强化村民对村级干部的考评权，民主监督有实招。实行“干部和群众联合考评、上级和基层联动打分”的“双票制”，对村干部的工作态度、工作能力、工作业绩和社会反响等方面实行双向式考评机制，测评分作为村干部奖惩、任用的重要依据，列入干部的个人档案。2017年，马庄村大数据信息公开平台投入

使用，手机 App 客户端同步推出，设置了“精准扶贫我监督、党务公开我知情、我的资金我知道、办事程序我清楚、村务决策我参与、勤廉双述我评议”六大板块，基本实现了村民对干部考评的日常化、便捷化。

（二）普法筑基，不断提升法治水平

一是加强法治文化阵地建设。马庄村先后投资 800 万元建成法治图书馆、法治文化广场、法治文化礼堂等公共法治文化设施。在主要道路开辟法治宣传栏，在公共服务中心开设“法律超市”，在村法治文化礼堂建设村民法治学校，在老年活动中心开设法治书画室，并开通村法律顾问微信群，让百姓随时可以找到法律服务。利用各类法治文化阵地，正月十五灯会开展猜法治灯谜活动、暑期为村民播放法治电影、不定期发放马庄法治香包等，已经成为马庄村精神文明建设的亮点品牌，受到村民普遍欢迎。二是开展法治文艺巡演。马庄农民乐团——这支在 1988 年组建的苏北第一支“农民铜管乐团”，成立至今已演出 6000 余场次，多次在中央电视台亮相，并多次荣获国家级表彰奖励，应邀参加意大利第八届国际音乐节并获得第二名，应邀参加日本结舞蹈大赛并获得最高奖项，彰显了当代中国农民的崭新形象。2016 年，为了更好地发挥农民乐团的普法职能，经过改组整合，成立了马庄法治文化艺术团。本着“出精品、有特色、接地气”的创作原则，收集贴近群众生产生活的典型案例，精心编排，创作出法治文艺节目 20 多个。小品《横子与愣子》、快板《赞普法》等在全市法治文艺调演中广受赞誉。马庄法治文化艺术团不仅是法治文艺表演团、法律法规“宣传员”，还是政策理论“解读员”、时事政治“宣讲员”，是深受欢迎的“百姓名嘴”。三是固化法律知识培训。邀请 5 名律师、9 名法律服务工作者组建普法讲师团，每年培训 1000 余人，每月通过“村民法治学校”为村民上“法治课”，将法律法规从书本上“请”出来，送到农民身边；把法律知识教育和政治思想教育相结合，通过村“金马之声”广播和《金马周刊》村报，开展中华传统美德、身边好人好事、基础法律知识宣传；把每月的 20 日定为“社会主义法治教育日”，每月的 25 日定为“帮教会议日”，每年的 11 月定为全村的“精神文明法治宣传月”，全面开展普法教育和精神文明建设教育。

（三）乡贤引领，不断提升德治水平

一是健全乡贤组织。充分调动退休老干部、老党员以及在当地有一定号召力和影响力的民间老族长等人群的正能量，挂牌成立村“乡贤工作室”，制定乡贤章程和工作制度，引导乡贤全面参加法治宣传、矛盾纠纷化解、特殊人群管理，有效破解了基层司法行政力量不足的困难，打通公共法律服务“最后一公里”。二是厘清村规民约。先后制定《村规民约》《红白理事会章程》《家庭档案管理办法》等 21 项 150 条可操作性强的规章制度。用大家都认可的“马庄规矩”，引导村民遵法守礼、崇德向善。打造无打架斗殴、无无理上访、无烟花爆竹、无死角垃圾、无赌毒黄、无整无事酒、无封建迷信、无无证驾驶等“八无”村庄，备受群众拥护，收到明显成效。马庄村成为徐州市唯一的两届“全国文明村”。三是突出道德规范。自 1986 年起，对全村农户实行“家庭档案”管理，先后开展“家风隽永　德润马庄”家风巡回展、“好家风　伴我行”传统家训体验、“干部立家规、党员正家风”等活动，评选“守法道德模范户”“十星级文明户”“最美家风、最美家庭”。选树“优秀巾帼志愿者”夏莉、“最美贾汪人”张传佑、“当代孟母”胡树芳、“十佳青年”孟国栋等模范典型，设立“贤孝榜”，将法治建设融入家风家规，以家风正党风促政风带民风，打造马庄文明美德品牌，以德治促法治，以法治促自治。

三、经验启示

城乡社区是社会治理的基本单元。与传统社会管理模式不同，城乡社区治理更多强调多元主体之间的合作共治，既要发挥国家法律法规等硬法的基础性、框架性调整功能，也要发挥居民公约、村规民约、民间习惯、道德规范等软法的延伸性、辅助性规范作用。马庄村积极构建自治法治德治“三治合一”的治理体系，初步探索出了乡村治理的新模式，营造了人人共建共治共享的生动局面，初步实现了政府治理和社会自我调节、居民自治良性互动，有利于进一步提升社会治理体系和治理能力现代化水平。2017 年 12 月 12 日，习近平总书记到马庄视察工作，提到了马庄村《村规民约》《红白理事会章程》具体可行可操作，对马庄村的自治表示充分肯定。

一是注重社会规范的有效性。乡规民约是最具普及性、最有实效性、也最接地气的团体规章，是乡村治理不可忽视的重要载体。马庄村发动村民共商共议共决，将法治元素导入村规民约，把法治要求融入道德准则，有效将硬性规定与柔性管理相融合、将法定义务与约定义务相融合，先后实施了村庄美化、环境卫生、生态建设“三大工程”，解决垃圾分类、环境保护、食品安全、养老服务等百姓关注关心的基层公共问题，实现农民群众由被动受管向自我约束转变，让广大农民群众在遵从共同约定的过程中感受法治、接受法治。

二是注重社会力量的参与性。发挥社会力量、社会组织亲民性、草根性、本土性优势，养成村民的公共空间意识，是乡村治理的重要方法。马庄村通过村民自主推选出有德行、有声望、有才能的村民担任参事，参与监督村级事务；聘请律师和法律服务工作者，依托“法律超市”，传播“生活即法律、法律即生活”理念，帮助解决村民涉法难题，实现政府和基层自治组织之间的有效衔接和良性互动，推动基层自治组织和群众成为为重要主体共同参与社会治理，达到了对社会的依法治理、源头治理、系统治理效果。

三是注重纠纷解决的多元性。既重视发挥法律的规范作用，又重视发挥道德的教化作用，是维护乡村和谐稳定的有效路径。马庄村发挥法治文化的渗透熏陶作用，以地方传统民俗活动广泛吸引村民参与，在潜移默化中引导村民树立仁爱孝悌、谦和礼让、友亲睦邻等道德价值理念，从源头有效预防矛盾纠纷；建立新乡贤工作室，以亲缘、人缘、地缘优势，推动形成“好坏大家判、事事有人管”的诚实守信氛围，把尊法学法守法用法的国家要求转变为基层群众的自我道德评判标准，有效化解了村民矛盾纠纷，有效推动了社会自我治理、自我规制。

马庄村“三治合一”治理体系是保证村民依法管理自己的事情，创造自己的幸福生活，是社会主义最广泛而深刻的实践，也是发展社会主义民主的基础性工作。以润物无声的方式，引导人们讲道德、守法治，追求高尚的道德理想，有效发挥了明导向、正民心、树新风的积极作用。

◆ 浙江省宁波市宁海县首创小微权力清单“36 条”制度，在乡村治理中把复杂的决策权、监督权和其他各种权力，用简单的技术性规范呈现

第一批全国普法依法治理创新案例

以深化村级小微权力清单制度为切入点 全面提升乡村治理法治化水平

——浙江省宁海县法治乡村建设的探索与实践

一、背景情况

2014 年，浙江省宁海县积极遵循习近平总书记“把权力关进制度的笼子里”和加强法治建设等要求，以相关涉农法律法规和政策为依据，在全国首先建立并推行村级小微权力清单“36 条”，有效提升了乡村治理的制度化、法治化水平。2018 年，小微权力清单制度被写入中央一号文件。5 年来，宁海县以“36 条”为切入点，坚持在实践中丰富内涵、拓展外延、覆盖触角、强化配套，有效发挥了撬动乡村法治建设和乡村振兴的支点作用。

二、主要做法

（一）良法与良俗相结合，用清单做到“有法可依”

“36 条”是“良法”与“良俗”的结合体。

说它是“良法”，是因为宁海县在全面收集涉农法律法规和村级组织、村干部权力事项并广泛征求意见的基础上，梳理形成涵盖19项村级公共权力事项和17项便民服务事项的36条村级权力清单，明确“清单之外再无权力”，使村干部和村民办事有法可依、有章可循，被老百姓称为身边之“法”。此后，按照“上级有要求的坚决落实、群众不方便的坚决精简、法无授权的坚决取消”的原则，根据形势变化不断调整完善清单事项和办事流程，使这个“法”始终保持普遍适用性。说它是“良俗”，是因为在制定和执行过程中充分考虑了农村实际，把“法理”的内核，用农村的“情理”和“道理”呈现出来。制定前组织1000多名村民代表开了100多次会议，制定后以农村群众喜闻乐见的方式宣传发动，人人发放“流程图”“口袋书”，村村绘制“漫画墙”，并将祠堂变礼堂成为百姓大舞台，月月进行宣讲，不仅深入人心，还白纸黑字写入村规民约。2019年起，全面推行集“36条”、法治宣传、矛盾调解、村民服务等功能于一体的“村民e点通”App，着力打造村民依法自治的升级版和智能版。现在宁海村村“出门见法”，人人“掌上有法”，为建设法治乡村打下了扎实基础。

（二）监督与管理相结合，用制度倒逼“依法办事”

围绕确保“36”条刚性落地，创新实施一系列配套机制，不断完善依法治村运行体系。一是推行“合法性审核前置”。在率先推行“五议决策法”的基础上，2019年探索把“法议”作为村民代表会议决议前的必经程序，确保村级事务决议内容合法合规。二是推行“阳光化村务公开”。投资200余万元建成“阳光村务网”和数字电视公开平台，在线提供农村集体“三资”管理、农村财务审计及村务、党务公开等信息，村民不仅能看到村务明细、原始票据，还可以掌握申报事项进程，真正实现“让群众安心，还干部清白”。三是推行“全过程立体监督”。建立健全村级重大事项报备、农村法律顾问等17项保障机制，在宁波率先构建起县、乡、村三级巡查和农村巡查3年全覆盖制度，着力打造事前、事中、事后监督“一条链”，织密上级监督、村监会监督、群众监督“一张网”。四是推行“不称职责任追究”。制定村干部违法违纪“责任追究办法”，详细界定56项具体行为和责任追究标准，对违法村干部坚决交司法机关处置。创新不称职村社干部“歇职教育”机制，目前已辞职、免职村社干部41名，歇职教育21名，震慑作用明显。

（三）熟人与专家相结合，用情理引导“靠法止争”

既立足农村熟人社会的实际，又引入专业法律工作者力量，既讲农村的人情、又讲法律的道理，引导群众遇事找法、化解矛盾靠法，社会保持稳定和谐，成功实现平安创建“十四连冠”。现在宁海县乡村活跃着3支队伍：一是“老何说和”。主要由群众威信高、人文地缘熟、法律政策懂、协调能力强的退休老党员、老干部组成，在全县18个乡镇街道以及交通、医疗、劳动、校园、物业等9个重点行业建立“老何说和”专职人民调解室，共调处各类矛盾纠纷32,160件，调处成功率达99.4%，被推选为宁波市社会管理创新十大样本之一。二是“法律顾问”。主要由法律工作者组成，实现“法律顾问”村村全覆盖，并定期定点组织“法律坐诊”活动，提供纠纷调处、文书代写、法律咨询等服务。截至2019年7月已累计提供法律服务4万余人次，办理援助案件近1700件，挽回经济损失2500余万元。三是“阳光义警”。主要由本地志愿者组成，2018年在岔路镇试点创建，一年来化解矛盾纠纷100多起、参与普法宣传2万余人次、义务夜巡1.5万人次，

200 名义警全部吸纳为公益会员，纳入意外保险，还能根据公益服务累积时间在子女就学、银行存贷等方面享受优先优惠，极大鼓舞了群众参与法治乡村建设的热情。

（四）精准与全面相结合，用服务推动“送法进村”

以“群众路线 + 互联网技术”为手段，寓普法于服务，在服务中普法。精准，即因人而因，实行定制化普法。创设“智法达人”平台，建立政府购买服务、社会参与、公益赞助和市场运作相结合的社会普法教育运作机制，实行群众点单、平台宣传。特别是针对企业风险防范、安全生产等普法诉求，分类梳理对应法律条文，组织开展专场次、菜单式法律培训，实现按需普法、精准普法。全面，即各方参与，面向农村立体式普法。政府层面结合三治融合村、民主法治示范村创建，开展“百名执法干部讲百堂法治课”“乡村法律课堂”等普法活动，组织执法干部、专业律师、讲师团成员、人民调解员进村入户开展普法教育；同时，发动社会力量，引导建立未成年人教育等 9 家社会普法工作室，根据自身专长服务不同对象，全民普法守法的社会风尚日益浓厚。

三、经验启示

启示一：推进法治乡村建设，需要保障“有法可依”。宁海的法治乡村建设遵循“权力清单 36 条”这一全面的农村的“法”，使农村干部做事有法可依、有章可循，农村小微权力受到约束，干部用权受到全程监督，进一步规范了村干部依法履职，夯实了法治基础。

启示二：推进法治乡村建设，需要做到“按需服务”。要推进公共法律服务体系建设，让村干部和村民随时随地在需要时能及时得到法律服务，找得到法、用得好法、依法办事、心中有底。大胆探索，例如，建设“法治诊所”，为重大工程提供法务会诊；公共法律服务终端机，为群众提供日常法律咨询，还可连线律师，视频法律咨询业务；实现了法律顾问全覆盖，打通法律服务“最后一公里”，为经济社会发展和人民群众提供优质、高效的法律服务，为乡村振兴提供强有力的法治保障。

启示三：推进法治乡村建设，需要深化“全民普法”。深入开展法治宣传教育，传播法律知识，弘扬法治精神，是推进农村法治建设的一项基础性和关键性工作。要落实“谁执法谁普法”的普法责任制，推进精准普法，开展“乡村法律课堂”“普法进万家”“乡村法律课堂”等普法活动，开展法治文化进农村礼堂等农村法治文化建设，引导群众养成自觉尊法学法守法用法良好氛围。

启示四：推进法治乡村建设，需要确保“有人普法”。必须强化普法力量，始终把队伍建设放在更加突出的位置，从加强农村法治宣传、法律援助、人民调解等工作实际出发，建立“阳光义警”普法志愿者队伍，“老何说和”人民调解员等，不断强化“基层法律服务工作者、普法宣传员、普法志愿者、人民调解员、社区矫正工作者”等队伍建设，切实满足农村法治建设需求。

第一批全国普法依法治理创新案例

以“三治”促“三共”
增强基层群众获得感幸福感安全感
——江西省实施农村“法律明白人”培养工程的实践探索

一、背景情况

基层农村是社会治理的重点和难点，农民群众是基层社会治理的最大变量和增量。加强和创新基层社会治理，必须始终坚持以人民为中心的发展思想，紧紧围绕增强农民群众获得感幸福感安全感这一根本目标，依靠自治的力量、发挥法治的功能、彰显德治的优势，着力构建“三治”融合的基层治理体系。

基于这一认识，2015 年年初，江西省司法

厅在当时“两宗”问题特别突出、信访问题居高不下、社会矛盾突出、公众安全感全省排名靠后的抚州市崇仁县开展一户一名“法律明白人”培养工程试点。2015~2020 年，该县先后培养法律明白人 6 万余人，参与调解各类纠纷 1400 余起，参与化解信访积案 160 余件，基层群众尊法学法守法用法的意识明显提高，办事依法、遇事找法、解决问题用法、化解矛盾靠法逐渐成为自觉，呈现出“三降三升一好转”的良好局面，即以闹取利案件、非正常上访人次、各类发案大幅下降，同比分别下降 71%、23%、15.6%；公众安全感、群众满意度、法院受理民商事案件大幅提升，群众满意度由全省落后进入全省第一方阵，法院受理民商事案件年均增长 40%；社会秩序明显好转。基本实现“小事不出村、大事不出乡、难事不出县”目标，增强了基层人民群众的获得感、幸福感和安全感。

二、主要做法

（一）强化顶层设计、有序推进，把农村“法律明白人”培养工程纳入党委政府中心工作

江西省把实施“法律明白人”培养工程作为深化法治江西建设的基层基础性工作，切实抓实抓好。一是坚持高标准定位。为贯彻落实党的十八届四中全会精神，2014 年 12 月江西省委十三届十次全会通过《中共江西省委关于全面推进法治江西建设的意见》，把“实施‘法律明白人’培养工程”作为全面推进法治江西建设的 239 项任务之一。2017 年 12 月，江西省委出台学习贯彻党的十九大精神决定，把“在农村普遍推广‘法律明白人’培养工程”作为推进法治江西建设的重要举措，此后，这项工作先后纳入江西省委常委会 2018 年、2019 年工作要点和省政府工作报告。二是坚持高水平试点。2015 年年初，江西省在当时社会矛盾突出的崇仁县开展一户一名“法律明白人”培养工程试点。2017 年 12 月，抚州市率先全面推广崇仁经验，确定用 3 年时间，实现全市各县（区）农村一户一位“法律明白人”培育率达 95% 以上的目标。截至 2019 年 8 月，抚州市共培育“法律明白人”17 万余人，成为全市乡村治理的一道美丽风景，在讲好农村法治故事、化解邻里矛盾纠纷、参与基层社会治理中发挥着不可替代的独特作用。三是坚持高起点部署。2018 年 5 月 16 日，江西省委办公厅、省政府办公厅正式印发《关于在全省农村实施“法律明白人”培养工程的意见》。之后，召开全省电视电话会议进行动员部署。出台《贯彻落实〈关于在全省农村实施“法律明白人”培养工程的意见〉责任分工方案》《关于建立实施农村“法律明白人”培养工程推进机制的通知》。2018 年 12 月 4 日，省委全面依法治省委员会第一次会议听取了全省农村“法律明白人”培养工程实施情况的汇报。

（二）强化工作措施、稳步实施，把农村“法律明白人”培养工程作为提升农民法治素养的重点工程

一是科学设定目标。江西省从农村实际出发，采取分类培养方式，以户为基本单元，每户培养一位“法律明白人”，定位是“心中有法、遇事找法”；以行政村为基本单位，每村培养若干名农村“法律明白人”骨干，定位是“办事依法、遇事找法、解决问题用法、化解矛盾靠法”。二是规范遴选程序。采用村民自荐、组织遴选、考核上岗的方式确定“法律明白人”及其骨干。村委会对照农村“法律明白人”人选进行审查合格后，确定其为培养对象。同时，在村组干部、村妇联干部、农村党员、致富能手、大学生村官、农村“五老”人员和具有高中以上学历的村民中，遴选农村“法律明白人”骨干人选。对确定为农村“法律明白人”培养对象及农村“法律明白人”

骨干人选的，由乡（镇、街道）分批组织任前法律知识培训和考核。截至2020年年底，全省共遴选农村“法律明白人”596.6万人，其中，农村“法律明白人”骨干87.1万人；颁证上岗“法律明白人”496.4万人、骨干86.5万人。三是加大培训力度。采取集中系统辅导、现场观摩教学、远程网络培训等方式，加大对“法律明白人”培训力度。举办了全省“法律明白人”骨干培训班，组织编写了《江西省农村“法律明白人”培训指导大纲》，成立了全省农村“法律明白人”培养工程专家指导委员会。上线运行了农村“法律明白人”培养工程网络学校，现全省已有70万余名农村“法律明白人”通过网校进行学习。四是加强使用管理。江西省积极为农村“法律明白人”搭建履职尽责平台，建立健全日常管理、考核奖惩等制度。建立科学配套的农村“法律明白人”及其骨干考核评价机制。截至2020年年底，全省农村“法律明白人”中有3998人被吸收为中共党员，4659人被推荐为村组干部；有关部门为农村“法律明白人”发放涉农贷款1985万元，提供技术帮扶5708人次。五是注重法治实践。注重在基层法治实践一线培养、锻炼、检验农村“法律明白人”队伍，积极为农村“法律明白人”搭建履职尽责平台。将培养工程融入新时代文明实践中心工作和基层综治中心实体化建设，进一步凝聚了农村矛盾纠纷化解的力量。截至2020年年底，全省农村“法律明白人”参与法治宣传和法治实践236.8万件次，全省85%以上的农村“法律明白人”骨干担任了村民代表大会代表、村民理事会理事，成为全省乡村治理的一道美丽风景。

（三）强化组织领导、有力保障，把农村“法律明白人”培养工程打造为服务实施乡村振兴战略的民心工程

通过加强领导、严格责任、强化考核奖惩等推动这项工程的落地生效。一是加强组织领导。江西省成立省市县乡四级实施农村“法律明白人”培养工程领导小组，县级以上领导小组由同级党委副书记任组长、政法委书记任常务副组长兼办公室主任；乡（镇、街道）领导小组组长由党委或政府主要同志担任，明确专人具体负责。全省各地积极跟进，高位启动部署、稳步推进实施培养工程。二是严格责任落实。江西省明确市县两级党委、政府承担农村“法律明白人”培养工程的主体责任；乡（镇、街道）党委、政府履行具体组织实施职责；各级司法、执法等有关部门要按照“谁执法谁普法”普法责任制要求，结合各自职能，积极参与农村“法律明白人”培养工程各项工作，推动形成党政领导、部门联动、社会参与的工作格局。2018年9月上旬，江西省法建办和省政府办公厅组成督导组，对各地实施培养工程开展专题督导调研。2019年3月和5月，在全省开展实施培养工程调研和座谈。6月5日，江西省委全面依法治省委员会召开现场推进会，对实施培养工程进行阶段性总结，再动员、再部署，推动培养工程落地落实、提速增效。三是完善保障机制。把加强农村法治人才的培养、使用、管理与农村法治文化阵地建设结合起来，从人、财、物等方面，对农村“法律明白人”培养工程给予充分保障，并将培养工程所需费用纳入财政预算足额保障。四是营造浓厚氛围。把宣传发动群众、调动广大群众积极参与摆在突出位置，开设培养工程专题和专刊。截至2020年年底，推送培养工程信息1000余条，刊发简报52篇。2018年6月7日，全国“七五”普法简报第9期全文刊发江西省实施农村“法律明白人”培养工程的做法和“省两办意见”，司法部、全国普法网站全网推送，推广江西省经验。五是强化结果运用。江西省把实施农村“法律明白人”培养工程纳入高质量发展、综治考评、依法治省建

设考评体系，对工作推进进度快、力度大、效果好的，按有关规定给予奖励；对工作推进进度缓慢、力度不大、效果不佳的，给予通报批评并限期整改。

三、经验启示

（一）领导重视、高位推动，是确保农村“法律明白人”培养工程有序推进并取得实效的重要前提

实施农村“法律明白人”培养工程离不开党委政府的重视和支持。一方面，政策支持。省、市、县普遍以党委、政府“两办”名义出台了实施农村“法律明白人”培养工程的意见或方案，明确要求把实施培养工程纳入市县高质量发展、依法治省、综治考评体系。另一方面，人财物保障。江西省委办公厅、省政府办公厅文件明确要求，将培养工程所需经费纳入财政预算足额予以保障，并成立了实施农村“法律明白人”培养工程领导小组和办公室，明确专人具体负责，推动形成党政领导、部门联动、社会参与的工作格局。

（二）分类培育、试点先行，是确保“法律明白人”培养工程有序推进并取得实效的关键环节

将农村“法律明白人”区分为普通“法律明白人”和“法律明白人”骨干。普通“法律明白人”涉及面广，这就要求我们在具体的培养过程中要注意方式方法，多措并举，全力推进。在推广选点上，既要从基础条件较好的乡（镇、街道）着手，先行示范带动，又要全面铺开，县不漏乡、乡不漏村、村不漏组、组不漏户，防止只抓点不抓面的情况发生。“法律明白人”骨干是在农村“法律明白人”的基础上提出的更高要求，全省各地积极通过发挥农村“法律明白人”骨干带头学法、带头依法办事，积极参与解决农村常见的邻里纠纷，整体提升农民群体的法律和法治素养。

（三）搭建平台、加强管理，是确保“法律明白人”培养工程有序推进并取得实效的基础支撑

一方面，搭建教育培训平台。培训是培养“法律明白人”的基础工程。各地都把培训作为培育“法律明白人”的关键环节来抓，采取多种形式开展培训。同时，学习培训紧密结合农村、农民的实际和特点进行，因材施教，让他们感兴趣、听得懂、学得进。注重贴合群众“机不离手”的习惯，自行研发了江西省农村“法律明白人”网校，增强了学习的便利性。另一方面，搭建激励支持平台。“法律明白人”来自农村、扎根基层，省里出台文件，明确了组织、政法、人社、教育等有关单位以及金融、扶贫、农业等涉农部门的主要职责，要求对这个群体给予适当的鼓励、扶持。

加强阵地建设　打造普法品牌
以法治文化带建设护航黄河安澜

——河南省司法厅黄河法治文化带的探索与实践

一、背景介绍

“七五”普法以来，河南省司法厅认真学习贯彻习近平总书记视察河南重要指示精神，紧密结合“谁执法谁普法”普法责任制落实，充分发挥法治宣传教育推动黄河流域生态保护和经济社会高质量发展的基础作用，联合河南黄河河务局以沿黄法治文化示范基地、法治文化作品和法治文化长廊三大普法品牌建设为抓手，将黄河文化、法治文化、传统文化、红色文化有机融合，深入挖掘黄河沿线厚重的历史文化，着重凸显法治建设成果，精心打造主题鲜明、特色突出、文化氛围浓厚的黄河普法精品工程，形成了横贯 8 个省辖市、4 个省直管县（市）的黄河法治文化带。

二、主要做法

（一）河地共建，合力打造黄河法治文化带

党的十九大报告指出，加大全民普法力度，建设社会主义法治文化，树立宪法法律至上、法律面前人人平等的法治理念。习近平总书记多次强调“必须弘扬社会主义法治精神，建设社会主义法治文化”。河南省不断强化法治文化建设政策保障，在全国较早以省政府办公厅名义出台了《关于加强全省社会主义法治文化建设的意见》。联合省住建厅下发了《关于加强城乡公共场所法治宣传教育阵地建设的通知》，对城乡法治文化阵地建设进行了部署安排。下发了《关于进一步规范法治文化公园建设的指导意见》，对法治公园的宣传重点、表现形式进一步规范。近年来，按照“一市一特色、一县一品牌”总要求，河南省司法厅、河南黄河河务局强化与沿黄有关地方及其部门共商、共建、共享，统筹规划，科学设计、加大投入，建设法治文化示范基地 13 处、大型普法成果展览室 3 处，创建普法长廊系列群 49 处，创作法治文化艺术作品 150 部，初步形成了集文化、法治、艺术为一体的沿黄普法阵地带，以生动活泼、通俗易懂的形式，大力宣传《宪法》《水法》《防洪法》《河南省黄河防汛条例》《河南省黄河河道管理办法》等法律法规，营造浓厚的法治文化氛围，提高干部、职工、群众的法律素养，增强依法治河管河的能力和水平。3 年来，共清除违规建筑 268 万多平方米、阻水片林约 0.68 平方千米，清理砂石料 281 万立方，处置各类水事违法案件 2512 起，所有采砂和餐饮船只全部清理出河道，河道管理秩序步入规范。2018 年 8 月，河南省司法厅、河南黄河河务局邀请《法制日报》、《河南日报》、《河南法制报》、《大河报》、河南电视台、大河网等媒体举办了“沿黄法治宣传阵地带”采风活动，社会反响热烈。

（二）丰富元素，凸显沿黄法治文化集群效应

近年来，我们聚焦普法教育的守正创新，根据黄河历史地理不同情况，因地制宜打造以法治文化长廊、沿黄法治文化示范基地、法治文化作品三大普法品牌为抓手的黄河法治文化带，形成以点连线、由线串面、全面发展的新格局。

一是普法长廊系列群初具规模。在沿河上堤路口、涵闸、大型非防洪工程等位置，按照“无死角”“全覆盖”的要求，设立普法长廊、宣传牌、碑林等，形成壮观的“法治风景线”。例如，郑州市以“黄河为带，堤防为廊，线面结合”为指导思想，因地制宜、突出特色，共建成普法主题苑 5 处，普法长廊 17 处，设置各类普法宣传标志标牌约 2800 个，集中了郑州黄河沿线的河洛汇流、鸿沟、汉霸二王城等历史文化遗存，体现了黄河防洪生态林带以及“地上悬河”等自然风貌。在花园口普法苑，依托花园口记事广场、河韵碑林等景观，以花园口扒口事件为背景，以石林、碑亭、浮雕、长廊为载体，将宪法和法律法规宣传与黄河文化、历史事件、治黄技术、治黄成就以及水生态文明等元素融合，突出法治、文化、生态等综合功能。

二是法治文化示范基地典型带动。在沿黄一线打造高起点、高标准、高质量的普法阵地，在周边发挥着“示范引领”和“典型带动”作用，确保每个基地各有亮点，形成独具特色的法治园区。台前县打造了集“普法长廊”“普法纪念馆”“法治文化公园”“法治文化广场”“刘邓大军渡河纪念馆”五位一体的刘邓大军强渡黄河纪念馆法治文化基地。兰考的东坝头是毛泽东主席和习近平总书记视察黄河的地方，是焦裕禄干部学院的现场教学点。利用东坝头人流量大、宣传

面广的优势，将红色记忆、黄河文化和法治元素进行有机融合，打造了法治步道、法治长廊、普法小游园等为主体的东坝头普法基地。特别是将毛主席和习近平总书记视察黄河、弘扬焦裕禄精神、建设法治文化有机融合，开通了“法治号”小火车，开启了新时代普法新征程。

三是法治文艺作品创作精彩纷呈。坚持以群众自编、自导、自演为主，与地方特色文化有机融合，推出各类原创作品150部，作品形式涵盖微电影、动漫、书法、戏曲、小品、歌曲、三句半、诗歌、舞台剧等。微电影《砂场有爱》《拆不掉的恩情》《黄河卫士》等一大批作品在司法部、全国普法办获奖；《守护黄河》《新时代黄河谣》《斗法》《普法新风赞》在水利部获奖。豫剧《吉利故事》、快板《取土风波》、歌曲《我是黄河人》等作品，凸显着普法宣传的引领和熏陶作用。2018年3月，中国水周期间，在郑州花园口举行了大规模的普法宣传活动，现场表演的豫剧、小品、歌曲等，受到司法部、水利部领导的一致好评。联合黄河河务局开展“黄河法治文化千里行”活动，共举办讲座、演出850场次，受教育群众30余万人。

（三）科学规划，创新提升黄河法治文化带建设

以人为本铸就治黄丰碑，大河安澜献礼民族复兴。按照习近平总书记在黄河流域生态保护和高质量发展座谈会上的重要讲话精神，根据河南黄河湿地公园群规划，河南省司法厅联合河南黄河河务局编制《河南黄河法治文化带建设规划》，逐步构建完备的治黄法律法规体系、高效的水行政执法体系、健全的依法行政工作机制和有效的普法宣传教育体系，力争将法治文化阵地覆盖湿地公园，筑牢黄河安澜的法治基石，使法治元素成为黄河沿线一道别样的风景，让黄河治理与开发更加行稳致远。

三、经验启示

一是注重组织领导，高站位高起点谋划。河南省司法厅坚持高标准定位、高站位推进，与河南黄河河务局建立长效合作机制，主要负责人定期开会研究、视察指导，多次协调解决问题困难，有力地推动了黄河法治文化带建设。二是注重整体统筹规划，强化规模效应。河南省司法厅充分发挥规划“龙头”作用，联合河南黄河河务局编制《河南黄河法治文化带建设规划》，主动对接黄河流域生态保护和高质量发展战略，优化完善空间布局，统筹推进防汛、环保、法治等功能建设，形成连点成线、连线成片、连片成带新格局，不断壮大规模效应。三是注重共商共建共享，加强协调联动。按照共商规划、共建设施、共享成效的原则，河南省司法厅加强与河南黄河河务局的内部联系，提升建设品质；同时，加强与沿黄各地政府的外部联系，增强建设合力，形成内外联动、各展所长、齐头并进的发展态势。四是注重文化融合，主动贴近、服务群众。通过各类广场、展馆、长廊、石刻等载体，将沿黄各地的黄河文化、法治文化、传统文化、红色文化有机融合，积极创作有地方特色的法治文化作品，广泛开展群众性法治文化活动，努力做到黄河法治文化带为群众所喜、所赞。五是注重创新提升，打造知名普法品牌。当前，黄河法治文化带出具规模，为了更好地服务黄河流域生态保护和高质量发展战略，充分发挥法治宣传教育保护母亲河的有力作用，河南省司法厅需要在司法部、全国普法办的指导下，组织专家统一科学规划，高标准统筹建设，全面提档升级，力争打造成司法行政部门服务国家中心大局的知名普法品牌。

◆ 第三届全国学生“学宪法　讲宪法”活动全国总决赛知识竞赛现场

第一批全国普法依法治理创新案例

寓教于乐　潜移默化　让宪法走进青少年

——教育部全国学生“学宪法　讲宪法”活动的探索与实践

为深入贯彻落实习近平总书记关于青少年法治教育的重要指示精神，按照中央宣传部等部门《关于组织开展宪法学习宣传教育活动的通知》要求，教育部把宪法学习纳入重要议事日程，自2016年起，组织开展了全国学生“学宪法　讲宪法”系列活动，引导青少年学生自觉成为宪法的忠实崇尚者、自觉遵守者、坚定捍卫者，取得了显著成效。

一是切实加强系统部署。教育部党组高度重视推进教育系统宪法宣传教育。教育部部长明确要求，要在教育系统率先升华尊崇宪法的意识，掀起学习宪法的热潮，践行研究宪法的成果，养成遵守宪法的行为，落实维护宪法的责任，显现运用宪法的效果。结合教育实际，教育部研究制定了教育系统深入开展宪法学习宣传和贯彻实施工作方案。自2016年起，每年以教育部办公厅名义发布关于举办“全国学生‘学宪法　讲宪法’活动”的通知，以“尊崇宪法、学习宪法、遵守宪法、维护宪法、运用宪法”为主题，对青少年宪法教育作出部署安排。

二是深入推动广泛参与。进一步丰富活动内容和方式，通过在线学习、实践活动、主题演讲等多种形式，不断增强活动的互动性和趣味性。明确活动要求，推动地方普遍开展宪法学习宣传，着力提高地方和学校参与活动的积极性。鼓励各地各校设立宪法教育周，通过主题板报、辩论赛、情景剧、微视频等多种形式开展学习宣传。目前，活动已覆盖31个省（区、市）、新疆生产建设兵团及香港特别行政区、澳门特别行政区，覆盖省市县校各层级，包括大中小学各学段。

三是认真举办全国总决赛。成立活动组委会，研究制定总决赛赛制和规程，明确参赛范围和条件。推动地方开展省级初赛，选拔优秀学生参加全国总决赛。邀请最高人民检察院、司法部、法学专家等担任评委，现场给予指导评判。各地推选出的优秀选手通过主题和命题演讲、中小学生知识竞赛和大学生辩论赛等环节，讲述宪法故事，普及宪法知识，共话宪法信仰，展示宪法学习的丰富成果，向更多人传递宪法的内涵和意义。2017年12月4日，活动中分别来自大、中、小学的三位优秀选手在全国人大国家宪法日座谈会上发言，受到时任全国人大常委会委员长张德江同志的好评。2018年12月4日，教育部领导就相关情况在全国人大国家宪法日座谈会上做了汇报，受到全国人大常委会委员长栗战书的肯定。2018年12月5日，教育部组织获奖选手参观“五四宪法”历史资料陈列馆，开展“寻访新中国第一部宪法起草地”活动。

四是组织开展宪法晨读。自2014年开始，教育系统在“12·4”国家宪法日组织开展全国中小学“宪法晨读”活动。在全国青少年学生法治教育实践示范基地设立主会场，在各地设立分会场，由教育部领导领读宪法部分条款，各地师生通过网络连接同步诵读。

五是着力创新活动形式。坚持线上与结下相结合，开展“宪法小卫士”网络火炬传递活动，2020年涌现出8900万余名“宪法小卫士”。围绕“宪法与国家、宪法与社会、宪法与个人”等主题，组织宪法演讲网络海选活动。邀请权威宪法教育专家，开设“青少年宪法课堂”，精心打造100集宪法微课程，涉及500个宪法学习知识点，通过多种形式深入推进网络宪法教育。

第一批全国普法依法治理创新案例

精准普法　让企业问题清零

——南京海关推进企业问题清零的探索与实践

一、背景情况

党的十九大报告指出：“我国社会主要矛盾已经转化为人民日益增长的美好生活需要和不平衡不充分的发展之间的矛盾。”新时代新形势，同样对海关法治宣传教育提出了新的更高要求。人民群众的法治需求日趋多元化、品质化、精细化，特别是受众群体类型多样、企业需求千差万别，传统的“灌输式”“漫灌式”的法治宣传教育方式已不能满足人民群众的新需求。因此，海关普法工作必须深刻把握习近平新时代中国特色社会主义思想对海关普法工作的新要求，牢牢把握和坚决落实以人民为中心的发展思想，牢牢把握和坚决落实高质量发展的要求，牢牢把握和坚决落实全面开放新格局战略部署。同时，必须以更加精准的普法方式，准确把脉社会公众需求，丰富法治内涵，拓展法治外延，精心打造普法载体，向不同企业提供“量体裁衣”式普法服务，在“精准普法”中充实人民群众的获得感。

南京海关党组历来高度重视法治宣传教育工作。多年来，在南京海关党组的引领下，南京海关以改革创新的精神认真谋划和深入推进法治宣传教育工作，不断加大普法的力度和精度，致力于以法育人、以法助企，从而达到春风化雨、润物无声的效果。2006 年，南京海关成立全国海关第一家服务热线，采取“统一受理、统一回复、后台操作”的工作模式，向社会同时提供政策咨询、通关求助、投诉受理、信访接待 4 项法治综合服务。近年来，南京海关在此基础上不断开拓创新，力求“精准普法”“因需施策”。2019 年 1 月，南京海关全新推出“企业问题清零机制”精准普法新品牌，并将其作为落实“不忘初心、牢记使命”主题教育要求的重要举措，努力做到为民服务解难题、关企沟通“零距离”“零障碍”，实现普法效果大提升、营商环境更优化。

二、主要做法

南京海关通过“五位一体”，即落实一个责任，建立一个机制，完善一套载体，擦亮一批品牌，强化一支队伍，探索建立起企业问题清零机制，实现关企交流互动“零距离”、排忧解难“零障碍”，力求企业问题“零库存”。

（一）落实一个责任，形成企业问题清零的合力

将落实“谁执法谁普法”责任制纳入法治海关建设大局，常态化、制度化推进。成立南京海关普法依法行政领导小组，强化组织领导。出台专门制度，细化落实南京海关各职能部门、缉私局、各隶属海关单位普法职责。各单位各部门，各司其职，坚持将普法工作与执法实践相结合、与企业问题清零相结合，通过加强政务公开、全程说理式执法、重点政策法规宣讲、公职律师重点解读等方式，落实普法责任。在全国海关系统，

首创法治海关建设指标体系，细化对落实“谁执法谁普法”普法责任制的考核，将加强个性化执法服务，解决企业实际问题作为考核重要内容。通过调动多方力量，形成企业问题清零合力。

（二）建立一个机制，筑牢企业问题清零的基础

建立事前事中事后全链条企业问题清零机制。实现企业诉求办理“全链条”“闭环式”管理，确保“事事有回音、件件有落实”。

一是靠前化解企业各类问题。针对过往企业反映诉求“精准度不高”“获得感不强”等问题，在拓宽关企沟通渠道和规范企业诉求标准上下功夫。例如，综合运用“注册企业实名制”“提交问题审核制”等方式方法，规范企业诉求标准，确保企业问题描述的真实有效。

二是努力确保企业问题有求必应。针对目前存在的处理企业“回应不及时”“有畏难情绪”“无从下手”等问题，在明确办理责任和优化工作机制上下功夫。建章立制明确企业问题的办理职责、流程、时限和要求，建立健全企业问题登记、转办、处理、督办、反馈机制，探索建立疑难问题“一事一议”破解机制，确保企业反映的问题及时得到解决或回应。

三是常态化制度化推进企业问题清零。出台《企业问题清零工作管理办法》，按照“属地管理、分级负责，谁主管、谁负责”的原则，明确办理职责、严格办理程序和时限要求。针对疑难问题，建立“综合协调、职能直管、业务专家联合指导”的跨部门“会诊”机制。对重大疑难问题由分管领导牵头，深入企业现场办公，认真研究解决方案。通过各层级、各部门、各环节分层履职、有效衔接，确保企业问题依法、及时解决。

四是建立问题清零协作、评估和反哺机制。积极构建开放式协作机制，依托各级政府，联合商务、税务、行业协会等部门，延伸企业问题清零的服务范围，扩大清零成效。对已解决或回应的问题，企业和服务对象可进行在线评价。对疑难问题处理情况定期“回头看”，保证问题真“清零”。同时，强化对典型问题处理情况的宣传，力求做到破解“一个问题”解决“一类问题”，服务“一个企业”方便“一批企业”，实现“问题整体清零”。

（三）完善一套载体，打造企业问题清零的矩阵

坚持“解决企业问题的过程就是最好的普法过程”理念，打造“普法 + 问题清零”多元服务载体。

一是全力打造企业问题收集反馈主渠道。2019 年 8 月，正式上线运行“南京海关企业问题清零工作管理系统”（包括网页版和微信版），企业在遇到需要海关协助解决的疑难问题时，可随时“上网上手”向海关提交问题。系统上线 2 个月，就备案企业 2013 家，注册用户 2965 个，截至 2019 年已成为南京海关收集反馈企业疑难问题的主渠道。

二是综合利用现有政务新媒体平台。通过南京海关“12360”服务热线、“门户网站”“两微一端”“即时通讯群”等平台，实时、精准开展普法宣传，同步收集解决企业疑问。“七五”期间，南京海关“12360”服务热线答复各类问题 616,573 条，解决率为 100%。

三是创新关企沟通新方式。推出“宁关小智”自动客服系统，截至 2020 年，自动答复企业问题 21,612 条，占微信客服答复总量的 64%。创新利用海关企业信用管理资源，精简流程，搭建关企高层直通平台，进一步拓宽关企沟通渠道。

（四）擦亮一批品牌，形成企业问题清零的示范

在长期的普法依法治理实践中，南京海关形成了一批立得住、推得开、叫得响的工作品牌。“12360 通关伴你行”、苏州园区海关“晓 · 青山”、昆山海关“金钥匙”、江阴海关沈宏宇工作室、扬州海关515法律工作小组等品牌，在服务企业、解决难题等方面，发挥了示范引领作用。以“晓·青山”品牌为例，该团队充分利用面向关务群体和重点企业的优势，组建了12个即时通信群，通过微信、QQ等渠道广泛收集企业日常问题，集中海关业务骨干线上答疑解惑。为使辖区企业用足用好海关改革红利，团队还积极协助地方政府开展重点企业调研，为其量身定做政策套餐，针对试点企业开展“一对一”业务指导，让企业问题在第一时间得到“清零”。

（五）锻造一支队伍，强化企业问题清零的保障

高素质专业化的海关执法队伍是落实企业问题清零机制，推动企业问题高效高质解决的人才保障。

一是注重关键少数，把“马上就办、真抓实干”的工作作风落实到企业问题清零之中。以常熟海关为例，针对企业问题，常熟海关成立以关长为组长的问题清零工作小组，带队进驻企业现场办公，解决疑难问题、缩短通关时间、节省相关费用。

二是切实发挥法制部门及专业力量在完善企业问题清零规则制定、保障机制有效实施、推动企业问题合法有效解决上的专业作用。

三是努力发挥公职律师在企业问题清零中的轻骑兵作用。建立完善公职律师考核奖惩制度，推动公职律师参与复杂疑难问题解决，为企业问题清零提供法律支持。

三、经验启示

1. 人民满意不满意是衡量“精准普法”工作成效的首要标准。正是基于这一立足点和出发点，南京海关从大处着眼、小处着手，通过推行“企业问题清零”等精准普法举措，认真聆听企业诉求心声，快速回应人民群众对海关普法工作新需求，以实际行动践行“人民海关为人民”，优化口岸营商环境，促进开放型经济高质量发展。

2. 不断加强党对海关普法工作的领导是“精准普法”的核心。南京海关党组深入学习贯彻习近平新时代中国特色社会主义思想，认真贯彻中央重大决策部署，切实落实海关总署关于稳定外贸增长、深化放管服改革等部署要求，弘扬马上就办、真抓实干的精神，结合关区实际，加强组织领导，强化协同配合，推动形成了南京海关“精准普法”、助推“企业问题清零”的“五位一体”。

3. 各方齐抓共管是“精准普法”的关键。南京海关通过建立科学化、规范化的企业疑难问题收集、处理、反馈工作机制，全面精准征集企业诉求，积极营造上下联动、左右协作、多方参与的工作氛围，推动形成了“一把手负责、分管领导主抓、法制部门牵头、业务部门参与、基层海关响应，分工协调、齐抓共管”的“精准普法”格局。

4. 深化制度+科技运用是实现“精准普法”的有效途径。南京海关深化科技应用，结合实际进一步拓宽关企沟通渠道，研发开通“南京海关企业问题征集办理系统”企业端，综合运用“门户网站”“两微一端”“即时通讯群”等新媒体平台，让企业不受时间、地点的限制随时随地反映问题，实现了海关的“精准普法”和关企沟通的“零距离”“零障碍”。

5. 多维度的普法队伍是实施“精准普法”的根本保障。一方面，南京海关充分发挥关区专职法制工作人员、公职律师、执法人员队伍、普法志愿者队伍等各类专兼职法制工作人员的力量，靠前“精准普法”“精准服务”；另一方面，注重发挥“12360通关伴你行”“金钥匙”“晓青山”等普法品牌的典型引领作用，着力构建多维度、立体式的“精准普法”体系。

第一批全国普法依法治理创新案例

守正创新　开辟应急管理普法新路径
——应急管理部全国应急管理普法知识竞赛活动的探索与实践

一、背景情况

习近平总书记在党的十九大报告中提出提高全民族法治素养，强化法治宣传教育，是提升全民族法治素养的重要途径之一，也是全面依法治国的题中应有之义。应急管理普法工作是法治宣传教育的重要组成部分，普法效果直接涉及人民群众的生命财产安全和社会的和谐稳定。据统计，应急管理领域的生产安全事故约有 90% 是人因事故，而人因事故中又约有 80% 与违法违规有关。因此，做好应急管理普法工作对保障全社会安全、提升社会治理能力现代化水平、满足人民群众的获得感、幸福感和安全感尤为重要。

然而，由于应急管理领域的法律法规专业性强、普法人员缺乏、人们对法律认知滞后、习惯性不安全思维和行为较为顽固等原因，社会公众对应急管理法律法规意识不强、兴趣不高、知晓度不够，致使应急管理普法工作在受众群体数量和普法质量效果上都不能尽如人意，也直接影响到全国普法工作的质量和效果。

为有效解决上述问题，切实增强应急管理普法的广度、深度和远度，提升应急管理普法的质量、效果和水平，应急管理部政策法规司在部党组的坚强领导下，针对应急管理领域普法工作的具体特点和实际需求，决心坚持守正创新，开辟应急管理普法新路径。“守正”就是坚决贯彻习近平总书记全面依法治国思想和战略，全面落实《中央宣传部、司法部关于在公民中开展法治宣传教育的第七个五年规划（2016—2020 年）》；“创新”就是一改传统简单、说教为主的宣传模式，大胆创新，坚持贴近实际、贴近基层、贴近群众，充分运用“互联网 +”思维和方法开展普法活动，开辟应急管理普法的新路径，打造应急管理普法的新品牌，提升应急管理普法的新高度。

二、主要做法

2019 年年初，应急管理部政策法规司开始策划全国普法知识竞赛，随后制定了以“弘扬法治精神，强化应急管理”为主题的首届全国应急管理普法知识竞赛活动初步方案，竞赛分为“全民网上答题”和“应急管理普法知识竞赛现场总决赛”两个部分，即线上和线下部分。5 月中旬，经部领导批准，决定拟由应急管理部联合司法部、全国普法办在全国举办首届应急管理普法知识竞赛活动，这一决定得到了司法部和全国普法办的迅速响应和大力支持，由此，开创了应急管理普法的新篇章。总结本次活动创新经验，可归纳为“12345”普法知识竞赛活动典型经验，具体特点如下。

"1"即各部门"一盘棋"配合联动，形成共鸣共振良好局面。本次竞赛活动是机构改革以后，应急管理部首次与司法部、全国普法办联合开展的现场普法知识竞赛活动，将应急管理与法治宣传有效结合，各地应急管理厅（局）和司法厅（局）主动联合发文，同步发动各自媒体宣传平台形成共鸣共振，为各地方应急管理厅（局）和司法厅（局）普法执法工作创建了交流平台，共同打造普法工作特色品牌，有效促进应急管理普法"七进"落实到位，做到精准普法和深度普法，通过立法促执法、执法促普法、普法促守法，形成应急管理法治工作体系闭环建设，实现职责一体、全面贯通。例如，湖北省以竞赛活动为抓手，将学习宣传应急管理法律法规与综合普法结合起来，与推动构建新时代"大应急"体制机制结合起来，综合运用省安委办、省减灾办等协调指挥平台，推动相关成员单位共同参与、共同推进，汇聚起各部门协同履责、全社会共同关注的强大合力；省应急厅联合省司法厅、省普法办发文，明确将竞赛活动作为各地各单位年度安全生产和普法依法治理考核加分项，充分调动各地各单位组织参与应急管理普法竞赛活动的积极性。

"2"是"两线"衔接联动，增强普法互动性和趣味性。竞赛活动采取线上网络预赛、线下现场总决赛"线上＋线下"相结合的形式，"全民网上答题"线上活动为期1个月，答题形式包括普法答题、看图除隐患、学法赢积分等环节，突出科普性和趣味性；"现场总决赛"线下活动包括实操比赛和知识竞答两个环节，实操比赛内容包括安全生产、防灾减灾救灾、应急救援等知识竞答、实操模拟等，知识竞答题型包括必答题、抢答题、风险题，突出专业性和实操性，极大地引起社会各界的广泛参与。在为期1个月的"全民网上答题"中，切实做到了前期预热时间充足、活动方案完备、网络安全可靠、题目设置严谨、媒体宣传到位，在全国掀起了一波普法学法用法新高潮，效果与参与人数远超预期目标，呈现出"三高"的良好局面。一是学法普法热度高，本次竞赛参与人员涵盖了机关单位、企业、在校学生、社区等，参与总人数和社会关注度高于同类其他知识竞赛活动，应急管理相关法规知识得到了广泛传播和学习，全民安全素质和应急管理能力得到了有效提升。二是竞赛答题参与度高，各单位充分发挥自媒体平台作用，定期公布答题统计和排名，有力形成了推动效应，据统计，我国实有1303万余人参与活动，参与线上答题有1.19亿余人次，大约每100个人中即有1人参加答题，超过12.5亿人次点击浏览普法答题和学习界面。三是各省市重视程度高，各地方各单位领导把竞赛活动亲自抓在手上、带头参与答题，主持召开专题会议制定实施方案，层层建立沟通机制，加强考核激励，注重媒体宣传，确保竞赛强力推进。线上答题入围前十后，立即投入专项资金，成立专门队伍，配备熟悉宣教组织工作的专门人员，制定总决赛筹备工作专项方案，同时，根据二级单位推选的优秀基层员工，选拔参赛选手，组织选手开展为期15天的集中脱产式学习与培训，持续提升选手应急知识和实操技能。例如，安徽省应急管理厅认真制定总决赛选拔赛方案，精心组织网络答题成绩突出的单位开展选拔工作，并对参赛队员集中封闭训练。

"3"是"三融合"提高站位，发挥普法工作的政治作用。即注重将竞赛融入"不忘初心、牢记使命"主题教育整改实践中，作为落实主题教育活动、服务人民群众的重要举措；融入"服务大局普法行"主题实践活动、"宪法宣传周"等大型普法活动，在全社会营造"尊法学法守法用法"的舆论氛围；融入2019年"防风险、保安全、迎大庆"的工作部署中，以普法、学法促安全等具体举措落实为中华人民共和国成立70周年营造安全稳定的社会环境。例如，山东省抓好关键节点，一方面，以全省同期开展的新中国70周年安全生产专项督导检查为契机，把普法竞赛活动列为重要工作内容，定期跟踪调度参赛数据情况，及时对工作调整部署；另一方面，要求全省应急系统，特别是省应急厅发挥示范作用，争创佳绩，把参加好竞赛活动与全面提高依法履职能力结合起来，推动学习型机关建设。中国石油化工集团将竞赛活动融入推进企业基层单位义务应急队建设工作，作为提升基层单位应急处置能力素养的有力载体，不断提高基层义务应急队服务保障能力。

“4”是“四级”发动强力推进，提高社会覆盖面和影响力。自竞赛活动通知印发以来，省、市、县、街道四级发动，中央企业集团、二级单位、三级单位、基层班组四级推动，坚持领导带头、精心组织、认真谋划、层层发动，以危险化学品、金属冶炼等高危企业以及大中型企业等生产经营单位作为参与竞赛活动的重点对象，还积极向民营企业、私营中小企业和宾馆、饭店、商业等服务性行业单位、社区居民延伸，各企业干部职工在自己参与答题的同时，还积极发动家人、同学、亲友、邻居参与答题，通过不间断、全方位、多层次、立体化、多渠道的发动，普法竞赛活动深入人心，切实营造了全民参与的良好氛围。国家能源投资集团有限责任公司建立了集团公司、二级单位、三级单位、基层班组多级管理沟通机制，各级组织均设专人负责活动组织和工作联络，通过QQ平台组建“应急管理普法知识竞赛二级单位联络群”，统筹管理近100家二级单位，各二级单位分别组建三级单位联络群，共联络近1000家三级单位；各三级单位设置基层联络员，利用班前会、QQ、微信等工作平台将信息传递到每一位员工。

“5”是“五矩阵”宣传报道，提升宣传教育的实际效果。依托新媒体新技术手段，积极运用“报、网、端、微、屏”等媒体平台开展立体化宣传报道，充分发挥应急管理部和司法部所属纸媒优势，在《中国应急管理报》和《法制日报》（2020年更名为《法治日报》）分别刊发了竞赛活动通讯稿，在主流媒体宣传活动内容，鼓励群众积极参与，扩大活动影响力，取得了良好的新闻宣传效果；同时，还组织对现场总决赛和颁奖仪式全过程录制剪辑，拟于“宪法宣传周”前后在电视及网络上播出，扩大竞赛宣传力度。各地发挥当地媒体作用，在官方网站、公众号、QQ等网络宣传平台开设竞赛专栏，及时向社会公众推送答题平台链接和二维码，发布操作指南和视频，大力宣传普法知识竞赛活动规则；通过电视台、广播、报纸、网络、展板等形式开展普法知识竞赛宣传报道，提高了竞赛活动效果。甘肃省应急管理厅利用甘肃电视台、每日甘肃网、“甘肃安监”微信公众号等媒体，及时向社会公众推送答题平台链接和二维码。一些地市将答题平台二维码印制成宣传卡片和彩页，以走街入户的方式发放，动员群众参与答题，营造全民参与的氛围，全省累计答题1824万余人次，占总人口的70%。河南省应急管理厅编印《法律责任摘要手册》，同时，要求厅机关和各地应急管理局机关每个处（科）室和党支部利用周一或者周五例行学习的机会，使用手机登录参与答题，手机答题成为学习前的必修课。

此外，各地方各单位为提升全民参与度，将本次竞赛情况纳入考核加分项，对网上答题表现突出、获得总决赛资格的有关单位和个人进行奖励，极大地调动了广大员工的参与热情，形成了“学安全、共答题、争先进”的浓厚氛围。新疆维吾尔自治区对积极组织、网上答题排名靠前的地州市、区有关部门以及与自治区人民政府签订安全生产目标责任书的企业，给予2019年度安全生产目标管理考核加分政策；规定对获得总决赛资格的单位和个人，由自治区安委会办公室将进行奖励。中国铁道建筑集团对竞赛活动进行了周密布置，制定了活动方案和奖励措施，下属各单位由主管领导牵头组成宣传和答题小组，有的项目部通过答题积分兑换日常生活用品的办法，提高了员工参与竞赛答题的积极性。

三、经验启示

应急管理普法是全面依法治国的长期性基础性工作，是一项社会系统工程，事关全局、事关长远。全国应急管理普法知识竞赛活动的成功举办，做到了应急管理普法的守正和创新，也为应急管理领域乃至全国其他部门、地方和行业的普法工作提供了宝贵的创新经验。

（一）必须提高思想认识和政治站位

应急管理普法活动是一项实实在在的“落地工程”，要达到预期的普法效果，提升普法的质量和水平，必须从思想和政治上高度重视，增强做好应急管理普法工作的紧迫感和责任感，以习近平新时代中国特色社会主义思想为指引，站在统筹推进“五位一体”总体布局，协调推进“四个全面”战略布局的高度，深刻认识做好应急管理普法工作的重大意义，着力满足人民日益增长的应急法治需求，促进依法防范化解重大安全风险，营造和谐稳定的社会环境和良好的法治环境，不断提高人民群众的获得感、幸福感、安全感。

（二）必须坚持以人民为中心

应急管理普法的对象是人民群众，因此，必须紧紧围绕广大群众关注的难点、热点问题，不断探索创新普法方式方法，采取更加有针对性的措施，使应急管理法律法规和标准制度内化于心、见之于行，真正体现在解决应急管理工作实际问题里、彰显于久久为功的行动中，不断提升安全生产、防灾减灾救灾、应急救援等应急管理能力水平，促进应急管理普法工作上新台阶。

（三）必须坚持思路和方法创新

在“互联网+”的新时代，要充分利用“线上线下”及多种形式进行普法，积极打造普法品牌。坚持传统媒体和新媒体并用，结合法治宣传进企业、进校园、进机关、进社区、进农村、进家庭、进公共场所“七进”活动，利用“安全生产月”“宪法宣传周”等重要时间节点和活动载体，采取“线上+线下”普法新模式，以及在微信公众号开展线上有奖知识竞赛活动，以考促学、以考促用，调动大家学法积极性；组织开展线下现场实操比赛，增强普法知识的针对性和专业性，加强各地方各企业普法交流学习。

（四）必须坚持建设“法治文化”

应急管理普法工作具有长期性、多样性、艰巨性，虽然全国应急管理普法知识竞赛已经展现了一种优秀的法治文化，但就全面的普法活动而言，还必须通过持之以恒、入脑入心的普法活动来培育人们思想上和行动上的自觉，营造自觉尊法学法守法的有利氛围，让公众形成普法和守法的良好习惯，进而建设形成中国特色的法治文化，用法治文化引领应急管理普法质量、效果和水平的不断提升。

第二批全国普法依法治理创新案例

北京市推动“七五”普法考核体系清单化、项目化、社会化

习近平总书记强调，普法工作要在针对性和实效性上下功夫，特别是要加强青少年法治教育，不断提升全体公民法治意识和法治素养。北京市在实施“七五”普法规划过程中，聚焦提升普法工作的针对性、实效性，以平安北京建设考核为抓手，创建普法考核指标体系，组织年度普法工作考核，不断实现覆盖范围、执行方式、考核机制的创新发展，有效提升了各区各部门落实普法责任制的积极性、主动性，有效发挥了普法工作在全面依法治国过程中的基础性、长期性作用，对于推进普法考核的体系化制度化具有积极的借鉴意义。

一、背景情况

“七五”普法实施以来，人民群众对法律的需求越来越迫切，全社会对加强普法工作的期盼越来越高涨。党的十九大明确要求“加大全民普法力度，建设社会主义法治文化，树立宪法法律至上、法律面前人人平等的法治理念”，对全民普法提出了新的更高要求。

但是，长期以来，普法宣传被片面地认为“内容虚”，属于“软任务”。客观来说，从各地实际来看，普法工作干得好不好、强不强，一直缺乏一套行之有据、行之有效的考核标准。

为了从根本上解决这一痼疾，北京市坚持以前沿理论为引导，以群众需求为导向，以本地实际为基础，以“七五”普法为载体，通过长时间大量实地走访、座谈调研，逐渐探索出一条科学合理、独具特色的普法考核新路子。

二、主要做法

（一）突出科学性，坚持“首善标准”

一是考核体系化。根据全市“七五”普法规划，搭建“七五”普法考核主干框架，并通过年度考核和市民法律素质调查实施。具体来说，根据每年全市普法依法治理工作要点，制定年度“七五”普法宣传情况考核指标，设立组织领导和工作保障、重点活动、重点对象、依法治理、法治文化、社会认知度满意度 6 个一级指标，以及 22 个二级指标，并细化为 60 多个三级指标体系。市民法律素质调查以问卷调查为主要载体，设置法律认识、法律遵守、法律运用 3 个一级指标，法律了解程度、认知途径等 24 个二级指标，学习法的主要原因、不了解法律的主要原因等 34 个三级指标。

二是责任清单化。为明确普法任务，以市委全面依法治市委员会守法普法协调小组名义制定印发《北京市国家机关“谁执法谁普法”普法责

任制的实施办法》和《北京市普法责任制清单》。普法责任制清单以条目的形式，明确了全市各部门普法的共性责任和3批共79家单位的个性责任，有的放矢层层分解普法任务，明确责任单位，强化普法职责，督促各地区、各部门、各行业结合实际，排出贯彻落实的任务书、“施工图”，确保普法责任制深化落地见效。

三是步骤阶段化。为提高考核的准确性，北京市司法局经过慎重研究和征求意见，决定将“七五”考核分年度进行。根据年度任务轻重，确定在总考核中所占比重，“七五”结束时确定最终成绩。“七五”末期，开展市民法律素质调查，全面掌握评价全市普法工作成效。总的来看，逐年考核、阶段推进的方法，有效避免了“一考定五年”的问题，让“七五”普法的工作动力更持续更持久。

（二）突出客观性，开创“北京方式”

一是工作项目化。北京市努力推动考核工作项目制，实现因需立项，因项定费。根据考核工作内容制定绩效目标，经严格程序，申请财政资金立项。处室主要负责人负总责，指定专人负责项目日常运行，遇到重要问题，层层上报，逐级请示，确保整体工作运行有序。

二是执行社会化。为保证考核工作的客观中立，北京市司法局每年将考核项目委托给具有调查资质的第三方机构执行，确保“专业的事情交给专业人士干”。第三方机构负责考核指标的具体落实，北京市司法局只负责考核指标制定和沟通联络，以及协助判定工作材料关联性，不介入具体过程，不做倾向性暗示，充分发挥第三方独立中立的优势。

三是方式多元化。在考核的方式上，主要采取CATI电话访问、入户访问、拦截访问相结合的方式。CATI系统（计算机辅助电话访问），主要是对选取的受访者样本通过拨打电话的方式进行访问。入户访问，是访问员根据抽样街道及村居名单，按照“右手原则”行走并接触右手侧的住户。固定场所拦截访问对象，是对符合条件的受访者进行面对面的访问。

（三）突出直观性，发挥“首都特色”

一是考核“有底气”。在市委市政府的大力支持下，北京市“七五”普法考核于2017年开始纳入全市依法行政考核，2018年纳入综治考核，后调整为平安北京建设考核。考核对象由“七五”初期的30多家，发展到目前的130多家，实现了全市各区和全部市级单位的全覆盖。“七五”考核在全市考核中的分值占比相对较高，对综合成绩影响较大。

二是途径“接地气”。北京市特别尊重群众的主体地位，坚持将群众对普法成绩满不满意、过程愿不愿意参与作为考核最重要的标准。在考核过程中，注重深入基层社区、农村，广泛接触居民、村民，面对面地了解群众需求、听取群众意见、接受群众建议，真正贯彻了“时代是出卷人，我们是答卷人，人民是阅卷人”。

三是各方“有生气”。北京市注重发挥考核的“指挥棒”“风向标”作用，在市委全面依法治市委员会守法普法协调小组的统筹协调之下，各区各部门落实普法责任制的积极性明显提升，普法宣传工作相比“六五”时期实现了跨越式发展。宪法宣传成功打造“北京样板”，以案释法活动实现“订单式”普法，北京普法联盟建成“枢纽型平台”，法治文艺大赛惠及百万群众。

三、经验启示

新时代赋予新使命，新时代召唤新担当。如何利用考核来更好指导监督推动普法宣传工作，更好发挥群众的主体地位，更好地满足群众对美好生活的向往，是新时代普法工作者面临的一大难题。回答好这个“时代之问”，是我们义不容辞的责任，也是发展创新的必由之路。

北京市司法局关于“七五”普法考核的探索与实践，通过科学制定指标体系、阶段推进考核程序、中立执行考核项目、充分强调结果运用，既尊重了人民群众在普法中的主体地位，又充分发挥了第三方执行客观中立的独特作用，也最大限度调动了各区各部门工作的积极性和主动性，为考核赋予了充分的科学性、客观性、直观性。

北京市司法局关于“七五”普法考核的探索与实践，充分说明经过科学谋划、细致调研、周密实施，考核不仅能让普法工作由“软任务”变成“硬指标”，还能让各个普法主体“动起来”“活起来”，更好地推动新时代全民普法工作迈上新台阶、实现新发展。

◆ 江苏省南通市开展宪法“进影院、进电视、进商场、进超市、进农贸市场、进宾馆”活动之进宾馆

第二批全国普法依法治理创新案例

江苏省南通市创新建立“谁执法谁普法”闭环管理机制

习近平总书记强调，普法工作要在针对性和实效性上下功夫，特别是要加强青少年法治教育，不断提升全体公民法治意识和法治素养。党的十八届四中全会明确提出实行国家机关“谁执法谁普法”的普法责任制。南通市创立“谁执法谁普法”闭环管理机制，整合优化国家机关普法目标需求、平台载体、方式方法、资源渠道等要素，形成资源通融、内容兼融、宣传互融、效应共融的普法联动机制，对于推动普法依法治理高质量发展、提升全民法治素养具有重要的现实意义。

一、背景情况

面向社会普法一直是司法行政部门的主责主业。随着我国社会主义市场经济的不断发展和法律体系的不断完善，将如何构建“党委统一领导、部门分工负责、各司其职、齐抓共管”的大普法新局面，提上了重要议事日程。为此，各地探索将国家机关的普法责任纳入普法规划实施、文明城市建设等考核体系，以期通过考核倒推国家机关履行普法职责，摆脱司法行政部门单方推动全民普法任重力小的窘境。但在具体实践中，国家机关落实普法责任存在一些薄弱环节：一是组织统筹不够有力，各级法治宣传教育工作领导小组办公室对“谁执法谁普法”工作开展的组织、协调、指导和督查职责还需加强，国家机关普法责任没有明确清晰；二是整体联动不够有序，国家机关整体联动意识相对淡薄，存在各“自搭台”、“分头唱戏”、交叉冲突的情况；三是普法实效不够明显，国家机关普法考核“指挥棒”的作用没有充分发挥，存在执法与普法“两张皮”现象，普法的实效性还需增强。因此，建立和完善“谁执法谁普法”闭环管理机制，推动普法工作从普法主管部门“独唱”，到普法责任机关“领唱”，再到全社会“齐唱”，是新形势下深化普法工作的迫切需要和必然选择。

二、主要做法

（一）实施清单管理，为落实普法责任制划定“责任田”

2015 年 9 月，中共南通市委办公室、市政府办公室出台《关于落实“谁执法谁普法”责任制的实施意见》，探索将国家机关的普法职责内容进行全面细化，形成精准普法清单，推动国家机关普法责任定位清晰、职责明晰。2016 年，南通市法治宣传教育工作领导小组办公室、南通市司法局向市级机关各部门发放《精准普法一本通》，正式确立普法清单制度。《精准普法一本通》全面梳理现行有效的 250 余部主要法律，并简要介绍法律的颁布、实施、修正过程以及主要内容，成为普法的内容清单，明确了“普什么”；根据法律施行日期和各纪念日、节日时点等将其进行排列，形成普法的时间清单，以国家机关年度“普法日历”的形式，明确了“何时普”；按照“时间到点，责任到人”原则，形成各国家机关的“普法建议”，每个法律对应的主要普法责任机关、每个国家机关涉及的法律一览无余，成为普法的主体清单，明确了“谁来普”，实现普法责任从抽象到具体的转变。

（二）推行普法提示，为落实普法责任制握好“方向盘”

成立“谁执法谁普法”工作领导小组，健全“谁执法谁普法”联络员队伍，定期召开普法责任制联席会议，实行普法提示制度。实行“一事一提醒”，依照“普法清单”，在重要节日、法律施行日等普法节点期间以及针对群众对某些法律法规需求强烈等情形下，向相关普法责任机关提前发出“普法提示函”，提醒宣传的“时间、内容、责任”三要素。实行“一事一跟踪”，要求各职能机关及时反馈普法工作开展的动态情况、社会影响和相关图片资料。实行“一事一督办”，对未完成或完成质量不高的普法事项，对接相关职能机关，通过月度“点对点”沟通、季度普法建议书的形式，提醒限期整改，有效实现普法工作事前提醒、事中跟踪、事后督办。仅 2020 年，南通市法治宣传教育工作领导小组办公室向各单位发出疫情防控、民法典等普法提示函 20 余份，确保普法节点不过期。

（三）统筹协调指导，为落实普法责任制配备“引擎器”

法治宣传教育工作领导小组办公室发挥协调指导职能，统筹整合普法资源，有效解决普法工作“碎片化”问题。实施项目管理，下发《国家机关“谁执法谁普法”普法联动事项清单》，明确各国家机关年度普法项目内容、形式、完成时间，对联动事项实行定期了解、常态督导，普法联动事项完成率100%。实施平台共享，按照统一公布、统一申报、统一分配的原则，根据各国家机关普法需求和内容，制定各国家机关宣传载体年度安排表，每年指导编发《南通崇法》《法润江海报》30余万份，展陈法治宣传栏20余期。制定《关于加强媒体公益普法宣传的实施办法》，改版升级南通电视台《法治纵横》、电台《法治时间》栏目，建立微博普法联盟，开辟微服务、微学法、微咨询等栏目，推动40余家行政执法机关踊跃参与，电视台《法治微讲堂》多部宣讲视频入选“学习强国”平台。实施联动合作，推动国家机关加强横向联动、纵向衔接，联动开展“德法涵养文明　共建绿色生活”、“美好生活·法典相伴”、法治文化节等主题活动千余场。

（四）强化评估反馈，为落实普法责任制统一“度量衡”

出台《“谁执法谁普法”工作考核办法》及其评分细则，设置面向社会的法治宣传、以案释法开展情况、依法决策和履职情况、法治文化建设等18个大项31个具体指标，所有指标精准设置考核分值。建立全市“谁执法谁普法”履职评议制度，由南通市法治宣传教育工作领导小组办公室抽调各国家机关普法骨干成立专业评议组，随机确定人大代表、政协委员、新闻媒体代表、法学专家等人员共同组成集中评议组，通过听取履职报告、查阅工作资料、座谈了解等形式，按照日常考评40%、年终考评60%的比例，以优秀、良好、合格、不合格等次，综合评定61家市级国家机关普法履职情况，结果通报并作为市委、市政府高质量发展考核的重要依据。

三、经验启示

通过健全“清单管理、普法提示、协调指导、评估反馈”的闭环管理模式，使“谁执法谁普法”工作逐步呈现出集合、集成、集约的良好态势。

一是实现了普法力量的集合。通过实行闭环管理，凸显了法治宣传教育工作领导小组办公室的组织、指导、协调作用，推动司法行政部门从“主演”向“导演”转变、各国家机关从“配角”向“主角”发展，共同按照普法责任制要求，加强联动合作，形成普法合力，使全社会齐抓共管的氛围更加浓厚。

二是实现了普法任务的集成。通过实行闭环管理，明确了“谁执法谁普法”的普法主体、节点、内容、标准等，切实解决“谁来干、干什么、何时干、怎么干”等问题，推动了国家机关普法从“无序开展”向“有章可循”转变，主动开展宪法、民法典、疫情防控、长江大保护、扫黑除恶等主题宣传560余场次。

三是实现了普法实效的集约。通过实行闭环管理，营造比学赶超的竞争氛围，推动各国家机关结合传统文化、机关特色，充分运用群众喜闻乐见的方式，将法治宣传潜移默化地融入日常执法司法，提升了普法精准度、能见度、接受度，涌现出市检察院“向阳花行动”、市农业农村局“法润通农”、市妇女联合会“莲蓬细雨”普法模式等10个市级机关优秀普法品牌，国家机关普法逐步从“枯燥无味”向“灵动有趣”转变。

◆ 安徽省宣城市创建"法治家庭"

第二批全国普法依法治理创新案例

安徽省宣城市创建"法治家庭"打通全民普法"最后一公里"

2016年12月9日，习近平总书记在主持中共中央政治局第三十七次集体学习"我国历史上的法治和德治"时强调，要在道德教育中突出法治内涵，注重培育人们的法律信仰、法治观念、规则意识，引导人们自觉履行法定义务、社会责任、家庭责任，营造全社会都讲法治、守法治的文化环境。为有效提升家庭成员的法律信仰、法治观念、规则意识，打通全民普法"最后一公里"，安徽省宣城市自2017年起，探索实施百千万"法治家庭"培育工程，以家庭为单位，市县乡村四级联动，将法治宣传教育融入群众的"衣食住行"等生活环节，由点及面推进全民尊法、学法、守法、用法，形成办事依法、遇事找法、解决问题用法、化解矛盾靠法的良好法治氛围。

一、背景情况

改革开放40多年来，法治建设不断加强、

法治体系日趋完善，如何培养出公民与之相适应的社会法治意识，让法治成为一种全民信仰，是安徽省宣城市践行全民守法的出发点和落脚点。按照习近平总书记“法安天下，德润人心”的重要论述精神，安徽省宣城市以家庭这个社会“最小细胞”为切入点，积极探索“德法共建”机制，以“六无六带头”为标准（无家庭暴力、无非法宗教活动、无邻里和家庭纠纷、无涉黄涉赌涉毒和传销行为、无违规违法上访、无其他违法犯罪行为；带头尊法、带头学法、带头守法、带头用法、带头诚实守信、带头传承和弘扬好家风），深入推行“法治家庭”百千万培育工程。旨在推动法治国家建设落实到家庭，教育引导家庭及其成员充分认识推进法治国家建设的重大意义，正确行使权利，自觉履行义务，认真学法、自觉守法、正确用法。旨在推动法治政府建设落实到家庭，不断提高各级领导机关和领导干部运用法治思维和法治方式的能力，通过行政机关的严格执法和司法机关的公正司法，有效保障每个家庭的合法权益。旨在推动法治社会落实到家庭，不断满足群众日益增长的法治需求，通过以家庭为单位开展法律体系、法律制度层面的知识普及，探索建立“法治家庭”及单位、学校、社会实践“四位一体”的法治宣传新模式。

二、主要做法

一是示范引领，让身边典型带动更多家庭。充分发挥榜样作用，通过基层推荐、社会评选，将身边的法治典型、优秀代表选出来、推出来，并以点带面，充分发挥先进典型的辐射效应，带动更多群众参与法治创建工作。积极探索激励机制，设立“金农法治家庭贷”，建立“法治家庭”授信档案，发放贷款 77.5 万元，授信金额 245 万元，让“崇法尚德”成为现实红利。推行“普法微积分”制，将村（居）民学习法律知识、化解邻里纠纷等学法用法活动记入普法档案，通过积分兑换礼品，带动形成“比学赶超”的尊法守法氛围。建立完善长效机制，宣城市委市政府出台《党建 + 自治、法治、德治相结合的乡村治理实施办法（试行）》，要求每个行政村每年培育 10 户“法治家庭”，通过以规立德、以法润德，将“法治家庭”建设与基层社会治理紧密融合。

二是多措并举，让法律知识普及更多家庭。整合资源。围绕“美好生活·与法同行”主题，以“谁执法谁普法”普法责任制为抓手，从群众关心的“衣食住行”入手，组织开展“法德携手——乡村行、社区行、校园行、企业行”等活动。同时，将法治教育、平安建设等内容纳入“政民通”内容，通过电视、网络，让群众进一步了解法律知识、参与法治建设。部门协同。公检法司等执法部门定期梳理已办结的典型性、代表性的案件，编印以案释法系列丛书；以责任、义务为关键词，编印《公民的权利》《公民的义务》等“法治家庭”读本。宣城市委宣传部将法治微宣讲纳入社区巡回宣讲内容，常态化开展“法律进村居”活动。市委政法委遴选 595 名优秀政法干警到村（社区）兼任法治副书记，参与基层法治建设。市文明办将每年的 6 月定为“谁执法谁普法谁开展法律服务暨法治家庭”宣传月，组织机关干部开展“送法进家庭”活动。市妇联不断深化“建设法治宣城　送法到家”主题活动，将法治宣传延伸到每一个角落。上下联动。市县乡村四级依托“守法圆梦”“春风化雨”等六大主题活动，组织开展以案释法微宣讲 749 场、律师“一对一”帮扶 2925 人次、法治问卷调查 19.74 万人次、发放“法治家庭”教育读本 27.33 万份，不断增强基层群众的法律知识和法治观念。

三是融合发展，让法治信仰扎根更多家庭。

与社会主义核心价值观相结合。将社会主义核心价值观融入立法工作，制定颁布《宣城市文明行为促进条例》等多部地方性法规，用法治手段解决道德领域中的突出问题。与诚信建设相结合。加大对道德领域突出问题的专项治理力度，持续整治不文明出行、制假售假、“黄赌毒”以及“老赖”、失信等行为，引导群众自觉履行法定义务，营造“崇法尚德”的良好社会风尚。与素质教育相结合。实施法治副校长标配工程，全市 286 所中小学校实现法治副校长全覆盖，每学期至少开展 2 次法治实践活动。实施青少年光影普法工程，推动优秀法治教案视频进课堂、法治动漫进校园，引导青少年从小掌握宪法法律知识、树立宪法法律意识、养成遵法守法习惯，深植法治基因。

四是广接地气，让法治文化浸润更多家庭。建好“家门口”的法治文化阵地。推广“一县一馆一公园”“一村一屋一广场”建设，因地制宜将法治元素融入公园、广场、书屋等，先后建成城区法治文化馆（公园）14 个，农民法治公园（广场）174 个，法治书屋 864 个，实现“抬眼见法，随时学法”，在润物无声、潜移默化中培育群众的法治素养。写好“本土化”的法治文化作品。深入挖掘各地特色文化资源，将法治元素植入皖南花鼓戏、大鼓、皮影戏等“非遗”项目，推动形成“一县一品、百花争艳”的地域法治文化格局。筑好“全方位”的法治宣传平台。依托普法微信（微博）、村居法律服务微信群等普法平台，构筑起“全方位、立体式、多角度”的法治宣传网络，源源不断地将“法治快餐”送到每个家庭，提高群众对法治宣传教育工作的知晓率、参与率。

随着百千万“法治家庭”培育工程的不断深入，宣城市先后荣获全国“七五”普法中期先进城市、全国扫黑除恶专项斗争排头兵培育市、全省综治工作先进城市、全省社会治理防控体系建设先进城市等称号，全市刑事案件发案量、公共安全事故数逐年下降，人民群众安全感和满意度逐年提升。百千万“法治家庭”培育工程有效促进了社会和谐稳定。安徽省宣城市已培育出县级“法治家庭”示范户 10,000 户、市级“法治家庭”标兵户 1000 户、最赞心动“法治家庭”100 户。这些“法治家庭”在润物无声中影响带动着周边群众。泾县昌桥乡田坊村的吴某某先后有两次“名声在外”，一次是因为不满林业部门拍卖，成为全县有名的信访人、难缠户；另一次是带动家庭成员学习法律知识，成为参与地方化解矛盾纠纷的“法治家庭”示范户。百千万“法治家庭”培育工程有效推动了基层社会治理。“法治家庭”培育的重点在基层，难点在农村。随着“法治家庭”培育工程推进，越来越多的农村“法治家庭”成员成为“法律明白人”，充实到村（居）两委干部的队伍中。旌德县蔡家桥镇华川村党支部书记就是其中的一员，作为最赞心动“法治家庭”代表，他最骄傲的事情就是，近 30 年村里没有发生过一起刑事案件。百千万“法治家庭”培育工程有效提升了市民法治素养。通过“接地气”“有生气”的法治宣传、法治文化活动，让群众在轻松愉悦的氛围中接受法治文化的熏陶，有效提升法治信仰。皖南皮影戏第九代传承人就是在法治文化创作推广中成长起来的“法治家庭”代表，仅 2019 年，他和老伴就跑遍了宣州区 26 个乡镇街道，为 2 万余名群众专场表演了法治皮影戏。2021 年，他又带着新作品《赡养老人理应当》开始进村入户。

三、经验启示

家庭是社会的细胞，“法治家庭”建设是法治国家、法治社会建设的基础，是一项长期而又艰巨的任务，不仅需要地方党委政府的坚强领导和精心组织，还需要社会各界的广泛参与。只有全方位的合力共建，不断培养“社会细胞”的法治文化基因，使每个家庭都能够尊法学法守法用法，让家庭成员成为“法律明白人”，才能真正让法治思维、法律观念深入人心。

一要找准“基本点”，更好地保障“法治家庭”培育工程。没有健全的保障机制，缺乏人、财、物的支撑，“法治家庭”培育将是无米之炊。要建立“法治家庭”培育领导小组。建立以宣传部、政法委、文明办、教体局、财政局、公安局、司法局、共青团、妇联等为主要成员的“法治家庭”培育领导小组，并明确各职能部门的责任内容。要完善“法治家庭”培育的考核内容和标准。设置科学的“法治家庭”培育考核指标体系，充分发挥考核杠杆的“指挥棒”作用，通过提升考核结果的权威性来推动“法治家庭”培育工作。要适时设立“法治家庭”专项经费。根据地方经济发展情况，适时设立“法治家庭”专项经费，鼓励“法治家庭”成员，尤其是农村的“法治家庭”成员充实到基层一线的“法律明白人”队伍中，对积极协助地方党委政府开展村居法治宣传教育、化解基层矛盾纠纷的“法治家庭”予以一定的经济补贴。

二要找准“创新点”，更好地推动“法治家庭”培育工程。没有社会各界的通力配合，“法治家庭”培育将是无薪之火。要建立“法治家庭”培育联席会议制度。通过与相关职能部门及时沟通“法治家庭”创建的进展情况，及时研究解决工作推进中遇到的困难和问题。要探索建立“法治家庭”长效激励机制。统筹协调，推动“法治家庭”培育与子女教育、个人医疗、交通出行、银行贷款等福利挂钩，真正实现法治红利。要加强“法治家庭”动态管理。按照属地原则，每两年由各县市区组织一次复核，对于年度内居民家庭成员因发生违法犯罪，被依法处理的，以及经群众评议不符合“法治家庭”标准的，取消其“法治家庭”资格，收回证书（标牌），并扣减相应的普法微积分，取消家庭的法治红利。

三要找准“着力点”，更好地深化“法治家庭”培育工程。不能服务民计民生，“法治家庭”培育将是无本之木。宣传对象上要从小抓起，固本培元。在青少年中大力开展以宪法为主题的法律课堂和社会实践活动，让法律知识从小学起，让法律素质从小提升，让法律信仰从小养成。宣传内容上要求同存异，按需施教。根据群众法治需要的层次，既要有宪法、刑法、民法等共性内容，也要适时安排未成年人保护法、传染病防治法等个性内容，让群众感觉到“缺什么、学什么，干什么、学什么”，让“法治家庭”培育逐步由“要我参加”向“我要参加”转变。宣传形式上要新老结合，雅俗共赏。根据普法对象的年龄结构、文化层次，充分运用电视、手机、网络等现代传媒，发挥其传递快、覆盖广的优势，把群众身边的事儿、关心的理儿以生动活泼的形式进行宣传推广；通过花鼓戏、皮影剧等特色化的宣传形式开展“以案说法”“现身说法”，寓法于情、寓教于乐、寓理于戏，让群众真切地感受到法律是看得见、摸得着、学得了、用得上的“宝贝”，让法治理念落地生根，开花结果。

第二批全国普法依法治理创新案例

江西省南昌市连续 18 年坚持春节后第一个工作日举办领导干部法治讲座

习近平总书记反复强调抓“关键少数”，要求领导干部要做尊法学法守法用法的模范，带动全党全国一起努力，在建设中国特色社会主义法治体系、建设社会主义法治国家上不断见到新成效。南昌市创新领导干部法治教育模式，自 2004 年起，建立“坚持落实每年春节后上班第一天全市副县级以上领导干部法治讲座制度”，围绕法治热点和法治实践，邀请全国知名法律专家或实务部门领导上法治课，一以贯之，时间点好、效果好，推动形成了领导干部学法新风尚，有效提升了领导干部法治素养和法治实践能力，对于加强全民普法，特别是领导干部学法具有积极的借鉴意义。

一、背景情况

推进法治建设，“关键少数”是标杆、是示范，抓住领导干部这个“关键少数”，就等于抓住了法治建设的“牛鼻子”，有助于推动全市形成依法执政、依法行政、依法治理、依法办事的浓厚法治氛围。过去春节长假后，南昌市不少地方都延续着“上班相互串门拜年，下班相互请客喝酒，不过正月十五不算过完新年”的旧习，一些部门、单位的领导干部也忙于你来我往，既影响工作，又不利于领导干部身心健康，还影响了党员领导干部在群众心目中的形象。

为切实做好领导干部学法用法工作，积极营造办事依法、遇事找法、解决问题用法、化解矛盾靠法的法治环境，南昌市出台领导干部学法用法工作制度，在全国率先启动领导干部学法清单试点工作，将“坚持落实每年春节后上班第一天全市副县级以上领导干部法治讲座制度”作为一项常态化机制加以落实，推动春节领导干部法治讲座工作持续开展。领导干部率先学法，不仅调动了广大干部和群众学法用法的积极性，形成浓厚的学法风尚，还促进了党风政风持续好转，逐步形成办事依法、遇事找法、解决问题用法、化解矛盾靠法的法治环境。2004~2020 年，县级以上领导干部参加春节法治讲座累计 16,300 余人次。每年新春伊始的领导干部法治讲座也成为法治南昌建设的一道靓丽风景，引领全市公民尊法学法守法用法良好风尚。

二、主要做法

通过健全常态化学法机制，严格讲座选题，精选主讲老师，确保春节法治讲座高质效。

一是健全学法机制。2003 年，出台《南昌市领导干部学法用法工作制度》，将“坚持落实每年春节后上班第一天全市副县级以上领导干部法治讲座制度”作为一项常态化机制加以落实，推动春节领导干部法治讲座工作持续开展。在抓好领导干部集体学法、集中辅导的同时，2013 年出台《关于进一步加强全市领导干部学法用法工作的实施意见》，2016 年出台《关于完善国家工作人员学法用法制度的实施意见》，2020 年出台《南昌市领导干部学法清单制度（试行）》，要求全市各级领导干部加强自学，每人每年学法时间应不少于 40 小时，并对安排学法时间、学法数量、学法内容等作出规定。此外，通过建立和完善领导干部学法考勤、学法档案、学法情况通报等制度，确保领导干部学法各项要求落到实处。实施“千名领导干部讲千堂法治课”工程，每年年终对 20% 左右的领导干部授课情况进行抽查；实施市、县（区）、乡镇（街道）、村（社区）四级“法治大讲堂”工程；每年组织全市 1.2 万余名科以上领导干部网上考法，考试成绩作为选拔任用领导干部的重要依据；开展领导干部年终述法活动，推动形成人人讲法、人人敬法、人人用法的良好风气。各级党校（行政学院）把法治课程纳入干部培训中，明确规定 1 个月以上的领导干部及公务员主体班，法治课时间不少于 8 课时；2 个月以上的培训班法治课时间不少于 16 课时，确保领导干部学法多维度全覆盖。

二是明确学法对象。每年春节领导干部法治讲座以市委办公厅名义下发通知，对参学人员提出明确要求。参学人员包括市委、市人大常委会、市政府、市政协班子成员；市法院院长、市检察院检察长；各县区四套班子成员及普法办主任；市委各部门、市直各单位主要领导及部分副县级领导干部；市属企业、市属大专院校主要负责同志。以期通过“关键少数”带头尊法学法守法用法的“头雁”效应、引领带动全市干部群众的学法守法意识，在全社会树立良好法治风尚。全市县级以上领导干部参加春节领导干部法治讲座累计达 16,300 余人次。

三是甄选学法内容。由市普法办根据每年的法治热点，提出若干学习选题，报市委主要领导审定。讲座内容主要围绕领导干部法治思维和法治方式的养成、依法行政和法治创建相关知识、与南昌市中心工作相关的法律法规以及一定时期社会广为关注的专业法律法规开展宣讲活动。例如，2009 年，司法部副部长作了主题为《落实依法治国基本方略、大力推进法治城市创建》的讲座；2013 年，举办了题为《以党的十八大精神为指导、全面推进“法治南昌”建设》的讲座。注重“以问题为导向”的学习思路，春节法治讲座还针对司法、执法部门在实际工作中遇到的热点、难点或突出问题进行重点学习。例如，2017 年，为响应南昌市委部署的“美丽南昌·幸福家园”环境综合整治活动，邀请住房和城乡建设部城市管理监督局副局长作了题为《规划建设管理好城市任重道远》的讲座；2019 年，举办了题为《依法全面履行政府职能，严格规范公正文明实施法律，深入推进依法行政和法治政府建设》的讲座。2021 年，举办习近平法治思想学习宣传专题讲座。

四是精选主讲老师。根据每年度拟定的主题，由市普法办提出拟邀请授课的专家（学者）人选，报市委主要领导审定后，向江西省普法办和全国普法办申请协助邀请主讲老师。18 年来，江西省普法办和全国普法办在邀请和联系主讲老师方面给予了南昌市极大的支持和帮助。先后邀请部级领导、全国知名法学专家、学者莅临南昌讲课。他们用生动形象的语言、精辟独到的论述、渊博严谨的专业知识，为南昌市领导干部上了一堂堂精彩的法治课，得到参学干部的一致好评。

三、经验启示

通过学法不断提升领导干部运用法治思维和法治方式深化改革、推动发展、化解矛盾、维护稳定、应对风险的能力，从而充分发挥领导干部带头尊法、学法、守法、用法的表率作用，为建设富裕美丽幸福现代化江西“南昌样板”和法治江西“首善之区”提供法治保障。

一是营造崇尚法治清风正气。在春节后上班第一天集中学法，可以调动广大干部和群众学法用法的积极性，形成浓厚的学法风尚，引领党风政风，营造了崇尚法治、公平正义、文明和谐的社会氛围。

二是推动法治南昌创新升级。通过法治讲座，进一步强化领导干部的法治理念和法治思维，增强各级领导干部依法行政的自觉性，提高依法执政、依法行政、依法决策、依法管理的能力水平，引导各项工作在法治轨道上有序运行，推进各领域法治建设不断创新。南昌市在全国率先启动企业事中事后监管改革试点，研发“南昌市企业事中事后监管警示系统”；制定我国第一部水资源方面的地方性法规，在全省率先建立四级“河湖长制”管理体系及运行机制；主动将征地拆迁、拆违拆临等工作纳入法治轨道，有效维护群众权益；探索建立“政府主导、综治牵头、部门联动、专业调解”的第三方调解机制，破解“医患纠纷”这一难题；建立重大经济社会事务法律服务提前介入机制，保证重大决策事项的合法性。南昌市还将法治建设成效纳入领导班子和领导干部政绩考核，并严格落实党政主要负责人履行推进法治建设第一责任人职责有关规定。

三是助力全市改革发展稳定。以法治凝聚共识、汇聚力量，为改革深化、发展升级营造安全稳定的社会环境和公平正义的法治环境，助推全市改革发展稳定。南昌市连续多年取得“五个未发生”佳绩（未发生危害国家安全事件、未发生影响社会稳定事件、未发生暴力恐怖事件、未发生在全国有影响的恶性刑事案件、未发生重大群体性事件）。全民普法强力推进，着力破解“法不责众”“无理取闹”“信访不信法”等突出问题，在全社会构建了办事依法、遇事找法、解决问题用法、化解矛盾靠法的法治良序。

四、取得成效

良好的学法用法氛围促进学习实效不断增强，各级领导干部依法履职能力得到有效提升。南昌市行政执法“三项制度”实现全覆盖，在中央政法委创新交流会上推广数据赋能智慧战“疫”经验。依法治理效能和法治化营商环境持续优化，在全省率先组建成立行政审批局，开启“一枚印章管审批”时代。企业登记领域实行“49证合一”，5G基站建设绿色超简办理经验在全省推广。2020年国务院重点城市中，南昌市网上政务能力排名第8位，在江西省2019年年度营商环境评价工作中，南昌市综合排名占全省第一位。作为全国市域社会治理现代化合格城市第一期试点城市，积极探索构建具有自身特色的“昌治久安”治理体系，建成566个智慧安防小区，打造了“城市大脑”、市综治中心等品牌。开展“1+5+X”社区邻里中心和新时代文明实践促进中心建设，78万人次注册志愿者服务时长超2300万小时，涌现“三风”榜样90人、“中国好人”77人。反诈经验做法得到国务委员、公安部部长等领导肯定，并在全国作经验介绍。领导干部法治思维和法治能力的提升积极助推“廉洁南昌”建设，2018~2020年，南昌市四套班子成员未发现违法违纪行为。南昌市先后荣获“全国法治城市创建先进单位”，全国“三五”“四五”“五五”“六五”普法和“七五”普法中期先进城市以及“全国文明城市”称号。在中国首份法治GDP评估报告中，南昌市的法治政府建设位列全国53个城市第4位、中西部城市第一位。

第二批全国普法依法治理创新案例

广东省创建“法治文化节”新品牌

加强法治文化建设是全面依法治国的重要内容。习近平总书记明确指出，加大全民普法力度，建设社会主义法治文化，树立宪法法律至上、法律面前人人平等的法治理念。“七五”普法期间，广东省深入学习贯彻习近平法治思想，将普法工作提升到法治文化建设高度，服务粤港澳大湾区建设，充分发挥文化润物无声熏陶作用，以文化人动员群众有序参与法治文化建设，结合岭南文化特点，较好的将法治与文化融合在一起，创出特色品牌，取得了可喜的成效，许多领域走在全国前列。

一、背景情况

加强法治文化建设是全面依法治国的重要内容。习近平总书记明确指出，要“加大全民普法力度，建设社会主义法治文化”。当前，我国法治文化建设虽然取得了一定成效，但总体上还不能够适应全面依法治国、建设社会主义法治国家的需要，其自身的发展仍然受多种因素的影响和制约。因此，必须采取正确的对策和措施，寻求法治文化建设的有效途径。早在全国“七五”普

◆ 广东省“法治文化节”

法规划实施之时，广东省就已着手创新载体形式，积极探索法治文化建设。例如，推动法治宣传与法治文化建设相融合，依托平台阵地实现法德共治，构建“广播有声音、电视有画面、报刊有文字、网络有信息、电话有指引、培训有机构、基地有体验、法宣有队伍”的普法工作格局。

经过探索和试点，广东省全力打造法治文化建设新品牌——全省法治文化节。2019 年 10~12 月，结合宪法宣传周，广东省采取省市联动方式，创新举办首届法治文化节，开展一系列群众喜闻乐见的普法宣传活动，组织宪法法律宣传系列活动 3.5 万场，参与人数超过 4400 多万人次，活动形式和参与人数创历年之最，营造浓厚的法治氛围，得到各方的肯定和认同。2020 年 10~12 月，广东省继续举办第二届法治文化节，围绕习近平法治思想、宪法、民法典学习宣传，部署开展“4 赛 4 展 2 主场”活动。

二、主要做法

（一）先行先试，探索法治文化品牌新方向

面对广东省法治文化建设成果日益丰富，但集中展示的法治文化综合平台仅停留在法治文化示范企业和零散的法治文化阵地，为此，广东省不断探索新的法治文化品牌，大胆创新，力图打造一个既对法治文化根脉传承，又对机制、平台、保障有所创新的品牌，结合全国第二个“宪法宣传周”的部署，策划举办法治文化节，利用法治文化的教化、引领、熏陶作用，推动全省法治文化繁荣发展。

2019 年 3 月，在省委全面依法治省委员会守法普法协调小组第一次会议上，省委常委、宣传部部长确指出，在宪法宣传周基础上“要创新举办广东省法治文化节”，并写进《广东省 2019 年普法依法治理工作要点》，作为年度完成的重点任务。2019 年 10 月，广东省司法厅、省普法办会同省委宣传部、省文化和旅游厅，共同研究制定“宪法宣传周暨广东省首届法治文化节系列活动的工作方案”，在省直单位和 21 个地级以上市对宪法宣传周及法治文化节开展的系列活动内容、具体要求进行部署。同时，要求各地区结合实际，提前做好实施方案。

（二）善作善成，引导社会力量广泛参与

从首届法治文化节开始，就形成省市联动，同频共振，全社会畅享法治文化“大餐”的特色。2019 年首届法治文化节精心组织“3+5+N”的多声部、多旋律、多维度的主题活动，创造性地开展一系列富有岭南特色、群众喜闻乐见的法治宣传教育活动。2020 年组织“4+4+2”模式法治文化节。经 2019 年首届法治文化节的铺垫，全省各地市也纷纷效仿举办当地法治文化节，深圳、阳江、云浮等地市市委市政府主要领导出席当地文化节启动仪式，形成了较大的社会效应，收到良好的普法效果和社会宣传效果。

一是打好“主场牌”。2019 年主办了三大主场活动，其中有三场进行网络直播。例如，举行“2019 年广东省宪法宣传周启动暨首届法治文化节开幕仪式”，普法达人倾力助阵；举办“深入学习贯彻党的十九届四中全会精神，加强宪法学习宣传和贯彻”座谈会，广东省人大常委会主任出席会议并讲话，省直单位、专家学者、基层人大代表、民主法治示范村代表、法治宣传教育代表共 120 多人参加；举办“宪法进校园”主题日活动，歌颂宪法发展历程和新中国法治建设取得的伟大成就，在青年学生中弘扬宪法法治精神，现场师生同诵宪法，普法达人诙谐互动参与普法；举行“2019 年广东省首届法治文化节闭幕式暨优秀作品颁奖典礼”，总结回顾法治文化节和宪法宣传周活动，对在法治文化节评选出的优秀作品进行展演、展示、展播并隆重颁奖。2020 年重点打造了二个主场活动：（1）在广州举办“宪法进

企业”主题活动，突出宣传宪法基本原则、主要内容，培育社会公众的宪法意识、国家意识、规则意识，重点宣传广东着眼大局、统筹推进疫情防控和社会经济社会发展，精准助力复工复产、“六稳”“六保”等；（2）在深圳市民法公园开展民法典普法嘉年华活动，结合民法公园开园，举办法治文化节优秀作品颁奖典礼，办理“开园第一单”婚姻登记系列策划、旁听“开园第一场”民事案件庭审学法、法治精品节目小剧场演出、文化节“4 展”活动首展、大型法律咨询活动等。

二是打好“组合拳”。在发挥省级示范作用的同时，以点带面，采取“主场 + 分设主题日”的方式，先后与广州、深圳、佛山、东莞、中山、江门、肇庆、潮州等市共同主办全省法治文艺精品创作交流、法治诗词歌曲作品交流、“我眼中的法治”微视频评选、法治摄影书法绘画优秀作品展览、优秀普法小使者评选交流、全省中小学生民法典故事会等多种法治文化主题活动，通过多元艺术形态，以文化的柔性、人文的关怀和法治的力量，推出一批具有岭南特色、反映法治建设成就的法治文化作品（产品）。让广大群众在法治诗词歌曲交流中感受法治文化的魅力；在法治文艺精品创作中感悟法治文化精髓，让青少年学生学习、解读法治文化，成为法治文化的传承者、践行者。既有效发挥省的主体作用，又调动地方的积极性，上下合力，形成了宏大的宣传声势。

三是做好“三结合”。（1）将法治文化与广东地方传统文化结合。结合广东省地方三大戏剧、三大岭南方言，针对不同对象，采取灵活多样的形式开展活动，既有传统的地方文艺表演，又融入法治元素和理念，形式多样，形成“百花齐放，百家争鸣”的良好态势。（2）将现代新媒体与传统宣传方式相结合。通过平面宣传、创作、展览、展演、展播、交流、评选、竞赛等多种形式，充分运用“报、网、端、微、屏”等现代媒体平台，又创新发挥广东省四大“普法达人”的影响力和传播力。在首届法治文化节，受“普法达人”影响的粉丝量超过 1000 多万人次。（3）系统内与系统外相结合。全省省直各单位认真落实国家机关“谁执法谁普法”普法责任制，压实主体责任，以各种方式来积极、主动参与法治文化节。首届法治文化节期间，广东省退役军人事务厅举办“不忘初心担使命，牢记职责练本领”法律法规知识竞赛；广东省应急管理厅组织本系统开展宪法法律知识网络学习活动等。第二届法治文化节举办面向省、市、县（市、区）普法责任单位 40 岁以下干部职工的“我与民法典有个约”青年演讲比赛。各地市同步开展地方特色的活动，例如，各市在“12・4”当天均举办国家宪法日宪法集体宣誓活动；潮州市、汕头市、江门市将法治元素融入传统灯谜艺术，举办法治灯谜竞猜活动、擂台赛；韶关市、广州市番禺区等部分市（县、市、区）开展“宪法进军营”法治宣传活动。

（三）示范引领，民法典普法宣传再掀新高潮

2020 年年初，广东省及早策划并部署第二届法治文化节。随着民法典问世，中国民法制度也迎来民法典时代，广东省开始着手打造“民法典让生活更美好”为主题的第二届法治文化节，细化为“4+4+2”模式，即“4 赛、4 展、2 主场活动”。

一是唱响“主旋律”。第二届法治文化节的 10 场活动均以民法典普法宣传为主线，弘扬法治精神，突出社会主义法治文化主题，让民法典走到群众身边、走进群众心里，为民法典 2021 年正式实施营造良好氛围。

二是注入“原动力”。充分运用传统形式和新媒体技术，通过创作多样作品，采取多种形式，通过网上网下立体平台，增强普法作品产品的感染力。同时，激励全社会积极参与创作，体现群众性。重点动员青少年学生参与，探索“小手拉大手”的普法新模式，从小培育青少年的法治意识，用普法小使者的“影响力”带动身边的老师同学家长邻里学法用法。2020年，根据疫情防控的实际，以突出网上公共卫生法治课和民法典学习宣传、法治故事采写能力等为重点，面向具有一定的文字功底、法律知识、个人才艺，口齿伶俐，形象端正的全省中小学生进行选拔。

三是传播“好声音”。按照疫情防控要求，法治文化节以网络展示为主，现场比赛为辅，积极传播法治文化“好声音”。如“4赛4展”入围作品均在“广东普法”公众号展播，并设网上投票环节，提高群众参与度；围绕民法典相关内容，以邀约形式向具有省书法家协会会员的政法系统干警职工征集高质量的书法作品，并列入民法公园博物馆展览，为博物馆增添法治文化元素。

三、经验启示

法治文化建设作为法治国家建设的重要支撑，其发展程度如何，直接关系到社会主义法治建设的发展。广东省已成功举办两届法治文化节的经验说明，以法治文化作为法治宣传、法治建设的重要载体和抓手，年年有实践，年年有成效，形成了上下联动、通力合作、群众参与的工作格局，广东省法治文化建设品牌效应初显。

（一）提供了一个综合的法治文化平台

法治文化节通过将法治与传统文化相融合，以艺术化的手法，把抽象的法律变成了生动活泼的艺术形象，为全省提供了一个综合的法治文化平台。使文本上的宪法、民法典等法律在“指尖上”“活起来”“落下去”，让宪法、民法典等法律走进千家万户，“飞入寻常百姓家”。目标已基本实现，并达到预期效果。

（二）创造了一个启动关注和重视法治文化的手段

广东省法治文化建设一直坚持以人民为中心的思想，着力满足新时代群众多元化、多层次的法治文化需求，积极动员和组织各个年龄层次、文化层次的专业人士、机关单位人员和基层群众参与。通过不同的形式涵盖了文化各个领域，从不同层面宣传和展示了广东法治文化建设、社会主义核心价值观的成果，切实将法治文化打造成了“文化的盛会，群众的节日”，群众喜闻乐见，主动参与，每一届法治文化节直接或间接参与的社会各界人士达4400多万人次，就是一个很好的实证。

（三）完成了一次文化节成果集体亮相和检验

广东省各地区各单位和社会各界积极参与，在各自领域为法治文化节贡献了智慧和优秀的法治题材作品产品。2019年，省、市两级普法办收集各类宪法、法治题材文艺作品（产品）共约16,000余件，2020年，仅全省中小学生民法典故事会就征集近6000件文稿，充分展现了广东省全民普法的累累硕果。为了使作品更加接地气、更具有地方特色，法治文化节积极鼓励创作法治题材的戏剧、影视、歌曲、诗歌、书画、摄影等文艺作品，目的就是让参与者在创作中感受到法治文化的熏陶、感受法治力量，使作品更加丰满、更加丰富，更加贴近生活，群众更加受惠。

（四）媒体关注度始终居于高位

法治文化节从一开始就得到了社会各界和新闻媒体的高度重视，央视网、《民主与法制》杂志社、《人民法治》杂志社及《法治日报》、《广州日报》、《南方日报》等中央、地方新闻媒体持续报道关注。据统计，2019年，首届法治文化节期间中央媒体报道34篇，省级媒体报道78篇，地市媒体报道702篇；广东省普法及各地普法微信公众号微信推文1768条，总阅读量831.54万人次；通过电视网络直播总流量达479.29万人次。2020年，第二届法治文化节同样赢得媒体的广泛关注，相关推文报道超过了2019年，体现了重大的新闻价值和舆论导向，成为广东省的焦点报道。

第二批全国普法依法治理创新案例

贵州省黔西南州加强基层依法治理助力易地扶贫搬迁安置

习近平总书记指出：“易地搬迁是解决一方水土养不好一方人、实现贫困群众跨越式发展的根本途径，也是打赢脱贫攻坚战的重要途径，要加大易地搬迁后续扶持力度，确保搬迁群众稳得住、有就业、逐步能致富。”为落实习近平总书记关于“做好巩固拓展脱贫攻坚成果同乡村振兴有效衔接”的重要指示精神，贵州省黔西南州狠抓易地扶贫搬迁后续扶持“五个体系”建设，奋力推动“在乡村振兴上开新局”，围绕基本公共法律服务供给、法治文化服务及社区依法治理等方面积极服务乡村振兴工作，为做好脱贫攻坚“后半篇文章”，作出了积极尝试和有效探索。

一、背景情况

2020 年，中央全面依法治国委员会印发了《关于加强法治乡村建设的意见》，该意见围绕服务保障乡村振兴战略，对法治乡村建设重要内容进行了总体部署。在全面决战决胜脱贫攻坚，大力推进易地扶贫搬迁安置工作进程中，黔西南州“十三五”期间实施易地扶贫搬迁 33.85 万人，占全州总人口的 10%，搬迁人口占其总人口比例为

◆ 黔西南州册亨县政法各部门联合定期深入易地扶贫集中安置区高洛新区开展法治宣传教育宣讲

全国第一、搬迁人口规模为市州级全国第二，城镇化集中安置比达 99.7%，创造了易地扶贫搬迁“贵州奇迹”。脱贫攻坚取得全面胜利后，如何通过开展易地扶贫搬迁安置区基层依法治理，为搬迁群众提供强有力法治保障，促进安置区社会稳定和谐，不断巩固脱贫攻坚成果，做好脱贫攻坚与乡村振兴有效衔接。经过不断探索，贵州省黔西南州初步形成了以“‘五个围绕’制度设计、‘三个优先’基础建设、‘四项措施’系统长效”为抓手，以服务群众为目标，加强基层依法治理，助力易地扶贫搬迁安置，在易地扶贫搬迁安置区社会治理及法治创建中探索出了一套行之有效的治理模式。

二、主要做法

（一）着力“五个围绕”强化制度设计，突出整体推进

黔西南州在易地扶贫搬迁工作启动之初，就牢牢把握法治建设与制度保障，出台指导性文件 11 个，整体推进黔西南州易地扶贫搬迁安置区法治创建与社区治理工作。一是围绕有序搬迁做好政策制度设计。制定印发《关于保障易地扶贫搬迁秩序的意见》，对做好搬出地矛盾化解、分房拆房秩序维护、特殊人群搬迁服务管理、搬迁运输交通安全、户口迁移登记管理、标识标注设置、科技安防建设、社会治安巡防、网格化服务管理、法治宣传教育等 17 个方面的工作进行部署，保障搬出和搬入有序对接。二是围绕平安建设抓好政策制度设计。制定印发《黔西南州深度贫困地区易地扶贫搬迁安置区平安建设作战方案》，统筹推进黔西南州易地扶贫搬迁新市民居住区平安建设，即组建警务中心，搭建治安共商、综治信息管理、风险感知、平安互助、特殊人群监护“五个平台”，创建综合治理网络化、巡逻防控动态化、矛盾调处实时化、信息采集标准化、重点人员管理精细化、宣传培训全员化、便民服务亲情化的“七化”格局。三是围绕服务管理抓好政策制度设计。制定印发《黔西南州新市民计划社会治理推进措施》对新市民居住区物防保障、消防安全管理、矛盾纠纷调处、法律保障、便民服务等进行部署，制定《黔西南州新市民居住证管理办法（试行）》，让搬迁群众凭证享受政策福利待遇，增强群众搬迁信心，有力推进了“要我搬迁”到“我要搬迁”的转变。四是围绕规范运行抓好政策制度设计。制定印发《关于进一步加强易地扶贫搬迁安置区平安稳定工作的意见》，加强对新市民居住区社会治安综合治理组织机构、工作平台、工作制度、信息公开、工作台账等建设。五是围绕协作联动抓好政策制度设计。制定印发《关于加强易地扶贫搬迁新市民居住区社会治理工作协作联动的意见》，对易地扶贫搬迁搬出地与搬入地协作联动、上下级部门协作联动、安置点各体系及沟通渠道协作联动具体建设作出部署推进。

（二）着力“三个优先”强化基础建设，突出规范运行

一是优先配强机构力量，解决“有人抓”的问题。制定印发《关于组建县乡村三级综治中心和规范设置县乡两级综治服务中心的通知》，加强综治中心、警务室等工作平台的规范建设。县级

◆ 黔西南州易地扶贫搬迁安置区册亨县高洛新区新市民禁毒教育园地

综治服务中心均明确为公益一类副科级事业单位，乡镇（街道）综治服务中心均明确为公益一类股级事业单位。黔西南州36个新市民居住区综治中心共配备人员221人。黔西南州36个新市民居住区做到警务室全覆盖，平均按照1名正式民警+2名辅警的规格配备警务力量，36个新市民居住区警务室共配备民警56人，辅警149人，警务助理87人。综治中心矛盾纠纷调解室、公共法律服务室、心理咨询室等，警务室业务服务大厅、值班备勤室、研判调度室等建设齐全。二是优先建设“雪亮工程”等平台设施，解决“有载体”的问题。州县财政投入1.96亿元，率先实现36个新市民居住区“雪亮工程”全覆盖。已在黔西南州36个易地扶贫搬迁新市民居住区建设高清监控摄像头3044个，为搬迁入住群众安装摩托车“地网”芯片3722个，同步推进新市民居住区智能安防建设，发动安置点新市民群防群治，设立楼栋长、单元长，组建巡防队等，适时开展巡逻活动，综合利用车巡、步巡、网巡相结合，将巡逻全面延伸，做到巡逻防范全覆盖，切实增强搬迁群众安全感。三是优先关注新市民心理，解决“有倾听”的问题。制定印发《关于做好黔西南州新市民心理服务工作的意见》，建立新市民心理状况动态调查、定期分析研判、报告“三项机制”，及时防范化解新市民生活失意、心理失衡、行为失常“三类风险”。

（三）着力“四项措施”致力系统长效，突出依法治理

一是加强特殊人群关爱服务。通过开展回归工程，定期到户走访，了解特殊人员的情况，对吸毒人员、刑释解戒人员开展帮教。加强对精神障碍患者救治救助，加强动态管控，落实以奖代补监护责任，防止发生涉及特殊人群的案件。全面落实“四免一关怀”政策，积极推动“红丝带”工程。为全州留守儿童发放平安手环51,822个，保障人身财产安全。二是大力实施“诉讼便民”工程。新设置15个巡回审判点，为36个新市民居住地提供便利的司法服务保障，在余下居住区由法院机关或临近法庭、诉讼服务站负责提供相关司法服务，以此达到对全州新市民居住区“司法服务全覆盖”。三是打好矛盾纠纷化解主动仗。认真践行新时代“枫桥经验”，以抓实调解阵地建设作为载体，预防在先、化解在前，做到纠纷化解与普法宣传同推进、人民调解与社会治理同落实。抓重点带全面，各个县（市、新区）司法局各打造1个以上的规范化易地扶贫搬迁安置点人民调解委员会，全州36个易地扶贫搬迁安置点54个人民调解委员会全部建成，在全省率先实现易地扶贫搬迁安置点人民调委会全覆盖。抓规范促提升，在调解室建设上主动对标“八有”“六统一”的要求，推动调解室建设人性化、规范化、标准化。抓特色展亮点，结合地方民俗特色，切实营造“和为贵”的调解氛围，倾情、倾智、倾力打造一批“叫得响、做得好、信得过”的人民调解品牌，促进安置点矛盾纠纷有效化解。四是大力培育一批易地扶贫搬迁安置区“民主法治示范村”。重点引导推动将全州各县（市、新区）易地扶贫搬迁安置点社区打造成为“民主法治示范村（社区）”，以民主、法治双项联动推进整体提升安置点规范化、科学化发展水平，真正让安置点成为新市民的温馨、和谐、法治、民主新家园。

三、经验启示

黔西南州将易地扶贫搬迁安置区法治创建与社会治理工作作为重大政治任务、重要业务工作、重点破解难题来抓，按照“制度规范、平台统筹、科技支撑、服务联动”的思路，统筹党委政府和社会各方力量，紧紧抓住基层基础、治安防控、矛盾化解、权益保障、服务管理等关键环节，探索创新了务实管用、贴近基层、惠及群众的制度措施和方法手段，较好地实现了“搬得出、稳得住、快融入、能致富”的目标。

第二批全国普法依法治理创新案例

水利部黄河水利委员会山东黄河河务局打造“法治润黄河”普法品牌

黄河是中华民族的母亲河，黄河流域生态保护和高质量发展是以习近平同志为核心的党中央确定的重大国家战略。水利部黄河水利委员会山东黄河河务局立足流域治河实践，依托水利工程和沿黄村社，坚持普法与执法、司法相统筹，法治文化与黄河文化、齐鲁文化相融合，以点带线、以线带面，行业内外联动、网上网下结合，设计普法吉祥物，建设法治基地，繁荣法治文艺，打造普法画廊、广场、公园等多元载体，形成流域特色鲜明、法治文化浓郁、执法实效突出的“法治润黄河”普法品牌。

一、背景情况

“黄河宁，天下平”，保护黄河是事关中华民族伟大复兴的千秋大计。然而洪水风险依然是黄河流域的最大威胁，与河争地、与河争水现象时有发生，水资源短缺、水资源供需矛盾仍然突出，黄河生态保护压力巨大。加强黄河普法依法治理工作，对贯彻落实习近平生态文明思想，破解黄河管理难题，具有十分重要意义。虽然，山东黄河河务局经过多年实践探索，普法依法治理工作取得明显成效，但是对照中央和上级主管部门的要求仍有一定差距，与沿黄社会对法治的需求尚

未完全匹配，普法依法治理能力有待进一步提升。

（一）普法与执法融合不紧密

在一段时间里，普法工作方式较为单一，普法内容突出法律条文，而执法工作更多关注现场监督、处罚和执行等环节，对行政相对人的法治宣传和教育缺乏针对性和有效性。

（二）普法形式创新不足

多年来，普法宣传常采取发放材料、开展法律咨询、组织培训、出宣传栏等方式，虽然场面热闹，但是入脑入心有限，形式与效果脱节，归根到底是尚未创作出沿黄群众喜闻乐见的法治精品，导致法治氛围不浓，群众守法尚未成为全社会的自觉行动。

（三）单位间普法依法治理工作水平有差距

山东黄河河务局在沿黄 9 市 25 个县（区）设有 8 个市局 30 个县局，但是受经济发展水平、法治基础及重视程度等多种因素的影响，各单位普法依法治理水平仍存在一定差距。个别单位没有充分认识到法治宣传教育工作的基础性、长期性，仍将法治宣传教育作为一项“软任务”，导致重视程度不够，投入不足，普法阵地建设不完善，法治宣传亮点不突出，法治建设步伐缓慢。

为此，山东黄河河务局提出了“法治润黄河”品牌概念，着力促使普法与执法深度融合，以品牌为依托创作大量法治文化精品，推进山东黄河普法依法治理工作向纵深推进。

二、主要做法

（一）铸就品牌精神，提升“法治润黄河”品牌内涵

1. 在黄河系统率先提出“法治润黄河”品牌概念

在依法治河管河实践探索中，山东黄河河务局将法治文化与齐鲁文化、黄河特色文化相融合，经过多年精心打磨，于 2016 年在全河乃至整个水利系统率先提出了“法治润黄河”品牌概念，标志着山东黄河法治建设正式进入品牌时代，引领了水利行业法治新风尚。

2. 设计发布“法治润黄河”品牌标识和吉祥物

2017 年 7 月“法治润黄河”品牌标识及普法吉祥物“禾禾”正式发布，以蓝色和黄色为主色调，取“容纳百川终其深”“礼之用，和为贵”之意，设计简洁，色彩协调，新颖独特，富有创意和活力，将山东黄河人依法治河管河的信心与决心具体形象化，实现了法治品牌的第一次升级。

3.“法治润黄河”品牌衍生品层出不穷

为促使品牌具有持续的内生力，山东黄河河务局瞄准微信社交平台推出了具有浓厚法治元素的“黄河普法禾禾来啦”微信表情包，“节约用水”“努力工作”“奋斗”“学习”等 24 个惟妙惟肖的表情，不仅扩大了法治宣传教育的受众面，而且使得宣传目标更加精准。此外，“跟禾禾一起学宪法”“禾禾普法，我们来了”“禾禾说法”等系列法治宣传活动参与率空前高涨，品牌优势日益突出，影响力和知名度逐年提升，在引导法治舆论和服务社会大众上发挥了不可替代的作用。

（二）发挥品牌效应，打通立体化法治宣传路径

1. 建立覆盖黄河两岸的黄河法治基地，打造最美法治风景线

山东黄河河务局按照普法对象区别化、普法载体多样化、普法内容差异化原则，围绕“河”“水”“沙”“石”等黄河元素，依托防洪工程设施、水利风景区、沿黄村居和城市社区，共打造普法广场、法治实践基地、法治公园等 27 处，普法画廊 52 个，专栏 169 处，宣传展板 1322 块，墙体普法标语 17,000 余条，占地面积共约 29.61 万平方米，实现了法治文化元素在黄河两岸重要公共场所全覆盖。截至 2020 年 12 月，

全局共有省级法治示范基地8处、黄委法治文化示范基地4处、市级法治宣传教育示范基地5处、市级法治文化建设示范基地8处。"七五"期间，还新建体验式法治广场10处，使沿黄群众在潜移默化中体验法治精神、接受法治熏陶、提升法治素养。

2. 开辟"微阵地"为法治宣传增添新形式、注入新活力

结合互联网普法渗透性强、覆盖面广等特点，山东黄河河务局在充分运用电视、广播、报刊等传统媒体进行法治宣传教育基础上，切实推进"网端微屏"一体化建设，山东黄河网、山东黄河普法网、齐鲁黄河公众号、QQ工作群、法治微信公众号、普法抖音号及各类电子宣传屏等"微阵地"共同"发声"，法治阵地实现从实体到虚拟空间的延伸与覆盖。此外，"七五"期间还向沿黄群众发送水法规、黄河水情短信共计81.47万条，促进法律知识从"指尖"走进"心尖"。

3. 植根治黄法治实践，创作法治文艺精品

山东黄河河务局坚持以人民为中心的创作导向，植根治黄实践，将法律知识、依法治河的生动实践融入群众喜闻乐见的小品、相声、故事、快板、歌曲、顺口溜等文艺作品中，组织开展了"我和我的祖国·法治润黄河"普法知识竞赛、36场次"法治润黄河·以案释法"巡回宣讲及山东黄河水行政执法模拟办案比赛，创作《捡羊风波》《真情无价》《最夕阳》《老李搬家》《夜深人不静》等文艺作品60余部，《淄博河务局：我与宪法》微视频荣获全国"第三届'我与宪法'微视频"展播优秀奖，也是全国水利系统在本次比赛中的最高荣誉，《河口管理局：宪法的嘱托》《山东河务局：法治润黄河　宪法在身边》微视频分别荣获山东省二等奖和三等奖，水政人员自编自导自演的微电影《执着的守护》在网络媒体热播，山东黄河法治文化故事在沿黄广为传颂。

（三）提升品牌形象，"一盾三剑"铸造治河为民的铜墙铁壁

1. 强队伍，练精兵，重塑依法护河之盾

山东黄河水政监察人员是保护黄河最直接的捍卫者，也是贯彻落实"谁执法谁普法"普法责任制、推进依法治河管河的践行者。2017年完成综合执法改革后，山东黄河河务局着力在提升执法队伍素质、明确执法权限、建立执法制度等方面狠下功夫，"七五"期间共开展河道巡查19,908次，巡查里程达108.41万公里，现场制止查处水事违法行为3725起，查处水事违法案件306起；取缔非法采砂场48处，清理采砂船48只；清除违章种植的树株126.16万棵；清理垃圾渣土91.82万立方米，拆除违章建筑2470万平方米，黄河水事秩序明显好转。

2. 在全河率先建立黄河流域生态保护与高质量发展司法服务保障机制

2020年8月12日，山东黄河河务局和山东省高级人民法院联合印发《关于建立黄河流域生态保护与高质量发展服务保障机制的意见》。通过建立执法与司法衔接、巡回审判、案件集中审理、环境司法修复机制等，统筹黄河流域生态环境保护司法需求，推进黄河流域刑事、民事、行政案件"三合一"审判。已有13处黄河巡回法庭（派出法庭）、9处黄河生态环境司法修复基地建在黄河大堤上。

3. 在全河率先与省公安厅建立行政执法与刑事司法相衔接的执法联动机制

2020年1月13日，山东黄河河务局与山东省公安厅联合印发《关于建立山东黄河河道生态环境保护执法联勤联动工作机制的通知》，要求沿黄各市公安局与河务局建立工作衔接机制、联席会议制度、联合执法机制。截至2020年12月，山东黄河河务局共召开联勤联动工作会议50次，开展联合巡查与执法400次，联合查处水事违法案件24起，维护了山东黄河良好的生态面貌，为山东黄河生态保护和高质量发展提供了坚实的

法治保障。

4. 与省河长制办公室联合建立黄河流域河湖监管长效保护机制

2020 年 8 月 25 日，山东黄河河务局联合省河长办印发《关于加强山东黄河流域河湖监管长效保护工作的实施意见》，提出以河长制湖长制为平台，建立党政负责、部门联动、各方参与、层层落实的河湖监管保护格局，切实推进河湖长制从“有名”向“有实、有能、有效”转变。

山东黄河河务局“法治润黄河”品牌化过程正是普法依法治理见成效的过程。当前，办事依法、遇事找法、解决问题用法、化解矛盾靠法的法治理念，正在山东黄河两岸春风化雨般浸润心田，山东黄河法治建设取得了重大突破。防洪能力持续提升；“放管服”改革全面推进，“七五”期间共审批行政许可 98 项，按照上级要求取消了行政许可 4 项；落实最严格水资源管理制度，实现了黄河连续 21 年不断流、17 年无预警；下游防洪工程主体工程基本完成，共有国家级水管单位 14 家、黄委“示范工程”67 处；全面从严治党不断深化，党风廉政建设向纵深推进，创建“黄河先锋党支部”18 个，“山东黄河过硬党支部”47 个；规范管理水平稳步提升，经济发展稳中有进，行业民生持续改善，黄河文化传承保护工作取得显著进展。

三、经验启示

（一）具有独具特色的法治品牌才能恒久发力

在普法工作中，如何开阔思维、打造特色、创作出大众喜闻乐见的法治产品，是法治宣传教育不可回避的课题。山东黄河河务局不断挖掘黄河文化、齐鲁黄河、地域文化，并将其融入法治文化中，创作出了富有韵味、充满魅力的“法治润黄河”品牌，形成了“人无我有、人有我优、人有我精”的品牌特色，在法治宣传教育形式不断创新的大环境中显示出强大而独特的生命力。

（二）法治文化建设重在求实效

法治文化是法治建设的灵魂。加强法治宣传教育，就是要引导全社会树立法治意识，使人们发自内心信仰和崇敬宪法法律。为此，山东黄河河务局运用清单式普法、结对式普法、案例式普法 3 种形态，全方位、多层次推进法律进机关、进学校、进企业、进乡村、进社区，“七五”期间派出宣传小分队 803 支，出动宣传人力 14,198 人次，出动宣传车辆 2439 车次，设立法律咨询站 522 处，发放宣传材料 152.42 万份，普法宣传投入达 2210.42 万元，普法范围涉及沿黄 9 市 25 县（区），近 1000 万人次受到法治教育，为依法治河管河提供了良好的法治环境。

（三）严格执法是最有效的普法方式

“天下之事，不难于立法，而难于法之必行”。2017 年，中共中央办公厅、国务院办公厅印发了《关于实行国家机关“谁执法谁普法”普法责任制的意见》，其核心要义就是扩大普法格局，推动普法工作转型升级，使普法工作由主管部门的“独唱”变成各部门“合唱”。就山东黄河河务局本身而言，正是在上级部门正确领导下，机关各部门、局属各单位通力协作开展“世界水日”、“中国水周”、防汛宣传月、安全生产月、廉政风险防控季等主题宣传，才实现了普法宣传的常态化。放眼整个黄河流域，在河长制平台下，流域管理机构、地方水利、公安、检察、法院等多部门共同构建联勤联动工作机制，各司其职，严格执法，为法治宣传教育提供了最精彩的普法案例，真正达到“查处一件、警示一片、规范一方”的综合效应。

第二批全国普法依法治理创新案例

农业农村部上下联动齐发力 开展“防控疫情　法治同行”活动

为深入贯彻落实习近平总书记关于依法防控疫情的重要指示精神，农业农村部按照全国普法办有关部署要求，主动入位、积极谋划，组织带领全国农业农村系统开展“防控疫情　法治同行”专项法治宣传行动，通过线上线下融合、走进田间地头等形式多样的普法活动，广泛宣传疫情防控有关涉农法律法规，有效增强了广大基层干部和农民群众的依法防控意识、依法治理能力，在防范化解重大风险和推进乡村依法治理等方面积累了许多宝贵经验，具有很强的借鉴意义。

一、背景情况

抗击新冠肺炎疫情是对国家治理体系和治理能力的一次大考，也是对乡村治理能力和水平的一次严峻考验。农村地域广阔，做好疫情防控工作面临很大挑战。新冠肺炎疫情发生以来，在党中央的坚强领导下，各级农业农村部门共同努力，强化疫情防控法律制度建设，积极开展疫情防控法律法规宣传，为农村经济社会稳定、农业产业发展、农民群众生命安全提供了法治保障，为疫情防控大局作出了重要贡献。

二、主要做法

（一）提高站位，主动入位，迅速将思想和行动统一到习近平总书记重要讲话精神上来

1. 加强组织领导

农业农村部党组高度重视疫情防控普法宣传工作，及时构建工作机制，形成了法规司牵头，业务司局和部属事业单位分工负责、协调配合的疫情防控普法宣传格局，为专项法治宣传行动的顺利开展提供了有力组织保障。

2. 及时部署安排

制定并印发《农业农村部防控疫情专项法治宣传行动实施方案》（以下简称《实施方案》），对防控疫情专项法治宣传行动进行系统部署，明确目标要求、宣传重点、责任分工、活动安排和保障措施，确保专项法治宣传行动有序开展。

3. 构建联动机制

统筹谋划疫情防控普法工作，将《实施方案》及时发送各省（自治区、直辖市）农业农村部门，组织各地在疫情防控期间深入农村因地制宜开展疫情防控法律法规宣传。各省（自治区、直辖市）农业农村部门均结合当地实际制订了有针对性的实施方案，开展了富有成效的普法宣传活动。

（二）结合实际，突出重点，将普法融入立法执法和管理服务全过程

1. 瞄重点快普法

严格落实“谁执法谁普法”普法责任制要求，及时面向生产经营者和社会公众宣传《全国人民代表大会常务委员会关于全面禁止非法野生动物交易、革除滥食野生动物陋习、切实保障人民群众生命健康安全的决定》（以下简称《决定》）和与疫情防控相关的法律法规。在农业农村法治微信工作群和农民日报等微信公众号发布疫情防控法律法规和法治宣传手册，供干部群众在网络、微信等客户端阅读和下载。通过农业农村部官网和中国渔政微信公众号等渠道发布水生野生动物专题普法宣传知识问答，分 5 个板块对广大人民群众关心的 23 个水生野生动物保护法律法规相关问题进行深入解读，点击量超过 13 万次。完善动物卫生监督执法人员网络考试学习平台，增加网络培训模块，邀请动物检疫和监督执法方面的专家骨干集中宣讲动物检疫、监督管理、行刑衔接等方面内容，不断提升基层人员业务能力水平。

2. 推立法融普法

坚持把法治宣传教育贯穿于立法各环节、全过程，有效促进群众参与法治实践，不断提高群众的法律素质。按照《决定》要求，制定并公布《国家畜禽遗传资源目录》（以下简称《目录》），将《目录》征求意见过程作为全民接受法治教育的过程，通过农业农村部官网、《农民日报》、官方微信公众号等渠道全文公布《目录》（征求意见稿）。设立热线电话、专门邮箱收集各地区、各部门的各方面意见建议，使社会公众有效了解目录起草、审议等动态过程，在积极参与立法活动的过程中接受普法教育，树立法治思维。《目录》公布后，开展系列宣传、组织权威解读，引导社会各界形成广泛共识。

3. 释案例深普法

坚持将普法融入农业行政执法全过程，在规范执法中促进精准普法，在深度普法中推动严格执法。2020 年 3 月，在农业农村部官网公布“2019 年农业行政执法十大典型案例”，围绕案件事实、证据程序和法律适用等问题进行释法说理，以直观生动的形式深入解析违法违规案例，达到“办理一案，教会一批，震慑一方”的效果。2020 年 4 月，公布“2019 年涉渔违法违规十大典型案例”，重点解析了陈某某未取得《人工繁育许可证》繁殖国家重点保护野生动物案，被《人民日报》、《农民日报》、法制网、今日头条等报刊媒体平台转载，取得了良好的宣传效果。督促指导各级农业综合行政执法机构严格开展疫情防控执法，及时梳理总结各地经验做法和典型执法案例，通过《农业农村法治工作动态》《农民日报》等广泛宣传推广，引导各地相互借鉴、共同提高。

4. 小切口大普法

深入分析农民群众疫情防控期间法治需求，以农民群众喜闻乐见方式开展普法。组织制作并发布“一条鱼拥有的权利”“把一头牛放进冰箱需要几步”普法宣传微视频，以小切口反映大主题、小故事讲述大道理，用通俗易懂的语言，生动活泼的方式，深入浅出地介绍动物防疫、水生野生动物保护、渔业资源保护等方面的法律知识，在智慧普法网、腾讯视频、微信公众号上点击量总计超过 10 万次，深受广大农民群众的欢迎。针对基层农业执法人员的实际需求，组织专家结合防控疫情的热点问题，制作“动物防疫法解读之动物检疫制度”“《野生动物保护法》《渔业法》关于珍贵、濒危水生野生动物保护制度和渔业资源利用、保护制度解析”“渔业行政执法与刑事司法衔接”等专题微课，将动物防疫、水生野生动物保护等方面的专业法律知识讲准、讲活、讲透，并通过农业农村部官网、崇农云讲堂

等平台对外发布，点击量超过8万次，受到了广大基层执法人员的欢迎。

5. 进乡村广普法

组织各地农业农村部门因地制宜、因时施策，围绕防控疫情、春耕生产、农民工返程、复工复产等与农民群众生产生活密切相关的法律问题开展法治宣传教育。江苏省农业农村部门紧密结合疫情防控形势任务编写《农村地区疫情防控工作宣传标语》，运用农村“小广播”“小喇叭”“小视频”等载体对相关法律法规进行解读，取得了良好的社会效果。江西省农业农村部门以“众志成城抗击疫情，与法同行护农兴农”为主题，开展为期一个月的“百万网民学法律”农业法律法规专场知识竞赛活动，受到社会公众的积极响应，共有56.3万人在线答题，其中，40.5万人分数在90分以上，展现了良好的学习成效。福建省农业农村部门开展支援春耕备耕复工复产普法宣传服务，派出100多人次，深入农村点对点开展指导服务，面对面宣讲疫情防控法律知识，推动防控制度落地，促进春耕生产、助力乡村振兴。

三、经验启示

（一）增强群众依法防控疫情行动自觉是根本

《中华人民共和国动物防疫法》《中华人民共和国野生动物保护法》等法律，专业性强、涉及管理环节复杂。农业农村部以深受农民群众喜爱的《农民日报》《农村工作通讯》等媒体和“微观三农”“中国兽医发布”“中国渔政”“中国水产”等微信公众号为主阵地，突出鲜活性，增强可读性，发布防控疫情普法信息112条，系统阐释疫情防控法律法规。通过深入广泛的宣传教育，基层干部和农民群众加深了对疫情防控相关法律知识的理解，增强了尊法守法、依法支持疫情防控的意识。

（二）夯实依法防控疫情群众基础是关键

各级农业农村部门坚持依靠群众、发动群众、服务群众，引导农民群众积极参与到防疫抗疫的行动中来。发动农村法律明白人参与专项普法行动，动员他们发挥人熟、地熟、事熟的优势，采取以案说法、现身说法的方式，深入浅出地讲解疫情防控法律知识，让农民群众早知道、早了解、早行动。通过耐心细致的讲解，农民群众更加自觉地服从抗疫大局、遵守疫情防控各项法律法规，坚定了战胜疫情的决心和信心，为疫情防控取得阶段性成果夯实了群众基础。

（三）提升乡村依法治理水平是目的

农业农村部将疫情防控法律法规宣传作为重点培训内容，借助国家官方兽医培训网支持各地开展系统性、专业性培训，提升基层干部执法能力。各级农业农村部门坚持以农民为中心开展专项法治宣传行动，注重从乡村传统文化中汲取营养，推动法治文化进村入户，增强农民群众对法治文化的认同感。湖北、山东等省农业农村部门通过数字化农家书屋，及时发布疫情防控法律法规资料，增强农民群众法治观念。福建、广东等省农业农村部门编印基层干部学法用法实用手册，宁夏、内蒙古等省区农业农村部门组织基层干部开展在线学习，提升基层干部的法治能力。通过专项法治宣传行动，农民群众法治意识不断增强，基层干部法治能力持续提升，为健全自治、法治、德治相结合的乡村治理体系奠定了坚实基础。

第二批全国普法依法治理创新案例

国家税务总局
创建立体式普法基地提升普法效能

为深入贯彻落实习近平新时代中国特色社会主义思想，服务国家重大战略发展，基于新形势普法需求，国家税务总局坚持把全民普法和守法作为依法治税的基础性工作，按照改革每推进一步，税收普法就加深一层的目标要求，强化顶层设计、制度保障和共建共治，立足当下、着眼未来，与司法部联合开展全国税收普法教育示范基地创建活动，构建起多层次、广覆盖、立体式的税收普法大格局，营造了崇尚税收法治的良好氛围。

一、背景情况

《深化国税、地税征管体制改革方案》对加强税法普及教育作出部署，要求将税法作为国家普法教育的重要内容。开展全国示范基地建设，是贯彻落实中宣部、司法部“七五”普法规划的重要内容，是加强经常性税收法治宣传教育、推进法治社会建设的重要载体和有效途径，有利于进一步促进各地税收普法教育基地建设的制度化、规范化和常态化，推动税法普及教育工作持续深入开展。国家税务总局与司法部加强顶层设计并联合印发通知，对开展全国示范基地建设活动提出明确要求，从建设的目标和任务、建设标准以及建设的工作要求作出规范，为全国示范基地建设提供制度保障，积极打造税收普法新高地。

二、主要做法

（一）凝聚普法新共识

在立项和推广过程中，一方面，国家税务总局积极主动与司法部沟通协调、共同研究商讨，司法部出谋划策、全力支持配合，两部门齐心协力、共创共治为推进全国示范基地创建活动顺利开展提供了强大动力。另一方面，省、市、县税务部门积极向当地党委政府汇报并与司法、教育、宣传等部门加强沟通，争取各方支持，推动社会各方面力量参与税收普法教育活动。在第一批创建活动中，推荐候选单位56家；在第二批

◆ 新疆维吾尔自治区克州税务局系统在业务大厅设立宪法宣传台，为广大群众发放宪法宣传资料

创建活动中，推荐候选单位46家。国家税务总局按照管理制度规范、场地设施完备、实践活动丰富、社会评价较高的评选标准，经过初审，组织司法、教育、媒体、税务等部门和行业专家复审，对入选全国示范基地候选单位实地核查，并与司法部共同审核确定并对外公示。

（二）细化创建标准

在全国示范基地创建过程中，各地税务机关进一步明确创建宗旨目标、组织架构和建设标准，充分发挥基地的示范引领和典型带动作用。两批全国示范基地均融宣传、示范、体验、普法、教育于一体。既满足组织保障到位、软硬件设施完备、宣传载体丰富、社会效应较好的共性要求，又分类施策、各具特色。

（三）打造综合性基地

一是普法场所形式多样。基地涵盖展馆、公园、广场等多个普法实体场所，全方位多维度面向社会各界开展普法宣传教育活动。例如，山西省沁水县全国示范基地以创建主题展馆、主题广场以及青少年税校等连片项目为核心，多点布局、多功能设计不断拓展基地范围和影响力；陕西省富平县全国示范基地集中心展厅、法治庭院和税法广场为一体，其中，“模拟法庭”深受地方政府和群众好评。二是配备较完善的现代化设施。例如，江苏省常熟市全国示范基地利用现代化的声、光、电、人工智能及网络技术，通过球幕展示台、机器人税税、税收互动台灯等设备，全方位演绎宣传税收知识；中新天津生态城国家动漫园全国示范基地利用动漫文化产业聚集地且地理位置优越的特点，设置由税收普法主展厅、税务学堂、普法长廊等设施构成的物态文化。

（四）打造展馆和旧址类基地

一是利用新旧展馆和旧址场所规模大、免费对外开放且历史底蕴深厚的特点，扩大普法影响力。例如，晋冀鲁豫边区税务总局旧址展馆占地2600平方米，共收藏税收文物展品900余件，收录历史图片200余幅；中华苏维埃共和国财政人民委员部税务局旧址是全国重点文物保护单位，其依托深厚的红色税收法治资源，打造特色普法阵地。二是普法场馆便捷实用，纳税人参与度高。例如，鄂豫皖苏维埃政府税务总局旧址2012年正式对外开放，共计接待各类参观近2000次40余万人。三是馆藏资源丰厚。例如，徽州税文化博物馆展示普法实物包含图册、契约、税票、官文和器具五大类，馆藏实物近17,000件；北京税务博物馆展示来自各省及港澳台地区的文物与史料共2941件。四是运用“互联网＋税务”新思维，充分展示现代税收发展历程。例如，四川省自贡盐税史陈列馆采用目前较为先进的3D打印、高清喷绘、树脂发光图表、P4LED等设备和技术，以简练的文字、翔实的史料再现了盐税的历史脉络。

（五）打造学校类基地

学校是青少年普及税收知识的最佳场所之一，利用学校资源打造普法基地效果明显。例如，北京市密云区少年税校覆盖全区40所小学，自2005年创办以来，不断增强区域普法教育合力，形成全区学校联动开展丰富多样税法普及活动。山东省青岛市嘉定路小学1994年成为青岛市首家“税务小学校”以来，专设“税收”日常课程。20多年来，数万名学生接受了税收普法教育，形成了独特的税收文化特色。通化市少年税校是全国第一所融税收知识与课内外教学、辅导为一体的少年税校，20年来不断创新税收普法模式，开展形式多样的活动，将税收普法融入“法治通化”大格局，形成了全社会税收共治的良好局面。

三、经验启示

（一）立足重点群体促学法

一是抓好青少年学生学法。例如，北京市密

云区少年税校根据不同年龄段学生的心理特点、接受能力和知识结构，共同编纂了《少年税校综合实践活动》和配套辅助读本《税收与生活》《税收三字经》，发布漫画版《税收与生活》，少年税校教材及读本紧跟税收现代化步伐，已完成第3次再版，准确性、实用性和趣味性进一步提高。常熟市依托基地，挂牌成立“常熟市中小学税收实践基地”，携手教育部门在全市中小学设立税收普法课程，在苏州区域内率先把税法知识纳入国民教育体系，在实践中探索税法知识融入思政课堂新路径。二是抓好干部学法。一方面，组织税务系统内外各级领导干部实地参观基地，全方位感悟税收历史发展，接受税法教育。另一方面，通过不定期举办税法咨询、税官宣誓、税收普法摄影创作等交流活动，强化干部税法学习力度。例如，宁夏税务文化中心自运行以来，先后接待税务系统以及自治区党委、人大、政府、政协的各级领导12,800多人次参观学习，收到了良好的普法教育效果。

（二）立足纳税需求促用法

各级税务部门依托全国示范基地实用性功能，为社会公众提供“看得见、听得到、摸得着”的全方位、立体化税收互动体验。例如，浙江省绍兴市柯桥区全国示范基地建在中国轻纺城内，每年从轻纺城26个专业市场中选取5个深入开展专题宣传，解答经营户关心的发票开具、减税降费政策措施等实际问题，为纳税人获取税法知识提供便捷。徽州税文化博物馆开设了税收普法课堂，根据纳税人不同培训需求，举办百余场培训，近2万纳税人受益。在上海税收文化主题馆基地不仅可以实时查看上海各区办税服务厅工作实况，还能体验智能咨询、双语网站、网上服务厅、上海税务App等带来的高效便捷。

（三）立足社会效应促尊法

基于将全国示范基地打造成当地普法高地、文化名片的理念，突出公益性定位，免费向社会公众开放，扩大基地影响力，进一步提升税法遵从度。例如，自2003年中华苏维埃共和国财政人民委员部税务局旧址建成开放以来，共接待国内外宾客近百万余人次。漳浦OTO税收主题公园不仅是普法基地，而且成为当地旅游景点，采用线上线下融会贯通方式组织税收主题全天候游园活动，让民众在休闲娱乐中感受税收、学习税法，极大地提升普法的便捷性。

在司法部和各省党政部门的大力支持下，全国示范基地创建取得了较大的实效，得到了社会各界特别是所在省党政领导的批示肯定，《人民日报》、《法治日报》、新华社、中央电视台、中央人民广播电台等中央主要媒体和各省主要媒体相继报道并配发相关评论，社会反响积极正面，进一步提升了普法工作的针对性、精准性和实效性，推动税收共治不断迈上新台阶。

全国法治宣传教育基地

自 2018 年起，在各地各部门申报、推荐的基础上，经过严格评选，全国普法办陆续命名了三批 72 个全国法治宣传教育基地。

第一批全国法治宣传教育基地

548 河北省西柏坡纪念馆
550 “五四宪法”历史资料陈列馆
552 浙江省诸暨市枫桥镇
554 浙江省安吉县天荒坪镇余村
556 江西省中华苏维埃共和国司法人民委员部旧址
557 陕甘宁边区高等法院旧址
559 中国法院博物馆
561 北京税务博物馆

第二批全国法治宣传教育基地

563 北京市全面从严治党警示教育基地
564 李大钊纪念馆
565 史良故居
566 苏州市宪法宣传教育馆
568 安徽省凤阳县小岗村
570 共和国法制摇篮展览馆
571 山东省暨济南市禁毒预防教育展览馆
572 河南黄河法治文化带
574 遵义会议纪念馆
575 贵州省见义勇为展览馆

577 陕甘边革命根据地照金纪念馆
579 沈家本故居
580 上海国家安全教育馆
582 中国村民自治展示中心（广西宜州）
584 南京海关法治文化基地（扬州馆、泰州馆）
586 深圳市南山安全教育体验馆
587 中国政法大学
第三批全国法治宣传教育基地
589 北京市安全生产实训基地
590 北京市民法治宣传教育示范基地
591 天津法院陈列馆
592 廊坊法治宣教中心
593 彭真生平暨中共太原支部旧址纪念馆
594 凉城县绥蒙革命纪念园
595 本溪市“全国普法依法治市发源地史料展示馆”
596 辽源市青少年平安教育基地
597 绥芬河国家安全教育展馆
598 黑龙江省高级人民法院“普法教育暨法治文化建设示范点”
599 国歌展示馆
600 上海嘉定法宝体验中心
601 周恩来纪念馆
602 大运河（江苏段）法治文化长廊
603 常熟市“法与生活”互动体验馆
604 江苏国家安全教育馆
605 中国红船法治文化园
606 浙江省宁波市余姚市梁弄镇横坎头村
607 浙江省宁海乡村治理培训中心
608 浙江省特种设备科学研究院

609 安徽省六安市皋陶法治文化基地
610 “共和国红色法源”展览馆
611 福建省厦门七星法治文化街区
612 南昌赣江十里法治廉政文化长廊
613 威海市刘公岛全国法治宣传教育基地
614 鄂豫皖苏区首府革命博物馆
615 中共五大会址纪念馆暨中国共产党纪律建设历史陈列馆
616 湖北省红安县七里坪革命法庭旧址
617 董必武纪念馆
618 毛泽东与第一师范纪念馆
619 湖南省韶山市韶山乡韶山村
620 阮啸仙纪念馆
621 深圳民法公园
622 海南省三亚市海棠区北山法治文化公园
623 重庆市党风廉政教育基地
624 成都市青少年法治教育实践基地
625 瓮安县法治文化园
626 云南省昭通市威信县扎西会议纪念馆
627 西藏自治区布达拉宫法治示范景区
628 陕西省税务局富平税收普法教育示范基地
629 宁夏固原市青少年示范性综合实践基地
630 国家税务总局青海省税务局法治教育基地
631 霍尔果斯海关法治教育基地
632 山东省高级人民法院青少年法治教育中心
633 人民检察博物馆
634 “聚焦长江”水法治宣传园地
635 国网天津市电力公司法治文化示范基地

第一批全国法治宣传教育基地

河北省西柏坡纪念馆

自 2019 年以来，石家庄市西柏坡纪念馆充分发挥法治宣传教育基地作用，不断丰富宣传内容，创新宣传形式，加强设施建设和管理，依托“三馆（主题陈列馆、廉政馆、安全教育馆）、三园（法治文化公园、领袖风范园、青少年文明园）一剧（西柏坡：依法治国从这里启航法治故事汇）、一展（西柏坡：依法治国从这里启航展览）”，努力把法治宣传教育基地建设成为弘扬社会主义法治精神的重要阵地。截至 2020 年 7 月，共接待全国各地群众 450 万人。

一、加强组织领导，健全规章制度

一是加强组织领导。根据工作实际，及时调整了法治宣传教育领导小组。下设办公室，负责法治宣传教育的指导、协调、检查、督导工作。二是健全制度机制。制订了年度法治宣传教育工作计划，把法治宣传教育纳入绩效考评的范围。使全馆每名人员都担负法治宣传教育的职责与任务，每名人员至少与一个以上的行政、企事业单位建立联系。三是健全法治宣传教育活动台账。配备专人建立了详细的法治宣传教育台账，做到活动有总结、有记录。

二、创新教育形式，打造法治文化教育和传播的品牌

一是推出“六个一”主题活动。推出了以“讲规矩守纪律”为内容的“献一束鲜花，重温一次入党誓词，看一场红色电影，听一次红色讲座，开一次主题党日座谈会，观一次红色展览”的教育活动。受到社会各级单位、团体的欢迎。二是抓住重要时间节点开展活动。在“国家安全日”，积极开展“国家安全进校园”“国家安全课堂”等系列全民国家安全教育日活动。在“博物馆日”，以张贴标语条幅、宣传普及文物保护法和博物馆条例、开展文物故事宣讲活动为主题，颂扬老一辈革命家践行“两个务必”的崇高精神。12 月 4 日“国家宪法日”，在广场、车站等公共场所设置大型的宣传图片展览，并现场开展法治宣传。三是继续推动情景讲述剧演出。积极发挥西柏坡讲解员艺术团的优势，以西柏坡时期我党法治建设方面的历史为素材，采用讲、唱、跳、小品、朗诵等艺术表演形式，打造了西柏坡时期法治故事汇和情景讲述剧。四是做好法治文化专栏。在新形势下，推出了一批疫情防控和体现法治文化基本理念、伦理道德、价值追求的典型历史人物和事迹，集中宣传党的法治建设成就，营造了尊法、学法、守法、用法的良好氛围。

三、加强基础建设，努力打造专题法治教育传播阵地

一是充分发挥智慧景区建设的优势。建立了智慧景区建设工程，已实现了 WiFi 网络景区全覆盖，实现了手机 App 功能和无线电子讲解系统的智能化，完善了广播系统、视频监控等项目。二是完善景区标识标牌体系。根据时政需求，完善了形式新颖、主题鲜明的标识标牌 54 个，并围绕“社会主义核心价值观”“不忘初心、牢记使命”等内容更换宣传标语和标牌。三是推进西柏坡法治文化公园建设。石家庄市司法局和西柏坡纪念馆共同设计建造了具有西柏坡红色文化和法治元素的西柏坡法治文化公园。以图片、雕塑等表现形式宣传国家法律法规和西柏坡精神。

第一批全国法治宣传教育基地

“五四宪法”历史资料陈列馆

2016年12月4日第三个国家宪法日，“五四宪法”历史资料陈列馆在毛泽东主席起草“五四宪法”旧址——杭州北山街84号正式建成开放，填补了我国宪法主题纪念馆的空白。12月3日，习近平总书记对陈列馆作出重要指示，为陈列馆开展工作指引了明确方向、提供了根本遵循。

开馆以来，陈列馆坚决贯彻落实习近平总书记重要指示精神，认真贯彻落实省、市委和市人大常委会党组关于发挥好陈列馆平台优势要求，始终把宪法法治宣传教育作为首要使命，不断创新手段方式，与时俱进讲好宪法故事。中共中央政治局常委、全国人大常委会委员长栗战书等16位党和国家领导人先后到陈列馆考察指导，对在杭州市设立陈列馆的重要意义及陈列馆的工作给予了充分肯定。陈列馆先后被命名为“全国爱国主义教育示范基地”“全国法治宣传教育基地”“全国青少年教育基地”“全国关心下一代党史国史教育基地”“全国重点文物保护单位”等称号，获得“全国革命文物保护利用优秀案例”“浙江人大工作与时俱进奖”特等奖等，成为宪法宣传教育中的一张“金名片”。截至2020年7月，陈列馆共接待观众超过120万人次。

抓住党员领导干部和青少年两个重点，开展宪法宣传教育。陈列馆接待党和国家领导人16人，副省级以上领导干部550人次，全省共有6600余家单位组织党员干部走进陈列馆，总人数超过37万人次；青少年到馆参观超过29万人次，成为青少年接受宪法和法治教育的“第二课堂”。在青少年发展中心新设“青少年宪法教育主题展”，开辟了青少年宪法教育的新阵地和新空间。

固定阵地请进来，移动阵地走出去，讲好中国宪法故事。陈列馆设有北山街和栖霞岭两个馆区，以大量珍贵史料和生动多样的形式讲述“五四宪法”和现行宪法的故事，让文物活起来。陈列馆连续三届成为“杭州国际日”活动观摩体验点，接待了来自50多个国家的观众6000多人，“五四宪法”起草地作为新中国制度建设的历史地标给观众留下了深刻印象，促进了宪法文化的国际交流，树立了法治中国的良好形象。陈列馆精心制作宪法修正案和民法典专题巡展，截至2020年7月，已走进500多家单位，吸引了38万多名干部职工和市民群众观看。同时，积极拓展线上阵地，开展的各类线上活动参与人数达到99.5万人次，探索“智慧陈列馆”建设，尤其是在新冠肺炎疫情发生期间，不失时机推出网上陈列馆，开辟“法治大讲堂”云课堂、打造24小时不闭馆的线上宪法宣传教育阵地。

打造宪法宣誓和宣讲两个平台，弘扬宪法精神。作为经中央批准设立的唯一一家宪法类纪念场馆，陈列馆成为国家工作人员宪法宣誓的重要场所，开馆以来已有1600余批次、5.7万余名国家工作人员在这里进行宪法宣誓。陈列馆还定期举办“法治大讲堂”“宪法微课堂”，注重讲学互动，弘扬宪法精神。目前，已开设专题讲座41场，微课堂150余场。以陈列馆为阵地成立的普法志愿者服务队，共有各类志愿者300余人，已累计为观众提供咨询和讲解服务超过1.6万小时，陈列馆成为杭州普法志愿者重要的服务窗口和培训基地。

第一批全国法治宣传教育基地

浙江省诸暨市枫桥镇

枫桥镇位于浙江省诸暨市东北部，是省级中心镇，辖区面积165平方公里，下辖24个行政村、7个社区，常住人口8.1万人，外来人口2万人。2018年6月，枫桥镇被全国普法办评为“全国法治宣传教育基地”。作为著名的“枫桥经验”发源地，枫桥镇党委政府积极整合司法所、行政村调委会、农村法律顾问、专职网格员、志愿者等法治资源，推进基层法治前沿阵地建设；围绕“三治融合”，推进农村文化礼堂法治元素融合工作；结合“七五”普法，不断改进法治宣传教育内容、形式、方法，深化普法宣传教育。用好“e服务微信群”，提升普法工作的精准度和实效性。

一、秉承“枫桥经验”夯实基层基础

枫桥镇以坚持发展新时期“枫桥经验”为己任，以打造基层社会治理试验区为目标，积极推进乡村治理现代化。近年来，枫桥镇紧扣法治、德治、自治“三治融合”，通过推广、落实“三上三下民主议事制度”，最大限度实现群众参与村级事务、行使民主权利的需求，以实践的形式普及基层民主自治制度。同时，推行农村法律顾问把关制订村规民约、参与重大事项审议、重大合同审核等制度，着重培养村级自治组织的法治意识、依法管理理念，取得良好效果。以枫源村为例，通过“三上三下”决议事制度，村内实施的自来水改造、农村生活污水治理、枫溪江一江两岸景观环境提升等工程，得到了全村村民的理解和支持，村级工程至今零上访。

二、丰富宣传形式营造浓厚氛围

（一）紧扣中心工作开展普法宣传教育

枫桥镇积极构建镇村两级普法微信塔群，吸纳普法联络员、网格员、农村法律顾问、村两委干部、党员群众加入塔群，用图片和文字结合的方式，贴近群众需求，深入宣传“五水共治”、“三改一拆”、“北承南接”、诸商回归和古镇建设等重点工作相关法律法规，为各项重点工作的推进营造浓厚法治氛围。截至2020年7月枫桥共建立微信塔群32个，拥有成员3000余人；已提供法律服务1000余人次，向村社区提供法律指导意见600余条。积极开展诸如学法用法示范户评选、“宪法入户”专题活动、农村文化礼堂法治讲座等多种形式的基层普法活动，提高村民的法律意识，促进基层法治进步。

（二）树立学法典型带动学法

枫桥镇已评选“尊法学法守法用法示范户”148家户，“法律明白人”98人，“法治带头人”30人。在评选中，枫桥镇党委、政府要求各村全面落实前期宣传到位、结果公示到位的原则，实现评选和教育双管齐下，让广大村民在评选中对照自我，提升法律意识。同时，枫桥镇将法治因素纳入“星级文明家庭”、“四好”先进典型、“最美枫桥人”等评选活动，将履行赡养义务、保护妇女儿童权益、依法纳税、依法维权等因素作为评选先进的一票否决要素，将以德治村和依法治理结合起来，推动乡风文明建设的同时，营造学法、崇法的法治氛围。

（三）多次开展大型普法教育活动

枫桥镇积极发挥全国法治宣传教育基地示范作用，于2019年12月4日，在枫源村开展第六个“12·4”国家宪法日系列活动启动仪式，开展“宪法与‘枫桥经验’”主题讲座，并通过“1963法润”直播平台全网推送，带动全市学习宪法热情。2020年8月5日，成功举行“枫桥经验”与“民法典”的基层实践活动签约仪式暨浙江省民法典普法讲师团宣讲第四课直播活动，累计收看量62.1万人次，持续推动民法典宣传进基层、进家庭活动，掀起学法典、懂法典、用法典的新一轮高潮。

三、夯实阵地建设打造精品示范

枫桥镇依托“枫桥经验”的历史资源，突出重点普法领域，在镇域范围内打造多处精品普法宣传阵地。其中，枫桥经验陈列馆和诸暨市清廉教育基地于2018年度被授予“省级法治宣传教育基地”的称号。枫桥镇的法治宣传教育阵地，内容涵盖面广，融合乡村法治建设、基层社会治理、党员干部清廉警示教育等多个方面；宣传方式多样，综合艺术造景、艺术创作、微电影、全息影像、人物采访、电子互动等为布展方式，突出互动性、文化性；运作模式新颖，自2019年5月起，枫桥镇探索“枫桥经验”考察接待市场化，与旅游集团合作成立枫溪文化旅游开发公司，打造红色旅游线路，共接待参观团队560批次9739余人次，回访满意度100%，全镇的法治宣传教育基地累计接待参观考察近20万人次。

枫桥镇普法宣传教育效果良好，辖区内无重大刑事案件、民转刑案件、群体性事件发生，镇域社会经济发展平稳，普法重点对象守法状况良好，没有党员干部因严重违法被追究刑事责任。枫桥镇将继续积极践行“矛盾不上交、平安不出事、服务不缺位”的新时代枫桥经验，立足人民立场，突出服务职能，优化管理方式，推动基层普法工作不断前进，在实践中赋予“枫桥经验”这棵长青之树以新的时代内涵和价值。

第一批全国法治宣传教育基地

浙江省安吉县天荒坪镇余村

一、基本情况

余村分别在 2009 年和 2015 年被授予“省级民主法治村”和“全国民主法治示范村”称号，2016 年，被评为“全国美丽宜居示范村”，被列入第二批浙江省“省级法治文化建设示范点”。2018 年，评选为“首批全国法治宣传教育基地”。民主法治建设成为余村发展的保护盾，十几年来，余村未发生一起刑事案件，每年村里的矛盾纠纷平均为 10 余起，是全镇最少的，群众法律素质普遍提高，形成自觉尊法学法守法用法的社会氛围。余村是“两山”重要思想发源地，更是基层民主法治实践的样板地。余村将坚定不移推行“民主管理、依法治村”理念，争创全国文明村典范，打造全国一流名村和民主法治建设样板村。

二、主要做法

（一）自治而兴

作为移民村，余村是个名副其实的“百姓村”。全村虽只有 280 户人家，但有 108 个姓氏。百个姓，百条心。为了更好地处理村民各项事务，余村建立了“两山”议事会机制，下设村民议事会、道德评议会、健康生活会、红白理事会。在多年发展的基础上，目前余村已形成了民主恳谈、村两委商议、党员审议、村民代表决议和乡贤评议的议事决策传统，探索出一套“自主提事、按需议事、约请参事、民主评事、跟踪监事”的议事机制。为了规范村务监督，余村特地建设了村务公开在线云平台，村民在家通过电视就可以查村账。

（二）法治而安

余村之所以能够始终保持和谐稳定，与秉持依法治村理念、持之以恒抓民主法治建设是分不开的。在 2004 年，余村就成为安吉县首批民主法治村。多年来，守法用法成为村里的治村理念。余村的法治长廊，银杏树广场等都是余村百姓散步休闲学习的好去处。国有国法，余村也有自己的“小法”——村规民约。大家都很自觉地遵守村规民约，打造祥和、法治的乡村。

（三）德治而和

家家户户立家规家训、亮家规家训，这是余村的又一景。近年来，村里通过开展星级文明户、余村好人和“最美”系列评选等活动，形成了学身边好人、做荣誉村民、当道德模范的浓厚氛围。还实施酒席减负、家畜圈养、餐桌光盘、治丧文明等一系列移风易俗行动，既净化了自然环境，又净化了村风民风。

三、经验启示

（一）坚持以党的建设为根本，不断提升“政治领导力”

农村要进步，关键看支部，主要在支书。余

村突出党建领航，通过建立党员民主议事清单、党员责任落实清单、党员党性体检清单，全面实施以“学”“议”“做”“评”“带”为内容的主题党日“五步法”，让广大党员得到经常性党性锤炼，全村党员干部实现自建村以来“零违纪”，为余村的乡村振兴提供了坚强的组织保障，充分发挥了基层党组织在发展经济、凝聚人心、化解矛盾和服务管理中的战斗堡垒作用，真正实现了“党建强、发展强”的目标。

（二）坚持以法治思维为前提，不断提升“群众组织力”

余村坚持运用法治思维分析村庄发展中遇到的问题，并且依靠法治方式去解决这些问题，在党支部的带领下，依法依规支持村民开展民主选举、民主协商、民主决策、民主管理、民主监督等自治活动，使村级事务管理权力运行权责相一致、权责相适应、权责相统一，依法依规制定并带头实施村规民约，让依法自治融于经济建设、政治建设、文化建设、社会建设和生态文明建设的各个领域，浸润于村务管理的每一环节，表现在社会治理的整个过程，为乡村振兴战略实施凝聚了最强大的理念共识。

（三）坚持以法律服务为途径，不断提升“法治保障力”

早在2001年，余村就聘请了法律顾问，明确村法律顾问列席村“两委”会议，建立村级法律服务微信群，实现24小时不间断服务，从关停矿山转变到绿色发展，余村将法律顾问作用的发挥贯穿发展始终，在充分尊重村民的知情权、参与权、决策权基础上，在重大项目推进中，都让法律顾问为村集体重大决策、重要合同“诊脉把关”，确保每一项落地的项目都具备民意基础、群众支持、法律保护。

（四）坚持以法治宣传为先导，不断提升“社会号召力”

余村坚持开展法治宣传教育，始终将引导全体村民树立法治信仰、营造信法用法的社会氛围作为根本，村干部率先垂范，始终以法律来规范和约束自己的言行。自建村以来，余村的村干部从未出现一人有过违法犯罪行为，余村村民在村干部的带领下，遵纪守法，全村的刑事犯罪率十几年来一直保持零基数、零增长，形成了乡村办事依法、遇事找法、解决问题用法、化解矛盾靠法的良好法治氛围。

第一批全国法治宣传教育基地

江西省中华苏维埃共和国司法人民委员部旧址

一、基地建设情况

中华苏维埃共和国司法人民委员部旧址坐落于瑞金市沙洲坝红井旧址群中，占地面积3138平方米，建筑面积约2300平方米，保留了原客家祠堂的建筑风貌，是前往核心景区红井的必经之地，地理位置最为醒目。2018年，经司法部、江西省司法厅同意，司法人民委员部旧址开始重新布展，历时一年完成。司法史陈列共分为8个部分，每个部分都通过大量的史料图片和实物展，生动再现苏区人民开展法治建设的伟大实践和探索。同时，配有电子地图及相关文摘，增加了艺术油画、电子翻书、一体机、触摸屏等，进一步丰富了普法宣传教育的内容和形式。

二、制度建设情况

一是成为红色教育的重要阵地。旧址位于红色故都、共和国摇篮景区内，交通便利，辐射面广，是全国爱国主义和革命传统教育基地。充分利用基地优势，向每年前来参观学习的全国各地各界群众宣传我党领导人民群众开展法治建设的实践和探索，弘扬苏区人民不怕困难、艰苦奋斗、大胆创新的革命精神。

二是成为普法宣传的重要阵地。为充分发挥旧址示范基地作用，赣州市每年利用重要时间节点、重大纪念日等，组织市直、区直机关和企事业单位干部职工以及中小学生，动员律师、法律服务工作者等赴基地参观学习，通过实地参观、现场教学、举行宣誓仪式等形式，向干部群众宣传中华苏维埃共和国司法史及司法体制。

三是成为农村“法律明白人”教育培训的重要阵地。瑞金市司法局结合农村“法律明白人”培养工程，进一步拓展培养阵地，丰富培养形式，每年定期组织农村“法律明白人”前往基地接受法治教育，提高教育培训的实效性。

四是成为思想改造的重要阵地。瑞金市司法局各司法所定期组织社区矫正对象前往基地开展法治教育，通过瞻仰革命圣地，缅怀革命先烈，对社区矫正对象进行教育和感化，预防和减少社区矫正对象重新犯罪。

三、取得的成效

自被评为“全国法治宣传教育基地”以来，中华苏维埃共和国司法人民委员部旧址每年接待来自全国各地的机关干部、青少年学生等社会各界群众100多万人次。全省每年约有3万名干部、在校学生走进基地参观学习，约有2000名农村“法律明白人”、200名社区矫正对象前往基地接受法治教育。

第一批全国法治宣传教育基地

陕甘宁边区高等法院旧址

一、背景情况

陕甘宁边区高等法院成立于 1937 年 7 月 12 日，其前身是中华苏维埃共和国西北办事处司法部，其职能是领导及负责边区的审判、检察工作和司法行政工作。谢觉哉、董必武、雷经天、李木庵、王子宜、马锡五等先后任院长或主持工作。

陕甘宁边区高等法院内设民事审判庭、刑事审判庭、检察处、书记员室、司法后勤处、监狱、警卫队等机构。驻延安城南南寨砭山，旧址占地约 2333.33 平方米，分办公区、警备区、监所三部分，现存有 66 孔窑洞。陕甘宁边区高等法院在中共中央的重视支持下，先后推行了三级三审制度、上诉制度、人民陪审员制度、狱政制度，并独创了“马锡五审判方式”，为边区的政权建设和法制建设奠定了牢固的基础。

陕甘宁边区高等法院辖区与边区政府辖区一致，辖延属、关中、绥德、庆环、陇东、三边 6 个专区和一个市（延安）30 多个县。1937 年 7 月至 1945 年 8 月先后又设三边、庆环 6 个分庭和延安市地方法院。

1947 年 3 月，陕甘宁边区高等法院撤离延安，随军转战。1948 年 4 月，延安解放后，又迁回此地。1949 年 3 月 8 日，改称陕甘宁边区人民法院。同年 6 月，迁往西安。1950 年 2 月，改称中央人民政府最高法院西北法院。

二、基地建设情况

陕甘宁边区高等法院旧址位于延安龙湾山中段，设陕甘宁边区审判史陈列馆，与边区政府、边区大礼堂旧址隔河相望。延安市中级人民法院在最高人民法院、陕西省高级人民法院、延安市委、市政府的大力支持下，对陕甘宁边区高等法院旧址实施修复工程，充分利用其丰富的司法历史资料和红色革命旧址资源，对各级领导干部进行生动的现场体验式教学。2018 年被全国普法办命名为“全国法治宣传教育基地”，2019 年被定为“全国重点文物保护单位”。

三、工作开展情况

一是打造教育培训平台。中国延安干部学院将陕甘宁边区高等法院旧址暨陕甘宁边区审判史陈列馆全面纳入教学实践点。2017 年以来，为全国法院联系协调在延安举办教育培训班 243 期 8361 人。

二是积极整理挖掘陕甘宁边区审判史料。充分利用陈列馆现存资料的资源优势，先后撰写了《“马锡五审判方式”成功经验》等理论文章，编著了《陕甘宁边区司法研究》(3 册)、《陕甘宁边区审判史》、《陕甘宁边区法律法规汇编》、《陕甘宁边区高等法院案例选编》、《马锡五审判方式》等书籍，与高校联合申报的《陕甘宁边区高等法院判例汇编研究》被中国法学会确定为部级研究课题，对陕甘宁边区基层司法档案进行抢救性整理保护。同时，还广泛利用网络资源优势，筹建了“陕甘宁边区审判史理论研究资源库”，收集了部分全国法学专家、教授及陕北学者关于陕甘宁边区审判史的理论文章及专题著作，极大地丰富了陕甘宁边区审判史陈列馆的文献资料。

三是教育培训大批政法干部。陕甘宁边区高等法院旧址共接待 8 万余名政法干警前来参观学习。同时，还接待了中国延安干部学院大批学员以及全国各地大批的参观学习者，玻利维亚法官代表团等先后来陕甘宁边区高等法院旧址参观学习，并作学术研讨交流，为弘扬边区优良司法文化和优良司法作风发挥了积极的作用。

四是利用重要时间节点开展法治宣传教育活动。2019 年国家宪法日期间，延安市各单位充分利用陕甘宁边区高等法院旧址开展观摩学习与情景教学活动。

第一批全国法治宣传教育基地

中国法院博物馆

一、基本情况

中国法院博物馆（新馆）自2016年1月起正式对外开放，为国家重点文物保护单位，建筑面积共3107.1平方米。围绕弘扬优秀传统司法文化、讲好新时代法治故事、宣传中国特色社会主义法治道路，中国法院博物馆常设3个基本陈列展厅、6个专题展厅、3个普法互动区，展陈面积达1600平方米。

二、开展普法宣传教育情况

中国法院博物馆自2018年6月被命名为全国法治宣传教育基地以来，通过多种措施不断提高普法的教育力、影响力、宣传力。

一是举办主题展览开展普法宣传教育工作。中国法院博物馆先后举办“改革开放中的人民法院”“人民法院七十年成就展”“北京法院首例案件专题展”“方金刚同志先进事迹专题展”“行政庭建庭30周年专题展”等主题展览，并为《伟大历程　辉煌成就——庆祝中华人民共和国成立70周年大型成就展》涉及人民法院的部分提供相关展品、图文资料等。通过主题展览，生动展示人民司法的好传统、好案例、好人物，积极回应人民群众对人民司法事业的关切，激发广大干部群众将尊法学法守法用法化为行动自觉。

二是多管齐下加大普法宣传教育力度。截至2020年年底，中国法院博物馆通过微信公众号、官方网站推送传统司法文化、红色司法文化、新中国审判制度等140篇文章，出版《中国法院博物馆》馆刊3集。相继在抖音、快手平台推出介绍人民法院70年成就展、审判服饰、重要展品等短视频。分别参加北京电视台网上直播、史观北京的《馆长说》等电视栏目，接受新浪、光明网、北京时间网、《法制日报》（2020年更名为《法治日报》）、《人民法院报》等多家媒体的采访报道，不断加大普法力度。不断改进官方网站与微信公众号的互动衔接机制，方便参观预约，共接待观众6.48万人次。结合博物馆的特定展陈，探索“法槌笔”等文创产品开发，彰显司法文化。针对新冠疫情防控期间不能进行现场讲解的情况，及时在馆内增加105个二维讲解码，同时，在微信公众号推出云讲解，积极拓展普法教育的受众面。

三是强化专业化服务提高普法宣传教育的精准性。中国法院博物馆把传递中国法治声音与扩大对外开放结合起来，顺利完成《最高人民法院司法合作与交流展》的布展工作；接待国际法院院长、朝鲜中央裁判所所长、古巴最高人民法院院长、法国最高行政法院副院长、泰王国最高行政法院院长参观。为充分发挥普法宣传教育效能，针对不同的参观主体设计个性化路线，不断提高普法宣传教育的针对性。先后与东城区教委、东交民巷小学、北京汇文中学、中国人民大学、中国政法大学、南开大学合作，通过举办模拟法庭、开学第一课、编写法治培训教材等方式，着重为青少年普及法律知识。建立健全社会志愿者管理条例，培训中国政法大学、东交民巷小学志愿者百余人，组织社会志愿者在博物馆提供志愿服务，进一步提高志愿者工作水平。定期开展讲解培训工作，现场对讲解评定优势和不足，指明改进方向，切实提升讲解工作水平，发挥好全国法治宣传教育基地的示范作用。

四是通过交流学习提升普法宣传教育水平。积极推进学习型博物馆建设，建立“帮带型”研究机制，定期开展专题业务学习，集体学习《中华人民共和国民法典》，收集人民法院依法惩处涉疫犯罪和服务复工复产的案例、出台的司法解释、制定的司法政策。主动开展馆际交流，与中国第一历史档案馆、中国地质博物馆、清华大学艺术博物馆、中国电信博物馆等进行业务交流，学习好经验好做法。为收集司法史料、吸取展陈经验，先后赴山西省、上海市、云南省、陕西省等地开展实地调研和业务学习。坚持“请进来”的方式，邀请法院系统、有关部委同志对中国法院博物馆建设、相关展览提出意见建议。

第一批全国法治宣传教育基地

北京税务博物馆

一、基本情况

北京税务博物馆建于2015年，展厅面积约1400平方米，截至2020年年底，共展出票据、契约、税法书籍等展品3000余件，藏品突破4万件，是国内税收文物收藏最丰富的博物馆。2017年7月，被国家税务总局、司法部命名为第一批“全国税收普法教育示范基地”。同时，也是多个学校的税法教育实践基地。

二、主要功能

（一）积极开展宣传活动，扩大税收普法教育覆盖面

在每年全国税收宣传月及国家宪法日等重要时间节点，充分利用税务博物馆组织市区青少年开

展多种形式税法宣传教育活动，近百家重点企业到税务博物馆参观，使税收普法宣传触角延伸到校园、企业等各个层面，提高公民的税收法治意识。

（二）努力搭建互动平台，促进税收普法教育专业化

邀请中央部委、高校、研究所等税务专家学者担任建馆顾问，成立博物馆税史研究中心，举办税收论坛、研讨会、英语沙龙等系列活动，借专家学者之力推介基地建设，传播税收法治理念。

（三）多方融合宣传渠道，探寻税收普法教育新思路

建立税务博物馆官方网站和微信公众号，与中央电视台、北京电视台合作制作播出税务博物馆专题节目，在多家媒体刊发博物馆相关宣传报道，出版《北京税务博物馆藏品鉴赏》，拍摄制作多部主题公益广告和专题宣传片，拓宽宣传渠道。

（四）精心设计展览内容，增强税收普法教育互动性

应用360度全息影像、虚拟展柜、120度半3D环幕等多媒体声光电技术向参观者展示税收工作、普及税法知识。馆内循环播放税收宣传短片，设置税法书籍展示区、税法知识答题区域，赠送门票及税法宣传册增强互动性。

三、主要成效

一方面，国内影响力持续提高。突出公益性定位，向社会免费开放，吸引多家高校、企业、党政机关前来参观，满足多层次需求，赢得社会各界广泛关注和高度评价。在面向社会各阶层组织开展税收普法教育展览满意度调查中，满意度达100%。另一方面，国际影响力不断扩大。精心组织策划，完成重大外事接待任务，先后接待德国、英国、日本、韩国等代表团参观。在2016年我国承办“第十届税收征管论坛”期间，全球20多个国家与国际组织的48位税务长官前来参观，践行了国际化理念，传播了中国税收历史文化。

第二批全国法治宣传教育基地

北京市全面从严治党警示教育基地

北京市全面从严治党警示教育基地，是北京市重点打造的全面从严治党警示教育、党性教育、纪律教育三大基地之一。2019 年 12 月被司法部、全国普法办命名为“全国法治宣传教育基地”。

一、增强法治宣传的针对性、实效性

党的十九大以来，基地主动适应全面从严治党、全面依法治国新形势新任务新要求，不断加强基地建设，提高工作标准，增强警示教育工作的针对性、实效性。每年年初，基地都会做更新案例的详细计划，并由一名基地领导专门负责展陈更新工作，以保证案例更新工作的顺利完成。2019 年，基地更新统计文字 24 处，更新完善新提法 9 处，充实完善案情 6 处，更换案例 6 个（一层 2 个，二层 4 个）。结合新纪律条例，基地对《六大纪律》宣传教育片进行了重新制作，以确保内容全面、准确。2019 年 6 月，新拍摄的宣传教育片通过市纪委市监委的最终审查，正式在警示教育活动中播放使用。

二、扩大法治宣传的受众范围

基地按照“立足北京，服务中央”的整体定位，发挥全国法治宣传教育基地的示范引领和带动作用，开阔视野，打破地域限制，向周边省市辐射，提高基地对外开放频次和接待水平，使更多的社会公众能走进警示教育基地。2019 年 6 月，基地音频讲解系统进行了全面升级，实现了一、二、三层同时进行讲解而互不干扰，大大缩短了每批次的间隔时间，提高了接待能力。同时，基地不断丰富宣传内容，拓展活动形式，积极营造良好的法治氛围，为法治中国首善之区建设作出更大的贡献。2019 年，基地接待参观单位 1600 余批次、60,000 余人次。在基地成立以来的 10 多年里，基地累计接待参观单位 16,000 余批次、60 余万人次。

三、提高法治宣传水平，加强品牌建设，展现基地特色

基地充分发挥自身优势，加强对警示教育工作的研究探索，努力打造具有行业特色的廉政法治文化。为了不断提高法治宣传水平，基地每年开展讲解员岗位练兵活动，通过“老带新”“传帮带”等形式，强化能力培养，开展定期考核；此外，还组织外出学习考察，2019 年 10 月，基地组织骨干讲解员前往山东、河南、辽宁等地警示教育基地参观考察，学习外省市警示教育基地先进经验，指导自身工作开展。

第二批全国法治宣传教育基地

李大钊纪念馆

2019年12月，李大钊纪念馆被命名为“全国法治宣传教育基地”，2020年以来，李大钊纪念馆坚持以习近平新时代中国特色社会主义思想为指导思想，注重李大钊精神与法治宣传教育的结合，多形式多渠道开展宣传教育活动，充分发挥了法治宣传教育基地作用。

一、加强理论研究，学习传承有机统一

李大钊纪念馆全体干部职工落实领导干部、公职人员学法制度，开展法律知识考试和知识竞赛，提升干部职工法律素养；以传承发扬李大钊精神，深入挖掘、研究李大钊法治思想为目标，将廉政教育、党史教育、国防教育、普法教育相融合，提升理论教育、示范教育功能性，组织中、高级职称研究人员牵头《李大钊制宪思想》《李大钊同志是清正廉洁，品德高尚的表率》《李大钊是一代青年的良师益友》等课题，修改和丰富讲解内容，宣传李大钊维护国家主权，保护人民权益的立宪思想和反对军阀强权统治的法律意识、革命精神。

二、丰富宣传形式，线上线下整合互补

因新冠肺炎疫情影响，李大钊纪念馆自2020年1月以来未能正常对外开放，为助力疫情防控，李大钊纪念馆探索新路径，开设“网上展馆”，录制李大钊生平事迹陈列展览视频，通过立体图像、语音导览开展网上陈列并被《学习强国》河北学习平台列入“云”游博物馆专题，做到“闭馆不停展”，累计播放量近万次；开辟“云课堂”，连线多家高校、企业，通过网络为广大师生、青年志愿者、青年干部等开展“高擎革命火炬　践行初心使命”主题宣讲；开放“云视听”，依托纪念馆公众号平台，组织讲解员、中小学志愿者开展李大钊诗文颂读、李大钊红色故事展播等活动，增强观众与展馆的互动。参与“传承红色基因　讲好河北故事”公益展播比赛获优秀组织奖。疫情防控取得阶段性胜利后，李大钊纪念馆开放馆前活动区域，配合所在地法治宣传工作开展，举办了“民法典与生活同行”、“七一”党员活动日法治宣传服务、公证法律服务宣传、《社区矫正法》实施宣传等多项法治宣传活动。

三、发挥红色辐射，展馆故居共同进步

由李大钊纪念馆策划，李大钊故居旅游景区建设项目进入立项阶段，李大钊故居在基层法治创建中发挥着积极作用。大钊故里大黑坨村以故居红色资源为依托，积极对接法律顾问、资深律师，引入法律服务资源，组织开展“送法下乡”法律宣传进基层活动，积极参与“民主法治示范村”创建，以期达到提升村民法律素养，盘活旅游资源，带动经济发展，建设美丽乡村的总目标。

第二批全国法治宣传教育基地

史良故居

史良故居位于常州市青果巷街区东北角，布展有仁、智、义、勇、忠、洁、常州法学名家堂、法治名人 8 个篇章，介绍了新中国首任司法部部长史良先生卓越的法治贡献。自 2018 年 7 月 11 日开放以来，已接待近 35 万人次参观学习。

一、明确运营方式

2020 年 1 月，常州市举行全国法治宣传教育基地命名仪式。根据常州市委市政府的要求，常州市司法局会同市委宣传部、市财政局、市文广旅局、常州晋陵文旅公司召开了协调会议。明确史良故居由常州市司法局运营管理，运行费用列入财政专项资金足额保障，由常州市司法局委托晋陵文旅公司代为运营，提高运行专业化水平。

二、抓好维护建设

2020 年 1 月，为加大史良故居接待能力，常州市司法局与原设计布展公司协商，出资 5 万元升级改造场馆内的幻影成像系统、布置了故居改造前后对比的 10 块展板、更换了法治文化弄（长廊）的 5 组法治宣传灯箱。

三、加强运营管理

常州市司法局与晋陵文旅公司签订物业管理合同，配备 24 小时轮值的保安、保洁，选配 3 名优秀讲解员，改造故居的停车场地，配发史良故居的宣传折页，对故居的安全隐患进行逐一排查并整改。优化故居的开放时间。

四、提升社会影响

经与常州市关工委协商，将史良故居列入常州市关工委青少年法治宣传教育基地，举行命名仪式。与常州电视台联合推出《史良故居》纪录专题片。针对疫情影响，拍摄史良故居云游视频，报送省司法厅和市委宣传部。

五、组织寻访活动

与常州市教育局联合开展“游览史良故居 寻访法治名人”普法体验活动。组织城区附近 5 所中小学 5000 余名学生参观史良故居。史良法学院学生成立史良故居普法志愿者队伍，轮流担任故居讲解员。常州市司法局将史良故居课题研究列入了史良法学院年度重点课题。

六、成立“存初”服务队

在史良诞辰 120 周年之际，常州市司法局与市妇联、市律师协会联合成立“存初”婚姻家庭法律服务团，服务团共有 70 名女律师。服务团充分发挥女律师专业特长，服务妇女儿童，并以此纪念史良为妇女运动作出的积极贡献。通过市妇联、市司法局微信公众号开设“存初”释法微课堂 20 期。

第二批全国法治宣传教育基地

苏州市宪法宣传教育馆

苏州市宪法宣传教育馆位于苏州市相城区市民活动中心，面积约1300余平方米，是全部以宪法为布展内容，集场景复原、人物雕塑、平面展示、原创视频和互动游戏等多形式的宪法宣传教育场馆。2018年4月开馆，截至2020年12月31日，累计接待参观653批次57,031人次，其中宪法宣誓60批次，入党宣誓32批次，青少年成人礼27批次。

一、“精准”对接需求，提升服务水平

坚持问计于民，针对机关干部、青少年、企业人员、社区居民等不同人群，发放建议反馈卡，收集关于布展、接待以及活动开展方面的意见建议150多条，将法治型党组织建设、法律职业道德教育、青少年法治教育等融入宪法宣传，不断优化宪法馆的宣传服务工作。宪法馆先后获评省

法治宣传教育基地、市级未成年人社会实践体验站、市级“走聚看”主题宣传教育基地、区级机关“法治开讲”活动基地。

为更好满足群众的法治需求，让群众足不出户也能切实感受到宪法就在身边，于 2018 年 8 月发布上线了网上宪法馆，充分运用“苏州普法”微信公众号、“e 同说法”App 等平台进一步宣传推广网上宪法馆。截至 2020 年 12 月 31 日，网上宪法馆访问量达 56,654 人次。

二、“精心”做活内容，提升策划能力

（一）开展宪法宣誓活动，提升宣传效果

2019 年国家宪法宣传周期间，苏州市、相城区两级机关分别组织机关工作人员来馆开展“12・4”国家宪法日集中宣誓活动，通过宪法宣誓这一形式，更好地宣传宪法内容，弘扬宪法精神。宪法宣传周期间，共举办宪法宣誓类活动 15 场次。

（二）开展各类青少年法治活动，创新普法形式

充分发挥市、区两级未成年人社会实践体验站的优势，开设“童画宪法”“法治文化”“宪在开讲”“模拟法庭”“法治非遗”五大沉浸式体验项目。自 2018 年 4 月 16 日开馆以来，已开展各类体验 35 场次，覆盖 1400 余人次。通过沉浸式体验，增强青少年安全意识和自我保护意识，引导其在体验中润心育德，涵养法治精神。

（三）积极配合疫情防控工作，扩大普法覆盖面

针对突如其来的新冠疫情对现场参观的影响，根据“4・8”司法日活动要求，制作“云游宪法馆”短片，以参观者为第一视角介绍宪法馆布展亮点，并通过苏州市普法新媒体联盟矩阵线上展播，让参观者足不出户就能身临其境参观宪法馆，“零接触”感受法治文化的魅力。

三、“精选”服务队伍，提升宣传效应

主动对接各类专业型社会组织、大中院校和所在社区，打造“专职讲解员——普法讲师团——讲解志愿者”三级讲解队伍。共有专职讲解员 3 人，由法官、检察官、律师等法律专业人士组成的普法讲师团 5 人，由司法所（办）、村社区志愿者组成的讲解志愿者 8 人，进一步强化讲解硬实力。

宪法馆在强化讲解硬实力的同时不忘提升宣传软实力，联合星澄青少年事务中心开设法治文化特色课程：“开学第一课——国旗下的宪法演讲”，为本地区内 5 所学校的近万名师生传递宪法“好声音”；积极开发制作宪法馆音视频产品，取景展馆拍摄的《寻找宪法》公益广告登上“学习强国”平台；联合法先声法律服务中心开展“宪在大声说”青少年法治嘉年华活动，通过项目化管理发挥法治宣传在社会组织公益活动过程中的加倍效应。

第二批全国法治宣传教育基地

安徽省凤阳县小岗村

小岗村法治宣传教育基地位于中国农村改革的发源地安徽省凤阳县小岗村。基地自创建命名以来，坚持把法治宣传教育工作全方位融入当地红色传统教育，着力挖掘“大包干精神”“沈浩精神”蕴含的法治理念，不断探索适合小岗村本地特色的法治宣传教育工作模式，基地建设平稳有序，场馆运营安全规范，活动开展扎实有效，基地示范引领作用得到有效发挥。

一、基地建设概况

2019 年 12 月，小岗村被评为第二批“全国法治宣传教育基地”以来，市县两级党委、政府高度重视，将法治宣传教育场馆建设纳入小岗乡村振兴 2020 年度重点建设项目，投入建设资金 135 万元，由市县两级司法部门、小岗村所在镇和小岗村合力推进。截至 2020 年 8 月，场馆土建工程已全部完工，室内馆面积 300 平方米已完成立项、布展施工设计工作。馆外法治公园占地面积 1500 平方米，道路、绿化和法治展板、立牌建设工作正在进行中。

该基地结合小岗村“两馆一院一中心一法庭一团体一阵地”有关规章制度，有针对性地制定了《小岗村全国法治宣传教育基地管理规范》等多项管理制度，并择优招录了 1 名基地管理员，主要负责平时的秩序维护和卫生清理工作。

二、小岗村法治宣传教育工作情况

一是结合重要活动开展法治宣传教育。自 2019 年以来，小岗法治文化广场依托乡村大舞台，利用“岗上花开”电影开幕式、农民丰收节、“十一”电音节、元旦演唱会、农民歌会、纳凉晚会等文化节日活动，组织县直普法单位集中开展 22 场法治宣传活动，为 8 万多名群众送去法治清风，得到了群众的广泛称赞。2020 年 7 月 23 日，“普法邮路·民法典普法宣传进万家”活动在小岗村正式启动，200 余名普法志愿者走进千家万户宣传民法典，受众 4000 多人次。

二是邀请带头人讲法治课。邀请大包干带头人借助小岗村特有的“大包干”精神和“沈浩精神”，为参加中组部、农业农村部农村实用人才培训的大学生村官、新型经营主体和在小岗干部学院学习的机关干部开展嵌入式法治宣传教育宣讲，自 2019 年以来，共宣讲 30 余场，受教育人数超 3000 人。

三是开展“法律六进”活动。与小岗村法院、派出所等单位加强联系，定期召开法治乡村建设联席会议，联合开展法律进村庄、进学校、进企业、法治讲座活动。开展驻村干部、企事业单位负责人法治培训，针对不同对象的不同需求，开展分众式法律宣传，深入社区、企业组织了 20 余次的法律讲座活动，参加人数 1800

多人。

四是举办“法律大讲堂”。小岗村司法所工作人员、村法律顾问定期为全村 920 户 4397 名村民宣讲农村常用的法律法规常识，帮助调解各类生活矛盾纠纷，倡导村民尊法学法守法用法，小岗法治建设深入人心。

五是推进村规民约宣传。民主选举村民理事会成员并召开村民代表大会，依法表决通过了《小岗村移风易俗村规民约方案》《小岗村美德银行积分方案》《小岗村违反村规民约扣发分红等福利待遇方案》等一系列村民关注问题的解决方案，进一步凝聚了民心民意。大力推进“婚事新办”“丧事简办”“小事不办”“奖罚分明”等村规民约的宣传工作，增强全体村民的认同感和执行力，村容村貌焕然一新，陈风陋俗不断摒除。

六是依托小岗村干部培训学院开展培训。自 2019 年以来，以小岗村干部学院为依托，为全国各地开设各类培训班 134 场次，将宪法、法治思维培养等作为培训班必修课程，受教育人数近 1.5 万人。

第二批全国法治宣传教育基地

共和国法制摇篮展览馆

一、精心谋划，多项举措提升效果

为把共和国法制摇篮展览馆真正建设成一流的法治展览馆，扩大红色法治文化品牌的影响和宣传教育作用，在福建省高级人民法院的指导下，龙岩市中级人民法院和上杭县人民法院再次投入大量人力物力，继续聘请专家担任展馆文化顾问，做好讲解员培训工作，组织专业人员参与电视纪录片《红色法魂》的摄制并在全国学习强国平台及省市电视台、有关新媒体播出，参与《法魂——中国特色社会主义法治溯源》一书的资料收集及撰写，组织深入调研及设计制作宣传画册，基本形成了一个展馆、一部专题片、一本专著和一系列宣传画册等综合立体展示共和国法制摇篮的系列高品质、开创性的法治宣传文化精品。

二、整合资源，宣传教育成效显著

共和国法制摇篮展览馆全面展现了红色中国法治起源于闽西这一史实，因其丰富的馆藏、专业的设计和巨大的宣传教育意义，成为全国爱国主义教育示范基地、古田会议旧址群国家5A级景区的重要组成部分，成为古田当地发展潜力巨大的红色景区。共和国法制摇篮展览馆2019年游客超过300万人次；2020年年初，疫情期间因防控需要而实施闭馆；6月以后，在严格落实常态化防控疫情的基础上，实行逐步开放，共计接待党校学员、政法干警、专家学者、普通游客等各界参观者3500余人次。

三、提质增效，打造更高品味基地

共和国法制摇篮展览馆以荣获全国法治宣传教育基地为契机，提质增效，打造更高品味法治宣传、爱国主义教育基地。共和国法制摇篮展览馆作为景区的重要组成部分，正与古田会议旧址群一道，积极改善提升，推进与省市党校、党史研究室、有关高校法学院等众多党史党建法制史等理论研究部门开展广泛的交流合作。不仅从历史角度增强广大群众对我党法治工作的认知认同，从而提高司法公信力，诠释我党建设法治国家的历程，同时，也为来自全国各地的观众提供了一个生动的爱国主义和法治教育基地。

第二批全国法治宣传教育基地

山东省暨济南市禁毒预防教育展览馆

2019 年 12 月，山东省暨济南市禁毒预防教育展览馆（以下简称禁毒展览馆）被全国普法办命名“全国法制教育基地”。

自 2019 年以来，禁毒展览馆共接待全省各市参观团体 637 个，参观人数 4.8 万人。其中，中小学生 4.1 万人，企事业单位、机关干部 0.5 万人，其他群众 0.2 万人。

禁毒展览馆进一步加强主题“党日”参观活动内容建设，先后接待各级党支部来展馆参观 37 批次。山东省人大常委会机关党委、山东省人民政府办公厅机关党委先后组织党员干部到展馆参观学习。

因疫情展馆闭馆达 6 个月之久，其间，山东省禁毒办充分发挥职能优势，积极联系齐鲁网，共建网络普法参观平台，建成“山东禁毒网络展览馆”“口袋展览馆”“阳光一生”普法微信号，将禁毒普法知识通过二维码分享在线学习，有针对性地开展好普法学习教育工作。建成以来，学习浏览人数达 100 余万人。山东省禁毒办、济南市禁毒办以“全国法制教育基地”为契机，积极调整工作思路和普法方式，由“等人来参观”，改为“走出去普法”。省市禁毒办组织禁毒社工、展馆工作人员走出展馆，走进社区、企业、学校、娱乐场所开展普法活动。自 2019 年以来，开展各类社区、学校等普法活动 48 场次，发放《中华人民共和国禁毒法》《山东省禁毒条例》《青少年毒品预防宣传教育读本》等宣传册 1.3 万份，受众人群达 1.1 万人。

2020 年 10 月，按照国家和山东省普法办相关普法精神要求，禁毒展览馆对普法内容进一步升级改造，计划投入 70 万元，增加展馆普法互动光电设备、更新法律法规内容、改造展馆环境，进一步提升展馆接待能力和普法水平。改造后的展览馆在环境、接待能力、普法内容、普法形式等方面，将有更大提升，更受广大人民群众喜爱。

第二批全国法治宣传教育基地

河南黄河法治文化带

河南省司法厅、河南省普法办和河南黄河河务局充分发挥法治宣传教育推动黄河流域生态保护和经济社会高质量发展的基础性作用，将法治文化、黄河文化、红色文化有机融合，打造了一批主题鲜明、特色突出的黄河普法精品工程，形成了横贯 8 个省辖市、4 个省直管县（市）的“河南黄河法治文化带”，营造了尊法学法守法用法的良好氛围，发挥了法治建设保驾护航黄河安澜的有力作用，2019 年 11 月，被全国普法办命名为第二批“全国法治宣传教育基地”。命名以来，以“把黄河建设成为造福人民的幸福河”为目标，以“示范基地创建活动”

◆ 开封黄河东坝头法治文化示范基地开通“法治号”小火车，使游客在欣赏黄河风景时，能够接受法治文化的教育熏陶

为抓手，积极推动黄河法治文化带提质增效、提档升级。

一、高标准编制发展规划

协调水利部黄河水利委员会，推动在黄河全流域开展法治文化阵地建设。编制完成了《河南黄河法治文化带建设规划（2020—2025）》，提出了“国家级基地为核心、省级基地为纽带、市级基地为辐射板块”的建设格局。在该规划的规范引领下，投入普法资金3400余万元，新建普法长廊4处、法治文化示范基地11处，创作法治文化作品59部。截至2020年10月，共争取普法资金约1.2亿元，建成普法长廊集聚群53处、法治文化示范基地25处、普法成果展览馆4个，推出各类原创作品150部。

二、创新提升基地建设品质

印发《全国法治宣传教育基地河南黄河法治文化带示范基地创建活动实施方案》，明确了示范基地日常管理制度、年度考核制度等。按照“谁建设、谁使用、谁管护”的原则，强化示范基地的日常管理和保养维护，更新普法展板、标语内容等1000余处。开展“全国法治宣传教育基地河南黄河法治文化带示范基地创建活动”，对申报的示范基地进行考核验收，命名10家第一批河南黄河法治文化带示范基地，努力打造黄河法治文化精品基地，推动黄河法治文化带建设向纵深发展。

三、营造浓厚法治文化氛围

自2019年12月以来，接连举办了河南省“宪法宣传周”活动暨全国法治宣传教育基地“河南黄河法治文化带”授牌仪式、水利部黄河水利委员会“谁执法谁普法”普法责任制示范点授牌仪式、《中华人民共和国民法典》集中宣传活动、焦作温县黄河太极生态环境资源司法保护基地和巡回法庭揭牌仪式、开封市“弘扬黄河文化，传承黄河精神”爱国主义主题教育实践活动、开封顺河区“保护黄河生态、弘扬黄河文化”志愿服务活动等大型法治宣传教育活动百余次。自基地命名以来，前来参观学习的单位和群众络绎不绝，来自全国各地的参观人数突破10万人次。《法制日报》（2020年更名为《法治日报》）、《中国水利报》、《河南日报》、《河南法制报》、《黄河报》及中国普法网、中国水利网、黄河网、河南电视台、河南卫视等国家和省级媒体先后报道，网上点击率超百万人次，为建设社会主义法治文化、传承和弘扬黄河文化、打造幸福河营造了浓厚的法治氛围和良好的社会环境。

第二批全国法治宣传教育基地

遵义会议纪念馆

遵义会议纪念馆1951年开始筹建，1955年10月正式对外开放。先后被评为全国第一批重点文物保护单位、第一批爱国主义教育基地、国家首批一级博物馆。现管理着遵义会议会址、遵义会议陈列馆、红军总政治部旧址、遵义会议期间毛泽东、张闻天、王稼祥住处等纪念建筑，总占地面积40,000多平方米，展室面积20,000多平方米。现有在职研究馆员3人，副研究馆员3人，馆员及助理馆员11人，专职讲解员60余人。近年来，年均接待观众近500万人次，年均讲解场次超过30,000批次。

自2020年以来，遵义会议纪念馆按照疫情防控要求，认真抓好本馆的疫情防控工作，认真做好爱国主义教育和革命传统教育工作的同时积极向参观游客进行法治宣传教育，切实做好全国法治宣传教育基地相关工作。遵义会议纪念馆强化法治宣传氛围，组织职工及讲解员学习《中华人民共和国宪法》《中华人民共和国民法典》等法律法规，及时向职工及讲解员传达学习中央、省市关于学法用法相关文件精神，加大对全馆职工法治知识方面的培训，要求职工及讲解员积极参加学法用法学习考试，努力提高法治宣讲水平。2020年，在受疫情的影响下，遵义会议纪念馆不断提升服务水平，采取疫情防控“预约、错峰、限流”等措施，响应中央精神，积极参与推动地方经济需求，增加夜间开放，截至2020年9月共接待了120多万人次到馆参观。遵义会议纪念馆充分利用到馆参观人流量大的优势，在馆设置普法宣传标语，宣传展板等，向到馆参观游客发放宣传册共计20,000万余册。

◆ 参观群众在资料栏前领取法治宣传资料

在做好普法宣传的同时，遵义会议纪念馆认真做好司法系统人员革命传统教育、爱国主义教育及党性教育，2020年以来，向司法系统人员进行红色宣讲共计142次5000多人。

第二批全国法治宣传教育基地

贵州省见义勇为展览馆

贵州省见义勇为展览馆是在依法治国时代背景下，紧扣全面依法治国战略，弘扬社会主义核心价值观，建成的全国首家省级见义勇为主题法治宣教综合性展览馆。贵州省委省政府长期高度重视依法推进见义勇为工作，2011~2016 年连续 6 年将见义勇为工作纳入省委省政府“十大民生工程”任务和“依法治省”工作要点，贵州见义勇为展览馆于 2018 年 3 月建成并向社会免费开放，是全省依法推动见义勇为事业发展的重要法治教育平台。

贵州省见义勇为展览馆位于贵阳市中心的宝山北路 80 号 2 栋三楼，建筑面积 600 余平方米，布展面积 1300 余平方米。展陈内容包括见义勇为历史沿革、法律法规、领导关怀、社会支持、表彰宣传、抚恤慰问、困难帮扶、法制建设、组织建设、队伍建设、制度建设等。展出文字资料 10 万多字、照片资料 1100 余份、实物 100 余件。配备智能点播机 2 台，电子显示屏 1 台，录音录像及编辑设备 1 套、法治资料取阅台 3 个。

自 2020 年以来，按照党中央、省委关于抓

◆ 贵州省见义勇为展览馆主题形象墙

◆ 贵州省见义勇为展览馆主展区

紧抓实抓细常态化疫情防控工作的决策部署，结合本地区本展览馆实际，统筹推进疫情防控和展览馆建设，规范展览活动新冠肺炎疫情常态化防控工作，安全有序推进展览活动复展复业，开展普法宣教活动。利用接待淡季时间开展讲解员业务基本技能培训，提升普法宣讲服务质量，接待参观万余人次，发放普法宣传资料近万册，向全社会普及专业法律知识，传播法治精神，讲述法治好故事，传播法治正能量。

贵州省见义勇为展览馆全面加强法治宣传阵地拓展建设。大力推进“法治教育基地共建、普法宣传活动同行”工作，与黔南州委、州政府，州见义勇为基金会共同建设“贵州省黔南州见义勇为教育示范基地”，贴近群众需求推动发展。贵州省黔南州见义勇为教育示范基地位于黔南州贵定县盘江镇（正在建设中），占地面积约 3000 平方米，展区面积约 2000 平方米。

积极发挥阵地作用，深入开展学习、带头宣传《中华人民共和国宪法》《中华人民共和国民法典》等法律法规。展览馆以辅助省见义勇为基金会工作为依托，积极做好英模事迹发掘，积极开展慰问帮扶、法律咨询、法律援助和依法维权活动。

扎实做好普法宣传和弘扬见义勇为精神，使人人看得见“晴雨表”，个个找得到“风向标”，让参观者们切身感受到一段段荡气回肠的故事，一次次法治文化的熏陶和洗礼，使崇尚法治、追求正义成为全社会的主流价值观。

第二批全国法治宣传教育基地

陕甘边革命根据地照金纪念馆

陕甘边革命根据地照金纪念馆（以下简称照金纪念馆）作为全国法治宣传教育基地，在市级司法行政机关的精心指导下，强化组织领导，注重宣传实效，创新工作形式，精心组织举办各种形式多样、喜闻乐见的普法展览及活动，充分挖掘教育基地所蕴含的历史内涵、文化内涵、精神内涵和思想内涵，使教育基地成为人民群众尤其是青少年人群法治宣传教育的大课堂。

一、做好宣教接待，在解说中突出老一辈无产阶级革命家崇法、守法的高尚情操

2020 年，照金纪念馆受疫情影响，截至 11 月 10 日，共接待参观干部群众 26.8 万人次，团队数 1845 批次。纪念馆针对不同群体制定了领导干部、培训班学员、青少年、普通游客等不同版本的讲解词，实现了从统一讲词的“规定动作”到现阶段的“因人施讲”，例如，针对领导干部、

培训班学员，在讲解中突出老一辈无产阶级革命家崇法、守法的高尚情操，使前来参观学习的领导干部、培训学员都接受一次红色教育和法治教育的洗礼。

二、开展“照金精神”进校园活动，使法治观念在学生心中孕育发芽

从 2016 年开始，照金纪念馆先后深入市内宜君县、印台区、王益区、耀州区、新区等多所中小学校，开展“照金精神”进校园活动，在活动形式上，针对不同年龄段的学生特点，采取不同的宣讲方式，通过快板、红色故事、教唱红色歌曲，情景剧、有奖问答等学生们听得进、看得懂的文艺作品阐述照金精神，普及法律常识。2020 年 12 月组织开展“照金精神”进校园活动，让更多的青少年不出校门就能学习到红色文化，受到法治思想的熏陶，引导青少年学法、知法、守法，有力地推动了法治宣传向纵深开展。

三、召开主题研讨会，深挖党史，加强法治思想研究

2020 年 10 月 14 日至 15 日，组织举办“纪念陕甘边革命根据地创建 87 周年暨‘两点一存’研讨会”。革命先辈亲属代表、全国各地党史专家学者代表、红色纪念场馆负责人代表、照金纪念馆合作共建单位负责人代表以及部分市级退休干部等近百人参加研讨会。通过红色节目展演、座谈讨论、考察参观等方式，全面挖掘陕甘边革命根据地在抗战、长征中的贡献及地位，探讨了照金精神的历史地位及当代意义，挖掘老一辈无产阶级革命家身上所展现的法治思想、廉政事迹，为党史研究、法治建设等工作留下了宝贵的理论成果。

四、借助红色书屋，有效地推动普法宣传、法治文化的广泛传播

照金纪念馆红色书屋面积 130 平方米，现有藏书 10,000 余册，以革命历史为主题，包含馆藏书籍、红色书籍、党史资料、陕甘边革命根据地相关书籍、铜川籍作家作品等。同时，还与北方 15 个省市的 19 家出版单位，人民出版社及下辖的 32 家出版单位结成共建关系，引进一大批法治文化书籍，包括中国革命史、照金革命史、民法典等，在书屋内统一区域摆放，免费向驻镇单位提供借阅服务，供游客阅读、查阅，进一步发挥了纪念馆作为全国法治宣传教育基地的资政育人的作用。

第二批全国法治宣传教育基地

沈家本故居

沈家本（1840~1913 年）是清末著名的法学家，中国近代法学的奠基人。曾任刑部右侍郎、修订法律大臣、大理院正卿、法部右侍郎等。他主持制定了《大清民律》《大清商律草案》《刑事诉讼律草案》《民事诉讼律草案》等一系列法典。

沈家本故居位于北京市西城区金井胡同 1 号，为西城区文物保护单位。沈家本于 1900 年（清光绪二十六年）入京，至 1913 年（民国二年）逝世一直居住于此。故居占地面积约 1704 平方米，修缮工程总投资约 2400 万元。2018 年 1 月 9 日，正式对外免费开放运营。2019 年 3 月，在故居二进院东耳房新增建设了“沈家本故居法治宣传教育主题互动空间”。

通过对沈家本生平的介绍，可使参观者了解中国法制现代化的历史进程，接受生动的爱国主义教育。展陈内容分为沈家本的生平、清末修律的基本内容、沈家本及其法律思想对中国法制现代化的影响和重要意义、后世对他的纪念与研究，共五大部分，并通过介绍中国历代法制人物，展示中华传统法文化和法治文明。

沈家本故居开放以来，先后组织 700 余场 3 万余人次的集体参观，接待了中国法学会、中央政法委、国家文物局、全国各级法院、北京企事业单位等党日主题教育和法学研究活动。同时，充分发挥场地优势，承接中国政法大学法制史现场授课，清华大学、北大附中、北师大附小等院校法治宣传教育活动。

第二批全国法治宣传教育基地

上海国家安全教育馆

上海国家安全教育馆以总体国家安全观为指导，认真贯彻落实上级部门部署要求，着力强化国家安全法治宣传教育窗口和阵地建设，不断提升工作层次和能力，取得了良好效果。

一、持续发挥影响力

在做好疫情防控工作的基础上，国家安全教育馆自2020年6月1日起有序恢复开放，截至2020年年底，共接待全市各党政机关、驻沪部队、军工企业、金融机构、在沪高校、街道社区等单位1736批83,000余人次。2020年，上海国家安全教育馆被市级机关工委、市教卫工作党委、青浦区委政法委分别授牌命名为“组织生活基地”“国家安全教育教师国家级培训项目实训基地”“青浦区国家安全宣传教育基地”。2020年10月底，国家安全教育馆预约管理系统正式开通，并逐步建立藏品管理数字化平台，截

至2020年年底，网上教育馆总点击量98万余次。

二、着力拓展新领域

抓住全民国家安全教育日、《中华人民共和国国家安全法》和《中华人民共和国反间谍法》颁布实施日等重要节点，以实体馆和网上馆为主要依托，集中开展有声势、有影响的法治宣传教育活动。与国内知名青少年群体网站“哔哩哔哩”、战略合作单位东方网和“学习强国”上海学习平台展开深度合作，通过开设临时微信公众号、发布专题页面等形式开展网上宣传；积极联系《人民日报》、中国新闻社网等中央媒体，以及《解放日报》、《文汇报》、上海电视台、上海法治天地等本地媒体；与沪上主要“两微一端”主体积极联手，在澎湃新闻、上海文明网、“火红的党旗”、各区融媒体及街镇政务平台推送国家安全法律案例等宣传包，以丰富多彩、喜闻乐见的形式向社会公众广泛开展宣传，增强全民国家安全法律意识。

三、积极探索新方式

联合华东政法大学举办科研智库论坛之“新时代总体国家安全法治体系的建设与完善”，上海市法学会国家安全法律研究会（小组）作主旨发言。在上海市法学会及市委国安办的指导下，面向上海社科院、复旦大学、国际关系学院等高校法学院系广大师生，举办“维护国家安全，加强法治建设”主题征文，共收到95篇来稿，积极组织有关专家进行评审，并在《上海法学研究》杂志择优刊登获奖作品。

第二批全国法治宣传教育基地

中国村民自治展示中心（广西宜州）

中国村民自治展示中心，是为纪念中国第一个村民委员会——宜州区屏南乡合寨村村民委员会成立 30 周年的专业性史料展示场馆，是全国基层民主政治建设教育基地、村民自治的历史课堂、研究基地、实践样板和对外窗口。

2019 年 11 月获全国普法办命名为第二批“全国法治宣传教育基地”以来，中国村民自治展示中心按照“高水平建设、高标准设计、高质量运行”的总体要求，加强制度建设，全面升级改造，着力打造综合性、普惠性的法治教育基地，大力开展法治宣传教育工作。

一、基本情况

中国村民自治展示中心于 2020 年 3 月划归河池市民政局管理，更名为河池·中国村民自

治展示中心。中心占地 10,283 平方米，由主展示厅、机动展厅、报告厅和园林连廊组成。建筑面积 6500 平方米，展陈面积 1500 平方米。展厅内展示各类陈列物品、资料 1000 多件，馆藏资料 20,000 余份。以“伟大的历程、辉煌的成就”为展示主题，主要展示中国村民自治 40 年所走过的伟大历程、所创造的辉煌成就、所产生的巨大社会影响力。

二、基地建设情况

一是健全完善制度，形成长效机制。借鉴其他展馆的经验做法，建立健全《基地法治宣传教育考评办法》《基地干部职工工作责任制》等制度，用制度管人管事，不断提升管理水平，提升服务质量。

二是及时更新教育内容，规范基地运行。根据新时期出现的新问题，及时开展主题法治教育，体现基地的超前性和时代性。通过制定《法制教育基地管理办法》对教育基地建设的意义、定位、作用、组织结构，以及警示教育活动时间、内容、组织形式、参加人员、教育重点等作了明确规定，做到法治教育工作全年不间断。

三是对展示中心进行全面的升级改造工作。自 2019 年以来，中国村民自治展示中心以中国第一个村民委员会——合寨村村民委员会成立 40 周年纪念活动为契机，积极争取自治区民政厅和市民政局支持，投入资金 300 多万元，聘请华中师范大学对展示中心进行规划和布展设计，进行全面升级改造，包括场馆及园区改造、硬件设施升级、展陈资料和内容更新、增加现代科技陈展方式等。

三、取得的成效

一是法治宣传力度更大。通过板报、发宣传资料等方式，对参观群众进行法治教育，进一步加大法治宣传教育力度。自获命名以来，已接待党政机关、社会团体、企事业单位及区外单位慕名前来参观学习的群体 955 批次，受教育的人数达 7850 人，发挥了应有的作用。

二是展陈手段与法治宣传教育更具科技含量。通过这次升级改造，改变传统法治教育形式单一、机械式灌输和纯粹的说教的方式，增加了曲面屏投影、全息展柜、触摸屏体验游戏、视频播放等现代展陈手段和宣传方式，普及法律知识，使群众全方位感受—知法，全身心体验—守法，全过程接受—普法。中国村民自治展示中心还可以根据群众各自的不同需求任意组合菜单开展法治教育，通过一系列“套餐”式、系统化、专业化的法治宣传教育活动，使其在辖区内、外获得一致好评，影响逐渐扩大。

第二批全国法治宣传教育基地

南京海关法治文化基地（扬州馆、泰州馆）

一、基地基本情况

南京海关法治文化基地（以下简称基地）位于江苏省扬州市、泰州市，展馆面积约 1000 平方米，是海关系统“七五”期间建设的具有海关行业特色的普法教育阵地。2019 年 11 月 30 日，基地被确定为第二批“全国法治宣传教育基地”。扬州馆以法治文化为主题，重点展示海关法治建设的历程、内涵以及在海关改革发展中的作用等；泰州馆以依法把关与国门安全为主题，重点展示海关践行法治，落实总体国家观，维护政治、经济、文化、社会、生态等安全，强化国门安全防控的成果。两馆在定位上相互补充，充分运用实物、声光电、游戏互动等方式，多维度展示海关法治文化、法治实践、法治成果。基地展出各类图片资料 420 余幅、实物资料（包括历史文献及复制品、标本等）230 余份、法治书画作品 50 余幅、视频资料 50 余部。

◆ 进出口企业代表参观南京海关法治文化基地（泰州馆）

二、基地被命名后相关工作

一是领导高度重视，强化基地建设。海关总署主要领导对基地建设等普法工作做出重要批示，分管署领导、司法部相关司局负责人为基地揭牌。基地建设写入海关总署年度工作报告以及三级海关法治建设工作要点。南京海关关领导对基地建设积极谋划、推动，并在资金上提供保障。

二是建立管理制度，明确管理责任。明确基地建设目的、定位、要求、原则，以及两级海关的管理职责、日常使用、建设维护等内容，推动管理标准化、开放常态化、更新动态化。

三是注重作用发挥，突出示范功能。基地被命名后，接待系统内参观 9 次 220 余人，接待人大代表、政协委员以及进出口企业等参观 7 次 430 余人。探索通过二维码扫描、拍摄展馆宣传片等方式推进云端普法。同时，以基地为龙头，南京海关积极打造“1+N”普法基地群，10 个隶属关的省级机关法治文化示范点联动发挥普法功能，宣传海关法治文化。

四是加强对外宣传，扩大社会影响。积极筹划系列宣传，基地被命名后，通过《国门时报》《新华日报》等主流媒体刊登稿件近 20 篇，编发微信 3 期，获得广泛关注。

五是融入地方大局，推进共建共享。协同地方政府打造“智慧普法云游”品牌，通过 720VR 全景展示技术，打造线上全景数字展馆。对接地方科技、国安等部门需求，做好建设成果转化，实现普法、科普、国家安全教育资源共享。

第二批全国法治宣传教育基地

深圳市南山安全教育体验馆

深圳市南山安全教育体验馆，是深圳市南山区政府投资建设项目。总建筑面积2600平方米，是集居家、消防、建筑施工、交通、工业等行业领域安全科普知识、安全法规和防护技能于一体的“综合型”安全体验教育平台，也是面向市民、企业员工、学生等社会各界，开展“公益性”安全知识科普教育和安全法规普及的重要场所。

深圳市南山安全教育体验馆共分为8个功能区，包括居家安全、消防安全、建筑施工安全、交通安全、工业安全、4D灾难体验中心等6个体验区，以及序厅和展览厅。场馆设计采用了互动投影、AR、VR等多媒体互动技术，将安全知识科普教育和现代电子科技手段相互关联、有效融合，通过沉浸式的互动体验方式，增强了安全体验的真实感和知识学习的趣味性，高效地向体验者传递安全意识、普及安全法规、传播安全知识、传授安全防护技能。

深圳市南山安全教育体验馆的建设，旨在推动全社会树立“我要安全、我会安全”的安全意识，规范“我能安全、我保安全”的安全行为，进而形成全社会共同维护安全的强大合力，为每个家庭的平安幸福美满、经济社会的稳定持续发展，提供坚强有力的安全保障。

第二批全国法治宣传教育基地

中国政法大学

作为全国法治宣传教育基地，中国政法大学积极履行在职人员法治教育社会责任，努力克服疫情带来的消极影响，大力加强线上课程研发，与权威媒体共享共建法治教育大讲堂，积极打造公益普法培训体系，取得了良好的社会效益和社会影响力。

一、整合网络教育资源，开放公益法律学习课程

中国政法大学始终秉持“提供优质在职法治教育、助力国家法治建设”的在职人员法治教育工作指导思想，面对疫情对线下普法教育培训带来的冲击，积极履行高校社会服务责任，2020年2月中旬联合法制网面向社会推出在线免费法律培训学习课程，开放涉及国家法律职业资格考试、国家法律英语证书及涉外法治人才培养课程、成人法律学习、工作生活常用法律及“依法治国”系列高端法治教育专题等共5大类免费学习课程。通过深入实践“互联网＋教育”模式，在疫情的特殊时期持续为社会提供优质免费的法治教育课程，更好地履行了在职人员法治教育社会责任，使党政领导干部、法律职业人事和爱好者足不出户就可以学习高端前沿法律课程。

二、聚焦社会法治热点，促进公益普法宣传教育

一直以来，学校高度重视并坚定地开展法治宣传教育工作，打造普法公益教育品牌，积极服务依法治国方略。为深入落实中共十九届四中全会关于“加大全民普法工作力度，增强全民法治观念”要求，2020年4月，学校与人民网发挥双方资源优势，面向社会联合开通“普法教育公益大讲堂”，依托人民网强大的社会宣传力和中国政法大学优质的法治教育资源，打造全国普法教育重要平台，首期大讲堂以“中国民法典：多学科角度的透视”为主题，聚焦《中华人民共和国民法典》颁布，特别邀请不同学科和研究方向的法学专家讲述民法典的故事。

同时，为了在疫情期间更好地服务法律资格考试应考学子，2020年3月推出了《如何备考》《法考大纲解读》等法律职业资格考试公益基础

课程，2020年国家统一法律职业资格考试大纲出台后，第一时间策划推出《法大法考·2020法考大纲解读系列公益课》，邀请校内外法考知名讲师全面系统解读考纲的重点、变化点，并通过“学习强国”学习平台、人民网、央视社会与法频道、央视频、搜狐教育等平台播放，这一做法对构建法大普法公益课程品牌集群，持续推进公益法治教育发展产生积极作用。

2020年5月28日，第十三届全国人大第三次会议审议通过了《中华人民共和国民法典》。中国政法大学、“学习强国”学习平台、人民网、央视社会与法频道、法制网、央视频发挥各方资源优势，在《中华人民共和国民法典》出台短短一周后，便联合发布“民法典”普法宣传活动，聚焦民法典出台的意义、重要规则解读、法律适用以及对人们生活的影响等方面，推出21讲课程，切实宣传、推动、保障民法典实施，为广大青少年、人民群众、法律职业人士及党政领导干部等进行民法典系统学习提供便利，助力国家法治建设。

第三批全国法治宣传教育基地

北京市安全生产实训基地

北京市安全生产实训基地是由北京市应急管理局组织建设、北京市安全生产科学技术研究院研发设计、首钢工学院提供场地和运营维护支持，联合打造的政校合作基地。

北京市安全生产实训基地占地面积2700平方米，由高危行业厅、工业综合厅、城市风险厅、仓储综合厅、综合业态厅、配电室、危化品实验室、公共安全走廊共同呈现出了“5厅2室1走廊”的总体布局，涵盖了30个与城市运行安全密切相关的行业场景。普法人员力量雄厚，共有专职普法工作人员39名，其中拥有博士学历、硕士学历以及海外留学经历的共20人，有26人具有中、高级职称。

北京市安全生产实训基地通过多种展陈技术，采用考题互动等方式普及安全领域最新法律法规、本市部门规章及行业标准规范等，法治宣传教育特色鲜明。基地每年按照培训计划对全市安全生产监管监察人员、安全生产检察员开展安全生产培训，同时承接各街道、生产经营单位主要负责人及安全管理人员等安全培训工作。

北京市安全生产实训基地自运行以来，已经累计接待北京市区、外省应急局、全国安科院培训人员万余人，法治宣传成效显著。

第三批全国法治宣传教育基地

北京市民法治宣传教育示范基地

2014年11月，首都图书馆被命名为“市民法治宣传教育示范基地”以来，一直秉承“以人为本、读者至上”的服务理念，全年365天开馆。位于首都图书馆B座8层的法律主题馆是开展市民法治宣传教育的重要阵地，设计风格新颖独特，入口处是天平图案，青铜重器的色调体现了法律的庄重与权威；每个座席的阅读灯上都印制了一句中外法律谚语或法学名言名句，读者置身其中能感受到浓厚的法治文化氛围。

法律主题馆中，文献阅览区设有136个阅览坐席，政治、法律类图书3万余册，法律期刊40余种；多媒体区设有8台电脑，可观看法律专题微电影。留言互动区张贴每周一说及温馨提示，市民还可通过留言墙写下自己的宝贵意见。展览区相继展出了“‘一五’到‘七五’普法历程”“宪法宣传展”“非物质文化遗产展”等法治相关展览。咨询活动区每周三和周日由专业律师提供现场一对一的公益法律咨询。

借助首都图书馆日均接待过万人的优势，结合北京市司法局、律协等各方面的资源，主题馆推出了法律文献借阅、律师现场咨询、普法讲堂、法治宣传教育展览的“四位一体”服务模式。宣传普及法律知识，为市民提供了一个获得免费法律援助的平台，提升市民知法、懂法、用法的水平。

第三批全国法治宣传教育基地

天津法院陈列馆

◆ 天津法院陈列馆

天津法院陈列馆为三层展厅，分为两个主展、两个副展共四条展线。建筑面积 1400 平方米，展陈面积 2600 平方米，共收集电子文档和各类资料 3400 余件，整理实物展品 310 余件。

第一主展位于陈列馆一层，主题是《百年司法看天津》，展现从明、清到新中国成立初期，天津司法的历史沿革。第二主展位于二层、三层，主题是《铭记使命铸法魂》，内容为天津法院从 1949 年成立至今的发展历程。第一副展位于二层环廊，以电子触摸屏的形式，展现全市各级法院的工作亮点。第二副展位于三层的环廊，是天津法院文化长廊。2019 年，第二主展和副展经过合并、改陈，形成《辉煌七十年——天津法院工作成就展》。三层环廊也可随时用于各种临时性展览，供博物馆之间互相交流，共同提高。

天津法院陈列馆每年接待各级领导、人大代表、政协委员、媒体记者、企事业单位、学生等各界人士近万人次，获得参观者一致好评，成为普法宣传的重要阵地。

第三批全国法治宣传教育基地

廊坊法治宣教中心

廊坊法治宣教中心是经廊坊市委、市政府批准，由廊坊市司法局等 7 家单位共同举办的大型公益项目。廊坊法治宣教中心占地面积 9264 平方米、总建筑面积 1.8 万平方米，布展面积 1.6 万平方米，分为反腐倡廉法治教育基地、国家安全教育普法基地、官德家风展示馆、关爱青少年健康成长教育基地、禁毒教育普法基地、服务非公有企业法治宣教中心、吕端文化中心七大板块，是全国首家集多项法治教育功能于一体的综合性法治宣教中心。

廊坊法治宣教中心围绕法治宣传教育主题，充分运用云数据处理、裸眼 3D 成像、4D 模拟平台、虚拟对话、全息投影等现代科技手段，结合大型浮雕、半景画、硅胶人、仿真场景、实物陈列等手段进行展示，展厅效果庄严而震撼，生动而形象。此外，廊坊法治宣教中心组建了 16 人的专职讲解员团队提供专业讲解。

投入使用 3 年来，廊坊法治宣教中心已先后接待社会各界人士 22 万人次，成为廊坊市法治建设的重要载体和亮丽名片。2018 年，获评河北省 2017 年度“十大法治成果”；2019 年被河北省委宣传部评为“河北省基层理论宣讲先进集体”。2020 年被全国普法办评为“全国法治宣传教育基地”。

第三批全国法治宣传教育基地

彭真生平暨中共太原支部旧址纪念馆

彭真生平暨中共太原支部旧址纪念馆是全国重点文物保护单位、全国爱国主义教育示范基地、国家国防教育示范基地、国家二级博物馆、全国党史系统先进集体、全国关心下一代党史国史教育基地、山西省廉政教育基地、山西省党史教育基地和山西省党员教育培训示范基地。纪念馆在《彭真生平业绩陈列》展厅，利用历史图片、文献、手稿与实物陈列，辅以声光电技术，突出反映彭真同志为社会主义法制建设作出的贡献。

每年国家宪法日和宪法宣传周期间，纪念馆联合相关部门举行普法宣传活动，普及宪法知识，弘扬宪法精神。纪念馆还与山西省内的法学研究会不定期举行各类民主法制思想研讨会，进一步推动新时代彭真民主与法制思想研究的深入。

自建馆以来，纪念馆与山西省司法厅等多家单位形成基地共建关系，深入开展法治宣传教育，不断创新法治宣传教育形式，提升法治宣传实效，增强全民法治观念，在推进普法工作中发挥着重要作用。

第三批全国法治宣传教育基地

凉城县绥蒙革命纪念园

绥蒙革命纪念园是全国红色旅游经典景区，地址位于凉城县鸿茅镇井沟村东，占地面积为27万平方米。景区以铭记革命历史为主题，设有绥蒙革命纪念馆、中轴线广场、《丰碑》群雕塑等，是一处集爱国主义教育、国防教育、法治教育等多种功能于一体的红色旅游景区。

近年来，绥蒙革命纪念园充分利用红色革命文化这一品牌，营造法治教育氛围，常态化开展群众喜闻乐见的法治文化活动，通过法治讲座、广告宣传等形式弘扬宪法和法治精神，在绥蒙革命史的讲解词中加入了民族区域自治法有关内容的讲解，积极促进民族自治地方和社会主义建设事业的发展。

2016年，绥蒙革命纪念园被内蒙古自治区党委宣传部命名为自治区爱国主义教育基地。2017年，荣获乌兰察布市社会科学普及基地、乌兰察布市民族团结进步活动教育基地、凉城县民族团结进步活动教育基地，2019年被命名为凉城县国防教育基地。

第三批全国法治宣传教育基地

本溪市“全国普法依法治市发源地史料展示馆”

辽宁省本溪市从1980年开展全民普法教育，1984年在此召开了全国法制宣传工作现场会，创造了“本溪经验”。

1986年，本溪市率先提出并实施依法治市，2000年，制定《本溪市深化依法治市建设社会主义法治城市工作纲要》，又一次率先开始法治城市创建实践。

2016年11月，本溪市开始筹建“全国普法依法治市发源地史料展示馆”。该展示馆位于辽宁省本溪市明山区程家街75栋，占地面积235平方米，布展面积260平方米，共有5个部分，有各类展板近300块。2018年2月正式开馆，成为面向社会开展法治宣传教育活动的重要阵地，并获评省级法治文化教育基地。

第三批全国法治宣传教育基地

辽源市青少年平安教育基地

为强力推进法治辽源、平安辽源建设，提升法治宣传教育水平，辽源市委、市政府在充分调研论证基础上，于2012年启动建设“青少年平安教育基地”，包括“青少年平安教育馆”“禁毒教育馆”“全民消防科普教育馆”“道路交通安全教育体验式公园”。

辽源惠民工程历时2年于2014年3月向社会公众开放，集中开展了法治平安宣传教育活动，截至2020年7月前来参观受教育人数达到32万人次，收到良好的法治宣传教育效果，得到了各级党委和政府以及广大群众的高度赞誉。

2015年4月，青少年平安教育基地和道路交通安全体验式公园被评为国家4A级景区，全民消防科普馆被评为3A级景区。同年9月，团中央将青少年平安教育基地确定为“全国青少年教育示范基地”。

第三批全国法治宣传教育基地

绥芬河国家安全教育展馆

绥芬河国家安全教育展馆位于绥芬河市大白楼，2019 年 4 月 12 日开馆，是国家安全部命名的全国国家安全教育基地。该馆由序厅、总体国家安全观、无名丰碑、神圣使命、钢铁长城、周恩来展区和走廊历史人物展区 7 个专题展区组成，以总体国家安全观为主线，系统介绍了党的隐蔽战线的光辉历史以及隐蔽战线儿女为保护党、保卫革命胜利所作的突出贡献。同时，结合黑龙江地域特色，用真实案例展示了新形势下我国在维护政治安全和反间谍等方面所面临的威胁与挑战，通过鲜活的案例，提高社会公众国家安全意识，是宣传国家安全法律法规的重要载体。

截至 2020 年年底，累计接待 32,000 余人次到馆参观，中共中央宣传部、国家安全部、司法部、黑龙江省委、黑龙江省公安消防总队、黑龙江省教育厅、黑龙江省律师行业委员会、黑龙江省全民国防教育领导小组、绥芬河市监察委员会、中共绥芬河站委员会 10 家单位先后建立教育基地。

绥芬河国家安全教育展馆对引导社会群众增强国家安全意识、自觉履行维护国家安全义务，发挥了重要作用。

◆ 绥芬河国家安全教育展馆

第三批全国法治宣传教育基地

黑龙江省高级人民法院“普法教育暨法治文化建设示范点”

黑龙江省高级人民法院成立于 1954 年 9 月（前身是 1945 年抗日战争初期成立的“五省法院”），现有内设机构 32 个，编制 598 个，实有干警 508 人，法官 188 人。

黑龙江省高级人民法院把普法教育工作摆在重要位置，建立健全普法领导和工作机构，明确以机关党委、基层处为牵头的普法工作队伍，把普法工作贯穿司法办案工作始终。以开展“打官司不求人”宣传活动为契机，采取法律“六进”的方式，大力开展普法宣传。先后建设党建大厅、领袖故事文化长廊、院史馆、法官监督墙等场所，供社会各界人士前来参观。

近年来，黑龙江省高级人民法院以开展“公众开放日”活动为阵地，广泛邀请社会各界群体走进法院、近距离接触司法，现已开展活动 206 次，邀请 6600 余人次。充分利用法院报刊、简报等传统媒体和“一网两微”新媒体，与省电视台都市频道等 5 家媒体合作，每日更新法治新闻及案例，广泛开展法治宣传。“公众开放日”活动入选 2019 年全省志愿服务“五个 100”优秀志愿服务项目，黑龙江省高级人民法院先后被命名为全省“谁执法谁普法”示范基地、黑龙江省军区法治教育基地、省直机关党建活动基地等 7 个教育基地。

第三批全国法治宣传教育基地

国歌展示馆

国歌展示馆位于上海市杨浦区长阳路、荆州路的交界处，坐落在环境优美的大连路绿地下沉式广场，于2009年落成并对外开放。

国歌展示馆以“国歌从这里唱响”为主题，以“起来、万众一心、前进”为主线，展出410件珍贵藏品，其中包括1949年全国政协第一届全体会议通过的关于国歌等决议案的珍贵影像资料，庄严的场景再现给每一位观众带来心灵的震撼；馆内珍藏首版《义勇军进行曲》黑胶唱片，是国歌展示馆的“镇馆之宝”。场馆通过2000平方米五大乐章精品陈列、4处仪式教育场所、18处多媒体互动场景，50个国歌故事多重演绎，诉说着新时代初心不改的国歌情怀，焕发出更加璀璨的红色文化魅力。

国歌展示馆自2009年9月成立以来，先后被命名为“国家国防教育示范基地”“全国科普教育基地”“上海市爱国主义教育基地”“上海市党史教育基地”“上海市廉政教育基地”等。2015年，国歌展示馆光荣入选第二批国家级抗战纪念设施、遗址名录。2019年，国歌展示馆被命名为首批上海市社会主义法治文化品牌阵地。“国歌从这里唱响”主题展荣获上海市十大精品陈列。

第三批全国法治宣传教育基地

上海嘉定法宝体验中心

嘉定法宝体验中心是将原嘉定法宝文化中心、嘉定德宝馆、嘉定法宝展示厅等法宣阵地进行资源整合而建成，是嘉定区法治宣传教育的辐射源、旗舰店、引领地。该中心总面积 1200 平方米，突出体验互动功能，致力于创新法治宣传形式，弘扬社会主义法治精神。

嘉定法宝体验中心共有两层，突出沉浸式教育、互动性体验、社会化运作，内设 8 个特色功能区，一楼内设有法治中国、法律百科、法律护身、法治嘉定、模拟法庭、法宝达人 6 个展区。二楼主要分为宪法主题馆、法宝书画院（德宝馆）2 个部分。展厅通过“滴滴律师”“法律护身”“红色警戒线”等多媒体展项，让观众在轻松的互动中，认识到每个人都必须信仰法律、崇尚法律。同时，该中心定期开展报告会、分享会、读书会、情景剧、挑战赛等普法活动，自 2018 年 12 月 4 日试运营以来，已开展活动将近 100 个，接待参观 7000 人次。

嘉定法宝体验中心以嘉定区独创的法治文化品牌——“嘉定法宝”和“嘉定德宝”为核心，把法治元素融入城市公共空间，让德法互济的传统文化植入人心，让大众在体验中得到启示，让法治在教育中得到传播，为嘉定打造创新活力之城、全面提升嘉定城市能级营造良好的法治环境。

第三批全国法治宣传教育基地

周恩来纪念馆

周恩来纪念馆于1992年1月6日落成开放，邓小平同志亲笔题写馆名，是全国首批爱国主义教育示范基地之一。

周恩来纪念馆常年展出《人民总理周恩来》基本陈列，年接待量150余万人次。展览布展经典图片550张，珍贵文物98套122件（一级文物16套24件），历史文献178套335件，纪实影像15部，从求学立志、革命历程、建设伟业、晚年岁月、风范永存等5个部分展示周恩来的丰功伟绩。基本陈列中展示了周恩来的法治思想和法治实践，通过讲述周恩来深受《论语》等中国传统文学熏陶的故事，体现其德的涵养；通过讲述周恩来在南开学校阅读西方启蒙思想家卢梭等人的相关著作，体现其法的精神；通过讲述周恩来起草的《中华苏维埃共和国宪法大纲》，体现其宪法思想；通过讲述周恩来主持起草的《中国人民政治协商会议共同纲领》，体现其对法治工作的高度重视。同时，纪念馆还挖掘了周恩来在发展经济、倡导和平外交、关心国防建设、重视科教文卫、团结各界力量等多方面工作中展现的立法、执法、司法、守法和国际法的成就和思想。

自2016年以来，淮安市依托周恩来纪念馆的社会影响，常年开展丰富多彩的法治宣传教育活动，取得了良好的宣传效果和社会效果。

第三批全国法治宣传教育基地

大运河（江苏段）法治文化长廊

江苏省拥有大运河全线最长的通航里程、最丰富的历史文化遗存、最广阔的覆盖区域。2019年，中共江苏省委宣传部、江苏省法宣办、江苏省运河办、江苏省司法厅等六部门借力“千年运河·水韵江苏”文化旅游品牌，深入推进大运河（江苏段）法治文化长廊建设，在690公里大运河沿线，依托35个申遗点段，统一标志，打造了1300余个法治场馆、公园、长廊等法治文化阵地，在苏州、无锡、常州、扬州、淮安、徐州等大运河重点区段探索了大运河法治文化体验项目，寓法治教育于旅游观光、参观游览、审美鉴赏之中，初步形成“连点成线、串线成片、聚片成面”的法治文化建设规模和示范效应。

第三批全国法治宣传教育基地

常熟市“法与生活”互动体验馆

常熟市“法与生活”互动体验馆位于沙家浜风景区内，占地1700多平方米，由“法与生活”、禁毒教育和廉政教育3个展馆组成。自2018年10月建成以来，已接待超50万人次游客参观体验。

其中，“法与生活”馆，以知识性、艺术性、趣味性、科技型和互动性为设计原则，紧密结合常熟地域特色，融入法律法规知识，主要围绕“衣食住行”四大展厅，通过图文释法、多媒体互动、实物展出、场景体验等多种形式，涵盖了1000多个与百姓生活息息相关的法律知识点。

禁毒教育馆，是江苏省首家县级禁毒教育馆，分为铭记历史、严峻的现实、认识毒品危害、拒绝毒品、禁毒斗争5个展区，以大量翔实的图文资料、生动的实物模型，配以高科技的声、光、电技术，全面介绍毒品的危害，如何识别、防范、拒绝毒品等禁毒知识，给参观者的心灵带来强烈的震撼，从而铭记“远离毒品、珍爱生命”的主题。

廉政教育馆，由红色经典区、感受互动区、继承发展区和启迪分享区等部分组成，充分发挥沙家浜红色旅游文化资政育人功能，结合使用历史图片、雕塑、绘画、实物展出与声光电等多种表现方式和手段，全面生动地展示了革命先辈的勤廉史迹。

第三批全国法治宣传教育基地

江苏国家安全教育馆

江苏国家安全教育馆位于雨花台风景名胜区内，是由国家安全部政治部、中共江苏省委宣传部和江苏省国家安全厅三方共建的国家安全教育主题馆。

江苏国家安全教育馆主题特色鲜明、展陈内容丰富，涵盖党的隐蔽战线光辉历史、典型间谍案例、国家安全法律法规的条文释义和政策解读、公民维护国家安全防范须知等。并与中央电视台、《人民日报》、《新华日报》等传统媒体及学习强国、江苏频道等新媒体平台建立和保持合作关系，通过拍摄专题纪录片、发表专栏文章、录制音频节目、开展现场直播等形式，介绍党的隐蔽战线光辉历史、普及国家安全法律法规，取得了良好的宣传效果和社会效应。

自2004年对外开放以来，截至2020年年底江苏国家安全教育馆累计接待全国各地观众61万人次，参观团体5000余人次，并与39家军地有关单位确立了共建关系，已成为各类社会团体开展党员教育和国家安全教育的生动课堂和实践基地，陆续被授予“江苏省爱国主义教育基地”“全国国家安全教育基地”“全国爱国主义教育示范基地”“江苏省省级机关党员教育实境课堂”“全国中小学生研学实践教育基地”等荣誉。

第三批全国法治宣传教育基地

中国红船法治文化园

位于嘉兴南湖红船启航地的中国红船法治文化园，以已建成的南湖革命纪念馆、南湖等党建红色教育、法治教育基地为依托，连点成线，线性成面，通过多角度、全方位的展示，形成独特的普法宣传矩阵体系，彰显出在党建引领下，新时代“美丽嘉兴法治更美”的独特品牌，形成了嘉兴“七五”普法、引领法治时代风尚的亮丽风景区。

公园具有五大特色：一是具有法治理念雕塑小品、活动场所等设施的功能性；二是融入了嘉兴本土近现代法治名人、“三治融合”的法治成果的地方性；三是彰显“党建引领、国在心中、法治同行”的时代性；四是法治雕塑设计宏大精美、法治小品精湛灵动的艺术性；五是现代法治文化与灵秀风雅的江南园林情景的交融性。

自开园以来，包括“12·4”国家宪法日举办宣誓仪式和接待市内外同行考察交流20多批次，慕名前来学习、游园的市民群众累计超过10万人，成为嘉兴普法宣传教育“网红”打卡热点。

第三批全国法治宣传教育基地

浙江省宁波市余姚市梁弄镇横坎头村

横坎头村位于浙江省宁波市余姚市梁弄镇南，村内有中共浙东区党委及浙东抗日根据地旧址群，是全国十九块抗日根据地之一，享有“浙东红村”之称。先后获得过全国文明村、省民主法治村、省历史文化名村、省全面小康建设示范村等先进称号。

该村民主法治氛围浓厚，具备丰富的法治宣传元素。红村入口的文化互动体验墙开篇就是关于“律”“法”的内容。2018 年，横坎头村将农民广场改建成宪法主题园，内有宪法宣誓墙、法治宣传窗以及习近平总书记关于宪法的十条重要论述。

在红色主题公园内设有党章宣誓墙、党员公约、道德评议墙、村规民约和村民议事亭，体现了自治、德治、法治的高度融合。在村委会内部还专门设立了“三治融合室”、村民说事室、综合信息指挥室、法律图书角，并在便民服务中心设置了公共法律服务点。

2019 年，横坎头村新时代文明实践站一期建成，特在展馆内增设社会治理版块，专门记录红村法治宣传的精彩瞬间；悬挂省级民主法治村牌匾；描绘民主法治创建时间线；张贴体现红村底蕴的村规民约。另外在大会报告厅循环播放法治宣传短片、电子横幅，参观人员络绎不绝。

第三批全国法治宣传教育基地

浙江省宁海乡村治理培训中心

宁海乡村治理培训中心于2017年3月揭牌，位于浙江省宁波市宁海县，选址中共宁海县委党校，由中共宁海县委和高校科研机构合作共建，旨在建成在全国具有一定影响力，集教学培训、模拟实践、科学研究、改革试验、调研考察为一体的面向全国基层干部的乡村治理培训和实践基地。

近年来，宁海乡村治理培训中心在各级部门的正确领导下，按照“七五”普法规划要求，紧扣教学抓科研，探索乡村治理新模式，大力推进法治乡村建设。

在硬件设施上，宁海乡村治理培训中心学院大楼，占地面积2200平方米，含一个750平方米左右的36条基层治理物联网展厅（其中户外沙龙区约350平方米）。该展厅设置36条序言篇、定义篇、实践篇、教学篇、成效篇、模拟篇和廉政作品文化园七大主题篇章，分区块展示自在宁海、36条内容和建设历程、重点清单实例和成效集萃、考训平台模拟互动、廉政教育宣传等内容，全厅采用触摸屏、IPAD实时动态控制、数字书幕、3D剧场、多媒体故事墙等现代技术，并结合手机微信、App、实物展示等方式。培训中心学院大楼内还有一个可容纳80人左右的电脑测试室，以及必要的会议室、办公室和图书阅览室。此外，宁海乡村治理培训中心和中共宁海县委党校共同使用教学楼、报告厅和学员公寓等硬件设施。其中，教学楼拥有大小教室各17间，另有一个可容纳400人的多媒体报告厅和一个可容纳200人左右的远程教室，学生公寓拥有各类房间117间，餐厅可以同时容纳500人就餐。

乡村治理培训中心成立以来，共接待了省内外来宾689批，12,000多人次。2019年6月，全国法治乡村建设工作会议在宁海召开期间，司法部部长一行视察了乡村治理培训中心，并给予充分肯定。2020年1月，乡村治理培训中心和中共宁海县委党校共同承担了第一期“全国民主法治示范村（社区）”普法骨干培训班接待工作，得到了与会领导和参训学员的一致好评。

第三批全国法治宣传教育基地

浙江省特种设备科学研究院

◆ 2017 年 6 月 3 日，浙江小记者团参观浙江省特种设备科学研究院普法科普教育基地

浙江省特种设备科学研究院建成全国唯一的国家特种设备安全科普教育基地（普法基地），项目总面积 3600 平方米，总投资 3000 余万元。

该研究院运用新媒体和声光电一体技术，配置 5D 影院、300 延米普法展板，以及全息投影、VR 体验、场景模拟、微缩模型等展品 42 件，系统展示了特种设备安全立法的历史沿革、主要内容及典型案例，打造了八大类特种设备安全责任事故的模拟场景和应对方法，形成视觉、听觉、触觉等多方位的体验。创新建成了全国首个特种设备普法宣传大篷车、网上展馆，还组建了一支高层次普法科普团队，打造“基地体验、重点教育、媒体传播、主题宣讲”四大普法科普平台，创作了一批高质量的普法科普作品，获第十三届全国法治动漫微电影普法公益广告三等奖等。2016 年被科技部、中宣部、中国科协联合授予“全国科普工作先进集体”称号。

自 2017 年 4 月建成启用以来，国家特种设备安全科普教育基地（普法基地）已免费接待各类参观者 2.5 万余人次，通过大篷车活动及在各类媒体投放普法科普作品等，累计受教育人数超 1000 万人次。

第三批全国法治宣传教育基地

安徽省六安市皋陶法治文化基地

安徽省六安市作为司法鼻祖皋陶故里，近年来精心打造皋陶法治文化基地。皋陶法治文化基地主体皋陶法治文化厅约480平方米，分为序言、华夏瑰宝、法治符号、祭祀传统、文脉传人及后续6个板块，立有《皋陶与獬豸》《法鼎》青铜雕塑作品，饰有“五刑五教”“法鼎狱神”的《皋陶迈种德》《獬豸群图》等皋陶法治书画作品。与周边的市图书馆皋陶法律专区、皖西博物馆皋陶法治专区、皋陶五礼园、独山革命法庭以及经过修缮的皋陶墓、皋陶祠形成系列皋陶法治文化宣传链条。

截至2020年年底，六安市委市政府连续举办16年的清明公祭法祖活动被列为当地非遗项目；定期在皋陶法治文化基地举办皋陶文化研讨会、开展法治文化讲座、组织“皋陶杯”法治文化作品征集和展览；出版《皋陶文化研究》刊物和《皋陶与六安》文集，创作拍摄的《伟哉皋陶》动画片获全国、全省重要奖项；法治歌舞、诗歌、雕塑等创作成果丰硕。

皋陶法治文化基地整体向社会免费开放，累计接待参观超310万人次，在全市、全省法治宣传辐射效应凸显，多个省市前来参观学习。

第三批全国法治宣传教育基地

“共和国红色法源”展览馆

闽西苏区是共和国的摇篮，是中国土地革命的主要发源地，中央苏区的主要组成部分。“共和国红色法源”展览馆选址在红色圣地、首批国家历史文化名镇——古田，核心展厅近200平方米，展线长度160多米，馆藏各类文物史料400多件，其中专题反映苏区司法行政工作的文物史料近百件。

展览馆主要包括点燃星火、伟大探索、法治初心、传承发展4个部分，主要介绍了1924~1934年，闽西革命根据地建立了最早的成套法制机构、成套法律体系、成套司法制度的文献图表，展现了苏区法律对司法行政机构职权的规定，溪南区第一次工农兵代表大会、闽西第一次工农兵代表大会的丰富立法成果，最早的《土地法》《裁判条例》《婚姻法》《苏维埃组织法》等我党开展法治实践的60多件文物史料及当时的案件纠纷调解机构旧址场景等，体现了闽西苏区法治建设成果在中央苏区、各抗日根据地、各大解放区传承和发展的有关情况。

“共和国红色法源”展览馆是全国首家建在乡镇司法所带有“共和国法治孕育地”性质的展陈场所，生动传承和发扬了福建省的红色法治文化。

◆ 共和国红色法源

第三批全国法治宣传教育基地

福建省厦门七星法治文化街区

厦门七星法治文化街区坐落于厦门市中级人民法院西侧七星路北段，由法治文化公园和法治文化街区两部分构成，是全国第一个以法治文化为主题的街区。

法治文化公园占地面积约5000平方米，规划设计了“科学立法、严格执法、公正司法、全民守法”4个板块，以法治文化发展进程为线索，以主题雕塑、绿植造型、法治器物、法治格言等形式及视觉效果进行展示和阐述中国法治理念，展示不同时期具有代表意义的法治文化内容。

法治文化街区全长约400米，街道宽6米，运用电子屏滚动展示面向全国征集的“百姓说法”格言警句、栏杆上的名家书法作品和法治小故事铜版、世界五大法律体系介绍、墙体上的审判文化雕塑、“与法同行伴一生”主题石雕墙等载体综合展示人类法治文明成果。街区内，法治之门、法治之路、法治之魂、特区立法等不同主题的雕塑构成了公园的主要风景。

厦门七星法治文化街区市民在“家门口”就能学习法治知识，让法治文化走到群众身边。

第三批全国法治宣传教育基地

南昌赣江十里法治廉政文化长廊

为加强法治文化和廉洁文化宣传教育，南昌市纪委监委、南昌市普法办、红谷滩新区工委将法治文化和廉文化宣传阵地建设纳入全市公共文化设施建设网络布局，整合现有资源，创建了与城市规划相统一、与城乡桓公相协调、与市民环境相融洽的南昌赣江十里法治廉政文化长廊。

南昌赣江十里法治廉政文化长廊包括南昌法治文化公园、长天广场、南昌廉文化馆、廉文化雕塑带 4 个部分，总长约 5 公里、占地面积约 50 万平方米。

南昌赣江十里法治廉政文化长廊落成，为开展法治宣传和廉政教育活动提供了绝佳场所，2016~2018 年连续 3 年作为南昌市“12・4”宪法宣传日主场活动举办场所。作为全省首批法治文化示范基地和全市廉文化建设示范点，先后接待了近百个兄弟单位学习考察；此外多个省区市党政机关、事业单位和国有企业组织党员干部前来参观学习，开展党建、普法和廉政法规教育活动。自开放以来，得到了广大党员干部群众和游客的一致好评。

第三批全国法治宣传教育基地

威海市刘公岛全国法治宣传教育基地

刘公岛先后被评为全国爱国主义教育示范基地、国防教育示范基地。刘公岛日益成为全国有重要影响的勿忘国耻警醒之地、凝心聚力致力民族复兴的高地。

总体国家安全观教育培训基地。刘公岛总体国家安全观教育培训基地教育区主要利用岛内西部北洋海军基地后勤保障设施文物建筑群及周边设施约 2800 平方米辟建为总体国家安全观主题教育展馆和隐蔽战线专题展馆，同时，对周边 1.6 万平方米室外环境进行整治，并对外开放。

西摩尔街（普法宣传一条街）。通过参观和听取讲解，可了解北洋海军军纪涣散、官兵生活腐化堕落等问题，教育党员干部自觉践行八项规定，持之以恒地纠正“四风”，加强法律法规学习，树立尊法学法守法用法意识。

刘公岛法治文化广场。该广场占地 3000 多平方米，在“七五”普法期间，共组织面向机关企事业单位开展宣讲活动 2100 多场次，举办法治文艺汇演 100 多场次，面向游客发放普法宣传材料 500 多万份，受教育游客达 800 多万人次。

第三批全国法治宣传教育基地

鄂豫皖苏区首府革命博物馆

鄂豫皖苏区首府革命博物馆1984年由河南省委、省政府投资兴建，1990年开馆，馆名由原国家主席李先念题写。博物馆整体包括主展馆、鄂豫皖苏区将帅馆、英雄山和大别山国防教育园4部分。先后被授予全国爱国主义教育示范基地、全国百个红色旅游经典景区、国家一级博物馆、国家4A级旅游景区、全国人文社会科学普及基地、全国中小学生研学实践教育基地、河南省社会科学普及教育示范基地等称号。被中国人民大学、济南军区、省委宣传部、省纪律检查委员会等100多个单位命名为革命传统教育基地、思想政治教育基地和廉政教育基地。

在鄂豫皖苏区首府革命博物馆里，陈展有《惩办土豪劣绅条例》《鄂豫边革命委员会土地政纲实施细则》，保存着国家一级文物、博物馆的镇馆之宝——全国唯一最完整书写在青砖墙上的《中华苏维埃土地法令草案》。2020年11月，鄂豫皖苏区首府革命博物馆被全国普法办命名为“第三批全国法治宣传教育基地”。

鄂豫皖苏区首府革命博物馆于2008年3月正式面向社会免费开放，每年接待游客80万人次以上，连续多年被评定为省优秀免费开放博物馆。

第三批全国法治宣传教育基地

中共五大会址纪念馆暨中国共产党纪律建设历史陈列馆

1927年4月底5月初，在武汉市召开的中国共产党第五次全国代表大会开启了党的纪律建设新纪元。大会通过的《组织问题议决案》《政治形势与党的任务决议案》等，是早期重要党内法规制度成果。

2007年11月，中共五大会址纪念馆建成，2010年获全国廉政教育基地称号。2019年5月，依托中共五大会址纪念馆建成中国共产党纪律建设历史陈列馆，面积近3000平方米，文物资料405件，展出基本陈列“纪律建设永远在路上”，生动展示了党在不同历史时期创设和健全监察机构、严肃惩治贪腐、完善监督制度、建设廉洁政治等实践探索，展现了思想建党、纪律强党、制度治党的丰硕成果，展出的中国共产党从严立规矩、从严明法度的丰富资料，再现了推进依规治党、依法治国的壮阔历程。

陈列馆开馆以来，共接待海内外观众100余万人，已成为纪律教育、普法宣传的重要阵地。2020年5月，“纪律建设永远在路上”展览荣获“第十七届全国博物馆十大陈列展览精品推介活动”特别奖。

第三批全国法治宣传教育基地

湖北省红安县七里坪革命法庭旧址

湖北省红安县七里坪革命法庭旧址是“中国革命第一法庭”。该法庭是1927年4月根据董必武同志的指示成立的，是中国最早的苏维埃政府司法机构，见证了早期的中国共产党用法律手段为贫苦人民伸张正义的勇气和决心。七里坪革命法庭的工作人员全是共产党员，内设审判股、裁判厅、执行大队，不仅审理刑事案件，还审理民事案件，是中国共产党首次独立领导革命法庭的有效尝试，在人民司法事业发展史上具有重要的奠基意义。七里坪革命法庭旧址被评为“全国法院革命传统教育基地”。

32年来，七里坪革命法庭旧址接待来自全国各地参观人数165,300余人次。湖北省各级法院党组高度重视，在省、市、县法院网开辟了《七里坪革命法庭传统教育基地》专栏，先后创作形成了《第一法庭》戏曲,《薪火》舞蹈、音乐剧和《烈火真金》专题片等多种艺术表现形式再现革命法庭的历史底蕴，充分发挥了基地的教育功效，扩大了革命传统教育辐射效应，增进了司法文化交流和法治宣传教育基地的影响力日益提升。

第三批全国法治宣传教育基地

董必武纪念馆

董必武纪念馆于1985年经中共中央宣传部批准兴建，2005年进行维修改造。全馆占地面积5000平方米，建筑面积1370平方米，馆藏文物2669件，馆名由徐向前元帅题写。

纪念馆由主展厅、东西展厅、学术报告室和庭院组成。正院中央安放着董必武半身铜像，基座上“董必武纪念像”由邓小平同志题写；基座后有董必武和夫人何连芝骨灰合葬墓；正院屏风上“董必武生平”由著名书法家启功先生书写。展览通过560多件文物、资料、图片再现了董必武光辉伟大的一生。董必武纪念馆是全国爱国主义教育示范基地、国家国防教育基地、全国廉政教育基地，每年接待游客200多万人次。

董必武“依法治国”国策碑矗立在董必武纪念馆前两侧，碑上镌刻着“依法办事”“有法可依”“有法必依”12个大字。这是董必武在1956年举行的中共第八次代表大会讲话的内容，碑文蕴含着董必武一生的追求，凝结着社会主义民主和社会主义法制理念的精髓，彰显着董必武终生孜孜以求的“依法治国”的国策。

第三批全国法治宣传教育基地

毛泽东与第一师范纪念馆

湖南第一师范是毛泽东同志青年时期学习和工作的地方，其早期法治思想萌芽和形成于此。学校的前身是南宋著名理学家张栻创办的城南书院，享有“千年学府，百年师范”的美誉。据不完全统计，师生载入《辞海》者达 54 位；校友中中共一大代表 3 位，党和国家领导人 9 位，为中国革命牺牲的烈士达 200 多位，涌现了如毛泽东、何叔衡、谢觉哉、周鲠生、李六如等一批中国红色法治奠基人物。

毛泽东与第一师范纪念馆设在第一师范旧址，纪念馆现为全国最大的宣传青年毛泽东光辉业绩的专题性纪念馆。占地面积 6 万多平方米。纪念馆通过法治教育专题讲座、突出校友法治成就展览、法治问卷、法治抢答赛等形式积极开展法治教育。2018 年把法治教育加入青少年研学教育中，通过分析法治小案例宣讲法治精神，起到了很好立德树人的教育效果。纪念馆建立了一支专兼职结合的高素质法治教育队伍和大学生法治教育志愿者队伍，同时，积极进行法治教育的改革创新，用辩、说、写、弹、唱、跳等艺术化的形式展现法治教育主题内容，让法治教育“活色生香”。

毛泽东与第一师范纪念馆有纪念地 14 处，设有主题展览《一代伟人从这里起步》，有 10 个主题展厅，展陈面积达 2400 多平方米，从 2011 年开始对社会免费开放，每年接待游客近 80 万人。

第三批全国法治宣传教育基地

湖南省韶山市韶山乡韶山村

◆ 韶山法治文化广场

韶山村是毛泽东同志青少年时期生活、学习和早期从事革命活动的地方，是全国爱国主义教育基地和革命纪念地。一直以来，韶山村坚持以“自治、法治、德治”三治融合为主线，以基层党组织建设为抓手，建立健全民主选举、民主决策、民主管理和民主监督制度，把法治宣传、依法治理与村级服务有机结合，民主法治建设取得明显成效，先后荣获“全国民主法治示范村”、“全国文明村镇”、“全国先进基层党组织”、“全国先进村民委员会”、“社会主义新农村建设示范村”、湖南省“文明村”“红旗村”、湘潭市“人民调解先进单位”等荣誉。

韶山村便民大厅设立了法治宣传专位，安装普法媒体机。通过举办学法培训班、发放宣传资料、悬挂横幅、开展网上答题活动、民调入户大走访、开设村级“法律讲堂”等形式进行普法宣传。2018年年底，村里在人流量较大的毛泽东纪念园南门，打造占地约500平方米的韶山市首个村级法治小公园。利用“中共韶山特别支部”旧址，开展常态化法治宣传，自2013年对外开放以来，共接待游客60余万人次，发挥了很好的宣传教育作用。

第三批全国法治宣传教育基地

阮啸仙纪念馆

阮啸仙，广东河源人，中国共产党早期57名党员之一，2009年被评为“100位为新中国成立作出突出贡献的英雄模范人物”。

为纪念阮啸仙烈士，弘扬革命精神，当地政府先后建立阮啸仙雕像、啸仙中学、啸仙小学，并对啸仙书院进行修缮布展，更名为“阮啸仙纪念馆”。展馆分为生平事迹、啸仙精神、红色审计、纪检监察和法治文化五大部分，充分展示了阮啸仙从青运先驱到工运领导，从农运领袖到秘密斗争，从红色审计奠基人到“肃贪能手”短暂而辉煌的一生。

作为爱国主义教育、红色教育、法治文化教育基地，阮啸仙纪念馆自开馆以来，每年接待来自全国各地的参观者达30余万人次，先后获评为中华人民共和国审计署审计干部教育基地、广东省爱国主义教育基地、广东省中共党史教育基地、广东省关心下一代党史国史教育基地、青少年党史团情教育基地。

第三批全国法治宣传教育基地

深圳民法公园

◆ 深圳民法公园标志性建筑

深圳民法公园是全国首家民法主题公园，公园内将建成国内首家数字化智慧型民法博物馆，展示民法典诞生和发展的历史。这是纪念国家重大立法成果、立法进程的新实践，是传播民法精神、提高居民法治素养、丰富法治文化内涵的新载体，对打造全面依法治理建设、法治建设的新品牌具有重要现实意义。

深圳民法公园以高站位布局，精密细致谋划建设，以高水平设计，精心细腻彰显民法；以高质量打造，精雕细琢景观品质；以高标准呈现，精巧细致植入科技。整体公园布局是国内外优秀团队、国内知名民法专家主推创意，围绕具有全国知名度和国际影响力的民法文化综合展示和传播基地、社会公众法治教育基地、专业人士民法交流基地定位，提升打造“一环（民法环）、一轴（民法纪年轴）、一馆（民法博物馆）、四分区（门户活动区、‘民法环’主题景观区、滨水共享区、林间游赏区）”景观格局。设计元素上，将民法典各分编内容融入景观节点设计；通过“雕塑＋名言”，生动展示全球不同法系特色及理念。

深圳民法公园以更方便、更通俗、更活泼的方式把民法典“搬”进了公园，让民法典可感知、可触摸、可理解，让民法典走到群众身边、走进群众心里。

第三批全国法治宣传教育基地

海南省三亚市海棠区北山法治文化公园

北山法治文化公园是海棠区法治阵地建设的地标性建筑，是一座以“法治”为核心，以“尊法、学法、守法、用法”为主题的特色文化公园。

该公园立足于对法治精神、内容作用等方面的深刻解读和领会，通过“法治长廊”“修宪之窗”“法家名言”“法鼎”等具象作品的演绎递进，结合黎家特色的艺术风格，以环境艺术和雕塑工艺的形式，将宪法精神、法治理念、法律文化渊源等内容融入公园的景观之中，通过群众喜闻乐见的宣传方式，实现寓教于乐、润物无声的宣传效果。让群众和游客在休憩、游玩之余，受到普法教育与文化熏陶，感受浓厚的法治氛围。

北山法治文化公园作为海棠区法治阵地建设的一张亮丽名片，既是推进法治乡村建设的一项基础工作，也是履行生态文明建设的实质举措，更是村级法治文化阵地建设的生动实践。该公园将法治元素与黎族特色民俗文化相结合，有效增强法治文化对当地居民的感染力，使农村充满活力又和谐有序，为深入推进民主法治示范村创建工作发挥了引领示范作用，为实现社会主义新农村建设提供了有力保障，也为建设和谐、法治海棠奠定了坚实基础。

第三批全国法治宣传教育基地

重庆市党风廉政教育基地

重庆市党风廉政教育基地位于江北区铁山坪山麓，前身为重庆市廉政教育基地。基地占地面积约 26,667 平方米，由市纪委监委、市司法局、市监狱局联合建设。基地于 2010 年 3 月正式对外开放，2018 年 12 月正式更名。

基地展厅主体建筑为 3 层框架结构，占地面积为 900 平方米。第 1 层为可拆解组合式多功能厅，可容纳约 300 人，主要用于开展“服刑人员现身说法”忏悔录等警示教育活动。第 2 层以“总书记的告诫”开篇，集中展示了以习近平同志为核心的党中央坚持党要管党、全面从严治党取得的伟大成就，以及重庆市全面从严治党取得的丰硕成果。第 3 层为案例警示区，集中展示重庆市查处的典型案例，突出身边人、身边事、身边案的警示教育效果。

基地开馆以来，累计接待参观群众逾 55 万人次，范围辐射公安、纪检、法院、地方党委及政府、企事业单位、驻地部队、院校、民主党派等各行各业，外省市前来考察交流的单位覆盖全国，是重庆市党风廉政教育重要阵地。

第三批全国法治宣传教育基地

成都市青少年法治教育实践基地

成都市青少年法治教育实践基地由德法并行、殷切期望、快乐成长、雏鹰折翅、花季护航、自我保护、筑梦未来7个展区以及模拟法庭、心理咨询、情绪宣泄、阅读4个功能区组成，内容涵盖中华民族传统道德及典范人物、青少年法律法规、青少年常见犯罪成因分析、犯罪预防及自我保护等内容。

基地充分运用新媒体技术，以文字配图、IPAD手持终端互动为主要方式，并穿插知识讲授、实践模拟、现场观摩、动漫、戏剧、微电影等多种学习体验，寓教于乐学习法律知识，实现法治宣传、法治育人功能的双提升。同时，开发线上基地参观小程序，把法治宣传搬上云端，实现“线上线下”一体联动。基地充分发挥各展区功能，立足主题展区，研发多个适合不同群体的主题法治教育课程，打造“差异化法治课堂”，有针对性地开展自护教育课堂，专设家长课堂、教师课堂。

成都市青少年法治教育实践基地自2019年5月揭牌以来，免费向公众特别是青少年开放，共接待160批次省内外参观团，其中，学生12,800余人次，家长及教育工作者3900余人次，人大代表、政协委员及机关单位人员3300余人次。该基地已成为青少年学习法律知识，掌握法律武器，做尊法学法守法用法公民的重要实践基地。

第三批全国法治宣传教育基地

瓮安县法治文化园

瓮安县法治文化园位于贵州省黔南布依族苗族自治州瓮安县城南 40 万平方米清涟湖公园和城北西门河沿河 3 公里景观带，总投资 540 万元，依托瓮安红色文化，分两个篇章演绎，分别是清涟湖普法园和西门河法泽园，是贵州省目前规模最大的法治文化园。

清涟湖普法园以“笃法厚德，法治瓮安”为主题，引领瓮安法治文化建设，将新时代法治宣传教育的要素与古今贯穿，主要作品有《法治之门》《护航》《宪法墙》《法律轨迹》《衣食住行》等。西门河法泽园以“笃行众律蔚然成风、法泽瓮安民和年丰”为主题，将法治精神、思想引领、文化熏陶、和谐蓝图等内容以艺术的手法融入自然环境中，主要作品有《强渡乌江》《诚至金开》《法魂》《法治漂流书屋》《公平公正公开》等。

该园建成后，被纳入中共瓮安县委党校各个主体班次户外教学基地，先后组织开展宪法宣誓、青少年法治实践教育、瓮安县青年普法志愿者法治文化基层行等活动，成为瓮安普法宣传和法治文化的重要阵地，每天均有 3000 余人进园，在娱乐健身的同时参观学习法律知识，年进园总人数达 68.4 万人次。

◆ 贵州省黔南州瓮安县法治文化园西门河法泽园入口形象雕塑

第三批全国法治宣传教育基地

云南省昭通市威信县扎西会议纪念馆

扎西会议纪念馆由扎西会议会址、陈列馆、红军烈士纪念碑 3 个部分组成，为纪念 1935 年 2 月中央红军长征集结于此并召开了我国党史军史上著名的“扎西会议”而建。

扎西会议纪念馆有上下 2 层 5 个展室，一楼展厅面积 2590 平方米，4 个展厅共展出各种图片 170 多幅，红军遗物 70 多件，较全面地反映和介绍了红军长征集结扎西、扎西会议、红军川滇黔边区游击队和云南游击支队的革命斗争历史、活动情况和革命法治宣传标语。二楼廉政教育展厅 1500 平方米，共展出廉政警示教育和法治教育图片 80 多幅，是云南省廉政教育基地之一。展厅现有主体陈列水田寨中央红军总部驻地旧址（花房子）、大河滩庄子上中共中央政治局会议旧址和扎西镇江西会馆政治局扩大会议旧址等，均保持原貌对外开放。

◆ 云南省昭通市威信县扎西会议纪念馆

第三批全国法治宣传教育基地

西藏自治区布达拉宫法治示范景区

2018 年 9 月，布达拉宫景区被西藏自治区司法厅、西藏自治区旅游发展委员会、西藏自治区普法办授予“全区法治示范景区”。景区内设有便民法治服务亭和文明旅游法治文化宣传廊。

便民法治服务亭是一项惠民工程，以便民法治服务点所承载的智慧普法体验、便民法治宣传功能为主体，设置了共享书橱，免费为广大市民和游客提供普法图书，希望让包括法治阅读在内的公共法律服务进一步提升市民的获得感、幸福感。依托现代科技建立智慧普法互动屏，以亲身体验“学法风暴”在线法律知识测试的方式，让广大市民、游客亲身体验智慧普法的便捷与高效。

布达拉宫景区文明旅游法治文化通道依次摆放《宪法》学习宣传展板、生态环保宣传展板、宗教事务宣传展板、旅游法规宣传展板、《西藏自治区布达拉宫文化遗产保护管理条例》展板、“七五”普法宣传展板，珍宝馆门口摆放大幅展板，充分体现了布达拉宫以习近平新时代中国特色社会主义思想为指导，用实际行动忠诚拥戴信赖捍卫核心，坚定不移走中国特色社会主义法治道路，服务法治西藏建设的坚定信心和决心。

第三批全国法治宣传教育基地

陕西省税务局富平税收普法教育示范基地

“七五”普法以来，渭南市税务局严格按照普法要求，以“传承红色基因，铸就法治税魂”为主题，倾心倾力全方位打造陕西省首个全国税收普法教育示范基地——富平税收普法教育示范基地。该基地由主展厅、法治庭院、税法广场等部分组成，总面积为2300平方米；制度健全、设施完备，能通过图、文、音、影等多媒体技术元素集中展示普法教育特色，成为集宣传、示范、体验、普法、教育于一体的税收普法教育示范基地。

基地自建成以来，充分利用全国税收宣传月、重大节日及宪法日，持续开展机关开放日、局领导基层工作日、税法宣传“七进活动”等主题宣传活动，构建“互联网＋基地”立体普法格局；以动漫、快板、微电影、公益广告、阿宫腔剧等群众喜闻乐见的形式普法，其中，“模拟法庭”VR体验、智能普法机器人等项目受到地方政府和群众的肯定和好评。

2019年5月基地全面改造升级，打造出具有鲜明特色的新时代税收普法教育示范基地，受到新闻媒体及社会各界高度关注，先后被央广网、中国税务网、陕西日报网、陕西税务网、三秦网、三秦都市报网等媒体报道和转载；接待税务同人及社会各界观摩学习5000余人次，为青少年普及税法2800人次。

第三批全国法治宣传教育基地

宁夏固原市青少年示范性综合实践基地

固原市青少年示范性综合实践基地是教育部、财政部批准的全国150所校外综合实践基地之一，占地面积约93,333平方米，主体建筑面积14,316.02平方米，总投资6905万元。

位于该实践基地的“固原市青少年法治文化教育基地”总建筑面积141.5平方米，于2020年7月完成建设并投入使用。整个区域分为法治教育的内涵、教育保护及校园安全、交通消防安全、禁毒教育区、性别平等教育区、全民国家安全教育区、环保与日常生活区、地方普法成果展示区8个内容区划，借助智能交互VR体验、法治交互触摸系统、法治文化长廊、青少年模拟法庭等各种形式的载体，使宣传内容“饱满生动”“真实有趣”，突出互动性，实现让观者切身体会、真正学习的目的，构建青少年犯罪预防、安全意识提升，家庭、学校、社会“三位一体”的法治教育共同体。

“固原市青少年法治文化教育基地”建成后，将成为固原市法治文化教育的主阵地，年均受教育人数可达50万人次。同时，还辐射带动周边地区和流动人口的法治教育，有效延伸法治教育宣传渠道，拓展法治宣传教育领域，实现法治宣传教育政治效果、社会效果和法律效果的统一。

第三批全国法治宣传教育基地

国家税务总局青海省税务局法治教育基地

国家税务总局青海省税务局积极整合资源，将廉政教育基地场馆进行升级拓展，建设了法治教育基地，该基地占地面积760平方米，分为7个板块，采用声、光、电等形式，从法的起源与发展、法治文化、典型案例、税与法等方面进行了全方位的介绍和展示，使每一位参观者能深刻体会到法治社会建设的重要性，以及税收与法治的紧密联系。

法治教育基地建设以来，已成为全省税务系统党员干部开展主题教育活动、领导干部带头学法模范守法、国家工作人员学法用法的重要平台，同时成为开展法治教育、普及法律知识的重要阵地，以及成为提高纳税人税法遵从度、构建和谐征纳关系的重要窗口。

第三批全国法治宣传教育基地

霍尔果斯海关法治教育基地

霍尔果斯海关法治教育基地以一个主基地＋三个辅基地为建设模式，打造“1+n”联动式法治教育实践基地。主基地位于霍尔果斯海关生活区书吧，于2017年改造建成。现有藏书15,000余册，其中包含我国现行法律法规、教育性普法书册报刊、法治故事书籍等3000余册。内设“法治一角”，张贴有法律格言、普法海报，配备有电子书20台，可实时更新法学著作、热门法律等书籍。同时，还可依托书吧小影院和电子大屏，播放法治题材院线电影及相关宣传视频。

辅基地分别位于霍尔果斯海关办公楼一楼大厅“法治之窗”和二楼党史教育馆以及公路口岸南部联检区旅检现场。“法治之窗”阵地以宪法为主要宣讲内容，引导地方各单位及企业深入了解宪法，牢固树立宪法意识，同时，通过该平台定期向进出口企业宣传海关最新发布的政策法规。党史教育馆自2019年以来，累计承接霍尔果斯市税务等友邻单位2000余人次开展法治、党建等宣传教育活动。公路口岸南部联检区旅检现场通过结合霍尔果斯口岸地处边境的特点及海关独特的工作模式，针对性地开展《中华人民共和国国家安全法》系列相关法律法规宣传教育，将一线关员和行政相对人作为法治宣传教育重点，着力培塑一线执法实践能力及保卫国家安全的意识。

第三批全国法治宣传教育基地

山东省高级人民法院青少年法治教育中心

山东省高级人民法院青少年法治教育中心位于山东省高级人民法院审判大楼内，占地约450平方米，于2016年6月建成启用，被最高人民法院数字图书馆选为唯一的青少年法治教育共建单位。

“中心”采用展馆式宣传形式，划分成展板区、互动区和体验区3个分区。在内容上共设计“法律之门”“法之探义”“法立方圆”“法度之戒”“法佑少年”“法系你我”6个版块。“法律之门”和“法之探义”通过说文解字、历史故事、法律长卷等手法，展现法律的精神、起源和内容；“法立方圆”通过介绍未成年人的基本权利和义务，旨在增强未成年人的权利保护、规则遵守及责任惩罚意识；“法度之戒”主要介绍了山东省未成年人的犯罪现状、特征、原因，重在引导青少年加强自我约束和保护；“法佑少年”主要介绍了我国对未成年人进行司法保护的特色制度；“法系你我”设立了活动总结及主题升华区。

截至2020年年底，中心共接待参观2万余人次，被授予“山东省关心下一代法治教育示范基地”“山东省青少年法治教育示范基地”称号。

第三批全国法治宣传教育基地

人民检察博物馆

人民检察博物馆位于最高人民检察院香山办公区，于2017年10月落成，是最高人民检察院筹办的全国检察系统层级最高、规模最大、藏品最多的检察专题博物馆。

人民检察博物馆的主要功能：征集、收藏、保护检察文物；收集、整理、研究检察史料；宣传中国特色社会主义检察制度，弘扬检察文化、法治文化。

人民检察博物馆基本陈列分为7个部分：（1）根植红都光辉起点——土地革命战争时期的人民检察（1927~1937年）；（2）经历变幻薪火相传——抗日战争于解放战争时期的人民检察（1937~1949年）；（3）新中国立宪崭新篇章——新中国成立初期和社会主义建设道路探索中的人民检察（1949~1966年）；（4）艰难岁月波折中断——“文化大革命”时期的人民检察（1966~1978年）；（5）正本清源创新发展——改革开放和现代化建设新时期的人民检察（1978~2016年）；（6）繁荣理论不断探索；（7）对外交流深化合作。基本陈列充分展示了中国特色社会主义法治道路的必然性，充分展示了中国特色社会主义法治理论的科学性，充分展示了中国特色社会主义检察制度的优越性。

人民检察博物馆设有可容纳100人的学术报告厅，可以结合基本陈列举办法治讲座等法治宣传教育活动。

第三批全国法治宣传教育基地

“聚焦长江”水法治宣传园地

“聚焦长江”水法治宣传园地由江苏省水利厅、南京市水务局、南京市长江河道管理处及南京滨江公园管理有限公司共同建设，位于南京国际青年文化公园内南京眼步行桥下侧、“夹江之窗”与“长江记忆”标识之间，占地约6000平方米，常年免费对外开放。

园地围绕长江大保护宣传普及、水文化人文教育和长江治水成效3个主题，共有6个展区。A区为南京市水法治文化宣传教育基地中英文对照标牌、长江大保护宣传以及长江南京段水文、岸线功能区划介绍；B区主要介绍历年长江南京段防汛抢险、河道治理以及水污染事件引发的危害；C区为园地主题标牌；D区主要宣传水源地保护及河长制；E区主要宣传水法规、长江文化；F区主要宣传依法治国、水法规体系以及江苏治水及水行政执法工作。园地通过向市民推广水法律法规、水资源和长江岸线保护利用等知识，引导市民自觉遵守水法规、保护水资源，充分发挥水法治宣传阵地效益，2018年12月被列入南京市法治文化宣传教育基地。

园地建成以来，累计参观人数超过20万人次；在每年3月22~28日“世界水日”“中国水周”举办大型法治宣传活动，营造了浓厚的尊法、学法守法、用法的社会氛围。

第三批全国法治宣传教育基地

国网天津市电力公司法治文化示范基地

国网天津市电力公司法治文化示范基地依托天津电力科技博物馆、天津自贸区空港智能营业厅搭建，经过功能设计整合，形成以博物馆为法治宣传主基地、空港职能营业厅为社区服务中心的法治文化示范基地。

天津电力科技博物馆是国内首家融科技与博物馆于一体的电力专业展示馆，以“展示电力历史、传播电力科技、引导依法用电、增强法治意识”为宗旨开展法治宣传教育活动，将法治宣传与科普展示相结合，被评为全国爱国主义教育示范基地、全国科普教育基地、中国电机工程学会科普教育基地等。天津自贸区空港智能营业厅作为中国质量协会评定的“全国现场管理星级评价四星级现场”，依托社会服务资源优势，面向服务社区开展法治宣传、展览、模拟法庭、法律咨询等多层次、立体化的法律服务、宣传活动。

该示范基地建设紧密结合“法律六进”要求，向公众免费开放，着力增强法治宣传教育的渗透力和感染力，实现了良好的宣传效果。2019~2020 年，天津电力科技博物馆共接待市政府、企事业单位、各类参观团体 227 家；社区服务中心开展国家安全教育日、民法典宣传、市管国资企业集体宪法宣誓、电力法律法规宣传、模拟法庭等多项活动 1200 余人次。

中国普法“两微一端”平台运用概况

党的十八届四中全会决定强调：加强新媒体新技术在全民普法中的运用。“七五”普法以来，根据司法部、全国普法办要求，普法与依法治理局先后创办了中国普法新浪微博、中国普法微信公众号和中国普法人民号等新媒体普法平台。截至 2020 年 12 月，中国普法“两微一端”总订阅人数 2100 万人，共发文 3 万余篇，总阅读量达 22 亿人次。在普及法律知识，提高全民法律素质和社会法治化管理水平，展示普法依法治理成果，宣传我国社会主义法治建设成就方面发挥了重要作用。

一、中国普法微信公众号

全国普法办于 2015 年 5 月 18 日正式开通了中国普法微信公众号。近 6 年来，中国普法微信号紧紧围绕党和国家工作大局，围绕法治中国建设实践，精选普法内容、创新普法方式，深入宣传中央全面依法治国的重要决策部署；广泛宣传立法、执法、司法、守法和法律服务的生动实践；大力宣传社会群众关心关注的热点问题，把一个个热点案（事）件依法解决过程变成一堂堂生动的法治公开课。

2020 年 12 月，中国普法微信公众号总订阅人数已经突破 1600 万人，累计发文 1.8 万余篇，总阅读量 10 亿人次，单篇阅读量 10 万人次以上的文章 2300 余篇，举办线上活动近 30 项，参与人数 5.5 亿人次。网友互动活跃，评价积极正面，成为传播法治正能量的重要平台，作为中央网信办优选的头部微信公众账号加入“公众账号创新传播计划”，多次在中央政法委举办的政法优秀新媒体评选中名列前茅并受到表彰。

（一）开设《重磅》《聚焦》《权威发布》等栏目，围绕党和国家工作大局和司法行政中心工作开展普法宣传

围绕学习宣传习近平新时代中国特色社会主义思想，学习宣传党的十九大和十九届二中、三中、四中、五中全会精神，发文 1071 篇；围绕学习宣传贯彻习近平法治思想，发文 100 余篇；发布两会报道文章 300 余篇；发布宪法学习宣传相关文章 1687 篇；发布民法典学习宣传文章 917 篇；在 2020 年应对新型冠状病毒肺炎疫情期间，推送习近平总书记重要讲话和中央决策部署文章 100 多篇，阅读量超过 600 万人次，10 余篇文章阅读量均超过 10 万人次；围绕司法部重大工作部署和重要文件出台开展宣传，共发文 2800 余篇，其中，发布国家统一法律职业资格考试相关文章 300 余篇。

（二）开设《热点》《关注》《快讯》《法治热点早知道》等栏目，对群众关注的社会热点案（事）件积极发声，正确引导网络舆论

截至 2020 年 12 月，共发布热点普法类文章 2600 余篇，关注“于欢案”“徐玉玉案”“昆山反杀案”“孙小果案”“劳荣枝案”等热点案件，

发布追踪报道和法律问题解析，提升普法效果。2019 年 3 月 1 日，公号开设原创专栏《法治热点早知道》，截至 2020 年 12 月，共发文 690 余篇，阅读量 10 万人次以上文章 600 余篇，阅读量共计 1.1 亿人次，20 余篇文章单篇阅读量超过 50 万人次。此栏目从创办时起即吸引众多网友点赞关注，好评如潮。很多网友每日打卡留言，提出了很多建设性的意见和建议。

（三）开设《以案普法》《微普法》等栏目，结合群众身边发生的案例，深入讲解实用法律法规，积极引导群众通过法律途径维护自身合法权益

截至 2020 年 12 月，共在《以案普法》栏目中发布文章 900 余篇，在《微普法》栏目发布文章 700 余篇，阅读量均超过 10 万人次以上。通过对这些易发多发，群众反映强烈，社会广泛关注的典型案件进行深入剖析，扩大了普法覆盖面、影响力和渗透力，真正做到用身边的“事”教育身边的人，引导全社会依法行动、依法行事。

（四）开设《看点》《提醒》《转扩》等栏目，积极围绕平安中国建设重点工作开展宣传

通过及时总结发布新型、典型的电信网络诈骗手段方式和防火防灾防震等安全生产隐患事例，以提高网友的防范意识和技能。截至 2020 年 12 月，发布“电信诈骗”相关文章近 400 篇，阅读量达 1.1 亿人次。发布“安全生产”相关文章 1600 余篇，阅读量达 1 亿人次。

（五）开设《专题》《专栏》《公开课》《涨知识》等栏目，集中组织开展普法宣传活动

利用新法新规颁布、重点法律法规颁布周年纪念日，结合“3・8”国际劳动妇女节、“3・15”消费者权益保护日、“4・15”全民国家安全教育日、“6・26”国际禁毒日、“12・4”国家宪法日等特殊时间节点，以专题或专栏的形式开展系列法律知识图文和视频宣传。截至 2020 年 12 月，共发布普法专题 200 个，拍摄原创视频公开课 80 集，解读新法新规 400 余条。其中，发布国家宪法日相关图文 330 篇，阅读量近 600 万人次；发布全民国家安全教育日相关图文 25 篇，阅读量共计 80 万人次。2016 年，为宣传好首个全民国家安全教育日和即将施行的反家庭暴力法，中国普法微信号连续推出反家暴法、国家安全法系列公开课，累计观看量达 10 万人次，社会反响良好。2020 年，为深入贯彻落实习近平总书记关于广泛开展民法典普法工作的重要指示，学好、用好、宣传好这部法律，中国普法微信公众号通过专栏发布文章、挂图、宣传片共计 73 篇，阅读量超过 350 万人次，有效帮助网友对民法典知识的掌握和适用。

（六）设置《地方普法集锦》《地方精彩》《宪法宣传周》等栏目，交流推广全国各地普法工作经验

自 2016 年 10 月以来，每周推出《地方普法集锦》《地方精彩》《地方普法动态》等专栏，展示各地普法工作亮点和新进展新成效。截至 2020 年 12 月，共发布文章 600 余篇，介绍了 850 多个地市、县区普法工作经验做法，网友投票量近 500 万人次。同时，结合宪法学习宣传，每年推出《宪法宣传周》专栏，内容涵盖 31 个省（区、市）和新疆生产建设兵团的创新做法和工作成果，亮点纷呈。

（七）设置《齐参与》《好消息》等栏目，开展形式多样的线上普法活动

中国普法微信公众号共举办了 25 项全国大型普法活动。全国法治动漫微电影征集展播活动已经连续开展 5 年，共征集作品近 4 万件，展播浏览量达 5000 多万人次，很多获奖作品感动了大批网友。自 2017 年始，连续开展了 3 届“我与宪法”优秀微视频作品征集展播活动，共征集作品 3.6 万余件，2017 年的一等奖作品《宪法伴我成长》在全网播放量突破百万次。举办法律知识有奖竞答活动10余项，除了每年一届的“全国百家网站、微信公众号法律知识竞赛”活动，中国普法还举办了其他专项答题活动，例如，疫情防控、全民国家安全教育日、民法典知识、宪法知识等专项知识竞赛，参与人数达2亿人次。

（八）设置线上服务咨询功能

中国普法微信公众号除承担法治宣传功能外，还在手机端设置了“查资讯”“找服务”“齐参与”3个子菜单，为网民提供法律法规查询、法律服务机构查询、学习公开课、智能法律咨询等方便快捷的服务，实现了法治宣传到法律服务的有效衔接。

二、中国普法微博

经批准，全国普法办于2013年7月正式开通中国普法新浪微博账号，由司法部普法与依法治理局（原法制宣传司）管理运维发布，是我国法治宣传教育工作适应社会形势和媒介环境变化迈出的崭新一步，也是普法工作沉到底、宽到面的有力体现。

中国普法微博开设《法治格言》《走进民法典》《漫谈宪法》《普法课堂》《以案普法》《追剧学法律》《法史故事》《法规速递》等20多个栏目，内容图文并茂，话题丰富多样、得到了多方支持和称赞。在2015年年初《人民日报》联合新浪微博发布的《2014年度人民日报政务指数报告》中，中国普法微博获得了“全国十大司法系统微博奖”的荣誉，此外还荣获2014年《法制日报》评出的“十大司法行政微博排行榜”第一名和人民网“全国十大机构政务微博”的称号。近8年来，中国普法微博荣获了“全国政法机构微博影响力飞跃奖”“全国政法微博十佳应用奖”“2016年最具影响力中央政务新媒奖”等20多项殊荣。

目前，中国普法微博订阅人数315.6万人，共发文1.9万条，总阅读量10亿人次。2020年2月，中国普法新浪微博联合开展“防控疫情　法治同行”话题词活动，制作统一宣传海报，带动公检法司等部门共同发力，积极发布疫情相关案例及解读，此次活动总阅读1.2亿人次，网友讨论2.1万条，社会反响良好。自2020年10月以来，微博共发布40个民法典原创短视频，以轻松幽默的情景剧，讲解民法典重要知识，点赞转发播放量累计突破1000万人次。在“七五”普法总结验收期间，与各地账号形成矩阵，集中转发相关工作经验亮点及精彩活动，提升了全国普法账号的活跃度。2020年“12·4”国家宪法日暨第三个“宪法宣传周”期间，微博权威发布中央宣传部、司法部、全国普法办制定的《2020年全国“宪法宣传周”工作方案》，供各地各部门参考，当天阅读数突破10万人次，并获得较高转发量。据2020年新浪微博官方数据显示，《父母给子女的钱是否应还？法院这么判！》等10篇文章的阅读量突破100万人次。中国普法微博已经成为普及法律知识、弘扬法治精神和展示普法工作成果的权威网络平台。

三、中国普法客户端

自2015年2月起，经全国普法办批准，中国普法7个订阅号陆续开通，成功入驻人民日报、今日头条、一点资讯、网易、搜狐、企鹅号、百家号等手机客户端。截至2020年年底，订阅人数超过510万，阅读量近2亿人次。

2015年7月，中国普法头条号正式开通，截至2020年4月，中国普法头条号粉丝数35万人，共计发稿10,000余篇，阅读量近6000万人次。自2018年年初始，中国普法头条号根据特殊时间节点和重要活动安排，联合今日头条每月推出话题词活动，组织全国各地普法账号共同参与，搭建完整的话题展示页，将相关图文和视频进行聚合展现，并对重要文章进行推荐，掀起专项法治宣传热潮。例如，2020 年 2 月头条号发起“防控疫情　法治同行”话题活动，在 2 个月的时间内，全国 121 个普法账号参与，共发布作品 3000 余篇，总阅读量达 2300 万人次，参与讨论人数 1.1 万人，产生较大影响力。

2016 年 12 月，全国普法新媒体矩阵正式上线。全国普法新媒体矩阵按行政区划分层、级建设，实现内容的快速上传下达，构建多元化新媒体矩阵。截至 2020 年年初，中国普法头条号携全国 6000 多家普法新媒体账号入驻今日头条网，实现司法、普法相关信息一键发布，利用大数据实时、精准推送，以多元化形式实现信息立体交互呈现。从而形成“矩阵之势”，推进了法治宣传“互联网 +”落地，实现了全民普法互动，深化了法治宣传阵地建设。

中国普法人民号于 2015 年 2 月正式开通，目前粉丝数 169.1 万人，总计发稿 3572 篇，总阅读量 4713 万人次。自 2020 年 1 月新冠病毒疫情暴发后，中国普法人民号坚持正面引导社会舆情，权威报道每日最新防控进展，及时辟谣，整理发布一批典型案例，向群众以案释法，起到良好普法效果。中国普法人民号也是在此过程中崭露头角，涨粉 10 万人，在人民日报客户端发布的 2020 年 2 月至 12 月“人民号影响力排行榜”总榜中位列前十佳，政务影响力全国前三位。同时，《春节聚餐喝酒记住这几个要点！》《宠物狗未拴绳与车相撞，谁负责？》等多篇文章登录优质内容周榜，被人民日报客户端重点推荐，50 余篇文章阅读量超过 10 万人次。2021 年 1 月，中国普法人民号再次实现新突破，已经跃升至“人民号影响力排行榜”总榜第三位，政务影响力全国第一位。其中，《3 月 1 日起增加 10 种犯罪行为，稀里糊涂会坐牢！》一文阅读量突破 100 万人次。

中国普法订阅号始终以权威声音、主流价值、法治特色、清新表达为宗旨，坚持正确的舆论导向，坚持真实性、原则性、互动性、服务性相统一，积极传播法治正能量。先后获得 2016 年年度“全国最具影响力司法头条号”、2016 年年度“最具影响力中央政务新媒奖”、2017 年年度“最具影响力政务网易号”、2017 年年度“最具影响力政务一点号”、2020 年年度“人民号优秀政务号主”等称号。

6 年来，在司法部领导重视和指导下，在有关部门和专家的大力支持和广大用户的积极参与下，中国普法“两微一端”茁壮成长，受到社会各界和网友们的肯定和喜爱。新时代的普法宣传任重而道远、使命光荣。下一步，中国普法“两微一端”将在普法与依法治理局的领导下，坚持以习近平新时代中国特色社会主义思想为指导，不忘初心、牢记使命，始终坚持服务大局、服务社会、服务群众，为推进全面依法治国进程作出新的更大贡献。

附　　录

“七五”普法大事记

2016 年

1 月 15 日 全国普法办公布“我的调解故事”主题征集展播活动获奖名单。该活动由司法部、全国普法办主办，2015 年 8 月启动，最终评出获奖征文 414 篇，北京市司法局等 48 个单位获得优秀组织奖。《法制日报》开设“我的调解故事”专栏，刊登优秀获奖作品。

1 月 19 日 全国普法办公布“H5 讲述‘六五’普法”新媒体创意大赛活动获奖名单。该活动由司法部、全国普法办主办，2015 年 8 月 15 日启动，最终评出获奖作品 120 个，水利部普法办等 44 个单位获得优秀组织奖。获奖作品通过中国普法“两微一端”、中国普法网推广宣传。

2 月 4 日 司法部、国家网信办、全国普法办公布“尊法学法守法用法”主题征集展播暨第十二届全国法治动漫微电影作品征集展播活动获奖名单。该活动 2015 年 5 月 20 日启动，最终评出获奖作品 279 件（系列），最高人民法院新闻局等 45 个单位获得优秀组织奖。

3 月 1~7 日 在《中华人民共和国反家庭暴力法》正式实施之际，全国普法办、全国妇联制作播出 7 集反家庭暴力系列公开课，对《中华人民共和国反家庭暴力法》进行解读。

3 月 7 日 习近平总书记参加十二届全国人大四次会议黑龙江代表团审议时指出，要提高领导干部运用法治思维和法治方式开展工作、解决问题、推动发展的能力，积极培育社会主义法治文化，引导广大群众自觉守法、遇事找法、解决问题靠法，深化基层依法治理，让依法办事蔚然成风。

3 月 22 日 中组部、中宣部、司法部、人力资源和社会保障部印发《关于完善国家工作人员学法用法制度的意见》，对完善国家工作人员学法用法制度作出全面部署。2016 年 1 月，意见由中央全面深化改革领导小组第二十次会议审议通过。

3 月 中共中央、国务院转发《中央宣传部、司法部关于在公民中开展法治宣传教育的第七个五年规划（2016—2020 年）》的通知。4 月 17 日，新华社全文公布了《中央宣传部、司法部关于在公民中开展法治宣传教育的第七个五年规划（2016—2020 年）》。4 月 18 日，司法部、全国普法办主要负责同志就《中央宣传部、司法部关于在公民中开展法治宣传教育的第七个五年规划》有关问题回答记者提问。新华社、《人民日报》等中央媒体刊播。

3 月 25~26 日 中华全国法制新闻协会联合中广联法制节目工作委员会等单位举办中国（海宁）法制栏目剧微电影制播峰会，就法制栏目剧和微电影的现状、存在问题等进行交流研讨。

4 月 15 日 司法部、全国普法办在全国开展国家安全法治宣传教育活动。全国人大常委会办公厅、中宣部、司法部在北京人民大会堂举办“贯彻实施国家安全法”座谈会，会议传达了习近平总书记重要指示，中央有关部门、地方人大常委会负责同志和专家学者分别发言。全国普法办组织制作《中华人民共和国国家安全法》公开课和系列图解，出版《法治宣传资料·首个全民国家安全教育日专辑》。

4月22日 习近平总书记在全国宗教工作会议上指出，要保护广大信教群众合法权益，深入开展法治宣传教育，教育引导广大信教群众正确认识和处理国法和教规的关系，提高法治观念。

4月25~28日 第十二届全国人大常委会第二十次会议听取《关于“六五”普法决议执行情况的报告》和《对〈关于深入开展法治宣传教育的决议〉的说明》。通过并作出《关于开展第七个五年法治宣传教育的决议》。司法部副部长在随后举行的新闻发布会上回答记者提问。

5月13日 司法部法制宣传司在北京召开法治创建工作座谈会，天津、河北、上海、四川省成都市等地方分管厅（局）长及法治宣传工作负责人参加。

5月20日 中宣部、司法部、全国普法办印发《关于表彰2011–2015年全国法治宣传教育先进集体和先进个人的决定》，对“六五”普法期间全国1414名法治宣传教育先进集体和1818名先进个人进行表彰。

5月26日 中宣部、司法部在北京召开第八次全国法治宣传教育工作会议。会议全面贯彻党的十八大和十八届三中、四中、五中全会精神，深入贯彻习近平总书记系列重要讲话和对法治宣传教育的重要指示精神，贯彻落实中共中央、国务院转发的《中宣部、司法部关于在公民中开展法治宣传教育的第七个五年规划（2016—2020年）》和《全国人民代表大会常务委员会关于开展第七个五年法治宣传教育的决议》精神，总结“六五”普法工作取得的成绩，表彰全国“六五”普法先进集体和先进个人，对“七五”普法工作作出部署安排。中央和国家机关有关部门负责同志，中央军委政治工作部和武警部队有关负责同志，各省（区、市）和新疆生产建设兵团党委宣传部副部长、司法厅（局）长，副省级城市党委宣传部副部长、司法局局长，中央宣传部有关部门负责同志，司法部机关各厅局和有关直属单位主要负责同志，受表彰先进集体、先进个人代表参加会议。

6月8日 2016年“百名法学家百场报告会”法治宣讲活动在人民大会堂举行中央和国家机关专场报告会。该活动由中组部、中宣部、中央政法委、教育部、司法部和中国法学会共同创办，2006年与“五五”普法同步启动。

6月22日 全国普法办公布全国法治宣传教育动漫形象征集活动获奖名单。该活动2015年7月31日启动，最终评出获奖作品35个。全国普法办通过网上投票和专家评选，从一等奖获奖作品中选出最受欢迎的卡通人物形象和卡通动物形象，修改完善后在中国普法“两微一端”、中国普法网宣传推广。

7月19日 教育部、司法部、全国普法办联合印发《青少年法治教育大纲》，要求以宪法教育和公民基本权利义务教育为重点，覆盖各教育阶段，形成层次递进、结构合理、螺旋上升的青少年法治教育体系。

8月 全国工商联、司法部、全国普法办联合印发《关于开展“法律三进”活动的意见》，提出在“七五”普法期间广泛开展法律进民企、进商会、进工商联机关活动，引导广大非公有制经济人士做中国特色社会主义法治的忠实崇尚者、自觉遵守者、坚定捍卫者。

9月5~7日 全国“七五”普法骨干培训班在云南省昆明市举办。全国普法办邀请中央党校、国家行政学院、中办法规局等机构（单位）的专家学者为培训班学员授课。安徽省司法厅等4个省（市）、全国妇联等4个部门行业的主管厅局级领导，就“六五”普法期间开展法治宣传教育工作的实践和思考作专题授课。中央和国家机关各部、委、办、局普法主管部门负责人，各省（区、市）司法厅（局）、副省级城市、省会城市、部分地（市）司法厅（局）法宣处处长等参加培训。

9月5日 中华全国法制新闻协会年度常务理事会、理事会在云南省昆明市召开，就新形势下法治新闻宣传、法治新闻人才培养等问题进行深入讨论。

9月19日 司法部制定印发《司法行政系统法治宣传教育第七个五年规划（2016—2020年）》。

12月 习近平总书记在第3个国家宪法日到来之际对“五四宪法”历史资料陈列馆作出指示：设立“五四宪法”历史资料陈列馆，对开展宪法宣传教育、增强社会主义民主法治意识、推动尊法学法守法用法具有重要意义。开展宪法宣传教育是全面依法治国的重要任务。“五四宪法”历史资料陈列馆要坚持党的领导、人民当家作主、依法治国有机统一，努力为普及宪法知识、增强宪法意识、弘扬宪法精神、推动宪法实施作出贡献。

12月4日 中宣部、司法部、全国普法办在全国开展2016年“12·4”国家宪法日集中宣传活动，主题是“大力弘扬宪法精神 协调推进‘四个全面’战略布局”。会同中央电视台制播“宪法的精神 法治的力量——CCTV2016年度法治人物颁奖礼”，颁奖礼前首次进行长达5小时的网络直播。

同日 全国人大常委会办公厅、中宣部、司法部、浙江省人大常委会在杭州召开2016年国家宪法日座谈会，全国人大常委会副委员长兼秘书长王晨参加座谈会并讲话。

12月5~9日 全国司法行政新闻宣传与新媒体普法培训班在浙江省杭州市举办。培训班由司法部法制宣传司主办。各省（区、市）和新疆生产建设兵团司法厅（局）、监狱局、戒毒局负责新闻宣传工作的处长，分管新媒体普法工作的处长和“两微一端”运营人员，副省级城市司法局新媒体普法负责人，法制日报社、法制网、中国司法杂志社、中国普法网、中国普法“两微一端”有关负责同志参加。

12月9日 习近平总书记在十八届中共中央政治局第三十七次集体学习“我国历史上的法治和德治”时指出，要坚持把全民普法和全民守法作为依法治国的基础性工作，使全体人民成为社会主义法治的忠实崇尚者、自觉遵守者、坚定捍卫者。

12月14日 中办、国办印发《党政主要负责人履行推进法治建设第一责任人职责规定》，明确把“深入推进法治宣传教育，推动全社会形成浓厚法治氛围”作为党委主要负责人推进法治建设主要职责之一，把“完善行政机关工作人员学法用法制度，组织实施普法规划，推动落实‘谁执法谁普法’责任”作为政府主要负责人推进法治建设主要职责之一。

12月19~21日 中宣部、司法部等12部委在福建省长汀县举办文化科技卫生“三下乡”集中示范活动。

12月28日 中宣部、司法部、全国普法办成立全国“七五”普法讲师团，公布43名讲师团成员名单。

2017 年

1 月 15 日 中办、国办印发《关于促进移动互联网健康有序发展的意见》，明确要求“加强网络普法，强化网民法治观念，提升全民网络素养”。

1 月 25 日 中办、国办印发《关于实施中华优秀传统文化传承发展工程的意见》，明确要求“加强法治宣传教育，增强全社会依法传承发展中华优秀传统文化的自觉意识，形成礼敬守护和传承发展中华优秀传统文化的良好法治环境”。

3 月 5 日 习近平总书记在参加十二届全国人大五次会议上海代表团审议时指出，要持续用力、不断深化，提升社会治理能力，增强社会发展活力。要强化依法治理，善于运用法治思维和法治方式解决城市治理顽症难题，努力形成城市综合管理法治化新格局。

3 月 30 日 司法部、国家网信办、全国普法办启动第十一届全国百家网站、微信公众号法律知识竞赛活动，主题为“尊法学法守法用法　让我们一起行动”。

3 月 31 日 中宣部、司法部、全国普法办联合印发通知，对学习宣传《中华人民共和国民法总则》作出部署。

4 月 1 日 全国普法办主编的“七五”普法统编教材《领导干部法治读本》出版发行。

4 月 20~26 日 中宣部、司法部等全国知识产权宣传周活动组委会成员单位共同举办全国知识产权宣传周活动，活动主题为“创新创造改变生活　知识产权竞争未来”。

4 月 25 日 中组部、中宣部、中央政法委、教育部、司法部和中国法学会共同举办的 2017 年“百名法学家百场报告会”法治宣讲活动中央和国家机关专场报告会在人民大会堂举行。

5 月 16 日 第十三届全国法治动漫微电影征集活动颁奖展映仪式和交流研讨在浙江举行，司法部副部长出席颁奖仪式。该活动由司法部、国家网信办、全国普法办主办，2016 年 7 月开始，主题是“大力弘扬法治精神　推进全面依法治国”。活动共收到作品 4000 多件（系列），最终评出获奖作品共 304 件（系列），最高人民法院新闻局等 27 个单位获优秀组织奖。

5 月 17 日 中办、国办印发《关于实行国家机关“谁执法谁普法”普法责任制的意见》。《意见》明确要求，国家机关要把普法纳入本部门工作总体布局，与其他业务工作同部署、同检查、同落实。《意见》由 2 月 6 日在中央全面深化改革领导小组第三十二次会议审议通过。5 月 25 日，司法部主要负责同志就《意见》接受《人民日报》、新华社、中央人民广播电台、中央电视台记者采访。《意见》实施后，全国普法办研究制定了《关于贯彻落实中办发 2017 年 31 号文件的实施方案》，对制定实施意见、普法责任清单、实施年度工作报告制度等作出明确规定；制定了普法责任清单模板；开展了普法责任示范点创建。

5 月 10 日、5 月 18 日、6 月 8 日 中宣部、中央直属机关工委、中央国家机关工委、司法部、全国普法办在北京人民大会堂共同举办中央和国家机关系列法治讲座。最高人民检察院副检察长作《坚定不移走中国特色社会主义法治道路》专题报告、全国人大常委会法工委副主任作《民法、民法典和民法总则》专题报告、最高人民法院审判委员会专职委员作《深入贯彻民法总则全面建设法治社会》专题报告。司法部副部长、中央直属机关工委副书记分别主持报告会。中央和国家机关干部、在京中央企业负责同志，北京市党政机关干部以及部分在京高校师生现场聆听报告。

5月18日 中宣部、司法部、全国普法办联合印发《关于开展尊法学法守法用法主题法治宣传实践活动的意见》，以主题实践活动为载体，推动“七五”普法各项目标任务落到实处。

6月12日 中共中央、国务院印发《关于加强和完善城乡社区治理的意见》，明确要求“深入开展法治宣传教育和法律进社区活动，推进覆盖城乡居民的公共法律服务体系建设”。

6月14~16日 中宣部宣教局、司法部法制宣传司共同主办的《民法总则》学习宣传系列网上谈在人民网举行。《民法总则》学习宣传系列网上谈共3场，主题为“深入学习民法总则，践行社会主义核心价值观”。来自中国人民大学、中国社会科学院法学所等单位的专家学者，就社会主义核心价值观融入民法总则等问题与网友进行座谈交流。新华网、法制网、今日头条、腾讯等平台进行在线直播。

7月1日 习近平总书记在庆祝香港回归祖国20周年大会暨香港特别行政区第五届政府就职典礼上指出，要加强香港社会特别是公职人员和青少年的宪法和基本法宣传教育。

8月2日 中组部、中宣部、司法部、全国普法办联合印发《关于加强党内法规学习宣传的通知》，要求全面落实中共中央、国务院转发的“七五”普法规划和《中共中央关于加强党内法规制度建设的意见》，进一步推动党内法规学习宣传深入开展，为全面从严治党营造良好法治氛围。

8月22~26日 全国法治宣传工作培训班在浙江省杭州市举行。司法部副部长出席开班式并讲话。各省（区、市）和新疆生产建设兵团司法厅（局）分管厅（局）长、法宣处处长，副省级城市和省会市司法局分管局长、法宣处处长等参加。

8月25日 全国普法办、司法部法制宣传司制作推出原创视频节目《名家谈·中华法文化》公开课，邀请中国政法大学终身教授张晋藩等知名专家，以中华法系为纲，以东方哲学为魂，讲述中华法文化。共播出60期，500多万人次收看。中国普法微信公众号开展《名家谈·中华法文化》专题知识竞答，10万多人次参与。

9月1日 全国普法办、中华全国工商联合会组织编写的“七五”普法统编教材《非公有制企业经营管理法律知识及风险以案释法读本》出版发行。

9月6日 国家税务总局、司法部共同为北京税务博物馆等9个第一批全国税收普法教育示范基地授牌，这是国家税务总局与司法部联合开展的全国税收普法教育示范基地建设活动的重要内容。

9月14日 国家网信办、司法部、全国普法办共同主办的全国“网信普法进校园”活动启动仪式暨首场“全国校园网信普法大课堂”在清华大学举行。司法部副部长出席并致辞。

9月19日 经国务院批准，成立由司法部牵头，共16家单位组成的落实普法责任制部际联席会议。10月10日，司法部组织召开部际联席会议第一次全体会议，对贯彻落实“谁执法谁普法”普法责任制、推动有关文件实施作出部署，联席会议召集人、司法部主要负责同志主持会议并讲话。

10月10日 国家民委、司法部、团中央、全国普法办共同主办的“喜迎十九大、共筑中国梦”民族法律知识有奖竞答活动启动仪式暨新闻发布会在国家民委举行。截至2017年年底，参加竞赛人数达750多万。

10月18~24日 党的第十九次全国代表大

会在北京召开。十九大报告强调要“提高全民族法治素养和道德素质”，明确提出“加大全民普法力度，建设社会主义法治文化，树立宪法法律至上、法律面前人人平等的法治理念。各级党组织和全体党员要带头尊法学法守法用法，任何组织和个人都不得有超越宪法法律的特权，决不允许以言代法、以权压法、逐利违法、徇私枉法。”这为做好新时代全民普法工作进一步指明了方向，提供了根本遵循。

11月30日 国新办举行新闻发布会，司法部主要负责同志介绍第四个国家宪法日活动安排及2017年的全民普法工作，并就推进司法行政改革、加强以案释法案例库建设、推动领导干部旁听庭审制度化常态化、“谁执法谁普法”带来的新变化以及党员干部如何带头尊法学法守法用法等内容现场回答记者提问，中央电视台中文国际频道和中国网等媒体进行现场直播。

12月4日 中宣部、司法部、全国普法办在全国开展2017年“12·4”国家宪法日集中宣传活动，主题是“学习贯彻党的十九大精神 维护宪法权威”。会同中央电视台制播《宪法的精神 法治的力量——CCTV2017年度法治人物颁奖礼》。教育部组织开展全国中小学生宪法晨读活动，约有10万余所中小学的学生同步参加晨读活动。

同日 全国人大常委会办公厅、中宣部、司法部、教育部在人民大会堂以“加强宪法教育、普及宪法知识、弘扬宪法精神”为主题召开座谈会。司法部等部门主要负责人出席并发言。

12月5日 司法部、全国普法办公布“我与宪法”优秀微视频作品征集展播活动获奖名单。该活动由司法部、全国普法办主办，8月1日启动，收到作品近12,000件，报送数量、作品质量、参赛人数都达到历年之最。最终评选出各类获奖作品160件。获奖作品在中国普法“两微一端”、全国普法新媒体矩阵、中央主要新闻单位网络电视台和新媒体平台、知名商业网站和新媒体账号集中展播。

12月14日 司法部、全国普法办会同最高人民法院组织落实普法责任制部际联席会议全体成员，在北京市第四中级人民法院旁听行政案件庭审。庭审结束后，司法部主要负责同志在现场主持召开座谈会。16家成员单位的负责人和司、处级干部共100余人参加了活动。

12月24日 中办、国办印发《关于加强贫困村驻村工作队选派管理工作的指导意见》。该意见要求“加强法治教育，推动移风易俗，指导制定和谐文明的村规民约”。

12月31日 中国普法微信公众号发布《2017年全国法治宣传教育十件大事》，分别是：①党的十九大对新时代全民普法工作提出新要求；②中办、国办印发《关于实行国家机关“谁执法谁普法”普法责任制的意见》；③司法部牵头成立落实普法责任制部际联席会议并召开第一次全体成员会议、组织开展旁听庭审活动；④“一责四化”法治宣传教育工作思路形成（坚持推动普法责任制落实，推进普法依法治理目标精准化、重大举措项目化、考核评估体系化、工作指导专业化）；⑤组织开展尊法学法守法用法主题法治宣传实践活动；⑥司法部就第四个国家宪法日活动安排及今年的全民普法工作在国务院新闻办举行新闻发布会；⑦制作播出《名家谈·中华法文化》专题节目；⑧首次举办“我与宪法”优秀微视频征集展播活动；⑨组织开展第四个“国家宪法日”集中宣传活动；⑩中国普法微信公众号稳居全国政法类微信公众号综合影响力排行榜首位。

2018 年

1 月 19 日 习近平总书记在党的十九届二中全会第二次全体会议上指出，要在全党全社会深入开展尊崇宪法、学习宪法、遵守宪法、维护宪法、运用宪法的宣传教育活动，大力弘扬宪法精神，大力弘扬社会主义法治精神，不断增强人民群众宪法意识。

2 月 10~13 日 习近平总书记在四川调研时指出，要认真学习贯彻党的十九届二中全会精神，教育引导广大党员、干部牢固树立宪法意识，带头尊崇宪法、学习宪法、遵守宪法、维护宪法、运用宪法。

2 月 24 日 习近平总书记在十九届中共中央政治局第四次集体学习“我国宪法和推进全面依法治国”时指出，要加强宪法学习宣传教育，弘扬宪法精神、普及宪法知识，为加强宪法实施和监督营造良好氛围。宪法法律的权威源自人民的内心拥护和真诚信仰，加强宪法学习宣传教育是实施宪法的重要基础。要在全社会广泛开展尊崇宪法、学习宪法、遵守宪法、维护宪法、运用宪法的宣传教育，弘扬宪法精神，弘扬社会主义法治意识，增强广大干部群众的宪法意识，使全体人民成为宪法的忠实崇尚者、自觉遵守者、坚定捍卫者。要坚持从青少年抓起，把宪法法律教育纳入国民教育体系，引导青少年从小掌握宪法法律知识、树立宪法法律意识、养成遵法守法习惯。要完善国家工作人员学习宪法法律的制度，推动领导干部加强宪法学习，增强宪法意识，带头尊崇宪法、学习宪法、遵守宪法、维护宪法、运用宪法，做尊法学法守法用法的模范。

3 月 7 日 习近平总书记在参加十三届全国人大一次会议广东代表团审议时指出，要坚持在法治轨道上统筹社会力量、平衡社会利益、调节社会关系、规范社会行为、化解社会矛盾，以良法促发展、保善治，让人民群众在每一个司法案件中感受到公平正义，使尊法学法守法用法成为广大人民群众共同追求，确保社会在深刻变革中既生机勃勃又井然有序。

3 月 12 日 习近平总书记在出席十三届全国人大一次会议解放军和武警部队代表团全体会议时指出，要加大依法治军工作力度，强化法治信仰和法治思维，加快构建中国特色军事法治体系，加快推动治军方式根本性转变。全军要增强宪法意识，弘扬宪法精神，做宪法的忠实崇尚者、自觉遵守者、坚定捍卫者。

3 月 27 日 全国人大常委会办公厅、中宣部、司法部、全国普法办联合召开“深入学习宣传和贯彻实施宪法座谈会”，中共中央政治局常委、全国人大常委会委员长栗战书出席并讲话。司法部主要负责同志在会上作题为《全方位开展宪法学习宣传教育》的发言。

4 月 15 日 司法部、全国普法办在全国组织开展 2018 年全民国家安全教育日法治宣传教育活动，主题为“深入学习宣传宪法，开拓新时代国家安全工作新局面”。活动期间，全国普法办组织制作国家安全法系列图解，邀请专家解读国家安全法内容，制作宣传挂图，开展国家安全法主题竞赛，提升全体公民的国家安全意识。

4 月 中宣部、中组部、全国人大常委会办公厅、司法部、教育部、全国普法办联合印发《关于组织开展宪法学习宣传教育活动的通知》，司法部召开全系统电视电话会议，全国普法办印发《关于组织开展宪法学习宣传教育活动的通知》，对宪法学习宣传作出全面部署。

5 月 9 日 中国法治论坛（2018）社会主义法治文化建设专题论坛在广东省深圳市举办。本次论坛由司法部、中国法学会、深圳市委市政府、广东省法学会主办。中国法学会会长出席论坛并作主旨演讲。司法部副部长、全国普法办副主任主持论坛并讲话。江苏、安徽、湖南省司法厅分管副厅长结合本省法治文化建设的探索与实践作专题发言。来自中国人民大学、中国社会科学院法学所、司法部研究室的专家分别从社会主义法治文化建设的理念、制度、实践等层面作专题演讲。中国法学会和各地法学会部分领导、各省（区、市）司法厅（局）主管法治宣传教育工作的副厅（局）长、法宣处长、专家学者及媒体记者参加。

5月14日 2018年“百名法学家百场报告会”法治宣讲活动中央和国家机关专场报告会在北京举行。此前，中组部、中宣部、中央政法委、教育部、司法部和中国法学会共同印发《2018年“百名法学家百场报告会”法治宣讲活动指导意见》。

5月15日、22日、25日 司法部、全国普法办会同中宣部、中央和国家机关工委、全国人大常委会办公厅、教育部，在北京联合举办3场宪法学习宣传报告会，邀请全国人大常委会副秘书长、机关党委副书记，全国人大常委会法工委主任，司法部主要负责同志，分别就习近平总书记关于宪法的重要论述和我国宪法的修改、我国宪法修改的重点内容及其重大历史意义、中国宪法制度的若干问题作报告。在京党政机关干部和部分在京高校师生参加报告会。全国普法办制作宪法报告会视频并在全网进行推送。

5月17日 司法部、全国普法办在北京召开“运用新媒体开展法治宣传教育座谈会”。来自中央政法单位宣传部门及微信公众号、中央媒体微博和客户端等机构的相关负责人围绕加大全民普法力度、建设社会主义法治文化等进行交流研讨。

5月30日 全国普法办印发《中央国家机关普法责任清单（第一批）》，这是落实“谁执法谁普法”普法责任制的配套举措。首批印发的中央国家机关普法责任清单涵盖最高人民法院、最高人民检察院、公安部、司法部、财政部、人力资源和社会保障部、交通运输部、中国人民银行、海关总署、国家税务总局等10个部门。

6月5日 全国普法办印发《关于表彰第四批“全国法治县（市、区）创建活动先进单位”的决定》，授予北京延庆区等422个县（市、区）第四批“全国法治县（市、区）创建活动先进单位”称号。

6月11日 全国普法办命名“五四宪法”历史资料陈列馆等8个单位为首批全国法治宣传教育基地。

6月19日 司法部、国家网信办、全国普法办公布第十四届全国法治动漫微电影征集活动获奖名单。该活动自2017年7月底启动，主题为“尊法学法守法用法，喜迎党的十九大胜利召开”。活动共收到作品5500多件（系列），最终评选出各类获奖作品173件（系列）。

7月4日 司法部、国家网信办、全国普法办印发《关于开展“宪法进网络”活动的方案》。

7月11日 司法部、民政部印发《关于表彰第七批“全国民主法治示范村（社区）”的决定》，授予北京市顺义区高丽营镇一村等803个村（社区）第七批全国民主法治示范村（社区）称号。

7月26日 全国普法办制定印发《全国法治宣传教育第七个五年规划考核评估指标体系（试行）》，从“工作推进”“工作成效”“工作创新”等方面对普法工作评估指标进行量化，推动全国法治宣传教育考核评估体系化、科学化。

8月1日 中宣部、司法部、全国普法办印发《关于做好“七五”普法中期检查工作的通知》，指导各地、各部门行业结合实际，以《全国法治宣传教育第七个五年规划考核评估指标体系（试行）》为标准组织开展检查。

8月24日 习近平总书记在中央全面依法治国委员会第一次会议上指出，要加大全民普法力度，培育全社会办事依法、遇事找法、解决问题用法、化解矛盾靠法的法治环境。

8月27日 司法部、国家民委、全国普法办印发《关于开展〈中国宪法边疆行〉活动的通知》，以“尊崇宪法、学习宪法、遵守宪法、维护宪法、运用宪法”为主题，自9月起在边疆地区组织开展宪法专题学习宣传教育活动。

9月26日 全国普法办成立全国法治宣传教育专家咨询组，并公布首批10位成员名单。

11月9日 中央全面依法治国委员会守法普法协调小组召开第一次会议。中共中央政治局委员、中央全面依法治国委员会守法普法协调小组组长、中宣部部长黄坤明主持会议并讲话。会议传达习近平总书记在中央全面依法治国委员会第一次会议上的重要讲话精神；审议有关文件，听取承担工作任务成员单位和其他牵头单位工作任务进展情况汇报，对加快推进守法普法协调小组承担的2018年工作任务落实作出部署。

11月21日 司法部、交通运输部、国家广播电视总局、国家铁路局、中国民用航空局、中国铁路总公司、全国普法办印发《关于集中开展公共交通场所宪法宣传活动的方案》。

同日 中央网信办、国家民委、司法部、共青团中央、全国普法办启动“弘扬宪法精神 维护宪法权威”第二届民族政策法规知识有奖竞答活动。

11月23日 司法部、民政部、农业农村部、全国妇联、全国普法办印发《关于组织开展“宪法进万家”活动的方案》。

12月1日 司法部、商务部、文化和旅游部、全国普法办印发《关于组织开展宪法进宾馆活动的方案》，从12月开始在全国各类宾馆、酒店集中开展宪法宣传。

12月2~6日 中宣部、司法部、全国普法办在全国部署开展首个“宪法宣传周”活动，主题是“尊崇宪法 学习宪法 遵守宪法 维护宪法 运用宪法”。在内蒙古自治区呼和浩特市举办2018年“宪法宣传周”活动启动仪式，组织全国10万名律师在400多个城市同步举行宪法宣誓活动。司法部机关和全国司法行政系统同步举办第一届公众开放日活动。中央电视台《新闻联播》《焦点访谈》等栏目播出有关专题新闻；会同中央广播电视总台制播《宪法的精神 法治的力量——CCTV2018年度法治人物颁奖礼》。《人民日报》《光明日报》《经济日报》等中央媒体和各省区市党报党刊，集中统一、波次递进、密集刊发宪法宣传公益广告。中国移动、中国联通、中国电信等电信运营商，在国家宪法日向全国12.6亿手机用户推送公益普法短信。

12月4日 习近平总书记在第五个国家宪法日到来之际作出重要指示，坚持依法治国首先要坚持依宪治国，坚持依法执政首先要坚持依宪执政。我国现行宪法是在党的领导下，在深刻总结我国社会主义革命、建设、改革实践经验基础上制定和不断完善的，实现了党的主张和人民意志的高度统一，具有强大生命力，为改革开放和社会主义现代化建设提供了根本法治保障。党领导人民制定和完善宪法，就是要发挥宪法在治国理政中的重要作用。要用科学有效、系统完备的制度体系保证宪法实施，加强宪法监督，维护宪法尊严，把实施宪法提高到新水平。要在全党全社会深入开展尊崇宪法、学习宪法、遵守宪法、维护宪法、运用宪法的宣传教育活动，弘扬宪法精神，树立宪法权威，使全体人民都成为社会主义法治的忠实崇尚者、自觉遵守者、坚定捍卫者。

同日 全国人大常委会办公厅、中宣部、司法部在北京人民大会堂召开“深入学习贯彻实施宪法 坚定不移推进改革开放”座谈会，中共中央政治局常委、全国人大常委会委员长栗战书出席座谈会并讲话。

12月11日 司法部召开2018年“宪法宣传周”活动总结电视电话会议。司法部主要负责同志对宣传周活动进行全面总结，北京、内蒙古、辽宁、海南4个省（区市）司法厅（局）交流经验。

12月25~29日 全国普法依法治理工作培训班在杭州举办。北京、江苏、浙江、广东等省（市）司法厅（局）分管法治宣传教育的负责同志，作交流授课。全国各省（区、市）司法厅（局）、新疆生产建设兵团司法局法宣处处长，副省级城市、省会城市和部分地级市法宣处（科）处（科）长等参加培训。

12月26日 司法部、国家网新办、全国普法办公布2018年“我与宪法”优秀微视频作品征集展播活动获奖名单，活动自2018年5月1日启动，共收到作品1.7万件，最终评选出212件获奖作品。

12月31日 中国普法微信公众号发布《2018年全国法治宣传教育十件大事》，分别是：①守法普法协调小组第一次会议召开；②举办宪法学习宣传报告会；③举办社会主义法治文化建设专题论坛；④首个“宪法宣传周”活动；⑤印发首批中央国家机关普法责任清单；⑥建立“七五”普法中期检查考核评估指标体系；⑦命名首批全国法治宣传教育基地；⑧表彰第四批“全国法治县（市、区）创建活动先进单位”和第七批“全国民主法治示范村（社区）”；⑨举办全国普法依法治理工作培训班；⑩“中国普法”微信公众号继续领跑政法新媒体。

2019年

1月10日 中共中央印发《中国共产党农村基层组织工作条例》，明确要求“推进乡村法治建设，提升乡村德治水平，建设平安乡村”。

同日 司法部、全国普法办牵头在四川省凉山彝族自治州昭觉县举办“三下乡”集中示范活动启动仪式，司法部副部长出席并讲话。

2月 司法部普法与依法治理局会同中国人民大学法学院团委组织开展“奋进七十载 法治家乡行”调研活动，引导青年学生加强社会实践、体会家乡变化、了解真话真情、思考法律问题，调研报告在《法制日报》刊登。

2月21日 司法部、全国普法办、最高人民法院联合印发《关于推动国家工作人员旁听庭审活动常态化制度化的意见》，要求各地各部门把国家工作人员旁听庭审作为落实“谁执法谁普法”普法责任制的重要步骤，建立长效工作机制，采用网上观看庭审视频或到法院现场旁听等形式，安排国家工作人员每年至少旁听庭审一次。

2月25日 习近平总书记在中央全面依法治国委员会第二次会议上指出，委员会确定的年度工作任务基本完成，宪法学习宣传教育落点实、效果好，一批涉及高质量发展、保障和改善民生的重要法律法规陆续出台，法治政府建设扎实推进，司法体制改革蹄疾步稳，法治社会建设全面深化，全面依法治国迈出新的步伐。并强调，要把工作重点放在完善制度环境上，健全法规制度、标准体系，加强社会信用体系建设，加强普法工作。

3月1日 中国普法微信公众号开设原创专

栏“法治热点早知道”。众多网友打卡留言，对办好专栏提出建设性意见建议。

3月14日　全国普法办公布第十五届全国法治动漫微电影作品征集活动获奖名单。活动2018年8月启动，主题是“深入学习宣传宪法，推动全社会尊法学法守法用法”，最终评选出各类获奖作品375件。

3月22日　全国普法办公布第十二届全国百家网站、微信公众号法律知识竞赛优秀组织奖名单，该竞赛活动于2018年6月启动，活动主题为“与宪法同行　筑梦新时代”。最高人民法院新闻局等24个单位获得优秀组织奖。

4月15日　司法部、全国普法办会同国家安全部等部门，以“坚持总体国家安全观，着力防范化解重大风险，喜迎中华人民共和国成立70周年”为主题，组织开展“4·15”全民国家安全教育日宣传教育活动。活动期间，在北京市举行国家安全法律法规进社区活动，司法部主要负责同志参加；在中国政法大学举行国家安全专题法治宣传活动，并举行全国法治宣传教育基地揭牌仪式，司法部副部长参加；在上海组织开展国家安全法律法规进校园、进社区等活动。

5月5日　中共中央、国务院印发《关于建立健全城乡融合发展体制机制和政策体系的意见》，明确要求“建立健全党组织领导的自治、法治、德治相结合的乡村治理体系”。

5月7~8日　习近平总书记在全国公安工作会议上指出，法律面前人人平等，任何人都不能凌驾于法律之上。要加强全民普法宣传教育，推动全社会形成办事依法、遇事找法、解决问题用法、化解矛盾靠法的良好法治环境。

5月28日　全国普法办印发《中央国家机关普法责任清单（第二批）》，清单覆盖40个部门，加上2018年印发实施的《中央国家机关普法责任清单（第一批）》，基本实现普法责任清单对中央国家机关的全覆盖，为各部门履行普法责任提供了基本依据。

5月29日　中宣部、司法部、全国普法办联合印发通知，在全国部署开展“服务大局普法行”主题实践活动，对紧紧围绕庆祝新中国成立70周年、“三大攻坚战”、扫黑除恶、服务民营企业、“企业走出去”等党和国家中心工作开展普法依法治理作出全面部署。

6月5日　由中组部、中宣部、中央政法委、中央和国家机关工委、教育部、司法部、中国法学会等单位共同举办的2019年“百名法学家百场报告会”法治宣讲活动中央和国家机关专场报告会在北京举行。

6月11日　司法部、全国普法办在浙江省宁海县召开全国法治乡村建设工作会议，认真贯彻落实全国加强乡村治理体系建设工作会议精神，明确法治乡村建设的总体要求和主要举措，这是司法部第一次对法治乡村建设作出全面部署。会上推广交流浙江“余村经验”、宁海“小微权力清单36条”、江西“法律明白人”等好经验好做法。各省（区、市）司法厅（局）、新疆生产建设兵团司法局分管副厅（局）长、普法与依法治理处处长，中央依法治国办秘书局、司法部有关厅局负责同志参会。

6月23日　中办、国办印发《关于加强和改进乡村治理的指导意见》，要求“大力开展‘民主法治示范村’创建，深入开展‘法律进乡村’活动，实施农村‘法律明白人’培养工程，培育一批以村干部、人民调解员为重点的‘法治带头人’。深入开展农村法治宣传教育”。

6月　司法部、全国普法办印发《关于进一步加强脱贫攻坚中普法依法治理工作的意见》，就脱贫攻坚中的普法依法治理工作进行安排部署。

6~9月　司法部、民政部对第一批至第七批3000多个全国民主法治示范村（社区）进行复核。

在地方自查互查的基础上，开展实地抽查，经司法部、民政部审核，确定保留2899个，并建立动态化管理机制，确保全国民主法治示范村（社区）质量。实施“亮牌”管理，要求此次复核保留以及此后新命名的村，在村里显著位置亮明“全国民主法治示范村（社区）”身份。

7月23日 中组部组织选编的《贯彻落实习近平新时代中国特色社会主义思想、在改革发展稳定中攻坚克难案例》丛书出版发行。该套丛书收录了司法部普法与依法治理局推荐的《打造法治建设护航乡村振兴的“余村样板”》等案例。

8月1日 司法部、应急管理部以“弘扬法治精神 强化应急管理”为主题组织开展庆祝新中国成立70周年应急管理普法知识竞赛，12.5亿人次在线参与活动。11月12日，在广东省深圳市举办总决赛。

9月24日 司法部、国家网信办、全国普法办印发通知，以“弘扬法治精神 建设法治中国”为主题在全社会开展第十三届全国百家网站微信公众号法律知识竞赛活动。

10月14日 在国家“扶贫日”到来之际，司法部普法与依法治理局会同国务院扶贫开发领导小组办公室政策法规司组织编写的《助力脱贫攻坚普法丛书》正式出版。该套丛书共9册，包括《宪法简明手册》《婚姻家庭继承简明法律手册》《法律服务简明法律手册》《农村土地房屋简明法律手册》《劳动劳务简明法律手册》《道路交通安全简明法律手册》《乡村治理简明法律手册》《防范金融集资诈骗简明法律手册》《生态环境简明法律手册》。丛书通过以案释法，为农村干部群众学法用法提供权威实用、通俗易懂的教材，以法治助力脱贫攻坚。

10月18日 司法部牵头召开落实普法责任制部际联席会议全体会议，联席会议各成员单位成员和联络员参加会议。最高人民法院、最高人民检察院、生态环境部、市场监管总局4个部门在会上发言。联席会议召集人、司法部、全国普法办主要负责同志在会上作讲话。会议要求把普法融入立法、执法、司法工作过程，紧密结合法治政府建设加强普法工作，建立完善领导干部学法清单制度，大力推动国家工作人员法治学习培训制度化、案例普法常态化，加强对落实“谁执法谁普法”普法责任制的考核评估。

10月 《关于加强社会主义法治文化建设的意见》《关于加强法治乡村建设的意见》稿，经司法部部党组会和部长办公会审议通过。

11月5日 “中国普法网”正式升级为“智慧普法平台”。平台包含智慧普法网站、智慧普法App、学法考试系统、全国普法依法治理信息管理系统，推动实现智能、互动、精准普法。

11月6日 全国普法办印发《关于通报表扬“七五”普法中期先进集体和先进个人的决定》，对1229个法治宣传教育先进集体、1200名法治宣传教育先进个人予以通报表扬。

11月8日 司法部办公厅就《关于加强社会主义法治文化建设的意见（征求意见稿）》《关于加强法治乡村建设的意见（征求意见稿）》面向全社会公开征求意见。

11月 全国普法办在新疆维吾尔自治区等9个边疆省（区）开展“中国宪法边疆行”活动，深入开展宪法进基层、进军营、进宗教活动场所，加强宪法、国家安全法等法律法规宣传教育。

11月27日 全国普法办公布第三届“我与宪法”优秀微视频作品征集展播活动获奖名单。本次活动自4月15日开始，以“弘扬宪法精神 礼赞我的祖国”为题征集优秀作品，各地各部门共收到作品1.7万件，最终评选出217件获奖作品。全国普法办在江苏省昆山市举办颁奖礼，并遴选出20件优秀作品在全网推送。

11月30日 全国普法办命名李大钊纪念

馆、遵义会议纪念馆、陕甘边革命根据地照金纪念馆等17个第二批全国法治宣传教育基地，让红色基因代代相传。建立“全国法治宣传教育基地”年度报告制度，加强规范管理。

12月1~7日 中宣部、司法部、全国普法办在全国部署开展2019年“宪法宣传周”活动，主题是“弘扬宪法精神，推进国家治理体系和治理能力现代化”，活动安排宪法进企业、进农村、进机关、进校园、进社区、进军营、进网络7个主题日，分别由相关中央国家机关牵头负责，推动国家机关和全社会履行宪法宣传责任。司法部、全国普法办在北京和上海市长宁区古北社区举办“宪法宣传周”主场活动，首次采用视频连线的方式对全国各省（区、市）司法厅（局）“宪法宣传周”活动开展情况进行调度。全国总工会、农业农村部、教育部、民政部等先后举办丰富多彩的主题日活动。司法部、全国普法办在江苏常熟举办“法治让生活更美好”活动。中国法学会、司法部、共青团中央在湖北咸宁召开青年普法志愿者法治文化基层行活动现场推进会。司法部开展司法行政系统第二届“开放日”活动。移动、联通、电信等运营商向全国10亿多手机用户推送宪法宣传公益短信。中央广播电视总台在综合频道和社会与法频道黄金时段播出《宪法的精神 法治的力量——2019年度法治人物颁奖礼》专题节目，2019年度法治人物覆盖了科学立法、严格执法、公正司法、全民普法等全面依法治国的各方面各环节，引领全社会维护宪法权威。

12月3日 司法部会同教育部、农业农村部在国新办举办新闻发布会，司法部主要负责同志出席并就2019年全国“宪法宣传周”活动安排及全民普法依法治理工作回答记者提问，《人民日报》、中央广播电视总台等各大媒体参加新闻发布会并作相关报道。

同日 司法部、全国普法办组织开展首届“全国普法依法治理创新案例”评选活动，评选并发布“教育部全国学生‘学宪法 讲宪法’活动的探索与实践”等十大普法依法治理创新案例。

12月4日 全国人大常委会办公厅、中宣部、司法部在人民大会堂召开“弘扬宪法精神 推进国家治理体系和治理能力现代化”座谈会，中央政治局委员、全国人大常委会副委员长王晨出席会议并讲话。

12月19日 司法部普法与依法治理局召开法治宣传教育立法座谈会，全国人大监察和司法委员会司法室、司法部立法一局负责同志参加。

12月24日 全国普法办会同中央广播电视总台制作的宪法宣传片《人民的宪法》在中央电视台社会与法频道播出。宣传片以文献资料展示、实地拍摄等方式，多媒体、多角度呈现宪法在国家治理中的地位作用，大力宣传宪法的重大意义和丰硕成果，突出宣传我国《宪法》是一部符合国情、符合实际、符合时代发展要求的好宪法，实现以电视专题片形式系统全面宣传宪法新的突破。

同日 全国普法办协调指导法治日报社推进“法治融屏”项目建设，为全国各地特别是基层提供免费法治宣传智慧大屏。

12月31日 “中国普法”微信公众号发布《2019年全国普法依法治理工作十件大事》，分别是：①2019年“宪法宣传周”活动声势大、效果好；②“服务大局普法行”主题实践活动进展顺利；③中央国家机关普法责任清单基本实现全覆盖；④法治乡村建设全面启动；⑤全国2019年度十大法治人物赢得群众好评；⑥国家工作人员旁听庭审活动常态化制度化；⑦“七五”普法中期先进集体和先进个人受到通报表扬；⑧“2019年全国普法依法治理创新案例”公布；⑨“智慧普法平台”上线；⑩第三届“我与宪法”微视频征集展播活动圆满结束。

2020年

1月6~9日 司法部、全国普法办主办的第一期全国民主法治示范村（社区）普法骨干培训班在浙江省宁波市举办，上海、江苏、浙江、安徽、福建、江西、山东、河南等8省（市）160名普法骨干接受培训。培训班注重案例教学和现场教学相结合，注重培训成果转化，要求每个村（社区）在参加培训的同时提交本村工作的典型案例，并汇编成册。培训内容通过网络直播的方式共享，以点带面，推动民主法治示范村（社区）创建的水平和质量。

1月10日 司法部牵头举办的全国文化科技卫生“三下乡”（贵州省）活动启动仪式在贵州省铜仁市玉屏县举办，带动各地以“三下乡”活动为载体，围绕脱贫攻坚中涉及的法律问题，推进“法律进农村”。

2月1日 全国普法办组织编写《新型冠状病毒感染肺炎疫情防治工作有关法律知识问答》，新华社、《人民日报》、中央广播电视总台、《法治日报》等各媒体进行报道并持续开展深入宣传解读。

2月3日 习近平总书记在中央政治局常委会会议研究应对新型冠状病毒肺炎疫情工作时的讲话中指出，要加大对传染病防治法的宣传教育，引导全社会依法行动、依法行事。要多层次、高密度发布权威信息，正视存在的问题，回应群众的关切，增强及时性、针对性、专业性，引导群众增强信心、坚定信心，着力稳定公众情绪。

2月5日 习近平总书记在中央全面依法治国委员会第三次会议上指出，要加强疫情防控法治宣传和法律服务，组织基层开展疫情防控普法宣传，引导广大人民群众增强法治意识，依法支持和配合疫情防控工作。

2月10日 全国普法办印发《防控疫情专项法治宣传行动工作方案》，在全国组织开展“防控疫情　法治同行”专项法治宣传行动，强调坚持以习近平新时代中国特色社会主义思想为指导，认真落实“谁执法谁普法”责任制和媒体公益普法责任制，积极行动起来，共同做好防控疫情法治宣传，为疫情防控工作提供有力法治保障和良好舆论环境。

同日 中国普法网设置“防控疫情　法治同行”宣传“飘窗”，下设《重大部署》《重点咨询》《以案普法》《法律咨询》《普法资料》《感人瞬间》等栏目，为各地各部门开展防控疫情法治宣传提供宣传产品。截至2020年年底，“飘窗”集中推送疫情防控法治宣传资料190多篇。

2月12日 全国普法办制作《新型冠状病毒肺炎疫情防控有关法律法规汇编》电子书，在亚马逊KINDLE、掌阅科技、微信读书等平台上线，供免费阅读、下载使用。

2月1~20日 中国普法微信公众号开展“疫情防控法律知识竞赛”活动，参与答题人数突破800万。

3月 全国普法办以“防控疫情　法治同行”为主题，组织开展全国法治动漫作品征集展播活动，征集优秀法治动漫微视频作品196部。联合今日头条、新浪微博共同发起“防控疫情　法治同行”话题讨论，点击量达2322万次。中国普法微信公众号共发布疫情防控相关文章1141篇，总阅读量达1.2亿人次，其中，阅读量达10万+文章达508篇。全国普法办协调电信部门向全国手机用户发送依法防控疫情公益宣传短信5亿多条。

3月 中央全面依法治国委员会印发《关于加强法治乡村建设的意见》。司法部、全国普法办大力推动该意见的贯彻落实，上线运行2899个“全国民主法治示范村（社区）”电子地图，实时、可视化掌握民主法治示范村（地区）最新情况，加强动态管理。指导督促31个省（区、市）和新疆生产建设兵团制定关于加强法治乡村建设的实施意见，因地制宜推出许多有力举措，着力打通全面依法治国的“最后一公里”。

4月1日 司法部、全国普法办印发《关于开展2020年全民国家安全教育日普法宣传活动的通知》，对各地各部门普及国家安全法律法规工作作出安排部署，活动主题是“坚持总体国家安全观，统筹传统安全和非传统安全，为决胜全面建成小康社会提供坚强保障”。活动期间，司法部、全国普法办制作全民国家安全教育日主题法治宣传挂图、国家安全法律法规图解，向全国手机用户发送公益短信，在学习强国平台推送“全民国家安全教育日”专项答题，开展了形式多样的法治宣传活动。

5月22日 全国普法办公布第十六届全国法治动漫微视频作品征集展示活动获奖名单。活动2019年5月20日启动，主题是“法治新时代”，最终评选出116件获奖作品。

5月24日 习近平总书记在参加十三届全国人大三次会议湖北代表团审议时指出，要加快构建系统完备、科学规范、运行高效的公共卫生法律法规体系，健全权责明确、程序规范、执行有力的疫情防控执法机制，普及公共卫生安全和疫情防控相关法律法规，提高全民知法、懂法、守法、护法、用法意识和公共卫生风险防控意识。

5月28日 司法部普法与依法治理局组织中国人民大学法学院制作12讲《民法典开讲》系列公益讲座，自《中华人民共和国民法典》通过之日起在百度平台持续推出学习强国、央视频等主流媒体和新媒体进行了引流直播和发布，收看量突破千万人次。

5月29日 习近平总书记主持十九届中共中央政治局第二十次集体学习时指出，加强民法典普法工作。民法典分7编及附则，共1260条10万多字，是我国法律体系中条文最多、体量最大、编章结构最复杂的一部法律。民法典要实施好，就必须让民法典走到群众身边、走进群众心里。要广泛开展民法典普法工作，将其作为“十四五”时期普法工作的重点来抓，引导群众认识到民法典既是保护自身权益的法典，也是全体社会成员都必须遵循的规范，养成自觉守法的意识，形成遇事找法的习惯，培养解决问题靠法的意识和能力。要把民法典纳入国民教育体系，加强对青少年民法典教育。

6月 全国普法办组织制作民法典宣传挂图，在智慧普法平台（中国普法网）发布，供各地免费下载使用。拍摄制作民法典专题公益宣传片《新时代的人民法典》，通过普法新媒体推送，在全网播放。司法部普法与依法治理局编写普法读物《生活中的民法典：看图学法》，选取群众关心的118个民法典热点问题，用问答和漫画相结合的形式阐释民法典一系列新规定新概念新精神。

6月23日 全国普法办启动“七五”普法总结验收工作，印发《关于做好“七五”普法总结验收工作的通知》、《“七五”普法总结验收工作方案》和《全国“七五”普法规划总结验收考核评估指标体系》，指导各地各部门结合实际，细化标准，进行自查和评估。

7月22日 司法部普法与依法治理局召开全国法治宣传教育立法视频研讨座谈会，河北、黑龙江、福建、江西、湖南、重庆等省（市）司法厅（局）普法治理处处长参加会议，讨论修改《中华人民共和国法治宣传教育法（征求意见稿）》。

7月24日 中国普法微信公众号入选中央政法委举办的第二届“四个一百”优秀政法新媒体榜单。

7月29日 由中央组织部、中央宣传部、中央政法委、中央和国家机关工委、教育部、司法部、中国法学会共同主办的2020年“百名法学家百场报告会”法治宣讲活动在北京举行专场报告会，主题为“宣传贯彻民法典”。

7月 中央宣传部、中央组织部、中央政法委、中央网信办、全国人大常委会办公厅、教育部、司法部、全国普法办等部门联合印发通知，部署开展民法典学习宣传工作。

8月20日 司法部普法与依法治理局在网上面向全社会开展“我为普法献一策”征文活动，征集到优秀文章330篇。

9月1日 中央宣传部、中央网信办、司法部、全国普法办、中国法学会启动第十七届全国法治动漫微视频作品征集展示活动，以“法治新时代”为主题面向全社会征集优秀作品。到活动结束时止共收到作品2万多部，最终评选出法治动漫微视频优秀作品200部，并在全网推送。

9月6~8日 司法部普法与依法治理局组织北京、浙江、江西、湖南、广东、黑龙江、广西、宁夏等省（区、市）司法厅（局）分管普法依法治理工作的副厅（局）长及福建省厦门市、云南省昆明市的司法局局长，赴江西省开展专题调研。9月7日，在江西省南昌市召开调研座谈会，就“八五”普法规划制定、法治宣传教育法立法等进行研讨。

9月23日 全国普法办制定“七五”普法总结验收专项抽查工作方案，有针对性地提出12项重点抽查内容，组织对各省（区、市）开展总结验收专项抽查工作。

10月 全国普法办以宪法、刑法、民法典等基本法律知识和法治意识为内容，通过小程序随机对12个省（区、市）公众开展线上测评，答题人数44.8万人，答题正确率为72%。

10月13日 国家税务总局、司法部命名徽州税文化博物馆等10个税收普法基地为第二批全国税收普法教育示范基地。

10月14日 习近平总书记在深圳经济特区建立40周年庆祝大会上指出，必须坚持科学立法、严格执法、公正司法、全民守法，使法治成为经济特区发展的重要保障。要强化依法治理，善于运用法治思维和法治方式解决城市治理顽症难题，让法治成为社会共识和基本准则。

10~12月 由部级领导带队，组织全国人大代表、政协委员、专家学者、中央有关部门同志等组成抽查调研组，对辽宁、江苏、上海、湖南、广东、贵州、陕西、海南8个省（市）进行调研式抽查，实地查看基层乡村、社区、学校、企业等单位的普法工作情况，客观准确评估普法工作实际效果，推动“七五”普法各项工作措施全面落实。同时，认真总结经验，查找不足，研究提出开展“八五”普法工作的对策建议。抽查调研情况经中央全面依法治国委员会守法普法协调小组第二次会议审议后，分别书面反馈8个省（市）依法治省（市）委员会守法普法协调小组和普法依法治理工作领导小组。

11月2日 司法部、民政部印发《关于第八批“全国民主法治示范村（社区）”命名推荐工作的通知》。

11月11日 全国普法办命名北京市安全生产实训基地等47个单位为第三批全国法治宣传教育基地。

11月16~17日 中央全面依法治国工作会议在北京召开，习近平总书记在会议上指出，全民守法是法治社会的基础工程。普法工作要紧跟时代，在针对性和实效性上下功夫，落实“谁执法谁普法”普法责任制，特别是要加强青少年法治教育，不断提升全体公民法治意识和法治素养，使法治成为社会共识和基本准则。要强化依法治理，培育全社会办事依法、遇事找法、解决问题用法、化解矛盾靠法的法治环境。会议明确了习近平法治思想在全面依法治国工作中的指导地位。按照会议要求，司法部、全国普法办把学习宣传贯彻习近平法治思想同全民普法工作结合起来，推动各地各部门组织开展了专题学习。

11月30日~12月5日　中央宣传部、司法部、全国普法办在全国开展2020年“宪法宣传周”活动，主题是“深入学习宣传习近平法治思想　大力弘扬宪法精神”。司法部联合中央宣传部举办全国“宪法宣传周”启动仪式，司法部主要负责同志出席并讲话，教育部和江苏、广东、陕西等省作交流发言，启动仪式同步视频连线到各省（区、市）和新疆生产建设兵团司法厅（局）。全国普法办制作习近平法治思想和宪法宣传挂图，阅读和下载量达10万多人次；司法部、全国普法办向全国12亿手机用户推送“深入学习宣传贯彻习近平法治思想、大力弘扬宪法精神”的公益普法短信。农业农村部、全国总工会、民政部等分别主办现场主题宣传活动。教育部举办第五届全国学生“学宪法、讲宪法”活动和第七届全国学生“宪法晨读”活动，36万余所学校7200多万学生同步诵读宪法、唱响宪法歌曲。司法部会同中央广播电视总台制播《宪法的精神　法治的力量——2020年度法治人物颁奖礼》，在中央电视台1套和12套黄金时段播出。中央电视台《新闻联播》《焦点访谈》等节目就“宪法宣传周”活动进行专题报道，全国党报党刊统一刊发宪法学习宣传海报，全国广播电视系统统一播放宪法宣传公益广告。

12月4日　司法部会同最高法、最高检在国新办举办新闻发布会，司法部主要负责同志就2020年全国“宪法宣传周”活动安排及普法依法治理工作回答记者提问。人民日报、中央广播电视总台等各大媒体进行报道。

同日　全国人大常委会办公厅、中央宣传部、司法部在人民大会堂召开“深入学习宣传贯彻习近平法治思想　完善以宪法为核心的中国特色社会主义法律体系”座谈会。中共中央政治局常委、全国人大常委会委员长栗战书出席座谈会并讲话。

12月7日　中共中央印发《法治社会建设实施纲要（2020−2025年）》，对法治宣传教育提出明确要求。

12月18日　司法部部长办公会审议通过《关于开展法治宣传教育的第八个五年规划（2021−2025年）》稿；12月22日，司法部党组会审议通过“八五”规划稿。

12月31日　中国普法微信公众号发布《2020年全国普法依法治理工作十件大事》，分别是：①学习宣传贯彻习近平法治思想不断深入；②“宪法宣传周”活动有声有色、有力有效；③民法典宣传正在走到群众身边、走近群众心里；④疫情防控专项法治宣传行动快、覆盖广；⑤法治乡村建设扎实推进；⑥“谁执法谁普法”普法责任制全面实行；⑦全国法治文化阵地建设提质增效；⑧“4·15”全民国家安全教育日活动丰富多彩；⑨中国普法微信公众号粉丝量突破1600万；⑩“七五”普法总结验收工作顺利完成。

相关报道

《人民日报》

661 全国“七五”普法顺利实施完成，全社会法治观念明显增强，全民法治素养明显提升
让法治精神深入人心

《法治日报》

664 精心部署加强指导　认真开展总结验收
——全国“七五”普法顺利实施完成（上）

669 围绕中心贴近群众普法　全民法治素养明显提升
——全国“七五”普法顺利实施完成（中）

675 守正创新亮点纷呈　法治精神深入人心
——全国“七五”普法顺利实施完成（下）

《人民日报》

全国“七五”普法顺利实施完成，全社会法治观念明显增强，全民法治素养明显提升
让法治精神深入人心

人民日报
19 法治
全国“七五”普法顺利实施完成，全社会法治观念明显增强，全民法治素养明显提升
让法治精神深入人心
共同营造风清气正的法治环境
刷用旧机主账户也是“偷”
把司法为民理念落到实处

◆ 2021年7月8日　第19版

□ 《人民日报》记者　魏哲哲

6月7日，在十三届全国人大常委会第二十九次会议上，受国务院委托，司法部部长唐一军作关于“七五”普法决议贯彻落实情况的报告时介绍，我国第七个五年法治宣传教育规划顺利实施完成。5年来，党对普法工作的领导全面加强，重大主题普法活动扎实开展，“谁执法谁普法”普法责任制全面实行，法治乡村建设有序推进，社会主义法治文化繁荣发展，全社会法治观念明显增强，全民法治素养明显提升。

案件处理
成为法治公开课

酒驾、醉驾到底要付出怎样的代价？酒驾查处有哪些新科技？4月30日20点，公安部交通管理局官方微博对四川广安等十地交警执法进行直播。

执法现场，交警客串起了主播，向广大网友直播夜查酒驾、醉驾集中整治行动的现场。不一会儿，交警就查获一起疑似酒驾的情况，经过对驾驶人进行呼气式酒精检测显示数值为39毫克/100毫升。“这意味着这位驾驶人每100毫升血液中酒精含量达到了39毫克，涉嫌饮酒后驾驶机动车。”交警结合案例向网友普及了相关法律规定，“饮酒驾驶，是指驾驶员血液中的酒精含量大于或者等于20毫克/100毫升、小于80毫克/100毫升的驾驶行为。”

直播作为法治公开课，执法现场就是普法现场。“实行国家机关‘谁执法谁普法’普法责任制，是‘七五’普法的标志性措施，是普法工作的重大理念创新和制度创新。”司法部普法与依

法治理局负责同志表示。

通过开展“七五”普法，普法责任清单普遍建立。司法部牵头成立了落实普法责任制部际联席会议制度，中央16家成员单位带头落实“谁执法谁普法”普法责任制。统一编制并公布了两批中央和国家机关普法责任清单，覆盖50多家中央和国家机关。16个省（区、市）开展国家机关“谁执法谁普法”履职报告评议活动，有力推动“七五”普法理念、制度和实践创新。

如今，各地各部门在立法、执法、司法和法律服务过程中广泛开展普法。“在立法过程中，广泛听取全社会的意见，以民法典编纂为例，先后10次公开征求意见，累计收到42.5万人提出的102万条意见建议。”司法部普法与依法治理局负责同志介绍，在执法全过程中主动普法，将行政执法相关的法律依据、救济途径等进行公示，从静态普法变成动态普法；在司法办案各个环节宣讲法律，引导全社会维护司法权威……“七五”普法期间，各地各部门通过创新方式，积极落实“谁执法谁普法”普法责任制。

法律服务 助力乡村振兴

在湖北恩施沐抚办事处，每个村民小组长的背包里通常装有两样东西：矛盾纠纷层级调处意见表和法律顾问服务卡。“可别小看了这些表格和服务卡，村里矛盾纠纷的化解工作都反映在上面。”沐抚办事处司法所所长李美略介绍，有了矛盾纠纷，村民先找小组长进行调解，解决不了再逐级上报；遇到不清楚的问题，还可以随时打电话咨询法律服务团的律师。

沐抚办事处是恩施大峡谷核心景区所在地，游人多，景区建设、征地拆迁等事项多，容易产生纠纷。沐抚办事处推行“矛盾纠纷层级调处办法”，纠纷发生时，当事人先找小组长，调处成功，制作协议；不成功，签署处理情况并逐级上报。“为了让村民更信服，充分发挥律师的专业水平群众认可、第三方身份群众信任的优势，积极引导律师参与调处。”李美略说，每户村民家都有法律顾问团的服务卡，让村民遇事情找法，有助于矛盾纠纷在基层及时有效化解。

小事不出村，就地化解矛盾纠纷。“七五”普法期间，各地通过实施农村“法律明白人”培养工程，用好人民调解员、建立村民说事点等方式，引导干部群众遇事找法，推动法治乡村建设迈出坚实步伐。“各地结合实际进行深入探索，不断加快涉农立法、强化乡村执法监督、持续推动乡村普法守法，公共法律服务不断向基层一线延伸，打通法律服务的‘最后一公里’。”司法部普法与依法治理局负责同志介绍，当前，全国一村（居）一法律顾问已基本实现全覆盖，人民调解委员会已实现了村、乡（镇）全覆盖，一村一法治文化阵地已达到95%。

近年来，民主法治示范村（社区）创建扎实推进。司法部、民政部组织开展了第七批、第八批全国民主法治示范村（社区）命名工作，制定了考核标准和命名管理办法，定期开展复核工作，确保创建质量。3944个全国民主法治示范村（社区）的电子地图上线运行，加强实时、动态管理。结合扫黑除恶专项斗争，及时调整不符合条件的村两委干部，努力铲除黑恶势力滋生土壤。

宪法法律 融入日常生活

“中华人民共和国实行依法治国，建设社会主义法治国家……”2020年12月4日一早，教育部党组成员、副部长田学军来到“宪法晨读”活动北京主会场，一字一句带领现场学生朗读宪法部分条文。

这是第七个国家宪法日，也是教育部连续第七年组织开展国家宪法日教育系统“宪法晨读”

活动，30余万所学校的6000多万名学生通过与主会场网络连接同步参加了活动。

在14亿多人口的大国持续开展全民普法，把法律交给人民，这是人类法治史上的一大创举。“七五”普法期间，各地各部门结合实际，深入学习宣传以宪法为核心的中国特色社会主义法律体系，使宪法法律融入日常生活、走入人民群众，推动在全社会形成尊法学法守法用法的热潮。

2020年5月28日，十三届全国人大三次会议表决通过了《中华人民共和国民法典》。各地各部门积极采取群众喜闻乐见的形式开展普法活动，让民法典宣传生动鲜活、亲和力强，真正走进人民群众心中。

“就叫王者荣耀！”“就叫北雁云依！”“那么，按照法律规定，究竟能不能取这样的名字呢？”

这两起被社会公众广泛关注的取名事件，成为陕西省延安市实验中学演出民法典普法情景剧《小明的故事》中的情景。

结合普法对象的年龄阶段和日常生活特点，这样的普法更有针对性。“按照‘七五’普法规划要求，各地各部门始终将青少年作为重点普法对象，推动全民普法。”司法部普法与依法治理局负责同志介绍，目前，全国共建立青少年法治教育实践基地3万余个，中小学法治副校长、法治辅导员配备率达98.1%。

“七五”普法期间，社会主义法治文化不断繁荣发展。“法治文化阵地的覆盖面扩大，全国共设立法治文化主题公园3500多个、广场1.2万多个、长廊3.4万多个。”唐一军介绍。

“遇事讲法、遇事找法”逐步成为社会共识

“刘律师，对方公司一直拖欠我们货款，但是这家公司也面临没有资金的难题，这件事该怎么办？”5月10日，河北省律师协会走进邢台市开发区开展“进民企”活动，律师与开发区中小企业面对面交流。开发区一家网络信息企业负责人听说有这样的普法活动，专门赶到现场，向律师团进行咨询。

“我给您理一理债权债务关系，虽然您提到的公司没有资金，但是可以起诉另外一家承担连带责任的公司。”北京大成（石家庄）律师事务所党委书记刘丽云看完资料细致分析，并给出了相应的建议。

群众关心关注的热点难点问题就是普法重点。“只有在普法中真正重视群众的法治需要，才能让全社会更好养成自觉守法的意识，形成遇事找法的习惯。”刘丽云表示，无论是隐私权保护还是物业服务纠纷，对于发生在群众身边的案例，不能满足于就事论事、个案解决，要抓住时机开展法治宣传教育，引导群众遇事讲法、遇事找法。

针对疫情防控期间企业在复工复产过程中遇到的各类法律问题，全国各地司法行政部门通过采取组建律师服务团、开通法律服务热线等方式，为复工复产企业提供法律咨询和“法治体检”等有针对性的法律服务，积极协助企业在依法履行疫情防控义务的前提下，安全有序开展生产。

法律要发挥作用，离不开全社会对法治的真诚信仰。一项全国性的调查分析报告显示：当自己或家人遇到不公平事情时，选择“通过法律渠道解决”的居第一位，比2016年提升3.7个百分点；选择“托关系、找熟人”的比例明显下降。“这表明全面依法治国迈出坚实步伐，人们的法治观念、法律意识不断提高，‘遇事讲法、遇事找法’逐步成为社会共识。”司法部普法与依法治理局负责同志说，经过“七五”普法，全社会法治观念明显增强，法治精神深入人心。

《法治日报》

精心部署加强指导　认真开展总结验收

——全国“七五”普法顺利实施完成（上）

法治日报

LEGAL DAILY

习近平将出席全球健康峰会

“转折之城”，满满“转折之志”

习近平总书记到过的红色圣地之贵州篇

中办国办印发《关于常态化开展扫黑除恶斗争巩固专项斗争成果的意见》

王晨在河北调研时强调

加大普法力度弘扬法治精神　推动习近平法治思想深入人心

全国人大常委会启动畜牧法执法检查

全国扫黑办有关负责人解读《关于常态化开展扫黑除恶斗争巩固专项斗争成果的意见》

唐一军会见香港特别行政区终审法院首席法官张举能一行

“七五”普法巡礼

精心部署加强指导　认真开展总结验收

全国“七五”普法顺利实施完成（上）

整治顽瘴痼疾激荡政法队伍清风正气

◆ 2021 年 5 月 21 日　第 8 版

【开栏语】全民普法和守法是全面依法治国的长期基础性工作。2016~2020 年，全国第七个五年法治宣传教育规划已顺利实施完成，取得显著成效，在服务经济社会发展、服务人民群众中发挥了重要作用。为展现“七五”普法显著成果，在迎接中国共产党建党 100 周年之际，本报特开设“‘七五’普法巡礼”专栏，聚焦“七五”普法总结验收工作形成的重要成果，聚焦全国法治宣传教育基地传承红色法治基因、开展法治宣传教育的好做法，聚焦各地各部门认真落实“七五”普法规划、深入开展普法依法治理工作的突出成效和先进经验，为推进新时代普法依法治理工作创新发展提供有益借鉴。敬请关注。

□《法治日报》全媒体记者　蒲晓磊

2016 年，中共中央、国务院转发了《中央宣传部、司法部关于在公民中开展法治宣传教育的第七个五年规划（2016—2020 年）》（以下简称“七五”普法规划），全国人大常委会表决通过了关于开展第七个五年法治宣传教育的决议，对“七五”普法工作作出明确部署。

以习近平同志为核心的党中央高度重视全民普法工作，习近平总书记对法治宣传教育作出系列重要指示，为新时代全民普法提供了根本遵循和行动指南。习近平总书记从坚持和发展中国特色社会主义的全局和战略高度定位法治、布局法治、厉行法治，多次主持中央政治局集体学习法治。党中央带头学、带头干，为全党全社会尊法学法守法用法作出了表率。党中央对普法工作进行了科学的顶层设计。“七五”普法期间，中央全面深化改革领导小组、国家教育体制改革领导小组、中央全面依法治国委员会先后审议通过了

《关于完善国家工作人员学法用法制度的意见》《青少年法治教育大纲》《关于实行国家机关“谁执法谁普法”普法责任制的意见》，建立健全了全民普法的主干性、基础性制度。2018 年，中央全面依法治国委员会成立，下设守法普法协调小组，加强对全民普法的统筹协调，更是有力推动了各项普法工作。

2020 年 11 月 16 日至 17 日，党的历史上首次召开的中央全面依法治国工作会议，将习近平法治思想明确为全面依法治国的指导思想。这是我国社会主义法治建设进程中具有重大现实意义和深远历史意义的大事。这一重要的历史性会议，为“七五”普法总结验收提供了根本遵循，注入了新的动力。

全民普法和守法是依法治国的长期基础性工作。“七五”普法工作自启动之时，就肩负起重要的历史使命——服务协调推进“四个全面”战略布局和“十三五”时期经济社会发展，为全面建成小康社会营造良好的法治环境。如今，“十三五”规划目标任务胜利完成，全面建成小康社会取得伟大历史性成就。肩负重要历史使命的“七五”普法工作，是否如期完成？党中央作出的全民普法的决策部署，是否落实到位？

为了解“七五”普法规划的实施效果，落实“七五”普法规划明确的开展总结验收的要求，2020 年下半年以来，中宣部、司法部、全国普法办统一部署，在全国组织开展了“七五”普法总结验收工作。

总结验收实现 31 个省份“全覆盖”

“七五”普法规划明确规定了 2016 年至 2020 年法治宣传教育工作的指导思想、主要目标、工作原则、主要任务、对象和要求、工作措施和组织领导等重点内容。围绕这些内容，2020 年 6 月，司法部、全国普法办根据党中央关于统筹规范督查检查考核工作的要求，印发了《关于做好“七五”普法总结验收工作的通知》，并制定下发了《“七五”普法总结验收工作方案》和《全国“七五”普法规划总结验收考核评估指标体系》，对各地各部门开展总结验收工作作出安排部署，重点是按照“七五”普法规划各项重点任务完成情况对标对表，查漏补缺，要求各地按照要求，组织开展总结验收工作。值得注意的是，司法部、全国普法办在出台文件时明确要求，以发现和解决问题、推动落实、促进工作为目的，增强总结验收工作的科学性、针对性、有效性，不搞层层加码、不增加基层不必要的工作负担。

通知和方案明确，以习近平法治思想学习宣传情况，宪法、党内法规学习宣传情况，领导干部、青少年等普法重点对象学法用法情况，加强社会主义法治文化建设情况，推进多层次多领域依法治理和法治乡村建设等情况为重点内容，结合《全国法治宣传教育第七个五年规划考核评估指标体系（试行）》，对各地工作组织开展检查，进行量化评估。

通知要求，各省（区、市）普法依法治理领导小组结合实际，组织对所辖市（地、州、盟）普遍进行检查。各行业部门普法领导小组结合落实“谁执法谁普法”“谁主管谁普法”普法责任制，组织对本行业部门“七五”普法以来的工作情况进行评估。为减轻基层负担，全国普法办在“智慧普法”平台上设立“七五”普法总结验收申报系统，对各地各部门进行网上普遍书面检查。

自此，“七五”普法总结验收工作在各地如火如荼地开展起来。

宁夏举办全区“七五”普法总结验收工作培训班，对各市、县（市、区）司法局等 140 名普法专干进行授课，专题培训讲解验收指标体系和验收申报系统的使用，进而确保高标准完成全区“七五”普法总结验收工作；内蒙古对照通知要求，对重点内容逐一进行总结验收，形成了上千页图文并茂的详细报告；北京召开“七五”普法总结验收集中评议汇报会，据了解，这是北京首次以集中点评的形式总结五年普法工作……按照通知要求，各地各部门将自查工作摆在重要位置，以高标准、严要求的方式开展自查。

通过“智慧普法”平台申报系统，各地对宪法法律宣传情况、“谁执法谁普法”普法责任制等重点内容进行报告，并对探索出的一些经验和做法进行总结。如内蒙古利用乌兰牧骑的形式和内容开展法治宣传教育，打造“法治乌兰牧骑”金色品牌；广东坚持以落实普法责任制为抓手，创新开展“谁执法谁普法”履职报告评议；上海采取“硬核评议”强力推动落实“谁执法谁普法”普法责任制，引入专家评议、第三方社会满意度调查和媒体暗访三大方式，确保整个评议过程更加规范，评议结果客观公正。

在司法部、全国普法办组织下，各地各部门先后开展“七五”普法总结验收工作，实现了31个省（区、市）“全覆盖”。

与此同时，近80个中央国家机关有关行业部门也提供了相关报告。国家发展改革委将推行依法行政考核制度纳入全国发展改革系统“七五”普法规划，制定考核办法，对全委依法行政工作进行考核，提升了干部法治意识和能力。国家税务总局将学法用法作为评价各级税务机关税收工作和干部实绩的重要内容，作为干部年度考核、评先评优、职级晋升的重要依据，制发干部学法工作规定，完善各项学法培训制度，明确年度学法计划，将学法列入全系统干部任职培训、初任培训等课程，形成学法培训常态机制。海关总署广泛开展“模拟法庭”活动，加强以案释法，建立旁听庭审制度和行政执法指导性案例制度，建立行政执法案例库，编印下发16辑《海关行政复议诉讼案例选》，剖析问题，规范执法。

坚持问题导向　有效传导工作压力

去年10月至12月，根据中宣部、司法部、全国普法办统一部署，全国“七五”普法总结验收专项抽查调研工作组赴辽宁、上海、江苏、湖南、广东、贵州、海南、陕西等地，有针对性地对12项重点内容进行了抽查验收。

进行抽查验收的全国“七五”普法总结验收专项抽查调研工作组，规格高且专业性强——带队的全国人大常委会委员、全国政协委员、司法部副部长、中国法学会副会长等人，均为熟悉普法依法治理工作的部级领导。抽查调研组的成员来自方方面面，由全国人大代表、全国政协委员、国家部委局处级干部、法学专家等熟悉法治宣传教育工作的人员组成。

为了让总结验收工作更有针对性实效性，此次采用了调研式抽查。验收之前，全国普法办制定了全国“七五”普法规划总结验收考核评估指标体系。指标体系把项目及权重、考核内容、评分指标、计分方式一一列出，要求按照上述要求计算得分。此外，为更好地了解群众对各省市普法工作的知晓情况和满意度情况，评估各省市“七五”普法成效，司法部还专门在2020年12月1日至21日组织开展了“七五”普法工作的问卷调查。

3个月内，抽查调研组先后赴辽宁、上海等8个省市，抽查了27个市（区）及这些市（区）所辖的30多个县（市、区）。

坚持效果导向，是此次抽查验收遵循的一个重要原则。为准确、全面地掌握各地普法工作的情况，抽查调研组每到一省（市），都会深入机关、乡村、社区、学校、企业、单位进行实地检查，随机与干部群众进行访谈。在贵州，抽查调研组先后在黔东南州、遵义市的7个县（市、区），对4个村寨、2个易地扶贫搬迁点、2所学校、1家企业、1家律师事务所以及3家执法司法单位进行了实地抽查；在海南，抽查调研组共查阅台账资料200多份，召开座谈会4次，与干部群众个别访谈20多人次。抽查调研组指出，在习近平新时代中国特色社会主义思想科学引领下，在党中央、国务院正确领导和全国人大常委会有力监督下，在各地各部门的共同努力下，“七五”普法规划已顺利实施完成，在服务经济社会发展、服务人民群众中取得重大成就，公民法治素养明显提升，社会治理法治化水平明显提升。

坚持问题导向，是此次抽查验收遵循的另一重要原则。抽查调研组在注重总结地方普法经验的同时，认真查找不足，一共对8个省（市）指出了25个问题，包括：有的地方和部门对普法工作的重视程度不够，普法责任制落实不到位；普法工作发展还不平衡、不充分，高质量普法内容供给还不能充分满足群众日益增长的法治需求；一些执法不严、司法不公问题，也对普法效果产生了消极影响。

值得注意的是，抽查调研组在对抽查的省份反馈问题时，还会相应地给出两份工作建议——一份给抽查的省（市），一份给全国普法办。共计给8个省份提出28个建议，给全国普法办提出13个建议。例如，抽查调研组给上海市提出以下建议：始终牢牢牵住“谁执法谁普法”普法责任制这个普法工作的牛鼻子；进一步创新宣传形式和内容，更好满足群众期待和需求；继续加强社会主义法治文化建设，着力打造普法精品项目、知名品牌；不断提高普法工作保障水平，与上海城市地位相适应。同时，抽查调研组还给全国普法办提出了加强青少年法治教育与法治实践的有机融合、开展提升全民法治素养专项行动的工作建议。

抽查调研组每到一个省（市），中国普法微信公众号还会就“对普法工作满意度”“是否接受过普法教育”等问题，随机对该省（市）的普法工作进行网上测评和问卷调查。

抽查验收期间，抽查调研组始终坚持效果导向、问题导向，注重总结经验，认真查找不足，有效传导了工作压力，有力推动了措施落实。

向抽查省份反馈问题并督促整改

对于这次抽查验收情况，抽查调研组在2021年2月4日中央全面依法治国委员会守法普法协调小组第二次会议上作了报告，经这次会议审议通过后，以全国普法办的名义反馈给8个省（市）。

对于全国普法办反馈的意见建议，相关省（市）高度重视，辽宁、陕西、贵州等地省委书记、省长专门作出批示，要求深入学习宣传贯彻习近平法治思想，认真谋划“八五”普法规划，注意总结普法经验，对指出的问题坚决整改，补齐短板和不足。

海南、江苏、广东等地要求将反馈的问题在“八五”普法工作中加以整改，巩固好“七五”普法的成果。江苏省法治宣传教育工作领导小组在《关于全国普法办反馈问题整改措施的报告》中，对于全国普法办反馈的法治宣传工作基础保障有待加强、普法考核奖励机制力度不够、“谁执法谁普法”工作合力仍需加强这三个问题，分别从强化专兼职队伍建设、协调加大财政经费保障、强化综合绩效考核、加大评比表彰力度、强化履职情况的跟踪督查、筹备召开省委全面依法治省委员会守法普法协调小组第二次会议、高起点谋划启动“八五”普法规划等七个方面进行了部署安排。

据了解，对于各地在相关报告中提到的整改措施，抽查调研组还会继续跟进，确保相关整改措施落实到位。

抽查调研组指出，总的看，“七五”普法期间，各地坚持以习近平新时代中国特色社会主义思想为指导，深入学习宣传贯彻习近平法治思想，按照党中央、国务院转发的“七五”普法规划部署，紧紧围绕党和国家工作大局，坚持服务基层贴近群众，加大以领导干部、青少年为重点对象的全民普法力度，创新普法方式方法，深入学习宣传以宪法为核心的中国特色社会主义法律体系，严格落实“谁执法谁普法”普法责任制，高质量完成了各项目标和任务。下一步，要加强党对普法工作的领导，按照全面依法治国战略布局要求，确保全民普法工作始终沿着正确政治方向扎实有效开展。要坚持人民立场，提高普法的质量和效果，增强人民群众的获得感、幸福感、安全感。

围绕中心贴近群众普法　全民法治素养明显提升

——全国“七五”普法顺利实施完成（中）

法治日报
LEGAL DAILY
实事求是，从这里走来
习近平总书记到过的红色圣地之湖南篇
让群众切实感受到政法队伍新变化新面貌
山东扎实推进政法队伍教育整顿努力锻造政法铁军
最高检举行健步走活动
全面提升生物多样性保护与监管能力
安徽全面清理地方性法规政府规章和行政规范性文件
切实把查纠整改工作推向深入
围绕中心贴近群众普法　全民法治素养明显提升
全国“七五”普法顺利实施完成（中）

◆ 2021年5月24日　第8版

□ 《法治日报》全媒体记者　蒲晓磊

2020年11月16日至17日，党的历史上首次召开的中央全面依法治国工作会议，将习近平法治思想明确为全面依法治国的指导思想。学习宣传贯彻习近平法治思想，是新时代全民普法的首要政治任务。以习近平新时代中国特色社会主义思想为指导，用习近平法治思想统领新时代普法工作，把习近平法治思想学习宣传贯彻与普法紧密结合起来，推动习近平法治思想入耳入脑入心，是普法工作的重中之重。

此次会议之后，步入收官之年的“七五”普法再掀高潮。各地各部门坚持以习近平法治思想为指导，加强宪法法律制度和实践宣传，让宪法法律走入日常生活、走入人民群众，推动习近平法治思想深入人心，推动依法治国、依宪治国提高到一个新水平，为全面建成小康社会和“十三五”规划圆满收官提供了良好法治环境。

“十三五”时期是全面建成小康社会决胜阶段。五年来，全面深化改革取得重大突破，全面依法治国取得重大进展，全面从严治党取得重大成果，国家治理体系和治理能力现代化加快推进，中国共产党领导和我国社会主义制度优势进一步彰显——回顾2016年至2020年这段波澜壮阔的航程，普法工作的护航作用清晰可见。

经过开展“七五”普法，党对普法工作的领导全面加强，重大主题普法活动扎实开展，“谁执法谁普法”普法责任制全面实行，法治乡村建设有序推进，社会主义法治文化繁荣发展，全社会法治观念明显增强，全民法治素养明显提升。

紧紧围绕中心工作开展普法

“七五”普法期间，各地围绕中心工作开展普法宣传，深入推进全民普法守法工作，充分发挥了法治宣传教育服务经济社会发展大局的作用。

为助力打赢脱贫攻坚战，贵州省深入开展早婚早育、控辍保学法治宣传教育工程和易地扶贫搬迁安置法治宣传教育专项行动，选派执业律师到 20 个极贫乡镇驻点开展“法律援助精准扶贫”。各地组织法治扶贫干部、公职律师和法律顾问到 762 个贫困乡镇、3936 个贫困村、946 个易地扶贫搬迁安置点开展法治宣传 64,000 多次。

“十三五”期间，5575 万农村贫困人口实现脱贫，832 个贫困县全部摘帽，贫困人口全部实现“两不愁三保障”……五年来，各地各部门将法治宣传教育工作与精准扶贫结合起来，为如期打赢脱贫攻坚战提供了法治保障。

为给扫黑除恶专项斗争营造良好法治氛围，湖南深入开展扫黑除恶专题法治宣传，制定下发《关于进一步加强扫黑除恶专项斗争法治宣传的通知》，编印《扫黑除恶法治宣传手册》，将扫黑除恶作为全省 150 万国家工作人员学法考试的必学必考内容。同时，还积极打造扫黑除恶普法宣传矩阵，积极利用传统媒体与新媒体开展扫黑除恶法治宣传。

2018 年年初，党中央、国务院发出《关于开展扫黑除恶专项斗争的通知》，决定在全国开展扫黑除恶专项斗争。3 年来打掉的涉黑组织超过前 10 年的总和，对黑恶势力形成了强大震慑，极大增强了人民群众的获得感、幸福感、安全感。其间，各地各部门围绕扫黑除恶开展普法依法治理，面向社会公众编制发放扫黑除恶专项斗争宣传资料，对扫黑除恶专项斗争法律政策意见和典型案例进行大力宣传，为扫黑除恶专项斗争取得胜利提供了坚实的法治保障。

2020 年年初，新冠肺炎疫情突如其来。各地迅速投入疫情防控阻击战中，深入学习贯彻习近平总书记关于依法防控疫情的重要讲话精神，按照司法部、全国普法办《“防控疫情　法治同行”专项法治宣传行动方案》，深入解读相关法律法规和政策文件。

面对突如其来的新冠肺炎疫情，上海及时召开市政府新闻发布会，详细介绍依法防控等情况，正面积极回应广大市民关心的疫情防控法律问题，及时梳理发布涉疫相关法律服务指引。“众志成城·依法战疫”系列海报、“疫案释法”专栏、《滚蛋吧，病毒君》等众多抗疫法宣产品，源源不断，精准供给，覆盖申城。境外人士疫情防控普法实现精准投放“零距离，零障碍”。江苏迅速部署“疫情防控·法治同行”专题法治教育，累计制作普法产品 8520 个，推送疫情防控知识 14.8 万条次。贵州省编制发放《贵州省疫情防控法治宣传手册》，开设“众志成城战疫情·律师释法”电视和网络专栏，为群众答疑解惑。在少数民族聚集地区，用苗族、侗族、布依族等少数民族语言录制疫情防控法律宣传音频视频，深入村寨流动播放。

……

“七五”普法期间，中宣部、司法部、全国普法办持续开展“服务大局普法行”主题实践活动，并专门印发《关于开展“服务大局普法行”主题实践活动的方案》，充分发挥普法依法治理职能作用，使之更好地服务党和国家工作大局。各地各部门坚持“围绕中心，服务大局”的原则，将法治宣传教育融入到经济社会发展中，推动全社会树立法治意识，为顺利实施“十三五”规划、全面建成小康社会营造良好的法治环境。

推动宪法法律融入日常生活

“七五”普法规划明确要求，突出学习宣传

宪法。五年来，宪法宣传一直是全民普法工作的重点内容。

湖南省在2019年和2020年把宪法送进了宾馆和景区；贵州省2016年开通上线了“黔微普法”微信订阅公众号，组织开展“宪法朗读者”等30多场线上普法活动，3000多万名网民互动参与……为了更好推动宪法家喻户晓、深入人心，各地各部门采取多种举措，推动宪法学习宣传教育活起来、落下去。

尤其是在宪法修正案高票通过的2018年，宪法宣传的热潮达到了一个新的高峰。

司法部、民政部、农业农村部、全国妇联、全国普法办印发《关于组织开展“宪法进万家”活动的方案》的通知，推动宪法学习宣传走入日常生活、走入人民群众；中宣部、司法部、全国普法办公室联合发出通知设立“宪法宣传周”，推动宪法宣传教育形成热潮；中宣部、中组部、全国人大常委会办公厅、教育部、司法部、全国普法办联合印发《关于组织开展宪法学习宣传教育活动的通知》，在全国范围内组织开展宪法学习宣传教育。

……

5年来，各地各部门探索线上线下相结合的方式，通过完善学法用法制度、推动宪法学习宣传教育全覆盖、加强社会主义法治文化建设、开展国家宪法日活动等方式持续深入宣传宪法，有力扩大了宪法宣传的声势和影响。

2020年5月28日，第十三届全国人大第三次会议表决通过了《中华人民共和国民法典》。各地创新形式，深入基层，推动民法典学习宣传掀起热潮。

“就叫王者荣耀！”“就叫北雁云依！”“那么，按照法律规定，究竟能不能取这样的名字呢？”……这两起被媒体广泛报道的取名事件，成为陕西省延安市实验中学学生演出民法典情景剧《小明的故事》时的情景。

自民法典通过之后，全国各地各部门采取人民群众喜闻乐见的形式开展普法，让民法典知识直达基层、直通群众、更接地气。

上海市在黄浦江两岸等诸多城市地标性建筑楼宇外墙投放民法典宣传普法公益广告和标语。贵州省开通“黔微普法”抖音号，推出以“情景剧＋说唱”形式创作《民法典来了》系列抖音短视频，将民法典知识融入剧情中，趣味生动地对民法典法条进行解读，目前阅读量已超百万。广东省以“让民法典走到群众身边，走进群众心里”为主题，部署18项具体举措和年度6站主题活动，迅速在全省营造民法典学习宣传的浓厚氛围。

“七五”普法期间，各地各部门结合实际，深入学习宣传以宪法为核心的中国特色社会主义法律体系，使宪法法律融入日常生活、走入人民群众，推动在全社会形成尊法学法守法用法的热潮。

把普法融入到执法全过程

“离岛免税新政实施以后，我们的购物旅客数量和免税品销售量激增，销售和核销系统出现异常情况的频率也随之增加。为帮我们解决问题，海口海关搭建了‘关企工作联络微信群’，我们在群里反映的问题都能在第一时间得到回复。”中免集团三亚免税城相关负责人由衷感叹道。

事实上，海南海口海关把普法融入执法全过程的做法，是这五年来国家机关一直在做的事情。“七五”普法期间，各地各部门通过创新开展履职报告评议、纳入目标考核等方式，积极落实“谁执法谁普法”普法责任制。

实行国家机关“谁执法谁普法”普法责任制，

是“七五”普法的标志性措施，是普法工作的重大理念创新和制度创新，是加大全民普法力度的一个重要顶层设计。

2017 年 5 月，经中央全面深化改革领导小组审议通过，中共中央办公厅、国务院办公厅印发《关于实行国家机关“谁执法谁普法”普法责任制的意见》，明确实行国家机关“谁执法谁普法”普法责任制。

5 年来，各地各部门牢牢扭住“谁执法谁普法”普法责任制这个“七五”普法的“牛鼻子”，推动普法工作理念、实践和制度创新，塑造了普法的新格局、大格局。

普法责任清单普遍建立。成立了落实普法责任制部际联席会议，中央 16 家成员单位带头落实“谁执法谁普法”普法责任制。统一编制并公布了两批中央和国家机关普法责任清单，覆盖 50 多家中央和国家机关。16 个省（区、市）开展国家机关“谁执法谁普法”履职报告评议活动，有力推动“七五”普法理念、制度和实践创新。

立法、执法、司法和法律服务过程中的普法广泛开展。在立法过程中，广泛听取全社会的意见，及时以通俗易懂的语言解读。民法典编纂过程中，先后 10 次公开征求意见，累计收到 42.5 万人提出的 102 万条意见建议。在执法全过程中主动普法，将行政执法相关的法律依据、救济途径等进行公示，从静态普法变成动态普法。在司法办案各个环节宣讲法律，引导全社会维护司法权威。最高人民法院开通中国裁判文书网，目前文书总量突破 1 亿篇，访问总量近 500 亿次。广大律师、人民调解员、普法讲师团成员、普法志愿者在提供法律服务、化解矛盾纠纷中，开展了实时普法。

以案释法制度化、常态化。最高人民法院、司法部建立了国家工作人员旁听庭审活动工作机制，让国家工作人员现场感受法治精神。中国审判流程信息公开网向当事人公开案件超过 4000 万件。最高人民检察院、公安部完善了以案释法制度，定期分类发布案例。各级普法部门结合社会热点案（事）件，积极开展以案普法，使案件依法处理的过程成为全民普法的公开课。

……

“七五”普法期间，各地坚持以落实“谁执法谁普法”普法责任制为切入点，以建立健全普法依法治理工作制度机制为抓手，持续推动把普法融入司法、执法全过程，增强普法实效。国家机关“谁执法谁普法”普法责任制的实行，变执法、普法两张皮为普法与执法相融合，变普法部门的“独唱”为各职能机关、部门、单位的“合唱”，变普法软任务为硬指标，有力推动形成全民普法工作的新格局。

狠抓领导干部和青少年学法用法

按照“七五”普法规划要求，各地各部门始终把领导干部和青少年作为重点普法对象，推动全民普法。

2018 年，广东省率先在全国组织开展领导干部和国家工作人员旁听庭审活动，通过建立常态化、制度化工作机制，要求全省领导干部和国家工作人员每年旁听案件庭审不少于一次，从 2019 年起实现全面覆盖、全员参与。

5 年来，各地通过建立完善领导干部述法和旁听庭审制度、组织领导干部学法考试考核等方式，对领导干部这一重点对象进行普法。

同时，各地各部门针对青少年群体特点，不断创新方式方法，不断增强青少年的法治意识。

上海市积极持续推进青少年课堂法治教育，出版涵盖小学到高中阶段的青少年法治教育教材，并在全市各中小学校试用。专门制定出台《关于加强法治副校长工作的若干意见》，全市中小学校法治副校长配备率达到100%，实现全覆盖。陕西省在全省中小学持续组织开展秋季开学第一周“法治教育第一课”和“法律进学校”宣传周活动，深入开展“小手拉大手”全民读宪法活动。在辽宁省，中小学法治副校长（辅导员）配备率达到100%。检察官、法官、司法行政机关干部进课堂，结合青少年关注的热点问题，开展有针对性的普法工作。海南省创新青少年法治教育形式，巩固和拓展“为了明天——法治文艺进校园巡演”活动，省财政每年度列入专项经费予以保障，已连续8年常态化在全省各中学巡演444场，观演师生达70余万人次，深受广大师生欢迎。贵州省组织教师在学科教育中渗透法治教育，编写出版中小学法治教育教师指导用书，共提炼730个法治教育渗透点，被列为全国教育系统“七五”普法推荐用书。

“七五”普法期间，各地各部门通过狠抓领导干部这一“关键少数”和青少年这一“源头”，有力带动了全民守法普法工作，全社会法治观念明显增强。

发挥法治文化引领熏陶作用

5年来，各地推动法治文化与地方文化、行业文化、企业文化融合发展，通过建设法治文化阵地、培育法治文化精品等方式，积极推进社会主义法治文化建设。

湖南省连续三年将法治文化建设情况纳入绩效、综治考核，命名法治文化建设示范项目35个，共建成法治公园、广场、长廊426个，全省14个市州、123个县（市、区）法治文化公园或广场实现全覆盖，村（社区）法治文化阵地覆盖率超过20%。

江苏省实施法治文化作品创作繁荣行动计划，扶持孵化85个创作基地和3542支专兼职演出团队，创作6万多部法治戏曲、法治动漫、法治书画摄影等法治文化作品，初步建成门类齐全、品种丰富的省级法治文化作品资源库。

贵州省建成各级各类法治宣传教育基地300余个、法治文化阵地1.4万余个，依托学校、街道、社区建成900余个禁毒普法园地。88个县区实现法治文化阵地全覆盖。

“七五”普法期间，各地各部门以宣传法律知识、弘扬法治精神、推动法治实践为主旨，注重社会主义法治文化建设，推动中华优秀传统法律文化创造性转化、创造性发展，充分发挥法治文化的引领、熏陶作用，培育全社会法治信仰，使人民内心拥护和真诚信仰法律。

运用法治思维推动乡村治理

5年来，多地通过培养“法律明白人”、用好人民调解员、建立村民说事点等方式，用法治思维推动乡村治理，推动法治乡村建设迈出新步伐。

为深入实施和规范推进全省农村“法律明白人”培养工程，江西不仅实施了农村“法律明白人”培养工程，培养了300多万名“法律明白人”，还专门出台了《江西省农村“法律明白人”培养工作规范（试行）》，对“法律明白人”的定义和培养目标、政府责任、工作程序、经费保障、督导推进等作了细致规定，将“法律明白人”培养工作纳入制度轨道；贵州省把深入推进法治乡村建设作为法治贵州建设的重要内容来抓，共创建国家级、省级、市县两级“民主法治示范村（社区）”85个、792个、3025个。

5年来，“法律进农村（社区）”不断深入。司法部召开全国法治乡村建设工作会议，中央全面依法治国委员会出台《关于加强法治乡村建设的意见》，各省（区、市）普遍制定了实施意见。

司法部、全国普法办组织编写了“助力脱贫攻坚普法丛书”，深入浅出地向基层干部群众讲解法律。实施农村“法律明白人”培养工程，开展骨干培训、制定工作规范，引导干部群众遇事找法。中宣部、农业农村部等部委结合“三下乡”活动，统筹运用新时代文明实践中心（所、站）、农家书屋等平台，大力宣传与农村群众生产生活密切相关的法律法规。

近年来，民主法治示范村（社区）创建扎实推进。司法部、民政部组织开展了第七批、第八批全国民主法治示范村（社区）命名工作，制定了考核标准和命名管理办法，定期开展复核工作，确保创建质量。3944 个全国民主法治示范村（社区）的电子地图上线运行，加强实时、动态管理。结合扫黑除恶专项斗争，及时调整不符合条件的村“两委”干部，努力铲除黑恶势力滋生土壤。

“七五”普法期间，各地按照“七五”普法规划里要求的“深入开展民主法治示范村（社区）创建，进一步探索乡村（社区）法律顾问制度，教育引导基层群众自我约束、自我管理”，将法律服务向基层延伸，解决社会发展带来的难点、堵点和痛点。

法治正在逐步成为社会共识

“七五”普法工作的开展，推动全民法治素养明显提升，全社会法治观念明显增强。

5 年来，国家工作人员依法办事意识和能力提高。各地各部门认真落实国家工作人员学法用法制度，推动领导干部发挥“关键少数”的示范带头作用。县（市、区、旗）以上各级政府普遍推行法律顾问和公职律师制度，截至目前，全国共有公职律师 6.1 万人。合法性审查成为重大行政决策必经程序，国家工作人员的权由法定、权依法使、法定职责必须为、法无授权不可为等法治理念明显增强。

5 年来，青少年规则意识增强。坚持法治教育从娃娃抓起，把法治教育纳入国民教育体系，全面贯彻落实《青少年法治教育大纲》。目前，全国共建立青少年法治教育实践基地 3 万余个。中小学法治副校长、法治辅导员配备率达 98.1%。政府、司法机关、学校、社会和家庭共同参与的青少年法治教育格局正在形成，青少年依法保护自身合法权益和用法律规范自身行为的意识和能力明显增强。

5 年来，企业经营管理人员诚信守法观念增强。深入开展“法律进企业”，开展树立守法诚信企业家、标杆企业活动，推动深化“放管服”改革。司法部、全国普法办会同全国工商联开展企业“法治体检”，推动平等保护各类市场主体产权和合法权益，建设法治化营商环境。企业经营管理人员合规意识进一步增强，2019 年全国企业劳动合同签订率达 90% 以上，覆盖职工 1.49 亿人。

中宣部委托国家统计局形成的“2020 年全国社会心态调查综合分析报告”显示：当自己或家人遇到不公平事情时，选择“通过法律渠道解决”的居第一位，比 2016 年提升 3.7 个百分点；选择“托关系、找熟人”的比例明显下降。2020 年 10 月，“中国普法”微信公众号以法律常识和基本法治理念为内容，对全国随机进行了网上测评和问卷调查，参与人数 451 万，明确接受过普法教育的人数占比为 83.4%，测评答题正确率为 74%。

两份权威调查和报告得出的结论表明，全面依法治国迈出坚实步伐，人们的法治观念、法律意识不断提高，“遇事讲法、遇事找法”逐步成为社会普遍共识。

守正创新亮点纷呈　法治精神深入人心

——全国“七五”普法顺利实施完成（下）

法治日报

LEGAL DAILY

习近平分别同黑山总统久卡诺维奇 西班牙首相桑切斯尼泊尔总统班达里通电话

习近平向世界环境司法大会致贺信

焦桐常青，精神永存

习近平总书记到过的红色圣地之河南篇

栗战书主持召开十三届全国人大常委会第九十四次委员长会议

决定十三届全国人大常委会第二十九次会议6月7日至10日在京举行

郭声琨在山东调研时强调

扎实推进教育整顿　着力锻造政法铁军　更好肩负起党和人民赋予的使命任务

世界环境司法大会在云南昆明开幕

周强出席并致辞

守正创新亮点纷呈　法治精神深入人心

全国“七五”普法顺利实施完成（下）

◆ 2021 年 5 月 27 日　第 8 版

☐ 《法治日报》全媒体记者　蒲晓磊

辽宁省在群众“家门口”搭建说事、议事、调事平台，积极开展“村（居）民评理说事点”建设，推动法治乡村建设；

上海市通过持续普法，让《上海市生活垃圾管理条例》深入人心，推动广大市民基本养成垃圾分类习惯；

……

“七五”普法期间，各地围绕宪法法律宣传、当地中心工作、法治乡村建设等目标和任务，持续创新法治宣传教育方式方法，让法治精神深入人心。辽宁省、上海市等地不断创新普法形式，持续加大普法力度，形成了一批值得总结和推广的经验做法。

辽宁省：“村民评理说事点”促进基层社会治理法治化

2020 年以来，辽宁省司法厅以加强和创新社会治理为目标，把为群众搭建“家门口”的说事、议事、调事平台作为抓手，积极开展“村（居）民评理说事点”建设，扎实推进普治并举，推动更多法治力量向引导和疏导端用力，不断深化法润村居，为全面加强法治乡村建设，维护社会和谐稳定，促进基层社会治理法治化发挥了积极作用。

截至目前，全省共建立“村（居）民评理说事点”1.6 万余个，达标规范率 100%，已实现全省行政村、社区全覆盖。

“村（居）民评理说事点”运行以来，辽宁基层普法针对性实效性进一步增强，乡村公共法律服务体系进一步完善，乡村矛盾预防化解机制进一步健全，乡村治理法治化水平进一步提升，受到基层干部群众的普遍认可，收到了良好的社会效果。

上海市：普法工作助市民基本养成垃圾分类习惯

《上海市生活垃圾管理条例》自2019年7月1日施行以来，垃圾分类工作取得明显成效，居住区、单位垃圾分类达标率已达90%，广大市民已基本养成垃圾分类习惯。

这一习惯的养成，离不开普法工作的助力。例如，长宁区以“法治助力新时尚”为思路，将垃圾分类纳入法治建设“设计图”，搭建普法责任制“架构图”，绘就法治宣传“矩阵图”，形成公共法律服务“施工图”。在“四张图”的引领下，实现从“围着垃圾分类转”到“围着人心共识转”的提升转变，全面推进垃圾分类工作在基层落地见效。

上海市通过组织《上海市生活垃圾管理条例》施行一周年深度报道、依托新媒体开展立体化全方位宣传等方式，形成全面覆盖、持续不断的宣传氛围，以普法工作有力推动了《上海市生活垃圾管理条例》的贯彻实施。

江苏省常熟市：摆脱法律文本解读单一路径依赖

借力沙家浜、虞山历史文化资源，建成沙家浜“法与生活”互动体验馆和“虞山法治之旅”，实施法治文化阵地覆盖工程；出版全国首部普法志书《常熟市普法志》，启动法治公益文创设计大赛，实施法治文化作品繁荣工程……5年来，江苏省常熟市的普法工作做得有声有色。

“七五”普法期间，常熟市在日常生活中着力增强群众的法治意识、公共意识、规则意识、责任意识，在法治社会实践中提升全民普法的针对性、实效性，有效摆脱了法律文本解读的单一路径依赖。

建立完备的社会规则体系、完善有力的规则实施体系、构建优质的社会公共服务体系、优化高效的社会秩序调整修复体系、培育全民的法治社会建设信仰体系……连续6次获评全国法治宣传教育先进县（市）的常熟市，通过持续探索基层依法治理模式，有力推进社会共建共治共享。

湖南省：实现普法活动与旅游发展良性互动

“七五”普法以来，湖南省创新性推出“你学法我送票·锦绣潇湘任你游”大型普法活动，截至目前，活动共送出“法治一票通”6万张，价值近亿元，吸引了北京、山东、新疆等地2500多万人参与网上学法答题活动。

通过搭建“旅游+普法”公益性活动平台，湖南实现了普法活动与旅游发展的良性互动，充分调动了大众的学法普法热情，吸引了社会公众广泛参与，在潜移默化中养成自觉守法的意识，形成遇事找法的习惯，培养解决问题靠法的意识和能力。

这一活动还促进了法治宣传与文化旅游的深度融合、共赢发展，对于更好服务经济社会发展发挥了积极作用。通过学法答题送票的形式，使得文化旅游的红利普惠于民，得到全国各地网友的热烈响应与积极支持。

广东省：创新方法将宪法精神植根于青少年心底

宪法宣传教育是普法工作的首要任务，青少

年群体是普法工作的重中之重。

如何做到生动鲜活，不止于形式，要系统教育；如何做到心服口服，既要贴近有亲和力，又要深刻有针对性；如何解决专业师资不足，既要有专业精干队伍，又要形成合力育人格局……“七五”普法期间，广东紧紧抓住讲什么、怎么讲、谁来讲、怎么保障等关键问题，着力打造青少年学生“宪法教育大课堂”普法品牌。

2018 年起，广东省普法办、司法厅会同省教育厅、团省委启动宪法教育进校园活动，着力打造一堂令青少年学生终生难忘的宪法教育课。通过政策先行、布局试点、模式探索、全面推广，建立起“省级统一标准、地市主导落实、多方共同联动”的推进模式，搭建起“一主题、多案例、全覆盖”的布局设计，架构起针对性强、特点鲜明的青少年“宪法教育大课堂”，将宪法精神植根于青少年心底。

贵州省黔东南州：为易地扶贫搬迁提供法治保障

“七五”普法期间，贵州各地将法治宣传教育工作与精准扶贫结合起来，打造易地扶贫搬迁法治保障示范样本，为如期打赢脱贫攻坚战提供了法治保障。

为了让搬迁群众愿意搬、住得下、能致富，贵州省黔东南州创新方式方法，探索创新易地扶贫搬迁“四先四同双融合”机制——一方面，政策项目立项，风险评估先行；政策项目设计，合法性审查先行；政策项目实施，法律顾问先行；政策项目落实，法治宣传先行。另一方面，教育就学，法治同行；就医保障，法治同行；就业创业，法治同行；兜底保障，法治同行。

普法工作的开展，为当地搬迁群众脱贫致富、安居乐业提供了有力法治保障。作为贵州省脱贫攻坚的主战场，黔东南州实现易地搬迁安置 30.81 万人口。2019 年，黔东南州被全国普法办评为全国“七五”普法中期先进城市，成为贵州省唯一入选的城市。

海南省：以“民俗普法”新路子向群众传递法治理念

5 年来，海南省积极探索普法新思路、新举措，借助地域特色文化资源，不断推进法治文化整合发展，着力构建体现时代特色、地方特色、受众差异的法治文化阵地，走出一条利用特色文化开展普法教育的新路子。

创新普法载体，法治宣传融入琼剧艺术；巧借民俗文化，民歌唱法打造普法新品牌；依托传统节日，法治宣传走进千家万户……5 年来，海南省依托琼剧、调声、民歌、哩哩美等地域特色民俗文化开展普法教育活动，着力构建体现时代特色、地方特色、受众差异的法治文化阵地，彻底跳出了脸谱化的传统普法模式，“唱”出了一条“民俗普法”新路子。

“七五”普法期间，海南推动民俗文化与法治宣传教育有机融合，用地域特色民俗文艺形式向广大群众传递法治理念，实现了“灌溉式”传统普法模式逐渐向“因需普法”的交互模式转变，海南“民俗普法”已成为生动的普法依法治理实践范例。

陕西省黄龙县：抓前端治未病，“小县城”普法带来“大红利”

2011 年以来，陕西省延安市黄龙县面对财政匮乏的巨大压力，本着“要节约、要效益、花小钱办大事”的原则，想方设法筹措资金，累计投入 1870 余万元用于普法基础设施建设和活动开展，2017 年投资 820 余万元率先在全省启动实施创新普法依法治理提档升级工程，着力夯实全面依法治县、建设法治黄龙的最前沿基础，把普法依法治理释放的效益持续转化为新时代县域经济社会高质量发展的动能。

随着普法的深入实施，全民学法知法守法的氛围基本形成，办事依法、遇事找法、解决问题用法、化解矛盾靠法的法治环境加快形成，为黄龙奋起追赶超越营造了和谐稳定的发展环境。前端治理敢投入，从源头上防范和减少了社会和谐稳定方面风险的发生，后端治理就省下了大量的人力物力财力，实现社会效益和经济效益“双赢”。

近年来，黄龙县不但荣获了国家生态文明建设示范县称号，而且经济社会发展迈入了延安县区发展的第一方阵，尝到了高质量普法依法治理的“甜头”。

小结：“七五”普法成就彰显中国特色社会主义制度优势

在 14 亿多人口的大国持续开展全民普法，把法律交给人民，这是人类法治史上的一大创举。

5 年来，各地各部门结合实际认真贯彻执行“七五”普法规划，实现由普及法律常识向弘扬法治精神、建设法治文化、提升法治素养转变，注重把普法融入相关立法、执法和司法过程中，推动普法宣传工作由司法行政机关的“独角戏”逐步转变为全社会的“大合唱”。

“七五”普法取得的成就、积累的宝贵经验，彰显了中国特色社会主义法治的制度优势和治理效能，需要长期坚持下去：必须坚持党对普法工作的全面领导，以习近平法治思想引领新发展阶段全民普法，把增强“四个意识”、坚定“四个自信”、做到“两个维护”体现到全民普法的具体实践中，确保普法工作的正确政治方向和舆论导向；必须坚持以人民为中心的普法理念，做到普法为了人民、依靠人民、服务人民；必须坚持围绕中心、服务大局，促进在法治轨道上推进国家治理体系和治理能力现代化；必须坚持普法与法治实践深度融合，做到全民普法与科学立法、严格执法、公正司法一体推进、有机融合，把普法融入全面依法治国的全过程。

奋进新时代，普法再出发。下一步，要坚持以习近平新时代中国特色社会主义思想为指导，深入学习宣传贯彻习近平法治思想，主动适应我国进入新发展阶段、贯彻新发展理念、构建新发展格局的需要，紧紧围绕服务“十四五”时期经济社会发展，以使法治成为社会共识和基本准则为目标，以持续提升公民法治素养为重点，以提高普法的针对性、实效性为工作着力点，进一步完善和全面落实普法责任制，以高质量普法推动高质量发展，为全面建设社会主义现代化国家营造良好法治环境。